U0915859

2015

中国社会统计年鉴

China Social Statistical Yearbook

国家统计局社会科技和文化产业统计司　编

Compiled by

Department of Social, Science and Technology, and Cultural Statistics

National Bureau of Statistics of China

图书在版编目（CIP）数据

中国社会统计年鉴. 2015 : 汉英对照 / 国家统计局社会科技和文化产业统计司编. -- 北京 : 中国统计出版社, 2016.3

ISBN 978-7-5037-7744-8

Ⅰ. ①中… Ⅱ. ①国… Ⅲ. ①社会统计－统计资料－中国－2015－年鉴－汉、英 Ⅳ. ①C832-54

中国版本图书馆 CIP 数据核字(2016)第 007195 号

中国社会统计年鉴—2015

作　　者/国家统计局社会科技和文化产业统计司编
责任编辑/徐　涛　张会英
封面设计/李雪燕
出版发行/中国统计出版社
通信地址/北京市西城区月坛南街 57 号　邮政编码/100826
办公地址/北京市丰台区西三环南路甲 6 号　邮政编码/100073
电　　话/邮购（010）63376909　书店（010）68783171
网　　址/http://www.zgtjcbs.com
印　　刷/河北天普润印刷厂
经　　销/新华书店
开　　本/880×1230 毫米　1/16
字　　数/852 千字
印　　张/26.75
版　　别/2016 年 3 月第 1 版
版　　次/2016 年 3 月第 1 次印刷
定　　价/360.00 元

本书附同版本 CD-ROM 一张，光盘内容以书面文字为准。
如有印装差错，由本社发行部调换。

《中国社会统计年鉴—2015》
编委会和编辑工作人员

编 委 会

编辑工作人员

《China Social Statistical Yearbook 2015》Editorial Board and Staff

编 者 说 明

一、《中国社会统计年鉴—2015》是一部反映我国社会发展相关领域基本情况的综合统计资料性年刊。本书收录了 2014 年全国和各省、自治区、直辖市社会发展各领域的主要统计数据以及重要年份的全国主要统计数据。

二、本年鉴正文内容分为 12 个篇章。即：1.综合；2.人口家庭；3.卫生健康；4.教育培训；5.就业；6.收入消费；7.社会保障；8.居住环境；9.文化休闲；10.资源环境；11.公共安全；12.社会参与。附录为主要统计指标解释。

三、本年鉴所涉及的全国性统计数据，除行政区划、土地面积和森林资源及特殊注明外，均未包括香港、澳门特别行政区和台湾省数据。

四、本年鉴所使用的度量衡单位均采用国际统一标准计量单位。

五、本年鉴中部分数据合计数或相对数由于单位取舍不同而产生的计算误差，均未做机械调整。

六、本年鉴资料分别来自于：最高人民法院、最高人民检察院、教育部、公安部、民政部、司法部、财政部、人力资源和社会保障部、国土资源部、环境保护部、住房和城乡建设部、交通运输部、水利部、文化部、国家卫生和计划生育委员会、国家新闻出版广电总局、国家体育总局、国家安全生产监督管理总局、国家林业局、中国地震局、中国气象局、国家海洋局、国家文物局、中央统战部、国家档案局、中华全国总工会和中国残疾人联合会等部门。

七、符号使用说明:年鉴各表中的“空格”表示该项统计指标数据不详或无该项数据；“#”表示其中的主要项。

八、本年鉴编辑过程中，得到上述部门的大力支持，在此表示衷心感谢。由于本年鉴涉及内容多、范围广，在资料的整理和编撰方面难免存在不足，敬请指正。

PREFACE

I. *China Social Statistical Yearbook 2015* is the comprehensive statistics yearbook which reflects various aspects related to social development. It is collected main social statistical data on provinces and national total data in 2014.

II. This Yearbook includes 12 sections: 1.General Survey, 2.Population and Family, 3.Health and Wellness, 4.Education and Training, 5.Employment, 6.Earning and Consumption, 7.Social Security, 8.Living Condition, 9.Culture and Leisure, 10.Resources and Environment, 11.Public Safety, 12.Social Participation. Explanatory notes on main statistical indicators are provided in Appendix.

III. The national data in this Yearbook do not include those of the Hong Kong Special Administrative Region, the Macao Special Administrative Region and Taiwan Province, except for the divisions of administrative areas, the area of the national territory and forest resources and otherwise specified.

IV. The units of measurement used in the Yearbook are internationally standard measurement units.

V. Statistical discrepancies on totals and relative figures due to rounding are not adjusted in the Yearbook.

VI. Data in the Yearbook are sourced from the following departments: Supreme People's Court, Supreme People's Procuratorate, Ministry of Education, Ministry of Public Security, Ministry of Civil Affairs, Ministry of Justice, Ministry of Finance, Ministry of Human Resources and Social Security, Ministry of Land and Resources, Ministry of Environmental Protection, Ministry of Housing and Urban-Rural Development, Ministry of Transport, Ministry of Water Resources, Ministry of Culture, National Health and Family Planning Commission, General Administration of Press and Publication, Radio, Film and Television, General Administration of Sports, State Administration of Work Safety, State Administration of Forest, Earthquake Administration, Meteorological Administration, State Oceanic Administration, State Administration of Culture Heritage, the United Front Work Department of CPC Central Committee, State Archives Administration, All-China Federation of Trade Unions, China Disabled Persons' Federation, etc.

VII. Notations used in the Yearbook：(blank space) indicates that the data are unknown, or are not available; "#" indicates a major breakdown of the total.

VIII. Our deep appreciation goes to many departments which provided supports in compiling this Yearbook. It is inevitable that there might be some mistakes in the book because of wide coverage involved in collecting and compiling social statistics. Suggestions from readers are welcome so as to improve the quality of this publication in the future.

目　　录

CONTENTS

一、综　合

General Survey

二、人口家庭
Population and Family

三、卫生健康
Health and Wellness

四、教育培训

Education and Training

五、就业

Employment

六、收入消费
Earning and Consumption

七、社会保障
Social Security

八、居住环境
Living Condition

九、文化休闲

Culture and Leisure

十、资源环境
Resources and Environment

十一、公共安全
Public Safety

十二、社会参与
Social Participation

附 录
Appendix

一、综　　合
General Survey

1-1 县及以上行政区划
Division of Administrative Areas at County Level and Above

单位：个 (unit)

年 份 Year	省 级 Provinces, Autonomous Regions and Municipalities	地 级（不含地级市） Administrative Areas at Prefecture Level (Excluding Cities at Prefecture Level)	县 级（不含县级市、市辖区） Administrative Areas at County Level (Excluding Cities at County level and Districts under the Jurisdiction of Cities)	市 Cities	#地 级 Cities at Prefecture Level	#县 级 Cities at County Level	市辖区 Districts under the Jurisdiction of Cities
1978	30	212	2153	193	98	92	408
1979	30	211	2153	216	104	109	428
1980	30	211	2151	223	107	113	511
1981	30	208	2144	233	108	122	514
1982	30	210	2140	245	112	130	527
1983	30	178	2091	289	144	142	552
1984	30	175	2069	300	147	150	595
1985	30	165	2046	324	162	159	621
1986	30	159	2017	353	166	184	629
1987	30	156	1986	381	170	208	632
1988	31	151	1936	434	183	248	647
1989	31	151	1919	450	185	262	648
1990	31	151	1903	467	185	279	651
1991	31	151	1894	479	187	289	650
1992	31	148	1848	517	191	323	662
1993	31	139	1795	570	196	371	669
1994	31	127	1735	622	206	413	697
1995	31	124	1716	640	210	427	706
1996	31	117	1696	666	218	445	717
1997	33	110	1693	668	222	442	727
1998	33	104	1689	668	227	437	737
1999	34	95	1682	667	236	427	749
2000	34	74	1674	663	259	400	787
2001	34	67	1660	662	265	393	808
2002	34	57	1649	660	275	381	830
2003	34	51	1642	660	282	374	845
2004	34	50	1636	661	283	374	852
2005	34	50	1636	661	283	374	852
2006	34	50	1635	656	283	369	856
2007	34	50	1635	655	283	368	856
2008	34	50	1635	655	283	368	856
2009	34	50	1636	654	283	367	855
2010	34	50	1633	657	283	370	853
2011	34	48	1627	657	284	369	857
2012	34	48	1624	657	285	368	860
2013	34	47	1613	658	286	368	872
2014	34	45	1596	649	288	361	897

1-2 乡镇级行政区划
Division of Administrative Areas at Townships Level

单位：个 (unit)

年 份 Year	乡镇级区划数 Total Number of Administrative Areas at Townships Level	镇数 Towns	乡数 Townships Level	#民族乡 Ethnic Townships	街道办事处 Street Communities	区公所 District Communities
1978	6195	2173				4022
1979	10424	2361			4444	3619
1980						
1981	11434	2678			4965	3791
1982						
1983	49695	2968	35514		5304	5909
1984	106439	7186	85290		5844	8119
1985	104900	9140	82450	3144	5402	7908
1986	83954	10718	61353	2936	5718	6165
1987	81025	11103	58739	3020	5680	5503
1988	65345	11481	45195	1571	5099	3570
1989	65419	11873	44624	1755	5420	3502
1990	65188	12084	44397	1980	5269	3438
1991	63391	12455	42654	1403	5186	3096
1992	54830	14539	33827	1348	5233	1231
1993	54863	15805	32445	1351	5470	1143
1994	54605	16702	31463	1322	5372	1068
1995	53360	17532	29502	1330	5596	730
1996	51336	18171	27056	1383	5565	544
1997	50967	18925	25966	1545	5678	398
1998	50999	19216	25712	1517	5732	339
1999	50750	19756	24745	1222	5904	345
2000	51024	20312	24555	1356	5902	255
2001	46369	20358	20012	1165	5972	27
2002	44822	20600	18640	1162	5516	66
2003	44067	20226	18064	1149	5751	26
2004	43275	19892	17534	1127	5829	20
2005	41636	19522	15951	1093	6152	11
2006	41040	19369	15306	1089	6355	10
2007	40813	19249	15120	1094	6434	10
2008	40828	19234	15067	1097	6524	3
2009	40858	19322	14848	1098	6686	2
2010	40906	19410	14571	1096	6923	2
2011	40466	19683	13587	1086	7194	2
2012	40466	19881	13281	1064	7282	2
2013	40497	20117	12812	1035	7566	2
2014	40381	20401	12282	1020	7696	2

注：民族乡中含1个民族苏木。
The data of ethnic townships includes one ethnic sumu

1-3 分地区行政区划（2014年底）
Divisions of Administrative Areas in China (End of 2014)

单位：个 (unit)

省级区划名称 Provinces, Autonomous Regions and Municipalities		地级合计 Number of Regions at Prefecture Level	#地级市 Cities at Prefecture Level	县级合计 Number of Regions at County Level	#市辖区 Districts under the Jurisdiction of Cities	#县级市 Cities at County Level	#县 Counties
全 国	**National Total**	**333**	**288**	**2854**	**897**	**361**	**1425**
北京市	Beijing			16	14		2
天津市	Tianjin			16	13		3
河北省	Hebei	11	11	171	39	20	106
山西省	Shanxi	11	11	119	23	11	85
内蒙古自治区	Inner Mongolia	12	9	102	22	11	17
辽宁省	Liaoning	14	14	100	56	17	19
吉林省	Jilin	9	8	60	21	20	16
黑龙江省	Heilongjiang	13	12	128	65	17	45
上海市	Shanghai			17	16		1
江苏省	Jiangsu	13	13	99	55	23	21
浙江省	Zhejiang	11	11	90	35	20	34
安徽省	Anhui	16	16	105	43	6	56
福建省	Fujian	9	9	85	28	13	44
江西省	Jiangxi	11	11	100	20	10	70
山东省	Shandong	17	17	137	51	28	58
河南省	Henan	17	17	158	50	21	87
湖北省	Hubei	13	12	103	39	24	37
湖南省	Hunan	14	13	122	35	16	64
广东省	Guangdong	21	21	119	61	21	34
广西壮族自治区	Guangxi	14	14	110	36	7	55
海南省	Hainan	3	3	24	8	6	4
重庆市	Chongqing			38	21		13
四川省	Sichuan	21	18	183	49	14	116
贵州省	Guizhou	9	6	88	14	7	55
云南省	Yunnan	16	8	129	13	13	74
西藏自治区	Tibet	7	3	74	3		71
陕西省	Shaanxi	10	10	107	25	3	79
甘肃省	Gansu	14	12	86	17	4	58
青海省	Qinghai	8	2	43	5	3	28
宁夏回族自治区	Ningxia	5	5	22	9	2	11
新疆维吾尔自治区	Xinjiang	14	2	103	11	24	62
香港特别行政区	Hong Kong Special Administrative Region						
澳门特别行政区	Macao Special Administrative Region						
台湾省	Taiwan						

注：乡镇级总数包含河北省、新疆维吾尔自治区的各一个区公所。
Number of regions at townships level include one district office of Hebei and Xinjiang separately.

1-3 续表 continued

单位：个 (unit)

省级区划名称	Provinces, Autonomous Regions and Municipalities	#自治县 Auto-nomous Counties	乡镇级合计 Number of Regions at Town-ships Level	#镇数 Towns	#乡数 Towns	#街道办事处 Street Communities
全　国	**National Total**	**117**	**40381**	**20401**	**12282**	**7696**
北京市	Beijing		329	144	38	147
天津市	Tianjin		240	121	6	113
河北省	Hebei	6	2246	1050	907	288
山西省	Shanxi		1398	564	632	202
内蒙古自治区	Inner Mongolia		1010	495	275	240
辽宁省	Liaoning	8	1530	645	217	668
吉林省	Jilin	3	900	434	184	282
黑龙江省	Heilongjiang	1	1231	513	380	338
上海市	Shanghai		209	107	2	100
江苏省	Jiangsu		1274	780	79	415
浙江省	Zhejiang	1	1321	629	258	434
安徽省	Anhui		1505	938	315	252
福建省	Fujian		1104	628	301	175
江西省	Jiangxi		1548	816	587	145
山东省	Shandong		1826	1114	81	631
河南省	Henan		2420	1103	718	599
湖北省	Hubei	2	1233	761	170	302
湖南省	Hunan	7	2414	1153	902	359
广东省	Guangdong	3	1587	1128	11	448
广西壮族自治区	Guangxi	12	1243	773	350	120
海南省	Hainan	6	218	176	21	21
重庆市	Chongqing	4	1023	610	207	206
四川省	Sichuan	4	4648	1937	2382	329
贵州省	Guizhou	11	1396	762	500	134
云南省	Yunnan	29	1389	665	561	163
西藏自治区	Tibet		694	140	544	10
陕西省	Shaanxi		1420	1142	74	204
甘肃省	Gansu	7	1351	526	702	123
青海省	Qinghai	7	399	140	225	34
宁夏回族自治区	Ningxia		237	102	91	44
新疆维吾尔自治区	Xinjiang	6	1038	305	562	170
香港特别行政区	Hong Kong Special Administrative Region					
澳门特别行政区	Macao Special Administrative Region					
台湾省	Taiwan					

1-4　人口与家庭基本情况
Basic Statistics on Population and Family

项　目	Item	1990	1995	2000	2005	2010	2013	2014
总人口(年末)(万人)	Total Population(year-end 10 000 persons)	114333	121121	126743	130756	134091	136072	136728
城镇人口	Urban	30195	35174	45906	56212	66978	73111	74916
乡村人口	Rural	84138	85947	80837	74544	67113	62961	61866
性别比(女性=100)	Sex Ratio(female = 100)	106.6	104.2	106.7	106.3	105.2	105.2	105.1
出生率(‰)	Birth Rate(‰)	21.06	17.12	14.03	12.40	11.90	12.08	12.37
死亡率(‰)	Death Rate(‰)	6.67	6.57	6.45	6.51	7.11	7.16	7.16
自然增长率(‰)	Natural Growth Rate(‰)	14.39	10.55	7.58	5.89	4.79	4.92	5.21
年龄结构(%)	Age Composition(%)							
0－14岁	Age 0-14	27.7	26.6	22.9	20.3	16.6	16.4	16.5
15－64岁	Age 15-64	66.7	67.2	70.1	72.0	74.5	73.9	73.4
65岁及以上	Age 65 and Over	5.6	6.2	7.0	7.7	8.9	9.7	10.1
总抚养比(%)	Gross Dependency Ratio(%)	49.8	48.8	42.6	38.8	34.2	35.3	36.2
少儿抚养比(%)	Children Dependency Ratio(%)	41.5	39.6	32.6	28.1	22.3	22.2	22.5
老年抚养比(%)	Old Dependency Ratio(%)	8.3	9.2	9.9	10.7	11.9	13.1	13.7
平均家庭户规模(人/户)	Average Family Size(person/household)	4.0	3.7	3.4	3.4	3.1	3.0	3.0
结婚登记(万对)	Total Number of Registered Marriages(10 000 couples)	951.1	934.1	848.5	823.1	1241.0	1346.9	1306.7
离婚登记(万对)	Total Number of Registered Divorces(10 000 couples)	80.0	105.6	121.3	178.5	267.8	350.0	295.7
粗离婚率(‰)	Crude Divorce Rate(‰)	0.69	0.88	0.96	1.37	2.00	2.57	2.67
15岁及以上人口婚姻状况构成(%)	Marital Status of Population Aged 15 and Over(%)							
未婚	Never Married	25.1	20.0	20.2	19.2	21.6	20.2	19.7
初婚有配偶	Married with Spouse	68.2	71.1	71.1	71.9	71.3	71.2	71.2
再婚有配偶	Re-married		2.1	2.2	2.2		1.6	2.0
离婚	Divorced	0.6	0.7	0.9	1.0	1.4	1.6	1.7
丧偶	Widowed	6.1	6.1	5.6	5.7	5.7	5.4	5.4

注：1990、2000、2010年数据为当年人口普查数据推算数；其余年份数据为年度人口抽样调查推算数据。

For the year,1990,2000 and 2010 are the census year estimates; the rest of the data covered in those tables have been estimated on the basis of the annual national sample surveys of population.

1-5 卫生与健康基本情况
Basic Statistics on Health and Wellness

项 目	Item	1990	1995	2000	2005	2010	2013	2014
医疗卫生机构(个)	Number of Health Care Institutions(unit)	1012690	994409	1034229	882206	936927	974398	981432
#医院	Hospitals and Health Centers	14377	15663	16318	18703	20918	24709	25860
卫生院	Health Center	47749	51797	49777	41694	38765	37608	37497
村卫生室	Village Clinics	803956	804352	709458	583209	648424	648619	645470
门诊部(所)	Clinics	129332	104406	240934	207457	181781	195176	200130
疾病预防控制中心	Center for Disease Control and Prevention	3618	3729	3741	3585	3513	3516	3490
专科疾病防治院(所/站)	Specialized Disease Prevention & Treatment Institution	1781	1895	1839	1502	1274	1271	1242
妇幼保健院(所/站)	Women and Children Care Agencies	3148	3179	3163	3021	3025	3144	3098
卫生人员(万人)	Number of Employed Persons in Health Institutions(10 000 persons)	613.8	670.4	691.0	644.7	820.8	979.0	1023.4
#卫生技术人员	Medical Technical Personnel	389.8	425.7	449.1	456.4	587.6	721.1	759.0
#执业(助理)医师	Licensed (Assistant) Doctors	176.3	191.8	207.6	204.2	241.3	279.5	289.3
注册护士	Registered Nurses	97.5	112.6	126.7	135.0	204.8	278.3	300.4
乡村医生和卫生员	Village Doctors and Assistants	123.2	133.1	131.9	91.7	109.2	108.1	105.8
每千人口执业(助理)医师(人)	Number of Licensed (Assistant) Doctors per 1000 Persons(person)	1.56	1.62	1.68	1.56	1.80	2.06	2.12
医疗卫生机构床位(万张)	Number of Beds in Health Care Institutions(10 000 beds)	292.5	314.1	317.7	336.8	478.7	618.2	660.1
#医院	Hospitals	186.9	206.3	216.7	244.5	338.7	457.9	496.1
乡镇卫生院	Township Health Institution	72.3	73.3	73.5	67.8	99.4	113.7	116.7
妇幼保健院(所/站)	Women and Child Care Agencies	4.7	5.1	7.1	9.4	13.4	17.6	18.5
每千人口医疗卫生机构床位(张)	Beds of Medical Institutions per 1000 Population(bed)					3.58	4.55	4.85
医疗卫生机构诊疗人次数(亿人次)	Number of Visits in Medical Institutions (100 million persontimes)	25.6	21.9	21.2	23.1	58.4	73.1	76.0
甲乙类法定报告传染病发病率(1/10万)	Incidence Rate of Designated Infectious Diseases(case per 100 000 persons)	297.2	176.4	192.6	268.3	238.7	225.8	227.0
监测地区5岁以下儿童死亡率(‰)	Mortality Rate of Children under 5 in Surveillance Areas(‰)		44.5	39.7	22.5	16.4	12.0	11.7
监测地区孕产妇死亡率(1/10万)	Maternal Mortality Rate in Surveillance Areas(1/100 000)		61.9	53.0	47.7	30.0	23.2	21.7
卫生总费用(亿元)	Total Health Expenditure(100 million yuan)	747.4	2155.1	4586.6	8659.9	19980.4	31669.0	35312.4
政府卫生支出	Government Health Expenditure	187.3	387.3	709.5	1552.5	5732.5	9545.8	10579.2
社会卫生支出	Social Health Expenditure	293.1	767.8	1171.9	2586.4	7196.6	11393.8	13437.8
个人现金卫生支出	Out-of-pocket Health Expenditure	267.0	1000.0	2705.2	4521.0	7051.3	10729.3	11295.4
卫生总费用占GDP比重(%)	Health Expenditure as Percentage of GDP (%)	3.98	3.53	4.60	4.66	4.89	5.39	5.55

1–6 教育培训基本情况
Basic Statistics on Education and Training

项　目	Item	1990	1995	2000	2005	2010	2013	2014
专任教师数(万人)	**Number of Full-time Teachers (10 000 persons)**							
普通高等学校	Regul HEIs	39.5	40.1	46.3	96.6	134.3	149.7	153.5
普通高中	Regular Senior Secondary Schools	56.2	55.1	75.7	130.0	151.8	162.9	166.3
中等职业教育	Vocational Secondary Schools				75.0	87.2	86.8	85.8
初中	Junior Secondary Schools	249.9	282.1	328.7	349.2	352.5	348.1	348.8
普通小学	Regular Primary Schools	558.2	566.4	586.0	559.3	561.7	558.5	563.4
特殊教育	Special Education Schoo	1.4	2.5	3.2	3.2	4.0	4.6	4.8
学前教育	Pre-school Education Institution	75.0	87.5	85.6	72.2	114.4	166.3	184.4
在校学生数(万人)	**Total Enrollment (10 000 persons)**							
研究生	Postgraduates	9.3	14.5	30.1	97.9	153.8	179.4	184.8
普通本专科	Regular Undergraduates and College Students	206.3	290.6	556.1	1561.8	2231.8	2468.1	2547.7
普通高中	Regular Senior Secondary Schools	717.3	713.2	1201.3	2409.1	2427.3	2435.9	2400.5
中等职业教育	Vocational Secondary Schools				1600.0	2238.5	1923.0	1755.3
初中	Junior Secondary Schools	3916.6	4727.5	6256.3	6214.9	5279.3	4440.1	4384.6
普通小学	Regular Primary Schools	12241.4	13195.2	13013.3	10864.1	9940.7	9360.5	9451.1
学前教育	Pre-school Education Institation	1972.2	2711.2	2244.2	2179.0	2976.7	3894.7	4050.7
每十万人口平均在校生数(人)	**Number of Students Per 100 000 Population by Level (person)**							
高等教育	Higher Education	326	457	723	1613	2189	2418	2488
高中阶段	Senior Secondary	1337	1610	2000	3070	3504	3227	3065
初中阶段	Junior Secondary	3426	3945	4969	4781	3955	3279	3222
小学	Primary Education	10707	11010	10335	8358	7448	6913	6946
学前教育	Pre-school Education	1725	2262	1782	1676	2230	2876	2977
入学率和升学率(%)	**Enrollment Rate and Promotion Rate(%)**							
高中升学率	Promotion Rate from Senior Secondary Schools to Higher Education	27.3	49.9	73.2	76.3	83.3	87.6	90.2
初中升学率	Promotion Rate from Junior Secondary Schools to Senior Secondary Schools	40.6	48.3	51.2	69.7	87.5	91.2	95.1
小学升学率	Promotion Rate from Primary Schools to Junior Secondary Schools	74.6	90.8	94.9	98.4	98.7	98.3	98.0
小学学龄儿童净入学率	Net Enrollment Rate of Primary School	97.8	98.5	99.1	99.2	99.7	99.7	99.8
教育经费合计(亿元)	Total Edutional Fund (100 million yuan)	549	1878	3849	8419	19562	30365	32806
#国家财政性教育经费	Government Appropriation for Education	434	1412	2563	5161	14670	24488	26421

1−7 就业基本情况
Basic Statistics on Employment

项　目	Item	1990	1995	2000	2005	2010	2013	2014
就业人员合计(万人)	Total Number of Employed Persons (10 000 persons)	64749	68065	72085	74647	76105	76977	77253
第一产业	Primary Industry	38914	35530	36043	33442	27931	24171	22790
第二产业	Secondary Industry	13856	15655	16219	17766	21842	23170	23099
第三产业	Tertiary Industry	11979	16880	19823	23439	26332	29636	31364
城镇就业人员(万人)	Urban Employed (10 000 persons)	17041	19040	23151	28389	34687	38240	39310
#国有单位	Stats-owned Units	10346	11261	8102	6488	6516	6365	6312
城镇集体单位	Urban Collective-own Units	3549	3147	1499	810	597	566	537
私营企业	Private Enterprises	57	485	1268	3458	6071	8242	9857
个体	Self-employed Individuals	614	1560	2136	2778	4467	6142	7009
乡村就业人员(万人)	Rural Employed Persons (10 000 persons)	47708	49025	48934	46258	41418	38737	37943
#私营企业	Private Enterprises	113	471	1139	2366	3347	4279	4533
个体	Self-employed Individuals	1491	3054	2934	2123	2540	3193	3575
城镇登记失业人数(万人)	Number of Registered Unemployed Persons in Urban Areas (10 000 persons)	383	520	595	839	908	926	952
城镇登记失业率(%)	Registered Unemployment Rate in Urban Areas (%)	2.5	2.9	3.1	4.2	4.1	4.05	4.09
城镇单位就业人员工资总额(亿元)	Total Wage Bill of Employed Persons in Urban Units (100 million yuan)	2951	8056	10955	20627	47270	93064	102817
城镇单位就业人员工资总额指数(上年=100)	Indices of Total Wage Bill of Employed Persons in Urban Units (preceding year =100)	112.7	118.8	107.9	117.1	117.3	131.2	110.5
城镇单位就业人员平均工资(元)	Average Wage of Employed Persons in Urban Units (yuan)	2140	5348	9333	18200	36539	51483	56360
城镇单位就业人员平均货币工资指数(上年=100)	Indices of Average Wage of Employed Persons in Urban Units (preceding year =100)	110.6	118.9	112.2	114.3	113.3	110.1	109.5

1−8 收入消费基本情况
Basic Statistics on Income and Consumption

项　目	Item	1990	1995	2000	2005	2010	2013	2014
居民消费水平(元)	Household Consumption Expenditure(yuan)	831	2330	3721	5771	10919	16190	17806
城镇	Urban	1404	4769	6999	9832	17104	23609	25449
农村	Rural	627	1344	1917	2784	4941	7773	8744
城镇居民人均可支配收入(元)	Per Capita Disposable Income of Urban Households (yuan)	1510	4283	6280	10493	19109	26955	29381
城镇居民人均现金消费支出(元)	Per Capita Cash Consumption Expenditure of Urban Households(yuan)	1279	3538	4998	7943	13471	15453	16691
城镇居民恩格尔系数(%)	Engel's Coefficient of Urban Households(%)	54.2	50.1	39.4	36.7	35.7	35.0	
农村居民人均纯收入(元)	Per Capita Net Income of Rural Households(yuan)	686	1578	2253	3255	5919	8896	9892
农村居民人均现金消费支出(元)	Per Capita Cash Consumption Expenditure(yuan)	375	859	1285	2135	3859	5979	6717
农村居民恩格尔系数(%)	Engel's Coefficient of Rural Households(%)	58.8	58.6	49.1	45.5	41.1	37.7	
居民人民币储蓄存款年底余额(亿元)	Savings Deposit of Households at Year-end (100 milliion yuan)	7120	29662	64332	141051	303302	447602	485261

注：“城镇居民人均可支配收入”和“农村居民人均纯收入”1978−2012年数据来源于分别开展的城镇住户调查和农村住户调查，2013−2014年数据根据城乡一体化住户收支与生活状况调查数据按可比口径推算获得。

Per Capita Disposable Income of Urban Households and Per Capita Net Income of Rural Households the data shown of the year 1978-2012 in the table are compiled on the basis of the urban and rural household surveys.And the year 2013-2014 in the table are reckoned at comparable coverage on the basis of the integrated household income and expenditure survey, including both urban and rural households.

1-9 社会保障基本情况
Basic Statistics on Social Insurance

项 目	Item	1990	1995	2000	2005	2010	2013	2014
社会保险年末参保人数(万人)	**Number of People Participated in Social Insurance at Year-end (10 000 persons)**							
城镇职工基本养老保险	Urban Employees Basic Pension Insurance	6166.0	10979.0	13617.4	17487.9	25707.3	32218.4	34124.4
职工	Staff and Workers	5200.7	8737.8	10447.5	13120.4	19402.3	24177.3	25531.0
离退休人员	Retirees	965.3	2241.2	3169.9	4367.5	6305.0	8041.0	8593.4
城乡居民基本养老保险	Basic Pension Insurance for Urban and Rural Residents					10276.8	49750.1	50107.5
城镇基本医疗保险	Urban Basic Medical Care Insurance		745.9	3786.9	13782.9	43262.9	57072.6	59746.9
城镇职工	Staff and Workers		745.9	3786.9	13782.9	23734.7	27443.1	28296.0
城镇居民	Residents					19528.3	29629.4	31450.9
失业保险	Unemployment Insurance		8237.7	10408.4	10647.7	13375.6	16416.8	17042.6
工伤保险	Work Injury Insurance		2614.8	4350.3	8478.0	16160.7	19917.2	20639.2
生育保险	Maternity Insurance		1500.2	3001.6	5408.5	12335.9	16392.0	17038.7
社会保险基金收入(亿元)	**Revenue of Social Insurance Fund(100 million yuan)**	**186.8**	**1006.0**	**2644.9**	**6975.2**	**19276.1**	**35252.9**	**39827.7**
基本养老保险	Basic Pension Insurance	178.8	950.1	2278.5	5093.3	13872.9	24732.6	27619.9
城镇基本医疗保险	Basic Medical Care Insurance		9.7	170.0	1405.3	4308.9	8248.3	9687.2
失业保险	Unemployment Insurance	7.2	35.3	160.4	340.3	649.8	1288.9	1379.8
工伤保险	Work Injury Insurance		8.1	24.8	92.5	284.9	614.8	694.8
生育保险	Maternity Insurance		2.9	11.2	43.8	159.6	368.4	446.1
社会保险基金支出(亿元)	**Expenses of Social Insurance Fund(100 million yuan)**	**151.9**	**877.1**	**2385.6**	**5400.8**	**15018.9**	**27916.3**	**33002.7**
基本养老保险	Basic Pension Insurance	149.3	847.6	2115.5	4040.3	10755.3	19818.7	23325.8
城镇基本医疗保险	Basic Medical Care Insurance		7.3	124.5	1078.7	3538.1	6801.0	8133.6
失业保险	Unemployment Insurance	2.5	18.9	123.4	206.9	423.3	531.6	614.7
工伤保险	Work Injury Insurance		1.8	13.8	47.5	192.4	482.1	560.5
生育保险	Maternity Insurance		1.6	8.3	27.4	109.9	282.8	368.1
社会服务	**Social Services**							
提供住宿的社会服务床位数(万张)	Beds of Social Welfare Institutions with Residential Accommodations (10 000 beds)	78.0	97.6	113.0	180.7	349.6	526.7	613.5
#老年及残疾人床位	Aged and Disable	73.5	91.9	104.5	158.1	316.1	493.7	577.7
智障和精神疾病床位	Mental Retardation and Mental Diseases	3.7	4.0	4.1	4.4	6.1	7.4	8.0
儿童床位	Child	0.8	1.1	1.8	3.2	5.5	9.8	10.8
每千人口社会服务床位数(张)	Beds of Social Services per 1000 Population(bed)	0.68	0.81	0.89	1.38	2.61	3.87	4.49
每千老年人口养老床位数(张)	Beds of Aged Person per 1000 Population(bed)				10.97	17.79	24.39	27.20
家庭儿童收养登记总数(件)	Number of Adoption Registration of Family Children(case)			55802	49506	34529	24460	22772
国家重点优抚对象(万人)	Number of People Receiving Pension and Subsidy(10 000 persons)	425.7	448.8	442.4	460.3	625.0	950.5	917.3
社区服务中心数(个)	Community Service Centers(unit)		4380	6444	8479	12720	19014	23088
城市居民最低生活保障人数(万人)	Number of Urban Residents Receiving Minimum Living Allowance (10 000 persons)			403	2234	2311	2064	1877
农村居民最低生活保障人数(万人)	Number of Rural Residents Receiving Minimum Living Allowance (10 000 persons)				825	5214	5388	5207

注：1.2007年及以后城镇基本医疗保险基金中包括城镇职工基本医疗保险和城镇居民基本医疗保险。
2.2010年及以后基本养老保险基金中包括城镇职工基本养老保险和城乡居民基本养老保险。
3.2001年起，社会服务机构床位数口径有所调整，除收养性机构床位数外，还包括了救助类机构床位数、社区类机构床位数以及军休所、军供站等机构床位数。老年人口指60岁及以上老年人口。
4.2011年起，老年及残疾人床位含社区服务床位(含日间照料床位)。

a) Data of basic medical care insurance include both urban workers and urban residence from 2007.
b) Data of the basic pension insurance for 2010 and following years include the basic pension insurances for urban workers and for urban and rural residents.
c) Since 2001, coverage of beds of social services institutions has changed. It includes beds of salvation institutions, community institutions, and serviceman recreation habitation, serviceman supply stations, etc. The aged refer to those 60 years old and above.
d) Since 2011, beds of the aged and disabled include community service beds (including day care beds).

1-10 居住环境基本情况
Basic Statistics on Living Condition

项　目	Item	1990	1995	2000	2005	2010	2013	2014
城市人均住房建筑面积（平方米）	Per Capita Living Space in Urban (sq.m)	13.7	16.3	20.3	26.1	31.6	32.9	
城市人口密度（人/平方公里）	Population Density of City Districts (person/sq.km)	279	322	442		2209	2362	2419
城市人均生活用水(吨)	Per Capita Water Consumption for Residential Use in City(ton)	67.9	71.3	95.5	75.0	62.6	63.3	63.4
城市燃气普及率(%)	Coverage Rate of Population with Access to Gas in City (%)	19	34	45	82	92	94	95
城市每万人拥有公交车辆（标台）	Number of Public Transportation Vehicles per 10 000 Population in City (unit)	2.2	3.6	5.3	8.6	11.2	12.8	13.0
城市人均公园绿地面积（平方米）	Per Capita Area of Parks and Green Land in City (sq.m)	1.8	2.5	3.7	7.9	11.2	12.6	13.1
城市生活垃圾无害化处理率(%)	Proportion of Harmless Treated Garbage in City(%)					77.94	89.3	91.79
城市污水排放量（亿立方米）	Waste Water Discharged in City (100 million cu.m)			331.8		378.698	427.453	445.343
城市污水处理率(%)	Waster Water Treatment Rate in City(%)			34.25		82.31	89.34	90.18
农村人均住房面积（平方米）	Per Capita Living Space in Rural(sq.m)	17.8	21.0	24.8	29.7	34.1	37.1	
农村饮用自来水人口比重(%)	Percentage of Rural Population with Access to Tap Water (%)	26	43	55	61	71	76	79
农村用电量(亿千瓦时)	Electricity Consumed in Rural Areas (100 million kwh)	844.5	1655.7	2421.3	4375.7	6632.3	8549.5	8884.4
农村居民平均每百户年末彩色电视机拥有量(台)	Number of Color TV Set Owned Per 100 Rural Households at Year-end(set)	4.7	16.9	48.7	84.1	111.8	112.9	115.6
电话普及率(含移动电话)（部/百人）	Telephone Popularization Rate(including Mobile Telephone) (set/100 persons)	1.1	4.7	19.1	57.2	86.4	110.0	112.3
移动电话普及率（部/百人）	Popularization Rate of Mobile Telephone (set/100 persons)		0.3	6.7	30.1	64.4	90.3	94.0
互联网宽带接入端口（万个）	Broad Band Subscribes of Internet (10 000 subscribes)				4874.7	18781.1	35945.3	40546.1
互联网普及率(%)	Popularization Rate of Internet (%)				8.5	34.3	45.8	47.9

1-11　文化休闲基本情况
Basic Statistics on Culture Leisure

项　目	Item	1990	1995	2000	2005	2010	2013	2014
公共图书馆(个)	Public Libraries(unit)	2527	2615	2675	2762	2884	3112	3117
公共图书馆总藏量(亿册件)	Total Collection in Public Library (100 million volumes)	2.9		4.1	4.8	6.2	7.5	7.9
文化馆(站)(个)	Cultural Centers(unit)	9216	13487	45321	41588	43382	44260	44423
博物馆(个)	Museums(unit)	1013	1194	1392	1581	2435	3473	3658
艺术表演团体(个)	Arts Performance Troupes(unit)	2805	2682	2619	2805	6864	8180	8769
艺术表演场馆(个)	Arts Performance Places(unit)	1955	1958	1900	1866	1461	1344	1338
国家综合档案馆(个)	National Comprehensive Archives(unit)		3024	3070	3142	3194	3325	3319
广播节目综合人口覆盖率(%)	Population Coverage Rate of Radio Programs(%)	74.7	78.7	92.5	94.5	96.8	97.8	98.0
广播节目制作时间(万小时)	Length of Radio Programs Produced (10 000 hours)	64.7	233.2	404.3	613.9	681.4	739.1	764.7
电视节目综合人口覆盖率(%)	Population Coverage Rate of TV Programs(%)	79.4	84.5	93.7	95.8	97.6	98.4	98.6
电视节目制作时间(万小时)	Length of TV Programs Produced (10 000 hours)	9.2	38.4	87.1	255.4	274.3	339.8	327.7
有线广播电视用户数占家庭总户数比重(%)	Popularization Rate of Cable Radio and TV (%)					46.4	54.1	54.8
#农村	Rural					29.4	35.3	31.6
广播电视总收入(亿元)	Revenue of Radio and TV(100 million yuan)	36.5	170.3	431.0	931.1	2301.9	3734.9	3635.5
生产故事影片(部)	Feature Films Produced(film)	134	146	91	260	526	638	618
生产动画、科教、纪录、特种影片(部)	Cartoons, Popular Science Films & Documentary and Special Films Produced (reel)	673	188	60	42	95	186	140
图书出版种数(种)	Number of Books Published(kind)	80224	101381	143376	222473	328387	444427	448431
图书出版总印数(亿册、亿张)	Total Printed Copies of Books (100 million copies)	56.4	63.2	62.7	64.7	71.7	83.1	81.8
期刊出版种数(种)	Number of Magazines Published(kind)	5751	7583	8725	9468	9884	9877	9966
期刊出版总印数(亿册)	Total Printed Copies of Magazines (100 million copies)	17.9	23.4	29.4	27.6	32.2	32.7	30.9
报纸出版种数(种)	Number of Newspapers Published(kind)	1444	2089	2007	1931	1939	1915	1912
报纸出版总印数(亿份)	Total Printed Copies of Newspapers (100 million copies)	211.3	263.3	329.3	412.6	452.1	482.4	463.9
运动员获世界冠军个数(个)	World Championships Won by Chinese Athletes(unit)	54	102	110	106	108	124	98
运动员创世界纪录次数(次)	World Records Chalked up by Chinese Athletes by Events(times)	16	24	30	21	15	13	10

注：1.2007年以前艺术表演团体为文化系统内数据，2007年起含非文化部门单位。艺术表演场馆不含民营艺术表演场馆。
2.1996年以前文化站数据未包括其他部门所属乡镇文化站。1996—1998年包括其他部门所属文化站，1999年以后，其他部门所属文化站划归文化部门管理。

a) The Art performance troupes referred to those under the official cultural system before 2007 and expanded the coverage to those both under and outside the official cultural system starting from 2007. The Art Performance Places do not include those of non-state owned.

b) Culture stations did not include township culture stations of other department before 1996, and included culture stations of other department from 1996 to 1998. Since 1999, culture stations of other department was put under Culture Department's administration.

1-12 资源环境基本情况
Basic Statistics on Resources and Environment

项 目	Item	1990	1995	2000	2005	2010	2013	2014
森林覆盖率(%)	Forest Coverage Rate(%)	12.98	13.4	16.55	18.21	20.36	21.63	21.63
造林总面积(万公顷)	Area of Afforestation(10 000 hectares)	521	521	511	365	591	610	555
自然保护区(个)	Number of Nature Reserves(unit)	708	799	1227	2349	2588	2697	2729
自然保护区面积(万公顷)	Area of Nature Reserves(10 000 hectares)	2594	7191	9821	14995	14944	14631	14699
水资源总量(亿立方米)	Total Amount of Water Resources (100 million cu.m)			27701	28053	30906	27958	27267
人均水资源量(立方米/人)	Per Capita Water Resources(cu.m)			2194	2151.8	2310	2060	1999
用水总量(亿立方米)	Water Use(100 million cu.m)			5498	5633	6022	6183	6095
人均用水量(立方米/人)	Per Capita Water Use (cu.m)			435	432	450	456	447
废水排放总量(亿吨)	Waste Water Discharged (100 million tons)	354	373	415	525	617	695	716
二氧化硫排放量(万吨)	Emission of SO2(10 000 tons)	1494	1891	1995	2549	2185	2044	1974
一般工业固体废物倾倒丢弃量(万吨)	Common Industrial Solid Wastes Discharged (10 000 tons)	4767	2242	3186	1655	498	129	59
城市生活垃圾无害化处理厂数(座)	Number of Factories for Consumption Wastes Treatment in City(unit)				471	628	765	818
发生地质灾害数量(处)	Geological Disasters(unit)			19653	17751	30670	15374	
海洋赤潮发生次数(次)	Occurrences of Red Tide(time)			28	82	69	46	56
森林火灾火场总面积(万公顷)	Total Area of Forest Fires(10 000 hectares)	2.9	7.1	8.8	7.4	11.6	4.3	5.5
森林病虫害发生面积(万公顷)	Area of Forest Diseases, Pets and Rats Occurrence (10 000 hectares)	989	697	852	961	1164	1223	1206
环境污染治理投资总额(亿元)	Total Investment in the Treatment of Environmental Pollution (100 million yuan)			1015	2388	7612	9037	9576
环境污染治理投资总额占GDP比重(%)	Total Investment in the Treatment of Environmental Pollution as of GDP(%)			1.13	1.3	1.86	1.54	1.51

注：森林覆盖率为历次全国森林资源清查资料数。
Forest coverage rate are the figures of the National Forestry Survey.

1-13 公共安全基本情况
Basic Statistics on Public Security

项　目	Item	1990	1995	2000	2005	2010	2013	2014
公安机关刑事案件立案数(万起)	Criminal Cases Registered in Public Security Organs(10 000 cases)	221.7	169.7	363.7	464.8	597.0	659.8	654.0
公安机关治安案件查处数(万起)	Offence Cases Against Public Order Handled by Public Security Organs (10 000 cases)	183.6	296.8	382.3	630.1	1212.2	1274.6	1120.2
检察机关直接立案侦查案件数(万件)	Cases under Direct Investigation by People's Procuratorate(10 000 cases)			4.5	3.5	3.3	4.9	4.1
检察机关审查批捕、决定逮捕犯罪嫌疑人(万人)	Arrests of Criminal Suspects and Defendants Approved by People's Procuratorate(10 000 persons)			71.6	87.6	93.1	89.6	89.9
检察机关处理申诉案件结案数(件)	Appeals Settled by People's Procuratorate(case)			4831	4169	10948	15268	14764
人民法院审理一审案件收案数(万件)	First Trial Cases Accepted by Courts (10 000 cases)	291.7	454.6	535.6	516.1	699.9	887.7	949.0
刑事案件	Criminal	46.0	49.6	56.0	68.5	78.0	97.2	104.0
民事案件	Civil	244.4	399.7	471.0	438.0	609.1	778.2	830.7
行政案件	Administrative	1.3	5.3	8.6	9.6	12.9	12.3	14.2
人民法院审理刑事案件罪犯总数(万人)	Number of Criminal Offenders Heard by Courts(10 000 persons)			64.0	84.3	100.6	115.8	118.4
#不满18岁青少年罪犯	Young Offenders Less Than 18 Years			4.2	8.3	6.8	5.6	5.0
律师事务所(个)	Number of Law Offices(unit)	3716	7263	9541	12988	17230	20609	22166
专职律师(万人)	Full-time Lawyers (10 000 persons)	2.4	4.5	6.9	11.4	17.6	22.5	24.4
公证员(万人)	Notaries(10 000 persons)	0.9	1.1	1.3	1.2	1.1	1.3	1.3
司法助理员(人)	Full-time Judicial Assistants(person)						56186	54350
交通事故发生数(万起)	Traffic Accidents(10 000 cases)	25	27	62	45	22	20	20
交通事故死亡人数(万人)	Deaths on Traffic Accidents (10 000 persons)	4.9	7.1	9.4	9.9	6.5	5.9	5.9
交通事故直接财产损失(亿元)	Direct Property Losses on Traffic Accidents(100 million yuan)	3.5	15.2	26.7	18.8	9.3	10.4	10.8

1-14 社会参与基本情况
Basic Statistics of Social Participation

项　目	Item	1990	1995	2000	2005	2010	2013	2014
社会团体(万个)	Social Organization (10 000 units)	1.1	18.1	13.1	17.1	24.5	28.9	31.0
基金会(个)	Fund Organization (unit)				975	2202	3549	4117
民办非企业单位(万个)	Non-enterprise Units Run by NGO (10 000 units)			2.3	14.8	19.8	25.5	29.2
村民居委会(万个)	Village Committee(10 000 units)	100.1	93.2	73.2	62.9	59.5	58.9	58.5
居民委委会(万个)	Neighborhood Committee(10 000 units)	9.9	11.2	10.8	8.0	8.7	9.5	9.7
工会基层组织数(万个)	Number of Grassroots Trade Unions (10 000 units)	60.6	59.3	85.9	117.4	197.6	276.7	278.1
工会专职工作人员人数(万人)	Number of Full-time Personnel of Trade Unions(10 000 persons)	55.6	46.8	48.2	47.7	86.4	115.6	115.5

1–15 国内生产总值及构成
Gross Domestic Product and Composition

年份 Year	国内生产总值（亿元）GDP (100 million yuan)	第一产业 Primary Industry	第二产业 Secondary Industry	第三产业 Tertiary Industry	国内生产总值构成(%) GDP Composition (%)	第一产业 Primary Industry	第二产业 Secondary Industry	第三产业 Tertiary Industry	人均国内生产总值（元）Per Capita GDP (yuan)
1978	3650.2	1018.4	1736.0	895.8	100.0	27.9	47.6	24.5	382
1979	4067.7	1258.9	1903.3	905.4	100.0	30.9	46.8	22.3	420
1980	4551.6	1359.4	2180.5	1011.6	100.0	29.9	47.9	22.2	464
1981	4898.1	1545.6	2243.7	1108.8	100.0	31.6	45.8	22.6	493
1982	5333.0	1761.6	2370.6	1200.9	100.0	33.0	44.5	22.5	529
1983	5975.6	1960.8	2632.6	1382.2	100.0	32.8	44.1	23.1	584
1984	7226.3	2295.5	3089.7	1841.1	100.0	31.8	42.8	25.5	697
1985	9039.9	2541.6	3846.8	2651.6	100.0	28.1	42.6	29.3	860
1986	10308.8	2763.9	4469.9	3074.9	100.0	26.8	43.4	29.8	966
1987	12102.2	3204.3	5225.3	3672.6	100.0	26.5	43.2	30.3	1116
1988	15101.1	3831.0	6554.0	4716.0	100.0	25.4	43.4	31.2	1371
1989	17090.3	4228.0	7240.8	5621.6	100.0	24.7	42.4	32.9	1528
1990	18774.3	5017.0	7678.0	6079.3	100.0	26.7	40.9	32.4	1654
1991	21895.5	5288.6	9055.8	7551.2	100.0	24.2	41.4	34.5	1903
1992	27068.3	5800.0	11640.4	9627.9	100.0	21.4	43.0	35.6	2324
1993	35524.3	6887.3	16373.0	12264.1	100.0	19.4	46.1	34.5	3015
1994	48459.6	9471.4	22333.5	16654.7	100.0	19.5	46.1	34.4	4066
1995	61129.8	12020.0	28536.2	20573.6	100.0	19.7	46.7	33.7	5074
1996	71572.3	13877.8	33665.8	24028.7	100.0	19.4	47.0	33.6	5878
1997	79429.5	14264.6	37353.9	27810.9	100.0	18.0	47.0	35.0	6457
1998	84883.7	14618.0	38808.8	31456.8	100.0	17.2	45.7	37.1	6835
1999	90187.7	14548.1	40827.6	34812.0	100.0	16.1	45.3	38.6	7199
2000	99776.3	14716.2	45326.0	39734.1	100.0	14.7	45.4	39.8	7902
2001	110270.4	15501.2	49262.0	45507.2	100.0	14.1	44.7	41.3	8670
2002	121002.0	16188.6	53624.4	51189.0	100.0	13.4	44.3	42.3	9450
2003	136564.6	16968.3	62120.8	57475.6	100.0	12.4	45.5	42.1	10600
2004	160714.4	20901.8	73529.8	66282.8	100.0	13.0	45.8	41.2	12400
2005	185895.8	21803.5	87127.3	76964.9	100.0	11.7	46.9	41.4	14259
2006	217656.6	23313.0	103163.5	91180.1	100.0	10.7	47.4	41.9	16602
2007	268019.4	27783.0	125145.4	115090.9	100.0	10.4	46.7	42.9	20337
2008	316751.7	32747.0	148097.9	135906.9	100.0	10.3	46.8	42.9	23912
2009	345629.2	34154.0	157850.1	153625.1	100.0	9.9	45.7	44.4	25963
2010	408903.0	39354.6	188804.9	180743.4	100.0	9.6	46.2	44.2	30567
2011	484123.5	46153.3	223390.3	214579.9	100.0	9.5	46.1	44.3	36018
2012	534123.0	50892.7	240200.4	243030.0	100.0	9.5	45.0	45.5	39544
2013	588018.8	55321.7	256810.0	275887.0	100.0	9.4	43.7	46.9	43320
2014	636138.7	58336.1	271764.5	306038.2	100.0	9.2	42.7	48.1	46629

注：1.本表按当年价格计算。
2.2013年及以前年度的GDP数据在第三次经济普查后作了系统修订(以下相关表同)。
3.2014年为初步核实数据(以下相关表同)。

a)Data in this table are calculated at current prices.

b)The figures of GDP in 2013 and before have been revised according to the results of the 3rd National Economic Census. The same applies to the relevant tables following.

c) Data of 2014 were preliminary estimation. The same applies to the relevant tables following.

1–16 地区生产总值
Gross Regional Product

地 区	Region	地区生产总值（亿元） Gross Regional Product (100 million yuan)					人均地区生产总值（元） Per Capita Gross Regional Product (yuan)				
		2010	2011	2012	2013	2014	2010	2011	2012	2013	2014
北 京	Beijing	14113.58	16251.93	17879.40	19800.81	21330.83	73856	81658	87475	94648	99995
天 津	Tianjin	9224.46	11307.28	12893.88	14442.01	15726.93	72994	85213	93173	100105	105231
河 北	Hebei	20394.26	24515.76	26575.01	28442.95	29421.15	28668	33969	36584	38909	39984
山 西	Shanxi	9200.86	11237.55	12112.83	12665.25	12761.49	26283	31357	33628	34984	35070
内蒙古	Inner Mongolia	11672.00	14359.88	15880.58	16916.50	17770.19	47347	57974	63886	67836	71046
辽 宁	Liaoning	18457.27	22226.70	24846.43	27213.22	28626.58	42355	50760	56649	61996	65201
吉 林	Jilin	8667.58	10568.83	11939.24	13046.40	13803.14	31599	38460	43415	47428	50160
黑龙江	Heilongjiang	10368.60	12582.00	13691.58	14454.91	15039.38	27076	32819	35711	37697	39226
上 海	Shanghai	17165.98	19195.69	20181.72	21818.15	23567.70	76074	82560	85373	90993	97370
江 苏	Jiangsu	41425.48	49110.27	54058.22	59753.37	65088.32	52840	62290	68347	75354	81874
浙 江	Zhejiang	27722.31	32318.85	34665.33	37756.58	40173.03	51711	59249	63374	68805	73002
安 徽	Anhui	12359.33	15300.65	17212.05	19229.34	20848.75	20888	25659	28792	32001	34425
福 建	Fujian	14737.12	17560.18	19701.78	21868.49	24055.76	40025	47377	52763	58145	63472
江 西	Jiangxi	9451.26	11702.82	12948.88	14410.19	15714.63	21253	26150	28800	31930	34674
山 东	Shandong	39169.92	45361.85	50013.24	55230.32	59426.59	41106	47335	51768	56885	60879
河 南	Henan	23092.36	26931.03	29599.31	32191.30	34938.24	24446	28661	31499	34211	37072
湖 北	Hubei	15967.61	19632.26	22250.45	24791.83	27379.22	27906	34197	38572	42826	47145
湖 南	Hunan	16037.96	19669.56	22154.23	24621.67	27037.32	24719	29880	33480	36943	40271
广 东	Guangdong	46013.06	53210.28	57067.92	62474.79	67809.85	44736	50807	54095	58833	63469
广 西	Guangxi	9569.85	11720.87	13035.10	14449.90	15672.89	20219	25326	27952	30741	33090
海 南	Hainan	2064.50	2522.66	2855.54	3177.56	3500.72	23831	28898	32377	35663	38924
重 庆	Chongqing	7925.58	10011.37	11409.60	12783.26	14262.60	27596	34500	38914	43223	47850
四 川	Sichuan	17185.48	21026.68	23872.80	26392.07	28536.66	21182	26133	29608	32617	35128
贵 州	Guizhou	4602.16	5701.84	6852.20	8086.86	9266.39	13119	16413	19710	23151	26437
云 南	Yunnan	7224.18	8893.12	10309.47	11832.31	12814.59	15752	19265	22195	25322	27264
西 藏	Tibet	507.46	605.83	701.03	815.67	920.83	17027	20077	22936	26326	29252
陕 西	Shaanxi	10123.48	12512.30	14453.68	16205.45	17689.94	27133	33464	38564	43117	46929
甘 肃	Gansu	4120.75	5020.37	5650.20	6330.69	6836.82	16113	19595	21978	24539	26433
青 海	Qinghai	1350.43	1670.44	1893.54	2122.06	2303.32	24115	29522	33181	36875	39671
宁 夏	Ningxia	1689.65	2102.21	2341.29	2577.57	2752.10	26860	33043	36394	39613	41834
新 疆	Xinjiang	5437.47	6610.05	7505.31	8443.84	9273.46	25034	30087	33796	37553	40648

注：本表按当年价格计算。
Data in this table are calculated at current prices.

1-17 分地区一般公共预算收入(2014年)

单位：亿元

地　区	Region	地方一般公共预算收入 General Public Budget Revenue	税收收入 Tax Revenue	国内增值税 Domestic Value-added Tax	营业税 Business Revenue	企业所得税 Corporate Income Tax
地方合计	**Region Total**	**75876.58**	**59139.91**	**9752.33**	**17712.79**	**8828.64**
北　京	Beijing	4027.16	3861.29	646.69	1068.64	915.84
天　津	Tianjin	2390.35	1486.88	252.92	478.47	234.91
河　北	Hebei	2446.62	1866.06	310.07	592.64	256.23
山　西	Shanxi	1820.64	1134.34	238.33	345.82	167.38
内蒙古	Inner Mongolia	1843.67	1251.07	174.02	339.01	109.64
辽　宁	Liaoning	3192.78	2330.57	291.33	562.24	252.10
吉　林	Jilin	1203.38	884.40	139.78	228.78	143.22
黑龙江	Heilongjiang	1301.31	977.40	168.89	250.51	103.22
上　海	Shanghai	4585.55	4219.05	969.14	1001.92	942.46
江　苏	Jiangsu	7233.14	6006.05	987.54	2084.66	821.04
浙　江	Zhejiang	4122.02	3853.96	743.40	1086.58	635.25
安　徽	Anhui	2218.44	1692.52	260.55	539.97	218.32
福　建	Fujian	2362.21	1893.73	262.73	581.85	322.92
江　西	Jiangxi	1881.83	1381.13	219.60	443.57	152.47
山　东	Shandong	5026.83	3965.76	596.96	1135.92	483.01
河　南	Henan	2739.26	1951.46	256.47	627.33	261.00
湖　北	Hubei	2566.90	1873.11	263.66	586.00	255.02
湖　南	Hunan	2262.79	1438.52	212.22	470.94	155.01
广　东	Guangdong	8065.08	6510.47	1233.17	1730.87	1136.19
广　西	Guangxi	1422.28	978.07	126.45	321.26	109.35
海　南	Hainan	555.31	480.55	54.72	154.33	67.68
重　庆	Chongqing	1922.02	1281.83	153.29	444.09	157.72
四　川	Sichuan	3061.07	2312.46	306.45	805.24	286.06
贵　州	Guizhou	1366.67	1026.70	117.03	344.49	123.84
云　南	Yunnan	1698.06	1233.23	186.11	396.31	159.63
西　藏	Tibet	124.27	85.86	15.91	31.98	18.14
陕　西	Shaanxi	1890.40	1335.68	250.63	399.28	156.53
甘　肃	Gansu	672.67	490.26	88.40	194.98	46.00
青　海	Qinghai	251.68	199.39	30.93	77.85	19.82
宁　夏	Ningxia	339.86	250.33	38.56	105.03	28.33
新　疆	Xinjiang	1282.34	887.79	156.39	282.23	90.29

General Public Budget Revenue by Region (2014)

(100 million yuan)

个人所得税 Individual Income Tax	资源税 Resource Tax	城市维护建设税 City Maintenance and Construction Tax	房产税 House Property Tax	印花税 Stamp Tax	城镇土地使用税 Urban Land Use Tax	土地增值税 Land Appreciation Tax
2950.58	**1039.38**	**3461.82**	**1851.64**	**893.12**	**1992.62**	**3914.68**
383.52	0.78	187.24	140.22	61.33	17.76	214.33
71.98	2.76	88.98	65.86	30.94	25.19	117.04
56.12	54.68	105.94	47.18	31.34	104.04	116.09
47.20	58.90	67.26	34.29	22.25	40.40	30.92
40.20	72.69	61.05	38.39	16.60	86.74	51.29
70.28	102.14	118.22	82.20	30.53	248.05	177.57
34.92	13.39	59.67	23.96	11.88	33.07	48.47
36.98	108.33	59.38	27.62	12.50	49.65	65.40
408.61		177.24	99.95	70.99	34.69	266.18
306.33	25.33	376.15	228.73	81.97	176.06	444.89
217.54	9.30	246.11	158.43	61.77	121.04	205.72
52.14	20.82	98.00	38.64	20.87	100.38	96.67
86.67	11.96	101.30	61.91	29.77	38.34	213.37
35.94	46.75	66.26	27.71	14.41	40.62	113.84
115.18	119.57	231.33	122.49	60.56	264.69	257.74
58.01	39.19	106.67	45.91	26.80	95.90	132.51
64.69	18.83	124.87	43.83	25.12	44.92	174.07
56.56	10.47	115.15	40.08	18.16	35.17	76.75
408.91	15.45	413.75	233.89	112.00	151.00	505.90
30.22	17.10	53.14	23.56	13.96	23.45	68.30
13.42	2.63	18.82	12.52	6.84	20.71	75.22
43.24	9.71	74.35	40.37	20.68	63.36	96.22
97.20	29.10	126.55	65.80	31.69	61.11	150.53
32.52	17.05	57.64	23.43	11.64	18.44	64.64
48.18	17.13	118.42	34.53	17.29	23.98	43.86
9.44	0.70	5.73		1.65	0.16	1.06
46.87	84.90	86.93	37.61	19.95	28.07	50.07
15.81	22.98	37.69	14.28	7.86	16.06	14.35
6.28	23.15	12.03	5.37	3.02	3.75	3.14
7.46	5.43	14.02	8.30	4.36	10.00	6.15
48.13	78.17	51.92	24.57	14.38	15.83	32.40

1-17 续表

单位：亿元

地区	Region	车船税 Tax on Vehicles and Boat Operation	耕地占用税 Farm Land Occupation Tax	契税 Deed Tax	烟叶税 Tobacco Leaf Tax	其他税收收入 Other Tax Revenue
地方合计	**Region Total**	**541.06**	**2059.05**	**4000.70**	**141.05**	**0.45**
北京	Beijing	27.72	4.69	192.52		0.01
天津	Tianjin	9.91	11.51	96.40		
河北	Hebei	27.61	49.12	114.84	0.14	
山西	Shanxi	14.22	20.30	46.82	0.23	
内蒙古	Inner Mongolia	14.13	201.21	45.85	0.27	
辽宁	Liaoning	26.31	203.89	163.84	1.47	0.40
吉林	Jilin	11.13	56.98	78.00	1.13	0.01
黑龙江	Heilongjiang	14.00	22.74	55.05	3.14	
上海	Shanghai	19.05	14.48	214.33		0.02
江苏	Jiangsu	36.91	34.74	401.69		
浙江	Zhejiang	38.46	63.24	267.09	0.02	
安徽	Anhui	12.83	35.76	195.66	1.92	
福建	Fujian	14.78	33.67	126.66	7.80	
江西	Jiangxi	9.71	76.83	130.62	2.80	
山东	Shandong	46.65	255.42	273.67	2.58	
河南	Henan	25.00	125.31	142.01	9.36	
湖北	Hubei	15.56	107.32	145.89	3.33	
湖南	Hunan	13.73	75.72	148.46	10.10	
广东	Guangdong	61.44	86.35	419.91	1.62	
广西	Guangxi	10.59	104.18	75.24	1.26	
海南	Hainan	2.56	13.68	37.42		
重庆	Chongqing	8.33	38.26	128.96	3.25	
四川	Sichuan	22.46	107.95	211.83	10.49	
贵州	Guizhou	7.30	122.03	66.93	19.73	
云南	Yunnan	13.39	55.35	60.96	58.08	
西藏	Tibet	0.76	0.34			
陕西	Shaanxi	13.73	78.72	80.27	2.11	
甘肃	Gansu	7.72	4.88	19.06	0.19	
青海	Qinghai	1.88	4.52	7.66		
宁夏	Ningxia	2.92	3.71	16.03	0.04	
新疆	Xinjiang	10.27	46.16	37.04		

1–17　continued

(100 million yuan)

非税收入 Non-Tax Revenue	专项收入 Special Program Receipts	行政事业性收费收入 Charge of Administrative and Institutional Units	罚没收入 Penalty Receipts	国有资本经营收入 Operation Income of State-owned Assets	国有资源(资产)有偿使用收入 Income from Use of State-owned Resources (Assets)	其他收入 Other Non-tax Receipts
16736.67	**3304.76**	**4840.37**	**1632.89**	**1146.34**	**4187.65**	**1624.66**
165.87	103.38	53.90	38.67	-94.79	55.31	9.39
903.47	44.69	236.47	18.21	53.19	355.79	195.14
580.56	95.25	186.98	103.14	32.12	127.76	35.31
686.29	444.21	97.56	60.94	25.15	34.16	24.27
592.60	162.51	166.57	41.54	103.86	102.46	15.66
862.21	105.53	182.46	69.63	199.73	257.46	47.39
318.98	47.63	86.37	34.57	24.03	112.96	13.41
323.92	47.91	78.23	42.98	34.27	100.17	20.37
366.50	124.60	114.23	27.96	-1.08	87.72	13.09
1227.10	209.33	426.52	120.63	242.34	186.63	41.64
268.06	128.33	33.90	93.64	-56.00	50.43	17.76
525.92	129.45	148.43	49.16	28.11	141.29	29.48
468.48	80.70	115.95	50.99	46.15	153.04	21.65
500.70	67.21	179.73	73.18	2.61	145.39	32.58
1061.07	153.52	302.20	121.45	55.69	381.95	46.25
787.80	101.42	263.89	82.20	108.25	156.27	75.76
693.78	77.39	333.37	73.71	31.41	141.93	35.96
824.27	61.53	184.20	81.22	15.97	325.29	156.07
1554.61	255.71	497.67	134.69	60.90	281.69	323.95
444.21	42.99	114.04	35.30	103.89	106.73	41.27
74.75	12.11	21.30	9.50	10.76	14.75	6.34
640.19	48.53	348.86	32.50		170.19	40.10
748.61	110.74	199.52	61.50	40.90	236.83	99.14
339.97	65.08	70.73	33.29	12.91	96.74	61.21
464.83	168.16	103.58	49.57	0.80	76.77	65.95
38.41	3.76	3.25	2.54	-0.16	16.20	12.82
554.72	123.42	146.48	36.21	44.56	126.81	77.25
182.41	42.64	54.34	16.93	3.15	43.29	22.06
52.28	19.26	9.09	4.57	0.81	13.30	5.26
89.54	22.07	21.87	7.71	0.66	32.07	5.15
394.54	205.71	58.65	24.77	16.15	56.30	32.97

1-18 分地区一般公共预算支出（2014年）

单位：亿元

地 区	Region	地方一般公共预算支出 General Public Budget Expenditure	一般公共服务支出 Expenditure for General Public Services	外交支出 Expenditure for Foreign Affairs	国防支出 Expenditure for National Defense	公 共 安全支出 Expenditure for Public Security
地方合计	**Region Total**	**129215.49**	**12217.07**	**1.45**	**234.40**	**6879.47**
北 京	Beijing	4524.67	272.23		8.49	279.78
天 津	Tianjin	2884.70	158.08		1.16	139.31
河 北	Hebei	4677.30	476.59		12.38	248.29
山 西	Shanxi	3085.28	237.94		5.44	160.80
内蒙古	Inner Mongolia	3879.98	297.55	0.02	4.77	180.45
辽 宁	Liaoning	5080.49	436.29		11.97	235.67
吉 林	Jilin	2913.25	253.50		5.18	154.63
黑龙江	Heilongjiang	3434.22	256.20		4.88	170.77
上 海	Shanghai	4923.44	248.84		6.57	250.91
江 苏	Jiangsu	8472.45	856.70		22.00	473.83
浙 江	Zhejiang	5159.57	527.74		7.93	370.69
安 徽	Anhui	4664.10	408.15		5.70	179.60
福 建	Fujian	3306.70	293.40		6.56	191.63
江 西	Jiangxi	3882.70	361.36		6.53	175.96
山 东	Shandong	7177.31	725.33		15.47	380.57
河 南	Henan	6028.69	700.71		6.79	274.12
湖 北	Hubei	4934.15	598.45		4.18	259.05
湖 南	Hunan	5017.38	627.24		13.05	246.11
广 东	Guangdong	9152.64	959.44		19.05	697.23
广 西	Guangxi	3479.79	405.99		9.93	192.22
海 南	Hainan	1099.74	111.40	0.82	4.28	67.71
重 庆	Chongqing	3304.39	288.27	0.17	6.86	159.56
四 川	Sichuan	6796.61	575.67		14.59	319.19
贵 州	Guizhou	3542.80	422.49		5.25	187.97
云 南	Yunnan	4437.98	399.48	0.03	9.41	219.66
西 藏	Tibet	1185.51	164.09	0.26	1.88	69.36
陕 西	Shaanxi	3962.50	366.32		3.90	161.43
甘 肃	Gansu	2541.49	300.48		2.89	107.42
青 海	Qinghai	1347.43	100.57		0.71	55.63
宁 夏	Ningxia	1000.45	61.68		1.00	47.64
新 疆	Xinjiang	3317.79	324.88	0.16	5.60	222.28

General Public Expenditure by Region (2014)

(100 million yuan)

教育支出 Expenditure for Education	科学技术支出 Expenditure for Science and Technology	文化体育与传媒支出 Expenditure for Culture, Sport and Media	社会保障和就业支出 Expenditure for Social Safety Net and Employment Effort	医疗卫生与计划生育支出 Expenditure for Medical and Health Care, Family Planning	节能环保支出 Expenditure for Environment Protection	城乡社区支出 Expenditure for Urban and Rural Community Affairs
21788.09	**2877.79**	**2468.48**	**15268.94**	**10086.56**	**3470.90**	**12942.31**
742.05	282.71	163.90	509.01	322.29	213.36	567.40
517.01	109.00	47.87	259.56	161.33	57.93	823.70
868.87	51.32	82.66	585.62	446.79	193.43	367.83
507.28	54.26	63.95	450.72	243.94	95.26	219.05
477.77	32.87	91.90	531.76	227.78	142.75	540.30
604.49	108.82	92.60	895.91	273.61	106.10	849.50
407.10	36.45	61.16	390.20	206.44	140.30	273.29
505.94	39.46	45.63	602.68	235.31	111.57	332.11
695.63	262.29	86.38	498.13	264.75	77.32	801.29
1504.86	327.10	190.86	709.59	560.93	237.78	1221.64
1030.99	207.99	115.36	435.54	433.80	120.65	389.01
743.07	129.59	82.25	575.82	425.00	104.76	558.55
634.60	67.40	64.18	258.71	292.14	61.80	269.74
711.72	58.37	60.03	422.35	338.45	68.13	226.81
1461.05	147.06	127.75	763.53	605.67	166.67	777.92
1201.38	81.25	91.16	790.87	602.95	119.95	431.74
773.35	134.46	76.65	717.63	401.32	103.78	364.31
833.27	59.38	80.01	661.97	422.40	137.49	463.96
1808.97	274.33	168.16	797.01	777.55	259.04	770.11
660.53	59.93	68.52	387.18	355.33	84.00	269.34
175.95	13.53	23.51	142.52	88.46	23.28	72.97
469.98	38.16	36.02	502.94	246.34	105.51	577.79
1056.91	81.76	135.65	927.01	584.10	168.69	528.13
637.03	44.34	54.69	299.72	303.25	85.34	101.29
674.94	43.15	56.21	584.08	352.41	108.88	182.22
142.08	4.42	34.10	85.98	48.86	29.23	67.12
693.83	44.86	93.23	541.40	313.45	112.51	330.57
401.26	21.16	49.60	376.22	204.19	73.21	78.75
156.31	10.39	34.16	148.01	80.13	56.73	95.04
122.68	11.66	16.02	116.43	65.27	34.60	104.07
567.20	40.34	74.32	300.85	202.32	70.86	286.76

1-18 续表

单位：亿元

地 区	Region	农林水支出 Expenditure for Agriculture, Forestry and Water Conservancy	交 通 运输支出 Expenditure for Transpor-tation	资源勘探信息等支出 Expenditures for Affairs of Resource Exploration and Information	商业服务业等支出 Expenditure for Affairs of Commerce and Services
地方合计	**Region Total**	**13634.16**	**9669.26**	**4634.73**	**1319.78**
北 京	Beijing	343.67	214.55	158.59	39.90
天 津	Tianjin	134.91	94.95	183.10	26.24
河 北	Hebei	583.52	310.23	104.13	29.06
山 西	Shanxi	327.85	170.35	49.60	13.95
内蒙古	Inner Mongolia	517.69	292.72	92.09	27.96
辽 宁	Liaoning	443.85	310.89	225.32	59.34
吉 林	Jilin	308.68	229.11	99.58	28.30
黑龙江	Heilongjiang	487.67	236.97	91.34	21.45
上 海	Shanghai	202.34	157.20	468.20	79.10
江 苏	Jiangsu	899.31	496.93	364.33	118.11
浙 江	Zhejiang	524.59	388.33	191.68	103.63
安 徽	Anhui	502.69	338.38	150.93	62.09
福 建	Fujian	320.32	310.93	177.75	65.24
江 西	Jiangxi	500.15	289.46	244.38	32.94
山 东	Shandong	772.84	399.14	255.98	94.13
河 南	Henan	661.94	364.85	117.62	31.50
湖 北	Hubei	483.80	396.04	221.62	36.06
湖 南	Hunan	557.59	322.16	159.69	44.43
广 东	Guangdong	557.59	882.86	275.37	89.21
广 西	Guangxi	391.29	204.92	119.58	31.35
海 南	Hainan	146.30	86.39	31.86	8.76
重 庆	Chongqing	291.62	260.87	147.66	34.79
四 川	Sichuan	826.59	543.83	201.50	69.92
贵 州	Guizhou	447.19	432.01	85.82	21.12
云 南	Yunnan	594.45	640.16	78.92	29.74
西 藏	Tibet	169.24	173.17	56.73	10.45
陕 西	Shaanxi	445.97	371.49	95.12	33.29
甘 肃	Gansu	366.17	257.12	43.40	17.63
青 海	Qinghai	190.04	204.70	56.31	13.03
宁 夏	Ningxia	157.05	73.00	29.78	18.64
新 疆	Xinjiang	477.27	215.53	56.75	28.42

1-18 continued

(100 million yuan)

金融支出 Expenditure for Financial Affairs	援助其他地区支出 Expenditure for Other Regional Assistance	国土海洋气象等支出 Expenditure for Affairs of Land, Ocean and Weather	住房保障支出 Expenditure for Affairs of Housing Security	粮油物资储备支出 Expenditure for Affairs of Management of Grain & Oil Reserves	国债还本付息支出 Interest Payment for Domestic and Foreign Debts	其他支出 Other Expendi-ture
258.70	**216.50**	**1722.56**	**4638.31**	**778.39**	**983.10**	**3124.54**
4.09	18.03	31.82	66.96	5.64	8.49	271.72
2.93	6.61	25.24	15.57	5.60		114.61
1.98	6.04	66.32	126.86	28.60	28.54	58.24
2.91	2.37	319.71	93.38	19.07	9.30	38.13
3.21	0.78	89.19	157.61	76.23	21.72	72.84
3.89	11.45	72.92	174.33	33.21	41.35	88.98
18.62	2.59	29.77	137.30	55.28	60.12	15.66
1.15	2.75	32.81	147.19	71.64	13.10	23.62
15.20	29.29	16.43	119.30	15.41	11.45	617.42
14.84	26.93	65.01	189.53	33.53	18.52	140.11
10.13	19.20	38.06	99.82	14.59	9.66	120.18
5.02	3.70	53.80	232.76	39.85	22.16	40.21
2.98	2.15	42.78	91.46	15.63	16.18	121.13
4.32	1.00	33.50	197.11	23.67	32.05	94.41
11.89	15.49	100.39	181.15	39.61	53.45	82.20
27.71	2.62	54.00	247.57	45.12	94.41	80.46
9.79	5.19	55.41	147.06	38.78	37.49	69.74
5.76	3.70	65.72	208.13	35.97	27.90	41.45
45.56	49.75	61.59	264.88	31.03	66.81	297.09
2.65		39.04	114.67	20.61	23.39	39.33
1.64		14.25	39.37	3.21	6.07	37.46
9.76	1.89	39.02	64.39	10.40	8.71	3.69
7.33	4.21	77.44	307.62	39.88	90.27	236.32
0.52		26.31	289.00	8.43	16.42	74.62
4.73	0.08	98.65	164.84	11.93	116.56	67.46
2.62	0.01	9.47	70.49	2.61	0.87	42.43
5.32	0.07	50.94	227.89	17.35	21.32	32.23
1.89		41.02	113.66	9.76	41.67	34.00
12.93	0.04	21.81	67.73	4.58	22.86	15.70
16.12		8.39	81.39	2.83	16.41	15.80
1.20	0.56	41.76	199.31	18.34	45.82	137.26

二、人口家庭

Population and Family

2-1 人口数及构成
Population and Its Composition

单位：万人 (10 000 persons)

年 份 Year	总人口(年末) Total Population (year-end)	按性别分 By Sex				按城乡分 By Residence			
		男 Male		女 Female		城镇 Urban		乡村 Rural	
		人口数 Population	比重 (%) Proportion	人口数 Population	比重 (%) Proportion	人口数 Population	比重 (%) Proportion	人口数 Population	比重 (%) Proportion
1949	54167	28145	51.96	26022	48.04	5765	10.64	48402	89.36
1950	55196	28669	51.94	26527	48.06	6169	11.18	49027	88.82
1951	56300	29231	51.92	27069	48.08	6632	11.78	49668	88.22
1955	61465	31809	51.75	29656	48.25	8285	13.48	53180	86.52
1960	66207	34283	51.78	31924	48.22	13073	19.75	53134	80.25
1965	72538	37128	51.18	35410	48.82	13045	17.98	59493	82.02
1970	82992	42686	51.43	40306	48.57	14424	17.38	68568	82.62
1971	85229	43819	51.41	41410	48.59	14711	17.26	70518	82.74
1972	87177	44813	51.40	42364	48.60	14935	17.13	72242	82.87
1973	89211	45876	51.42	43335	48.58	15345	17.20	73866	82.80
1974	90859	46727	51.43	44132	48.57	15595	17.16	75264	82.84
1975	92420	47564	51.47	44856	48.53	16030	17.34	76390	82.66
1976	93717	48257	51.49	45460	48.51	16341	17.44	77376	82.56
1977	94974	48908	51.50	46066	48.50	16669	17.55	78305	82.45
1978	96259	49567	51.49	46692	48.51	17245	17.92	79014	82.08
1979	97542	50192	51.46	47350	48.54	18495	18.96	79047	81.04
1980	98705	50785	51.45	47920	48.55	19140	19.39	79565	80.61
1981	100072	51519	51.48	48553	48.52	20171	20.16	79901	79.84
1982	101654	52352	51.50	49302	48.50	21480	21.13	80174	78.87
1983	103008	53152	51.60	49856	48.40	22274	21.62	80734	78.38
1984	104357	53848	51.60	50509	48.40	24017	23.01	80340	76.99
1985	105851	54725	51.70	51126	48.30	25094	23.71	80757	76.29
1986	107507	55581	51.70	51926	48.30	26366	24.52	81141	75.48
1987	109300	56290	51.50	53010	48.50	27674	25.32	81626	74.68
1988	111026	57201	51.52	53825	48.48	28661	25.81	82365	74.19
1989	112704	58099	51.55	54605	48.45	29540	26.21	83164	73.79
1990	114333	58904	51.52	55429	48.48	30195	26.41	84138	73.59
1991	115823	59466	51.34	56357	48.66	31203	26.94	84620	73.06
1992	117171	59811	51.05	57360	48.95	32175	27.46	84996	72.54
1993	118517	60472	51.02	58045	48.98	33173	27.99	85344	72.01
1994	119850	61246	51.10	58604	48.90	34169	28.51	85681	71.49
1995	121121	61808	51.03	59313	48.97	35174	29.04	85947	70.96
1996	122389	62200	50.82	60189	49.18	37304	30.48	85085	69.52
1997	123626	63131	51.07	60495	48.93	39449	31.91	84177	68.09
1998	124761	63940	51.25	60821	48.75	41608	33.35	83153	66.65
1999	125786	64692	51.43	61094	48.57	43748	34.78	82038	65.22
2000	126743	65437	51.63	61306	48.37	45906	36.22	80837	63.78
2001	127627	65672	51.46	61955	48.54	48064	37.66	79563	62.34
2002	128453	66115	51.47	62338	48.53	50212	39.09	78241	60.91
2003	129227	66556	51.50	62671	48.50	52376	40.53	76851	59.47
2004	129988	66976	51.52	63012	48.48	54283	41.76	75705	58.24
2005	130756	67375	51.53	63381	48.47	56212	42.99	74544	57.01
2006	131448	67728	51.52	63720	48.48	58288	44.34	73160	55.66
2007	132129	68048	51.50	64081	48.50	60633	45.89	71496	54.11
2008	132802	68357	51.47	64445	48.53	62403	46.99	70399	53.01
2009	133450	68647	51.44	64803	48.56	64512	48.34	68938	51.66
2010	134091	68748	51.27	65343	48.73	66978	49.95	67113	50.05
2011	134735	69068	51.26	65667	48.74	69079	51.27	65656	48.73
2012	135404	69395	51.25	66009	48.75	71182	52.57	64222	47.43
2013	136072	69728	51.24	66344	48.76	73111	53.73	62961	46.27
2014	136782	70079	51.23	66703	48.77	74916	54.77	61866	45.23

注：1.1981年及以前数据为户籍统计数；1982、1990、2000、2010年数据为当年人口普查数据推算数；其余年份数据为年度人口抽样调查推算数据(下相关表同)。

2.总人口和按性别分人口中包括现役军人，按城乡分人口中现役军人计入城镇人口。

a) Figures 1981 (inclusive) are from household registrations; for the year 1982,1990,2000 and 2010 are the census year estimates; the rest of the data covered in those tables have been estimated on the basis of the annual national sample surveys of population. The same applies to the relevant tables following.

b) Total population and population by sex include the military personnel of the Chinese People's Liberation Army, the military personnel are classified as urban population in the item of population by residence.

2-2 人口出生率、死亡率和自然增长率
Birth Rate, Death Rate and Natural Growth Rate of Population

单位：‰ (‰)

年 份 Year	出生率 Birth Rate	死亡率 Death Rate	自然增长率 Natural Growth Rate
1978	18.25	6.25	12.00
1979	17.82	6.21	11.61
1980	18.21	6.34	11.87
1981	20.91	6.36	14.55
1982	22.28	6.60	15.68
1983	20.19	6.90	13.29
1984	19.90	6.82	13.08
1985	21.04	6.78	14.26
1986	22.43	6.86	15.57
1987	23.33	6.72	16.61
1988	22.37	6.64	15.73
1989	21.58	6.54	15.04
1990	21.06	6.67	14.39
1991	19.68	6.70	12.98
1992	18.24	6.64	11.60
1993	18.09	6.64	11.45
1994	17.70	6.49	11.21
1995	17.12	6.57	10.55
1996	16.98	6.56	10.42
1997	16.57	6.51	10.06
1998	15.64	6.50	9.14
1999	14.64	6.46	8.18
2000	14.03	6.45	7.58
2001	13.38	6.43	6.95
2002	12.86	6.41	6.45
2003	12.41	6.40	6.01
2004	12.29	6.42	5.87
2005	12.40	6.51	5.89
2006	12.09	6.81	5.28
2007	12.10	6.93	5.17
2008	12.14	7.06	5.08
2009	11.95	7.08	4.87
2010	11.90	7.11	4.79
2011	11.93	7.14	4.79
2012	12.10	7.15	4.95
2013	12.08	7.16	4.92
2014	12.37	7.16	5.21

2-3 人口年龄结构和抚养比
Age Composition and Dependency Ratio of Population

单位：万人，% (10 000 persons,%)

年 份 Year	总人口(年末) Total Population (year-end)	按年龄分 by Age 0-14岁 Aged 0-14 人口数 Population	比重 Proportion	15-64岁 Aged 15-64 人口数 Population	比重 Proportion	65岁及以上 Aged 65 and Over 人口数 Population	比重 Proportion	总抚养比 Gross Dependency Ratio	少 儿 抚养比 Children Dependency Ratio	老 年 抚养比 Old Dependency Ratio
1953	58796	21331	36.3	34872	59.3	2593	4.4	68.6	61.2	7.4
1964	70499	28686	40.7	39303	55.8	2510	3.6	79.4	73.0	6.4
1982	101654	34146	33.6	62517	61.5	4991	4.9	62.6	54.6	8.0
1987	109300	31347	28.7	71985	65.9	5968	5.4	51.8	43.5	8.3
1990	114333	31659	27.7	76306	66.7	6368	5.6	49.8	41.5	8.3
1995	121121	32218	26.6	81393	67.2	7510	6.2	48.8	39.6	9.2
1996	122389	32311	26.4	82245	67.2	7833	6.4	48.8	39.3	9.5
1997	123626	32093	26.0	83448	67.5	8085	6.5	48.1	38.5	9.7
1998	124761	32064	25.7	84338	67.6	8359	6.7	47.9	38.0	9.9
1999	125786	31950	25.4	85157	67.7	8679	6.9	47.7	37.5	10.2
2000	126743	29012	22.9	88910	70.1	8821	7.0	42.6	32.6	9.9
2001	127627	28716	22.5	89849	70.4	9062	7.1	42.0	32.0	10.1
2002	128453	28774	22.4	90302	70.3	9377	7.3	42.2	31.9	10.4
2003	129227	28559	22.1	90976	70.4	9692	7.5	42.0	31.4	10.7
2004	129988	27947	21.5	92184	70.9	9857	7.6	41.0	30.3	10.7
2005	130756	26504	20.3	94197	72.0	10055	7.7	38.8	28.1	10.7
2006	131448	25961	19.8	95068	72.3	10419	7.9	38.3	27.3	11.0
2007	132129	25660	19.4	95833	72.5	10636	8.1	37.9	26.8	11.1
2008	132802	25166	19.0	96680	72.7	10956	8.3	37.4	26.0	11.3
2009	133450	24659	18.5	97484	73.0	11307	8.5	36.9	25.3	11.6
2010	134091	22259	16.6	99938	74.5	11894	8.9	34.2	22.3	11.9
2011	134735	22164	16.5	100283	74.4	12288	9.1	34.4	22.1	12.3
2012	135404	22287	16.5	100403	74.1	12714	9.4	34.9	22.2	12.7
2013	136072	22329	16.4	100582	73.9	13161	9.7	35.3	22.2	13.1
2014	136782	22558	16.5	100469	73.4	13755	10.1	36.2	22.5	13.7

2-4 人口密度
Population Density at Year-end

年 份 Year	总人口 (万人) Population (10 000 persons)	人口密度 (人/平方公里) Population Density (person/sq.km)	年 份 Year	总人口 (万人) Population (10 000 persons)	人口密度 (人/平方公里) Population Density (person/sq.km)
1949	54167	56	1981	100072	104
1950	55196	57	1982	101654	106
1951	56300	59	1983	103008	107
1952	57482	60	1984	104357	109
1953	58796	61	1985	105851	110
1954	60266	63	1986	107507	112
1955	61465	64	1987	109300	114
1956	62828	65	1988	111026	116
1957	64653	67	1989	112704	117
1958	65994	69	1990	114333	119
1959	67207	70	1991	115823	121
1960	66207	69	1992	117171	122
1961	65859	69	1993	118517	123
1962	67295	70	1994	119850	125
1963	69172	72	1995	121121	126
1964	70499	73	1996	122389	127
1965	72538	76	1997	123626	129
1966	74542	78	1998	124761	130
1967	76368	80	1999	125786	131
1968	78534	82	2000	126743	132
1969	80671	84	2001	127627	133
1970	82992	86	2002	128453	134
1971	85229	89	2003	129227	135
1972	87177	91	2004	129988	135
1973	89211	93	2005	130756	136
1974	90859	95	2006	131448	137
1975	92420	96	2007	132129	138
1976	93717	98	2008	132802	138
1977	94974	99	2009	133450	139
1978	96259	100	2010	134091	140
1979	97542	102	2011	134735	140
1980	98705	103	2012	135404	141
			2013	136072	142
			2014	136782	142

2–5 全国六次人口普查基本情况

Basic Statistics on National Population Census in 1953, 1964, 1982, 1990, 2000 and 2010

指　　标	Item	1953	1964	1982	1990	2000	2010
总人口（万人）	**Total Population (10 000 persons)**	**58260**	**69458**	**100818**	**113368**	**126583**	**133972**
男	Male	30190	35652	51944	58495	65355	68685
女	Female	28070	33806	48874	54873	61228	65287
性别比（以女性为100）	Sex Ratio (female=100)	107.56	105.46	106.30	106.60	106.74	105.20
家庭户规模（人/户）	**Average Family Household Size (person/household)**	**4.33**	**4.43**	**4.41**	**3.96**	**3.44**	**3.10**
各年龄组人口比重（%）	**Percentage of Population by Age Group (%)**						
0–14岁	Aged 0-14	36.28	40.69	33.59	27.69	22.89	16.60
15–64岁	Aged 15-64	59.31	55.75	61.50	66.74	70.15	74.53
65岁及以上	Aged 65 and Over	4.41	3.56	4.91	5.57	6.96	8.87
民族人口	**Population by Ethnicity**						
汉族（万人）	Han (10 000 persons)	54728	65456	94088	104248	115940	122593
占总人口比重（%）	Percentage to Total Population (%)	93.94	94.24	93.32	91.96	91.59	91.51
少数民族（万人）	Ethnic Minorities (10 000 persons)	3532	4002	6730	9120	10643	11379
占总人口比重（%）	Percentage to Total Population (%)	6.06	5.76	6.68	8.04	8.41	8.49
每十万人拥有的各种受教育程度人口（人）	**Population with Various Education Attainments Per 100 000 Persons (person)**						
大专及以上	Junior College and Above		416	615	1422	3611	8930
高中和中专	Senior Secondary School and Technical Secondary School		1319	6779	8039	11146	14032
初中	Junior Secondary School		4680	17892	23344	33961	38788
小学	Primary School		28330	35237	37057	35701	26779
文盲人口及文盲率	**Illiterate Population and Illiterate Rate**						
文盲人口（万人）	Illiterate Population (10 000 persons)		23327	22996	18003	8507	5466
文盲率（%）	Illiterate Rate (%)		33.58	22.81	15.88	6.72	4.08
城乡人口	**Population by Residence**						
城镇化率（%）	Urbanization Rate (%)	13.26	18.30	20.91	26.44	36.22	49.68
城镇人口（万人）	Urban Population (10 000 persons)	7726	12710	21082	29971	45844	66557
乡村人口（万人）	Rural Population (10 000 persons)	50534	56748	79736	83397	80739	67415
平均预期寿命（岁）	**Life Expectancy (year old)**			**67.77***	**68.55**	**71.40**	**74.83**
男	Male			66.28*	66.84	69.63	72.38
女	Female			69.27*	70.47	73.33	77.37

注：1.1953年、1964年、1982年及1990年全国人口普查标准时点为当年7月1日零时，2000年和2010年全国人口普查标准时点为当年11月1日零时。

2.历次普查总人口数据包括中国人民解放军现役军人。在城乡人口中，中国人民解放军现役军人列为城镇人口统计。

3.1964年文盲人口为13岁及以上不识字人口，1982、1990、2000、2010年文盲人口为15岁及以上不识字或识字很少的人。

4.表中“*”号表示为1981年数据。

a) Standard reference time of national population census in 1953, 1964, 1982 and 1990 was zero hour of July 1st, and in 2000 and 2010 was zero hour of November 1st.

b) Total population from the five national population censuses includes the military personnel. Military personnel is listed as urban population in population by residence.

c) Illiterate population of 1964 National Population Census referred to the population aged 13 and over who are unable to read. Illiterate population of 1982, 1990, 2000 and 2010 National Population Censuses referred to the population aged 15 and over who are unable or have difficulty to read.

d) Data with “*” in this table are of 1981.

2-6 分地区人口平均预期寿命
Population Life Expectancy by Region

单位：岁 (year old)

地 区	Region	1990年 预期寿命 Life Expectancy in 1990	男 Male	女 Female	2000年 预期寿命 Life Expectancy in 2000	男 Male	女 Female	2010年 预期寿命 Life Expectancy in 2010	男 Male	女 Female
全 国	**National Total**	**68.55**	**66.84**	**70.47**	**71.40**	**69.63**	**73.33**	**74.83**	**72.38**	**77.37**
北 京	Beijing	72.86	71.07	74.93	76.10	74.33	78.01	80.18	78.28	82.21
天 津	Tianjin	72.32	71.03	73.73	74.91	73.31	76.63	78.89	77.42	80.48
河 北	Hebei	70.35	68.47	72.53	72.54	70.68	74.57	74.97	72.70	77.47
山 西	Shanxi	68.97	67.33	70.93	71.65	69.96	73.57	74.92	72.87	77.28
内蒙古	Inner Mongolia	65.68	64.47	67.22	69.87	68.29	71.79	74.44	72.04	77.27
辽 宁	Liaoning	70.22	68.72	71.94	73.34	71.51	75.36	76.38	74.12	78.86
吉 林	Jilin	67.95	66.65	69.49	73.10	71.38	75.04	76.18	74.12	78.44
黑龙江	Heilongjiang	66.97	65.50	68.73	72.37	70.39	74.66	75.98	73.52	78.81
上 海	Shanghai	74.90	72.77	77.02	78.14	76.22	80.04	80.26	78.20	82.44
江 苏	Jiangsu	71.37	69.26	73.57	73.91	71.69	76.23	76.63	74.60	78.81
浙 江	Zhejiang	71.78	69.66	74.24	74.70	72.50	77.21	77.73	75.58	80.21
安 徽	Anhui	69.48	67.75	71.36	71.85	70.18	73.59	75.08	72.65	77.84
福 建	Fujian	68.57	66.49	70.93	72.55	70.30	75.07	75.76	73.27	78.64
江 西	Jiangxi	66.11	64.87	67.49	68.95	68.37	69.32	74.33	71.94	77.06
山 东	Shandong	70.57	68.64	72.67	73.92	71.70	76.26	76.46	74.05	79.06
河 南	Henan	70.15	67.96	72.55	71.54	69.67	73.41	74.57	71.84	77.59
湖 北	Hubei	67.25	65.51	69.23	71.08	69.31	73.02	74.87	72.68	77.35
湖 南	Hunan	66.93	65.41	68.70	70.66	69.05	72.47	74.70	72.28	77.48
广 东	Guangdong	72.52	69.71	75.43	73.27	70.79	75.93	76.49	74.00	79.37
广 西	Guangxi	68.72	67.17	70.34	71.29	69.07	73.75	75.11	71.77	79.05
海 南	Hainan	70.01	66.93	73.28	72.92	70.66	75.26	76.30	73.20	80.01
重 庆	Chongqing				71.73	69.84	73.89	75.70	73.16	78.60
四 川	Sichuan	66.33	65.06	67.70	71.20	69.25	73.39	74.75	72.25	77.59
贵 州	Guizhou	64.29	63.04	65.63	65.96	64.54	67.57	71.10	68.43	74.11
云 南	Yunnan	63.49	62.08	64.98	65.49	64.24	66.89	69.54	67.06	72.43
西 藏	Tibet	59.64	57.64	61.57	64.37	62.52	66.15	68.17	66.33	70.07
陕 西	Shaanxi	67.40	66.23	68.79	70.07	68.92	71.30	74.68	72.84	76.74
甘 肃	Gansu	67.24	66.35	68.25	67.47	66.77	68.26	72.23	70.60	74.06
青 海	Qinghai	60.57	59.29	61.96	66.03	64.55	67.70	69.96	68.11	72.07
宁 夏	Ningxia	66.94	65.95	68.05	70.17	68.71	71.84	73.38	71.31	75.71
新 疆	Xinjiang	62.59	61.95	63.26	67.41	65.98	69.14	72.35	70.30	74.86

注：根据人口普查数据计算。
Data in this table are calculated according to the National Population Census.

2-7 分地区年末人口数
Population at Year-end by Region

单位：万人 (10 000 persons)

地区	Region	1990	1995	2000	2005	2010	2011	2012	2013	2014
全国	**National Total**	**114333**	**121121**	**126743**	**130756**	**134091**	**134735**	**135404**	**136072**	**136782**
北京	Beijing	1086	1251	1364	1538	1962	2019	2069	2115	2152
天津	Tianjin	884	942	1001	1043	1299	1355	1413	1472	1517
河北	Hebei	6159	6437	6674	6851	7194	7241	7288	7333	7384
山西	Shanxi	2899	3077	3247	3355	3574	3593	3611	3630	3648
内蒙古	Inner Mongolia	2163	2284	2372	2403	2472	2482	2490	2498	2505
辽宁	Liaoning	3967	4092	4184	4221	4375	4383	4389	4390	4391
吉林	Jilin	2483	2592	2682	2716	2747	2749	2750	2751	2752
黑龙江	Heilongjiang	3543	3701	3807	3820	3833	3834	3834	3835	3833
上海	Shanghai	1337	1415	1609	1890	2303	2347	2380	2415	2426
江苏	Jiangsu	6767	7066	7327	7588	7869	7899	7920	7939	7960
浙江	Zhejiang	4168	4319	4680	4991	5447	5463	5477	5498	5508
安徽	Anhui	5675	6013	6093	6120	5957	5968	5988	6030	6083
福建	Fujian	3037	3237	3410	3557	3693	3720	3748	3774	3806
江西	Jiangxi	3810	4063	4149	4311	4462	4488	4504	4522	4542
山东	Shandong	8493	8705	8998	9248	9588	9637	9685	9733	9789
河南	Henan	8649	9100	9488	9380	9405	9388	9406	9413	9436
湖北	Hubei	5439	5772	5646	5710	5728	5758	5779	5799	5816
湖南	Hunan	6128	6392	6562	6326	6570	6596	6639	6691	6737
广东	Guangdong	6346	6868	8650	9194	10441	10505	10594	10644	10724
广西	Guangxi	4261	4543	4751	4660	4610	4645	4682	4719	4754
海南	Hainan	663	724	789	828	869	877	887	895	903
重庆	Chongqing			2849	2798	2885	2919	2945	2970	2991
四川	Sichuan	10804	11325	8329	8212	8045	8050	8076	8107	8140
贵州	Guizhou	3268	3508	3756	3730	3479	3469	3484	3502	3508
云南	Yunnan	3731	3990	4241	4450	4602	4631	4659	4687	4714
西藏	Tibet	222	240	258	280	300	303	308	312	318
陕西	Shaanxi	3316	3514	3644	3690	3735	3743	3753	3764	3775
甘肃	Gansu	2255	2438	2515	2545	2560	2564	2578	2582	2591
青海	Qinghai	448	481	517	543	563	568	573	578	583
宁夏	Ningxia	470	513	554	596	633	639	647	654	662
新疆	Xinjiang	1529	1661	1849	2010	2185	2209	2233	2264	2298

注：1.1990、2000、2010年数据为当年人口普查数据推算数；其余年份数据为年度人口抽样调查推算数据。2005年起各地区数据为常住人口口径。

2.2012年，根据第六次全国人口普查数据，北京对2006—2009年数据，西藏对2001—2009年数据进行了修订。

3.全国人口数中包括中国人民解放军现役军人，分地区人口数中未包括。

a) Data of 1990, 2000 and 2010 are the census year estimates; the rest are the estimates from the annual national sample survey of population. Since 2005, data by region are of usual residents.

b) Data of 2006-2009 of Beijing and data of 2001-2009 of Tibet were revised according to the 2010 National Population Census results in 2012.

c) The millitary personnel of Chinese People's Liberation Army are included in the national total population, but are not included in the population by region.

2-8 分地区年末城镇人口比重
Proportion of Urban Population at Year-end by Region

单位：% (%)

地 区	Region	2005	2010	2011	2012	2013	2014
全 国	**National Total**	**42.99**	**49.95**	**51.27**	**52.57**	**53.73**	**54.77**
北 京	Beijing	83.62	85.96	86.20	86.20	86.30	86.35
天 津	Tianjin	75.11	79.55	80.50	81.55	82.01	82.27
河 北	Hebei	37.69	44.50	45.60	46.80	48.12	49.33
山 西	Shanxi	42.11	48.05	49.68	51.26	52.56	53.79
内蒙古	Inner Mongolia	47.20	55.50	56.62	57.74	58.71	59.51
辽 宁	Liaoning	58.70	62.10	64.05	65.65	66.45	67.05
吉 林	Jilin	52.52	53.35	53.40	53.70	54.20	54.81
黑龙江	Heilongjiang	53.10	55.66	56.50	56.90	57.40	58.01
上 海	Shanghai	89.09	89.30	89.30	89.30	89.60	89.60
江 苏	Jiangsu	50.50	60.58	61.90	63.00	64.11	65.21
浙 江	Zhejiang	56.02	61.62	62.30	63.20	64.00	64.87
安 徽	Anhui	35.50	43.01	44.80	46.50	47.86	49.15
福 建	Fujian	49.40	57.10	58.10	59.60	60.77	61.80
江 西	Jiangxi	37.00	44.06	45.70	47.51	48.87	50.22
山 东	Shandong	45.00	49.70	50.95	52.43	53.75	55.01
河 南	Henan	30.65	38.50	40.57	42.43	43.80	45.20
湖 北	Hubei	43.20	49.70	51.83	53.50	54.51	55.67
湖 南	Hunan	37.00	43.30	45.10	46.65	47.96	49.28
广 东	Guangdong	60.68	66.18	66.50	67.40	67.76	68.00
广 西	Guangxi	33.62	40.00	41.80	43.53	44.81	46.01
海 南	Hainan	45.20	49.80	50.50	51.60	52.74	53.76
重 庆	Chongqing	45.20	53.02	55.02	56.98	58.34	59.60
四 川	Sichuan	33.00	40.18	41.83	43.53	44.90	46.30
贵 州	Guizhou	26.87	33.81	34.96	36.41	37.83	40.01
云 南	Yunnan	29.50	34.70	36.80	39.31	40.48	41.73
西 藏	Tibet	20.85	22.67	22.71	22.75	23.71	25.75
陕 西	Shaanxi	37.23	45.76	47.30	50.02	51.31	52.57
甘 肃	Gansu	30.02	36.12	37.15	38.75	40.13	41.68
青 海	Qinghai	39.25	44.72	46.22	47.44	48.51	49.78
宁 夏	Ningxia	42.28	47.90	49.82	50.67	52.01	53.61
新 疆	Xinjiang	37.15	43.01	43.54	43.98	44.47	46.07

注：2010年数据为当年人口普查数据推算数；其余年份数据为年度人口抽样调查推算数据，部分省份2005—2009年数据根据2010年普查数据进行了修订。

Data of 2010 are the census year estimates; the rest are the estimates from the annual national sample survey of population. Data of some provinces from 2005 to 2009 have been revised according to the Sixth National Population Census in 2010.

2-9 分地区城乡人口和出生率、死亡率、自然增长率（2014年）
Total Population by Urban and Rural Residence and Birth Rate, Death Rate, Natural Growth Rate by Region (2014)

地 区	Region	总人口(年末)(万人) Total Population (year-end) (10 000 persons)	城镇人口 Urban Population		乡村人口 Rural Population		出生率(‰) Birth Rate (‰)	死亡率(‰) Death Rate (‰)	自然增长率(‰) Natural Growth Rate (‰)
			人口数 Population	比重(%) Proportion	人口数 Population	比重(%) Proportion			
全 国	**National Total**	**136782**	**74916**	**54.77**	**61866**	**45.23**	**12.37**	**7.16**	**5.21**
北 京	Beijing	2152	1858	86.35	294	13.65	9.75	4.92	4.83
天 津	Tianjin	1517	1248	82.27	269	17.73	8.19	6.05	2.14
河 北	Hebei	7384	3642	49.33	3741	50.67	13.18	6.23	6.95
山 西	Shanxi	3648	1962	53.79	1686	46.21	10.92	5.93	4.99
内蒙古	Inner Mongolia	2505	1491	59.51	1014	40.49	9.31	5.75	3.56
辽 宁	Liaoning	4391	2944	67.05	1447	32.95	6.49	6.23	0.26
吉 林	Jilin	2752	1509	54.81	1244	45.19	6.62	6.22	0.40
黑龙江	Heilongjiang	3833	2224	58.01	1609	41.99	7.37	6.46	0.91
上 海	Shanghai	2426	2173	89.60	252	10.40	8.35	5.21	3.14
江 苏	Jiangsu	7960	5191	65.21	2769	34.79	9.45	7.02	2.43
浙 江	Zhejiang	5508	3573	64.87	1935	35.13	10.51	5.51	5.00
安 徽	Anhui	6083	2990	49.15	3093	50.85	12.86	5.89	6.97
福 建	Fujian	3806	2352	61.80	1454	38.20	13.70	6.20	7.50
江 西	Jiangxi	4542	2281	50.22	2261	49.78	13.24	6.26	6.98
山 东	Shandong	9789	5385	55.01	4404	44.99	14.23	6.84	7.39
河 南	Henan	9436	4265	45.20	5171	54.80	12.80	7.02	5.78
湖 北	Hubei	5816	3238	55.67	2578	44.33	11.86	6.96	4.90
湖 南	Hunan	6737	3320	49.28	3417	50.72	13.52	6.89	6.63
广 东	Guangdong	10724	7292	68.00	3432	32.00	10.80	4.70	6.10
广 西	Guangxi	4754	2187	46.01	2567	53.99	14.07	6.21	7.86
海 南	Hainan	903	486	53.76	418	46.24	14.56	5.95	8.61
重 庆	Chongqing	2991	1783	59.60	1209	40.40	10.67	7.05	3.62
四 川	Sichuan	8140	3769	46.30	4371	53.70	10.22	7.02	3.20
贵 州	Guizhou	3508	1404	40.01	2104	59.99	12.98	7.18	5.80
云 南	Yunnan	4714	1967	41.73	2747	58.27	12.65	6.45	6.20
西 藏	Tibet	318	82	25.75	236	74.25	15.76	5.21	10.55
陕 西	Shaanxi	3775	1985	52.57	1791	47.43	10.13	6.26	3.87
甘 肃	Gansu	2591	1080	41.68	1511	58.32	12.21	6.11	6.10
青 海	Qinghai	583	290	49.78	293	50.22	14.67	6.18	8.49
宁 夏	Ningxia	662	355	53.61	307	46.39	13.10	4.53	8.57
新 疆	Xinjiang	2298	1059	46.07	1240	53.93	16.44	4.97	11.47

注：1.本表数据根据2014年人口变动情况抽样调查数据推算。全国总人口根据抽样误差和调查误差进行了修正，分地区人口未作修正。
2.全国总人口包括现役军人数，分地区数字中未包括。

a) Data in the table are estimates from the 2014 National Sample Survey on Population Changes. The national total population was adjusted on the basis of sampling errors and survey errors. Similar adjustments were not made to regional figures.

b) The military personnel were included in the national total population, but were not included in the population by region.

2-10 分年龄和分性别人口数（2014年）
Population by Age and Sex (2014)

年 龄 Age	人口数(人) Population (person)	男 Male	女 Female	占总人口比重(%) Percentage to Total Population (%)	男 Male	女 Female	性别比 (女=100) Sex Ratio (Female=100)
总计 Total	**1124402**	**576011**	**548391**	**100.00**	**51.23**	**48.77**	**105.04**
0-4	63990	34484	29506	5.69	3.07	2.62	116.87
5-9	63132	34326	28807	5.61	3.05	2.56	119.16
10-14	58287	31616	26671	5.18	2.81	2.37	118.54
15-19	64719	34584	30136	5.76	3.08	2.68	114.76
20-24	90785	46891	43894	8.07	4.17	3.90	106.83
25-29	98845	49801	49044	8.79	4.43	4.36	101.54
30-34	82546	41777	40768	7.34	3.72	3.63	102.47
35-39	81792	41761	40032	7.27	3.71	3.56	104.32
40-44	101959	52086	49873	9.07	4.63	4.44	104.44
45-49	99249	50455	48795	8.83	4.49	4.34	103.40
50-54	77909	39470	38439	6.93	3.51	3.42	102.68
55-59	66409	33781	32628	5.91	3.00	2.90	103.53
60-64	61608	30781	30826	5.48	2.74	2.74	99.85
65-69	41709	20573	21137	3.71	1.83	1.88	97.33
70-74	29133	14528	14606	2.59	1.29	1.30	99.47
75-79	21330	10179	11151	1.90	0.91	0.99	91.28
80-84	13289	5987	7302	1.18	0.53	0.65	81.99
85-89	5604	2244	3360	0.50	0.20	0.30	66.79
90-94	1757	581	1175	0.16	0.05	0.10	49.45
95+	347	106	241	0.03	0.01	0.02	43.98

注：1.本表是2014年全国人口变动情况抽样调查样本数据，抽样比为0.822‰。

2.由于各地区数据采用加权汇总的方法，全国人口变动情况抽样调查样本数据合计与各分项相加略有误差(以下表同)。

a) Data in this table are obtained from the 2014 National Sample Survey on Population Changes. The sampling fraction is 0.822‰.

b) Because data by region are calculated by the method of weighted sum, total data of the national sample survey on population changes is not equal to the sum of each item. The same applies to the tables following.

2-11 分地区户数、人口数、性别比和户规模（2014年）
Household, Population, Sex Ratio and Household Size by Region (2014)

地区	Region	户数（户） Number of Households (household)	家庭户 Family Household	集体户 Collective Household	人口数（人） Population (person)	男 Male	女 Female	性别比（女=100） Sex Ratio (Female=100)
全 国	**National Total**	**375069**	**365416**	**9653**	**1124402**	**576011**	**548391**	**105.04**
北 京	Beijing	6827	6220	607	17757	8977	8780	102.24
天 津	Tianjin	4705	4572	133	12517	6269	6248	100.34
河 北	Hebei	19013	18917	96	60936	31198	29738	104.91
山 西	Shanxi	9701	9521	180	30107	15298	14809	103.30
内蒙古	Inner Mongolia	7726	7664	62	20671	10533	10138	103.90
辽 宁	Liaoning	13670	13534	136	36236	18363	17873	102.74
吉 林	Jilin	8325	8313	12	22715	11561	11154	103.65
黑龙江	Heilongjiang	11713	11621	92	31632	15829	15803	100.16
上 海	Shanghai	8496	8104	392	20019	10334	9685	106.70
江 苏	Jiangsu	22121	21476	645	65692	33116	32576	101.66
浙 江	Zhejiang	17260	16291	969	45456	23808	21648	109.98
安 徽	Anhui	16057	15563	494	50201	24924	25277	98.60
福 建	Fujian	11652	11111	541	31409	16349	15060	108.56
江 西	Jiangxi	10984	10901	83	37486	19573	17913	109.27
山 东	Shandong	28391	28267	124	80788	40923	39865	102.65
河 南	Henan	23089	22622	467	77873	39385	38488	102.33
湖 北	Hubei	15806	15646	160	47997	24458	23539	103.90
湖 南	Hunan	17398	17134	264	55600	28516	27084	105.29
广 东	Guangdong	27311	24832	2479	88503	48021	40482	118.62
广 西	Guangxi	12191	12003	188	39232	20403	18829	108.36
海 南	Hainan	2049	1960	89	7456	3994	3462	115.37
重 庆	Chongqing	8952	8678	274	24687	12696	11991	105.88
四 川	Sichuan	24765	24259	506	67179	33289	33890	98.23
贵 州	Guizhou	9075	8917	158	28950	14806	14144	104.68
云 南	Yunnan	11638	11489	149	38902	19962	18940	105.40
西 藏	Tibet	642	642		2620	1317	1303	101.07
陕 西	Shaanxi	10124	9918	206	31155	16108	15047	107.05
甘 肃	Gansu	6257	6194	63	21381	11082	10299	107.60
青 海	Qinghai	1496	1461	35	4814	2420	2394	101.09
宁 夏	Ningxia	1710	1698	12	5460	2807	2653	105.80
新 疆	Xinjiang	5924	5889	35	18969	9693	9276	104.50

注：本表是2014年全国人口变动情况抽样调查样本数据，抽样比为0.822‰。

Data in this table are obtained from the 2014 National Sample Survey on Population Changes. The sampling fraction is 0.822‰.

2-11 续表 continued

地 区	Region	家庭户人口数(人) Family Household Population (person)	男 Male	女 Female	集体户人口数(人) Collective Household Population (person)	男 Male	女 Female	平均家庭户规模(人/户) Average Family Size (person/household)
全 国	**National Total**	**1084379**	**553385**	**530994**	**40023**	**22626**	**17397**	**2.97**
北 京	Beijing	15503	7753	7750	2254	1224	1030	2.49
天 津	Tianjin	12001	6085	5916	516	184	332	2.62
河 北	Hebei	60450	30967	29483	486	231	255	3.20
山 西	Shanxi	29114	14982	14132	993	316	677	3.06
内蒙古	Inner Mongolia	20513	10453	10060	158	80	78	2.68
辽 宁	Liaoning	35618	18016	17602	618	347	271	2.63
吉 林	Jilin	22647	11527	11120	68	34	34	2.72
黑龙江	Heilongjiang	31033	15799	15234	599	30	569	2.67
上 海	Shanghai	18971	9732	9239	1048	602	446	2.34
江 苏	Jiangsu	63502	31975	31527	2190	1141	1049	2.96
浙 江	Zhejiang	41393	21225	20168	4063	2583	1480	2.54
安 徽	Anhui	47992	24306	23686	2209	618	1591	3.08
福 建	Fujian	29937	15479	14458	1472	870	602	2.69
江 西	Jiangxi	37167	19278	17889	319	295	24	3.41
山 东	Shandong	80211	40548	39663	577	375	202	2.84
河 南	Henan	75502	38156	37346	2371	1229	1142	3.34
湖 北	Hubei	46301	23684	22617	1696	774	922	2.96
湖 南	Hunan	54488	27871	26617	1112	645	467	3.18
广 东	Guangdong	79154	40955	38199	9349	7066	2283	3.19
广 西	Guangxi	38759	20150	18609	473	253	220	3.23
海 南	Hainan	7039	3720	3319	417	274	143	3.59
重 庆	Chongqing	23578	11986	11592	1109	710	399	2.72
四 川	Sichuan	65198	32582	32616	1981	707	1274	2.69
贵 州	Guizhou	27557	14409	13148	1393	397	996	3.09
云 南	Yunnan	37947	19448	18499	955	514	441	3.30
西 藏	Tibet	2620	1317	1303				4.08
陕 西	Shaanxi	30481	15539	14942	674	569	105	3.07
甘 肃	Gansu	20741	10650	10091	640	432	208	3.35
青 海	Qinghai	4663	2380	2283	151	40	111	3.19
宁 夏	Ningxia	5428	2786	2642	32	21	11	3.20
新 疆	Xinjiang	18870	9626	9244	99	67	32	3.20

2-12 分地区人口年龄构成和抚养比（2014年）
Age Composition and Dependency Ratio of Population by Region (2014)

单位：人，% (person,%)

地区	Region	人口数（年末） Population (year-end)	按年龄分 by Age						总抚养比 Gross Dependency Ratio	少年儿童抚养比 Children Dependency Ratio	老年人口抚养比 Old Dependency Ratio
			0-14岁 Aged 0-14		15-64岁 Aged 15-64		65岁及以上 Aged 65 and Over				
			人口数 Population	比重 Proportion	人口数 Population	比重 Proportion	人口数 Population	比重 Proportion			
全　国	**National Total**	**1124402**	**185409**	**16.49**	**825822**	**73.45**	**113171**	**10.06**	**36.16**	**22.45**	**13.70**
北　京	Beijing	17756	1804	10.16	14434	81.29	1518	8.55	23.02	12.50	10.52
天　津	Tianjin	12519	1350	10.78	9707	77.54	1462	11.68	28.97	13.91	15.06
河　北	Hebei	60936	11347	18.62	43907	72.05	5682	9.32	38.78	25.84	12.94
山　西	Shanxi	30105	4468	14.84	23071	76.64	2566	8.52	30.49	19.37	11.12
内蒙古	Inner Mongolia	20672	2803	13.56	15940	77.11	1929	9.33	29.69	17.58	12.10
辽　宁	Liaoning	36237	3719	10.26	28111	77.58	4407	12.16	28.91	13.23	15.68
吉　林	Jilin	22714	2775	12.22	17629	77.61	2310	10.17	28.84	15.74	13.10
黑龙江	Heilongjiang	31632	3665	11.59	24996	79.02	2971	9.39	26.55	14.66	11.89
上　海	Shanghai	20019	2024	10.11	16057	80.21	1938	9.68	24.67	12.61	12.07
江　苏	Jiangsu	65692	9041	13.76	48726	74.17	7925	12.06	34.82	18.55	16.26
浙　江	Zhejiang	45456	5467	12.03	35615	78.35	4374	9.62	27.63	15.35	12.28
安　徽	Anhui	50201	8976	17.88	35994	71.70	5231	10.42	39.47	24.94	14.53
福　建	Fujian	31411	5527	17.60	23501	74.82	2383	7.59	33.66	23.52	10.14
江　西	Jiangxi	37485	7776	20.74	26245	70.01	3464	9.24	42.83	29.63	13.20
山　东	Shandong	80788	12752	15.78	58769	72.74	9267	11.47	37.47	21.70	15.77
河　南	Henan	77873	16297	20.93	54755	70.31	6821	8.76	42.22	29.76	12.46
湖　北	Hubei	47998	7669	15.98	35407	73.77	4922	10.25	35.56	21.66	13.90
湖　南	Hunan	55600	10176	18.30	39379	70.83	6045	10.87	41.19	25.84	15.35
广　东	Guangdong	88502	14576	16.47	66604	75.26	7322	8.27	32.88	21.88	10.99
广　西	Guangxi	39234	8591	21.90	26902	68.57	3741	9.54	45.84	31.93	13.91
海　南	Hainan	7456	1420	19.05	5465	73.30	571	7.66	36.43	25.98	10.45
重　庆	Chongqing	24688	3767	15.26	17434	70.62	3487	14.12	41.61	21.61	20.00
四　川	Sichuan	67179	10893	16.21	46888	69.80	9398	13.99	43.28	23.23	20.04
贵　州	Guizhou	28951	6398	22.10	19883	68.68	2670	9.22	45.61	32.18	13.43
云　南	Yunnan	38902	7374	18.96	28135	72.32	3393	8.72	38.27	26.21	12.06
西　藏	Tibet	2621	644	24.57	1833	69.94	144	5.49	42.99	35.13	7.86
陕　西	Shaanxi	31154	4644	14.91	23204	74.48	3306	10.61	34.26	20.01	14.25
甘　肃	Gansu	21380	3500	16.37	15970	74.70	1910	8.93	33.88	21.92	11.96
青　海	Qinghai	4815	881	18.30	3592	74.60	342	7.10	34.05	24.53	9.52
宁　夏	Ningxia	5459	1077	19.73	4012	73.49	370	6.78	36.07	26.84	9.22
新　疆	Xinjiang	18968	4008	21.13	13657	72.00	1303	6.87	38.89	29.35	9.54

注：本表是2014年全国人口变动情况抽样调查样本数据，抽样比为0.822‰。
Data in this table are obtained from the 2014 National Sample Survey on Population Changes. The sampling fraction is 0.822‰.

2–13 分地区分性别和婚姻状况人口(2014年)
Population by Sex, Marital Status and Region (2014)

地区	Region	15岁及以上人口 Population Aged 15 and Over	男 Male	女 Female	未婚 Never Married	男 Male	女 Female
全国	**National Total**	**938993**	**475585**	**463408**	**184889**	**109758**	**75132**
北京	Beijing	15953	8005	7946	3879	1999	1880
天津	Tianjin	11170	5543	5624	2216	1145	1070
河北	Hebei	49589	24982	24608	7465	4393	3072
山西	Shanxi	25636	12970	12666	5668	3097	2571
内蒙古	Inner Mongolia	17869	9069	8801	2875	1687	1188
辽宁	Liaoning	32518	16410	16106	5854	3448	2405
吉林	Jilin	19939	10117	9822	2892	1719	1173
黑龙江	Heilongjiang	27968	13934	14033	4613	2386	2227
上海	Shanghai	17995	9233	8763	3415	2008	1407
江苏	Jiangsu	56650	28136	28516	9484	5590	3894
浙江	Zhejiang	39989	20970	19019	8358	5207	3151
安徽	Anhui	41225	19986	21238	8419	4304	4114
福建	Fujian	25884	13328	12554	4518	2761	1756
江西	Jiangxi	29710	15208	14501	5854	3656	2198
山东	Shandong	68037	33953	34082	9970	5905	4065
河南	Henan	61575	30309	31267	12548	7124	5424
湖北	Hubei	40330	20247	20082	7195	4422	2773
湖南	Hunan	45424	22877	22547	8205	5024	3181
广东	Guangdong	73926	40022	33904	22238	14577	7661
广西	Guangxi	30643	15728	14914	6687	4199	2487
海南	Hainan	6035	3211	2826	1726	1103	624
重庆	Chongqing	20920	10678	10242	3903	2360	1543
四川	Sichuan	56286	27676	28609	10725	6155	4569
贵州	Guizhou	22553	11336	11217	5679	3098	2581
云南	Yunnan	31527	16067	15460	6095	3706	2389
西藏	Tibet	1976	994	983	652	358	294
陕西	Shaanxi	26511	13590	12921	5115	3141	1974
甘肃	Gansu	17881	9186	8696	3983	2466	1518
青海	Qinghai	3935	1964	1969	814	440	373
宁夏	Ningxia	4382	2232	2151	900	520	380
新疆	Xinjiang	14960	7621	7338	2945	1757	1188

注：本表是2014年全国人口变动情况抽样调查样本数据，抽样比为0.822‰。
Data in this table are obtained from the 2014 National Sample Survey on Population Changes. The sampling fraction is 0.822‰.

2-13 续表 1 Continued 1

地 区	Region	初婚有配偶 First Married	男 Male	女 Female	再婚有配偶 Re-married	男 Male	女 Female
全 国	**National Total**	**668223**	**331953**	**336269**	**19181**	**9302**	**9879**
北 京	Beijing	10967	5599	5368	308	156	151
天 津	Tianjin	8019	4029	3989	160	86	74
河 北	Hebei	37879	18813	19066	1157	540	617
山 西	Shanxi	17950	9059	8891	505	234	271
内蒙古	Inner Mongolia	13185	6657	6528	519	254	266
辽 宁	Liaoning	22966	11472	11494	720	354	365
吉 林	Jilin	14622	7345	7277	688	325	363
黑龙江	Heilongjiang	20249	10155	10093	692	345	347
上 海	Shanghai	13263	6762	6501	321	159	162
江 苏	Jiangsu	42125	20703	21423	977	446	532
浙 江	Zhejiang	28579	14608	13971	675	312	363
安 徽	Anhui	29306	14302	15003	795	365	430
福 建	Fujian	19440	9881	9558	454	219	235
江 西	Jiangxi	21219	10526	10693	502	242	260
山 东	Shandong	52145	25851	26294	1294	601	693
河 南	Henan	44325	21150	23176	965	520	445
湖 北	Hubei	29354	14313	15041	844	399	445
湖 南	Hunan	32647	16060	16587	969	468	501
广 东	Guangdong	46886	23792	23093	789	431	358
广 西	Guangxi	21061	10410	10651	520	272	248
海 南	Hainan	3885	1959	1926	75	40	35
重 庆	Chongqing	14635	7331	7304	555	257	298
四 川	Sichuan	38352	18763	19589	1652	729	923
贵 州	Guizhou	14490	7248	7242	507	255	252
云 南	Yunnan	22236	11092	11144	765	373	392
西 藏	Tibet	1127	564	563	25	12	14
陕 西	Shaanxi	19084	9513	9571	476	228	248
甘 肃	Gansu	12516	6141	6375	215	114	101
青 海	Qinghai	2675	1341	1333	93	45	48
宁 夏	Ningxia	3133	1573	1561	90	46	44
新 疆	Xinjiang	9903	4941	4962	875	476	399

2-13 续表 2 Continued 2

地 区	Region	离 婚 Divorced	男 Male	女 Female	丧 偶 Widowed	男 Male	女 Female
全 国	**National Total**	**16291**	**9508**	**6783**	**50409**	**15064**	**35345**
北 京	Beijing	290	124	165	509	127	382
天 津	Tianjin	236	117	118	539	166	373
河 北	Hebei	640	435	205	2448	801	1648
山 西	Shanxi	331	209	122	1182	371	811
内蒙古	Inner Mongolia	374	221	153	916	250	666
辽 宁	Liaoning	1122	585	537	1856	551	1305
吉 林	Jilin	635	367	268	1102	361	741
黑龙江	Heilongjiang	965	590	375	1449	458	991
上 海	Shanghai	315	150	166	681	154	527
江 苏	Jiangsu	881	506	375	3183	891	2292
浙 江	Zhejiang	598	396	202	1779	447	1332
安 徽	Anhui	560	345	216	2145	670	1475
福 建	Fujian	308	180	128	1164	287	877
江 西	Jiangxi	478	304	174	1657	480	1176
山 东	Shandong	695	422	272	3933	1174	2758
河 南	Henan	749	439	310	2988	1076	1912
湖 北	Hubei	636	385	250	2301	728	1573
湖 南	Hunan	778	493	285	2825	832	1993
广 东	Guangdong	734	440	295	3279	782	2497
广 西	Guangxi	477	292	185	1898	555	1343
海 南	Hainan	70	43	28	279	66	213
重 庆	Chongqing	485	285	200	1342	445	897
四 川	Sichuan	1370	731	639	4187	1298	2889
贵 州	Guizhou	505	276	229	1372	459	913
云 南	Yunnan	592	341	251	1839	555	1284
西 藏	Tibet	56	19	37	116	41	75
陕 西	Shaanxi	390	256	134	1446	452	994
甘 肃	Gansu	216	143	73	951	322	629
青 海	Qinghai	133	74	59	220	64	156
宁 夏	Ningxia	92	51	41	167	42	125
新 疆	Xinjiang	579	288	290	658	159	499

2-14 分地区分家庭户规模户数和构成（2014年）
Family Households and Percentage by Size and Region (2014)

单位：户，% (household，%)

地 区	Region	家庭户户数 Number of Family Households	一人户 One Person	二人户 Two Persons	三人户 Three Persons	四人户 Four Persons	五人户 Five Persons	六人户 Six Persons	七人户 Seven Persons	八人户 Eight Persons	九人户 Nine Persons	十人及以上户 Ten Persons and Over
全 国	**National Total**	**365416**	**54531**	**101053**	**97490**	**58111**	**32010**	**15322**	**4071**	**1618**	**676**	**534**
北 京	Beijing	6219	1330	1962	1879	591	359	77	11	5	2	3
天 津	Tianjin	4570	669	1512	1600	497	207	69	10	5	1	
河 北	Hebei	18919	1940	5110	4690	3729	1955	1107	247	94	29	18
山 西	Shanxi	9521	1101	2552	2620	1910	803	420	66	32	10	7
内蒙古	Inner Mongolia	7663	984	2610	2602	982	354	110	16	5		
辽 宁	Liaoning	13535	1902	4721	4585	1347	728	211	30	8	3	
吉 林	Jilin	8314	1050	2981	2588	907	537	200	39	9	2	1
黑龙江	Heilongjiang	11621	1470	4164	3943	1096	701	197	31	17	2	
上 海	Shanghai	8104	2012	2920	2123	591	358	72	20	5	1	2
江 苏	Jiangsu	21477	3158	6171	5605	3025	2321	884	206	63	33	11
浙 江	Zhejiang	16292	3537	5457	3997	1835	981	365	76	27	11	6
安 徽	Anhui	15562	1896	3996	4385	2785	1532	721	142	69	23	13
福 建	Fujian	11111	2570	3211	2446	1562	775	376	106	40	13	12
江 西	Jiangxi	10900	1148	2323	2669	2348	1231	764	238	96	43	40
山 东	Shandong	28268	3601	8680	8890	4092	2098	699	141	45	11	11
河 南	Henan	22622	2353	4945	5594	5093	2509	1547	377	107	63	34
湖 北	Hubei	15645	2057	4342	4701	2492	1236	566	139	72	24	16
湖 南	Hunan	17134	2309	4100	4293	3215	1798	957	273	101	45	43
广 东	Guangdong	24830	4863	5524	4887	4102	2578	1531	675	350	163	157
广 西	Guangxi	12002	1780	2550	2978	2307	1342	643	205	106	58	33
海 南	Hainan	1960	235	368	391	444	249	145	67	30	15	16
重 庆	Chongqing	8678	1646	2584	2290	1220	660	203	51	16	4	4
四 川	Sichuan	24260	5176	7365	5850	3128	1652	807	172	66	24	20
贵 州	Guizhou	8915	1267	2217	2290	1583	915	449	126	45	14	9
云 南	Yunnan	11491	1413	2472	2692	2450	1408	796	182	59	9	10
西 藏	Tibet	641	84	100	127	106	74	51	33	25	18	23
陕 西	Shaanxi	9918	1235	2569	2719	1826	928	488	109	29	8	7
甘 肃	Gansu	6194	683	1349	1611	1136	781	437	137	32	16	12
青 海	Qinghai	1459	194	340	377	280	140	87	23	11	4	3
宁 夏	Ningxia	1699	167	429	468	341	177	82	23	8	3	1
新 疆	Xinjiang	5890	701	1429	1599	1092	623	260	98	40	25	23

注：本表是2014年全国人口变动情况抽样调查样本数据，抽样比为0.822‰。
Data in this table are obtained from the 2013 National Sample Survey on Population Changes. The sampling fraction is 0.822‰.

2-14 续表 continued

单位：户，% (household，%)

地区 Region	家庭户构成 Percentage of Family Households	一人户 One Person	二人户 Two Persons	三人户 Three Persons	四人户 Four Persons	五人户 Five Persons	六人户 Six Persons	七人户 Seven Persons	八人户 Eight Persons	九人户 Nine Persons	十人及以上户 Ten Persons and Over
全 国 National Total	**100**	**14.9**	**27.7**	**26.7**	**15.9**	**8.8**	**4.2**	**1.1**	**0.4**	**0.2**	**0.1**
北 京 Beijing	100	21.4	31.5	30.2	9.5	5.8	1.2	0.2	0.1	0.0	0.0
天 津 Tianjin	100	14.6	33.1	35.0	10.9	4.5	1.5	0.2	0.1	0.0	
河 北 Hebei	100	10.3	27.0	24.8	19.7	10.3	5.9	1.3	0.5	0.2	0.1
山 西 Shanxi	100	11.6	26.8	27.5	20.1	8.4	4.4	0.7	0.3	0.1	0.1
内蒙古 Inner Mongolia	100	12.8	34.1	34.0	12.8	4.6	1.4	0.2	0.1		
辽 宁 Liaoning	100	14.1	34.9	33.9	10.0	5.4	1.6	0.2	0.1	0.0	
吉 林 Jilin	100	12.6	35.9	31.1	10.9	6.5	2.4	0.5	0.1	0.0	0.0
黑龙江 Heilongjiang	100	12.6	35.8	33.9	9.4	6.0	1.7	0.3	0.1	0.0	
上 海 Shanghai	100	24.8	36.0	26.2	7.3	4.4	0.9	0.2	0.1	0.0	0.0
江 苏 Jiangsu	100	14.7	28.7	26.1	14.1	10.8	4.1	1.0	0.3	0.2	0.1
浙 江 Zhejiang	100	21.7	33.5	24.5	11.3	6.0	2.2	0.5	0.2	0.1	0.0
安 徽 Anhui	100	12.2	25.7	28.2	17.9	9.8	4.6	0.9	0.4	0.1	0.1
福 建 Fujian	100	23.1	28.9	22.0	14.1	7.0	3.4	1.0	0.4	0.1	0.1
江 西 Jiangxi	100	10.5	21.3	24.5	21.5	11.3	7.0	2.2	0.9	0.4	0.4
山 东 Shandong	100	12.7	30.7	31.4	14.5	7.4	2.5	0.5	0.2	0.0	0.0
河 南 Henan	100	10.4	21.9	24.7	22.5	11.1	6.8	1.7	0.5	0.3	0.2
湖 北 Hubei	100	13.1	27.8	30.0	15.9	7.9	3.6	0.9	0.5	0.2	0.1
湖 南 Hunan	100	13.5	23.9	25.1	18.8	10.5	5.6	1.6	0.6	0.3	0.3
广 东 Guangdong	100	19.6	22.2	19.7	16.5	10.4	6.2	2.7	1.4	0.7	0.6
广 西 Guangxi	100	14.8	21.2	24.8	19.2	11.2	5.4	1.7	0.9	0.5	0.3
海 南 Hainan	100	12.0	18.8	19.9	22.7	12.7	7.4	3.4	1.5	0.8	0.8
重 庆 Chongqing	100	19.0	29.8	26.4	14.1	7.6	2.3	0.6	0.2	0.0	0.0
四 川 Sichuan	100	21.3	30.4	24.1	12.9	6.8	3.3	0.7	0.3	0.1	0.1
贵 州 Guizhou	100	14.2	24.9	25.7	17.8	10.3	5.0	1.4	0.5	0.2	0.1
云 南 Yunnan	100	12.3	21.5	23.4	21.3	12.3	6.9	1.6	0.5	0.1	0.1
西 藏 Tibet	100	13.1	15.6	19.8	16.5	11.5	8.0	5.1	3.9	2.8	3.6
陕 西 Shaanxi	100	12.5	25.9	27.4	18.4	9.4	4.9	1.1	0.3	0.1	0.1
甘 肃 Gansu	100	11.0	21.8	26.0	18.3	12.6	7.1	2.2	0.5	0.3	0.2
青 海 Qinghai	100	13.3	23.3	25.8	19.2	9.6	6.0	1.6	0.8	0.3	0.2
宁 夏 Ningxia	100	9.8	25.3	27.5	20.1	10.4	4.8	1.4	0.5	0.2	0.1
新 疆 Xinjiang	100	11.9	24.3	27.1	18.5	10.6	4.4	1.7	0.7	0.4	0.4

2-15 分年龄、孩次育龄妇女生育状况
(2013年11月1日至2014年10月31日)
Age-specific Fertility Rate of Childbearing Women by Age of Mother and Birth Order (2013.11.1-2014.10.31)

年龄 Age	平均育龄妇女人数(人) Average Number of Childbearing Women (person)	出生人数(人) Births (person)	一孩 1st Birth	二孩 2nd Birth	三孩及以上 3rd Birth and Above	生育率(‰) Fertility Rate (‰)	一孩 1st Birth	二孩 2nd Birth	三孩及以上 3rd Birth and Above
总计 Total	**304733**	**11377**	**6553**	**4082**	**735**	**37.33**	**21.50**	**13.40**	**2.41**
15-19	**31623**	**354**	**318**	**28**	**7**	**11.19**	**10.06**	**0.89**	**0.22**
15	5732	5	5			0.87	0.87		
16	6091	16	16			2.63	2.63		
17	6055	55	52	3		9.08	8.59	0.50	
18	6507	101	88	10	2	15.52	13.52	1.54	0.31
19	7238	178	158	15	5	24.59	21.83	2.07	0.69
20-24	**45203**	**3606**	**2733**	**812**	**60**	**79.77**	**60.46**	**17.96**	**1.33**
20	7755	361	327	34	1	46.55	42.17	4.38	0.13
21	7994	521	434	80	6	65.17	54.29	10.01	0.75
22	8061	609	484	117	7	75.55	60.04	14.51	0.87
23	10069	1009	731	258	19	100.21	72.60	25.62	1.89
24	11324	1106	756	322	27	97.67	66.76	28.44	2.38
25-29	**47863**	**4481**	**2591**	**1664**	**225**	**93.62**	**54.13**	**34.77**	**4.70**
25	10158	1074	698	343	33	105.73	68.71	33.77	3.25
26	10597	1097	674	370	53	103.52	63.60	34.92	5.00
27	9998	899	530	318	52	89.92	53.01	31.81	5.20
28	8998	756	375	323	58	84.02	41.68	35.90	6.45
29	8111	654	314	310	29	80.63	38.71	38.22	3.58
30-34	**40671**	**1994**	**692**	**1047**	**254**	**49.03**	**17.01**	**25.74**	**6.25**
30	7885	535	219	262	54	67.85	27.77	33.23	6.85
31	8386	456	173	226	56	54.38	20.63	26.95	6.68
32	8830	413	141	220	52	46.77	15.97	24.92	5.89
33	7538	308	84	175	48	40.86	11.14	23.22	6.37
34	8032	281	75	163	43	34.99	9.34	20.29	5.35
35-39	**40492**	**690**	**174**	**393**	**122**	**17.04**	**4.30**	**9.71**	**3.01**
35	7968	237	65	132	40	29.74	8.16	16.57	5.02
36	7394	140	37	82	21	18.93	5.00	11.09	2.84
37	7900	136	33	80	21	17.22	4.18	10.13	2.66
38	8487	99	24	49	25	11.66	2.83	5.77	2.95
39	8744	79	14	50	15	9.03	1.60	5.72	1.72
40-44	**50458**	**200**	**38**	**112**	**49**	**3.96**	**0.75**	**2.22**	**0.97**
40	9527	58	9	38	10	6.09	0.94	3.99	1.05
41	9968	51	14	22	13	5.12	1.40	2.21	1.30
42	9859	48	8	29	11	4.87	0.81	2.94	1.12
43	10506	26	6	12	8	2.47	0.57	1.14	0.76
44	10598	18	1	11	6	1.70	0.09	1.04	0.57
45-49	**48423**	**52**	**8**	**26**	**18**	**1.07**	**0.17**	**0.54**	**0.37**
45	11007	13		8	5	1.18		0.73	0.45
46	9212	14	3	4	6	1.52	0.33	0.43	0.65
47	9009	11	2	6	3	1.22	0.22	0.67	0.33
48	9783	9	2	5	2	0.92	0.20	0.51	0.20
49	9412	5	1	4	1	0.53	0.11	0.42	0.11

注：本表是2014年全国人口变动情况抽样调查样本数据，抽样比为0.822‰。
Data in this table are obtained from the 2013 National Sample Survey on Population Changes. The sampling fraction is 0.822‰.

2–16 结婚登记情况
Registered Marriages

年　份 Year	结婚登记总数 （万对） Total Number of Registered Marriages (10 000 couples)	内地居民登记结婚数 Registered Marriages of the Mainland	涉外华侨港澳台登记结婚数 Registered Marriages with Foreigners, Overseas Chinese and Citizens of Hong Kong, Macao and Taiwan	粗结婚率 (‰) Crude Marriage Rate (‰)
1978	597.8	597.8		6.2
1979	637.1	636.3	0.8	6.7
1980	720.9	719.8	1.1	7.3
1981	1041.7	1040.3	1.4	10.4
1982	836.9	835.5	1.4	8.3
1983	765.4	764.2	1.3	7.5
1984	784.8	783.4	1.4	7.5
1985	831.3	829.1	2.2	7.9
1986	884.0	882.3	1.7	8.2
1987	926.7	924.7	2.0	8.6
1988	899.2	897.2	2.0	8.3
1989	937.2	935.2	2.0	8.4
1990	951.1	948.7	2.4	8.2
1991	953.6	951.0	2.6	8.3
1992	957.5	954.5	3.0	8.3
1993	915.4	912.2	3.3	7.8
1994	932.4	929.0	3.4	7.8
1995	934.1	929.7	4.4	7.7
1996	938.7	934.0	4.7	7.7
1997	914.1	909.1	5.1	7.4
1998	891.7	886.7	5.0	7.2
1999	885.3	879.9	5.4	7.1
2000	848.5	842.0	6.5	6.7
2001	805.0	797.1	7.9	6.3
2002	786.0	778.8	7.3	6.1
2003	811.4	803.5	7.8	6.3
2004	867.2	860.8	6.4	6.7
2005	823.1	816.6	6.4	6.3
2006	945.0	938.2	6.8	7.2
2007	991.4	986.3	5.1	7.5
2008	1098.3	1093.2	5.1	8.3
2009	1212.4	1207.5	4.9	9.1
2010	1241.0	1236.1	4.9	9.3
2011	1302.4	1297.5	4.9	9.7
2012	1323.6	1318.3	5.3	9.8
2013	1346.9	1341.4	5.5	9.9
2014	1306.7	1302.0	4.7	9.6

注：粗结婚率计算方法：粗结婚率=[结婚对数/(当年期初人口数+当年期末人口数)/2]×1000‰
Crude marriage rate=[Number of Couples Registered Marriages/(Beginning population+Ending population)/2]×1000‰

2-17 离婚办理情况
Registration of Divorces

年 份 Year	离婚总数（万对） Total Number of Divorces (10 000 couples)	民政部门登记离婚数 Number of Divorces Registered in Civil Affairs Departments	内地居民登记离婚数 Registered Divorces of the Mainland	涉外华侨港澳台登记离婚数（对） Registered Divorces with Foreigners, Oversesa Chinese and Citizens of Hong Kong, Macao and Taiwan (couple)	法院部门办理离婚数 Number of Divorces Registered in Courts	粗离婚率（‰） Number of Divorces per 1000 Population (Crude Divorce Rate) (‰)
1978	28.5	17.0	17.0		11.5	0.18
1979	31.9	19.3	19.3	82	12.6	0.33
1980	34.1	18.0	18.0	330	16.1	0.35
1981	38.9	18.7	18.7	46	20.2	0.39
1982	42.8	21.1	21.1	116	21.7	0.42
1983	41.8	19.7	19.7	126	22.1	0.42
1984	45.4	19.9	19.9	110	25.5	0.40
1985	45.8	19.6	19.6	108	26.2	0.44
1986	50.6	21.4	21.4	205	29.2	0.47
1987	58.1	23.6	23.6	220	34.5	0.55
1988	65.5	26.4	26.4	310	39.1	0.60
1989	75.3	28.8	28.7	518	46.5	0.68
1990	80.0	30.1	30.0	602	49.9	0.69
1991	83.1	30.1	30.0	588	53.0	0.72
1992	85.0	31.6	31.5	833	53.4	0.74
1993	91.0	33.6	33.5	968	57.4	0.77
1994	98.2	35.5	35.4	737	62.7	0.82
1995	105.6	36.8	36.7	813	68.8	0.88
1996	113.4	39.4	39.3	1175	74.0	0.93
1997	119.9	44.0	43.9	1385	75.9	0.97
1998	119.2	46.6	46.5	948	72.6	0.96
1999	120.2	47.8	47.7	975	72.4	0.96
2000	121.3	48.9	48.8	1075	72.4	0.96
2001	125.0	52.8	52.5	2856	72.2	0.98
2002	117.7	57.3	56.8	5221	60.4	0.90
2003	133.0	69.0	68.7	3333	64.0	1.05
2004	166.5	104.6	104.0	5830	61.9	1.28
2005	178.5	118.4	117.5	8267	60.1	1.37
2006	191.3	129.1	128.3	8414	62.2	1.46
2007	209.8	145.7	144.8	8852	64.1	1.59
2008	226.9	161.0	160.0	9470	65.9	1.71
2009	246.8	180.2	179.6	5747	66.6	1.85
2010	267.8	201.0	200.4	5783	66.8	2.00
2011	287.4	220.7	220.2	5761	66.7	2.13
2012	310.4	242.3	241.7	6161	68.1	2.29
2013	350.0	281.5	280.9	6538	68.5	2.58
2014	363.9	295.7	295.1	6714	67.9	2.67

注：粗离婚率计算方法：[粗离婚率=离婚对数/(当年期初人口数+当年期末人口数)/2]×1000‰

Crude divorce rate =[Number of couples registered divorces/ (Beginning population + Ending population)/2]×1000‰

2–18 分地区婚姻情况(2014年)
Statistics on Marriages and Divorces by Region(2014)

地 区	Region	结婚登记(万对) Total Number of Registered Marriages (10 000 couples)	#内地居民登记结婚 Registered Marriages in the Mainland			离 婚(万对) Divorces (10 000 couples)	粗结婚率(‰) Crude Marriages Rate (‰)	粗离婚率(‰) Crude Divorce Rate (‰)
				初婚(万人) First Marriages (10 000 persons)	再婚(万人) Re-marriages (10 000 persons)			
全 国	**National Total**	**1306.74**	**1302.04**	**2286.81**	**326.68**	**363.68**	**9.58**	**2.67**
北 京	Beijing	17.00	16.89	25.38	8.63	6.56	7.97	3.08
天 津	Tianjin	9.94	9.90	17.39	2.48	4.45	6.65	2.98
河 北	Hebei	66.13	66.07	109.99	22.28	18.57	8.99	2.52
山 西	Shanxi	35.07	35.06	63.75	6.39	6.56	9.64	1.80
内蒙古	Inner Mongolia	21.68	21.66	33.60	9.75	8.84	8.67	3.54
辽 宁	Liaoning	34.51	34.32	62.75	6.27	15.27	7.86	3.48
吉 林	Jilin	23.52	23.43	42.91	4.13	12.21	8.55	4.44
黑龙江	Heilongjiang	35.23	35.04	61.77	8.68	18.73	9.19	4.88
上 海	Shanghai	14.19	14.00	20.14	8.25	6.15	5.86	2.54
江 苏	Jiangsu	83.45	83.29	141.84	25.06	21.83	10.50	2.75
浙 江	Zhejiang	43.68	43.31	73.27	14.09	13.58	7.94	2.47
安 徽	Anhui	79.89	79.80	136.88	22.90	17.10	13.19	2.82
福 建	Fujian	37.53	36.90	68.02	7.04	8.73	9.90	2.30
江 西	Jiangxi	37.12	37.00	65.87	8.38	8.94	8.19	1.97
山 东	Shandong	83.18	83.05	135.83	30.54	23.41	8.52	2.40
河 南	Henan	117.58	117.46	228.59	6.57	23.09	12.48	2.45
湖 北	Hubei	62.19	62.05	118.23	6.16	15.74	10.71	2.71
湖 南	Hunan	62.20	62.02	106.07	18.33	17.60	9.26	2.62
广 东	Guangdong	89.15	88.31	162.01	16.28	17.79	8.34	1.67
广 西	Guangxi	47.23	47.06	84.54	9.91	10.09	9.97	2.13
海 南	Hainan	9.00	8.92	16.63	1.38	1.41	10.01	1.57
重 庆	Chongqing	30.45	30.37	43.26	17.64	13.26	10.22	4.45
四 川	Sichuan	77.42	77.27	120.92	33.93	27.50	9.53	3.38
贵 州	Guizhou	43.72	43.68	85.22	2.22	9.57	12.47	2.73
云 南	Yunnan	46.48	46.10	81.47	11.50	10.05	9.89	2.14
西 藏	Tibet	1.96	1.95	3.54	0.38	0.26	6.21	0.84
陕 西	Shaanxi	38.12	38.08	65.56	10.69	8.51	10.11	2.26
甘 肃	Gansu	20.18	20.17	39.19	1.17	4.22	7.80	1.63
青 海	Qinghai	5.40	5.40	9.95	0.85	1.25	9.30	2.16
宁 夏	Ningxia	5.60	5.59	9.73	1.46	1.58	8.51	2.40
新 疆	Xinjiang	27.92	27.89	52.50	3.33	10.80	12.24	4.74

三、卫生健康

Health and Wellness

3-1 医疗卫生机构
Number of Health Care Institutions

单位：个 (unit)

年份 Year	合计 Total	#医院 Hospitals	#综合医院 General Hospitals	#中医医院 Hospitals Specialized in Traditional Chinese Medicine	#专科医院 Specialized Hospitals	#基层医疗卫生机构 Health Care Institutions at Grass-root Level	社区卫生服务中心(站) Community Health Service Centers	街道卫生院 Urban Health Centers
1950	8915	2803	2692	4	85			
1955	67725	3648	3351	67	188			
1960	261195	6020	5173	330	401			
1965	224266	5330	4747	131	339			
1970	149823	5964	5353	117	385			
1975	151733	7654	6817	160	543			
1980	180553	9902	7859	678	694			
1985	978540	11955	9197	1485	938			
1990	1012690	14377	10424	2115	1362			
1995	994409	15663	11586	2361	1445			
2000	1034229	16318	11872	2453	1543	1000169		548
2005	882206	18703	12982	2620	2682	849488	17128	787
2006	918097	19246	13120	2665	3022	884818	22656	816
2007	912263	19852	13372	2720	3282	878686	27069	803
2008	891480	19712	13119	2688	3437	858015	24260	780
2009	916571	20291	13364	2728	3716	882153	27308	1152
2010	936927	20918	13681	2778	3956	901709	32739	929
2011	954389	21979	14328	2831	4283	918003	32860	667
2012	950297	23170	15021	2889	4665	912620	33562	610
2013	974398	24709	15887	3015	5127	915368	33965	593
2014	981432	25860	16524	3115	5478	917335	34238	595

注：1.村卫生室数计入医疗卫生机构数中。
2.2008年社区卫生服务中心(站)减少的原因是江苏省约5000家农村社区卫生服务站划归村卫生室。
3.2002年起，医疗卫生机构数不再包括高中等医学院校本部、药检机构、国境卫生检疫所和非卫生部门举办的计划生育指导站。
4.2013年起，医疗卫生机构数包括原计生部门主管的计划生育技术服务机构。
5.1996年以前门诊部(所)不包括私人诊所。

a) Number of village clinics was included in health care institutions.
b) The reasons of decrease of community health centers(stations) in 2008 is that 5000 rural community health stations in Jiangsu is divided into village clinics.
c) Since 2002, health care institutions did not include headquarters of higher and secondary medical schools, drug test institutions, border health quarantine institutions and family planning service stations run by other than health department.
d) Since 2013, health care institutions included family planning technical services institutions managed by original family planning department.
e) Before 1996, clinics did not include private clinics.

3-1 续表 continued

单位：个 (unit)

年份 Year	乡镇卫生院 Township Health Centers	村卫生室 Village Clinics	门诊部(所) Outpatient Department	#专业公共卫生机构 Specialized Public Health Institutions	#疾病预防控制中心 Center for Disease Control and Prevention	#专科疾病防治院(所/站) Specialized Disease Prevention & Treatment Institution	#妇幼保健院(所/站) Women and Children Care Agencies	#卫生监督所(中心) Health Inspection Institution (center)
1950			3356		61	30	426	
1955			51600		315	287	3944	
1960	24849		213823		1866	683	4213	
1965	36965		170430		2499	822	2910	
1970	56568		79600		1714	607	1124	
1975	54026		80739		2912	683	2128	
1980	55413		102474		3105	1138	2745	
1985	47387	777674	126604		3410	1566	2996	
1990	47749	803956	129332		3618	1781	3148	
1995	51797	804352	104406		3729	1895	3179	
2000	49229	709458	240934	11386	3741	1839	3163	
2005	40907	583209	207457	11177	3585	1502	3021	1702
2006	39975	609128	212243	11269	3548	1402	3003	2097
2007	39876	613855	197083	11528	3585	1365	3051	2553
2008	39080	613143	180752	11485	3534	1310	3011	2675
2009	38475	632770	182448	11665	3536	1291	3020	2809
2010	37836	648424	181781	11835	3513	1274	3025	2992
2011	37295	662894	184287	11926	3484	1294	3036	3022
2012	37097	653419	187932	12083	3490	1289	3044	3088
2013	37015	648619	195176	31155	3516	1271	3144	2967
2014	36902	645470	200130	35029	3490	1242	3098	2975

3-2 分地区医疗卫生机构(2014年)
Number of Health Care Institutions by Region(2014)

单位：个、% (unit,%)

地区	Region	机构数 Institutiions				占全部机构数比重 Proportion			每万人口医疗卫生机构数
		合计 Total	#医院 Hospitals	#基层医疗卫生机构 Health Care Institutions at Grass-root Level	#专业公共卫生机构 Specialized Public Health Institutions	医院 Hospitals	基层医疗卫生机构 Health Care Institutions at Grass-root Level	专业公共卫生机构 Specialized Public Health Institutions	Health Care Institutions per 10000 population
全国	**National Total**	**981432**	**25860**	**917335**	**35029**	**2.63**	**93.47**	**3.57**	**7.18**
北京	Beijing	9638	608	8802	117	6.31	91.33	1.21	4.48
天津	Tianjin	4990	373	4419	145	7.47	88.56	2.91	3.29
河北	Hebei	78895	1341	75623	1657	1.70	95.85	2.10	10.68
山西	Shanxi	40777	1234	39010	463	3.03	95.67	1.14	11.18
内蒙古	Inner Mongolia	23426	639	22053	660	2.73	94.14	2.82	9.35
辽宁	Liaoning	35441	962	33297	1031	2.71	93.95	2.91	8.07
吉林	Jilin	19891	582	18856	348	2.93	94.80	1.75	7.23
黑龙江	Heilongjiang	21229	1002	18725	1443	4.72	88.20	6.80	5.54
上海	Shanghai	4984	332	4489	116	6.66	90.07	2.33	2.05
江苏	Jiangsu	31995	1524	28921	1290	4.76	90.39	4.03	4.02
浙江	Zhejiang	30358	935	28673	577	3.08	94.45	1.90	5.51
安徽	Anhui	24824	968	22014	1755	3.90	88.68	7.07	4.08
福建	Fujian	28030	557	25994	1404	1.99	92.74	5.01	7.36
江西	Jiangxi	38873	565	37372	827	1.45	96.14	2.13	8.56
山东	Shandong	77012	1854	72834	2108	2.41	94.57	2.74	7.87
河南	Henan	71154	1412	66952	2478	1.98	94.09	3.48	7.54
湖北	Hubei	36077	771	34503	696	2.14	95.64	1.93	6.20
湖南	Hunan	61571	1018	57637	2810	1.65	93.61	4.56	9.14
广东	Guangdong	48085	1260	44675	1978	2.62	92.91	4.11	4.48
广西	Guangxi	34667	486	32497	1646	1.40	93.74	4.75	7.29
海南	Hainan	5075	191	4754	121	3.76	93.67	2.38	5.62
重庆	Chongqing	18767	565	17886	298	3.01	95.31	1.59	6.27
四川	Sichuan	81070	1814	76110	2962	2.24	93.88	3.65	9.96
贵州	Guizhou	28995	1067	26432	1464	3.68	91.16	5.05	8.27
云南	Yunnan	24281	1060	21835	1324	4.37	89.93	5.45	5.15
西藏	Tibet	6795	112	6542	139	1.65	96.28	2.05	21.40
陕西	Shaanxi	37247	977	34202	1949	2.62	91.82	5.23	9.87
甘肃	Gansu	27916	427	25254	2082	1.53	90.46	7.46	10.78
青海	Qinghai	6241	185	5878	174	2.96	94.18	2.79	10.70
宁夏	Ningxia	4255	161	3918	166	3.78	92.08	3.90	6.43
新疆	Xinjiang	18873	878	17178	801	4.65	91.02	4.24	8.21

3–3 分地区医院情况(2014年)
Health Care Institutions by Region(2014)

单位：个、% (unit,%)

地 区	Region	医 院 Hospitals	#综合医院 General Hospitals	#中医医院 Hospitals Specialized in Traditional Chinese Medicine	#专科医院 Specialized Hospitals	占医院数比重 Proportion 综合医院 General Hospitals	中医医院 Hospitals Specialized in Traditional Chinese Medicine	专科医院 Specialized Hospitals	每十万人口医院数 Hospitals per 10000 population
全 国	**NationalTotal**	**25860**	**16524**	**3115**	**5478**	**63.90**	**12.05**	**21.18**	**1.89**
北 京	Beijing	608	296	144	144	48.68	23.68	23.68	2.83
天 津	Tianjin	373	254	40	75	68.10	10.72	20.11	2.46
河 北	Hebei	1341	894	179	237	66.67	13.35	17.67	1.82
山 西	Shanxi	1234	638	188	394	51.70	15.24	31.93	3.38
内蒙古	Inner Mongolia	639	379	79	111	59.31	12.36	17.37	2.55
辽 宁	Liaoning	962	584	106	262	60.71	11.02	27.23	2.19
吉 林	Jilin	582	346	73	154	59.45	12.54	26.46	2.11
黑龙江	Heilongjiang	1002	672	130	185	67.07	12.97	18.46	2.61
上 海	Shanghai	332	182	18	102	54.82	5.42	30.72	1.37
江 苏	Jiangsu	1524	999	102	343	65.55	6.69	22.51	1.91
浙 江	Zhejiang	935	444	132	319	47.49	14.12	34.12	1.70
安 徽	Anhui	968	640	96	215	66.12	9.92	22.21	1.59
福 建	Fujian	557	345	78	123	61.94	14.00	22.08	1.46
江 西	Jiangxi	565	371	100	86	65.66	17.70	15.22	1.24
山 东	Shandong	1854	1195	179	454	64.46	9.65	24.49	1.89
河 南	Henan	1412	877	233	285	62.11	16.50	20.18	1.50
湖 北	Hubei	771	483	102	169	62.65	13.23	21.92	1.33
湖 南	Hunan	1018	612	135	249	60.12	13.26	24.46	1.51
广 东	Guangdong	1260	760	148	337	60.32	11.75	26.75	1.17
广 西	Guangxi	486	298	90	82	61.32	18.52	16.87	1.02
海 南	Hainan	191	150	16	20	78.53	8.38	10.47	2.11
重 庆	Chongqing	565	404	48	103	71.50	8.50	18.23	1.89
四 川	Sichuan	1814	1217	189	363	67.09	10.42	20.01	2.23
贵 州	Guizhou	1067	821	83	135	76.94	7.78	12.65	3.04
云 南	Yunnan	1060	706	120	199	66.60	11.32	18.77	2.25
西 藏	Tibet	112	88		3	78.57		2.68	3.53
陕 西	Shaanxi	977	694	144	129	71.03	14.74	13.20	2.59
甘 肃	Gansu	427	275	76	54	64.40	17.80	12.65	1.65
青 海	Qinghai	185	114	13	21	61.62	7.03	11.35	3.17
宁 夏	Ningxia	161	105	19	32	65.22	11.80	19.88	2.43
新 疆	Xinjiang	878	681	55	93	77.56	6.26	10.59	3.82

3−4 分地区分等级医院情况(2014年)
Hospital by Level and Region (2014)

单位：个，%　　(unit, %)

地 区	Region	合计 Total	三级医院 Thrid-level Hospital	二级医院 Second-level Hospital	一级医院 First-level Hospital	比重 Proportion 三级医院 Thrid-level Hospital	二级医院 Second-level Hospital	一级医院 First-level Hospital
全 国	**National Total**	**25860**	**1954**	**6850**	**7009**	**7.6**	**26.5**	**27.1**
北 京	Beijing	608	73	113	370	12.0	18.6	60.9
天 津	Tianjin	373	39	54	164	10.5	14.5	44.0
河 北	Hebei	1341	62	419	508	4.6	31.2	37.9
山 西	Shanxi	1234	50	264	206	4.1	21.4	16.7
内蒙古	Inner Mongolia	639	55	222	215	8.6	34.7	33.6
辽 宁	Liaoning	962	116	258	319	12.1	26.8	33.2
吉 林	Jilin	582	43	197	78	7.4	33.8	13.4
黑龙江	Heilongjiang	1002	86	320	313	8.6	31.9	31.2
上 海	Shanghai	332	44	107	11	13.3	32.2	3.3
江 苏	Jiangsu	1524	135	326	646	8.9	21.4	42.4
浙 江	Zhejiang	935	123	220	27	13.2	23.5	2.9
安 徽	Anhui	968	61	278	374	6.3	28.7	38.6
福 建	Fujian	557	59	160	69	10.6	28.7	12.4
江 西	Jiangxi	565	52	187	67	9.2	33.1	11.9
山 东	Shandong	1854	116	425	581	6.3	22.9	31.3
河 南	Henan	1412	87	422	603	6.2	29.9	42.7
湖 北	Hubei	771	101	253	178	13.1	32.8	23.1
湖 南	Hunan	1018	66	288	264	6.5	28.3	25.9
广 东	Guangdong	1260	132	300	222	10.5	23.8	17.6
广 西	Guangxi	486	56	184	107	11.5	37.9	22.0
海 南	Hainan	191	11	25	27	5.8	13.1	14.1
重 庆	Chongqing	565	23	106	111	4.1	18.8	19.6
四 川	Sichuan	1814	125	434	242	6.9	23.9	13.3
贵 州	Guizhou	1067	49	188	347	4.6	17.6	32.5
云 南	Yunnan	1060	54	271	144	5.1	25.6	13.6
西 藏	Tibet	112	4	10	45	3.6	8.9	40.2
陕 西	Shaanxi	977	50	282	192	5.1	28.9	19.7
甘 肃	Gansu	427	37	167	20	8.7	39.1	4.7
青 海	Qinghai	185	14	85	1	7.6	45.9	0.5
宁 夏	Ningxia	161	8	58	38	5.0	36.0	23.6
新 疆	Xinjiang	878	23	227	520	2.6	25.9	59.2

3-5 分地区三级医院情况(2014年)
Third-level Hospital by Region (2014)

单位:个,% (unit,%)

地 区	Region	三级医院 Third-level Hospital	甲等 Grade A	乙等 Grade B	丙等 Grade C	比重 Proportion 甲等 Grade A	乙等 Grade B	丙等 Grade C
总 计	**National Total**	**1954**	**1158**	**391**	**36**	**59.3**	**20.0**	**1.8**
北 京	Beijing	73	45	1	13	61.6	1.4	17.8
天 津	Tianjin	39	29	4		74.4	10.3	
河 北	Hebei	62	38			61.3		
山 西	Shanxi	50	37	12		74.0	24.0	
内蒙古	Inner Mongolia	55	17	17	6	30.9	30.9	10.9
辽 宁	Liaoning	116	62	20	2	53.4	17.2	1.7
吉 林	Jilin	43	27	8	8	62.8	18.6	18.6
黑龙江	Heilongjiang	86	62	12	2	72.1	14.0	2.3
上 海	Shanghai	44	35	5		79.5	11.4	
江 苏	Jiangsu	135	61	37		45.2	27.4	
浙 江	Zhejiang	123	62	61		50.4	49.6	
安 徽	Anhui	61	41	9		67.2	14.8	
福 建	Fujian	59	34	8		57.6	13.6	
江 西	Jiangxi	52	44	4		84.6	7.7	
山 东	Shandong	116	61	26	1	52.6	22.4	0.9
河 南	Henan	87	46	2		52.9	2.3	
湖 北	Hubei	101	64	12	3	63.4	11.9	3.0
湖 南	Hunan	66	42	3		63.6	4.5	
广 东	Guangdong	132	91	4		68.9	3.0	
广 西	Guangxi	56	43	6	1	76.8	10.7	1.8
海 南	Hainan	11	10			90.9		
重 庆	Chongqing	23	19			82.6		
四 川	Sichuan	125	62	63		49.6	50.4	
贵 州	Guizhou	49	28	5		57.1	10.2	
云 南	Yunnan	54	18	24		33.3	44.4	
西 藏	Tibet	4	2	2		50.0	50.0	
陕 西	Shaanxi	50	32	17		64.0	34.0	
甘 肃	Gansu	37	17	19		45.9	51.4	
青 海	Qinghai	14	10	4		71.4	28.6	
宁 夏	Ningxia	8	3	4		37.5	50.0	
新 疆	Xinjiang	23	16	2		69.6	8.7	

3-6 分地区分床位医院情况(2014年)
Hospitals by Beds and Region (2014)

单位：个，%　　(unit,%)

地区	Region	合计 Total	0–99张 0-99 Beds	比重 Propo-rtion	100–299张 100-299 Beds	比重 Propo-rtion	300–499张 300-499 Beds	比重 Propo-rtion	500张及以上 500 Beds over and above	比重 Propo-rtion
全　国	**National Total**	**25860**	**15474**	**59.8**	**5559**	**21.5**	**1954**	**7.6**	**2873**	**11.1**
北　京	Beijing	608	418	68.8	85	14.0	36	5.9	69	11.3
天　津	Tianjin	373	279	74.8	45	12.1	15	4.0	34	9.1
河　北	Hebei	1341	827	61.7	257	19.2	127	9.5	130	9.7
山　西	Shanxi	1234	886	71.8	242	19.6	53	4.3	53	4.3
内蒙古	Inner Mongolia	639	389	60.9	155	24.3	48	7.5	47	7.4
辽　宁	Liaoning	962	529	55.0	226	23.5	68	7.1	139	14.4
吉　林	Jilin	582	300	51.5	176	30.2	51	8.8	55	9.5
黑龙江	Heilongjiang	1002	595	59.4	267	26.6	62	6.2	78	7.8
上　海	Shanghai	332	143	43.1	73	22.0	44	13.3	72	21.7
江　苏	Jiangsu	1524	945	62.0	294	19.3	105	6.9	180	11.8
浙　江	Zhejiang	935	514	55.0	219	23.4	72	7.7	130	13.9
安　徽	Anhui	968	601	62.1	195	20.1	53	5.5	119	12.3
福　建	Fujian	557	313	56.2	115	20.6	52	9.3	77	13.8
江　西	Jiangxi	565	265	46.9	159	28.1	66	11.7	75	13.3
山　东	Shandong	1854	1210	65.3	311	16.8	110	5.9	223	12.0
河　南	Henan	1412	798	56.5	301	21.3	106	7.5	207	14.7
湖　北	Hubei	771	378	49.0	175	22.7	67	8.7	151	19.6
湖　南	Hunan	1018	548	53.8	220	21.6	86	8.4	164	16.1
广　东	Guangdong	1260	608	48.3	322	25.6	128	10.2	202	16.0
广　西	Guangxi	486	207	42.6	128	26.3	70	14.4	81	16.7
海　南	Hainan	191	138	72.3	27	14.1	14	7.3	12	6.3
重　庆	Chongqing	565	342	60.5	112	19.8	52	9.2	59	10.4
四　川	Sichuan	1814	1093	60.3	430	23.7	125	6.9	166	9.2
贵　州	Guizhou	1067	780	73.1	163	15.3	65	6.1	59	5.5
云　南	Yunnan	1060	621	58.6	284	26.8	82	7.7	73	6.9
西　藏	Tibet	112	89	79.5	21	18.8	1	0.9	1	0.9
陕　西	Shaanxi	977	614	62.8	213	21.8	67	6.9	83	8.5
甘　肃	Gansu	427	196	45.9	124	29.0	50	11.7	57	13.3
青　海	Qinghai	185	116	62.7	44	23.8	14	7.6	11	5.9
宁　夏	Ningxia	161	92	57.1	45	28.0	12	7.5	12	7.5
新　疆	Xinjiang	878	640	72.9	131	14.9	53	6.0	54	6.2

3-7 分地区基层医疗卫生机构(2014年)
Number of Health Care Institutions at Grasstoot Level by Region(2014)

单位：个，% (unit,%)

地　区	Region	基层医疗卫生机构 Health Care Institutions at Grass-root Level	社区卫生服务中心(站) Community Health Service Centers	街道卫生院 Urban Health Centers	乡镇卫生院 Township Health Centers	村卫生室 Village Clinics	门诊部(所) Outpatient Department	占基层医疗卫生机构数比重 Proportion: 社区卫生服务中心(站) Community Health Service Centers	乡镇卫生院 Township Health Centers	村卫生室 Village Clinics	门诊部(所) Outpatient Department
全　国	**National Total**	**917335**	**34238**	**595**	**36902**	**645470**	**200130**	**3.73**	**4.02**	**70.36**	**21.82**
北　京	Beijing	8802	1896			2802	4104	21.54		31.83	46.63
天　津	Tianjin	4419	569	1	148	2350	1351	12.88	3.35	53.18	30.57
河　北	Hebei	75623	1169		1960	61450	11044	1.55	2.59	81.26	14.60
山　西	Shanxi	39010	854	451	1202	28248	8255	2.19	3.08	72.41	21.16
内蒙古	Inner Mongolia	22053	1180	3	1332	13835	5703	5.35	6.04	62.74	25.86
辽　宁	Liaoning	33297	1138	13	1012	19844	11290	3.42	3.04	59.60	33.91
吉　林	Jilin	18856	364		773	11225	6494	1.93	4.10	59.53	34.44
黑龙江	Heilongjiang	18725	765	4	992	11638	5326	4.09	5.30	62.15	28.44
上　海	Shanghai	4489	1027			1310	2152	22.88		29.18	47.94
江　苏	Jiangsu	28921	2803	2	1044	15523	9549	9.69	3.61	53.67	33.02
浙　江	Zhejiang	28673	6166	9	1139	12042	9317	21.50	3.97	42.00	32.49
安　徽	Anhui	22014	1941	1	1398	15288	3386	8.82	6.35	69.45	15.38
福　建	Fujian	25994	531		879	19242	5342	2.04	3.38	74.02	20.55
江　西	Jiangxi	37372	610	6	1593	31017	4146	1.63	4.26	83.00	11.09
山　东	Shandong	72834	2308		1637	53870	15019	3.17	2.25	73.96	20.62
河　南	Henan	66952	1312	3	2055	56721	6861	1.96	3.07	84.72	10.25
湖　北	Hubei	34503	1175	36	1150	24919	7223	3.41	3.33	72.22	20.93
湖　南	Hunan	57637	666	2	2298	44699	9972	1.16	3.99	77.55	17.30
广　东	Guangdong	44675	2527	21	1201	28161	12765	5.66	2.69	63.04	28.57
广　西	Guangxi	32497	269		1270	21917	9041	0.83	3.91	67.44	27.82
海　南	Hainan	4754	152		298	2761	1543	3.20	6.27	58.08	32.46
重　庆	Chongqing	17886	500	12	933	10778	5663	2.80	5.22	60.26	31.66
四　川	Sichuan	76110	928		4575	55981	14626	1.22	6.01	73.55	19.22
贵　州	Guizhou	26432	596	18	1427	20945	3446	2.25	5.40	79.24	13.04
云　南	Yunnan	21835	479		1376	13364	6616	2.19	6.30	61.20	30.30
西　藏	Tibet	6542	9		678	5366	489	0.14	10.36	82.02	7.47
陕　西	Shaanxi	34202	589	9	1601	25969	6034	1.72	4.68	75.93	17.64
甘　肃	Gansu	25254	597	3	1375	16681	6598	2.36	5.44	66.05	26.13
青　海	Qinghai	5878	205	1	404	4481	787	3.49	6.87	76.23	13.39
宁　夏	Ningxia	3918	122		223	2455	1118	3.11	5.69	62.66	28.53
新　疆	Xinjiang	17178	791		929	10588	4870	4.60	5.41	61.64	28.35

3-8 分地区专业公共卫生机构(2014年)
Specialized Public Health Care Institutions by Region(2014)

单位：个，% (unit,%)

地区 Region	专业公共卫生机构 Specialized Public Health Institutions	#疾病预防控制中心 Center for Disease Control and Prevention	#专科疾病防治院(所/站) Specialized Disease Prevention & Treatment Institution	#妇幼保健院(所/站) Women and Children Care Agencies	#卫生监督所(中心) Health Inspection Institution (center)	占专业公共卫生机构比重 Proportion: 疾病预防控制中心 Center for Disease Control and	专科疾病防治院(所/站) Specialized Disease Prevention & Treatment	妇幼保健院(所/站) Women and Children Care Agencies	卫生监督所(中心) Health Inspection Institution (center)
全　国 National Total	**35029**	**3490**	**1242**	**3098**	**2975**	**9.96**	**3.55**	**8.84**	**8.49**
北　京 Beijing	117	32	26	19	18	27.35	22.22	16.24	15.38
天　津 Tianjin	145	24	17	22	19	16.55	11.72	15.17	13.10
河　北 Hebei	1657	193	7	222	180	11.65	0.42	13.40	10.86
山　西 Shanxi	463	134	8	133	131	28.94	1.73	28.73	28.29
内蒙古 Inner Mongolia	660	119	53	117	114	18.03	8.03	17.73	17.27
辽　宁 Liaoning	1031	131	86	110	89	12.71	8.34	10.67	8.63
吉　林 Jilin	348	68	50	68	38	19.54	14.37	19.54	10.92
黑龙江 Heilongjiang	1443	169	112	148	138	11.71	7.76	10.26	9.56
上　海 Shanghai	116	20	19	21	18	17.24	16.38	18.10	15.52
江　苏 Jiangsu	1290	123	43	110	109	9.53	3.33	8.53	8.45
浙　江 Zhejiang	577	100	20	89	101	17.33	3.47	15.42	17.50
安　徽 Anhui	1755	121	48	121	113	6.89	2.74	6.89	6.44
福　建 Fujian	1404	96	24	87	85	6.84	1.71	6.20	6.05
江　西 Jiangxi	827	148	110	112	110	17.90	13.30	13.54	13.30
山　东 Shandong	2108	181	131	161	105	8.59	6.21	7.64	4.98
河　南 Henan	2478	180	22	164	177	7.26	0.89	6.62	7.14
湖　北 Hubei	696	112	76	100	103	16.09	10.92	14.37	14.80
湖　南 Hunan	2810	147	86	139	130	5.23	3.06	4.95	4.63
广　东 Guangdong	1978	137	136	130	138	6.93	6.88	6.57	6.98
广　西 Guangxi	1646	113	41	104	110	6.87	2.49	6.32	6.68
海　南 Hainan	121	28	21	24	24	23.14	17.36	19.83	19.83
重　庆 Chongqing	298	42	15	40	39	14.09	5.03	13.42	13.09
四　川 Sichuan	2962	207	34	202	204	6.99	1.15	6.82	6.89
贵　州 Guizhou	1464	101	9	100	95	6.90	0.61	6.83	6.49
云　南 Yunnan	1324	150	29	145	142	11.33	2.19	10.95	10.73
西　藏 Tibet	139	82		54	1	58.99		38.85	0.72
陕　西 Shaanxi	1949	119	6	118	115	6.11	0.31	6.05	5.90
甘　肃 Gansu	2082	103	7	100	92	4.95	0.34	4.80	4.42
青　海 Qinghai	174	56	1	24	55	32.18	0.57	13.79	31.61
宁　夏 Ningxia	166	25		22	24	15.06		13.25	14.46
新　疆 Xinjiang	801	229	5	92	158	28.59	0.62	11.49	19.73

3-9 村卫生室情况
Statistics on Village Clinics

单位：个，% (unit,%)

年 份 Year	村卫生室 Village Clinics						设卫生室的村数占行政村数比重
	合计 Total	村办 Run by Village	乡卫生院设点 Township Hospitals	联合办 Jointly Run	私人办 Run by Private	其他 Others	Villages with Clinics as % of Total
1985	777674	305537	29769	88803	323904	29661	87.4
1990	803956	266137	29963	87149	381844	38863	86.2
1995	804352	297462	36388	90681	354981	22876	88.9
2000	709458	300864	47101	89828	255179	16486	89.8
2005	583209	313633	32396	38561	180403	18216	85.8
2006	609128	333790	34803	36805	186524	17206	88.1
2007	613855	340082	33633	33649	186841	19650	88.7
2008	613143	342692	40248	31698	180157	18348	89.4
2009	632770	350515	45434	31035	183699	22087	90.4
2010	648424	365153	49678	32650	177080	23863	92.3
2011	662894	372661	56128	33639	175747	24719	93.4
2012	653419	370099	58317	32278	167025	25700	93.3
2013	648619	371579	59896	32690	158811	25643	93.0
2014	645470	349428	59396	29180	160549	46917	93.3

3-10 分地区村卫生室情况(2014年)
Statistics on Village Clinics by Region(2014)

地 区	Region	村卫生室(个) Village Clinics (unit)						占全部村卫生室比重(%) Proportion(%)	
		合计 Total	村办 Run by Village	乡卫生院设点 Township Hospitals	联合办 Jointly Run	私人办 Run by Private	其他 Others	村办 Run by Village	乡卫生院设点 Township Hospitals
全 国	**National Total**	**645470**	**349428**	**59396**	**29180**	**160549**	**46917**	**54.1**	**9.2**
北 京	Beijing	2802	2468	10	3	297	24	88.1	0.4
天 津	Tianjin	2350	838	622	113	260	517	35.7	26.5
河 北	Hebei	61450	27452	2107	1039	27179	3673	44.7	3.4
山 西	Shanxi	28248	19630	957	740	3351	3570	69.5	3.4
内蒙古	Inner Mongolia	13835	5471	1903	318	5363	780	39.5	13.8
辽 宁	Liaoning	19844	9457	354	148	9319	566	47.7	1.8
吉 林	Jilin	11225	4237	1092	1336	4074	486	37.7	9.7
黑龙江	Heilongjiang	11638	8845	669	158	1324	642	76.0	5.7
上 海	Shanghai	1310	969	179	48		114	74.0	13.7
江 苏	Jiangsu	15523	8309	4119	2093	39	963	53.5	26.5
浙 江	Zhejiang	12042	7500	1238	175	2107	1022	62.3	10.3
安 徽	Anhui	15288	7215	3152	1481	947	2493	47.2	20.6
福 建	Fujian	19242	11890	309	237	4751	2055	61.8	1.6
江 西	Jiangxi	31017	14183	234	1629	13335	1636	45.7	0.8
山 东	Shandong	53870	27178	14369	4598	4197	3528	50.5	26.7
河 南	Henan	56721	33520	820	2852	16569	2960	59.1	1.4
湖 北	Hubei	24919	15551	4085	2445	1999	839	62.4	16.4
湖 南	Hunan	44699	29621	1542	1045	8754	3737	66.3	3.4
广 东	Guangdong	28161	21418	1433	176	4356	778	76.1	5.1
广 西	Guangxi	21917	7725	2156	695	8586	2755	35.2	9.8
海 南	Hainan	2761	768	130	24	1632	207	27.8	4.7
重 庆	Chongqing	10778	6255	1122	378	1941	1082	58.0	10.4
四 川	Sichuan	55981	27132	1578	2556	20390	4325	48.5	2.8
贵 州	Guizhou	20945	9308	2146	533	6977	1981	44.4	10.2
云 南	Yunnan	13364	9944	1360	620	500	940	74.4	10.2
西 藏	Tibet	5366	1760	2634	150		822	32.8	49.1
陕 西	Shaanxi	25969	19502	719	607	4360	781	75.1	2.8
甘 肃	Gansu	16681	6987	1622	958	5475	1639	41.9	9.7
青 海	Qinghai	4481	1820	595	571	1060	435	40.6	13.3
宁 夏	Ningxia	2455	769	363	212	843	268	31.3	14.8
新 疆	Xinjiang	10588	1706	5777	1242	564	1299	16.1	54.6

3-10 续表 continued

地 区	Region	联合办 Jointly Run	私人办 Run by Private	其他 Others	设卫生室的村数占行政村数% Villages with Clinics as % of Total	平均每村村卫生室人员数(人) Medical Personnel of Village Clinic per Village (person)	每千农业人口村卫生室人员数(人) Medical Personnel of Village Clinic per 1000 Agriculture Population (person)
全 国	**National Total**	**4.5**	**24.9**	**7.3**	**93.3**	**2.26**	**1.67**
北 京	Beijing	0.1	10.6	0.9	71.2	1.61	1.85
天 津	Tianjin	4.8	11.1	22.0	63.5	2.98	1.88
河 北	Hebei	1.7	44.2	6.0	100.0	1.86	2.24
山 西	Shanxi	2.6	11.9	12.6	100.0	1.82	2.21
内蒙古	Inner Mongolia	2.3	38.8	5.6	100.0	1.91	1.83
辽 宁	Liaoning	0.7	47.0	2.9	100.0	1.60	1.55
吉 林	Jilin	11.9	36.3	4.3	100.0	2.24	1.76
黑龙江	Heilongjiang	1.4	11.4	5.5	100.0	2.79	1.70
上 海	Shanghai	3.7		8.7	81.6	4.09	3.85
江 苏	Jiangsu	13.5	0.3	6.2	100.0	4.30	2.18
浙 江	Zhejiang	1.5	17.5	8.5	43.0	1.94	0.71
安 徽	Anhui	9.7	6.2	16.3	100.0	4.54	1.30
福 建	Fujian	1.2	24.7	10.7	100.0	1.86	1.47
江 西	Jiangxi	5.3	43.0	5.3	100.0	2.01	1.71
山 东	Shandong	8.5	7.8	6.5	73.4	3.00	2.96
河 南	Henan	5.0	29.2	5.2	100.0	2.94	1.93
湖 北	Hubei	9.8	8.0	3.4	97.9	2.62	1.62
湖 南	Hunan	2.3	19.6	8.4	100.0	1.65	1.31
广 东	Guangdong	0.6	15.5	2.8	100.0	1.71	1.19
广 西	Guangxi	3.2	39.2	12.6	100.0	2.27	1.23
海 南	Hainan	0.9	59.1	7.5	100.0	2.31	1.12
重 庆	Chongqing	3.5	18.0	10.0	100.0	2.89	1.56
四 川	Sichuan	4.6	36.4	7.7	100.0	1.68	1.45
贵 州	Guizhou	2.5	33.3	9.5	100.0	1.98	1.15
云 南	Yunnan	4.6	3.7	7.0	100.0	3.21	1.31
西 藏	Tibet	2.8		15.3	100.0	2.16	4.35
陕 西	Shaanxi	2.3	16.8	3.0	97.6	1.66	1.78
甘 肃	Gansu	5.7	32.8	9.8	100.0	1.87	1.58
青 海	Qinghai	12.7	23.7	9.7	100.0	2.16	3.21
宁 夏	Ningxia	8.6	34.3	10.9	100.0	2.22	1.35
新 疆	Xinjiang	11.7	5.3	12.3	100.0	2.07	1.64

3-11 卫生人员数
Employed Persons in Health Care Institutions

单位：人，% (person,%)

年 份 Year	卫生人员 Medical Personnel	#卫生技术人员 Medical Technical Personnel	#执业(助理)医师 Licensed (Assistant) Doctors	#执业医师 Licensed Doctor	#注册护士 Registered Nurse	#药师(士) Pharmacist	#乡村医生和卫生员 Village Doctors and Assistants	占卫生人员比重 Proportion #卫生技术人员 Medical Technical Personnel	#执业(助理)医师 Licensed (Assistant) Doctors	#注册护士 Registered Nurse	#乡村医生和卫生员 Village Doctors and Assistants
1978	7883041	2463931	978152	609608	405223	266570	4777469	31.3	12.4	5.1	60.6
1980	7355483	2798241	1153234	709473	465798	308438	3820776	38.0	15.7	6.3	51.9
1985	5606105	3410910	1413281	724238	636974	365145	1293094	60.8	25.2	11.4	23.1
1990	6137711	3897921	1763086	1302997	974541	405978	1231510	63.5	28.7	15.9	20.1
1995	6704395	4256923	1917772	1454926	1125661	418520	1331017	63.5	28.6	16.8	19.9
2000	6910383	4490803	2075843	1603266	1266838	414408	1319357	65.0	30.0	18.3	19.1
2005	6447246	4564050	2042135	1622684	1349589	349533	916532	70.8	31.7	20.9	14.2
2006	6681184	4728350	2099064	1678031	1426339	353565	957459	70.8	31.4	21.3	14.3
2007	6964389	4913186	2122925	1715460	1558822	325212	931761	70.5	30.5	22.4	13.4
2008	7251803	5174478	2201904	1791881	1678091	330525	938313	71.4	30.4	23.1	12.9
2009	7781448	5535124	2329206	1905436	1854818	341910	1050991	71.1	29.9	23.8	13.5
2010	8207502	5876158	2413259	1972840	2048071	353916	1091863	71.6	29.4	25.0	13.3
2011	8616040	6202858	2466094	2020154	2244020	363993	1126443	72.0	28.6	26.0	13.1
2012	9115705	6675549	2616064	2138836	2496599	377398	1094419	73.2	28.7	27.4	12.0
2013	9790483	7210578	2794754	2285794	2783121	395578	1081063	73.6	28.5	28.4	11.0
2014	10234213	7589790	2892518	2374917	3004144	409595	1058182	74.2	28.3	29.4	10.3

注：1.卫生人员和卫生技术人员包括公务员中卫生监督员7000名。
2.2013年卫生人员数包括卫生计生部门主管的计划生育技术服务机构人员数。
3.执业(助理)医师数包括村卫生室执业(助理)医师数。
4.1985年以前乡村医生和卫生员系赤脚医生数。

a) Medical personnel and medical technical personnel include 7000 health supervisors in civil servants.
b) In 2013, medical personnel included personnel of family planning technical services institutions managed by family planning department.
c) Licensed (assistant) doctors include licensed (assistant) doctors in village clinics.
d) Before 1985, rural doctors and assistants referred to barefoot doctors.

3-12 分地区卫生人员数(2014年)

Employed Persons in Health Care Institutions by Region(2014)

单位：人，% (person, %)

地 区	Region	卫生人员 Medical Personnel	#卫生技术人员 Medical Technical Personnel	#执业(助理)医师 Licensed (Assistant) Doctors	#执业医师 Licensed Doctor	#注册护士 Registered Nurse	#药师(士) Pharmacist
全 国	**Natoional Total**	**10234213**	**7589790**	**2892518**	**2374917**	**3004144**	**409595**
北 京	Beijing	274036	213245	79949	75299	88488	12744
天 津	Tianjin	111672	84880	33340	31007	31577	5193
河 北	Hebei	512877	351513	157725	121014	121845	14975
山 西	Shanxi	289266	209474	89835	76689	79055	10045
内蒙古	Inner Mongolia	202999	154483	62182	52624	56723	9668
辽 宁	Liaoning	339187	256284	101636	91213	105828	13214
吉 林	Jilin	206092	151427	63234	55377	57433	7794
黑龙江	Heilongjiang	283494	212207	81371	68892	77720	11390
上 海	Shanghai	201735	164054	61202	57425	71929	9225
江 苏	Jiangsu	589559	458503	178551	149651	188767	25521
浙 江	Zhejiang	455809	375902	145725	124670	145141	24451
安 徽	Anhui	365662	268039	103742	80525	111497	12909
福 建	Fujian	273602	206516	75324	64366	85664	13794
江 西	Jiangxi	280766	201362	74647	62050	84140	13700
山 东	Shandong	838474	603785	230883	195791	245711	31741
河 南	Henan	745144	494815	189335	134405	191117	23963
湖 北	Hubei	438164	335583	126123	103905	144109	17837
湖 南	Hunan	462694	341404	133372	99058	136247	20321
广 东	Guangdong	732573	583009	216799	176112	233483	36548
广 西	Guangxi	357622	258599	86525	68419	103955	14353
海 南	Hainan	66556	50580	17609	14122	22383	2685
重 庆	Chongqing	210501	154278	58084	44252	62739	7628
四 川	Sichuan	626938	451938	179523	145028	175520	22642
贵 州	Guizhou	237518	169963	57845	45649	67204	6912
云 南	Yunnan	282760	208905	75426	62266	82823	8790
西 藏	Tibet	26531	12882	5609	3987	2715	593
陕 西	Shaanxi	336288	252611	76460	63214	97221	13544
甘 肃	Gansu	178968	126396	47681	38626	45472	6056
青 海	Qinghai	46363	33936	12953	10954	12750	1729
宁 夏	Ningxia	50714	39800	15023	13328	15096	2376
新 疆	Xinjiang	199649	153417	54805	44999	59792	7254

3–12 续表 continued

单位：人，% (person, %)

地 区 Region		#乡村医生和卫生员 Village Doctors and Assistants	占卫生人员比重 Proportion			
			#卫生技术人员 Medical Technical Personnel	#执业(助理)医师 Licensed (Assistant) Doctors	#注册护士 Registered Nurse	#乡村医生和卫生员 Village Doctors and Assistants
全 国	**Natoional Total**	**1058182**	**74.2**	**28.3**	**29.4**	**10.3**
北 京	Beijing	3406	77.8	29.2	32.3	1.2
天 津	Tianjin	5205	76.0	29.9	28.3	4.7
河 北	Hebei	83519	68.5	30.8	23.8	16.3
山 西	Shanxi	39450	72.4	31.1	27.3	13.6
内蒙古	Inner Mongolia	18422	76.1	30.6	27.9	9.1
辽 宁	Liaoning	24642	75.6	30.0	31.2	7.3
吉 林	Jilin	18954	73.5	30.7	27.9	9.2
黑龙江	Heilongjiang	24359	74.9	28.7	27.4	8.6
上 海	Shanghai	802	81.3	30.3	35.7	0.4
江 苏	Jiangsu	37796	77.8	30.3	32.0	6.4
浙 江	Zhejiang	8546	82.5	32.0	31.8	1.9
安 徽	Anhui	48271	73.3	28.4	30.5	13.2
福 建	Fujian	27201	75.5	27.5	31.3	9.9
江 西	Jiangxi	46841	71.7	26.6	30.0	16.7
山 东	Shandong	132234	72.0	27.5	29.3	15.8
河 南	Henan	119307	66.4	25.4	25.6	16.0
湖 北	Hubei	42264	76.6	28.8	32.9	9.6
湖 南	Hunan	48020	73.8	28.8	29.4	10.4
广 东	Guangdong	28515	79.6	29.6	31.9	3.9
广 西	Guangxi	36757	72.3	24.2	29.1	10.3
海 南	Hainan	3565	76.0	26.5	33.6	5.4
重 庆	Chongqing	22775	73.3	27.6	29.8	10.8
四 川	Sichuan	72998	72.1	28.6	28.0	11.6
贵 州	Guizhou	36294	71.6	24.4	28.3	15.3
云 南	Yunnan	35666	73.9	26.7	29.3	12.6
西 藏	Tibet	11109	48.6	21.1	10.2	41.9
陕 西	Shaanxi	33372	75.1	22.7	28.9	9.9
甘 肃	Gansu	21682	70.6	26.6	25.4	12.1
青 海	Qinghai	6938	73.2	27.9	27.5	15.0
宁 夏	Ningxia	3930	78.5	29.6	29.8	7.7
新 疆	Xinjiang	15342	76.8	27.5	29.9	7.7

3-13 分地区全科医生数(2014年)
General Doctor by Region (2014)

单位：人 (person)

年 份 Year 地 区 Region	全科医生数 General Doctor	注册为全科医学专业的人数 Persons Registered as Professional in General Medicine	取得全科医生培训合格证书的人数 Persons Obtaining General Doctor Training Certificate	每万人口全科医生数 General Doctor per 10,000 persons
2013	145511	47402	98109	1.07
2014	172597	64156	108441	1.27
北 京 Beijing	8221	4221	4000	3.82
天 津 Tianjin	1622	458	1164	1.07
河 北 Hebei	8637	2105	6532	1.17
山 西 Shanxi	3618	1133	2485	0.99
内蒙古 Inner Mongolia	2937	1131	1806	1.17
辽 宁 Liaoning	3777	1214	2563	0.86
吉 林 Jilin	2299	843	1456	0.84
黑龙江 Heilongjiang	3730	1055	2675	0.97
上 海 Shanghai	6925	5040	1885	2.85
江 苏 Jiangsu	19748	7527	12221	2.48
浙 江 Zhejiang	19640	7819	11821	3.57
安 徽 Anhui	6814	2844	3970	1.12
福 建 Fujian	4310	1229	3081	1.13
江 西 Jiangxi	3020	1084	1936	0.66
山 东 Shandong	8967	2515	6452	0.92
河 南 Henan	8394	2497	5897	0.89
湖 北 Hubei	6090	2064	4026	1.05
湖 南 Hunan	5055	2122	2933	0.75
广 东 Guangdong	14404	6768	7636	1.34
广 西 Guangxi	4527	1475	3052	0.95
海 南 Hainan	728	333	395	0.81
重 庆 Chongqing	2527	730	1797	0.84
四 川 Sichuan	9819	2278	7541	1.21
贵 州 Guizhou	2416	1125	1291	0.69
云 南 Yunnan	4106	911	3195	0.87
西 藏 Tibet	109	84	25	0.34
陕 西 Shaanxi	2770	1017	1753	0.73
甘 肃 Gansu	2710	870	1840	1.05
青 海 Qinghai	881	298	583	1.51
宁 夏 Ningxia	471	186	285	0.71
新 疆 Xinjiang	3325	1180	2145	1.45

3-14 每千人口卫生技术人员
Medical Technical Personnel in Health Care Institutions per 1000 Persons

单位：人 (person)

年 份 Year	卫生技术人员 Medical Technical Personnel			执业(助理)医师 Licensed (Assistant) Doctors			注册护士 Registered Nurses		
	合计 Total	城市 City	农村 Rural	合计 Total	城市 City	农村 Rural	合计 Total	城市 City	农村 Rural
1980	2.85	8.03	1.81	1.17	3.22	0.76	0.47	1.83	0.20
1985	3.28	7.92	2.09	1.36	3.35	0.85	0.61	1.85	0.30
1990	3.45	6.59	2.15	1.56	2.95	0.98	0.86	1.91	0.43
1995	3.59	5.36	2.32	1.62	2.39	1.07	0.95	1.59	0.49
2000	3.63	5.17	2.41	1.68	2.31	1.17	1.02	1.64	0.54
2005	3.50	5.82	2.69	1.56	2.46	1.26	1.03	2.10	0.65
2006	3.60	6.09	2.70	1.60	2.56	1.26	1.09	2.22	0.66
2007	3.72	6.44	2.69	1.61	2.61	1.23	1.18	2.42	0.70
2008	3.90	6.68	2.80	1.66	2.68	1.26	1.27	2.54	0.76
2009	4.15	7.15	2.94	1.75	2.83	1.31	1.39	2.82	0.81
2010	4.39	7.62	3.04	1.80	2.97	1.32	1.53	3.09	0.89
2011	4.61	6.68	2.66	1.83	2.62	1.10	1.67	2.62	0.79
2012	4.94	8.54	3.41	1.94	3.19	1.40	1.85	3.65	1.09
2013	5.27	9.18	3.64	2.06	3.39	1.48	2.04	4.00	1.22
2014	5.56	9.70	3.77	2.12	3.54	1.51	2.20	4.30	1.31

注：1.2002年以前，执业(助理)医师数系医生，执业医师数系医师，注册护士数系护师(士)。
2.城市包括直辖市区和地级市辖区，农村包括县及县级市。
3.分母为常住人口。

a) Before 2002, licensed (assistant) doctors referred to doctors, licensed doctors referred to doctors, registered nurses referred to nurses.
b) City includes district of municipalities and prefecture-level city, rural area include county and city at county level.
c) Total population used in this table are resident population.

3-15 分地区每千人口卫生技术人员(2014年) Medical Technical Personnel in Health Care Institutions per 1000 Persons by Region(2014)

单位：人 (person)

地 区	Region	卫生技术人员 Medical Technical Personnel			执业(助理)医师 Licensed (Assistant) Doctors			注册护士 Registered Nurses		
		合计 Total	城市 City	农村 Rural	合计 Total	城市 City	农村 Rural	合计 Total	城市 City	农村 Rural
全 国	**National Total**	**5.56**	**9.70**	**3.77**	**2.12**	**3.54**	**1.51**	**2.20**	**4.30**	**1.31**
北 京	Beijing	9.91	16.38	8.09	3.72	6.10	3.74	4.11	6.84	2.60
天 津	Tianjin	5.60	8.97	5.52	2.20	3.39	2.76	2.08	3.47	1.46
河 北	Hebei	4.76	10.95	3.25	2.14	4.45	1.56	1.65	4.77	0.91
山 西	Shanxi	5.74	11.33	3.85	2.46	4.51	1.79	2.17	4.94	1.19
内蒙古	Inner Mongolia	6.17	11.19	4.40	2.48	4.17	1.90	2.26	4.79	1.36
辽 宁	Liaoning	5.84	9.24	3.40	2.31	3.54	1.45	2.41	4.13	1.15
吉 林	Jilin	5.50	8.37	4.45	2.30	3.42	1.89	2.09	3.58	1.50
黑龙江	Heilongjiang	5.54	9.04	3.82	2.12	3.28	1.57	2.03	3.88	1.08
上 海	Shanghai	6.76	11.58	7.58	2.52	4.25	4.20	2.96	5.13	2.33
江 苏	Jiangsu	5.76	8.98	4.29	2.24	3.22	1.82	2.37	4.02	1.58
浙 江	Zhejiang	6.82	11.59	5.82	2.65	4.29	2.36	2.64	4.87	2.05
安 徽	Anhui	4.41	6.64	2.78	1.71	2.34	1.17	1.83	3.18	0.99
福 建	Fujian	5.43	10.33	3.81	1.98	3.75	1.40	2.25	4.57	1.48
江 西	Jiangxi	4.43	8.86	3.01	1.64	3.05	1.17	1.85	4.26	1.13
山 东	Shandong	6.17	9.30	4.83	2.36	3.49	1.87	2.51	4.17	1.80
河 南	Henan	5.24	9.94	3.19	2.01	3.42	1.31	2.03	4.65	1.05
湖 北	Hubei	5.77	8.62	4.17	2.17	3.06	1.65	2.48	4.08	1.63
湖 南	Hunan	5.07	10.40	3.48	1.98	3.67	1.45	2.02	5.00	1.20
广 东	Guangdong	5.44	11.30	3.31	2.02	4.03	1.35	2.18	4.82	1.12
广 西	Guangxi	5.44	7.91	3.58	1.82	2.70	1.18	2.19	3.52	1.31
海 南	Hainan	5.60	9.76	4.11	1.95	3.34	1.45	2.48	4.68	1.70
重 庆	Chongqing	5.16	6.06	3.23	1.94	2.17	1.32	2.10	2.72	1.09
四 川	Sichuan	5.55	8.00	3.76	2.21	2.92	1.59	2.16	3.60	1.27
贵 州	Guizhou	4.85	10.99	2.99	1.65	3.93	0.99	1.92	5.02	1.09
云 南	Yunnan	4.43	10.97	3.49	1.60	4.17	1.23	1.76	4.73	1.33
西 藏	Tibet	4.05	13.96	3.29	1.76	6.15	1.43	0.85	4.78	0.57
陕 西	Shaanxi	6.69	9.71	4.78	2.03	3.11	1.36	2.58	4.28	1.56
甘 肃	Gansu	4.88	7.42	3.44	1.84	2.83	1.28	1.75	3.14	1.04
青 海	Qinghai	5.82	17.50	3.58	2.22	6.35	1.43	2.19	8.09	1.05
宁 夏	Ningxia	6.01	9.70	3.21	2.27	3.53	1.31	2.28	4.01	0.98
新 疆	Xinjiang	6.68	15.50	5.82	2.38	5.88	2.04	2.60	6.65	2.19

3-16 各类医疗卫生机构医疗服务及床位利用情况(2014年)
Number of Visits and Inpatients in Medical Institutions and Utilization of Beds (2014)

机构名称	Institutions	诊疗人次数(万人次) Visits (10 000 person-times)	入院人数(万人) Inpatients (10 000 persons)	医师日均担负诊疗人次(人次) Daily Visits Each Doctor (person-time)	病床周转次数(次) Turnover of Beds (time)	病床工作日(日) Working Days of Beds (day)	病床使用率(%) Utilization Rate of Beds (%)	平均住院日(日) Average Stay Days in Hospital (day)
总计	**Total**	**760187**	**20441**	**8.6**	**32.3**	**297.7**	**81.6**	**8.9**
医院	Hospitals	297207	15375	7.5	32.3	321.4	88.0	9.6
综合医院	General Hospitals	218193	11844	7.6	35.1	324.0	88.8	9.0
中医医院	Hospitals Specialized in Traditional Chinese Medicine	47164	2011	8.2	31.3	318.8	87.3	10.0
中西医结合医院	Hospital of Integrated Traditional Chinese with Western Medicine	5101	178	8.4	27.8	307.4	84.2	10.6
民族医院	Nationalities Hospitals	793	49	4.8	23.6	260.4	71.3	10.8
专科医院	Specialized Hospitals	25867	1287	6.3	19.8	314.5	86.2	14.4
护理院	Nursing Hospital	89	6	3.2	3.2	286.6	78.5	77.8
基层医疗卫生机构	Basic Medical Institutions	436395	4094	10.4	31.2	217.9	59.7	6.5
#社区卫生服务中心(站)	Community Health Service Centers	68531	321	15.7	18.1	200.9	55.0	9.6
卫生院	Health Centers	103759	3752	9.5	33.1	220.6	60.4	6.3
街道卫生院	Urban Health Centers	893	20	10.0	23.0	194.2	53.2	7.3
乡镇卫生院	Township Health Centers	102866	3733	9.5	33.2	220.8	60.5	6.3
村卫生室	Village Clinics	198629						
门诊部	Outpatient Department	8786	21	6.0				
专业公共卫生机构	Specialized Public Health Institutions	26046	929	8.9	43.6	273.6	75.0	6.2
#专科疾病防治院(所、站)	Specialized Disease Prevention & Treatment Institution	2225	55	5.6	15.6	270.0	74.0	15.0
妇幼保健院(所、站)	Women and Children Care Agencies	23229	873	9.4	49.1	274.3	75.1	5.7
其他医疗卫生机构	Other Institutions	539	43	6.4	15.4	194.8	53.4	8.8
#疗养院	Sanatoriums	236	43	3.0	15.4	194.8	53.4	8.8

3-17 分地区医疗卫生机构门诊服务情况(2014年)
Outpatient Services of Health Institutions by Region (2014)

地 区	Region	诊疗人次数(亿人次) Visits (100 million person-times)	#门急诊 Outpatients with Emergency Treatment	观察室留观病例数(万人) Cases in Observation Room (10 000 persons)	健康检查人数(万人) Number of Health Examinations (10 000 persons)	急诊病死率(%) Fatality Rate among Emergency Admissions (%)	观察室病死率(%) Fatality Rate in Observation Room (%)	居民平均就诊次数(次) Average Number of Visits of Doctors (time)
全 国	**National Total**	**76.02**	**72.59**	**5977.08**	**37305.56**	**0.07**	**0.06**	**5.58**
北 京	Beijing	2.14	2.12	267.38	594.10	0.07	0.09	9.93
天 津	Tianjin	1.16	1.12	151.96	389.06	0.08	0.05	7.63
河 北	Hebei	4.13	3.74	205.02	1410.28	0.17	0.07	5.59
山 西	Shanxi	1.28	1.17	61.63	788.03	0.14	0.08	3.50
内蒙古	Inner Mongolia	1.00	0.93	41.60	533.42	0.11	0.19	4.01
辽 宁	Liaoning	1.85	1.70	273.19	1050.45	0.13	0.06	4.20
吉 林	Jilin	1.06	0.94	66.31	417.54	0.10	0.07	3.86
黑龙江	Heilongjiang	1.21	1.10	60.85	597.84	0.11	0.23	3.15
上 海	Shanghai	2.51	2.45	17.50	652.55	0.12	2.91	10.33
江 苏	Jiangsu	5.26	5.10	204.21	2730.41	0.04	0.04	6.61
浙 江	Zhejiang	5.04	4.94	113.44	2259.74	0.03	0.18	9.15
安 徽	Anhui	2.63	2.51	169.94	1328.15	0.08	0.02	4.32
福 建	Fujian	2.12	2.05	94.18	943.32	0.03	0.02	5.57
江 西	Jiangxi	2.11	2.01	193.83	1161.26	0.03	0.02	4.64
山 东	Shandong	6.31	5.99	419.42	2800.76	0.17	0.09	6.45
河 南	Henan	5.50	5.17	199.39	2949.24	0.08	0.08	5.82
湖 北	Hubei	3.45	3.31	384.96	1729.13	0.07	0.04	5.93
湖 南	Hunan	2.51	2.34	464.93	1606.12	0.03	0.04	3.72
广 东	Guangdong	7.81	7.59	687.40	3930.27	0.02	0.04	7.28
广 西	Guangxi	2.49	2.41	211.36	1391.03	0.03	0.02	5.24
海 南	Hainan	0.45	0.44	30.09	161.91	0.19	0.01	5.02
重 庆	Chongqing	1.38	1.32	310.62	720.25	0.06	0.01	4.61
四 川	Sichuan	4.45	4.28	350.26	2726.47	0.07	0.03	5.47
贵 州	Guizhou	1.30	1.24	178.55	791.88	0.04	0.02	3.71
云 南	Yunnan	2.19	2.12	429.09	902.09	0.04	0.04	4.64
西 藏	Tibet	0.13	0.12	11.22	115.37	0.03	0.04	4.13
陕 西	Shaanxi	1.75	1.70	21.95	782.89	0.09	0.18	4.64
甘 肃	Gansu	1.23	1.15	174.42	855.38	0.10	0.02	4.76
青 海	Qinghai	0.23	0.21	50.77	169.15	0.28	0.01	3.87
宁 夏	Ningxia	0.36	0.34	64.49	224.08	0.13	0.02	5.38
新 疆	Xinjiang	1.00	0.96	67.11	593.40	0.14	0.24	4.34

3-18 分地区医疗卫生机构住院服务情况(2014年)
Hospitalization Services in Health Institutions by Region (2014)

地区	Region	入院人数 (万人) Number of Inpatients (10 000 persons)	出院人数 (万人) Patients Discharged (10 000 persons)	住院病人手术人次 (万人次) Surgical Operation of Hospitalized (10 000 person-times)	病死率 (%) Fatality Rate (%)	每床出院人数 (人) Patients Discharged per Beds (person)	每百门急诊入院人数 (人) Inpatients per 100 Outpatient and Emergency Visits (person)	居民年住院率 (%) Annual Hospitalization Rate of Residents (%)
全国	**National Total**	**20441.18**	**20365.73**	**4382.92**	**0.36**	**30.9**	**4.2**	**15.0**
北京	Beijing	269.81	269.30	108.98	1.10	24.6	1.4	12.5
天津	Tianjin	148.67	148.50	56.54	0.59	24.4	1.6	9.8
河北	Hebei	980.64	973.09	197.57	0.31	30.1	5.6	13.3
山西	Shanxi	391.28	388.24	85.24	0.22	21.9	5.4	10.7
内蒙古	Inner Mongolia	300.47	299.40	58.29	0.48	23.3	4.7	12.0
辽宁	Liaoning	635.15	631.94	123.19	0.84	24.8	5.3	14.5
吉林	Jilin	335.52	331.83	68.77	0.91	23.5	5.3	12.2
黑龙江	Heilongjiang	489.57	486.70	116.93	0.90	24.2	6.2	12.8
上海	Shanghai	318.55	318.54	161.04	1.51	27.1	1.4	13.1
江苏	Jiangsu	1152.04	1148.24	286.78	0.16	29.3	3.0	14.5
浙江	Zhejiang	756.28	753.69	235.92	0.26	30.7	1.8	13.7
安徽	Anhui	821.36	818.18	158.48	0.27	32.5	5.3	13.5
福建	Fujian	533.71	532.80	109.41	0.13	32.4	3.8	14.0
江西	Jiangxi	696.65	694.52	110.21	0.15	37.2	7.1	15.3
山东	Shandong	1501.82	1501.74	300.28	0.31	30.0	5.0	15.3
河南	Henan	1447.10	1437.22	268.89	0.20	31.3	5.2	15.3
湖北	Hubei	1053.45	1053.66	206.19	0.33	33.2	5.3	18.1
湖南	Hunan	1226.63	1222.67	190.56	0.13	34.4	8.6	18.2
广东	Guangdong	1392.84	1392.36	469.92	0.50	34.4	2.5	13.0
广西	Guangxi	832.78	831.47	120.72	0.34	41.2	5.4	17.5
海南	Hainan	97.10	96.96	16.06	0.25	28.1	3.1	10.8
重庆	Chongqing	551.33	548.81	99.11	0.35	34.2	6.3	18.4
四川	Sichuan	1508.79	1501.16	277.92	0.41	32.7	5.6	18.5
贵州	Guizhou	640.14	633.84	107.65	0.17	34.8	8.8	18.2
云南	Yunnan	728.55	725.90	153.41	0.27	32.3	5.3	15.5
西藏	Tibet	22.93	23.06	3.78	0.16	19.4	2.7	7.2
陕西	Shaanxi	595.67	591.81	121.29	0.27	29.7	5.9	15.8
甘肃	Gansu	338.61	336.43	51.60	0.18	27.5	5.2	13.1
青海	Qinghai	86.48	87.89	14.15	0.17	26.7	5.8	14.8
宁夏	Ningxia	96.44	97.09	24.42	0.29	29.9	3.8	14.6
新疆	Xinjiang	490.83	488.70	79.62	0.32	34.2	6.5	21.4

3-19 各类医院诊疗人次数
Diagnose and Treat Person Times of Hospital

单位：万人次，% (10 000 person times, %)

分 类	Item	诊疗人次数 Visits				比重 Proportion			
		2005	2010	2013	2014	2005	2010	2013	2014
总 计	**Total**	**138653.3**	**203963.3**	**274177.7**	**297207.0**	**100.0**	**100.0**	**100.0**	**100.0**
按经济类型分	By Economic Type								
公立医院	State Hospital	132003.0	187381.1	245510.6	264741.6	95.2	91.9	89.5	89.1
民营医院	Private Hospital	6650.4	16582.2	28667.1	32465.4	4.8	8.1	10.5	10.9
按主办单位分	By Organizer								
政府办	Organized by Government	113425.5	170421.9	227709.9	246725.5	81.8	83.6	83.1	83.0
社会办	Organized by Society	21422.7	23613.1	28811.2	30462.3	15.5	11.6	10.5	10.2
个人办	Organized by Private	3805.2	9928.3	17656.6	20019.1	2.7	4.9	6.4	6.7
按管理类别分	Profit Type								
非营利性	Non-profit	132875.6	194544.1	259373.4	280616.3	95.8	95.4	94.6	94.4
营利性	Profit	5559.5	9419.2	14804.3	16590.7	4.0	4.6	5.4	5.6
按医院等级分	By Level								
三级医院	Third-level Hospital	39714.5	76046.3	123821.9	139804.4	28.6	37.3	45.2	47.0
二级医院	Second-level Hospital	54197.5	93120.4	109169.1	114708.6	39.1	45.7	39.8	38.6
一级医院	First-level Hospital	10501.8	14573.6	17617.9	18478.1	7.6	7.1	6.4	6.2
未评级医院	Non-level	34239.5	20223.0	23568.8	24215.8	24.7	9.9	8.6	8.1
按机构类别分	By Organization Type								
综合医院	General Hospitals	105774.9	151058.2	201576.5	218193.0	76.3	74.1	73.5	73.4
中医医院	Hospitals Specialized in Traditional Chinese Medicine	21429.5	32770.2	43726.3	47164.2	15.5	16.1	15.9	15.9
中西医结合医院	Hospital of Integrated Traditional Chinese with Western Medicine	1513.4	2702.6	4466.1	5101.3	1.1	1.3	1.6	1.7
民族医院	Nationalities Hospitals	427.2	553.8	760.1	792.6	0.3	0.3	0.3	0.3
专科医院	Specialized Hospitals	9478.8	16821.5	23575.5	25867.4	6.8	8.2	8.6	8.7
护理院	Nursing Hospital	29.6	57.1	73.3	88.6				

3-20 各类医院病床使用率
Utilization Rate of Beds of all Kinds of Hospital

单位：% (%)

分 类	Item	2005	2010	2011	2012	2013	2014
总 计	**Total**	**70.3**	**86.7**	**88.5**	**90.1**	**89.0**	**88.0**
按经济类型分	By Economic Type						
公立医院	State Hospital	71.5	90.0	92.0	94.2	93.5	92.8
民营医院	Private Hospital	49.8	59.0	62.3	63.2	63.4	63.1
按主办单位分	By Organizer						
政府办	Organized by Government	74.9	92.8	94.6	96.4	95.4	94.5
社会办	Organized by Society	55.6	69.1	71.4	73.7	73.4	73.6
个人办	Organized by Private	47.4	55.2	58.2	59.9	60.5	60.1
按营利类别分	Profit Type						
非营利性	Non-profit	71.4	88.9	90.8	92.6	91.7	90.9
营利性	Profit	48.3	52.9	56.0	57.9	58.3	57.3
按医院等级分	By Level						
三级医院	Third-level Hospital	90.5	102.9	104.2	104.5	102.9	101.8
二级医院	Second-level Hospital	68.1	87.3	88.7	90.7	89.5	87.9
一级医院	First-level Hospital	49.6	56.6	58.9	60.4	60.9	60.1
按机构类别分	By Organization Type						
综合医院	General Hospitals	70.4	87.5	89.3	91.0	89.8	88.8
中医医院	Hospitals Specialized in Traditional Chinese Medicine	65.0	84.1	86.3	88.6	88.6	87.3
中西医结合医院	Hospital of Integrated Traditional Chinese with Western Medicine	68.0	82.8	83.4	85.9	85.7	84.2
民族医院	Nationalities Hospitals	57.4	70.6	74.3	74.6	72.1	71.3
专科医院	Specialized Hospitals	75.7	85.7	87.0	87.6	86.4	86.2
护理院	Nursing Hospital	89.6	85.3	80.6	78.8	78.1	78.5

3-21 分地区医院住院服务情况(2014年)
Hospitalization Services in Hospital by Region (2014)

单位：万人，万人次 (10 000 persons, 10 000 person times)

地　区	Region	入院人数 Number of Inpatients			出院人数 Number of Discharged Patients			住院病人手术人次数 Person Times of Operation of Hospital Patients		
		合计 Total	公立 State	民营 Private	合计 Total	公立 State	民营 Private	合计 Total	公立 State	民营 Private
全　国	**National Total**	**15375.1**	**13414.8**	**1960.3**	**15319.1**	**13380.5**	**1938.5**	**4112.1**	**3592.0**	**520.1**
北　京	Beijing	256.2	227.2	29.1	255.7	226.9	28.9	103.7	95.0	8.7
天　津	Tianjin	137.6	123.1	14.4	137.4	123.1	14.4	55.6	54.1	1.5
河　北	Hebei	767.0	687.5	79.5	760.8	683.0	77.8	185.3	169.2	16.0
山　西	Shanxi	326.8	290.7	36.1	324.9	289.6	35.3	82.6	72.2	10.4
内蒙古	Inner Mongolia	249.1	229.3	19.7	248.4	228.8	19.6	55.1	50.4	4.7
辽　宁	Liaoning	558.4	498.2	60.2	555.7	496.9	58.8	120.8	108.2	12.6
吉　林	Jilin	303.6	272.3	31.2	300.1	270.8	29.3	66.7	58.3	8.4
黑龙江	Heilongjiang	411.7	379.4	32.3	409.2	377.4	31.8	112.2	103.7	8.5
上　海	Shanghai	294.7	280.4	14.2	294.5	280.5	14.0	153.8	147.2	6.6
江　苏	Jiangsu	942.6	735.6	207.0	939.7	734.7	205.0	277.6	213.9	63.7
浙　江	Zhejiang	682.5	617.8	64.7	680.3	617.0	63.3	222.3	197.8	24.5
安　徽	Anhui	620.0	510.9	109.1	617.2	509.5	107.7	153.1	122.0	31.1
福　建	Fujian	412.1	363.9	48.2	411.4	363.7	47.7	102.0	87.6	14.4
江　西	Jiangxi	431.9	385.1	46.7	431.3	385.6	45.7	96.2	82.3	13.8
山　东	Shandong	1129.9	1000.8	129.2	1124.9	997.5	127.4	279.5	247.1	32.4
河　南	Henan	1052.6	948.1	104.5	1047.3	944.5	102.8	242.1	217.1	25.0
湖　北	Hubei	733.8	672.1	61.7	735.7	672.5	63.2	192.2	173.6	18.5
湖　南	Hunan	790.0	702.9	87.2	788.1	701.6	86.5	173.6	154.6	18.9
广　东	Guangdong	1075.0	964.6	110.4	1073.9	964.1	109.8	423.9	382.4	41.5
广　西	Guangxi	477.9	453.0	25.0	478.0	453.2	24.8	111.0	104.4	6.6
海　南	Hainan	78.5	75.7	2.8	78.3	75.4	2.8	14.9	13.7	1.2
重　庆	Chongqing	347.4	277.4	70.0	346.3	277.2	69.1	92.9	70.8	22.2
四　川	Sichuan	989.5	786.8	202.7	984.6	785.2	199.4	262.0	215.8	46.2
贵　州	Guizhou	444.6	322.4	122.2	440.0	319.9	120.1	101.0	77.1	23.8
云　南	Yunnan	551.6	438.9	112.7	549.7	437.8	111.9	149.4	121.4	28.0
西　藏	Tibet	18.5	16.8	1.8	18.7	17.0	1.7	3.7	3.1	0.7
陕　西	Shaanxi	488.2	425.0	63.2	485.4	422.8	62.7	115.9	101.8	14.2
甘　肃	Gansu	262.7	246.8	15.8	260.4	245.2	15.3	48.9	44.8	4.1
青　海	Qinghai	71.4	63.1	8.3	72.9	62.1	10.9	14.1	12.5	1.6
宁　夏	Ningxia	86.6	77.7	8.9	87.4	77.6	9.8	23.3	18.4	4.9
新　疆	Xinjiang	382.7	341.2	41.6	380.8	339.7	41.1	77.0	71.6	5.3

3-22 分地区医院床位利用情况(2014年)
Utilization of Hospital Bed by Region (2014)

地区	Region	病床工作日(日) Work Day of Beds (day)			病床使用率(%) Utilization Rate of Beds(%)			出院者平均住院日(日) Average Say Days in Hospital (day)		
		合计 Total	公立 State	民营 Private	合计 Total	公立 State	民营 Private	合计 Total	公立 State	民营 Private
全 国	**National Total**	**321.4**	**338.7**	**230.2**	**88.0**	**92.8**	**63.1**	**9.6**	**9.8**	**8.4**
北 京	Beijing	303.6	328.2	192.8	83.2	89.9	52.8	11.0	11.0	10.9
天 津	Tianjin	306.1	327.9	189.3	83.9	89.8	51.9	10.9	11.3	7.4
河 北	Hebei	316.3	329.5	231.2	86.7	90.3	63.4	9.0	9.1	8.2
山 西	Shanxi	295.9	306.8	222.9	81.1	84.0	61.1	10.8	11.0	8.9
内蒙古	Inner Mongolia	277.3	289.3	183.5	76.0	79.2	50.3	9.9	10.0	8.4
辽 宁	Liaoning	320.1	335.3	218.7	87.7	91.9	59.9	11.2	11.4	9.5
吉 林	Jilin	293.2	313.1	175.9	80.3	85.8	48.2	9.8	10.0	8.3
黑龙江	Heilongjiang	300.6	313.5	185.8	82.4	85.9	50.9	11.1	11.3	8.8
上 海	Shanghai	354.4	363.4	273.9	97.1	99.6	75.1	11.1	10.7	18.8
江 苏	Jiangsu	329.5	353.1	262.4	90.3	96.7	71.9	10.1	10.4	9.1
浙 江	Zhejiang	337.6	356.8	238.9	92.5	97.8	65.5	10.0	9.8	11.8
安 徽	Anhui	320.0	338.5	248.9	87.7	92.7	68.2	9.2	9.4	8.3
福 建	Fujian	317.0	334.1	212.0	86.8	91.5	58.1	8.7	8.9	6.6
江 西	Jiangxi	340.1	350.1	259.8	93.2	95.9	71.2	9.2	9.4	7.0
山 东	Shandong	317.3	337.3	214.5	86.9	92.4	58.8	9.5	9.5	9.0
河 南	Henan	332.8	341.2	266.2	91.2	93.5	72.9	9.9	10.0	8.8
湖 北	Hubei	350.9	365.4	228.9	96.1	100.1	62.7	9.7	9.9	7.5
湖 南	Hunan	326.7	343.1	220.7	89.5	94.0	60.5	9.4	9.6	7.5
广 东	Guangdong	314.9	329.8	222.3	86.3	90.4	60.9	8.8	8.9	8.0
广 西	Guangxi	347.0	355.4	233.1	95.1	97.4	63.9	9.0	9.0	8.0
海 南	Hainan	293.7	298.1	200.4	80.5	81.7	54.9	9.5	9.6	7.1
重 庆	Chongqing	322.9	343.7	247.1	88.5	94.2	67.7	9.5	10.0	7.7
四 川	Sichuan	335.8	364.9	243.0	92.0	100.0	66.6	10.0	10.4	8.4
贵 州	Guizhou	301.9	340.8	217.6	82.7	93.4	59.6	8.5	9.0	7.0
云 南	Yunnan	312.2	343.6	220.8	85.5	94.1	60.5	9.0	9.3	7.8
西 藏	Tibet	275.2	282.4	189.1	75.4	77.4	51.8	9.8	10.3	5.7
陕 西	Shaanxi	316.5	335.9	222.3	86.7	92.0	60.9	9.6	9.7	8.7
甘 肃	Gansu	304.5	308.8	247.5	83.4	84.6	67.8	9.5	9.5	8.2
青 海	Qinghai	296.9	308.7	213.3	81.3	84.6	58.4	9.6	10.3	5.4
宁 夏	Ningxia	320.3	338.3	215.2	87.7	92.7	58.9	9.8	10.1	7.4
新 疆	Xinjiang	316.8	335.6	190.6	86.8	91.9	52.2	8.8	9.1	6.4

3-23 医院门诊病人人均医药费用情况
Per Capita Medical Expenses of Outpatient in Hospital

级别 年份	Type Year	门诊病人次均医药费(元) Per Person-time Medical Expenses of Outpatient (yuan)	药费 Expenses for Medience	检查费 Expenses for Inspection	占门诊医药费(%) of Clinic Expenses(%) 药费 Expenses for Medience	检查费 Expenses for Inspection
医院合计	Hospital Total					
	2008	138.3	71.0	24.7	51.3	17.9
	2009	152.0	78.3	27.1	51.5	17.8
	2010	166.8	85.6	30.0	51.3	18.0
	2011	179.8	90.9	32.4	50.5	18.0
	2012	192.5	96.9	35.0	50.3	18.2
	2013	206.4	101.7	37.4	49.3	18.1
	2014	220.0	106.3	40.3	48.3	18.3
#公立医院	State Hospital					
	2008	138.8	72.3	25.4	52.1	18.3
	2009	152.5	80.0	27.8	52.5	18.2
	2010	167.3	87.4	30.8	52.3	18.4
	2011	180.2	92.8	33.4	51.5	18.5
	2012	193.4	99.3	36.2	51.3	18.7
	2013	207.9	104.4	38.7	50.2	18.6
	2014	221.6	109.3	41.8	49.3	18.9
#三级医院	Third-level Hospital					
	2008	187.9	100.3	32.3	53.4	17.2
	2009	203.7	109.3	34.9	53.6	17.1
	2010	220.2	117.6	37.9	53.4	17.2
	2011	231.8	122.0	40.2	52.6	17.3
	2012	242.1	126.7	42.7	52.3	17.6
	2013	256.7	132.1	45.2	51.5	17.6
	2014	269.8	136.0	48.4	50.4	17.9
#二级医院	Second-level Hospital					
	2008	116.7	58.9	24.0	50.5	20.5
	2009	128.0	65.1	26.2	50.8	20.4
	2010	139.3	70.5	28.9	50.6	20.8
	2011	147.6	73.6	31.0	49.9	21.0
	2012	157.4	77.9	33.3	49.5	21.1
	2013	166.2	79.6	35.2	47.9	21.2
	2014	176.0	82.8	37.7	47.1	21.4
#一级医院	First-level Hospital					
	2008	77.3	41.8	10.0	54.1	12.9
	2009	83.9	46.3	10.5	55.1	12.5
	2010	93.1	51.6	11.5	55.4	12.4
	2011	103.9	56.1	13.4	54.0	12.9
	2012	112.0	59.9	14.7	53.5	13.1
	2013	119.8	64.2	15.6	53.6	13.1
	2014	125.3	66.4	17.1	53.0	13.7

注：按当年价格计算。
Data are calculated at current prices.

3-24 30种疾病平均住院医药费用(2014年)
Average Hospitalization Medical Expenses of 30 Diseases (2014)

疾病名称(ICD-10)	Diseases	出院人数(人) Patients Discharged (person)	平均住院日(日) Average Duration of Hospita-lization (day)	人均医药费(元) Per Capita Medical Expenses (yuan)	药费 Medicine Expenses	检查费 Inspectioni Expenses	治疗费 Treatment Expenses	手术费 Operation Expenses	卫生材料费 Healthcare Material Expenses
病毒性肝炎	Viral Hepatitis	185226	13.8	7748	4522	524	364	297	283
浸润性肺结核	Infiltrative Pulmonary Tuberculosis	182139	13.5	7715	3599	917	729	470	548
急性心肌梗塞	Acute Myocardial Infarction	173133	9.3	24706	5471	1601	2199	2816	12320
充血性心力衰竭	Chronic Heart Failure	10005	10.4	8128	3864	898	952	474	651
细菌性肺炎	Bacterial Pneumonia	170750	9.5	7139	3349	774	711	182	354
慢性肺源性心脏病	Chronic Pulmonary Heart Disease	70090	11.0	7466	3518	854	1066	223	316
急性上消化道出血	Acute Upper Gastrointestinal Bleeding	79953	8.1	8312	4089	791	741	363	505
原发性肾病综合征	Primary Nephrotic Syndrome	80550	11.2	7534	3546	701	396	174	364
甲状腺功能亢进	Hyperthyroidism	73060	8.4	5467	1873	909	429	1903	375
脑出血	Cerebral Hemorrhage	325464	15.1	15930	7338	1770	2497	1617	1668
脑梗塞	Cerebral Infarction	1705459	11.7	8841	4683	1298	949	359	395
再生障碍性贫血	Aplastic Anemia	49671	7.9	8275	3532	580	478	133	289
急性白血病	Acute Leukemia	49881	14.2	16737	8908	849	961	115	675
结节性甲状腺肿	Nodular Goiter	135565	7.7	10376	2438	753	562	3149	1684
急性阑尾炎	Acute Appendicitis	475052	6.9	6524	2472	434	477	1496	955
急性胆囊炎	Acute Cholecystitis	81624	8.4	8047	3845	852	513	2010	1049
腹股沟疝	Inguinal Hernia	353196	6.9	6602	1346	387	406	1563	2241
胃恶性肿瘤	Malignant Gastric Tumor	181259	13.4	19300	8390	1435	1345	3109	4627
肺恶性肿瘤	Malignant Lung Tumor	149558	13.4	14934	6429	1648	1560	1826	3210
食管恶性肿瘤	Malignant Esophageal Tumor	100735	15.6	17177	7119	1938	2680	2596	3183
心肌梗塞冠状动脉搭桥	Myocardial Infarction Coronary Artery Bypass	3994	16.8	59614	14653	2629	4084	7229	27304
膀胱恶性肿瘤	Malignant Bladder Tumor	44597	13.0	16105	6502	1377	1061	2754	2319
前列腺增生	Benign Prostatic Hyperplasia	179614	11.5	10570	3776	959	777	2430	1473
颅内损伤	Intracranial Injury	466472	12.5	11258	5356	1475	1243	1259	1288
腰椎间盘突出症	Lumbar Disc Herniation	262387	10.9	8669	2334	899	1294	2578	2923
儿童支气管肺炎	Children Bronchopneumonia	1097798	6.8	2684	1164	163	368	77	189
感染性腹泻	Infectious Diarrhea	9046	5.0	2032	857	258	228	163	149
子宫平滑肌瘤	Leiomyoma of Uterus	229885	9.2	10017	2534	659	694	2691	1644
剖宫产	Caesarean Section	1411024	6.6	6174	1440	348	575	1465	1035
老年性白内障	Senile Cataract	372373	4.2	5937	454	394	248	1826	2609

注：本表系卫生计生部门综合医院数据。
Data are obtained from General Hospitals in Ministry of Health.

3-25 五级医院30种疾病平均住院医药费用(2014年)

Per Capita Medical Expenses of 30 Diseases of Different Level Hospitals (2014)

单位：元 (yuan)

疾病名称(ICD-10)	Diseases	中央属 Central	省属 Provincial	地级市属 Prefecture-level City	县级市属 County-level City	县属 County
病毒性肝炎	Viral Hepatitis	9764	9537	8734	6863	5947
浸润性肺结核	Infiltrative Pulmonary Tuberculosis	18114	13374	9136	7268	5328
急性心肌梗塞	Acute Myocardial Infarction	35783	33499	27342	17437	9568
充血性心力衰竭	Chronic Heart Failure	19763	10799	9234	6474	6218
细菌性肺炎	Bacterial Pneumonia	14229	11205	8251	5243	3564
慢性肺源性心脏病	Chronic Pulmonary Heart Disease	14363	14116	11234	7425	5606
急性上消化道出血	Acute Upper Gastrointestinal Bleeding	16741	14280	10403	7028	5829
原发性肾病综合征	Primary Nephrotic Syndrome	10277	8662	7749	5845	4327
甲状腺功能亢进	Hyperthyroidism	8046	6337	5546	5277	3966
脑出血	Cerebral Hemorrhage	24735	23357	19579	15133	11927
脑梗塞	Cerebral Infarction	17118	14615	11387	7203	5752
再生障碍性贫血	Aplastic Anemia	14330	11687	9198	6336	4158
急性白血病	Acute Leukemia	27985	20485	16581	12749	7027
结节性甲状腺肿	Nodular Goiter	13530	12064	10525	9005	6947
急性阑尾炎	Acute Appendicitis	12217	10686	8033	6167	4953
急性胆囊炎	Acute Cholecystitis	17819	15336	10601	6488	4923
腹股沟疝	Inguinal Hernia	9151	10004	8005	6024	4722
胃恶性肿瘤	Malignant Gastric Tumor	35125	27383	21091	14458	8578
肺恶性肿瘤	Malignant Lung Tumor	28432	24106	16138	9777	6921
食管恶性肿瘤	Malignant Esophageal Tumor	30315	25138	20708	14043	8663
心肌梗塞冠状动脉搭桥	Myocardial Infarction Coronary Artery Bypass	63228	66219	55233	51057	35052
膀胱恶性肿瘤	Malignant Bladder Tumor	20066	19433	16920	12437	8437
前列腺增生	Benign Prostatic Hyperplasia	14609	14191	12211	9203	7434
颅内损伤	Intracranial Injury	25738	20103	15029	10590	7974
腰椎间盘突出症	Lumbar Disc Herniation	31940	17985	10440	6319	4207
儿童支气管肺炎	Bronchopneumonia	5320	5149	3456	2570	2105
儿童感染性腹泻	Infectious Diarrhea	6049	4198	2931	2231	1887
子宫平滑肌瘤	Leiomyoma of Uterus	12870	13685	11010	9063	6569
剖宫产	Caesarean Section	9384	9651	7503	5832	4637
老年性白内障	Senile Cataract	6976	7778	6914	5332	4005

注：本表系卫生计生部门综合医院数据。
Data are obtained from General Hospitals in Ministry of Health.

3-26 分地区医院门诊和住院病人人均医药费用(2014年)
Medical Expenses of Outpatient and Discharged Patient by Region (2014)

地 区	Region	门诊病人次均医药费(元) Per-time Medical Expenses of Outpatient (yuan)	药费 Medicine Expenses	检查费 Inspectioni Expenses	住院病人人均医药费(元) Medical Expenses of Discharged Patient (yuan)	药费 Medicine Expenses	检查费 Inspectioni Expenses	手术费 Operation Expenses
全 国	**National Total**	**220.0**	**106.3**	**40.3**	**7832.3**	**2998.5**	**640.6**	**509.3**
北 京	Beijing	415.9	250.6	42.6	18786.6	6131.3	1269.7	930.4
天 津	Tianjin	265.9	166.4	19.4	13825.6	5322.5	673.3	522.7
河 北	Hebei	200.8	89.0	49.6	7004.8	3053.9	593.8	333.5
山 西	Shanxi	219.8	97.9	49.9	7841.9	3185.0	686.1	419.8
内蒙古	Inner Mongolia	210.9	87.7	50.6	7775.3	3270.2	647.3	348.6
辽 宁	Liaoning	247.2	113.1	54.3	8019.3	3222.3	773.2	523.9
吉 林	Jilin	221.5	89.4	50.7	8202.4	3493.2	649.6	454.6
黑龙江	Heilongjiang	224.8	88.8	58.1	7831.9	3788.7	581.4	281.4
上 海	Shanghai	295.6	159.3	32.8	15048.7	5190.1	880.1	1366.0
江 苏	Jiangsu	222.3	108.1	36.0	9673.9	4058.9	681.9	556.6
浙 江	Zhejiang	217.2	110.7	26.8	10318.2	3709.1	578.3	885.6
安 徽	Anhui	194.3	90.3	44.1	6610.8	2545.3	514.4	399.7
福 建	Fujian	188.2	91.1	37.8	7452.8	2827.7	722.8	531.6
江 西	Jiangxi	196.7	99.8	43.6	6485.2	2781.4	475.5	463.7
山 东	Shandong	216.0	101.1	49.9	7913.7	3179.5	599.3	563.8
河 南	Henan	155.8	66.2	39.1	6642.5	2576.3	557.5	450.7
湖 北	Hubei	204.9	100.8	38.9	7411.3	2732.0	630.1	527.8
湖 南	Hunan	241.5	111.0	54.2	6658.8	2622.7	528.3	410.5
广 东	Guangdong	200.4	90.5	36.3	9312.8	3021.0	863.1	769.2
广 西	Guangxi	165.3	74.7	34.8	6835.0	2380.6	634.0	354.8
海 南	Hainan	198.2	88.6	43.4	8704.0	3441.0	662.0	460.6
重 庆	Chongqing	251.6	118.7	42.2	7376.5	2902.7	677.9	463.3
四 川	Sichuan	201.4	84.5	44.7	6691.4	2321.9	621.2	412.9
贵 州	Guizhou	216.6	84.9	50.5	5175.8	1757.2	551.7	345.3
云 南	Yunnan	165.1	73.3	35.0	5565.5	2081.2	544.0	331.4
西 藏	Tibet	108.8	55.2	15.0	5046.1	2045.1	402.4	380.1
陕 西	Shaanxi	198.4	87.5	44.5	6246.3	2463.3	570.7	475.2
甘 肃	Gansu	154.4	73.5	35.2	5205.7	2033.9	518.8	376.9
青 海	Qinghai	171.2	76.6	32.8	7254.8	3111.6	624.9	278.1
宁 夏	Ningxia	185.1	95.3	34.4	6976.8	2776.8	532.4	418.9
新 疆	Xinjiang	195.5	97.6	42.4	5919.9	2178.6	698.4	358.3

3–27 社区卫生服务中心(站)医疗服务情况
Medical Services of Community Health Service Centers (Stations)

年份 Year 地区 Region	社区卫生服务中心 Community Health Service Centers					社区卫生服务站 Community Health Service Stations	
	诊疗人次(万人次) Number of Visits (10 000 person-times)	入院人数(人) Number of Inpatients (person)	病床使用率(%) Utilization Rate of Beds (%)	平均住院日(日) Average Duration of Hospitalization(day)	医师日均担负诊疗人次(人次) Daily Visits Per Doctor (person-time)	诊疗人次(万人次) Visits of Community Health Service Stations (10 000 person-times)	医师日均担负诊疗人次(人次) Daily Visits Per Doctor (person-time)
2004	4615.6	151965	61.2	21.0		5095.5	
2005	5938.5	266215	60.7	17.2		6281.5	
2006	8285.5	436288	57.9	15.5		9378.9	
2007	12712.5	743186	59.6	13.1		9875.0	
2008	17247.3	1032788	58.7	13.4	12.9	8425.1	12.5
2009	26080.2	1642427	59.8	10.6	14.0	11617.3	13.7
2010	34740.4	2180577	56.1	10.4	13.6	13711.1	13.6
2011	40950.0	2473426	54.4	10.2	14.1	13703.8	13.8
2012	45475.1	2686554	55.5	10.1	14.8	14393.6	14.0
2013	50788.6	2920630	57.0	9.8	15.7	14921.2	14.3
2014	53618.8	2980571	55.6	9.9	16.1	14912.0	14.4
北京 Beijing	4323.9	23476	33.3	18.0	16.9	533.6	21.8
天津 Tianjin	1739.8	11943	20.4	12.4	28.2	3.3	65.5
河北 Hebei	654.5	57736	45.4	9.9	8.7	1029.2	11.7
山西 Shanxi	360.4	34684	45.9	10.9	5.6	426.4	7.6
内蒙古 Inner Mongolia	387.7	35391	46.4	9.5	6.5	425.6	8.4
辽宁 Liaoning	953.5	85769	51.3	9.2	10.6	528.2	12.1
吉林 Jilin	390.7	26243	31.0	8.8	6.1	59.3	12.4
黑龙江 Heilongjiang	646.7	63772	44.4	11.8	5.9	174.9	7.8
上海 Shanghai	8488.4	86130	87.2	55.1	28.2		
江苏 Jiangsu	5987.8	327439	50.1	9.4	18.6	1383.5	21.4
浙江 Zhejiang	7926.4	60675	38.7	15.7	23.1	498.1	25.9
安徽 Anhui	986.1	130723	45.4	7.7	10.6	1030.8	12.5
福建 Fujian	1068.6	66756	42.0	6.1	13.9	339.2	14.2
江西 Jiangxi	328.3	50425	51.8	7.8	7.9	334.2	11.1
山东 Shandong	1735.7	214000	48.2	8.1	9.8	1421.5	13.5
河南 Henan	1118.7	162189	49.7	9.3	9.4	1046.6	16.2
湖北 Hubei	1439.1	309967	69.6	8.0	10.4	681.7	18.4
湖南 Hunan	813.9	248218	67.9	6.9	7.7	229.1	7.6
广东 Guangdong	9315.5	168675	54.3	8.2	24.6	1922.1	29.8
广西 Guangxi	651.3	28981	56.6	8.1	14.4	165.9	12.9
海南 Hainan	107.1	20017	85.6	7.3	14.6	202.6	15.6
重庆 Chongqing	626.6	244607	75.2	7.8	8.9	154.3	14.6
四川 Sichuan	1712.6	225406	59.5	8.0	13.8	452.7	13.2
贵州 Guizhou	183.9	80954	54.6	5.0	8.0	260.6	9.6
云南 Yunnan	350.3	68502	57.7	8.1	11.1	254.4	11.1
西藏 Tibet	4.0		33.3		3.2	0.8	16.9
陕西 Shaanxi	493.5	58288	42.3	8.7	9.0	297.8	12.2
甘肃 Gansu	300.1	34090	56.2	6.9	7.9	388.1	12.2
青海 Qinghai	63.3	9637	56.5	8.4	8.4	170.4	17.6
宁夏 Ningxia	20.3	126	4.7	8.9	7.9	130.5	18.1
新疆 Xinjiang	440.0	45752	51.3	9.0	10.6	366.3	11.3

3-28 分地区乡镇卫生院医疗服务情况(2014年)
Situations of Medical Services in Township Health Centers by Region(2014)

地 区	Region	诊疗人次 (亿人次) Number of Visits (100 million person-times)	入院人数 (万人) Number of Inpatients (10 000 persons)	病床使用率 (%) Utilization Rate of Beds (%)	平均住院日 (日) Average Duration of Hospitalization (day)
全 国	**National Total**	**10.29**	**3733**	**60.5**	**6.3**
北 京	Beijing				
天 津	Tianjin	0.07	8.02	41.9	7.1
河 北	Hebei	0.44	149.87	55.6	7.5
山 西	Shanxi	0.15	42.15	41.4	7.8
内蒙古	Inner Mongolia	0.12	34.33	41.0	6.0
辽 宁	Liaoning	0.16	57.74	46.3	7.3
吉 林	Jilin	0.10	19.77	30.2	7.0
黑龙江	Heilongjiang	0.09	56.33	52.5	6.7
上 海	Shanghai				
江 苏	Jiangsu	0.81	150.58	61.6	7.6
浙 江	Zhejiang	0.84	21.70	39.2	8.8
安 徽	Anhui	0.44	171.24	62.0	6.1
福 建	Fujian	0.24	94.24	54.4	5.9
江 西	Jiangxi	0.29	203.26	70.4	5.5
山 东	Shandong	0.79	260.05	56.0	7.1
河 南	Henan	0.96	284.99	62.1	7.0
湖 北	Hubei	0.59	225.97	73.7	7.2
湖 南	Hunan	0.41	336.16	71.2	5.9
广 东	Guangdong	0.67	183.82	53.2	5.1
广 西	Guangxi	0.50	279.60	69.4	5.1
海 南	Hainan	0.11	8.63	33.1	6.4
重 庆	Chongqing	0.21	155.14	73.5	6.3
四 川	Sichuan	0.91	439.75	67.7	6.1
贵 州	Guizhou	0.24	163.25	59.6	4.6
云 南	Yunnan	0.42	141.86	57.5	5.8
西 藏	Tibet	0.04	2.88	30.1	5.9
陕 西	Shaanxi	0.21	72.41	47.6	7.3
甘 肃	Gansu	0.20	57.25	56.0	6.9
青 海	Qinghai	0.03	13.34	58.7	5.2
宁 夏	Ningxia	0.06	5.06	48.1	6.7
新 疆	Xinjiang	0.18	93.23	71.4	5.7

3-29 甲乙类法定报告传染病发病人数及死亡人数排序(2014年)
Ranking List of Infectious Diseases Reported and Number of Deaths of Class A and B (2014)

单位：人 (person)

顺位 No.	发病 Diseases			死亡 Death		
	疾病名称	Diseases	发病人数 Persons	疾病名称	Diseases	死亡人数 Persons
1	病毒性肝炎	Viral Hepatitis	1223021	艾滋病	AIDS	12030
2	肺结核	Pulmonary Tuberculosis	889381	肺结核	Pulmonary Tuberculosis	2240
3	梅毒	Syphilis	419091	狂犬病	Hydrophobia	854
4	细菌性和阿米巴性痢疾	Dysentery	153585	病毒性肝炎	Viral Hepatitis	515
5	淋病	Gonorrhea	95473	人感染H7N9禽流感	HpAI H7N9	135
6	布鲁氏菌病	Brucellosis	57222	流行性出血热	Hemorrhage Fever	79
7	猩红热	Scarlet Fever	54247	梅毒	Syphilis	69
8	麻疹	Measles	52628	流行性乙型脑炎	Encephalitis B	29
9	登革热	Dengue Fever	46864	麻疹	Measles	28
10	艾滋病	AIDS	45145	疟疾	Malaria	24
11	伤寒和副伤寒	Typhoid and Paratyphoid Fever	13768	新生儿破伤风	Newborn Tetanus	15
12	流行性出血热	Hemorrhage Fever	11522	流脑	Epidemic Encephalitis	12
13	血吸虫病	Schistosomiasis	4212	登革热	Dengue Fever	6
14	百日咳	Pertussis	3408	钩端螺旋体病	Leptospirosis	6
15	疟疾	Malaria	2921	细菌性和阿米巴性痢疾	Dysentery	4
16	狂犬病	Hydrophobia	924	鼠疫	The Plague	3
17	流行性乙型脑炎	Encephalitis B	858	炭疽	Anthrax	3
18	钩端螺旋体病	Leptospirosis	498	布鲁氏菌病	Brucellosis	2
19	新生儿破伤风	Newborn Tetanus	426	百日咳	Pertussis	2
20	人感染H7N9禽流感	HpAI H7N9	330	淋病	Gonorrhea	2
21	炭疽	Anthrax	248	人感染高致病性禽流感	HpAI	1
22	流脑	Epidemic Encephalitis	170	猩红热	Scarlet Fever	
23	霍乱	Cholera	24	霍乱	Cholera	
24	鼠疫	The Plague	3	血吸虫病	Schistosomiasis	
25	人感染高致病性禽流感	HpAI	3	伤寒和副伤寒	Typhoid and Paratyphoid Fever	
26	传染性非典	SARS		传染性非典	SARS	
27	脊髓灰质炎	Poliomyelitis		脊髓灰质炎	Poliomyelitis	
28	白喉	Diphtheria		白喉	Diphtheria	

注：1.空格系无报告发病或死亡病例。
2.自2013年11月1日起，人感染H7N9禽流感纳入法定乙类传染病进行管理，甲型H1N1流感从乙类调整至丙类，并归并至流行性感冒进行统计。

a) Blank means no infectious or deaths cases reported.

b) Since Nov.1st,2013, HpAI(H7N9) was accepted as legal B Class, H1N1 was adjusted from Class B to Class C, and merged as Influenza.

3–30 甲乙类法定报告传染病发病率、死亡率及病死率排序(2014年)
List of Incidence, Death and Mortality Rates of Class A and B Infectious Diseases Reported (2014)

顺位 No.	发病 Disease Incidence 疾病名称 Diseases	发病率(1/10万) Incidence (1/100 000)	死亡 Death 疾病名称 Diseases	死亡率(1/10万) Death Rate (1/100 000)	病死 Mortality Rate 疾病名称 Diseases	病死率(%) Mortality Rate(%)
1	病毒性肝炎 Viral Hepatitis	90.25	艾滋病 AIDS	0.8877	鼠疫 The Plague	100.00
2	肺结核 Pulmonary Tuberculosis	65.63	肺结核 Pulmonary Tuberculosis	0.1653	狂犬病 Hydrophobia	92.42
3	梅毒 Syphilis	30.93	狂犬病 Hydrophobia	0.063	人感染H7N9禽流感 HpAI H7N9	40.91
4	细菌性和阿米巴性痢疾 Dysentery	11.33	病毒性肝炎 Viral Hepatitis	0.038	人感染高致病性禽流感 HpAI	33.33
5	淋病 Gonorrhea	7.05	人感染H7N9禽流感 HpAI H7N9	0.01	艾滋病 AIDS	26.65
6	布鲁氏菌病 Brucellosis	4.22	流行性出血热 Hemorrhage Fever	0.0058	流脑 Epidemic Encephalitis	7.06
7	猩红热 Scarlet Fever	4.00	梅毒 Syphilis	0.0051	新生儿破伤风 Newborn Tetanus	3.52
8	麻疹 Measles	3.88	麻疹 Measles	0.0021	流行性乙型脑炎 Encephalitis B	3.38
9	登革热 Dengue Fever	3.46	流行性乙型脑炎 Encephalitis B	0.0021	炭疽 Anthrax	1.21
10	艾滋病 AIDS	3.33	疟疾 Malaria	0.0018	钩端螺旋体病 Leptospirosis	1.20
11	伤寒和副伤寒 Typhoid and Paratyphoid Fever	1.02	新生儿破伤风 Newborn Tetanus	0.001	疟疾 Malaria	0.82
12	出血热 Hemorrhage Fever	0.85	流脑 Epidemic Encephalitis	0.0009	出血热 Hemorrhage Fever	0.69
13	血吸虫病 Schistosomiasis	0.31	登革热 Dengue Fever	0.0004	病毒性肝炎 Viral Hepatitis	0.04
14	百日咳 Pertussis	0.25	钩端螺旋体病 Leptospirosis	0.0004	肺结核 Pulmonary Tuberculosis	0.25
15	疟疾 Malaria	0.22	细菌性和阿米巴性痢疾 Dysentery	0.0003	百日咳 Pertussis	0.06
16	狂犬病 Hydrophobia	0.07	炭疽 Anthrax	0.0002	麻疹 Measles	0.05
17	流行性乙型脑炎 Encephalitis B	0.06	鼠疫 The Plague	0.0002	梅毒 Syphilis	0.02
18	钩端螺旋体病 Leptospirosis	0.04	淋病 Gonorrhea	0.0001	登革热 Dengue Fever	0.01
19	新生儿破伤风 Newborn Tetanus	0.03	布病 Brucellosis	0.0001	布病 Brucellosis	0.004
20	人感染H7N9禽流感 HpAI H7N9	0.02	百日咳 Pertussis	0.0001	细菌性和阿米巴性痢疾 Dysentery	0.003
21	炭疽 Anthrax	0.02	人感染高致病性禽流感 HpAI	0.0001	淋病 Gonorrhea	0.002
22	流脑 Epidemic Encephalitis	0.01	猩红热 Scarlet Fever		霍乱 Cholera	
23	霍乱 Cholera	0.002	伤寒和副伤寒 Typhoid and Paratyphoid Fever		猩红热 Scarlet Fever	
24	鼠疫 The Plague	0.0002	血吸虫病 Schistosomiasis		血吸虫病 Schistosomiasis	
25	人感染高致病性禽流感 HpAI	0.0002	霍乱 Cholera		伤寒和副伤寒 Typhoid and Paratyphoid Fever	
26	传染性非典型肺炎 SARS		传染性非典型肺炎 SARS		传染性非典 SARS	
27	脊髓灰质炎 Poliomyelitis		脊髓灰质炎 Poliomyelitis		脊髓灰质炎 Poliomyelitis	
28	白喉 Diphtheria		白喉 Diphtheria		白喉 Diphtheria	

注：新生儿破伤风发病率和死亡率单位为‰。
Units of incidence and death of newborn tetanus are ‰.

3-31 城市居民主要疾病死亡率及死因构成(2014年)
Death Rate of Major Diseases in Urban Areas (2014)

疾病名称	Category of Diseases	死亡率(1/10万) Crude Mortality Rate (1/100 000)			构成(%) Percentage (%)			位次 Rank		
		合计 Total	男 Male	女 Female	合计 Total	男 Male	女 Female	合计 Total	男 Male	女 Female
传染病(含呼吸道结核)	Infectious Disease(not including Respiratory Tuberculosis)	6.64	9.15	4.05	1.08	1.30	0.77	10	8	10
寄生虫病	Parasitic Disease	0.04	0.05	0.03	0.01	0.01	0.01	17	16	17
恶性肿瘤	Malignant Tumour	161.28	203.37	117.88	26.17	28.82	22.49	1	1	2
血液,造血器官及免疫疾病	Diseases of the Blood and Blood-forming Organs and Immunodeficiency	1.25	1.33	1.16	0.20	0.19	0.22	15	14	15
内分泌,营养和代谢疾病	Endocrine, Nutritional & Metabolic Diseases	17.64	16.56	18.75	2.86	2.35	3.58	6	7	6
精神障碍	Mental Disorders	2.66	2.68	2.64	0.43	0.38	0.50	11	11	11
神经系统疾病	Diseases of the Nervous System	6.91	7.13	6.69	1.12	1.01	1.28	8	10	8
心脏病	Heart Diseases	136.21	140.43	131.85	22.10	19.90	25.15	2	2	1
脑血管病	Cerebrovascular Disease	125.78	139.60	111.53	20.41	19.78	21.27	3	3	3
呼吸系统疾病	Diseases of the Respiratory System	74.17	85.22	62.77	12.03	12.08	11.97	4	4	4
消化系统疾病	Diseases of the Digestive System	14.53	17.83	11.13	2.36	2.53	2.12	4	6	7
肌肉骨骼和结缔组织疾病	Diseases of the Musculoskeletal System and Connective Tissue	1.66	1.26	2.08	0.27	0.18	0.40	14	15	12
泌尿生殖系统疾病	Diseases of the Genitourinary System	6.65	7.44	5.83	1.08	1.05	1.11	9	9	9
妊娠,分娩产褥期并发症	Pregnancy, Childbirth and the Puerperium	0.09		0.18	0.01		0.03	16		16
围生期疾病	Perinatal Diseases	2.11	2.53	1.69	0.34	0.36	0.32	12	12	13
先天畸形,变形和染色体异常	Congenital Malformations, Deformations and Chromosomal Abnormalities	1.83	2.08	1.58	0.30	0.29	0.30	13	13	14
诊断不明	Undiagnosed Diseases	2.43	3.03	1.81	0.39	0.43	0.35			
其他疾病	Other Diseases	7.08	5.64	8.57	1.15	0.80	1.64			
损伤和中毒外部原因	External Causes of Injury and Poison	37.77	50.06	25.10	6.13	7.09	4.79	5	5	5

3-32 农村居民主要疾病死亡率及构成(2014年)
Death Rate of Major Diseases in Rural Areas (2014)

疾病名称	Category of Diseases	死亡率(1/10万) Crude Mortality Rate (1/100 000)			构成(%) Percentage (%)			位次 Rank		
		合计 Total	男 Male	女 Female	合计 Total	男 Male	女 Female	合计 Total	男 Male	女 Female
传染病(含呼吸道结核)	Infectious Disease(not including Respiratory Tuberculosis)	7.90	10.85	4.81	1.19	1.42	0.87	8	8	10
寄生虫病	Parasitic Disease	0.05	0.06	0.05	0.01	0.01	0.01	19	16	17
恶性肿瘤	Malignant Tumour	152.59	196.32	106.87	23.02	25.66	19.23	1	1	3
血液,造血器官及免疫疾病	Diseases of the Blood and Blood-forming Organs and Immunodeficiency	1.10	1.21	0.99	0.17	0.16	0.18	17	15	15
内分泌营养和代谢疾病	Endocrine, Nutritional & Metabolic Diseases	13.13	11.77	14.55	1.98	1.54	2.62	7	7	6
精神障碍	Mental Disorders	2.70	2.70	2.70	0.41	0.35	0.48	11	12	11
神经系统疾病	Diseases of the Nervous System	6.66	6.81	6.49	1.00	0.89	1.17	10	10	8
心脏病	Heart Diseases	143.72	148.70	138.50	21.68	19.43	24.92	3	3	1
脑血管病	Cerebrovascular Disease	151.91	169.00	134.04	22.92	22.09	24.12	2	2	2
呼吸系统疾病	Diseases of the Respiratory System	80.02	88.54	71.11	12.07	11.57	12.79	4	4	4
消化系统疾病	Diseases of the Digestive System	14.51	18.86	9.97	2.19	2.47	1.79	6	6	7
肌肉骨骼和结缔组织疾病	Diseases of the Musculoskeletal System and Connective Tissue	1.63	1.37	1.89	0.25	0.18	0.34	16	14	13
泌尿生殖系统疾病	Diseases of the Genitourinary System	7.09	8.17	5.96	1.07	1.07	1.07	9	9	9
妊娠分娩产褥期并发症	Pregnancy, Childbirth and the Puerperium	0.14		0.28	0.02		0.05	18		16
围生期疾病	Perinatal Diseases	2.44	2.93	1.92	0.37	0.38	0.35	14	11	12
先天畸形,变性和染色体异常	Congenital Malformations, Deformations and Chromosomal Abnormalities	2.10	2.35	1.84	0.32	0.31	0.33	15	13	14
诊断不明	Undiagnosed Diseases	2.58	2.85	2.29	0.39	0.37	0.41			
其他疾病	Other Diseases	6.44	5.37	7.56	0.97	0.70	1.36			
损伤和中毒外部原因	External Causes of Injury and Poison	55.29	75.32	34.35	8.34	9.84	6.18	5	5	5

3-33 监测地区5岁以下儿童和孕产妇死亡率
Mortality Rate of the Maternal and Children Aged under 5 in Surveillance Areas

年 份 Year	新生儿死亡率(‰) Newborn Mortality Rate (‰)			婴儿死亡率(‰) Infant Mortality Rate (‰)			5岁以下儿童死亡率(‰) Mortality Rate of Children under 5(‰)			孕产妇死亡率(1/10万) Maternal Mortality Rate (1/100 000)		
	合计 Total	城市 Urban	农村 Rural	合计 Total	城市 Urban	农村 Rural	合计 Total	城市 Urban	农村 Rural	合计 Total	城市 Urban	农村 Rural
1991	33.1	12.5	37.9	50.2	17.3	58.0	61.0	20.9	71.1	80.0	46.3	100.0
1992	32.5	13.9	36.8	46.7	18.4	53.2	57.4	20.7	65.6	76.5	42.7	97.9
1993	31.2	12.9	35.4	43.6	15.9	50.0	53.1	18.3	61.6	67.3	38.5	85.1
1994	28.5	12.2	32.3	39.9	15.5	45.6	49.6	18.0	56.9	64.8	44.1	77.5
1995	27.3	10.6	31.1	36.4	14.2	41.6	44.5	16.4	51.1	61.9	39.2	76.0
1996	24.0	12.2	26.7	36.0	14.8	40.9	45.0	16.9	51.4	63.9	29.2	86.4
1997	24.2	10.3	27.5	33.1	13.1	37.7	42.3	15.5	48.5	63.6	38.3	80.4
1998	22.3	10.0	25.1	33.2	13.5	37.7	42.0	16.2	47.9	56.2	28.6	74.1
1999	22.2	9.5	25.1	33.3	11.9	38.2	41.4	14.3	47.7	58.7	26.2	79.7
2000	22.8	9.5	25.8	32.2	11.8	37.0	39.7	13.8	45.7	53.0	29.3	69.6
2001	21.4	10.6	23.9	30.0	13.6	33.8	35.9	16.3	40.4	50.2	33.1	61.9
2002	20.7	9.7	23.2	29.2	12.2	33.1	34.9	14.6	39.6	43.2	22.3	58.2
2003	18.0	8.9	20.1	25.5	11.3	28.7	29.9	14.8	33.4	51.3	27.6	65.4
2004	15.4	8.4	17.3	21.5	10.1	24.5	25.0	12.0	28.5	48.3	26.1	63.0
2005	13.2	7.5	14.7	19.0	9.1	21.6	22.5	10.7	25.7	47.7	25.0	53.8
2006	12.0	6.8	13.4	17.2	8.0	19.7	20.6	9.6	23.6	41.1	24.8	45.5
2007	10.7	5.5	12.8	15.3	7.7	18.6	18.1	9.0	21.8	36.6	25.2	41.3
2008	10.2	5.0	12.3	14.9	6.5	18.4	18.5	7.9	22.7	34.2	29.2	36.1
2009	9.0	4.5	10.8	13.8	6.2	17.0	17.2	7.6	21.1	31.9	26.6	34.0
2010	8.3	4.1	10.0	13.1	5.8	16.1	16.4	7.3	20.1	30.0	29.7	30.1
2011	7.8	4.0	9.4	12.1	5.8	14.7	15.6	7.1	19.1	26.1	25.2	26.5
2012	6.9	3.9	8.1	10.3	5.2	12.4	13.2	5.9	16.2	24.5	22.2	25.6
2013	6.3	3.7	7.3	9.5	5.2	11.3	12.0	6.0	14.5	23.2	22.4	23.6
2014	5.9	3.5	6.9	8.9	4.8	10.7	11.7	5.9	14.2	21.7	20.5	22.2

3–34 孕产妇保健情况
Maternal Health Care

年份 year	活产数 Number of Live Birth	高危产妇比重(%) Percent of Women at High Risk of Maternal (%)	建卡率(%) Percent of Setting Record for Maternal Care (%)	系统管理率(%) Percent of Systematic Management (%)	产前检查率(%) Percent of Antenatal Care (%)	产后访视率(%) Percent of Postnatal Visit for Mother (%)	住院分娩率(%) Hospital Delivery Rate (%)			新法接生率(%) Skilled Attendant at Birth (%)		
							合计 Total	市 Urban	县 Rural	合计 Total	市 Urban	县 Rural
1980										91.4	98.7	90.3
1985							43.7	73.6	36.4	94.5	98.7	93.5
1990	14517207						50.6	74.2	45.1	94.0	98.6	93.9
1991	15293237						50.6	72.8	45.5	93.7	98.1	93.2
1992	11746275		76.6		69.7	69.7	52.7	71.7	41.2	84.1	91.2	82.0
1993	10170690		75.7		72.2	71.0	56.5	68.3	51.0	83.6	81.1	84.7
1994	11044607		79.1		76.3	74.5	65.6	76.4	50.4			87.4
1995	11539613		81.4		78.7	78.8	58.0	70.7	50.2			87.6
1996	11412028	7.3	82.4	65.5	83.7	80.1	60.7	76.5	51.7			95.5
1997	11286021	8.1	84.5	68.3	85.9	82.3	61.7	76.4	53.0			91.8
1998	10961516	8.6	86.2	72.3	87.1	83.9	66.2	79.0	58.1			92.6
1999	10698467	9.2	87.9	75.4	89.3	85.9	70.0	83.3	61.5	96.8	98.9	95.4
2000	10987691	10.0	88.6	77.2	89.4	86.2	72.9	84.9	65.2	96.6	98.8	95.2
2001	10690630	11.1	89.4	78.6	90.3	87.2	76.0	87.0	69.0	97.3	99.0	96.1
2002	10591949	11.9	89.2	78.2	90.1	86.7	78.7	89.4	71.6	96.7	98.6	95.4
2003	10188005	11.8	87.6	75.5	88.9	85.4	79.4	89.9	72.6	95.9	98.5	94.1
2004	10892614	12.4	88.3	76.4	89.7	85.9	82.8	91.4	77.1	97.3	98.9	96.2
2005	11415809	12.8	88.5	76.7	89.8	86.0	85.9	93.2	81.0	97.5	98.7	96.7
2006	11770056	13.0	88.2	76.5	89.7	85.7	88.4	94.1	84.6	97.8	98.7	97.2
2007	12506498	13.7	89.3	77.3	90.9	86.7	91.7	95.8	88.8	98.4	99.1	97.9
2008	13307045	15.7	89.3	78.1	91.0	87.0	94.5	97.5	92.3	99.1	99.6	98.7
2009	13825431	16.4	90.9	80.9	92.2	88.7	96.3	98.5	94.7	99.3	99.8	99.0
2010	14218657	17.1	92.9	84.1	94.1	90.8	97.8	99.2	96.7	99.6	99.9	99.4
2011	14507141	17.7	93.8	85.2	93.7	91.0	98.7	99.6	98.1	99.7	99.9	99.6
2012	15442995	18.5	94.8	87.6	95.0	92.6	99.2	99.7	98.8	99.8	99.9	99.7
2013	15108153	19.4	95.7	89.5	95.6	93.5	99.5	99.9	99.2	99.9	100.0	99.7
2014	15178881	20.7	95.8	90.0	96.2	93.9	99.6	99.9	99.4	99.9	100.0	99.8

3−35 分地区儿童保健情况(2014年)
Child Health Care by Region (2014)

地 区	Region	出生体重<2500克婴儿比重(%) Incidence of Low Birth-weight (<2,500g) (%)	围产儿死亡率(‰) Death Rate of Perinatal Infant (‰)	5岁以下儿童中重度营养不良比重(%) Prevalence of Moderate and Severe Malnutrition among Children under 5 (%)	新生儿访视率(%) Percent of Postnatal Visit for Children (%)	3岁以下儿童系统管理率(%) Percent of Systematic Management of Children under 3 (%)	7岁以下儿童保健管理率(%) Percent of Health Care Management of Children under 7 (%)
全 国	**National Total**	**2.61**	**5.37**	**1.48**	**93.6**	**89.8**	**91.3**
北 京	Beijing	3.90	4.05	0.16	96.6	92.8	98.2
天 津	Tianjin	3.93	7.19	0.29	98.6	88.6	91.8
河 北	Hebei	2.89	4.53	2.21	92.4	90.5	93.0
山 西	Shanxi	2.28	7.22	1.15	92.0	87.1	89.4
内蒙古	Inner Mongolia	2.32	6.30	0.84	96.2	94.2	94.3
辽 宁	Liaoning	2.31	6.89	0.83	95.4	94.3	95.0
吉 林	Jilin	2.21	7.47	0.29	95.1	90.0	90.8
黑龙江	Heilongjiang	2.43	6.64	1.55	95.7	93.7	94.8
上 海	Shanghai	4.28	2.43	0.13	98.4	97.9	99.6
江 苏	Jiangsu	2.43	3.28	0.60	100.0	97.3	98.4
浙 江	Zhejiang	3.38	4.51	0.57	99.0	96.3	97.1
安 徽	Anhui	1.66	4.41	0.72	85.0	81.7	89.9
福 建	Fujian	3.04	5.25	1.03	93.8	91.9	94.5
江 西	Jiangxi	2.07	3.29	2.58	93.0	85.3	85.5
山 东	Shandong	1.25	4.51	0.88	93.0	91.8	91.4
河 南	Henan	2.49	3.98	1.64	86.9	85.0	85.6
湖 北	Hubei	2.16	4.64	1.06	94.3	91.3	92.3
湖 南	Hunan	2.59	5.59	1.42	94.0	86.5	87.5
广 东	Guangdong	3.77	5.05	1.54	94.1	92.1	95.9
广 西	Guangxi	5.07	7.74	4.05	99.1	88.2	89.4
海 南	Hainan	3.29	5.79	3.37	89.0	85.8	92.2
重 庆	Chongqing	1.37	4.32	0.96	93.0	88.0	90.3
四 川	Sichuan	1.88	4.53	1.13	94.9	93.2	92.3
贵 州	Guizhou	1.52	5.44	1.10	94.1	84.6	85.8
云 南	Yunnan	3.68	7.25	2.13	98.1	91.8	92.7
西 藏	Tibet	2.07	16.75	4.32	70.1	64.3	58.9
陕 西	Shaanxi	1.56	4.53	1.01	97.2	95.3	96.0
甘 肃	Gansu	2.25	7.34	1.37	96.7	93.4	92.8
青 海	Qinghai	2.75	6.99	2.36	92.4	87.2	83.2
宁 夏	Ningxia	2.89	8.64	0.60	98.4	94.8	96.1
新 疆	Xinjiang	2.55	14.27	2.13	90.1	84.6	85.0

3-36 分地区孕产妇保健情况(2014年)
Maternal Health Care by Region (2014)

地 区	Region	活产数 Number of Live Birth	高危产妇比重(%) Percent of Women at High Risk of Maternal (%)	建卡率(%) Percent of Setting Record for Maternal Care (%)	系统管理率(%) Percent of Systematic Management (%)	产前检查率(%) Percent of Antenatal Care (%)	产后访视率(%) Percent of Postnatal Visit for Mother (%)	住院分娩率(%) Hospital Delivery Rate (%)	新法接生率(%) Skilled Attendant at Birth (%)
全 国	**National Total**	**15178881**	**20.7**	**95.8**	**90.0**	**96.2**	**93.9**	**99.6**	**99.9**
北 京	Beijing	142707	44.1	99.7	96.4	98.9	96.6	100.0	100.0
天 津	Tianjin	96944	45.2	96.9	93.3	95.8	94.9	100.0	100.0
河 北	Hebei	995618	13.9	95.9	89.6	95.8	92.8	100.0	100.0
山 西	Shanxi	361575	15.4	95.5	84.2	95.1	92.3	99.9	100.0
内蒙古	Inner Mongolia	219858	25.6	97.7	94.7	97.1	96.2	99.9	100.0
辽 宁	Liaoning	337580	19.7	98.8	93.7	98.2	96.1	100.0	100.0
吉 林	Jilin	181902	25.0	96.8	91.4	95.8	94.5	100.0	100.0
黑龙江	Heilongjiang	216684	16.7	97.7	93.8	97.5	96.3	100.0	100.0
上 海	Shanghai	99702	36.8	100.0	95.2	98.6	98.4	100.0	100.0
江 苏	Jiangsu	739278	30.9	99.7	100.0	100.0	100.0	100.0	100.0
浙 江	Zhejiang	416317	46.9	99.6	96.8	98.7	98.2	100.0	100.0
安 徽	Anhui	723611	20.6	91.0	76.3	90.7	84.9	99.9	100.0
福 建	Fujian	534850	31.6	96.2	90.5	96.7	93.6	100.0	100.0
江 西	Jiangxi	648071	15.2	94.8	86.5	94.9	93.6	99.9	100.0
山 东	Shandong	1055438	11.2	95.2	90.8	94.6	93.1	100.0	100.0
河 南	Henan	1557309	15.6	88.9	81.0	94.2	87.7	100.0	100.0
湖 北	Hubei	632386	20.1	98.2	92.1	96.8	95.6	100.0	100.0
湖 南	Hunan	780574	26.9	96.6	90.4	95.9	94.0	99.9	100.0
广 东	Guangdong	1279995	19.8	96.2	91.0	97.0	95.3	99.8	100.0
广 西	Guangxi	781885	24.4	99.8	96.8	99.3	98.9	99.9	100.0
海 南	Hainan	113089	12.9	95.4	86.3	95.8	89.1	99.9	99.9
重 庆	Chongqing	294999	15.7	96.8	89.1	96.5	93.4	98.9	99.5
四 川	Sichuan	713752	16.2	95.9	93.2	95.8	94.9	97.5	99.1
贵 州	Guizhou	414389	9.9	94.8	90.4	95.8	94.5	98.5	99.9
云 南	Yunnan	569080	26.3	98.9	93.9	98.5	97.8	98.9	99.8
西 藏	Tibet	45929	8.5	78.0	49.6	88.9	75.6	85.0	96.6
陕 西	Shaanxi	378956	20.5	98.2	95.4	98.1	97.0	99.9	100.0
甘 肃	Gansu	302984	12.5	97.8	94.3	97.9	96.8	99.3	99.9
青 海	Qinghai	66092	14.5	92.3	91.7	95.7	94.3	96.8	98.7
宁 夏	Ningxia	80848	28.8	99.6	97.0	99.3	98.7	99.9	100.0
新 疆	Xinjiang	396479	22.8	94.5	84.6	94.3	91.7	98.7	99.1

3-37 分地区孕产妇死亡率及死因构成(2014年)

Maternal Mortality Ratio and Causes of Mortality by Region (2014)

地 区	Region	孕产妇死亡率(1/10万) Maternal Mortality Ratio(1/100 000)			孕产妇死因构成(%) Causes of Maternal Mortality(%)				
		合计 Total	市 Urban	县 Rural	产科出血 Obstetric Haemorrhage	妊娠高血压疾病 Pregnancy-related Hypertension	内科合并症 Medical Complication	羊水栓塞 Amniotic Fluid Embolism	其他 Others
北 京	Beijing	7.7	6.4	10.3			63.6	9.1	27.3
天 津	Tianjin	9.3	10.6	4.7	11.1	33.3	11.1	11.1	33.3
河 北	Hebei	8.8	7.6	9.5	23.9	2.3	26.1	25.0	22.7
山 西	Shanxi	14.4	12.2	16.0	25.0	13.5	26.9	21.2	13.5
内蒙古	Inner Mongolia	19.6	18.2	20.6	14.0	7.0	20.9	18.6	39.5
辽 宁	Liaoning	10.7	11.6	7.6	11.1	5.6	36.1	27.8	19.4
吉 林	Jilin	25.8	24.0	30.2	21.3	8.5	34.0	4.3	31.9
黑龙江	Heilongjiang	14.8	12.7	18.2	12.5	12.5	21.9	15.6	37.5
上 海	Shanghai	5.0	5.1		20.0	20.0	60.0		
江 苏	Jiangsu	1.9	1.6	2.5	21.4	14.3	28.6	14.3	21.4
浙 江	Zhejiang	5.5	6.4	3.7	17.4	8.7	34.8	17.4	21.7
安 徽	Anhui	11.5	14.4	9.9	26.5	8.4	32.5	8.4	24.1
福 建	Fujian	10.3	9.0	11.5	10.9	12.7	32.7	21.8	21.8
江 西	Jiangxi	9.0	6.1	10.3	22.4	13.8	19.0	29.3	15.5
山 东	Shandong	9.5	8.0	11.1	12.0	13.0	29.0	27.0	19.0
河 南	Henan	11.2	11.6	11.0	23.6	9.8	28.2	17.8	20.7
湖 北	Hubei	9.0	8.3	10.2	14.0	3.5	29.8	26.3	26.3
湖 南	Hunan	14.9	9.8	17.5	24.1	6.9	26.7	15.5	26.7
广 东	Guangdong	8.4	9.6	5.3	23.2	11.1	21.3	25.9	18.5
广 西	Guangxi	14.1	14.2	14.0	12.7	6.4	32.7	29.1	19.1
海 南	Hainan	15.0	17.7	10.1	11.8	5.9	52.9	11.8	17.7
重 庆	Chongqing	18.3	19.4	17.1	29.6	5.6	27.8	13.0	24.1
四 川	Sichuan	18.6	13.6	21.5	38.4	6.0	19.6	13.5	22.6
贵 州	Guizhou	26.8	28.4	26.2	32.4	14.4	17.1	12.6	23.4
云 南	Yunnan	22.1	15.2	25.1	39.7	7.9	15.9	19.1	17.5
西 藏	Tibet	108.9		120.2	38.0	16.0	18.0	6.0	22.0
陕 西	Shaanxi	11.6	10.8	12.0	20.5	11.4	20.5	29.6	18.2
甘 肃	Gansu	19.5	19.4	19.5	32.2	6.8	17.0	25.4	18.6
青 海	Qinghai	33.3	31.0	33.7	40.9	9.1	22.7	9.1	18.2
宁 夏	Ningxia	14.8	10.2	19.2	16.7	8.3	33.3	8.3	33.3
新 疆	Xinjiang	39.1	34.1	40.9	31.0	20.0	20.0	9.0	20.0

3-38 卫生总费用情况

年 份 year	卫生总费用(亿元) Total Health Expenditure (100 million yuan)				卫生总费用构成(%) As Percentage of Health Expenditure (%)		
	合计 Total	政府卫生支出 Government Health Expenditure	社会卫生支出 Social Health Expenditure	个人卫生支出 Personal Health Expenditure	政府卫生支出 Government Health Expenditure	社会卫生支出 Social Health Expenditure	个人卫生支出 Personal Health Expenditure
1978	110.21	35.44	52.25	22.52	32.16	47.41	20.43
1979	126.19	40.64	59.88	25.67	32.21	47.45	20.34
1980	143.23	51.91	60.97	30.35	36.24	42.57	21.19
1981	160.12	59.67	62.43	38.02	37.27	38.99	23.74
1982	177.53	68.99	70.11	38.43	38.86	39.49	21.65
1983	207.42	77.63	64.55	65.24	37.43	31.12	31.45
1984	242.07	89.46	73.61	79.00	36.96	30.41	32.64
1985	279.00	107.65	91.96	79.39	38.58	32.96	28.46
1986	315.90	122.23	110.35	83.32	38.69	34.93	26.38
1987	379.58	127.28	137.25	115.05	33.53	36.16	30.31
1988	488.04	145.39	189.99	152.66	29.79	38.93	31.28
1989	615.50	167.83	237.84	209.83	27.27	38.64	34.09
1990	747.39	187.28	293.10	267.01	25.06	39.22	35.73
1991	893.49	204.05	354.41	335.03	22.84	39.67	37.50
1992	1096.86	228.61	431.55	436.70	20.84	39.34	39.81
1993	1377.78	272.06	524.75	580.97	19.75	38.09	42.17
1994	1761.24	342.28	644.91	774.05	19.43	36.62	43.95
1995	2155.13	387.34	767.81	999.98	17.97	35.63	46.40
1996	2709.42	461.61	875.66	1372.15	17.04	32.32	50.64
1997	3196.71	523.56	984.06	1689.09	16.38	30.78	52.84
1998	3678.72	590.06	1071.03	2017.63	16.04	29.11	54.85
1999	4047.50	640.96	1145.99	2260.55	15.84	28.31	55.85
2000	4586.63	709.52	1171.94	2705.17	15.47	25.55	58.98
2001	5025.93	800.61	1211.43	3013.89	15.93	24.10	59.97
2002	5790.03	908.51	1539.38	3342.14	15.69	26.59	57.72
2003	6584.10	1116.94	1788.50	3678.66	16.96	27.16	55.87
2004	7590.29	1293.58	2225.35	4071.35	17.04	29.32	53.64
2005	8659.91	1552.53	2586.41	4520.98	17.93	29.87	52.21
2006	9843.34	1778.86	3210.92	4853.56	18.07	32.62	49.31
2007	11573.97	2581.58	3893.72	5098.66	22.31	33.64	44.05
2008	14535.40	3593.94	5065.60	5875.86	24.73	34.85	40.42
2009	17541.92	4816.26	6154.49	6571.16	27.46	35.08	37.46
2010	19980.39	5732.49	7196.61	7051.29	28.69	36.02	35.29
2011	24345.91	7464.18	8416.45	8465.28	30.66	34.57	34.77
2012	28119.00	8431.98	10030.70	9656.32	29.99	35.67	34.34
2013	31668.95	9545.81	11393.79	10729.34	30.14	35.98	33.88
2014	35312.40	10579.23	13437.75	11295.41	29.96	38.05	31.99

注：1.本表系核算数，2014年为初步测算数。
2.按当年价格计算。
3.2001年起卫生总费用不含高等医学教育经费,2006年起包括城乡医疗救助经费。

Health Expenditure

城乡卫生费用(亿元) Urban and Rural Health Expenditure (100 million yuan)		人均卫生费用(元) Per Capita Health Expenditure (yuan)			卫生总费用占GDP (%) Health Expenditure as Percentage of GDP (%)
城市 Urban	农村 Rural	合计 Total	城市 Urban	农村 Rural	
		11.4			3.02
		12.9			3.10
		14.5			3.15
		16.0			3.27
		17.5			3.33
		20.1			3.47
		23.2			3.35
		26.4			3.09
		29.4			3.06
		34.7			3.14
		44.0			3.23
		54.6			3.60
396.0	351.4	65.4	158.8	39.3	3.98
482.6	410.9	77.1	187.6	45.6	4.08
597.3	499.5	93.6	222.0	55.3	4.05
760.3	617.5	116.3	268.6	68.4	3.88
991.5	769.8	147.0	332.6	85.5	3.63
1239.5	915.7	177.9	401.3	101.5	3.53
1494.9	1214.5	221.4	467.4	134.3	3.79
1771.4	1425.4	258.6	537.8	157.2	4.02
1906.9	1771.8	294.9	625.9	194.6	4.33
2193.1	1854.4	321.8	702.0	203.2	4.49
2621.7	1964.9	361.9	813.0	214.9	4.60
2793.0	2233.0	393.8	841.2	244.8	4.56
3448.2	2341.8	450.8	987.1	259.3	4.79
4150.3	2433.8	509.5	1108.9	274.7	4.82
4939.2	2651.1	583.9	1261.9	301.6	4.72
6305.6	2354.3	662.3	1126.4	315.8	4.66
7174.7	2668.6	748.8	1248.3	361.9	4.52
8968.7	2605.3	876.0	1516.3	358.1	4.32
11251.9	3283.5	1094.5	1861.8	455.2	4.59
13535.6	4006.3	1314.3	2176.6	562.0	5.08
15508.6	4471.8	1490.1	2315.5	666.3	4.89
18571.9	5774.0	1807.0	2697.5	879.4	5.03
21280.5	6838.5	2076.7	2999.3	1064.8	5.26
23644.9	8024.0	2327.4	3234.1	1274.4	5.39
		2581.7			5.55

a) Data in this table are accounting numbers.Data of 2014 are preliminary data.

b) Data are at current prices.

c) Since 2001, total health expenditure does not include that of educational expenditure of higher education. Since 2006, it included medical aid expenditure in urban and rural areas.

3-39 分地区卫生总费用(2013年)
Health Expenditure by Region (2013)

地 区 Region	卫生总费用(亿元) Total Health Expenditure (100 million yuan)				卫生总费用构成(%) As Percentage of Health Expenditure (%)			卫生总费用占GDP (%) Health Expenditure as Percentage of GDP (%)	人均卫生费用(元) Per Capita Health Expenditure (yuan)
	合计 Total	政府卫生支出 Government Health Expenditure	社会卫生支出 Social Health Expenditure	个人卫生支出 Personal Health Expenditure	政府卫生支出 Government Health Expenditure	社会卫生支出 Social Health Expenditure	个人卫生支出 Personal Health Expenditure		
全 国 National Total	**31668.95**	**9545.81**	**11393.79**	**10729.34**	**30.1**	**36.0**	**33.9**	**5.39**	**2327.37**
北 京 Beijing	1340.23	356.42	708.36	275.45	26.6	52.9	20.6	6.87	6337.38
天 津 Tianjin	552.09	145.31	212.38	194.40	26.3	38.5	35.2	3.84	3750.10
河 北 Hebei	1486.26	429.83	440.62	615.82	28.9	29.6	41.4	5.25	2026.92
山 西 Shanxi	732.80	229.62	235.75	267.44	31.3	32.2	36.5	5.81	2018.84
内蒙古 Inner Mongolia	698.86	223.00	208.31	267.55	31.9	29.8	38.3	4.15	2798.11
辽 宁 Liaoning	1176.78	263.26	471.80	441.71	22.4	40.1	37.5	4.35	2680.59
吉 林 Jilin	764.79	197.68	223.02	344.10	25.8	29.2	45.0	5.89	2779.78
黑龙江 Heilongjiang	968.63	206.55	359.48	402.61	21.3	37.1	41.6	6.73	2525.77
上 海 Shanghai	1248.68	250.82	740.42	257.44	20.1	59.3	20.6	5.78	5170.21
江 苏 Jiangsu	2213.19	549.23	1010.36	653.60	24.8	45.7	29.5	3.74	2787.57
浙 江 Zhejiang	1712.33	393.16	750.80	568.37	23.0	43.8	33.2	4.56	3114.45
安 徽 Anhui	1221.50	415.45	381.54	424.51	34.0	31.2	34.8	6.42	2025.71
福 建 Fujian	835.32	268.01	330.72	236.60	32.1	39.6	28.3	3.84	2213.36
江 西 Jiangxi	738.09	325.75	191.81	220.53	44.1	26.0	29.9	5.15	1632.17
山 东 Shandong	2245.97	571.45	874.71	799.80	25.4	38.9	35.6	4.11	2307.49
河 南 Henan	1686.51	561.33	443.38	681.80	33.3	26.3	40.4	5.24	1791.68
湖 北 Hubei	1231.19	368.37	397.23	465.59	29.9	32.3	37.8	4.99	2123.10
湖 南 Hunan	1306.73	392.91	380.71	533.12	30.1	29.1	40.8	5.33	1953.09
广 东 Guangdong	2518.82	667.69	1049.98	801.14	26.5	41.7	31.8	4.05	2366.42
广 西 Guangxi	847.36	322.49	267.91	256.96	38.1	31.6	30.3	5.89	1795.64
海 南 Hainan	185.12	77.40	59.92	47.80	41.8	32.4	25.8	5.88	2067.69
重 庆 Chongqing	737.34	226.79	253.79	256.76	30.8	34.4	34.8	5.83	2482.61
四 川 Sichuan	1675.24	546.11	556.02	573.11	32.6	33.2	34.2	6.38	2066.41
贵 州 Guizhou	552.54	278.00	124.77	149.78	50.3	22.6	27.1	6.90	1577.70
云 南 Yunnan	847.66	322.14	241.43	284.09	38.0	28.5	33.5	7.23	1808.68
西藏 Tibet	73.83	47.56	20.75	5.52	64.4	28.1	7.5	9.14	2366.00
陕 西 Shaanxi	1016.70	293.96	327.87	394.87	28.9	32.2	38.8	6.34	2701.11
甘 肃 Gansu	518.21	188.17	141.28	188.76	36.3	27.3	36.4	8.27	2006.89
青 海 Qinghai	162.54	78.10	43.06	41.37	48.1	26.5	25.5	7.74	2813.15
宁 夏 Ningxia	168.06	60.44	48.91	58.72	36.0	29.1	34.9	6.55	2568.91
新 疆 Xinjiang	667.06	208.68	269.55	188.83	31.3	40.4	28.3	7.98	2945.97

3-40 政府卫生支出情况
Composition of Government Health Expenditure

单位：亿元 (100 million yuan)

年份 year	合计 Total	医疗卫生服务支出 Medical and Health Service Expenditure	医疗保障支出 Medical Security Expenditure	行政管理事务支出 Administrative Affairs Expenditure	人口与计划生育事务支出 Population and Family Planing Expenditure
1990	187.28	122.86	44.34	4.55	15.53
1991	204.05	132.38	50.41	5.15	16.11
1992	228.61	144.77	58.10	6.37	19.37
1993	272.06	164.81	76.33	8.04	22.89
1994	342.28	212.85	92.02	10.94	26.47
1995	387.34	230.05	112.29	13.09	31.91
1996	461.61	272.18	135.99	15.61	37.83
1997	523.56	302.51	159.77	17.06	44.23
1998	590.06	343.03	176.75	19.90	50.38
1999	640.96	368.44	191.27	22.89	58.36
2000	709.52	407.21	211.00	26.81	64.50
2001	800.61	450.11	235.75	32.96	81.79
2002	908.51	497.41	251.66	44.69	114.75
2003	1116.94	603.02	320.54	51.57	141.82
2004	1293.58	679.72	371.60	60.90	181.36
2005	1552.53	805.52	453.31	72.53	221.18
2006	1778.86	834.82	602.53	84.59	256.92
2007	2581.58	1153.30	957.02	123.95	347.32
2008	3593.94	1397.23	1577.10	194.32	425.29
2009	4816.26	2081.09	2001.51	217.88	515.78
2010	5732.49	2565.60	2331.12	247.83	587.94
2011	7464.18	3125.16	3360.78	283.86	694.38
2012	8431.98	3506.70	3789.14	323.29	812.85
2013	9545.81	3838.93	4428.82	373.15	904.92
2014	10579.23	4288.70	4958.53	436.95	895.05

注：1.本表按当年价格计算。
2.2014年为初步测算数。

a) Data are at current prices.
b) Data of 2014 are preliminary data.

3-41 政府卫生支出比重
Proportion of Government Health Expenditure

年 份 year	政府卫生支出 (亿元) Government Health Expenditure (100 million yuan)	占财政支出比重 (%) Proportion of Financial Expenditure (%)	占卫生总费用比重 (%) Proportion of Total Health Expenditure (%)	占国内生产总值比重 (%) Proportion of GDP (%)
1990	187.28	6.07	25.06	1.00
1991	204.05	6.03	22.84	0.93
1992	228.61	6.11	20.84	0.84
1993	272.06	5.86	19.75	0.77
1994	342.28	5.91	19.43	0.71
1995	387.34	5.68	17.97	0.63
1996	461.61	5.82	17.04	0.64
1997	523.56	5.67	16.38	0.66
1998	590.06	5.46	16.04	0.70
1999	640.96	4.86	15.84	0.71
2000	709.52	4.47	15.47	0.71
2001	800.61	4.24	15.93	0.73
2002	908.51	4.12	15.69	0.75
2003	1116.94	4.53	16.96	0.82
2004	1293.58	4.54	17.04	0.80
2005	1552.53	4.58	17.93	0.84
2006	1778.86	4.40	18.07	0.82
2007	2581.58	5.19	22.31	0.96
2008	3593.94	5.74	24.73	1.13
2009	4816.26	6.31	27.46	1.39
2010	5732.49	6.38	28.69	1.40
2011	7464.18	6.83	30.66	1.54
2012	8431.98	6.69	29.99	1.58
2013	9545.81	6.83	30.14	1.62
2014	10579.23	6.98	29.96	1.66

注：1.本表按当年价格计算。
2.2014年为初步测算数。

a) Data are at current prices.

b) Data of 2014 are preliminary data.

3-42 分地区城乡居民医疗保健支出情况(2014年)
Urban and Rural Residents Health Care Expenditure by Region (2014)

单位：元，% (yuan, %)

地 区	Region	全国居民 National Residents			城镇居民 Urban Residents			农村居民 Rural Residents		
		人均消费支出 Per Capita Consumer Expenditure	#医疗保健 Health Care	医疗保健支出占消费支出比重 Health Care Expenditure Proportion of Consumer Expenditure	人均消费支出 Per Capita Consumer Expenditure	#医疗保健 Health Care	医疗保健支出占消费支出比重 Health Care Expenditure Proportion of Consumer Expenditure	人均消费支出 Per Capita Consumer Expenditure	#医疗保健 Health Care	医疗保健支出占消费支出比重 Health Care Expenditure Proportion of Consumer Expenditure
全 国	**National Total**	**14491.40**	**1044.76**	**7.21**	**19968.08**	**1305.57**	**6.54**	**8382.57**	**753.85**	**8.99**
北 京	Beijing	31102.89	1914.16	6.15	33717.45	2044.43	6.06	14535.06	1088.64	7.49
天 津	Tianjin	22342.98	1584.47	7.09	24289.64	1721.30	7.09	13738.62	979.68	7.13
河 北	Hebei	11931.54	1027.52	8.61	16203.82	1304.50	8.05	8247.99	788.71	9.56
山 西	Shanxi	10863.83	1008.59	9.28	14636.88	1240.86	8.48	6991.69	770.21	11.02
内蒙古	Inner Mongolia	16258.12	1319.69	8.12	20885.23	1470.81	7.04	9972.24	1114.39	11.17
辽 宁	Liaoning	16067.98	1419.23	8.83	20519.57	1630.76	7.95	7800.75	1026.38	13.16
吉 林	Jilin	13025.97	1458.02	11.19	17156.14	1838.38	10.72	8139.82	1008.05	12.38
黑龙江	Heilongjiang	12768.76	1258.29	9.85	16466.63	1457.62	8.85	7829.99	992.06	12.67
上 海	Shanghai	33064.76	2223.90	6.73	35182.44	2327.62	6.62	14820.08	1330.33	8.98
江 苏	Jiangsu	19163.56	1331.29	6.95	23476.28	1616.70	6.89	11820.27	845.33	7.15
浙 江	Zhejiang	22551.97	1358.18	6.02	27241.74	1526.95	5.61	14497.81	1068.33	7.37
安 徽	Anhui	11726.99	869.98	7.42	16107.07	976.54	6.06	7980.76	778.84	9.76
福 建	Fujian	17644.47	926.85	5.25	22204.06	1058.97	4.77	11055.93	735.94	6.66
江 西	Jiangxi	11088.89	635.01	5.73	15141.78	760.70	5.02	7548.26	525.21	6.96
山 东	Shandong	13328.90	989.62	7.42	18322.60	1188.00	6.48	7962.23	776.42	9.75
河 南	Henan	11000.44	928.99	8.45	16184.46	1204.14	7.44	7277.21	731.37	10.05
湖 北	Hubei	12928.31	1056.23	8.17	16681.41	1187.81	7.12	8680.93	907.33	10.45
湖 南	Hunan	13288.73	972.17	7.32	18334.66	1209.76	6.60	9024.84	771.41	8.55
广 东	Guangdong	19205.50	890.45	4.64	23611.74	988.32	4.19	10043.21	686.95	6.84
广 西	Guangxi	10274.31	679.26	6.61	15045.40	845.95	5.62	6675.07	553.51	8.29
海 南	Hainan	12470.59	716.82	5.75	17513.78	960.30	5.48	7028.97	454.12	6.46
重 庆	Chongqing	13810.62	966.07	7.00	18279.49	1187.71	6.50	7982.56	677.02	8.48
四 川	Sichuan	12368.40	964.48	7.80	17759.93	1283.60	7.23	8301.10	723.74	8.72
贵 州	Guizhou	9303.35	572.01	6.15	15254.64	927.39	6.08	5970.25	372.98	6.25
云 南	Yunnan	9869.54	739.40	7.49	16268.33	1115.16	6.85	6030.26	513.95	8.52
西 藏	Tibet	7316.95	197.65	2.70	15669.36	552.52	3.53	4822.08	91.65	1.90
陕 西	Shaanxi	12203.59	1178.16	9.65	17545.96	1495.88	8.53	7252.37	883.70	12.18
甘 肃	Gansu	9874.57	737.22	7.47	15942.25	1048.23	6.58	6147.78	546.20	8.88
青 海	Qinghai	12604.80	1071.20	8.50	17492.89	1212.97	6.93	8235.14	944.46	11.47
宁 夏	Ningxia	12484.52	1239.95	9.93	17216.23	1616.88	9.39	7676.49	856.93	11.16
新 疆	Xinjiang	11903.71	978.31	8.22	17684.52	1310.93	7.41	7365.32	717.18	9.74

四、教育培训
Education and Training

4-1 各级各类学校情况
Number of School by Type and Level

单位：所 (unit)

年份 Year	普通高等学校 Regular HEIs	#高职(专科)院校 Specialized Courses	普通高中 Regular Senior Secondary Schools	中等职业教育 Secondary Vocational Education	初中 Junior Secondary Schools	#职业初中 Vocational Junior Secondary Schools	普通小学 Regular Primary Schools	特殊教育 Special Education Schools	学前教育 Pre-school Education Institutions
1978	598		49215		113130		949323	292	163952
1980	675		31300		87077		917316	292	170419
1985	1016		17318		77529	1626	832309	375	172262
1990	1075		15678		73462	1509	766072	746	172322
1995	1054		13991		68564	1535	668685	1379	180438
2000	1041	442	14564		63898	1194	553622	1539	175836
2001	1225	628	14907		66590	1065	491273	1531	111706
2002	1396	767	15406		65645	984	456903	1540	111752
2003	1552	908	15779	14682	64730	1019	425846	1551	116390
2004	1731	1047	15998	14454	63757	697	394183	1560	117899
2005	1792	1091	16092	14466	62486	601	366213	1593	124402
2006	1867	1147	16153	14693	60885	335	341639	1605	130495
2007	1908	1168	15681	14832	59384	275	320061	1618	129086
2008	2263	1184	15206	14847	57914	213	300854	1640	133722
2009	2305	1215	14607	14401	56320	153	280184	1672	138209
2010	2358	1246	14058	13872	54890	67	257410	1706	150420
2011	2409	1280	13688	13093	54117	54	241249	1767	166750
2012	2442	1297	13509	12663	53216	49	228585	1853	181251
2013	2491	1321	13352	12262	52804	40	213529	1933	198553
2014	2529	1327	13253	11878	52623	26	201377	2000	209881

4-2 各级各类学校专任教师情况
Number of Full-time Teachers of Schools by Type and Level

单位：万人 (10 000 persons)

年份 Year	普通高等学校 Regular HEIs	#高职(专科)院校 Specialized Courses	普通高中 Regular Senior Secondary Schools	中等职业教育 Secondary Vocational Education	初中 Junior Secondary Schools	#职业初中 Vocational Junior Secondary Schools	普通小学 Regular Primary Schools	特殊教育 Special Education Schools	学前教育 Pre-school Education Institutions
1978	20.6		74.1		244.1		522.6	0.4	27.8
1980	24.7		57.1		244.9		549.9	0.5	41.1
1985	34.4		49.2		216.0		537.7	0.7	55.0
1990	39.5		56.2		249.9	2.9	558.2	1.4	75.0
1995	40.1		55.1		282.1	3.7	566.4	2.5	87.5
2000	46.3	8.7	75.7		328.7	3.8	586.0	3.2	85.6
2001	53.2	12.4	84.0		338.6	3.7	579.8	2.9	54.6
2002	61.8	15.6	94.6		346.8	3.7	577.9	3.0	57.1
2003	72.5	19.7	107.1		349.8	3.1	570.3	3.0	61.3
2004	85.8	23.8	119.1		350.1	2.4	562.9	3.1	65.6
2005	96.6	26.8	130.0	75.0	349.2	2.0	559.3	3.2	72.2
2006	107.6	31.6	138.7	79.9	347.5	1.2	558.8	3.3	77.6
2007	116.8	35.5	144.3	85.9	347.3	0.9	561.3	3.5	82.7
2008	123.8	37.7	147.6	89.5	347.6	0.7	562.2	3.6	89.9
2009	129.5	39.5	149.3	86.9	351.8	0.5	563.3	3.8	98.6
2010	134.3	40.4	151.8	87.2	352.5	0.2	561.7	4.0	114.4
2011	139.3	41.3	155.7	88.2	352.5	0.2	560.5	4.1	131.6
2012	144.0	41.3	159.5	88.1	350.4	0.2	558.6	4.4	147.9
2013	149.7	43.7	162.9	86.8	348.1	0.1	558.5	4.6	166.3
2014	153.5	43.8	166.3	85.8	348.8	0.1	563.4	4.8	184.4

4—3 各级各类学校、教职工和专任教师情况（2014年）
Number of Schools, Educational Personnel and Full-time Teachers by Type and Level (2014)

项　目	Item	学校数（所）Schools (unit)	教职工数（人）Educational Personnel (person)	专任教师（人）Full-time Teachers (person)
高等教育	**Higher Education**			
研究生培养机构	Institutions Providing Postgraduate Programs	(788)		
普通高校	Regular Higher Education Institutions	(571)		
科研机构	Research Institutions	(217)		
普通高等学校	Regular Higher Education Institutions	2529	2335723	1534510
本科院校	HEIs Offering Degree Programs	1202	1703121	1091654
#独立学院	Independent Institutions	283	183308	136303
高职(专科)院校	Higher Vocational Colleges	1327	625017	438300
其他普通高教机构	Other Institutions	(31)	7585	4556
成人高等学校	Adult HEIs	295	52921	31538
民办的其他高等教育机构	Other Non-government HEIs	(799)	26290	12083
中等教育	**Secondary Education**	**79670**	**7615512**	**6025122**
高中阶段教育	Senior Secondary Education	25677	3651059	2529133
高中	Senior Secondary Schools	13799	2518951	1670720
普通高中	Regular Senior Secondary Schools	13253	2509396	1662700
完全中学	Combined Secondary Schools	5647	1046042	514675
高级中学	Regular High Schools	6619	1272557	1100768
十二年一贯制学校	12-Year Schools	987	190797	47257
成人高中	Adult High Schools	546	9555	8020
中等职业教育	Secondary Vocational Education	11878	1132108	858413
普通中专	Regular Specialized Secondary Schools	3536	418120	306906
成人中专	Adult Specialized Secondary Schools	1457	73380	53134
职业高中	Vocational Senior Secondary Schools	4067	360865	293323
技工学校	Skilled Workers Schools	2818	265203	194631
其他中职机构	Other Institutions	(402)	14540	10419
初中阶段教育	Junior Secondary Education	53993	3964453	3495989
初中	Junior Secondary Schools	52623	3955721	3488430
初级中学	Regular Junior Secondary Schools	37958	2852397	2563537
九年一贯制学校	9-Year Schools	14639	1102498	475624
十二年一贯制学校	12-Year Schools			49637
完全中学	Combined Secondary Schools			398863
职业初中	Vocational Junior Secondary Schools	26	826	769
成人初中	Adult Junior Secondary Schools	1370	8732	7559
初等教育	**Primary Education**	**219632**	**5529436**	**5655561**
普通小学	Regular Primary Schools	201377	5488941	5633906
小学	Primary Schools	201377	5488941	5105281
九年一贯制学校	9-Year Schools			483924
十二年一贯制学校	12-Year Schools			44701
成人小学	Adult Primary Schools	18255	40495	21655
#扫盲班	Literacy Courses	12861	26141	10848
工读学校	**Correctional Work-Study Schools**	**79**	**2820**	**1900**
特殊教育	**Special Education Schools**	**2000**	**57360**	**48125**
学前教育	**Pre-school Education Institutions**	**209881**	**3142226**	**1844148**

注：1. 完全中学的学校数和教职工数计入高中阶段教育，九年一贯制学校的校数和教职工数计入初中阶段教育，十二年一贯制学校的校数和教职工数计入高中阶段教育。专任教师是按照教育层次划分归类。
2. “()”内数据为不计校数。

a) The numbers of complete secondary schools and their educational personnel are calculated into the number of senior secondary education,the numbers of Combined Primary and Lower Secondary Schools and their educational personnel are calculated into the junior secondary education, the numbers of the Combined Primary and Secondary Schools and their educational personnel are calculated into senior secondary education. The fulltime teachers are classified by educational level.

b) The data within “( )”are not calculated as the number of schools.

4-4 高等教育学校(机构)数(2014年)
Number of Higher Education Institutions(2014)

单位：所，% (unit，%)

项目	Item	合计 Total	中央部门 HEIs under Central Ministries & Agencies			地方 HEIs under Local Auth.	
			小计 Subotal	教育部 HEIs unde MOE	其他部门 HEIs unders Other Central Agencie	小计 Subotal	教育部门 HEIs under MOE
研究生培养机构（不计校数）	**Institutions Providing Postgraduate Programs**	**788**	**284**	**73**	**211**	**499**	**433**
普通高校	Regular HEIs	571	107	73	34	459	432
科研机构	Research Institutes	217	177		177	40	1
普通高等学校	**Regular HEIs**	**2529**	**113**	**73**	**40**	**1689**	**1053**
本科院校	HEIs Offering Degree Programs	1202	110	73	37	672	604
#独立学院	of Which:Independent Institutions	283					
高职(专科)院校	Higher VocationalColleges	1327	3		3	1017	449
成人高等学校	**Adult HEIs**	**295**	**13**	**1**	**12**	**281**	**94**
民办的其他高等教育机构	**Other Non-government HEIs**	**799**					

4-4 续表 continued

单位：所，% (unit，%)

项目	Item	地方 HEIs under Local Auth.		民办 Non-government	比重 Proportion		
		其他部门 Run by Non-ed. Dept.	地方企业 Local Enterprises		中央 Central Ministries & Agencies	地方 Local Auth	民办 Non-government
研究生培养机构（不计校数）	**Institutions Providing Postgraduate Programs**	**65**	**1**	**5**	**36.04**	**63.32**	**0.63**
普通高校	Regular HEIs	27		5	18.74	80.39	0.88
科研机构	Research Institutes	38	1		81.57	18.43	
普通高等学校	**Regular HEIs**	**592**	**44**	**727**	**4.47**	**66.79**	**28.75**
本科院校	HEIs Offering Degree Programs	68		420	9.15	55.91	34.94
#独立学院	of Which:Independent Institutions			283			100.00
高职(专科)院校	Higher VocationalColleges	524	44	307	0.23	76.64	23.13
成人高等学校	**Adult HEIs**	**146**	**41**	**1**	**4.41**	**95.25**	**0.34**
民办的其他高等教育机构	**Other Non-government HEIs**			**799**			**100.00**

4-5 分类型普通高等学校情况(2014年)
Number of Higher Education Institutions by Type (2014)

单位：所 (unit)

项目	Item	合计 Total	本科院校 HEIs Offering Degree Programs	高职(专科)院校 Higher Vocational Colleges	#高等职业技术学院 Higher Vocational and Technical College
合计	**Total**	**2529**	**1202**	**1327**	**1186**
综合大学	Comprehensive University	603	291	312	310
理工院校	College of Science and Engineering	895	352	543	529
农业院校	Agricultural Colleges	82	42	40	40
林业院校	Forestry Colleges	19	6	13	13
医药院校	Medical Colleges	188	103	85	40
师范院校	Normal Colleges	218	151	67	5
语文院校	Language & Literature	54	30	24	23
财经院校	Financial University	258	122	136	125
政法院校	Political Science & Law	71	33	38	33
体育院校	Sport Colleges	32	16	16	15
艺术院校	Art Colleges	91	42	49	49
民族院校	Institute of Nationalities	18	14	4	4
总计中民办高校	of the Total:Non-government HEIs	727	420	307	300

4-6 分地区高等教育学校(机构)数(2014年)
Number of Higher Education Institutions by Region(2014)

单位：所 (unit)

地 区 Region	普通高校 Regular HEIs	#中央部门 of Which: HEIs unde Central Ministries & Agencies	本科院校 HEIs Offering Degree Programs	高职(专科)院校 Higher Vocational Colleges	成人高等学校 Adult HEIs	#中央部门 of Which: HEIs unde Central Ministries & Agencies	民办的其他高等教育机构 Other Non-government HEIs
全 国 National Total	**2529**	**113**	**1202**	**1327**	**295**	**13**	**799**
北 京 Beijing	89	35	64	25	24	8	69
天 津 Tianjin	55	3	29	26	14		
河 北 Hebei	118	4	58	60	7	1	36
山 西 Shanxi	79		31	48	12		49
内蒙古 Inner Mongolia	50		15	35	2		
辽 宁 Liaoning	116	5	65	51	20	2	69
吉 林 Jilin	58	2	37	21	14		14
黑龙江 Heilongjiang	80	3	38	42	22		36
上 海 Shanghai	68	10	37	31	14		218
江 苏 Jiangsu	159	10	76	83	9	1	
浙 江 Zhejiang	104	2	57	47	9		21
安 徽 Anhui	118	2	44	74	6		7
福 建 Fujian	88	2	33	55	3		
江 西 Jiangxi	95		42	53	8		23
山 东 Shandong	141	2	65	76	11		86
河 南 Henan	129	1	52	77	12		46
湖 北 Hubei	123	8	67	56	14		19
湖 南 Hunan	124	3	51	73	12		13
广 东 Guangdong	141	4	62	79	15		31
广 西 Guangxi	70		33	37	6		
海 南 Hainan	17		6	11	1		
重 庆 Chongqing	63	2	25	38	4		7
四 川 Sichuan	107	6	50	57	18	1	16
贵 州 Guizhou	55		26	29	4		
云 南 Yunnan	67		30	37	2		
西 藏 Tibet	6		3	3			
陕 西 Shaanxi	92	6	55	37	16		
甘 肃 Gansu	43	2	21	22	6		39
青 海 Qinghai	12		4	8	2		
宁 夏 Ningxia	18	1	8	10	1		
新 疆 Xinjiang	44		18	26	7		

4-7 分地区普通高等学校教职工情况（2014年）
Situations on Educational Personnel in Regular Schools (Institutions) of Higher Education by Region (2014)

单位：人 (person)

地区 Region	教职工数 Educational Personnel	校本部教职工 In Main Campus	专任教师 Full-time Teachers	正高级 Senior	副高级 Sub-senior	中级 Middle	初级 Junior	无职称 No Rank	行政人员 Administrative Personnel	教辅人员 Supporting Staff	工勤人员 Workers
全国 National Total	**2335723**	**2218556**	**1534510**	**189136**	**448625**	**613729**	**195763**	**87257**	**318508**	**206321**	**159217**
北京 Beijing	142267	123273	68380	17433	24182	22226	2709	1830	23047	17872	13974
天津 Tianjin	47043	46026	31008	4599	10020	12130	3014	1245	7505	4444	3069
河北 Hebei	102294	99198	68578	9617	20342	26946	8255	3418	13854	8935	7831
山西 Shanxi	60393	57784	40317	2966	10661	15711	7847	3132	7907	5368	4192
内蒙古 Inner Mongolia	37691	36772	25000	2571	7641	9537	3665	1586	5566	3732	2474
辽宁 Liaoning	97927	95269	64246	8987	19736	26303	6602	2618	15086	7912	8025
吉林 Jilin	62916	59540	38549	5808	12035	14979	5182	545	8351	6165	6475
黑龙江 Heilongjiang	77000	74036	46870	7347	15173	19212	3947	1191	11210	7930	8026
上海 Shanghai	73373	67398	40558	7317	13018	16109	2679	1435	12511	8876	5453
江苏 Jiangsu	160471	150694	104549	13386	34522	44712	8713	3216	22739	14173	9233
浙江 Zhejiang	87375	83035	58076	7999	17895	24983	3601	3598	13632	8036	3291
安徽 Anhui	80254	75550	56525	4525	15147	21810	11974	3069	8481	5978	4566
福建 Fujian	65775	63135	43902	4938	12287	17633	7162	1882	10170	6002	3061
江西 Jiangxi	76014	72785	54429	5465	14633	22734	8903	2694	8697	5723	3936
山东 Shandong	143939	139054	101380	10379	28745	43690	14634	3932	17661	11858	8155
河南 Henan	130031	124514	95134	8020	25258	38071	17844	5941	12624	8405	8351
湖北 Hubei	128878	122289	82821	10622	25927	31273	10544	4455	18744	12005	8719
湖南 Hunan	97652	92966	64919	7037	18828	27198	7316	4540	13307	9142	5598
广东 Guangdong	140348	135226	95193	11473	24548	40153	9318	9701	19661	12718	7654
广西 Guangxi	57474	52356	37680	3993	10262	14826	4204	4395	6872	4206	3598
海南 Hainan	13973	13832	8894	949	2196	3660	1242	847	2221	1288	1429
重庆 Chongqing	55406	53529	38944	4298	10752	15784	5331	2779	7444	3818	3323
四川 Sichuan	119257	113203	81404	8604	21394	31871	14304	5231	14368	8971	8460
贵州 Guizhou	38899	38405	28144	2670	8681	9183	4264	3346	5837	2638	1786
云南 Yunnan	48337	47324	35396	3776	9615	13353	5862	2790	5340	3493	3095
西藏 Tibet	3640	3567	2601	221	851	1001	424	104	478	234	254
陕西 Shaanxi	103332	97648	64970	7965	17679	27419	9018	2889	14282	9941	8455
甘肃 Gansu	36944	34557	25283	2949	7661	9746	3324	1603	4233	2588	2453
青海 Qinghai	6182	5882	3920	732	1314	1036	467	371	754	677	531
宁夏 Ningxia	11261	10850	7759	1213	2176	2203	1257	910	1532	846	713
新疆 Xinjiang	29377	28859	19081	1277	5446	8237	2157	1964	4394	2347	3037

4-8 各级各类学校招生情况
Number of Entrants of Formal Education by Type and Level

单位：万人 (10 000 persons)

年 份 Year	普通本专科 Undergraduate in Regular HEIs	#高职(专科)院校 Specialized Courses	普通高中 Regular Senior Secondary Schools	中等职业教育 Secondary Vocational Education	初中 Junior Secondary Schools	#职业初中 Vocational Junior Secondary Schools	普通小学 Regular Primary Schools	特殊教育 Special Education Schools	学前教育 Pre-school Education Institutions
1978	40.2		692.9		2006.0		3315.4	0.6	
1980	28.1		383.4		1557.6	6.7	2942.3	0.6	
1985	61.9		257.5		1367.0	17.6	2298.2	0.9	
1990	60.9		249.8		1389.3	19.4	2064.0	1.6	
1995	92.6		273.6		1781.1	28.8	2531.8	5.6	
2000	220.6	48.7	472.7		2295.6	32.3	1946.5	5.3	1531.1
2001	268.3	66.6	558.0		2287.9	30.0	1944.2	5.6	1398.2
2002	320.5	89.1	676.7		2281.8	29.5	1952.8	5.3	1373.6
2003	382.2	199.6	752.1		2220.1	24.8	1829.4	4.9	1316.8
2004	447.3	237.4	821.5		2094.6	16.4	1747.0	5.1	1350.3
2005	504.5	268.1	877.7	655.7	1987.6	11.1	1671.7	4.9	1356.2
2006	546.1	293.0	871.2	747.8	1929.5	5.9	1729.4	5.0	1391.3
2007	565.9	283.8	840.2	810.0	1868.6	4.8	1736.1	6.3	1433.6
2008	607.7	310.6	837.0	812.1	1859.6	3.4	1695.7	6.2	1482.7
2009	639.5	313.4	830.3	868.5	1788.5	2.1	1637.8	6.4	1546.9
2010	661.8	310.5	836.2	870.4	1716.6	1.1	1691.7	6.5	1700.4
2011	681.5	324.9	850.8	813.9	1634.7	0.7	1736.8	6.4	1827.3
2012	688.8	314.8	844.6	754.1	1570.8	0.5	1714.7	6.6	1911.9
2013	699.8	318.4	822.7	674.8	1496.1	0.4	1695.4	6.6	1970.0
2014	721.4	338.0	796.6	619.8	1447.8	0.2	1658.4	7.1	1987.8

4-9 各级各类学校在校学生情况
Number of Enrolments of Formal Education by Type and Level

单位：万人 (10 000 persons)

年 份 Year	普通本专科 Undergraduate in Regular HEIs	#高职(专科)院校 Specialized Courses	普通高中 Regular Senior Secondary Schools	中等职业教育 Secondary Vocational Education	初中 Junior Secondary Schools	#职业初中 Vocational Junior Secondary Schools	普通小学 Regular Primary Schools	特殊教育 Special Education Schools	学前教育 Pre-school Education Institutions
1978	85.6		1553.1		4995.2		14624.0	3.1	787.7
1980	114.4		969.8		4551.8	13.5	14627.0	3.3	1150.8
1985	170.3		741.1		4010.1	45.2	13370.2	4.2	1479.7
1990	206.3		717.3		3916.6	47.9	12241.4	7.2	1972.2
1995	290.6		713.2		4727.5	69.7	13195.2	29.6	2711.2
2000	556.1	100.9	1201.3		6256.3	88.6	13013.3	37.8	2244.2
2001	719.1	146.8	1405.0		6514.4	83.3	12543.5	38.6	2021.8
2002	903.4	193.4	1683.8		6687.4	83.4	12156.7	37.5	2036.0
2003	1108.6	479.4	1964.8		6690.8	72.4	11689.7	36.5	2003.9
2004	1333.5	595.7	2220.4		6527.5	52.5	11246.2	37.2	2089.4
2005	1561.8	713.0	2409.1	1600.0	6214.9	43.1	10864.1	36.4	2179.0
2006	1738.8	795.5	2514.5	1809.9	5958.0	20.6	10711.5	36.3	2263.9
2007	1884.9	860.6	2522.4	1987.0	5736.2	15.3	10564.0	41.9	2348.8
2008	2021.0	916.8	2476.3	2087.1	5585.0	10.8	10331.5	41.7	2475.0
2009	2144.7	964.8	2434.3	2195.2	5440.9	7.3	10071.5	42.8	2657.8
2010	2231.8	966.2	2427.3	2238.5	5279.3	3.4	9940.7	42.6	2976.7
2011	2308.5	958.9	2454.8	2205.3	5066.8	2.6	9926.4	39.9	3424.5
2012	2391.3	964.2	2467.2	2113.7	4763.1	1.9	9695.9	37.9	3685.8
2013	2468.1	973.6	2435.9	1923.0	4440.1	1.1	9360.5	36.8	3894.7
2014	2547.7	1006.6	2400.5	1755.3	4384.6	0.8	9451.1	39.5	4050.7

4-10 各级各类学校毕业生情况
Number of Graduates of Formal Education by Type and Level

单位：万人 (10 000 persons)

年 份 Year	普通本专科 Undergraduate in Regular HEIs	#高职(专科)院校 Specialized Courses	普通高中 Regular Senior Secondary Schools	中等职业教育 Secondary Vocational Education	初中 Junior Secondary Schools	#职业初中 Vocational Junior Secondary Schools	普通小学 Regular Primary Schools	特殊教育 Special Education Schools	学前教育 Pre-school Education Institutions
1978	16.5		682.7		1692.6		2287.9	0.3	
1980	14.7		616.2		964.8	7.9	2053.3	0.4	
1985	31.6		196.6		1007.2	8.9	1999.9	0.4	
1990	61.4		233.0		1123.0	13.9	1863.1	0.5	
1995	80.5		201.6		1244.4	17.0	1961.5	1.9	
2000	95.0	17.9	301.5		1633.5	26.4	2419.2	4.3	
2001	103.6	19.3	340.5		1731.5	24.5	2396.9	4.6	1160.2
2002	133.7	27.7	383.8		1903.7	23.8	2351.9	4.4	1152.7
2003	187.7	94.8	458.1		2018.5	22.9	2267.9	4.5	1072.0
2004	239.1	119.5	546.9		2087.3	16.9	2135.2	4.7	1059.7
2005	306.8	160.2	661.6	418.2	2123.4	16.9	2019.5	4.3	1025.4
2006	377.5	204.8	727.1	479.1	2071.6	9.2	1928.5	4.5	1045.1
2007	447.8	248.2	788.3	530.9	1963.7	6.9	1870.2	5.0	1049.1
2008	512.0	286.3	836.1	580.7	1868.0	5.1	1865.0	5.2	1040.5
2009	531.1	285.6	823.7	625.2	1797.7	3.0	1805.2	5.7	1040.6
2010	575.4	316.4	794.4	665.3	1750.4	1.8	1739.6	5.9	1057.6
2011	608.2	328.5	787.7	660.3	1736.7	1.2	1662.8	4.4	1184.7
2012	624.7	320.9	791.5	674.9	1660.8	0.9	1641.6	4.9	1433.6
2013	638.7	318.7	799.0	674.4	1561.5	0.7	1581.1	5.1	1491.7
2014	659.4	318.0	799.6	622.9	1413.5	0.3	1476.6	4.9	1527.2

4-11 研究生和留学人员情况
Statistics on Postgraduates and Students Studying Abroad

单位：人 (person)

年 份 Year	研究生数 Number of Postgraduates 毕业生数 Graduates	招生数 Entrants	在校学生数 Enrolment	出国留学人员 Number of Students Studying Abroad	学成回国留学人员 Number of Returned Students
1978	9	10708	10934	860	248
1980	476	3616	21604	2124	162
1985	17004	46871	87331	4888	1424
1990	35440	29649	93018	2950	1593
1995	31877	51053	145443	20381	5750
2000	58767	128484	301239	38989	9121
2001	67809	165197	393256	83973	12243
2002	80841	202611	500980	125179	17945
2003	111091	268925	651260	117307	20152
2004	150777	326286	819896	114682	24726
2005	189728	364831	978610	118515	34987
2006	255902	397925	1104653	134000	42000
2007	311839	418612	1195047	144000	44000
2008	344825	446422	1283046	179800	69300
2009	371273	510953	1404942	229300	108300
2010	383600	538177	1538416	284700	134800
2011	429994	560168	1645845	339700	186200
2012	486455	589673	1719818	399600	272900
2013	513626	611381	1793953	413900	353500
2014	535863	621323	1847689	459800	364800

4−12 分学科研究生和构成情况（2014年）
Number and Composition of Postgraduate Students by Academic Field (2014)

单位：人 (person)

项 目 Item	绝对数 Value								
	毕业生数 Graduates	博 士 Doctor's Degree	硕 士 Master's Degree	招生数 Entrants	博 士 Doctor's Degree	硕 士 Master's Degree	在 校 学生数 Enrolment	博 士 Doctor's Degree	硕 士 Master's Degree
总 计 Total	**535863**	**53653**	**482210**	**621323**	**72634**	**548689**	**1847689**	**312676**	**1535013**
#女 Female	272956	20588	252368	316438	28380	288058	908287	115459	792828
学术型学位 Academic Degree	362950	51675	311275	380561	70619	309942	1234835	304963	929872
专业学位 Professional Degree	172913	1978	170935	240762	2015	238747	612854	7713	605141
哲 学 Philosophy	4354	680	3674	4415	860	3555	14604	3952	10652
经济学 Economics	26283	2262	24021	28064	2917	25147	78909	13009	65900
法 学 Law	39390	2803	36587	41907	3702	38205	122541	16076	106465
教育学 Education	29063	971	28092	34694	1364	33330	88615	5870	82745
文 学 Literature	31741	1887	29854	31967	2438	29529	92627	10614	82013
历史学 History	5339	799	4540	5765	984	4781	17999	4451	13548
理 学 Science	49002	10922	38080	62014	14855	47159	189830	56412	133418
工 学 Engineering	184647	18537	166110	217500	27605	189895	669703	129161	540542
农 学 Agriculture	19443	2382	17061	23383	3181	20202	66068	13013	53055
医 学 Medicine	61192	8457	52735	70466	9575	60891	204148	33474	170674
军事学 Military Science	229	23	206	209	26	183	717	164	553
管理学 Administrators	69672	3466	66206	81641	4489	77152	246846	23976	222870
艺术学 Art	15508	464	15044	19298	638	18660	55082	2504	52578
普通高校 Regular HEIs	**528797**	**52290**	**476507**	**613152**	**70713**	**542439**	**1822821**	**305833**	**1516988**
#女 Female	270071	20108	249963	313167	27679	285488	898591	113246	785345
学术型学位 Academic Degree	357129	50312	306817	374007	68700	305307	1213969	298126	915843
专业学位 Professional Degree	171668	1978	169690	239145	2013	237132	608852	7707	601145
哲 学 Philosophy	4234	647	3587	4261	795	3466	14166	3788	10378
经济学 Economics	25606	2054	23552	27341	2663	24678	76788	12120	64668
法 学 Law	38596	2678	35918	40945	3488	37457	119840	15481	104359
教育学 Education	29063	971	28092	34694	1364	33330	88615	5870	82745
文 学 Literature	31651	1857	29794	31870	2396	29474	92321	10476	81845
历史学 History	5206	775	4431	5622	946	4676	17623	4346	13277
理 学 Science	48465	10780	37685	61347	14646	46701	187720	55643	132077
工 学 Engineering	182088	18151	163937	214709	27051	187658	660448	126799	533649
农 学 Agriculture	18671	2202	16469	22478	2938	19540	63385	12189	51196
医 学 Medicine	60563	8326	52237	69792	9425	60367	202124	33001	169123
军事学 Military Science	228	23	205	209	26	183	715	164	551
管理学 Administrators	69083	3415	65668	80752	4393	76359	244537	23642	220895
艺术学 Art	15343	411	14932	19132	582	18550	54539	2314	52225
科研机构 Research Institutions	**7066**	**1363**	**5703**	**8171**	**1921**	**6250**	**24868**	**6843**	**18025**
#女 Female	2885	480	2405	3271	701	2570	9696	2213	7483
学术型学位 Academic Degree	5821	1363	4458	6554	1919	4635	20866	6837	14029
专业学位 Professional Degree	1245		1245	1617	2	1615	4002	6	3996
哲 学 Philosophy	120	33	87	154	65	89	438	164	274
经济学 Economics	677	208	469	723	254	469	2121	889	1232
法 学 Law	794	125	669	962	214	748	2701	595	2106
教育学 Education									
文 学 Literature	90	30	60	97	42	55	306	138	168
历史学 History	133	24	109	143	38	105	376	105	271
理 学 Science	537	142	395	667	209	458	2110	769	1341
工 学 Engineering	2559	386	2173	2791	554	2237	9255	2362	6893
农 学 Agriculture	772	180	592	905	243	662	2683	824	1859
医 学 Medicine	629	131	498	674	150	524	2024	473	1551
军事学 Military Science	1		1				2		2
管理学 Administrators	589	51	538	889	96	793	2309	334	1975
艺术学 Art	165	53	112	166	56	110	543	190	353

4-12 续表 continued

单位：% (%)

项 目	Item	构成 Percentage								
		毕业生数 Graduates	博 士 Doctor's Degree	硕 士 Master's Degree	招生数 Entrants	博 士 Doctor's Degree	硕 士 Master's Degree	在 校 学生数 Enrolment	博 士 Doctor's Degree	硕 士 Master's Degree
总 计	**Total**	**100.00**	**100.00**	**100.00**	**100.00**	**100.00**	**100.00**	**100.00**	**100.00**	**100.00**
#女	Female	50.94	38.37	52.34	50.93	39.07	52.50	49.16	36.93	51.65
学术型学位	Academic Degree	67.73	96.31	64.55	61.25	97.23	56.49	66.83	97.53	60.58
专业学位	Professional Degree	32.27	3.69	35.45	38.75	2.77	43.51	33.17	2.47	39.42
哲 学	Philosophy	0.81	1.27	0.76	0.71	1.18	0.65	0.79	1.26	0.69
经济学	Economics	4.90	4.22	4.98	4.52	4.02	4.58	4.27	4.16	4.29
法 学	Law	7.35	5.22	7.59	6.74	5.10	6.96	6.63	5.14	6.94
教育学	Education	5.42	1.81	5.83	5.58	1.88	6.07	4.80	1.88	5.39
文 学	Literature	5.92	3.52	6.19	5.14	3.36	5.38	5.01	3.39	5.34
历史学	History	1.00	1.49	0.94	0.93	1.35	0.87	0.97	1.42	0.88
理 学	Science	9.14	20.36	7.90	9.98	20.45	8.59	10.27	18.04	8.69
工 学	Engineering	34.46	34.55	34.45	35.01	38.01	34.61	36.25	41.31	35.21
农 学	Agriculture	3.63	4.44	3.54	3.76	4.38	3.68	3.58	4.16	3.46
医 学	Medicine	11.42	15.76	10.94	11.34	13.18	11.10	11.05	10.71	11.12
军事学	Military Science	0.04	0.04	0.04	0.03	0.04	0.03	0.04	0.05	0.04
管理学	Administrators	13.00	6.46	13.73	13.14	6.18	14.06	13.36	7.67	14.52
艺术学	Art	2.89	0.86	3.12	3.11	0.88	3.40	2.98	0.80	3.43
普通高校	**Regular HEIs**	**100.00**	**100.00**	**100.00**	**100.00**	**100.00**	**100.00**	**100.00**	**100.00**	**100.00**
#女	Female	51.07	38.45	52.46	51.07	39.14	52.63	49.30	37.03	51.77
学术型学位	Academic Degree	67.54	96.22	64.39	61.00	97.15	56.28	66.60	97.48	60.37
专业学位	Professional Degree	32.46	3.78	35.61	39.00	2.85	43.72	33.40	2.52	39.63
哲 学	Philosophy	0.80	1.24	0.75	0.69	1.12	0.64	0.78	1.24	0.68
经济学	Economics	4.84	3.93	4.94	4.46	3.77	4.55	4.21	3.96	4.26
法 学	Law	7.30	5.12	7.54	6.68	4.93	6.91	6.57	5.06	6.88
教育学	Education	5.50	1.86	5.90	5.66	1.93	6.14	4.86	1.92	5.45
文 学	Literature	5.99	3.55	6.25	5.20	3.39	5.43	5.06	3.43	5.40
历史学	History	0.98	1.48	0.93	0.92	1.34	0.86	0.97	1.42	0.88
理 学	Science	9.17	20.62	7.91	10.01	20.71	8.61	10.30	18.19	8.71
工 学	Engineering	34.43	34.71	34.40	35.02	38.25	34.60	36.23	41.46	35.18
农 学	Agriculture	3.53	4.21	3.46	3.67	4.15	3.60	3.48	3.99	3.37
医 学	Medicine	11.45	15.92	10.96	11.38	13.33	11.13	11.09	10.79	11.15
军事学	Military Science	0.04	0.04	0.04	0.03	0.04	0.03	0.04	0.05	0.04
管理学	Administrators	13.06	6.53	13.78	13.17	6.21	14.08	13.42	7.73	14.56
艺术学	Art	2.90	0.79	3.13	3.12	0.82	3.42	2.99	0.76	3.44
科研机构	**Research Institutions**	**100.00**	**100.00**	**100.00**	**100.00**	**100.00**	**100.00**	**100.00**	**100.00**	**100.00**
#女	Female	40.83	35.22	42.17	40.03	36.49	41.12	38.99	32.34	41.51
学术型学位	Academic Degree	82.38	100.00	78.17	80.21	99.90	74.16	83.91	99.91	77.83
专业学位	Professional Degree	17.62		21.83	19.79	0.10	25.84	16.09	0.09	22.17
哲 学	Philosophy	1.70	2.42	1.53	1.88	3.38	1.42	1.76	2.40	1.52
经济学	Economics	9.58	15.26	8.22	8.85	13.22	7.50	8.53	12.99	6.83
法 学	Law	11.24	9.17	11.73	11.77	11.14	11.97	10.86	8.70	11.68
教育学	Education									
文 学	Literature	1.27	2.20	1.05	1.19	2.19	0.88	1.23	2.02	0.93
历史学	History	1.88	1.76	1.91	1.75	1.98	1.68	1.51	1.53	1.50
理 学	Science	7.60	10.42	6.93	8.16	10.88	7.33	8.48	11.24	7.44
工 学	Engineering	36.22	28.32	38.10	34.16	28.84	35.79	37.22	34.52	38.24
农 学	Agriculture	10.93	13.21	10.38	11.08	12.65	10.59	10.79	12.04	10.31
医 学	Medicine	8.90	9.61	8.73	8.25	7.81	8.38	8.14	6.91	8.60
军事学	Military Science	…		…				…		…
管理学	Administrators	8.34	3.74	9.43	10.88	5.00	12.69	9.29	4.88	10.96
艺术学	Art	2.34	3.89	1.96	2.03	2.92	1.76	2.18	2.78	1.96

4-13 普通本科分学科学生和构成情况（2014年）
Number and Composition of Regular Students for Normal Courses in HEIs by Discipline (2014)

单位：人，%　　(person,%)

项　目	Item	绝对数 Value			构成 Percentage		
		毕业生数 Graduates	招生数 Entrants	在校学生数 Enrolment	毕业生数 Graduates	招生数 Entrants	在校学生数 Enrolment
总　计	**Total**	**3413787**	**3834152**	**15410653**	**100.00**	**100.00**	**100.00**
#女	Female	1751501	2117046	8084728	51.31	55.22	52.46
#师范生	Teacher Training	364225	350128	1491135	10.67	9.13	9.68
哲　学	Philosophy	1943	2659	9249	0.06	0.07	0.06
经济学	Economics	206239	222989	908196	6.04	5.82	5.89
法　学	Law	129800	137558	543271	3.80	3.59	3.53
教育学	Education	112424	140969	544314	3.29	3.68	3.53
文　学	Literature	362972	354778	1476075	10.63	9.25	9.58
#外语	Foreign Languages	200266	187566	801342	5.87	4.89	5.20
历史学	History	16866	18201	72078	0.49	0.47	0.47
理　学	Science	255304	273910	1073015	7.48	7.14	6.96
工　学	Engineering	1132226	1299865	5119977	33.17	33.90	33.22
农　学	Agriculture	59796	70675	269252	1.75	1.84	1.75
医　学	Medicine	209748	240758	1111699	6.14	6.28	7.21
管理学	Administrators	633878	699494	2858602	18.57	18.24	18.55
艺术学	Art	292591	372296	1424925	8.57	9.71	9.25

4-14 普通专科分学科学生和构成情况（2014年）
Number and Composition on Students in Undergraduate and Junior Colleges by Field of Study (2014)

单位：人，%　　(person,%)

项　目	Item	绝对数 Value			构成 Percentage		
		毕业生数 Graduates	招生数 Entrants	在校学生数 Enrolment	毕业生数 Graduates	招生数 Entrants	在校学生数 Enrolment
总　计	**Total**	**3179884**	**3379835**	**10066346**	**100.00**	**100.00**	**100.00**
#女	Female	1661370	1876208	5192725	52.25	55.51	51.59
#师范生	Teacher Training	171317	147331	525662	5.39	4.36	5.22
农林牧渔大类	Agriculture, Forestry,Husbandry and Fishing	55541	55299	170247	1.75	1.64	1.69
交通运输大类	Transportation and Communication	144556	178228	507136	4.55	5.27	5.04
生化与药品大类	Biochemistry and Medicine	75017	68220	211106	2.36	2.02	2.10
资源开发与测绘大类	Resources Development and Survey	49103	41343	138748	1.54	1.22	1.38
材料与能源大类	Material and Energy	43188	40111	120998	1.36	1.19	1.20
土建大类	Civil Engineering	358518	411078	1200394	11.27	12.16	11.92
水利大类	Water Resources	13695	14870	44497	0.43	0.44	0.44
制造大类	Manufacturing	407139	445265	1291512	12.80	13.17	12.83
电子信息大类	Electronic Information	294869	312589	906667	9.27	9.25	9.01
环保、气象与安全大类	Environment Protection, Meteorology and Safety	15250	15096	44671	0.48	0.45	0.44
轻纺食品大类	Light,Textile and Food	54313	51546	155289	1.71	1.53	1.54
财经大类	Finance	674602	729039	2138322	21.21	21.57	21.24
医药卫生大类	Medicine and Health	317784	365417	1085522	9.99	10.81	10.78
旅游大类	Tourism	102073	111067	325576	3.21	3.29	3.23
公共事业大类	Public Service	30804	35748	100812	0.97	1.06	1.00
文化教育大类	Culture and Education	344016	300436	1012786	10.82	8.89	10.06
艺术设计传媒大类	Artistic Design and Mass Media	147302	158993	467176	4.63	4.70	4.64
公安大类	Public Security	12684	11423	33930	0.40	0.34	0.34
法律大类	Law	39430	34067	110957	1.24	1.01	1.10

4-15 成人本科分学科学生和构成情况（2014年）
Number and Composition of Adult Students for Normal Courses in HEIs by Discipline (2014)

单位：人，% (person,%)

项 目	Item	绝对数 Value			构成 Percentage		
		毕业生数 Graduates	招生数 Entrants	在校学生数 Enrolment	毕业生数 Graduates	招生数 Entrants	在校学生数 Enrolment
总 计	**Total**	**899050**	**1102409**	**2797917**	**100.00**	**100.00**	**100.00**
#女	Female	508009	642039	1600602	56.51	58.24	57.21
#师范生	Teacher Training	98217	106189	255046	10.92	9.63	9.12
哲 学	Philosophy		21	121			
经济学	Economics	29430	27395	80459	3.27	2.49	2.88
法 学	Law	48075	46347	120714	5.35	4.20	4.31
教育学	Education	53105	68352	156432	5.91	6.20	5.59
文 学	Literature	93542	83296	221320	10.40	7.56	7.91
#外语	Foreign Language	27455	22525	65319	29.35	27.04	29.51
历史学	History	1722	1544	4148	0.19	0.14	0.15
理 学	Science	22818	21287	53078	2.54	1.93	1.90
工 学	Engineering	216776	265285	695893	24.11	24.06	24.87
农 学	Agriculture	13729	19177	44553	1.53	1.74	1.59
医 学	Medicine	172323	264594	628798	19.17	24.00	22.47
管理学	Administrators	231711	288851	739279	25.77	26.20	26.42
艺术学	Art	15819	16260	53122	1.76	1.47	1.90

4-16 成人专科分学科学生和构成情况（2014年）
Number and Composition of Adult Students for Short-cycle Courses in HEIs by Discipline (2014)

单位：人，% (person,%)

项 目	Item	绝对数 Value			构成 Percentage		
		毕业生数 Graduates	招生数 Entrants	在校学生数 Enrolment	毕业生数 Graduates	招生数 Entrants	在校学生数 Enrolment
总 计	**Total**	**1313279**	**1553631**	**3733295**	**100.00**	**100.00**	**100.00**
#女	Female	707097	865101	2064264	53.84	55.68	55.29
#师范生	Teacher Training	104257	138046	302937	7.94	8.89	8.11
农林牧渔大类	Agriculture, Forestry,Husbandry and Fishing	23175	30026	66113	1.76	1.93	1.77
交通运输大类	Transportation and Communication	44038	50631	125188	3.35	3.26	3.35
生化与药品大类	Biochemistry and Medicine	14496	12128	31828	1.10	0.78	0.85
资源开发与测绘大类	Resources Development and Survey	35959	29583	101502	2.74	1.90	2.72
材料与能源大类	Material and Energy	14786	9277	28021	1.13	0.60	0.75
土建大类	Civil Engineering	98510	134193	301649	7.50	8.64	8.08
水利大类	Water Resources	5920	5885	13878	0.45	0.38	0.37
制造大类	Manufacturing	158416	175257	421493	12.06	11.28	11.29
电子信息大类	Electronic Information	87868	92091	222785	6.69	5.93	5.97
环保、气象与安全大类	Environment Protection, Meteorology and Safety	2053	2801	6333	0.16	0.18	0.17
轻纺食品大类	Light,Textile and Food	6895	8238	19353	0.53	0.53	0.52
财经大类	Finance	344536	391820	914388	26.23	25.22	24.49
医药卫生大类	Medicine and Health	182846	240639	643238	13.92	15.49	17.23
旅游大类	Tourism	20585	26284	60226	1.57	1.69	1.61
公共事业大类	Public Service	41045	59438	131973	3.13	3.83	3.54
文化教育大类	Culture and Education	179838	228064	513220	13.69	14.68	13.75
艺术设计传媒大类	Artistic Design and Mass Media	35098	37175	86246	2.67	2.39	2.31
公安大类	Public Security	1827	3713	7273	0.14	0.24	0.19
法律大类	Law	15388	16388	38588	1.17	1.05	1.03

4-17 网络本科分学科学生和构成情况（2014年）
Number and Composition of Web-based Students for Normal Courses in HEIs by Discipline (2014)

单位：人，% (person, %)

项 目	Item	绝对数 Value			构成 Percentage		
		毕业生数 Graduates	招生数 Entrants	在校学生数 Enrolment	毕业生数 Graduates	招生数 Entrants	在校学生数 Enrolment
总 计	**Total**	**586272**	**781445**	**2287010**	**100.00**	**100.00**	**100.00**
#女	Female	318390	411779	1197782	54.31	52.69	52.37
#师范生	Teacher Training	14487	14390	32639	2.47	1.84	1.43
哲 学	Philosophy						
经济学	Economics	29634	30862	105471	5.05	3.95	4.61
法 学	Law	57820	57956	215298	9.86	7.42	9.41
教育学	Education	22691	33140	80779	3.87	4.24	3.53
文 学	Literature	41156	39435	140588	7.02	5.05	6.15
#外语	Foreign Language	8247	6789	32335	20.04	17.22	23.00
历史学	History	456	428	1065	0.08	0.05	0.05
理 学	Science	6249	7010	17312	1.07	0.90	0.76
工 学	Engineering	117665	194852	479028	20.07	24.93	20.95
农 学	Agriculture	4537	7300	16153	0.77	0.93	0.71
医 学	Medicine	47070	74184	184861	8.03	9.49	8.08
管理学	Administrators	256880	332659	1034553	43.82	42.57	45.24
艺术学	Art	2114	3619	11902	0.36	0.46	0.52

4-18 网络专科分学科学生和构成情况（2014年）
Number and Composition of Web-based Students for Short-cycle Courses in HEIs by Discipline (2014)

单位：人，% (person, %)

项 目	Item	绝对数 Value			构成 Percentage		
		毕业生数 Graduates	招生数 Entrants	在校学生数 Enrolment	毕业生数 Graduates	招生数 Entrants	在校学生数 Enrolment
总 计	**Total**	**1075034**	**1280407**	**4027462**	**100.00**	**100.00**	**100.00**
#女	Female	519552	591307	1883036	48.33	46.18	46.75
#师范生	Teacher Training	11471	12540	26600	1.07	0.98	0.66
农林牧渔大类	Agriculture, Forestry,Husbandry and Fishing	57479	47563	198903	5.35	3.71	4.94
交通运输大类	Transportation and Communication	25638	32974	88024	2.38	2.58	2.19
生化与药品大类	Biochemistry and Medicine	3444	4481	12351	0.32	0.35	0.31
资源开发与测绘大类	Resources Development and Survey	13460	15041	40927	1.25	1.17	1.02
材料与能源大类	Material and Energy	4443	5548	10792	0.41	0.43	0.27
土建大类	Civil Engineering	101674	153082	396924	9.46	11.96	9.86
水利大类	Water Resources	5217	6175	20548	0.49	0.48	0.51
制造大类	Manufacturing	51429	83760	215971	4.78	6.54	5.36
电子信息大类	Electronic Information	39947	50035	170688	3.72	3.91	4.24
环保、气象与安全大类	Environment Protection, Meteorology and Safety	2845	3080	7887	0.26	0.24	0.20
轻纺食品大类	Light,Textile and Food	765	1029	2827	0.07	0.08	0.07
财经大类	Finance	319835	377713	1215380	29.75	29.50	30.18
医药卫生大类	Medicine and Health	43871	60411	177215	4.08	4.72	4.40
旅游大类	Tourism	3935	5791	22595	0.37	0.45	0.56
公共事业大类	Public Service	216717	245580	793387	20.16	19.18	19.70
文化教育大类	Culture and Education	107899	115293	382987	10.04	9.00	9.51
艺术设计传媒大类	Artistic Design and Mass Media	5333	7111	30948	0.50	0.56	0.77
公安大类	Public Security	880	1189	2121	0.08	0.09	0.05
法律大类	Law	70223	64551	236987	6.53	5.04	5.88

4-19 普通高中学校和构成情况(2014年)
Number and Composition of Regular Senior Secondary Schools (2014)

单位：所，% (unit,%)

项目	Item	学校数 School				构成 Percentage			
		合计 Total	完全中学 Combined Secondary Schools	高级中学 Regular High Schools	十二年一贯制学校 12-year Schools	合计 Total	完全中学 Combined Secondary Schools	高级中学 Regular High Schools	十二年一贯制学校 12-year Schools
总 计	**Total**	**13253**	**5647**	**6619**	**987**	**100.00**	**100.00**	**100.00**	**100.00**
教育部门办	Run by Ed. Dept.	10624	4630	5765	229	80.16	81.99	87.10	23.20
其他部门办	Run by Non-ed. Dept.	177	64	70	43	1.34	1.13	1.06	4.36
地方企业办	Run by Local Enterprises	10	3	3	4	0.08	0.05	0.05	0.41
民办	Non-government	2442	950	781	711	18.43	16.82	11.80	72.04
城区	Urban Area	6422	2736	3080	606	100.00	100.00	100.00	100.00
教育部门办	Run by Ed. Dept.	4856	2134	2570	152	75.62	78.00	83.44	25.08
其他部门办	Run by Non-ed. Dept.	85	31	32	22	1.32	1.13	1.04	3.63
地方企业办	Run by Local Enterprises	8	3	3	2	0.12	0.11	0.10	0.33
民办	Non-government	1473	568	475	430	22.94	20.76	15.42	70.96
#城乡结合区	Urban-rural Transitional Area	955	342	475	138	100.00	100.00	100.00	100.00
教育部门办	Run by Ed. Dept.	632	238	380	14	66.18	69.59	80.00	10.14
其他部门办	Run by Non-ed. Dept.	9	1	4	4	0.94	0.29	0.84	2.90
地方企业办	Run by Local Enterprises	2	1	1		0.21	0.29	0.21	
民办	Non-government	312	102	90	120	32.67	29.82	18.95	86.96
镇区	Counties & Towns Area	6164	2580	3286	298	100.00	100.00	100.00	100.00
教育部门办	Run by Ed. Dept.	5269	2233	2980	56	85.48	86.55	90.69	18.79
其他部门办	Run by Non-ed. Dept.	86	29	38	19	1.40	1.12	1.16	6.38
地方企业办	Run by Local Enterprises	2			2	0.03			0.67
民办	Non-government	807	318	268	221	13.09	12.33	8.16	74.16
#镇乡结合区	County-town Transitional Area	1538	571	872	95	100.00	100.00	100.00	100.00
教育部门办	Run by Ed. Dept.	1246	455	778	13	81.01	79.68	89.22	13.68
其他部门办	Run by Non-ed. Dept.	3		1	2	0.20		0.11	2.11
地方企业办	Run by Local Enterprises	1			1	0.07			1.05
民办	Non-government	288	116	93	79	18.73	20.32	10.67	83.16
乡村	Rural Area	667	331	253	83	100.00	100.00	100.00	100.00
教育部门办	Run by Ed. Dept.	499	263	215	21	74.81	79.46	84.98	25.30
其他部门办	Run by Non-ed. Dept.	6	4		2	0.90	1.21		2.41
地方企业办	Run by Local Enterprises								
民办	Non-government	162	64	38	60	24.29	19.34	15.02	72.29
总计中：	of the Total:								
独立设置少数民族学校	Inde. Sec. Schools for Minorities	463	267	161	35				

4-20 普通高中学生和构成情况（2014年）
Number and Composition of Students in Regular Srnior Secondary Schools(2014)

单位：人，% (person,%)

项 目	Item	绝对数 Value 毕业生数 Graduates	招生数 Entrants	在校学生数 Enrolment	构成 Percentage 毕业生数 Graduates	招生数 Entrants	在校学生数 Enrolment
总计	**Total**	**7996189**	**7965960**	**24004723**	**100.00**	**100.00**	**100.00**
教育部门	Run by Ed. Dept.	7191710	7078044	21439620	89.94	88.85	89.31
其他部门	Run by Non-ed. Dept.	58004	58526	172301	0.73	0.73	0.72
地方企业	Run by Local Enterprises	2038	2091	6260	0.03	0.03	0.03
民办	Non-government	744437	827299	2386542	9.31	10.39	9.94
城区	**Cities**	**3728799**	**3648727**	**11139584**	**100.00**	**100.00**	**100.00**
教育部门	Run by Ed. Dept.	3316247	3184449	9788649	88.94	87.28	87.87
其他部门	Run by Non-ed. Dept.	27895	27236	82856	0.75	0.75	0.74
地方企业	Run by Local Enterprises	1230	1364	3987	0.03	0.04	0.04
民办	Non-government	383427	435678	1264092	10.28	11.94	11.35
镇区	**Counties and Towns**	**4015534**	**4046834**	**12079068**	**100.00**	**100.00**	**100.00**
教育部门	Run by Ed. Dept.	3666670	3678217	11013263	91.31	90.89	91.18
其他部门	Run by Non-ed. Dept.	27613	29019	82236	0.69	0.72	0.68
地方企业	Run by Local Enterprises	808	727	2273	0.02	0.02	0.02
民办	Non-government	320443	338871	981296	7.98	8.37	8.12
乡村	**Rural**	**251856**	**270399**	**786071**	**100.00**	**100.00**	**100.00**
教育部门	Run by Ed. Dept.	208793	215378	637708	82.90	79.65	81.13
其他部门	Run by Non-ed. Dept.	2496	2271	7209	0.99	0.84	0.92
地方企业	Run by Local Enterprises						
民办	Non-government	40567	52750	141154	16.11	19.51	17.96

4-21 中等职业学校分学科学生和构成情况（2014年）
Number and Composition of Students by Field of Education in Secondary Vocational Schools(2014)

单位：人，% (person,%)

项 目	Item	绝对数 Value 毕业生数 Graduates	#获得职业资格证书 Recipients of Vocational Qualifications	招生数 Entrants	在校学生数 Enrolment	构成 Percentage 毕业生数 Graduates	招生数 Entrants	在校学生数 Enrolment
总 计	**Total**	**5161519**	**4032975**	**4953553**	**14163127**	**100.00**	**100.00**	**100.00**
#女	Female	2579642	1974003	2360733	6972046	49.98	48.95	47.66
农林牧渔类	Agriculture,Forestry, Husbandry & Fisheries	643914	449566	394930	1323974	12.48	11.15	7.97
资源环境类	Resources and Environment	36805	27962	21188	68286	0.71	0.69	0.43
能源与新能源类	Energy and New Energy	23992	20262	18613	57011	0.46	0.50	0.38
土木水利类	Civil and Hydraulic Engineering	210472	167524	228806	613386	4.08	4.15	4.62
加工制造类	Manufacturing	802368	697743	701260	2041623	15.55	17.30	14.16
石油化工类	Petroleum and Chemical	38705	30928	27465	90018	0.75	0.77	0.55
轻纺食品类	Light Industry, Textile, and Food	57266	47973	48461	126192	1.11	1.19	0.98
交通运输类	Transport	330196	276981	494849	1230956	6.40	6.87	9.99
信息技术类	Information Technologies	907595	742863	811143	2291937	17.58	18.42	16.37
医药卫生类	Medicine and Health	452132	284019	488066	1465838	8.76	7.04	9.85
休闲保健类	Leisure and Health	24171	18905	30829	81890	0.47	0.47	0.62
财经商贸类	Finance and Trade	568646	427803	555208	1570698	11.02	10.61	11.21
旅游服务类	Tourism Services	209832	173236	243852	673944	4.07	4.30	4.92
文化艺术类	Culture and Arts	233776	180086	236955	696562	4.53	4.47	4.78
体育与健身	Sports and Fitness	38738	21961	43591	118798	0.75	0.54	0.88
教育类	Education	449815	370190	476544	1367044	8.71	9.18	9.62
司法服务类	Justice Services	24692	15854	19886	53771	0.48	0.39	0.40
公共管理与服务类	Public Management and Services	64684	44528	55703	146339	1.25	1.10	1.12
其他	Others	43720	34591	56204	144860	0.85	0.86	1.13

4-22 技工学校情况
General Condition of Vocational School

单位：万人 (10 000 persons)

年 份 Year	技 工 学校数 (个) Number of Vocational Schools (unit)	招生数 Students Newly Enrolled	在 校 学生数 Number of Students in School	毕业生数 Number of Graduates	在 职 教职工数 Total Teachers and Staff	兼 职 教师数 Part-time Teachers	培训社会人员人次 Person-time of Trainees from the Society	培训社会人员结业人数 Graduates of Trainees Recruited from the Society
绝对数 **Absolute figure**								
1990	4184	50.6	133.2	41.3	30.8	1.7		
1995	4521	74.6	189.0	68.5	33.7	1.9	89.9	71.3
2000	3792	50.4	140.1	64.6	24.0	2.7	158.5	156.7
2001	3470	55.1	134.7	47.7	22.0	2.6	151.7	163.9
2002	3075	73.3	153.0	45.4	20.3	2.6	208.6	196.9
2003	2970	91.6	193.1	45.3	20.2	3.0	226.9	223.7
2004	2884	109.7	234.4	53.5	20.4	2.9	265.6	257.5
2005	2855	118.4	275.3	69.0	20.4	3.2	273.3	270.1
2006	2880	134.8	320.8	86.4	21.5	3.6	337.7	330.2
2007	2995	158.5	367.1	99.7	24.0	3.8	380.7	369.8
2008	3075	161.4	397.5	109	24.7	4.1	400.0	389.8
2009	3064	156.4	414.3	115.2	25.8	4.3	484.1	382.9
2010	2998	158.6	421.0	121.3	26.5	4.4	468.4	371.3
2011	2914	163.5	429.4	118.9	26.5	4.3	527.5	416.1
2012	2892	156.8	422.8	120.2	26.7	4.3	551.3	441.6
2013	2882	133.5	386.6	116.9	26.9	4.1	525.3	397.1
2014	2818	124.4	339.0	106.8	26.5	4.2	508.5	372.3
比上年增长(%) **Increase over Preceding year(%)**								
1995	2.1	4.5	1.0	23.0	-1.0	8.2	6.8	3.9
2000	-7.5	-2.3	-10.2	-2.5	-11.0	-6.3	6.3	8.4
2001	-8.5	9.4	-3.8	-26.1	-8.3	-4.1	-4.3	4.6
2002	-11.4	33.0	13.6	-4.9	-7.4	-2.4	37.6	20.2
2003	-3.4	24.9	26.2	-0.2	-0.7	17.4	37.6	20.2
2004	-2.9	19.8	21.4	18.1	1.0	-3.3	17.1	15.1
2005	-1.0	7.9	17.4	29.0		10.3	2.9	4.9
2006	0.9	13.9	16.5	25.2	5.4	12.5	23.6	22.3
2007	4.0	17.6	14.4	15.4	11.6	5.6	12.7	12.0
2008	2.7	1.8	8.3	9.3	2.9	7.9	5.1	5.4
2009	-0.4	-3.1	4.2	5.7	4.6	5.2	21.0	-1.8
2010	-2.2	1.4	1.6	5.4	2.6	1.0	-3.2	-3.0
2011	-2.8	3.1	2.0	-2.0	0.0	-1.7	12.6	12.1
2012	-0.8	-4.1	-1.5	1.1	0.8	0.6	4.5	6.1
2013	-0.3	-14.8	-8.6	-2.8	0.9	-5.7	-4.7	-10.1
2014	-2.2	-6.8	-12.3	-8.6	-1.6	2.8	-3.2	-6.2

4-23 全国职业技能鉴定情况
Statistics of Occupational Skill Testing

单位：人 (person)

年 份 year	职业技能鉴定机构数（个） Numbe of Testing Agencies (unit)	鉴定所数 Testing Agencies	鉴定站数 Testing Stations	工考委和中央企业试点单位数 The Units of Workers Assessing Committees & the Central Enterprises Pilot	考评人员人数 Number of the Assessors	本年鉴定考核人数 Number of the Candidates	初 级 Primary	中 级 Medium	高 级 Senior
1996	5682	2369	794	2519	37859	2685695	932642	1318141	360490
1997	5752	3012	1030	1710	50779	3141832	1044325	1625749	427603
1998	6878	3690	1263	1925	70466	3194218	1185862	1670410	278862
1999	7820	4202	2240	1378	97209	3678723	1548193	1711318	369049
2000	8179	4440	2824	915	128033	4421880	1818534	2050863	505685
2001	8336	4702	2837	797	143068	5348001	2057575	2571508	645644
2002	8517	4448	3617	452	175247	6619012	2373190	3204580	965404
2003	7252	4780	2293	179	155971	6875444	2461777	3338421	969477
2004	9441	4305	5059	77	198560	8812781	3145324	4164858	1237088
2005	7654	4144	3347	163	164442	9577395	3222564	4552986	1456750
2006	7998	3860	4002	136	161596				
2007	7794	4251	3378	165	158186	12231413	4389064	5422375	1907654
2008	9933	4096	4662	1175	203883	13374707	5104213	5758542	2029246
2009	9538	4825	4486	227	232060	14920761	6029998	6110523	2126028
2010	9803	4612	5058	133	210497	16575457	6768836	6531792	2722092
2011	10677	5533	4977	167	194795	17459327	7254275	6579593	3098462
2012	10963	5321	5441	201	213403	18305470	7538797	6611139	3476563
2013	9865	5067	4664	134	252662	18385729	7752500	6355360	3514734
2014	9521	4387	4701	433	215761	18539992	6934618	6745021	3930805

4-23 续表 continued

单位：人 (person)

年 份 year	技 师 Technicians	高级技师 Senior Technicians	本年获取证书人数 Number of the Candidates Got the Certificates	初 级 Primary	中 级 Medium	高 级 Senior	技 师 Technicians	高级技师 Senior Technicians
1996	69132	5290	2146895	727215	1094809	271346	51262	2263
1997	39478	4677	2786360	949828	1439046	364024	30506	2956
1998	51799	7285	2858782	1071270	1491968	244529	44995	6020
1999	45329	4780	3141392	1341236	1466663	293584	36699	3210
2000	43794	3004	3726619	1553035	1743885	393201	34175	2323
2001	67688	5586	4570081	1756881	2236967	523010	49689	3534
2002	69379	6459	5562607	2036748	2712382	761195	48852	3430
2003	96653	9116	5839222	2124504	2870097	768890	69501	6230
2004	215859	49652	7375590	2692723	3519811	982528	143818	36710
2005	290637	54458	7857292	2732405	3756905	1133278	195577	39127
2006			9252416	3124130	4390924	1440591	260830	35384
2007	442715	69605	9956079	3687419	4518674	1429235	274176	46575
2008	403738	78968	11372105	4492273	4891989	1606473	318047	63323
2009	544210	110002	12320051	5251357	5134383	1516357	336623	81331
2010	453762	98975	13929377	5899097	5544598	2097432	316663	71587
2011	428247	98750	14820504	6533022	5464700	2464290	286769	71723
2012	503134	175837	15487834	6655352	5604790	2760639	336187	130866
2013	577770	185365	15366664	6766044	5372332	2728517	376144	123627
2014	654415	275133	15542766	6094580	5707155	3117737	429024	194270

4-24 初中阶段学校和构成情况(2014年)
Number and Composition of Schools in Junior Secondary Education(2014)

单位：所,% (unit,%)

项目	Item	绝对数 Value				构成 Percentage			
		合计 Total	初级中学 Regular Junior Secondary Schools	九年一贯制学校 9-year Schools	职业初中 Vocational Junior Secondary Schools	合计 Total	初级中学 Regular Junior Secondary Schools	九年一贯制学校 10-year Schools	职业初中 Vocational Junior Secondary Schools
总　计	**Total**	**52623**	**37958**	**14639**	**26**	**100.00**	**100.00**	**100.00**	**100.00**
教育部门	Run by Ed. Dept.	47315	36414	10877	24	89.91	95.93	74.30	92.31
其他部门	Run by Non-ed. Dept.	539	176	362	1	1.02	0.46	2.47	3.85
地方企业办	Run by Local Enterprises	25	6	19		0.05	0.02	0.13	
民办	Non-government	4744	1362	3381	1	9.02	3.59	23.10	3.85
城区	**Urban Area**	**11487**	**7694**	**3789**	**4**	**100.00**	**100.00**	**100.00**	**100.00**
教育部门	Run by Ed. Dept.	9110	7022	2086	2	79.31	91.27	55.05	50.00
其他部门	Run by Non-ed. Dept.	139	70	68	1	1.21	0.91	1.79	25.00
地方企业办	Run by Local Enterprises	9	2	7		0.08	0.03	0.18	
民办	Non-government	2229	600	1628	1	19.40	7.80	42.97	25.00
镇区	**Counties & Towns Area**	**23429**	**18368**	**5049**	**12**	**100.00**	**100.00**	**100.00**	**100.00**
教育部门	Run by Ed. Dept.	21308	17730	3566	12	90.95	96.53	70.63	100.00
其他部门	Run by Non-ed. Dept.	336	91	245		1.43	0.50	4.85	
地方企业办	Run by Local Enterprises	7	1	6		0.03	0.01	0.12	
民办	Non-government	1778	546	1232		7.59	2.97	24.40	
乡村	**Rural Area**	**17707**	**11896**	**5801**	**10**	**100.00**	**100.00**	**100.00**	**100.00**
教育部门	Run by Ed. Dept.	16897	11662	5225	10	95.43	98.03	90.07	100.00
其他部门	Run by Non-ed. Dept.	64	15	49		0.36	0.13	0.84	
地方企业办	Run by Local Enterprises	9	3	6		0.05	0.03	0.10	
民办	Non-government	737	216	521		4.16	1.82	8.98	
总计中：	**of the Total:**								
独立设置少数民族学校	Inde. Sec. Schools for Minoritie	1643	1090	550	3	3.12	2.87	3.76	11.54

4-25 初中学生和构成情况(2014年)
Number and Composition of Students in Junion Secondary Schools(2014)

单位：人，% (person,%)

项　目	Item	绝对数 Value				构成 Percentage			
		毕业生数 Graduates	招生数 Entrants	在校生数 Enrolment	# 女 Female	毕业生数 Graduates	招生数 Entrants	在校生数 Enrolment	# 女 Female
总　计	**Total**	**14135127**	**14478215**	**43846297**	**20462578**	**100.00**	**100.00**	**100.00**	**100.00**
教育部门	Run by Ed. Dept.	12628161	12717075	38709351	18319620	89.34	87.84	88.28	89.53
其他部门	Run by Non-ed. Dept.	81208	79370	254107	116938	0.57	0.55	0.58	0.57
地方企业办	Run by Local Enterprises	3974	4393	12821	6034	0.03	0.03	0.03	0.03
民办	Non-government	1421784	1677377	4870018	2019986	10.06	11.59	11.11	9.87
城区	**Urban Area**	**4521922**	**4807553**	**14686960**	**6775850**	**100.00**	**100.00**	**100.00**	**100.00**
教育部门	Run by Ed. Dept.	3762974	3899130	12033022	5636932	83.22	81.10	81.93	83.19
其他部门	Run by Non-ed. Dept.	30228	28233	91916	40362	0.67	0.59	0.63	0.60
地方企业办	Run by Local Enterprises	2294	2123	6367	2937	0.05	0.04	0.04	0.04
民办	Non-government	726426	878067	2555655	1095619	16.06	18.26	17.40	16.17
镇区	**Counties & Towns Area**	**7102417**	**7173752**	**21674750**	**10157892**	**100.00**	**100.00**	**100.00**	**100.00**
教育部门	Run by Ed. Dept.	6472646	6459657	19594556	9308445	91.13	90.05	90.40	91.64
其他部门	Run by Non-ed. Dept.	44387	45211	143422	67719	0.62	0.63	0.66	0.67
地方企业办	Run by Local Enterprises	1462	2024	5649	2794	0.02	0.03	0.03	0.03
民办	Non-government	583922	666860	1931123	778934	8.22	9.30	8.91	7.67
乡村	**Rural Area**	**2510788**	**2496910**	**7484587**	**3528836**	**100.00**	**100.00**	**100.00**	**100.00**
教育部门	Run by Ed. Dept.	2392541	2358288	7081773	3374243	95.29	94.45	94.62	95.62
其他部门	Run by Non-ed. Dept.	6593	5926	18769	8857	0.26	0.24	0.25	0.25
地方企业办	Run by Local Enterprises	218	246	805	303				
民办	Non-government	111436	132450	383240	145433	4.44	5.30	5.12	4.12

4-26 小学校数、教学点数及学生情况(2014年)
Number of Schools, External Teaching Sites and Students in Primary Schools(2014)

项 目	Item	学校数(所) Schools (unit)	教学点数(个) External Teachingsites (unit)	毕业生数(人) Graduates (person)	招生数(人) Entrants (person)	#受过学前教育 Those Received the Pre-school Education	在校生数(人) Enrolment (person)	#女 Female
总 计	**Total**	**201377**	**88967**	**14766280**	**16584245**	**16193765**	**94510651**	**43719566**
教育部门	Run by Ed. Dept.	195233	88435	13645763	15366789	14998959	87343165	40744550
其他部门	Run by Non-ed. Dept.	417	126	71594	66127	64860	406044	190943
地方企业办	Run by Local Enterprises	46		3360	3310	3173	20017	9295
民办	Non-government	5681	406	1045563	1148019	1126773	6741425	2774778
城区	Urban Area	26260	1416	4429732	5399507	5337503	29432481	13429147
教育部门	Run by Ed. Dept.	24080	1388	3894119	4696590	4650710	25668055	11836859
其他部门	Run by Non-ed. Dept.	141	4	21402	21124	20736	122724	57090
地方企业办	Run by Local Enterprises	15		1972	1860	1846	10885	5059
民办	Non-government	2024	24	512239	679933	664211	3630817	1530139
镇区	Counties & Towns Area	46414	8986	5593914	5837619	5758435	34579558	15878674
教育部门	Run by Ed. Dept.	44288	8902	5163210	5485496	5410701	32190283	14918340
其他部门	Run by Non-ed. Dept.	182	22	42209	36469	36005	232338	109451
地方企业办	Run by Local Enterprises	12		1089	976	889	5991	2795
民办	Non-government	1932	62	387406	314678	310840	2150946	848088
乡村	Rural Area	128703	78565	4742634	5347119	5097827	30498612	14411745
教育部门	Run by Ed. Dept.	126865	78145	4588434	5184703	4937548	29484827	13989351
其他部门	Run by Non-ed. Dept.	94	100	7983	8534	8119	50982	24402
地方企业办	Run by Local Enterprises	19		299	474	438	3141	1441
民办	Non-government	1725	320	145918	153408	151722	959662	396551
总计中：	of the Total:							
五年制	5-Year			453545	508499	507247	2535057	1189504
九年一贯制学校	9-year Sec Schools			1376765	1454522	1419843	8485902	3809992
十二年一贯制学校	12-year Sec Schools			123754	136559	133251	763790	314973
独立设置的少数民族学校	Inde. Schools for Minorities	7900		465555	505847	427885	2891010	1381929

4-27 进城务工子女和农村留守儿童在校情况（2014年）
Children of Migrant Workers and Children Left Behind (2014)

单位：人 (person)

项 目	Item	总计 Total	进城务工人员随迁子女 Children of Migrant Workers	#外省迁入 From Other Provinces	#本省外县迁入 From Other Counties of the Same Province	农村留守儿童 Children Left Behind
普通小学	**Regular Primary Schools**					
毕业生数	Graduates	2627219	1080772	498863	581909	1546447
招生数	Entrants	4125265	1755669	808633	947036	2369596
#受过学前教育	Trained in Preschool	4044827	1739497	801939	937558	2305330
在校学生数	Enrolment	23651171	9555861	4445085	5110776	14095310
#女	Female	10389863	4042598	1871169	2171429	6347265
初中	**Junior Secondary Schools**					
毕业生数	Graduates	2399676	750392	258215	492177	1649284
招生数	Entrants	3426128	1180922	478583	702339	2245206
在校学生数	Enrolment	10050302	3391446	1310100	2081346	6658856
#女	Female	4429766	1403723	538253	865470	3026043

4-28 特殊教育学校数和学生情况(2014年)
Number of Schools and Students in Special Education(2014)

项 目	Item	学校数 (所) Schools (unit)	毕业生数 (人) Graduates (person)	招生数 (人) Entrants (person)	在校生数 (人) Enrolment (person)	#女 Female
总 计	**Total**	**2000**	**49032**	**70713**	**394870**	**140408**
#女	Female		16889	25378	140408	
少数民族学生	Minority Student		3407	6409	31521	12607
寄宿生	Resident Student			21128	126840	48584
特殊教育学校中：	In Special Education:			15799	103300	39830
寄宿生	Resident Student					
职业技术班	Vocational Technology Class		777	858	3265	956
视力残疾	Vision Disability	31	5849	6032	34082	12008
听力残疾	Hearing Disability	442	12595	13613	88459	36017
智力残疾	Intelligence Disability	445	22069	37035	205661	70348
其他残疾	Other Disability	1082	8519	14033	66668	22035
特殊教育学校	Special Education School		20311	32648	185746	70257
视力残疾	Vision Disability		1392	1524	8807	3116
听力残疾	Hearing Disability		10212	9754	68082	29279
智力残疾	Intelligence Disability		8292	20234	104422	36317
其他残疾	Other Disability		415	1136	4435	1545
城区	Area	964	21748	25965	157129	57168
镇区	Urban	920	18899	30060	155784	55942
乡村	Rural	116	8385	14688	81957	27298

4−29 幼儿园数、班数和构成情况(2014年)
Number of Kindergartens,Classes and Composition in Pre-primary Education (2014)

项 目	Item	绝对数 Value			构成(%) Percentage(%)		
		幼儿园数 (所) Number of Kindergartens (unit)	#少数民族 Minorities	班数 (个) Classes (unit)	幼儿园数 (所) Number of Kindergartens (unit)	#少数民族 Minorities	班数 (个) Classes (unit)
总 计	**Total**	**209881**	**4596**	**1382248**	**100.00**	**100.00**	**100.00**
教育部门	Run by Ed.Dept.	50716	3873	508071	24.16	84.27	36.76
其他部门办	Run by Non-ed.Dept.	1825	31	18331	0.87	0.67	1.33
地方企业	Run by Local Enterprises	1418		11329	0.68		0.82
事业单位	Run by Public Institutions	3278	32	18527	1.56	0.70	1.34
部队	Run by Army	499	1	4272	0.24	0.02	0.31
集体办	Run by Communities	12863	53	66171	6.13	1.15	4.79
民办	Run by Non-government	139282	606	755547	66.36	13.19	54.66
城区	**Urban Area**	**65834**	**352**	**486994**	**31.37**	**7.66**	**35.23**
教育部门	Run by Ed.Dept.	8290	150	96239	3.95	3.26	6.96
其他部门办	Run by Non-ed.Dept.	1127	3	12782	0.54	0.07	0.92
地方企业	Run by Local Enterprises	1148		9495	0.55		0.69
事业单位	Run by Public Institutions	1016	14	7923	0.48	0.30	0.57
部队	Run by Army	474	1	4136	0.23	0.02	0.30
集体办	Run by Communities	4010	17	28330	1.91	0.37	2.05
民办	Run by Non-government	49769	167	328089	23.71	3.63	23.74
镇区	**Counties & Towns Area**	**71464**	**910**	**483700**	**34.05**	**19.80**	**34.99**
教育部门	Run by Ed.Dept.	17799	614	183058	8.48	13.36	13.24
其他部门办	Run by Non-ed.Dept.	557	10	4854	0.27	0.22	0.35
地方企业	Run by Local Enterprises	223		1597	0.11		0.12
事业单位	Run by Public Institutions	921	11	5431	0.44	0.24	0.39
部队	Run by Army	10		59	0.00		0.00
集体办	Run by Communities	2737	10	17757	1.30	0.22	1.28
民办	Run by Non-government	49217	265	270944	23.45	5.77	19.60
乡村	**Rural Area**	**72583**	**3334**	**411554**	**34.58**	**72.54**	**29.77**
教育部门	Run by Ed.Dept.	24627	3109	228774	11.73	67.65	16.55
其他部门办	Run by Non-ed.Dept.	141	18	695	0.07	0.39	0.05
地方企业	Run by Local Enterprises	47		237	0.02		0.02
事业单位	Run by Public Institutions	1341	7	5173	0.64	0.15	0.37
部队	Run by Army	15		77	0.01		0.01
集体办	Run by Communities	6116	26	20084	2.91	0.57	1.45
民办	Run by Non-government	40296	174	156514	19.20	3.79	11.32

4-30 小学学龄儿童净入学率和各级普通学校毕业生升学率
Net Enrolment Ratio of School-age Children in Primary Schools and Promotion Rate of Graduates of Regular School by Levels

单位：% (%)

年 份 Year	小学学龄儿童净入学率 Net Enrollment Ratio of School-age Children in Primary Schools	小学升学率 Promotion Rate from Primary Schools to Junior Secondary Schools	初中升学率 Promotion Rate from Junior Secondary Schools to Senior Secondary Schools	高中升学率 Promotion Rate from Senior Secondary Schools to Higher Education
1990	97.8	74.6	40.6	27.3
1991	97.9	77.7	42.6	28.7
1992	97.2	79.7	43.4	34.9
1993	97.7	81.8	44.1	43.3
1994	98.4	86.6	47.8	46.7
1995	98.5	90.8	48.3	49.9
1996	98.8	92.6	48.8	51.0
1997	98.9	93.7	57.5	48.6
1998	98.9	94.3	50.7	46.1
1999	99.1	94.4	50.0	63.8
2000	99.1	94.9	51.2	73.2
2001	99.1	95.5	53.0	78.8
2002	98.6	97.0	58.3	83.5
2003	98.7	97.9	59.6	83.4
2004	99.0	98.1	63.8	82.5
2005	99.2	98.4	69.7	76.3
2006	99.3	100.0	75.7	75.1
2007	99.5	99.9	80.5	70.3
2008	99.5	99.7	82.1	72.7
2009	99.4	99.1	85.6	77.6
2010	99.7	98.7	87.5	83.3
2011	99.8	98.3	88.9	86.5
2012	99.9	98.3	88.4	87.0
2013	99.7	98.3	91.2	87.6
2014	99.8	98.0	95.1	90.2

注：1.1991年以前的入学率是按7−11周岁统一计算的；从1991年起入学率是按各地不同入学年龄和学制分别计算的。
2.高中升学率为普通高校招生数与普通高中毕业生数之比。

a)Enrolment ratio of school-age children before 1991 was calculated on the basis of primary school pupils aged 7-11 enrolled. From 1991 onwards its calculation has taken account of the age of entry and the length of schooling prevailing.

b) Promotion rate of senior secondary school graduates is the ratio of total number of new entrants.

4-31 每十万人口各级学校平均在校生数
Number of Enrolment of Per 100 000 Inhabitants

单位：人 (person)

年份 Year	高等教育 Higher Education	高中阶段 Senior Secondary Education	初中阶段 Junior Secondary Education	小学 Primary Education	学前教育 Pre-school Education
1991	304	1355	3465	10502	1907
1992	313	1365	3518	10413	2072
1993	376	1448	3599	10656	2190
1994	433	1293	3681	10819	2219
1995	457	1610	3945	11010	2262
1996	470	1780	4180	11273	2208
1997	482	1905	4289	11435	2058
1998	519	1978	4408	11287	1944
1999	594	2032	4656	10855	1864
2000	723	2000	4969	10335	1782
2001	931	2021	5161	9937	1602
2002	1146	2283	5240	9525	1595
2003	1298	2523	5209	9100	1560
2004	1420	2824	5058	8725	1617
2005	1613	3070	4781	8358	1676
2006	1816	3321	4557	8192	1731
2007	1924	3409	4364	8037	1787
2008	2042	3463	4227	7819	1873
2009	2128	3495	4097	7584	2001
2010	2189	3504	3955	7448	2230
2011	2253	3495	3779	7403	2554
2012	2335	3411	3535	7196	2736
2013	2418	3227	3279	6913	2876
2014	2488	3065	3222	6946	2977

4-32 分地区每十万人口各级学校平均在校生数（2014年）

Number of Students Per 100 000 Population by Level（2014）

单位：人 (person)

地区	Region	学前教育 Pre-education	小学 Primary Education	初中阶段 Junior Secondary	高中阶段 Senior Secondary	高等教育 Higher Education
全国	**Total**	**2977**	**6946**	**3222**	**3065**	**2488**
北京	Beijing	1726	3883	1451	1630	5429
天津	Tianjin	1629	3893	1815	1924	4283
河北	Hebei	2957	7696	3121	2579	2098
山西	Shanxi	2667	6185	3358	3686	2519
内蒙古	Inner Mongolia	2238	5191	2681	2941	2156
辽宁	Liaoning	1991	4521	2405	2427	2933
吉林	Jilin	1679	4612	2264	2207	3168
黑龙江	Heilongjiang	1397	3875	2389	2381	2555
上海	Shanghai	2082	3325	1767	1197	3348
江苏	Jiangsu	2948	5938	2333	2542	2858
浙江	Zhejiang	3379	6448	2727	2726	2408
安徽	Anhui	2868	6885	3191	3583	2245
福建	Fujian	3859	7277	2983	3030	2513
江西	Jiangxi	3524	9132	3870	3286	2527
山东	Shandong	2700	6662	3234	3099	2421
河南	Henan	3922	9865	4242	3480	2203
湖北	Hubei	2653	5538	2373	2393	3121
湖南	Hunan	3037	7082	3298	2712	2160
广东	Guangdong	3564	7816	3540	3802	2356
广西	Guangxi	4182	9150	4134	3676	2052
海南	Hainan	3506	8407	3768	3648	2317
重庆	Chongqing	3012	6849	3298	3849	3017
四川	Sichuan	2970	6554	3187	3312	2244
贵州	Guizhou	3423	9888	5906	4422	1690
云南	Yunnan	2658	8166	4050	2897	1731
西藏	Tibet	2600	9458	3983	2329	1676
陕西	Shaanxi	3527	6015	2968	3598	3652
甘肃	Gansu	2402	6980	3760	3755	2219
青海	Qinghai	3028	7980	3669	3651	1220
宁夏	Ningxia	2765	8999	4254	3772	2255
新疆	Xinjiang	3322	8581	4025	3277	1749

注：1.高等教育包括普通高等学校和成人高等学校。
2.高中阶段合计数据包括普通高中、成人高中、普通中专、职业高中、技工学校和成人中专。
3.初中阶段包括普通初中和职业初中。

a) Institutions of higher education include that of regular institutions of higher education and institutions of higher education for adults.

b) Total of senior schools include that of regular senior schools, adult senior schools, regular secondary technical schools, vocational secondary schools, technical worker school, adult technical secondary schools.

c) Junior secondary schools include regular junior schools and junior vocational schools.

4-33 分地区普通本专科学生情况（2014年）
Number of Regular Students Enrolled in Normal and Short-cycle Courses in Regular Higher Education by Region (2014)

单位：人 (person)

地区	Region	招生数 Entrants	本科 Normal Courses	专科 Short-cycle Courses	在校学生数 Enrolment	本科 Normal Courses	专科 Short-cycle Courses
全国	**National Total**	**7213987**	**3834152**	**3379835**	**25476999**	**15410653**	**10066346**
北京	Beijing	156928	125328	31600	604578	499256	105322
天津	Tianjin	139187	81103	58084	505795	329233	176562
河北	Hebei	318201	164369	153832	1164341	665836	498505
山西	Shanxi	205525	112975	92550	713218	421926	291292
内蒙古	Inner Mongolia	115584	58523	57061	406414	234824	171590
辽宁	Liaoning	273759	180487	93272	998281	705124	293157
吉林	Jilin	168940	114189	54751	618273	463349	154924
黑龙江	Heilongjiang	197057	124977	72080	730614	515481	215133
上海	Shanghai	137985	88424	49561	506644	364679	141965
江苏	Jiangsu	444886	250613	194273	1698636	1012643	685993
浙江	Zhejiang	267874	148487	119387	978216	599978	378238
安徽	Anhui	310302	152276	158026	1080545	605040	475505
福建	Fujian	208383	120555	87828	748480	477753	270727
江西	Jiangxi	283187	126830	156357	916415	497642	418773
山东	Shandong	533622	233809	299813	1796665	960951	835714
河南	Henan	474235	235486	238749	1679744	955201	724543
湖北	Hubei	393140	203830	189310	1419699	864875	554824
湖南	Hunan	326627	165350	161277	1136302	665305	470997
广东	Guangdong	535441	261453	273988	1794188	998186	796002
广西	Guangxi	220044	93969	126075	701913	355979	345934
海南	Hainan	54540	26035	28505	180565	104704	75861
重庆	Chongqing	197192	106066	91126	691555	433586	257969
四川	Sichuan	386216	185041	201175	1328329	749123	579206
贵州	Guizhou	139429	65665	73764	460401	273417	186984
云南	Yunnan	168227	96041	72186	577044	379211	197833
西藏	Tibet	8802	5612	3190	33474	22159	11315
陕西	Shaanxi	288268	168353	119915	1099613	705800	393813
甘肃	Gansu	129325	72771	56554	452300	288351	163949
青海	Qinghai	15477	8652	6825	52907	34320	18587
宁夏	Ningxia	32807	19001	13806	111432	71616	39816
新疆	Xinjiang	82797	37882	44915	290418	155105	135313

4-33 续表 continued

单位：人 (person)

地 区	Region	毕业生数 Graduates	本 科 Normal Courses	专 科 Short-cycle Courses	授 予 学位数 Degrees Conferred	预 计 毕业生数 Estimated Graduates for Next Year	本 科 Normal Courses	专 科 Short-cycle Courses
全 国	**National Total**	**6593671**	**3413787**	**3179884**	**3338323**	**6998928**	**3701175**	**3297753**
北 京	Beijing	149231	115102	34129	113110	160603	122520	38083
天 津	Tianjin	123505	73195	50310	70302	137339	79342	57997
河 北	Hebei	344518	153111	191407	150645	333704	161591	172113
山 西	Shanxi	174060	85406	88654	83161	193765	91936	101829
内蒙古	Inner Mongolia	111723	53455	58268	51769	111800	56653	55147
辽 宁	Liaoning	247510	152303	95207	150590	267464	167502	99962
吉 林	Jilin	151779	104859	46920	101113	160237	112006	48231
黑龙江	Heilongjiang	185376	119246	66130	117141	197460	127251	70209
上 海	Shanghai	132411	85103	47308	83063	138771	92992	45779
江 苏	Jiangsu	478713	245558	233155	234303	501615	256398	245217
浙 江	Zhejiang	253708	134219	119489	131611	273040	146082	126958
安 徽	Anhui	299877	133251	166626	130300	296325	143683	152642
福 建	Fujian	190144	102431	87713	101708	203650	114131	89519
江 西	Jiangxi	240289	111412	128877	109318	239613	117040	122573
山 东	Shandong	464076	215460	248616	215907	484335	232438	251897
河 南	Henan	445252	208915	236337	205186	471670	225882	245788
湖 北	Hubei	390921	198066	192855	193963	397135	214485	182650
湖 南	Hunan	295911	151349	144562	147686	306803	158023	148780
广 东	Guangdong	440952	211422	229530	208815	493346	232597	260749
广 西	Guangxi	174050	70983	103067	69580	190998	81127	109871
海 南	Hainan	44792	23527	21265	22505	49205	25969	23236
重 庆	Chongqing	165817	92380	73437	88408	187554	104418	83136
四 川	Sichuan	338643	174616	164027	172882	374724	183590	191134
贵 州	Guizhou	98599	51173	47426	48651	118829	59591	59238
云 南	Yunnan	141970	74098	67872	72016	149012	91210	57802
西 藏	Tibet	9109	4891	4218	4808	9560	5073	4487
陕 西	Shaanxi	277356	150931	126425	148037	307346	171687	135659
甘 肃	Gansu	118697	64285	54412	62204	126382	68865	57517
青 海	Qinghai	12732	7150	5582	6807	13962	7899	6063
宁 夏	Ningxia	24456	13282	11174	12780	28858	15701	13157
新 疆	Xinjiang	67494	32608	34886	29954	73823	33493	40330

4–34 分地区普通高中情况（2014年）
Statistics on Regular Senior Secondary Schools by Region (2014)

单位：人 (person)

地 区	Region	学校数（所）Schools (unit)	教职工数 Educational Personnel	#专任教师 Full-time Teachers	毕业生数 Graduates	招生数 Entrants	在校学生数 Enrolment
全 国	**National Total**	**13253**	**2509396**	**1662700**	**7996189**	**7965960**	**24004723**
北 京	Beijing	306	53980	21107	57773	55184	177554
天 津	Tianjin	181	29293	15964	61100	54656	169606
河 北	Hebei	567	123490	83426	361988	382253	1104076
山 西	Shanxi	499	95452	60931	273507	255585	827821
内蒙古	Inner Mongolia	278	52019	33610	162138	155257	484042
辽 宁	Liaoning	415	63201	48924	231520	208916	652613
吉 林	Jilin	240	41807	28368	155501	132338	415736
黑龙江	Heilongjiang	378	59529	42543	198990	181627	566805
上 海	Shanghai	246	30518	16981	50971	52857	157416
江 苏	Jiangsu	567	129204	96540	396668	319780	1034205
浙 江	Zhejiang	561	88836	65596	296640	251727	790838
安 徽	Anhui	694	117016	75237	429396	370649	1201286
福 建	Fujian	542	97748	50923	227273	208637	629074
江 西	Jiangxi	442	82883	51197	277005	316232	904696
山 东	Shandong	544	152633	121613	543232	559235	1712659
河 南	Henan	774	147314	110759	602825	644935	1895457
湖 北	Hubei	541	90378	68126	349485	295276	918959
湖 南	Hunan	580	102395	68459	320363	365462	1057008
广 东	Guangdong	1012	242521	148361	728690	696807	2140193
广 西	Guangxi	445	70347	48357	253288	304639	838231
海 南	Hainan	104	24368	12204	58466	56947	176524
重 庆	Chongqing	258	66270	38376	221234	209843	647915
四 川	Sichuan	732	155801	92099	504932	497717	1489794
贵 州	Guizhou	438	72766	52365	238495	349047	942656
云 南	Yunnan	446	77206	49494	221640	268066	768469
西 藏	Tibet	29	5037	4403	16182	18398	55669
陕 西	Shaanxi	506	85368	56924	304394	279795	851044
甘 肃	Gansu	402	61263	43761	223828	208136	654430
青 海	Qinghai	102	12084	7998	32367	39188	113471
宁 夏	Ningxia	61	12836	10274	54966	52909	163513
新 疆	Xinjiang	363	65833	37780	141332	173862	462963

4-35 分地区中等职业学校情况（2014年）
Statistics on Secondary Vocational Schools by Region (2014)

单位：人 (person)

地　区	Region	学校数(所) Schools (unit)	教职工数 Educational Personnel	#专任教师 Full-time Teachers	毕业生数 Graduates	#获得职业资格证书 With Professional Qualification Certificates	招生数 Entrants	在校学生数 Enrolment	预计毕业生数 Estimated Graduates for Next Year
全　国	**National**	**9060**	**866905**	**663782**	**5161519**	**4032975**	**4953553**	**14163127**	**4902884**
北　京	Beijing	94	11674	7199	66964	37300	29765	126019	55207
天　津	Tianjin	80	9506	6734	33249	28858	30768	93841	33817
河　北	Hebei	631	57500	44228	297687	209301	224076	655366	262992
山　西	Shanxi	444	32830	25127	154227	122853	131843	399157	147958
内蒙古	Inner Mongolia	258	19784	14645	81296	56540	82400	231865	77801
辽　宁	Liaoning	296	28745	20590	115269	81742	108270	333220	113908
吉　林	Jilin	299	24003	17539	76901	45190	43508	150044	56503
黑龙江	Heilongjiang	361	23299	16968	99655	67345	78379	243190	86576
上　海	Shanghai	104	13389	8382	55827	47815	40960	130982	45932
江　苏	Jiangsu	260	52976	43323	265876	230586	234361	723628	250484
浙　江	Zhejiang	304	38848	33190	202669	193770	179078	533785	181066
安　徽	Anhui	431	39295	32087	326438	297133	334170	914742	340743
福　建	Fujian	226	21417	17102	152109	139792	140906	437610	166499
江　西	Jiangxi	407	20055	15426	154133	116746	149358	437172	144529
山　东	Shandong	460	64488	49274	354032	284896	319143	948167	334371
河　南	Henan	702	67699	51767	419551	322300	393380	1103864	393250
湖　北	Hubei	301	29809	21905	147158	122979	126656	372601	128264
湖　南	Hunan	501	33272	25106	205099	175148	227065	644800	203185
广　东	Guangdong	495	58051	45216	457010	261493	417047	1282205	407820
广　西	Guangxi	295	28173	20417	230497	137042	271153	782675	257344
海　南	Hainan	88	7123	4819	43688	21628	45410	129497	41220
重　庆	Chongqing	139	19022	15239	115701	98258	115977	339110	111060
四　川	Sichuan	483	52400	40653	468087	427842	443842	1079228	432457
贵　州	Guizhou	209	20257	16342	108500	93567	235809	544462	125508
云　南	Yunnan	385	27303	21312	146232	114020	176030	490558	156033
西　藏	Tibet	9	1125	993	6408	1892	7087	16990	6102
陕　西	Shaanxi	307	24998	17622	160629	129020	135299	377135	128517
甘　肃	Gansu	244	20156	15788	88913	74341	88185	262602	94302
青　海	Qinghai	38	3022	2450	20116	14123	27303	77163	22117
宁　夏	Ningxia	33	3203	2477	36834	24117	30388	81966	26169
新　疆	Xinjiang	176	13483	9862	70764	55338	85937	219483	71150

4–36 分地区初中情况（2014年）
Statistics on Regular Junior Secondary Schools by Region (2014)

单位：人 (person)

地区	Region	学校数（所）Schools (unit)	专任教师 Full-time Teachers	城镇 Urban	农村 Rural	在校学生数 Enrolment	城镇 Urban	农村 Rural
全国	**National Total**	**52623**	**3488430**	**2803510**	**684920**	**43846297**	**36361710**	**7484587**
北京	Beijing	337	32500	29951	2549	306789	289038	17751
天津	Tianjin	326	26176	23189	2987	267214	238803	28411
河北	Hebei	2391	170121	134727	35394	2288195	1887101	401094
山西	Shanxi	1919	115922	91518	24404	1218952	1028599	190353
内蒙古	Inner Mongolia	725	60750	56127	4623	669657	638594	31063
辽宁	Liaoning	1533	98888	87445	11443	1055661	951840	103821
吉林	Jilin	1195	66974	51994	14980	622883	523414	99469
黑龙江	Heilongjiang	1569	95410	76800	18610	916293	790747	125546
上海	Shanghai	522	37133	36121	1012	426789	416629	10160
江苏	Jiangsu	2077	174783	164807	9976	1852029	1766416	85613
浙江	Zhejiang	1719	119099	108607	10492	1499062	1382374	116688
安徽	Anhui	2905	155211	111791	43420	1924134	1503493	420641
福建	Fujian	1239	97933	76007	21926	1125729	933773	191956
江西	Jiangxi	2127	121389	89941	31448	1750083	1362811	387272
山东	Shandong	2917	265310	232152	33158	3147954	2792790	355164
河南	Henan	4566	283461	208307	75154	3993606	3112552	881054
湖北	Hubei	2011	133632	110542	23090	1375940	1166611	209329
湖南	Hunan	3314	170084	119275	50809	2206344	1679614	526730
广东	Guangdong	3387	278511	247514	30997	3767505	3379754	387751
广西	Guangxi	1843	117805	95114	22691	1950844	1610525	340319
海南	Hainan	392	25300	23608	1692	337350	321275	16075
重庆	Chongqing	921	75700	68376	7324	979386	892218	87168
四川	Sichuan	3901	200868	156756	44112	2583315	2103488	479827
贵州	Guizhou	2166	119623	85911	33712	2068326	1499433	568893
云南	Yunnan	1670	122558	80982	41576	1897966	1293252	604714
西藏	Tibet	96	9505	7976	1529	124295	101815	22480
陕西	Shaanxi	1714	107450	94535	12915	1117284	1027085	90199
甘肃	Gansu	1538	84838	51097	33741	970919	639224	331695
青海	Qinghai	268	15348	11802	3546	211993	172734	39259
宁夏	Ningxia	235	19080	15557	3523	278323	240296	38027
新疆	Xinjiang	1100	87068	54981	32087	911477	615412	296065

4-37 分地区普通小学情况（2014年）
Statistics on Regular Primary Schools by Region (2014)

单位：人 (person)

地区	Region	学校数（所）Schools (unit)	专任教师 Full-time Teachers	城镇 Urban	农村 Rural	招生数 Entrants	#接受过学前教育 Those Received the Pre-school Education	在校学生数 Enrolment	城镇 Urban	农村 Rural
全国	**National Total**	**201377**	**5633906**	**3517936**	**2115970**	**16584245**	**16193765**	**94510651**	**64012039**	**30498612**
北京	Beijing	1040	56870	51158	5712	153249	153167	821152	757471	63681
天津	Tianjin	842	38968	31960	7008	110186	109638	573187	467313	105874
河北	Hebei	12529	333537	180915	152622	989758	986135	5642864	3315202	2327662
山西	Shanxi	6885	176840	109944	66896	347419	343684	2245019	1694913	550106
内蒙古	Inner Mongolia	2174	107262	81657	25605	224453	222934	1296454	1118584	177870
辽宁	Liaoning	4429	141049	105233	35816	331754	331211	1984633	1599182	385451
吉林	Jilin	4806	112729	68357	44372	190001	187376	1268804	936154	332650
黑龙江	Heilongjiang	3115	131577	88659	42918	227120	224244	1486016	1201084	284932
上海	Shanghai	757	51481	48834	2647	163370	162929	802960	758138	44822
江苏	Jiangsu	4023	270190	232757	37433	888858	888345	4714813	4090389	624424
浙江	Zhejiang	3344	190423	156961	33462	598122	597921	3545013	2985475	559538
安徽	Anhui	10547	237902	127290	110612	730882	726511	4151398	2509761	1641637
福建	Fujian	5167	158698	108338	50360	529525	526828	2746253	2093333	652920
江西	Jiangxi	9764	210329	120527	89802	695335	676237	4129817	2655129	1474688
山东	Shandong	10770	389080	254646	134434	1246992	1246764	6484744	4435019	2049725
河南	Henan	25578	494031	254727	239304	1594357	1593978	9286003	5288495	3997508
湖北	Hubei	5513	199172	131463	67709	597543	584719	3211598	2330782	880816
湖南	Hunan	8560	248118	149078	99040	813950	808687	4738403	3106409	1631994
广东	Guangdong	10731	454377	341365	113012	1536722	1488557	8319147	6691211	1627936
广西	Guangxi	12946	217311	104039	113272	749653	731582	4318063	2215504	2102559
海南	Hainan	1619	50222	33633	16589	135878	127632	752643	591017	161626
重庆	Chongqing	4586	116360	83951	32409	360673	355822	2034165	1596962	437203
四川	Sichuan	6959	304909	188910	115999	929667	889375	5313193	3537279	1775914
贵州	Guizhou	9275	192850	89525	103325	554793	514631	3463056	1818331	1644725
云南	Yunnan	12608	225874	88846	137028	609347	540845	3826943	1605867	2221076
西藏	Tibet	829	20267	8850	11417	50885	32227	295142	125785	169357
陕西	Shaanxi	6574	159356	114699	44657	405034	400127	2264095	1836796	427299
甘肃	Gansu	8979	140476	59019	81457	280655	244986	1802371	944336	858035
青海	Qinghai	1114	25224	14946	10278	76276	69865	461061	293405	167656
宁夏	Ningxia	1763	33357	19789	13568	93204	87921	588694	383645	205049
新疆	Xinjiang	3551	145067	67860	77207	368584	338887	1942947	1029068	913879

4-38 分地区特殊教育情况（2014年）
Statistics on Special Education by Region (2014)

单位：人 (person)

地 区	Region	学校数（所）Schools (unit)	专任教师 Full-time Teachers	毕业生数 Graduates	招生数 Entrants	在校学生数 Enrolment	#女 Female
全 国	**National Total**	**2000**	**48125**	**49032**	**70713**	**394870**	**140408**
北 京	Beijing	22	966	1997	1110	7742	2780
天 津	Tianjin	20	599	273	529	3016	1045
河 北	Hebei	157	3101	1203	2213	12604	4599
山 西	Shanxi	62	1432	832	1411	8165	3372
内蒙古	Inner Mongolia	44	1209	457	1200	6231	2212
辽 宁	Liaoning	74	2049	786	971	8320	2923
吉 林	Jilin	47	1418	643	765	5403	2033
黑龙江	Heilongjiang	74	1899	1176	1482	9101	3323
上 海	Shanghai	29	1228	1610	1150	7917	2813
江 苏	Jiangsu	106	3242	3018	3403	22378	7885
浙 江	Zhejiang	84	2132	2101	2444	15884	5695
安 徽	Anhui	66	1347	1189	2722	14304	5189
福 建	Fujian	74	1825	3346	4150	25104	8507
江 西	Jiangxi	87	1128	1638	3888	19765	6441
山 东	Shandong	145	4797	3297	3607	21805	7586
河 南	Henan	142	3466	1215	3556	18348	6602
湖 北	Hubei	83	1712	1218	2113	11080	4094
湖 南	Hunan	76	1527	1202	2924	15697	5645
广 东	Guangdong	104	3009	2440	5300	28285	8499
广 西	Guangxi	72	1221	1018	2718	13187	4453
海 南	Hainan	7	213	270	394	1872	618
重 庆	Chongqing	36	878	1729	2609	13893	4970
四 川	Sichuan	122	2211	9004	8014	42289	15451
贵 州	Guizhou	65	1241	1470	2769	13535	4822
云 南	Yunnan	59	1315	2993	4175	21009	7970
西 藏	Tibet	5	146	26	239	1226	524
陕 西	Shaanxi	52	1035	883	1376	7852	2922
甘 肃	Gansu	33	671	818	1285	7635	2852
青 海	Qinghai	14	155	197	413	2250	896
宁 夏	Ningxia	10	260	186	490	3058	1283
新 疆	Xinjiang	29	693	797	1293	5915	2404

4-39 分地区各级学校生师比(2014年)
Student-Teacher Ratio by Level of Regular Schools by Region(2014)

(教师人数=1) (Number of Teachers=1)

地 区	Region	普通小学 Primary School	初 中 Junior Secondary School	普通高中 Regular Senior Secondary School	中等职业学校 Secondary Vocational School	普通高校 Regular Institution of Higher Education
全 国	**National Totsl**	**16.78**	**12.57**	**14.44**	**21.34**	**17.68**
北 京	Beijing	14.44	9.44	8.41	17.51	15.95
天 津	Tianjin	14.71	10.21	10.62	13.94	17.45
河 北	Hebei	16.92	13.45	13.23	14.82	17.28
山 西	Shanxi	12.70	10.52	13.59	15.89	18.63
内蒙古	Inner Mongolia	12.09	11.02	14.40	15.83	18.17
辽 宁	Liaoning	14.07	10.68	13.34	16.18	17.27
吉 林	Jilin	11.26	9.30	14.66	8.55	17.66
黑龙江	Heilongjiang	11.29	9.60	13.32	14.33	16.19
上 海	Shanghai	15.60	11.49	9.27	15.63	17.02
江 苏	Jiangsu	17.45	10.60	10.71	16.70	16.24
浙 江	Zhejiang	18.62	12.59	12.06	16.08	16.76
安 徽	Anhui	17.45	12.40	15.97	28.51	18.87
福 建	Fujian	17.30	11.49	12.35	25.59	17.38
江 西	Jiangxi	19.64	14.42	17.67	28.34	18.05
山 东	Shandong	16.67	11.87	14.08	19.24	17.77
河 南	Henan	18.80	14.09	17.11	21.32	17.98
湖 北	Hubei	16.12	10.30	13.49	17.01	17.88
湖 南	Hunan	19.10	12.97	15.44	25.68	18.95
广 东	Guangdong	18.31	13.53	14.43	28.36	18.94
广 西	Guangxi	19.87	16.56	17.33	38.33	17.87
海 南	Hainan	14.99	13.33	14.46	26.87	19.26
重 庆	Chongqing	17.48	12.94	16.88	22.25	17.39
四 川	Sichuan	17.43	12.86	16.18	26.55	18.01
贵 州	Guizhou	17.96	17.29	18.00	33.32	17.93
云 南	Yunnan	16.94	15.49	15.53	23.02	18.84
西 藏	Tibet	14.56	13.08	12.64	17.11	13.93
陕 西	Shaanxi	14.21	10.40	14.95	21.40	18.17
甘 肃	Gansu	12.83	11.44	14.95	16.63	18.15
青 海	Qinghai	18.28	13.81	14.19	31.50	15.36
宁 夏	Ningxia	17.65	14.59	15.92	33.09	17.01
新 疆	Xinjiang	13.39	10.47	12.25	22.26	17.72

4-40 分地区就业训练中心综合情况(2014年)
Employment Training Centers by Region(2014)

单位：人　　(person)

地区	Region	机构数（个） Number of Employment Trainning Centers (unit)	在职教职工总人数 Total Teachers and Staff	#教师 Teachers	兼职教师人数 Part-time Teachers	经费来源总计（亿元） Resouses of Funds (100 million yuan)	财政补助费 Financial Allowance	职业培训补贴 Occupa-tional Training Allowance	培训人数 Trainees	#女 Female	结业人数 Number of Graduates
全　国	**National**	**2635**	**37994**	**23986**	**23071**	**17.9**	**2.8**	**13.4**	**5609363**	**2580549**	**5023349**
北　京	Beijing	13	250	110	209	0.4	0.1	0.3	48342	21976	48069
天　津	Tianjin	15	200	92	232	0.3		0.2	100213	44671	98536
河　北	Hebei	301	5045	2749	1612	0.2	0.1	0.1	277532	119340	251631
山　西	Shanxi	76	1443	833	585	0.4	0.1	0.3	210080	88857	170166
内蒙古	Inner Mongolia										
辽　宁	Liaoning	95	1233	852	963	0.5	0.1	0.5	165557	86149	153926
吉　林	Jilin	63	601	311	349	0.1		0.1	90868	35848	88800
黑龙江	Heilongjiang	98	1037	680	509	0.4	0.1	0.3	116447	59062	112642
上　海	Shanghai										
江　苏	Jiangsu	101	2220	1253	2280	2.2	0.4	1.7	885554	383786	744775
浙　江	Zhejiang	54	378	168	654	0.6	0.2	0.2	137031	61872	121861
安　徽	Anhui	117	1541	1126	801	0.7	0.2	0.6	259415	127125	249789
福　建	Fujian	71	483	291	559	0.1	0.1	0.1	98081	55808	94890
江　西	Jiangxi	150	1344	639	865	0.6	0.1	0.6	295105	119002	291622
山　东	Shandong	259	5359	4061	2462	1.5	0.1	1.2	454876	229282	422749
河　南	Henan	160	2146	1210	941	1.9	0.2	0.5	400441	192821	359269
湖　北	Hubei	117	2035	1354	1020	1.2	0.1	1.1	417297	202136	363173
湖　南	Hunan	243	2918	2240	1826	1.6	0.1	1.5	295229	138620	278581
广　东	Guangdong	132	2561	1361	3014	1.5	0.4	1.0	485487	210243	362030
广　西	Guangxi	26	444	251	229	0.2		0.2	33146	16197	30148
海　南	Hainan	12	320	52	85	0.1		0.1	19886	6735	19706
重　庆	Chongqing	38	183	102	218	0.3		0.2	44061	24353	44035
四　川	Sichuan	130	1089	592	803	0.6	0.1	0.4	132036	64227	123171
贵　州	Guizhou	33	157	79	400	0.2		0.2	30976	14091	29254
云　南	Yunnan	1	3	1	10				175		175
陕　西	Shaanxi	148	2675	1939	1071	1.0	0.2	0.8	248054	119660	237784
甘　肃	Gansu	79	1127	760	491	0.3		0.2	148797	75884	130234
青　海	Qinghai	27	363	298	254	0.1		0.1	27504	9170	26264
宁　夏	Ningxia	22	145	95	115				16316	6522	16298
新　疆	Xinjiang	54	694	487	514	1.0		1.0	170857	67112	153771

4-40 续表 continued

单位：人 (person)

地 区	Region	按培训对象分组 Grouped by Personnel					按获取证书分组 Grouped by Certification Level				就业人数
		劳动预备制学员 Pupils of Labour Preparatory System	失业人员 Unemployment Workers	农村劳动者 Rural Workers	在职职工 Workers	其他人员 Others	初级职业资格 Primary Certificates	中级职业资格 Medium Certificates	高级职业资格 Senior Certificates	技师和高级技师资格 Technicians and Senior Technicians Certificates	Employment
全 国	**National**	**203670**	**1403614**	**2354587**	**902851**	**637237**	**2260217**	**466463**	**116163**	**16458**	**3710579**
北 京	Beijing	40	16482	30176	1018	626	19014	5563	196		21013
天 津	Tianjin		1038	49177	38584	11414	9522	1318	31	3	92218
河 北	Hebei	19347	108541	123890	7538	18216	111482	20220			179174
山 西	Shanxi	13524	28165	64041	76163	26881	24248	13807	3952		98385
内蒙古	Inner Mongolia										
辽 宁	Liaoning	166	83950	70433	4716	5344	79868	2612	1164	61	123819
吉 林	Jilin	1213	32396	34508	10132	10759	45962	7677	1950	4	65025
黑龙江	Heilongjiang	2152	59052	41933	4631	8679	30288	6015	720	1186	86379
上 海	Shanghai										
江 苏	Jiangsu	39618	232840	213908	260284	117736	166619	78618	32223	1794	461589
浙 江	Zhejiang	913	18843	26640	72791	16886	42206	13486	24765	1723	54377
安 徽	Anhui	29873	51238	151326	21734	5244	238784	4697	3014	3294	239619
福 建	Fujian	1007	14529	50105	8439	23237	45003	11266	3571	1926	75679
江 西	Jiangxi	4816	82779	112507	19317	51413	162801	13145	1170	80	246728
山 东	Shandong	20641	116157	187671	57171	51722	245780	40017	11101	162	347512
河 南	Henan	2499	107901	205315	45278	32640	187732	17344	5293	886	228304
湖 北	Hubei	12110	124453	171548	44816	50942	170354	27178	6636	2102	296025
湖 南	Hunan	5186	74224	192785	23034		140322	128293	9870	96	253518
广 东	Guangdong	13213	37833	133531	154729	134199	110691	43915	7500	2042	247087
广 西	Guangxi	201	10015	13992	1163	6668	14728	287	606	35	19903
海 南	Hainan	330	2331	15767	998	460	4920	1024	575		10191
重 庆	Chongqing		14953	22941	5827	340	12863	297			22917
四 川	Sichuan	1386	38158	57483	11797	23212	59115	8384	1395	764	80636
贵 州	Guizhou		1922	20635	2890	4241	10761	483			12570
云 南	Yunnan				175			36	139		175
陕 西	Shaanxi	27763	44163	148434	11519	16175	92391	5064	239	300	191751
甘 肃	Gansu	6932	63590	61885	10137	6253	62103	4515			97541
青 海	Qinghai		4396	21399	889	820	13846				19709
宁 夏	Ningxia		6492	8600	578	646	7649	8649			14181
新 疆	Xinjiang	740	27173	123957	6503	12484	151165	2553	53		124554

4-41 分地区民办职业培训机构综合情况(2014年)
Vocational Training Agencies by Region (2014)

单位：人 (person)

地　区 Region	机构数(个) Number of Employment Trainning Centers (unit)	在职教职工总人数 Total Teachers and Staff	#教师 Teachers	兼职教师人数 Part-time Teachers	经费来源(亿元) Resouses of Funds (100 million yuan)	财政补助费 Financial Allowance	职业培训补贴 Occupational Training Allowance	培训人数 Trainees	#女 Female	结业人数 Number of Graduates
全　国 National	**19136**	**302843**	**181500**	**106900**	**123.0**	**3.6**	**68.8**	**12140636**	**5034076**	**10299046**
北　京 Beijing	390	6347	3497	2690	2.1	0.1	0.5	325156	134138	309334
天　津 Tianjin	305	4118	2581	2640				254549	101778	220038
河　北 Hebei	856	11331	7841	4086	1.4	0.1	0.5	503185	238835	467740
山　西 Shanxi	386	5512	3529	1894	0.7	0.1	0.4	228809	101942	188264
内蒙古 Inner Mongolia	312	3493	2024	1930	43.7		41.3	96591	49980	81377
辽　宁 Liaoning	871	10310	7078	3925	0.9	0.1	0.2	317619	117465	277782
吉　林 Jilin	651	4732	3527	1605	0.5		0.2	123040	55429	81092
黑龙江 Heilongjiang	705	5763	3939	1996	0.5		0.1	134677	72050	132015
上　海 Shanghai	412	41067	14319	3306	7.5	0.4	1.7	533957	284133	411135
江　苏 Jiangsu	1223	19741	12763	7401	10.2	0.4	6.3	870284	337086	729547
浙　江 Zhejiang	816	7019	4154	3948	1.9	0.3	0.9	403254	188415	357449
安　徽 Anhui	954	11384	8367	2955	1.7		0.9	312685	130802	268158
福　建 Fujian	330	3883	2321	2330	4.5		0.1	190947	70937	130603
江　西 Jiangxi	306	3195	2043	1376	3.0	0.1	0.1	123478	46627	116827
山　东 Shandong	1375	16347	10971	5736	2.7	0.1	1.3	703364	366157	564030
河　南 Henan	1031	14352	9436	6018	5.9	0.8	1.6	708294	222523	676605
湖　北 Hubei	613	9087	5813	2909	2.5	0.2	0.3	297510	140236	260906
湖　南 Hunan	732	8897	5047	4041	2.4		1.3	446241	132217	401092
广　东 Guangdong	1355	20390	10703	7507	5.8	0.2	1.2	1057145	458612	874794
广　西 Guangxi	336	8254	5500	2946	1.3		0.7	224899	118044	205467
海　南 Hainan	128	399	334	1208	0.5		0.5	79285	47561	74969
重　庆 Chongqing	627	8995	4728	4458	6.9	0.2	0.9	1418746	528604	1282046
四　川 Sichuan	1408	18179	11947	6529	5.3	0.3	1.9	749648	260582	518506
贵　州 Guizhou	242	4608	3083	1173	1.1		0.7	129294	58417	111939
云　南 Yunnan	776	27662	17391	10423	4.2		1.5	649243	285178	506837
西　藏 Tibet	74	861	644	250	0.6		0.4	34173	9829	31306
陕　西 Shaanxi	569	8673	6210	2732	1.8		0.5	292223	167735	266591
甘　肃 Gansu	495	4239	2476	2035	0.2		0.1	281878	97119	189785
青　海 Qinghai	146	1938	1147	672	0.5		0.5	62332	18377	57357
宁　夏 Ningxia	245	5371	3628	2173	0.9	0.1	0.5	205725	65465	180411
新　疆 Xinjiang	467	6696	4459	4008	1.8	0.1	1.7	382405	127803	325044

4-41 续表 continued

单位：人 (person)

地区 Region	按培训对象分组 Grouped by trainee					按获取证书分组 Grouped by Certification Level				就业人数 Employment
	劳动预备制学员 Pupils of Labour Preparatory System	失业人员 Unemployment Workers	农村劳动者 Rural Workers	在职职工 Workers	其他人员 Others	初级职业资格 Primary Certificates	中级职业资格 Medium Certificates	高级职业资格 Senior Certificates	技师和高级技师资格 Technicians and Senior Technicians Certificates	
全 国 National	**544588**	**1343256**	**3996997**	**3607509**	**2136311**	**3590486**	**1509665**	**527796**	**99953**	**7393261**
北 京 Beijing	2876	28305	51635	186669	52247	101292	51041	19367	4190	164838
天 津 Tianjin	16355	11005	40801	126554	44838	62027	41445	15097	7274	72617
河 北 Hebei	16431	49469	171292	229147	36846	135435	108451	18141	3773	424359
山 西 Shanxi	22970	40977	96509	32985	19152	31575	20351	3886	397	130087
内蒙古 Inner Mongolia	5818	24889	28565	17514	17127	27117	9894	8005	2444	66816
辽 宁 Liaoning	3347	99601	80248	43865	90558	69833	40777	7432	2118	143522
吉 林 Jilin	4301	22306	44792	12637	33420	47252	11826	251	8	65325
黑龙江 Heilongjiang	14343	51715	36688	15764	16167	85414	16414	1825	83	105105
上 海 Shanghai		19937	9397	420098	84525	126505	109411	46365	13208	467540
江 苏 Jiangsu	67600	109801	174546	354401	134217	226243	165745	51027	6086	467483
浙 江 Zhejiang	9035	32774	128651	178972	47541	145334	57701	41282	7419	163319
安 徽 Anhui	13050	36178	127730	57436	46267	149602	45824	14244	384	217497
福 建 Fujian	9061	11527	44675	69543	17922	38738	15351	7943	2527	96615
江 西 Jiangxi	6790	29174	35600	19768	29621	13809	28344	8036	947	76444
山 东 Shandong	33743	107470	235919	139616	73631	291412	69043	23502	3342	473868
河 南 Henan	34237	131486	258224	119209	165138	228897	48401	43752	17721	545778
湖 北 Hubei	30481	31428	85221	59660	70424	111763	30222	21113	8250	140466
湖 南 Hunan	45508	58986	187191	99349	55207	199496	70691	6475	779	306937
广 东 Guangdong	16187	48700	238241	576554	164089	169408	83911	28268	3672	362886
广 西 Guangxi	1447	23285	89289	39882	61575	100260	15995	2928	438	126819
海 南 Hainan	7331	24324	23021	10394	442	24577	18723	6205	583	40128
重 庆 Chongqing	52938	82769	486521	373374	423144	168921	108627	25163	3980	1086275
四 川 Sichuan	24159	58243	209732	148499	118035	162394	118119	29205	2012	343636
贵 州 Guizhou	565	14668	62615	16969	34477	45754	5649	898	106	61081
云 南 Yunnan	1737	44755	295440	132561	177154	219315	150509	87028	3008	386545
西 藏 Tibet	3005	6661	19090	2001	1532	22558	78			29160
陕 西 Shaanxi	30936	31516	162770	35360	31641	120573	29514	3898		158412
甘 肃 Gansu	55984	37706	159624	9104	19460	106005	14887			207706
青 海 Qinghai		11432	49184	900	816	19107				46681
宁 夏 Ningxia	5269	21082	132817	25874	20683	29750	13193	4959	1309	155281
新 疆 Xinjiang	9084	41087	230969	52850	48415	310120	9528	1501	3895	260035

4-42 分地区职业技能鉴定综合情况(2014年)
Statistics of Occupational Skill Testing by Region (2014)

单位：人 (person)

地 区	Region	职业技能鉴定机构数(个) Numbe of Testing Agencies (unit)	鉴定所数 Testing Agencies	鉴定站数 Testing Stations	工考委和中央企业试点单位数 The Units of Workers Assessing Committees & the Central Enterprises Pilot	考评人员人数 Number of the Assessors	本年鉴定考核人数 Number of the Candidates	初级 Primary	中级 Medium	高级 Senior
全 国	**National**	**9521**	**4387**	**4701**	**433**	**215761**	**18539992**	**6934618**	**6745021**	**3930805**
行业合计	Subtotal of Industrial Administrations	2670	18	2651	1	105232	3244808	1055738	1092479	839367
地方合计	Subtotal of Local Governments	6835	4369	2050	416	102132	15039407	5786871	5568441	3027880
中央企业试点	The Central Enterprises Pilot	16			16	8397	255777	92009	84101	63558
北 京	Beijing	134	68	14	52	2435	179670	49499	65226	52679
天 津	Tianjin	126	91	24	11	2523	233477	94513	71299	35698
河 北	Hebei	98	98			492	450731	200217	149529	82350
山 西	Shanxi	164	134	30		7243	377166	101613	175122	90253
内 蒙 古	Inner Mongolia	239	3	235	1	4099	238166	84973	68521	52340
辽 宁	Liaoning	93	84	9		825	228698	105903	92114	22526
吉 林	Jilin	12	12			509	142106	59778	40139	29230
黑 龙 江	Heilongjiang	49	36	13		763	326761	151220	51671	97454
上 海	Shanghai	503	303	200		5369	474068	176400	163575	87250
江 苏	Jiangsu	605	313	4	288	8029	1497383	427691	640013	395946
浙 江	Zhejiang	187	74	113		2075	977625	377617	312374	237114
安 徽	Anhui	414	1	413		6208	656417	281133	247778	111824
福 建	Fujian	228	221	7		5797	508631	167075	202437	116603
江 西	Jiangxi	354	278	76		601	309519	78963	153000	68570
山 东	Shandong	218	7	211		994	1237998	537246	342962	303916
河 南	Henan	451	277	149	25	5436	622857	223935	182487	188758
湖 北	Hubei	765	765			302	601478	219514	157531	141820
湖 南	Hunan	208	207	1		503	572460	241830	206920	91269
广 东	Guangdong	36	36			4387	1492210	392338	739558	298291
广 西	Guangxi	86	44	3	39	1628	436990	212812	149905	62673
海 南	Hainan	93	87	6		92	66907	28987	25888	10504
重 庆	Chongqing	81	81			9010	442859	182113	205409	41430
四 川	Sichuan	551	284	267		8363	871990	272827	471798	114640
贵 州	Guizhou	219	219			4115	188825	81656	83394	22167
云 南	Yunnan	223	210	13		6930	541080	233401	175561	123863
西 藏	Tibet					210	6940	4687	1043	1208
陕 西	Shaanxi	229	115	114		6859	507037	221192	186871	92032
甘 肃	Gansu	15	15			600	355598	237919	109761	6461
青 海	Qinghai	58	28	30		1719	57792	45987	6873	4932
宁 夏	Ningxia	59	58	1		2111	60180	34969	17410	6185
新 疆	Xinjiang	284	187	97		406	284945	233806	37128	10003
新疆兵团	Xinjiang Production and Construction Crops	53	33	20		1499	90843	25057	35144	27891

4-42 续表 continued

单位：人 (person)

地区	Region	技师 Technicians	高级技师 Senior Technicians	本年获取证书人数 Number of the Candidates Got the Certificates	初级 Primary	中级 Medium	高级 Senior	技师 Technicians	高级技师 Senior Technicians
全国	**National**	**654415**	**275133**	**15542766**	**6094580**	**5707155**	**3117737**	**429024**	**194270**
行业合计	Subtotal of Industrial Administrations	185803	71421	2556541	842679	867772	684070	120486	41534
地方合计	Subtotal of Local Governments	455979	200236	12827206	5196077	4788009	2390955	301746	150419
中央企业试点	The Central Enterprises Pilot	12633	3476	159019	55824	51374	42712	6792	2317
北京	Beijing	4756	7510	156527	43340	55056	48071	3641	6419
天津	Tianjin	19441	12526	221908	90767	69180	33864	17466	10631
河北	Hebei	9560	9075	409986	189518	135627	71017	7124	6700
山西	Shanxi	8479	1699	323360	88743	153378	74947	5154	1138
内蒙古	Inner Mongolia	19317	13015	207572	79354	61956	43604	13418	9240
辽宁	Liaoning	5037	3118	196267	91355	80281	19283	3183	2165
吉林	Jilin	7827	5132	112850	43038	33732	24875	6856	4349
黑龙江	Heilongjiang	24161	2255	306278	145121	49316	88751	21218	1872
上海	Shanghai	41010	5833	295489	126505	109411	46365	10522	2686
江苏	Jiangsu	29885	3848	1264471	376336	546200	317877	21683	2375
浙江	Zhejiang	41935	8585	822504	326696	267247	193993	29840	4728
安徽	Anhui	13718	1964	558678	249483	216137	85246	6966	846
福建	Fujian	17760	4756	406722	151348	166919	80030	6434	1991
江西	Jiangxi	7653	1333	296976	78847	150569	61339	5310	911
山东	Shandong	42832	11042	1131689	511452	312110	259460	38394	10273
河南	Henan	23373	4304	529477	204999	167926	138826	14812	2914
湖北	Hubei	25353	57260	582200	214039	154626	137885	23955	51695
湖南	Hunan	19659	12782	471411	219075	168430	64553	11040	8313
广东	Guangdong	42729	19294	1096505	316312	559815	189029	21193	10156
广西	Guangxi	9389	2211	368048	193456	127099	40524	5576	1393
海南	Hainan	1244	284	51194	23361	20751	6285	659	138
重庆	Chongqing	8457	5450	382563	165987	176955	29877	5354	4390
四川	Sichuan	9918	2807	806378	256636	441418	100685	5748	1891
贵州	Guizhou	1235	373	175496	77970	75731	20346	1116	333
云南	Yunnan	6837	1418	463391	219315	151616	87449	3967	1044
西藏	Tibet	2		5787	3909	869	1007	2	
陕西	Shaanxi	5933	1009	413863	182345	149667	76975	4166	710
甘肃	Gansu	1194	263	328227	219872	101349	6058	775	173
青海	Qinghai			44920	36455	5045	3420		
宁夏	Ningxia	1419	197	49211	29750	13193	4959	1139	170
新疆	Xinjiang	3209	799	263295	217033	33857	8803	2909	693
新疆兵团	Xinjiang Production and Construction Crops	2657	94	83963	23660	32543	25552	2126	82

4–43 教育经费情况
Basic Statistics on Educational Funds

单位：万元 (10 000 yuan)

年份 Year 地区 Region	合计 Total	国家财政性教育经费 Government Appropriation for Education	#公共财政教育经费 Public Expenditure on Education	民办学校中举办者投入 Funds from Runners of Private Schools	社会捐赠经费 Donations and Fund-raising for Running Schools	事业收入 Income from Teaching Research and Other Auxiliary Activity	#学杂费 Tuition and Miscel-laneous Fees	其他教育经费 Other Educational Funds
1992	8670491	7287506	5649364		696285		439319	
1995	18779501	14115233	10929473	203672	1628414		2012423	
2000	38490806	25626056	21917652	858537	1139557	9382717	5948304	1483939
2001	46376626	30570100	27056548	1280895	1128852	11575137	7456014	1821643
2002	54800278	34914048	32549425	1725549	1272791	14609169	9227792	2278722
2003	62082653	38506237	36190977	2590148	1045927	17218399	11214985	2721943
2004	72425989	44658575	42444209	3478529	934204	20114268	13465517	3240414
2005	84188391	51610759	49460379	4522185	931613	23399991	15530545	3723842
2006	98153087	63483648	61353481	5490583	899078	24073042	15523301	4206736
2007	121480663	82802142	80943369	809337	930584	31772357	21309082	5166242
2008	145007374	104496296	102129675	698479	1026663	33670711	23492983	5115225
2009	165027065	122310935	119749753	749829	1254991	35275939	25155983	5435371
2010	195618471	146700670	141639029	1054254	1078839	41060664	30155593	5724045
2011	238692936	185867009	178217380	1119320	1118675	44246927	33169742	6341005
2012	286553052	231475698	203141685	1281753	956919	46198404	35048301	6640278
2013	303647182	244882177	214056715	1474089	855445	49262087	37376869	7173384
中央 Central Government	25290117	16364673	11797944		247317	6998743	3381006	1679385
地方 Local Governments	278357064	228517505	202258771	1474089	608128	42263344	33995863	5493999
北京 Beijing	9998366	8941899	6991419	3384	8560	855343	748212	189180
天津 Tianjin	5699615	4986021	4615072	782	7631	632387	529025	72795
河北 Hebei	10298143	8523960	7693297	50262	6637	1606017	1386046	111267
山西 Shanxi	6918247	5716634	5113739	48321	4494	1043347	811304	105451
内蒙古 Inner Mongolia	6121559	5546840	4381367	9453	4017	515753	406458	45496
辽宁 Liaoning	9302062	7766499	6710143	19214	2074	1415382	1170479	98894
吉林 Jilin	5480347	4623684	4222481	34827	5859	750332	620060	65646
黑龙江 Heilongjiang	6006258	5126395	4856334	2380	1368	836690	757361	39425
上海 Shanghai	9069715	7640400	6677279	735	6397	1141498	950523	280686
江苏 Jiangsu	19862835	15765569	13688640	71191	123770	3168318	2444601	733987
浙江 Zhejiang	14490439	10890610	9189630	35855	56997	2780301	2273707	726676
安徽 Anhui	10413043	8594589	7315100	46870	14121	1638949	1276090	118515
福建 Fujian	8228012	6514206	5665641	78321	46843	1431102	1088793	157540
江西 Jiangxi	8284996	6932770	6522443	26897	9378	1214374	953006	101576
山东 Shandong	17796161	14995863	13976663	57610	27202	2562457	2023150	153030
河南 Henan	15577127	12650584	11024685	199298	6492	2470745	2067431	250007
湖北 Hubei	8972278	6697669	5918977	96561	16042	1811299	1434060	350709
湖南 Hunan	10784551	8449160	8007249	63437	14113	1978319	1549244	279523
广东 Guangdong	24775503	18505746	16174824	319136	108921	5492403	4589916	349298
广西 Guangxi	7794191	6540555	6118549	17551	8998	1136774	909308	90314
海南 Hainan	2222868	1826386	1541553	25470	7920	326227	277104	36865
重庆 Chongqing	6565622	5228011	4068524	32148	17731	1088175	852831	199557
四川 Sichuan	13805525	11225895	10313256	130007	33563	2272207	1568448	143853
贵州 Guizhou	6799795	5954134	5534802	25396	10604	678610	527431	131051
云南 Yunnan	9006912	7820920	6708655	33144	25631	917660	726891	209556
西藏 Tibet	1206744	1182000	1103722	3950	1567	18183	12441	1045
陕西 Shaanxi	8926920	7246693	6809083	26321	7938	1474355	1251858	171614
甘肃 Gansu	4811034	4265005	3761703	4111	4858	490552	409776	46509
青海 Qinghai	1569408	1468671	1231555	3819	1057	70331	54604	25531
宁夏 Ningxia	1578935	1385750	1117371	6226	3663	145841	111070	37455
新疆 Xinjiang	5989856	5504391	5205017	1413	13687	299414	214637	170950

注：1. “民办学校中举办者投入”数据1992–2006年为社会团体和公民个人办学总经费。
2. “公共财政教育经费”数据1992–2012年包括教育事业费、基建经费、教育费附加、科研经费和其他经费，2012年起包括教育事业费、基建经费和教育费附加。
3.2012年全国教育经费有关数据经最终核实后作了修订。

a) "Funds from runners of private schools" from 1992 to 2006 equals to funds from social organizations and citizens for running schools.
b) From 1992 to 2012, the Public Expenditure on Education referred to budgetary educational funds, which included the appropriated funds for education, for science research, capital construction, other funds, and education surcharges. Since 2012, it includes the appropriated funds for education, capital construction, and education surcharges.
c) Data of national education funds in 2012 were revised after final verification.

4-44 各类学校教育经费情况（2013年）
Educational Funds in Various Schools (2013)

单位：万元 (10 000 yuan)

学校类别	Type of Schools	合计 Total	国家财政性教育经费 Govern-ment Appro-priation for Education	#公共财政教育经费 Public expenditure on education	民办学校中举办者投入 Funds from runners of Private Schools	社会捐赠经费 Donations and Fund-Raising for Running Schools	事业收入 Income from Teaching Research and Other Auxiliary Activity	#学杂费 Tuition and Miscel-laneous Fees	其他教育经费 Other Educa-tional Funds
全国总计	**National Total**	**303647182**	**244882177**	**214056715**	**1474089**	**855445**	**49262087**	**37376869**	**7173384**
按学校类别分组	**Grouped by Type of Schools**								
高等学校	Institutions of Higher Education	81786148	49333907	40878749	340322	435906	27463226	20483943	4212787
普通高等学校	Regular Institutions of Higher Education	79757658	47968763	40075357	340322	433260	26872399	19999916	4142913
成人高等学校	Institutions of Higher Education for Adults	2028490	1365144	803391		2646	590827	484027	69874
中等职业学校	Vocational Secondary Schools	19978691	17190042	14855916	88761	42484	2122209	1528825	535195
中等专业学校	Specialized Secondary Schools	9628450	8111465	6872147	45556	26409	1119706	825628	325315
职业高中	Vocational Senior Secondary Schools	7333447	6662212	5953016	35045	10517	513400	374082	112274
技工学校	Technical Schools	2158568	1688022	1392212	3392	3710	386114	283112	77330
成人中专学校	Specialized Secondary Schools for Adults	858227	728342	638542	4769	1849	102990	46003	20276
中学	Secondary Schools	83905250	73884624	65742661	357187	205412	8458222	6188810	999806
普通中学	Regular Secondary Schools	83829115	73819458	65686459	357187	205403	8451795	6187895	995272
普通高中	Regular Senior Secondary Schools	32262684	24996231	21865748	120212	107279	6506879	4727608	532083
普通初中	Regular Junior Secondary Schools	51566431	48823227	43820712	236975	98125	1944916	1460288	463188
#农村	Rural Areas	27778014	27154157	24713755	87952	37913	331085	228061	166907
成人中学	Secondary Schools for Adults	76135	65167	56201		8	6427	915	4534
小学	Primary Schools	79512479	76421986	68190177	287435	121699	2077415	1576287	603944
普通小学	Regular Primary Schools	79508941	76418475	68186861	287435	121699	2077390	1576287	603942
#农村	Rural Areas	49341138	48371531	43431990	125940	66983	516335	349622	260348
成人小学	Primary Schools for Adults	3538	3511	3316			25		2
特殊教育学校	Special Education Schools	961040	931906	811033	178	3687	7123	2545	18146
幼儿园	Kindergartens	17580537	8623716	7485251	400206	30003	8203058	7556600	323555
教育行政单位	Education Administrative Unit	3307530	3072726	2720065		8763	94055		131986
教育事业单位	Education Institution	8564364	7628810	6598160		6692	644851		284010
其它	Others	8051144	7794461	6774705		800	191928	39859	63956

4–45 分地区公共财政教育支出增长情况(2014年)
Growth of Public Finance on Education Expenditure (2014)

地 区	Region	公共财政教育支出 (亿元) Public Finance on Education Expenditure (100 million yuan)	公共财政教育支出占公共财政支出比例 (%) Proportion of Education Expenditure on Public Finance (%)	公共财政教育支出本年比上年增长 (%) This Year's Growth of Public Finance on Education Expenditure over the Previous Year (%)	财政经常性收入本年比上年增长 (%) This Year's Growth of Finance Regular Income over the Previous Year (%)	公共财政教育支出与财政经常性收入增长幅度比较 (百分点) Growth Range Comparison of Public Finance on Education Expenditure and Finance Regular Income (percentage point)
北 京	Beijing	758.49	16.76	8.49	8.26	0.23
天 津	Tianjin	517.01	17.92	12.03	9.22	2.81
河 北	Hebei	802.31	17.15	4.29	2.9	1.39
山 西	Shanxi	495.8	16.07	-3.04	0.12	-3.16
内蒙古	Inner Mongolia	459.34	11.84	4.84	3.8	1.04
辽 宁	Liaoning	604.14	11.89	-9.97	-6.26	-3.71
吉 林	Jilin	403.43	13.85	-4.46	4.58	-9.04
黑龙江	Heilongjiang	502.22	14.62	3.42	5.56	-2.14
上 海	Shanghai	674.36	13.7	0.99	10.68	-9.69
江 苏	Jiangsu	1485.19	17.53	8.5	10.22	-1.72
浙 江	Zhejiang	1018.57	19.74	10.84	8.1	2.74
安 徽	Anhui	743.07	15.93	1.58	12.09	-10.51
福 建	Fujian	628.09	18.99	10.86	12.88	-2.02
江 西	Jiangxi	696.22	17.93	6.74	6.5	0.24
山 东	Shandong	1460.15	20.34	4.47	7.4	-2.93
河 南	Henan	1097.58	18.21	-0.44	9.18	-9.62
湖 北	Hubei	690.63	14.00	16.68	12.7	3.98
湖 南	Hunan	823.67	16.42	2.87	9.79	-6.92
广 东	Guangdong	1779.5	19.44	10.02	12.47	-2.45
广 西	Guangxi	659.35	18.95	7.76	6.01	1.75
海 南	Hainan	170.71	15.52	10.74	15.17	-4.43
重 庆	Chongqing	447.14	13.53	9.9	10.75	-0.85
四 川	Sichuan	1051.39	15.47	1.95	6.11	-4.16
贵 州	Guizhou	631.83	17.83	14.16	13.86	0.3
云 南	Yunnan	669.14	15.08	-0.26	2.94	-3.2
西 藏	Tibet	142.64	12.03	29.24	19.27	9.97
陕 西	Shaanxi	694.68	17.53	2.02	8.9	-6.88
甘 肃	Gansu	401.1	15.78	6.63	13.17	-6.54
青 海	Qinghai	156.23	11.59	26.85	10.92	15.93
宁 夏	Ningxia	119.59	11.95	7.03	18.78	-11.75
新 疆	Xinjiang	558.25	16.83	7.25	37.82	-30.57

注：公共财政教育支出包括教育事业费、基建经费和教育费附加。

Note:Public finance on education expenditure includes education operating expenses, construction expenditure and education surcharge.

4-46 分地区各级教育生均公共财政预算教育事业费增长情况
Growth of Per Student Public Financial Budget on Educational Operting Expenses by School Level and Region

单位：元，% (yuan,%)

地 区	Region	普通小学 Regular Primary Schools			普通初中 Regular Junior Secondary Schools			普通高中 Regular Senior Secondary Schools		
		2013	2014	增长率 Growth Rate	2013	2014	增长率 Growth Rate	2013	2014	增长率 Growth Rate
全 国	**National Total**	**6901.77**	**7681.02**	**11.29**	**9258.37**	**10359.33**	**11.89**	**8448.14**	**9024.96**	**6.83**
北 京	Beijing	21727.88	23441.78	7.89	32544.37	36507.21	12.18	36763.03	40748.25	10.84
天 津	Tianjin	15447.39	17233.85	11.56	22840.57	26956.43	18.02	21103.92	30090.12	42.58
河 北	Hebei	4936.80	5349.05	8.35	7470.83	7749.39	3.73	7105.34	7748.15	9.05
山 西	Shanxi	6517.16	7359.19	12.92	7765.15	9016.90	16.12	7121.26	7405.44	3.99
内蒙古	Inner Mongolia	9837.99	10181.40	3.49	11414.81	11954.80	4.73	10670.59	10613.62	-0.53
辽 宁	Liaoning	8304.58	8354.27	0.60	11462.64	11163.16	-2.61	8960.43	8727.42	-2.60
吉 林	Jilin	9174.47	10192.63	11.10	11451.44	12707.69	10.97	7882.03	7939.88	0.73
黑龙江	Heilongjiang	8895.02	11062.98	24.37	10334.05	12187.65	17.94	8217.32	9062.28	10.28
上 海	Shanghai	19518.03	19519.88	0.01	25445.47	25456.58	0.04	30593.83	30819.14	0.74
江 苏	Jiangsu	10584.64	11175.06	5.58	15140.80	16690.42	10.23	12788.19	14642.12	14.50
浙 江	Zhejiang	8874.54	9811.88	10.56	12617.07	14204.93	12.59	12192.62	13772.12	12.95
安 徽	Anhui	6437.96	6658.15	3.42	8830.00	9210.80	4.31	7039.90	6669.11	-5.27
福 建	Fujian	7522.51	8175.63	8.68	10510.97	11544.45	9.83	8718.26	9595.11	10.06
江 西	Jiangxi	5817.11	6851.82	17.79	7882.12	9002.57	14.22	8587.12	9241.34	7.62
山 东	Shandong	6642.19	7253.54	9.20	10171.24	11333.87	11.43	8972.57	9060.24	0.98
河 南	Henan	3913.95	4447.63	13.64	6453.79	7139.84	10.63	5617.66	5989.64	6.62
湖 北	Hubei	5408.12	7020.68	29.82	8543.48	11347.73	32.82	6277.74	7835.42	24.81
湖 南	Hunan	5721.18	6363.41	11.23	8835.38	10068.21	13.95	6543.86	6799.98	3.91
广 东	Guangdong	6742.84	7738.55	14.77	7508.99	9264.05	23.37	8027.72	8979.99	11.86
广 西	Guangxi	5472.39	5945.96	8.65	6750.79	7360.62	9.03	6712.68	6835.22	1.83
海 南	Hainan	8347.48	8825.64	5.73	10076.82	10594.56	5.14	10305.92	12147.02	17.86
重 庆	Chongqing	6308.70	7259.92	15.08	7606.65	9224.77	21.27	7418.09	7792.64	5.05
四 川	Sichuan	6822.64	7530.41	10.37	8336.83	9111.07	9.29	6252.92	6955.99	11.24
贵 州	Guizhou	5975.72	6789.79	13.62	6140.45	6924.70	12.77	6312.89	6820.40	8.04
云 南	Yunnan	6145.38	6200.67	0.90	7189.98	7586.92	5.52	6802.99	6796.01	-0.10
西 藏	Tibet	12820.24	17905.94	39.67	12783.54	16631.68	30.10	15315.65	20187.23	31.81
陕 西	Shaanxi	9633.06	10196.97	5.85	11358.64	12330.50	8.56	8577.17	9119.50	6.32
甘 肃	Gansu	6191.50	7289.18	17.73	7494.27	8377.71	11.79	7306.10	6677.62	-8.60
青 海	Qinghai	8200.50	9438.49	15.10	10494.92	11949.57	13.86	11673.77	11726.99	0.46
宁 夏	Ningxia	6011.26	6470.11	7.63	8479.07	9689.53	14.28	8408.39	8622.80	2.55
新 疆	Xinjiang	10463.21	11292.19	7.92	14549.15	14452.18	-0.67	11771.52	11991.78	1.87

4-46 续表 continued

单位：元，%　　(yuan,%)

地区	Region	中等职业学校 Secondary Vocational Schools			普通高等学校 Regular HEIs		
		2013	2014	增长率 Growth Rate	2013	2014	增长率 Growth Rate
全　国	**National Total**	**8784.64**	**9128.83**	**3.92**	**15591.72**	**16102.72**	**3.28**
北　京	Beijing	23635.72	28765.51	21.70	47629.14	58548.41	22.93
天　津	Tianjin	19901.89	22753.14	14.33	23046.92	18667.98	-19.00
河　北	Hebei	6890.12	8031.58	16.57	12904.36	12292.61	-4.74
山　西	Shanxi	8383.91	8975.94	7.06	10941.96	11715.30	7.07
内蒙古	Inner Mongolia	11943.86	13393.40	12.14	15356.47	17682.18	15.14
辽　宁	Liaoning	9859.91	10083.03	2.26	12493.59	12888.56	3.16
吉　林	Jilin	14641.32	15439.87	5.45	12852.09	13784.20	7.25
黑龙江	Heilongjiang	9780.26	12049.17	23.20	11594.71	13039.42	12.46
上　海	Shanghai	20702.80	20710.22	0.04	30186.34	27111.70	-10.19
江　苏	Jiangsu	9736.64	9885.40	1.53	14836.89	15728.38	6.01
浙　江	Zhejiang	12712.68	13456.14	5.85	13765.91	14868.84	8.01
安　徽	Anhui	7414.91	7516.91	1.38	10102.66	11235.56	11.21
福　建	Fujian	9759.55	9302.28	-4.69	11201.53	13427.79	19.87
江　西	Jiangxi	7218.22	7231.60	0.19	12638.40	12701.09	0.50
山　东	Shandong	9886.38	10412.39	5.32	11545.88	11962.63	3.61
河　南	Henan	5847.00	5941.62	1.62	10681.49	12231.98	14.52
湖　北	Hubei	6483.74	8586.94	32.44	12528.95	11086.72	-11.51
湖　南	Hunan	8769.85	7466.64	-14.86	12995.41	12337.59	-5.06
广　东	Guangdong	7111.91	7996.61	12.44	14186.45	14361.68	1.24
广　西	Guangxi	6528.29	6978.79	6.90	13382.09	12794.96	-4.39
海　南	Hainan	8473.26	9277.02	9.49	15164.70	13951.93	-8.00
重　庆	Chongqing	7560.24	7387.96	-2.28	12358.08	13119.07	6.16
四　川	Sichuan	8146.44	7910.81	-2.89	12012.40	11623.22	-3.24
贵　州	Guizhou	9060.32	7135.92	-21.24	14957.26	13093.56	-12.46
云　南	Yunnan	8105.25	7286.75	-10.10	12825.88	11570.24	-9.79
西　藏	Tibet	15822.99	25538.19	61.40	27378.79	22714.97	-17.03
陕　西	Shaanxi	8478.92	7147.47	-15.70	12934.96	12731.51	-1.57
甘　肃	Gansu	6838.57	8954.15	30.94	10497.46	12179.37	16.02
青　海	Qinghai	7674.27	8653.92	12.77	16504.51	13397.21	-18.83
宁　夏	Ningxia	9067.61	8608.73	-5.06	17665.66	17948.27	1.60
新　疆	Xinjiang	12741.22	12209.18	-4.18	15372.47	14289.26	-7.05

4-47 分地区各级教育生均公共财政预算公用经费增长情况
Growth of Per Student Public Financial Budget on Communal Expenditure by School Level and Region

单位：元，% (yuan,%)

地 区	Region	普通小学 Regular Primary Schools 2013	2014	增长率 Growth Rate	普通初中 Regular Junior Secondary Schools 2013	2014	增长率 Growth Rate	普通高中 Regular Senior Secondary Schools 2013	2014	增长率 Growth Rate
全 国	**National Total**	**2068.47**	**2241.83**	**8.38**	**2983.75**	**3120.81**	**4.59**	**2742.01**	**2699.59**	**-1.55**
北 京	Beijing	9938.97	9950.95	0.12	13747.01	14127.64	2.77	16644.28	16716.08	0.43
天 津	Tianjin	3788.90	3968.87	4.75	5379.93	6134.37	14.02	5562.89	10411.54	87.16
河 北	Hebei	1390.81	1439.30	3.49	2083.65	2121.14	1.80	2074.95	2207.91	6.41
山 西	Shanxi	1639.27	1842.46	12.40	2402.84	2546.16	5.96	2128.11	1925.44	-9.52
内蒙古	Inner Mongolia	2298.51	2527.43	9.96	3168.45	3283.98	3.65	3812.12	3585.17	-5.95
辽 宁	Liaoning	2846.53	2445.02	-14.11	3937.15	3404.10	-13.54	3228.12	2611.08	-19.11
吉 林	Jilin	2294.01	2680.00	16.83	2974.98	3405.93	14.49	2365.27	2201.63	-6.92
黑龙江	Heilongjiang	2650.21	2640.90	-0.35	3564.01	3518.84	-1.27	3210.58	2686.51	-16.32
上 海	Shanghai	6417.43	7383.61	15.06	8333.24	9278.78	11.35	9154.50	9380.18	2.47
江 苏	Jiangsu	2664.10	2958.16	11.04	3367.92	3731.13	10.78	2792.11	3441.98	23.28
浙 江	Zhejiang	1492.81	1693.05	13.41	2132.93	2639.24	23.74	2717.11	2621.07	-3.53
安 徽	Anhui	2451.32	2364.44	-3.54	3618.20	3328.57	-8.00	3104.81	2176.56	-29.90
福 建	Fujian	1849.43	2200.61	18.99	2581.42	2916.11	12.97	1658.92	1775.48	7.03
江 西	Jiangxi	2536.23	2789.24	9.98	3769.52	3954.21	4.90	4754.64	4598.84	-3.28
山 东	Shandong	2019.30	2179.46	7.93	3332.70	3586.74	7.62	3000.47	2622.95	-12.58
河 南	Henan	1806.61	2036.84	12.74	3046.85	3295.80	8.17	2574.33	2750.93	6.86
湖 北	Hubei	1581.18	1642.83	3.90	2320.33	2308.60	-0.51	1698.87	1817.91	7.01
湖 南	Hunan	2221.84	2187.39	-1.55	3264.91	3432.85	5.14	1970.91	1714.12	-13.03
广 东	Guangdong	1481.56	1851.39	24.96	1866.58	2382.21	27.62	2050.91	2252.67	9.84
广 西	Guangxi	1439.85	1639.99	13.90	2238.77	2353.21	5.11	2066.20	1901.42	-7.98
海 南	Hainan	3233.94	3091.77	-4.40	4702.49	3942.91	-16.15	5142.78	5650.56	9.87
重 庆	Chongqing	2309.65	2513.19	8.81	2887.39	3050.43	5.65	3243.28	2986.64	-7.91
四 川	Sichuan	1771.71	1824.03	2.95	2508.43	2322.48	-7.41	1617.61	1593.19	-1.51
贵 州	Guizhou	1400.32	1386.05	-1.02	1887.40	1724.98	-8.61	1608.22	1885.49	17.24
云 南	Yunnan	1670.26	1712.94	2.56	2119.78	2165.66	2.16	2032.22	2033.19	0.05
西 藏	Tibet	3434.75	6641.25	93.35	3727.30	4951.50	32.84	4373.18	7713.26	76.38
陕 西	Shaanxi	3343.90	3589.97	7.36	4081.73	4388.87	7.52	3423.53	3546.90	3.60
甘 肃	Gansu	1585.10	1815.62	14.54	2271.73	2381.58	4.84	2513.14	1686.31	-32.90
青 海	Qinghai	2741.16	3176.07	15.87	3914.69	4266.70	8.99	4861.56	4208.30	-13.44
宁 夏	Ningxia	2034.80	2425.75	19.21	3181.74	4168.46	31.01	2962.96	2638.88	-10.94
新 疆	Xinjiang	2475.17	2587.43	4.54	5293.35	4238.65	-19.93	3083.87	3085.98	0.07

4-47 续表 continued

单位：元，% (yuan,%)

地 区	Region	中等职业学校 Secondary Vocational Schools 2013	2014	增长率 Growth Rate	普通高等学校 Regular HEIs 2013	2014	增长率 Growth Rate
全 国	**National Total**	**3578.25**	**3680.83**	**2.87**	**7899.07**	**7637.97**	**-3.31**
北 京	Beijing	11108.66	13473.07	21.28	27058.65	34710.96	28.28
天 津	Tianjin	5797.35	5918.03	2.08	15135.72	10224.68	-32.45
河 北	Hebei	2047.38	2435.11	18.94	7431.32	6520.68	-12.25
山 西	Shanxi	3172.49	3418.40	7.75	5123.86	5227.05	2.01
内蒙古	Inner Mongolia	4202.41	5432.16	29.26	6759.06	7153.14	5.83
辽 宁	Liaoning	4359.81	4005.14	-8.13	6615.02	7309.70	10.50
吉 林	Jilin	4667.33	4227.39	-9.43	5123.42	5810.11	13.40
黑龙江	Heilongjiang	3356.87	3806.85	13.40	5186.78	5266.34	1.53
上 海	Shanghai	7912.46	8110.24	2.50	23857.38	17831.19	-25.26
江 苏	Jiangsu	3179.97	3416.48	7.44	8500.99	6940.78	-18.35
浙 江	Zhejiang	4246.30	4281.60	0.83	6006.52	6579.33	9.54
安 徽	Anhui	4244.24	3949.08	-6.95	5940.13	6701.01	12.81
福 建	Fujian	3066.43	3094.33	0.91	5111.43	6918.24	35.35
江 西	Jiangxi	3390.77	3144.02	-7.28	6608.62	6178.38	-6.51
山 东	Shandong	4249.90	4644.16	9.28	4826.51	4559.01	-5.54
河 南	Henan	2900.90	3016.45	3.98	5802.23	6510.68	12.21
湖 北	Hubei	1960.47	2759.18	40.74	6226.56	3864.77	-37.93
湖 南	Hunan	4222.49	2956.99	-29.97	6798.33	6278.24	-7.65
广 东	Guangdong	2773.78	3175.01	14.47	6045.81	5546.02	-8.27
广 西	Guangxi	2001.29	2901.20	44.97	6893.75	6699.62	-2.82
海 南	Hainan	4530.87	4954.81	9.36	9030.19	7637.47	-15.42
重 庆	Chongqing	3995.18	3639.83	-8.89	8106.90	8181.15	0.92
四 川	Sichuan	3543.05	3489.39	-1.51	6555.45	5484.51	-16.34
贵 州	Guizhou	5526.92	4284.59	-22.48	7598.55	6086.65	-19.90
云 南	Yunnan	3782.99	2895.70	-23.45	6907.51	5080.44	-26.45
西 藏	Tibet	5756.16	16051.68	178.86	13019.87	6738.22	-48.25
陕 西	Shaanxi	3346.02	2567.64	-23.26	7739.15	6886.48	-11.02
甘 肃	Gansu	2405.27	3433.81	42.76	6028.09	7706.92	27.85
青 海	Qinghai	3709.71	4068.88	9.68	6064.91	4442.74	-26.75
宁 夏	Ningxia	4394.54	4922.14	12.01	9114.14	8313.68	-8.78
新 疆	Xinjiang	5350.56	4792.26	-10.43	6164.47	5655.15	-8.26

4-48 按国别和地区排序的外国留学生情况(2014年)
Number of Foreign Students Ordered by County and Region (2014)

单位：人 (person)

序号 No.	国家	Country	留学生人数 Number of Foreign Students	序号 No.	地区	Region	留学生人数 Number of Foreign Students
1	韩国	Korea	62923	1	北京	Beijing	74342
2	美国	United States	24203	2	上海	Shanghai	55911
3	泰国	Thailand	21296	3	天津	Tianjin	25720
4	俄罗斯	Russia	17202	4	江苏	Jiangsu	23209
5	日本	Japan	15057	5	浙江	Zhejiang	22190
6	印度尼西亚	Indonesia	13689	6	广东	Guangdong	21298
7	印度	India	13578	7	辽宁	Liaoning	21010
8	巴基斯坦	Pakistan	13360	8	山东	Shandong	17896
9	哈萨克斯坦	Kazakhstan	11764	9	湖北	Hubei	15839
10	法国	France	10729	10	黑龙江	Heilongjiang	12056
11	越南	Vietnam	10658	11	福建	Fujian	10758
12	德国	Germany	8193				
13	蒙古	Mongolia	7920				
14	马来西亚	Malaysia	6645				
15	英国	England	5920				

注：数据来自教育部《2014年全国来华留学生数据统计》。
Data source is Ministry of Education "Statistics of Foreign Students in China in 2014".

4-49 按类别和经费来源分的外国留学生情况(2014年)
Statistics of Foreign Students by Type and Fund Source (2014)

单位:人 (person)

项目	Item	外国留学生人数 Numer of Foreign Students
按学生类别分	**by Student Type**	
接受学历教育的外国留学生	Foreign Students Accept Degree Education	164394
#硕士和博士研究生	Master and Doctor	47990
硕士研究生	Master	35876
博士研究生	Doctor	12114
非学历留学生	Foreign Students Accept Non-Degree Education	212660
按经费来源分	**by Fund Source**	
中国政府奖学金生	Student with Scholarship from China Government	36943
自费生	Commoner	340111

注：数据来自教育部《2014年全国来华留学生数据统计》。
Data source is Ministry of Education "Statistics of Foreign Students in China in 2014".

4-50 外国留学生来源情况(2014年)
Origin of Foreign Students (2014)

单位：人，% (person,%)

洲别	Continent	总人数 Total	占总数百分比 Percent of Total	比上年增减人数 Change over Previous Year
合计	**Total**	**377054**	**100.0**	**20555**
亚洲	Asia	225490	59.8	5682
欧洲	Europe	67475	17.9	5933
非洲	Africa	41677	11.1	8318
美洲	America	36140	9.6	-907
大洋洲	Oceania	6272	1.3	1529

注：数据来自教育部《2014年全国来华留学生数据统计》。
Data source is Ministry of Education "Statistics of Foreign Students in China in 2014".

五、就　　业
Employment

5-1　全国就业主要指标和增长情况
Main Indicators of Employment and Increase Rate

项　目	Item	2013	2014	2014年比2013年增减% Change in 2014 over 2013 %
经济活动人口(万人)	**Economically Active Population(10 000 persons)**	**79300**	**79690**	**0.49**
就业人员合计(万人)	**Total Number of Employed Persons(10 000 persons)**	**76977**	**77253**	**0.36**
第一产业	Primary Industry	24171	22790	-5.71
第二产业	Secondary Industry	23170	23099	-0.31
第三产业	Tertiary Industry	29636	31364	5.83
就业人员构成(合计=100)	**Composition of Employed Persons(total=100)**			
第一产业	Primary Industry	31.4	29.5	-6.05
第二产业	Secondary Industry	30.1	29.9	-0.66
第三产业	Tertiary Industry	38.5	40.6	5.45
按城乡分就业人员(万人)	**Number of Employed Persons by Urban and Rural Areas(10 000 persons)**	**76977**	**77253**	**0.36**
城镇就业人员	Urban Employed Persons	38240	39310	2.80
#国有单位	State-owned Units	6365	6312	-0.83
城镇集体单位	Urban Collective-owned Units	566	537	-5.12
股份合作单位	Cooperative Units	108	103	-4.63
联营单位	Joint Ownership Units	25	22	-12.00
有限责任公司	Limited Liability Corporations	6069	6315	4.05
股份有限公司	Share-holding Corporations Ltd.	1721	1751	1.74
私营企业	Private Enterprises	8242	9857	19.59
港澳台商投资单位	Units with Funds from Hong Kong, Macao & Taiwan	1397	1393	-0.29
外商投资单位	Foreign Funded Units	1566	1562	-0.26
个体	Self-employed Individuals	6142	7009	14.12
乡村就业人员	Rural Employed Persons	38737	37943	-2.05
#私营企业	Private Enterprises	4279	4533	5.94
个体	Self-employed Individuals	3193	3575	11.96
城镇登记失业人数(万人)	**Number of Registered Unemployed Persons in Urban Areas(10 000 persons)**	**926**	**952**	**2.81**
城镇登记失业率(%)	**Registered Unemployment Rate in Urban Areas(%)**	**4.05**	**4.09**	**0.99**

注：2013年部分经济类型单位、部分行业就业人员数、工资总额变动较大，系将原属于乡镇企业的规模以上法人单位纳入劳动工资统计范围所致(以下相关表同)。

In 2013,some units by status of registration,some employment by industry,total wages bill changed greatly,because corporate units above designated size originally belonged to township enterprises were taken into statistics of labour wages. The same applies to the relevant tables following.

5-2 三次产业就业人员和构成（年底数）
Number of Employed Persons and Composition at Year-end by Three Strata of Industry

年份 Year	经济活动人口（万人）Economically Active Population (10 000 persons)	就业人员（万人）Total Employed Persons (10 000 persons)	第一产业 Primary Industry	第二产业 Secondary Industry	第三产业 Tertiary Industry	构成(合计=100) Percentage(Total=100) 第一产业 Primary Industry	第二产业 Secondary Industry	第三产业 Tertiary Industry
1952	21106	20729	17317	1531	1881	83.5	7.4	9.1
1957	23971	23771	19309	2142	2320	81.2	9.0	9.8
1962		25910	21276	2059	2575	82.1	8.0	9.9
1965		28670	23396	2408	2866	81.6	8.4	10.0
1970		34432	27811	3518	3103	80.8	10.2	9.0
1975		38168	29456	5152	3560	77.2	13.5	9.3
1978	40682	40152	28318	6945	4890	70.5	17.3	12.2
1979	41592	41024	28634	7214	5177	69.8	17.6	12.6
1980	42903	42361	29122	7707	5532	68.7	18.2	13.1
1981	44165	43725	29777	8003	5945	68.1	18.3	13.6
1982	45674	45295	30859	8346	6090	68.1	18.4	13.5
1983	46707	46436	31151	8679	6606	67.1	18.7	14.2
1984	48433	48197	30868	9590	7739	64.0	19.9	16.1
1985	50112	49873	31130	10384	8359	62.4	20.8	16.8
1986	51546	51282	31254	11216	8811	60.9	21.9	17.2
1987	53060	52783	31663	11726	9395	60.0	22.2	17.8
1988	54630	54334	32249	12152	9933	59.3	22.4	18.3
1989	55707	55329	33225	11976	10129	60.1	21.6	18.3
1990	65323	64749	38914	13856	11979	60.1	21.4	18.5
1991	66091	65491	39098	14015	12378	59.7	21.4	18.9
1992	66782	66152	38699	14355	13098	58.5	21.7	19.8
1993	67468	66808	37680	14965	14163	56.4	22.4	21.2
1994	68135	67455	36628	15312	15515	54.3	22.7	23.0
1995	68855	68065	35530	15655	16880	52.2	23.0	24.8
1996	69765	68950	34820	16203	17927	50.5	23.5	26.0
1997	70800	69820	34840	16547	18432	49.9	23.7	26.4
1998	72087	70637	35177	16600	18860	49.8	23.5	26.7
1999	72791	71394	35768	16421	19205	50.1	23.0	26.9
2000	73992	72085	36043	16219	19823	50.0	22.5	27.5
2001	73884	72797	36399	16234	20165	50.0	22.3	27.7
2002	74492	73280	36640	15682	20958	50.0	21.4	28.6
2003	74911	73736	36204	15927	21605	49.1	21.6	29.3
2004	75290	74264	34830	16709	22725	46.9	22.5	30.6
2005	76120	74647	33442	17766	23439	44.8	23.8	31.4
2006	76315	74978	31941	18894	24143	42.6	25.2	32.2
2007	76531	75321	30731	20186	24404	40.8	26.8	32.4
2008	77046	75564	29923	20553	25087	39.6	27.2	33.2
2009	77510	75828	28890	21080	25857	38.1	27.8	34.1
2010	78388	76105	27931	21842	26332	36.7	28.7	34.6
2011	78579	76420	26594	22544	27282	34.8	29.5	35.7
2012	78894	76704	25773	23241	27690	33.6	30.3	36.1
2013	79300	76977	24171	23170	29636	31.4	30.1	38.5
2014	79690	77253	22790	23099	31364	29.5	29.9	40.6

注：全国就业人员1990年及以后的数据根据劳动力调查、人口普查推算，2001年及以后数据根据第六次人口普查数据重新修订(下表同)。
From 1990 to 2000, the total number of employed persons were estimated according to Labour Force Survey and Population Census, since 2001, were revised according to the 6th National Population Census. The same applies to the following tables.

5-3 城乡就业人员数(年底数)
Number of Employment in Urban and Rural Areas at Year-end

单位：万人、%　　(10 000 persons,%)

年 份 Year	就业人员 Employment 合 计 Total	占人口比重 Percentage of Total Population	城镇就业人员 Urban Employment	乡村就业人员 Rural Employment
1952	20729	36.1	2486	18243
1953	21364	36.3	2754	18610
1954	21832	36.2	2744	19088
1955	22328	36.3	2802	19526
1956	23018	36.6	2993	20025
1957	23771	36.8	3205	20566
1958	26600	40.3	5300	21300
1959	26173	38.9	5389	20784
1960	25880	39.1	6119	19761
1961	25590	38.9	5336	20254
1962	25910	38.5	4537	21373
1963	26640	38.5	4603	22037
1964	27736	39.3	4828	22908
1965	28670	39.5	5136	23534
1966	29805	40.0	5354	24451
1967	30814	40.3	5446	25368
1968	31915	40.6	5630	26285
1969	33225	41.2	5825	27400
1970	34432	41.5	6312	28120
1971	35620	41.8	6868	28752
1972	35854	41.1	7200	28654
1973	36652	41.1	7388	29264
1974	37369	41.1	7687	29682
1975	38168	41.3	8222	29946
1976	38834	41.4	8692	30142
1977	39377	41.5	9127	30250
1978	40152	41.7	9514	30638
1979	41024	42.1	9999	31025
1980	42361	42.9	10525	31836
1981	43725	43.7	11053	32672
1982	45295	44.6	11428	33867
1983	46436	45.1	11746	34690
1984	48197	46.2	12229	35968
1985	49873	47.1	12808	37065
1986	51282	47.7	13292	37990
1987	52783	48.3	13783	39000
1988	54334	48.9	14267	40067
1989	55329	49.1	14390	40939
1990	64749	56.6	17041	47708
1991	65491	56.5	17465	48026
1992	66152	56.5	17861	48291
1993	66808	56.4	18262	48546
1994	67455	56.3	18653	48802
1995	68065	56.2	19040	49025
1996	68950	56.3	19922	49028
1997	69820	56.5	20781	49039
1998	70637	56.6	21616	49021
1999	71394	56.8	22412	48982
2000	72085	56.9	23151	48934
2001	72797	57.0	24123	48674
2002	73280	57.0	25159	48121
2003	73736	57.1	26230	47506
2004	74264	57.1	27293	46971
2005	74647	57.1	28389	46258
2006	74978	57.0	29630	45348
2007	75321	57.0	30953	44368
2008	75564	56.9	32103	43461
2009	75828	56.8	33322	42506
2010	76105	56.8	34687	41418
2011	76420	56.7	35914	40506
2012	76704	56.6	37102	39602
2013	76977	56.6	38240	38737
2014	77253	56.5	39310	37943

5-4 分行业分登记注册类型城镇单位就业人员数和构成（2014年底）

Number of Employed Persons and Composition in Urban Units at Year-end by Status of Registration and Sector in Detail (2014)

单位：万人,% (10 000 persons,%)

项目	Item	合计 Total	国有单位 State-owned Units	城镇集体单位 Urban Collective-owned Units	其他单位 Units of Other Types of Ownership
全国总计	**National Total**	**18277.8**	**6312.3**	**536.7**	**11428.8**
农、林、牧、渔业	Agriculture, Forestry, Animal Husbandry and Fishery	284.6	262.9	2.6	19.1
采矿业	Mining	596.5	71.6	13.3	511.7
制造业	Manufacturing	5243.1	207.8	87.9	4947.4
电力、热力、燃气及水生产和供应业	Production and Supply of Electricity, Heat, Gas and Water	403.7	192.9	4.0	206.8
建筑业	Construction	2921.2	237.1	173.7	2510.3
批发和零售业	Wholesale and Retail Trades	888.6	99.9	35.0	753.6
交通运输、仓储和邮政业	Transport, Storage and Post	861.4	395.2	17.4	448.9
住宿和餐饮业	Hotels and Catering Services	289.3	41.8	6.7	240.8
信息传输、软件和信息技术服务业	Information Transmission, Software and Information Technology	336.3	37.5	0.8	298.0
金融业	Financial Intermediation	566.3	146.1	47.0	373.3
房地产业	Real Estate	402.2	36.5	8.9	356.8
租赁和商务服务业	Leasing and Business Services	449.4	126.0	36.0	287.4
科学研究和技术服务业	Scientific Research and Technical Services	408.0	224.8	5.4	177.8
水利、环境和公共设施管理业	Management of Water Conservancy, Environment	269.1	211.9	11.2	46.1
居民服务、修理和其他服务业	Services to Households, Repair and Other Services	75.4	22.5	5.7	47.3
教育	Education	1727.3	1602.7	22.2	102.4
卫生和社会工作	Health and Social Service	810.4	703.9	54.9	51.6
文化、体育和娱乐业	Culture, Sports and Entertainment	145.5	106.3	1.9	37.3
公共管理、社会保障和社会组织	Public Management, Social Security and Social Organization	1599.3	1585.1	2.1	12.1
构成	**Percentage**				
全国总计	**National Total**	**100.0**	**100.0**	**100.0**	**100.0**
农、林、牧、渔业	Agriculture, Forestry, Animal Husbandry and Fishery	1.6	4.2	0.5	0.2
采矿业	Mining	3.3	1.1	2.5	4.5
制造业	Manufacturing	28.7	3.3	16.4	43.3
电力、热力、燃气及水生产和供应业	Production and Supply of Electricity, Heat, Gas and Water	2.2	3.1	0.7	1.8
建筑业	Construction	16.0	3.8	32.4	22.0
批发和零售业	Wholesale and Retail Trades	4.9	1.6	6.5	6.6
交通运输、仓储和邮政业	Transport, Storage and Post	4.7	6.3	3.2	3.9
住宿和餐饮业	Hotels and Catering Services	1.6	0.7	1.2	2.1
信息传输、软件和信息技术服务业	Information Transmission, Software and Information Technology	1.8	0.6	0.1	2.6
金融业	Financial Intermediation	3.1	2.3	8.8	3.3
房地产业	Real Estate	2.2	0.6	1.7	3.1
租赁和商务服务业	Leasing and Business Services	2.5	2.0	6.7	2.5
科学研究和技术服务业	Scientific Research and Technical Services	2.2	3.6	1.0	1.6
水利、环境和公共设施管理业	Management of Water Conservancy, Environment	1.5	3.4	2.1	0.4
居民服务、修理和其他服务业	Services to Households, Repair and Other Services	0.4	0.4	1.1	0.4
教育	Education	9.5	25.4	4.1	0.9
卫生和社会工作	Health and Social Service	4.4	11.2	10.2	0.5
文化、体育和娱乐业	Culture, Sports and Entertainment	0.8	1.7	0.4	0.3
公共管理、社会保障和社会组织	Public Management, Social Security and Social Organization	8.8	25.1	0.4	0.1

注：本表城镇单位数据不含私营单位(以下相关表同)。
Data of employed persons in urban units do not include those of private enterprises. The same applies to the table following.

5-5 分行业分登记注册类型城镇单位女性就业人员数和构成（2014年底）
Number of Female Employment and Composition in Urban Units at Year-end by Status of Registration and Sector in Detail(2014)

单位：万人,% (10 000 persons,%)

项 目	Item	合 计 Total	国有单位 State-owned Units	城镇集体单位 Urban Collective-owned Units	其他单位 Units of Other Types of Ownership
全国总计	**National Total**	**6546.2**	**2509.0**	**173.1**	**3864.1**
农、林、牧、渔业	Agriculture, Forestry, Animal Husbandry and Fishery	104.7	96.8	0.9	7.0
采矿业	Mining	110.2	14.9	2.3	93.0
制造业	Manufacturing	2119.3	54.6	35.9	2028.7
电力、热力、燃气及水生产和供应业	Production and Supply of Electricity, Heat, Gas and Water	112.4	54.5	1.2	56.6
建筑业	Construction	316.3	32.2	22.2	261.9
批发和零售业	Wholesale and Retail Trades	450.2	35.1	14.3	400.8
交通运输、仓储和邮政业	Transport, Storage and Post	224.6	103.6	4.3	116.7
住宿和餐饮业	Hotels and Catering Services	162.2	22.2	3.7	136.3
信息传输、软件和信息技术服务业	Information Transmission, Software and Information Technology	132.6	14.1	0.3	118.2
金融业	Financial Intermediation	287.8	70.8	20.3	196.7
房地产业	Real Estate	149.3	13.2	3.2	132.9
租赁和商务服务业	Leasing and Business Services	147.7	32.6	9.6	105.5
科学研究和技术服务业	Scientific Research and Technical Services	124.4	68.9	1.7	53.8
水利、环境和公共设施管理业	Management of Water Conservancy, Environment	108.5	85.1	4.9	18.6
居民服务、修理和其他服务业	Services to Households, Repair and Other Services	30.5	7.2	2.2	21.1
教育	Education	911.9	839.0	12.5	60.4
卫生和社会工作	Health and Social Service	505.5	440.1	32.0	33.5
文化、体育和娱乐业	Culture, Sports and Entertainment	65.1	46.3	0.9	17.9
公共管理、社会保障和社会组织	Public Management, Social Security and Social Organization	483.3	477.8	0.9	4.6
构成	**Percentage**				
全国总计	**National Total**	**100.00**	**100.00**	**100.00**	**100.00**
农、林、牧、渔业	Agriculture, Forestry, Animal Husbandry and Fishery	1.60	3.86	0.54	0.18
采矿业	Mining	1.68	0.59	1.32	2.41
制造业	Manufacturing	32.37	2.18	20.76	52.50
电力、热力、燃气及水生产和供应业	Production and Supply of Electricity, Heat, Gas and Water	1.72	2.17	0.68	1.47
建筑业	Construction	4.83	1.28	12.81	6.78
批发和零售业	Wholesale and Retail Trades	6.88	1.40	8.25	10.37
交通运输、仓储和邮政业	Transport, Storage and Post	3.43	4.13	2.47	3.02
住宿和餐饮业	Hotels and Catering Services	2.48	0.88	2.13	3.53
信息传输、软件和信息技术服务业	Information Transmission, Software and Information Technology	2.03	0.56	0.18	3.06
金融业	Financial Intermediation	4.40	2.82	11.72	5.09
房地产业	Real Estate	2.28	0.53	1.85	3.44
租赁和商务服务业	Leasing and Business Services	2.26	1.30	5.53	2.73
科学研究和技术服务业	Scientific Research and Technical Services	1.90	2.75	0.96	1.39
水利、环境和公共设施管理业	Management of Water Conservancy, Environment	1.66	3.39	2.80	0.48
居民服务、修理和其他服务业	Services to Households, Repair and Other Services	0.47	0.29	1.28	0.55
教育	Education	13.93	33.44	7.20	1.56
卫生和社会工作	Health and Social Service	7.72	17.54	18.47	0.87
文化、体育和娱乐业	Culture, Sports and Entertainment	0.99	1.85	0.51	0.46
公共管理、社会保障和社会组织	Public Management, Social Security and Social Organization	7.38	19.04	0.53	0.12

注：本表城镇单位数据不含私营单位(以下相关表同)。
Data of employed persons in urban units do not include those of private enterprises. The same applies to the table following.

5-6 分地区分登记注册类型城镇就业人员数和构成(2014年底)
Urban Employment and Composition at Year-end by Registrration Status and Region (2014)

单位：万人 (10 000 persons)

地 区 Region	合 计 Total	国有单位 State-owned Units	城镇集体单位 Urban Collective-owned Units	其他单位 Other Ownership Units	私营企业个体 Private Enterprises, Individuals	构成（以合计为100）Composition(Total=100) 国有单位 State-owned Units	城镇集体单位 Urban Collective-owned Units	其他单位 Other Ownership Units	私营企业个体 Private Enterprises Individuals
全国总计 National	**39310.0**	**6312.3**	**536.7**	**11428.8**	**16866.7**	**18.0**	**1.5**	**32.5**	**48.0**
北 京 Beijing	1309.2	188.6	18.8	548.4	553.3	14.4	1.4	41.9	42.3
天 津 Tianjin	437.4	75.1	7.6	212.8	141.8	17.2	1.7	48.6	32.4
河 北 Hebei	1029.8	293.5	15.6	347.1	373.7	28.5	1.5	33.7	36.3
山 西 Shanxi	702.5	206.0	19.6	226.5	250.5	29.3	2.8	32.2	35.6
内 蒙 古 Inner Mongolia	738.8	168.1	6.3	127.0	437.3	22.8	0.9	17.2	59.2
辽 宁 Liaoning	1340.2	292.5	33.5	339.2	675.1	21.8	2.5	25.3	50.4
吉 林 Jilin	726.4	169.0	6.6	158.7	392.0	23.3	0.9	21.9	54.0
黑 龙 江 Heilongjiang	804.4	277.1	14.7	159.1	353.5	34.4	1.8	19.8	43.9
上 海 Shanghai	1149.2	106.3	13.7	528.9	500.3	9.2	1.2	46.0	43.5
江 苏 Jiangsu	3379.2	299.2	39.5	1263.7	1776.8	8.9	1.2	37.4	52.6
浙 江 Zhejiang	2311.1	215.3	20.3	867.1	1208.4	9.3	0.9	37.5	52.3
安 徽 Anhui	1177.1	198.8	15.6	307.3	655.4	16.9	1.3	26.1	55.7
福 建 Fujian	1217.5	159.5	13.0	482.2	562.9	13.1	1.1	39.6	46.2
江 西 Jiangxi	915.8	189.7	15.8	259.8	450.5	20.7	1.7	28.4	49.2
山 东 Shandong	2127.7	401.1	51.7	813.6	861.3	18.8	2.4	38.2	40.5
河 南 Henan	1713.2	367.9	43.4	697.6	604.3	21.5	2.5	40.7	35.3
湖 北 Hubei	1516.4	269.0	14.9	422.9	809.6	17.7	1.0	27.9	53.4
湖 南 Hunan	1408.1	261.5	22.1	314.3	810.2	18.6	1.6	22.3	57.5
广 东 Guangdong	4079.8	396.2	56.7	1520.4	2106.5	9.7	1.4	37.3	51.6
广 西 Guangxi	744.4	206.5	15.1	179.9	343.0	27.7	2.0	24.2	46.1
海 南 Hainan	235.2	42.9	2.2	56.4	133.7	18.2	0.9	24.0	56.8
重 庆 Chongqing	1028.8	118.2	9.1	287.2	614.3	11.5	0.9	27.9	59.7
四 川 Sichuan	1496.3	351.1	29.0	428.6	687.5	23.5	1.9	28.6	45.9
贵 州 Guizhou	490.2	169.2	6.1	129.4	185.5	34.5	1.2	26.4	37.8
云 南 Yunnan	858.0	188.8	11.9	218.9	438.4	22.0	1.4	25.5	51.1
西 藏 Tibet	79.9	26.9	0.3	5.3	47.4	33.7	0.4	6.6	59.3
陕 西 Shaanxi	871.9	244.4	18.6	253.5	355.4	28.0	2.1	29.1	40.8
甘 肃 Gansu	454.7	153.7	10.3	100.8	189.9	33.8	2.3	22.2	41.8
青 海 Qinghai	117.3	34.4	1.2	27.5	54.1	29.4	1.0	23.5	46.1
宁 夏 Ningxia	148.3	36.7	0.7	35.9	75.1	24.7	0.5	24.2	50.6
新 疆 Xinjiang	535.4	204.9	3.0	108.8	218.8	38.3	0.6	20.3	40.9

注：全国城镇就业人员根据年度劳动力抽样调查推算，故不等于分登记注册类型城镇就业人员总计。

The total number of urban employed persons was estimated according to Labour Force Survey and was not equal to the sum of urban employed persons by registration status.

5-7 分地区分登记注册类型城镇单位女性就业人员数和构成(2014年底)
Urban Employment and Composition at Year-end by Registration Status and Region (2014)

单位：万人 (10 000 persons)

地 区	Region	合 计 Total	国有单位 State-owned Units	城镇集体单位 Urban Collective-owned Units	其他单位 Other Ownership Units	构成（以合计为100） Composition(Total=100)		
						国有单位 State-owned Units	城镇集体单位 Urban Collective-owned Units	其他单位 Other Ownership Units
全国总计	**National Total**	**6546.2**	**2509.0**	**173.1**	**3864.1**	**38.3**	**2.6**	**59.0**
北 京	Beijing	303.3	82.0	7.5	213.8	27.0	2.5	70.5
天 津	Tianjin	104.1	28.3	2.0	73.8	27.2	1.9	70.9
河 北	Hebei	236.8	128.8	5.9	102.1	54.4	2.5	43.1
山 西	Shanxi	152.7	86.1	8.2	58.4	56.4	5.4	38.2
内蒙古	Inner Mongolia	109.3	67.9	2.7	38.6	62.1	2.5	35.4
辽 宁	Liaoning	216.3	107.0	9.8	99.4	49.5	4.5	46.0
吉 林	Jilin	118.8	65.0	2.8	51.0	54.8	2.3	42.9
黑龙江	Heilongjiang	160.3	106.4	5.0	48.9	66.4	3.1	30.5
上 海	Shanghai	260.5	47.4	5.0	208.1	18.2	1.9	79.9
江 苏	Jiangsu	525.1	117.4	15.2	392.5	22.4	2.9	74.7
浙 江	Zhejiang	360.6	94.0	7.0	259.6	26.1	1.9	72.0
安 徽	Anhui	170.1	70.0	5.5	94.6	41.2	3.2	55.6
福 建	Fujian	245.2	62.9	4.6	177.7	25.6	1.9	72.5
江 西	Jiangxi	163.8	67.6	3.5	92.7	41.3	2.1	56.6
山 东	Shandong	443.4	154.6	15.0	273.8	34.9	3.4	61.8
河 南	Henan	400.6	153.7	16.2	230.7	38.4	4.0	57.6
湖 北	Hubei	242.1	100.5	5.0	136.6	41.5	2.1	56.4
湖 南	Hunan	205.6	100.3	5.4	99.8	48.8	2.6	48.6
广 东	Guangdong	818.6	160.6	18.5	639.5	19.6	2.3	78.1
广 西	Guangxi	150.8	87.2	3.9	59.7	57.8	2.6	39.6
海 南	Hainan	39.7	17.1	0.6	22.0	43.2	1.4	55.4
重 庆	Chongqing	135.1	46.8	2.5	85.8	34.7	1.8	63.5
四 川	Sichuan	280.8	136.5	7.8	136.5	48.6	2.8	48.6
贵 州	Guizhou	101.7	63.3	1.7	36.8	62.2	1.6	36.2
云 南	Yunnan	149.5	77.1	3.4	69.1	51.6	2.2	46.2
西 藏	Tibet	11.6	9.7	0.1	1.8	83.3	1.1	15.5
陕 西	Shaanxi	177.7	93.0	4.6	80.1	52.3	2.6	45.1
甘 肃	Gansu	86.0	56.2	2.2	27.5	65.4	2.6	32.0
青 海	Qinghai	23.1	14.1	0.4	8.6	60.9	1.9	37.2
宁 夏	Ningxia	27.1	15.8	0.2	11.1	58.3	0.7	41.0
新 疆	Xinjiang	126.2	91.7	1.1	33.3	72.7	0.9	26.4

5-8 分地区就业人员受教育程度构成
Educational Attainment Composition of Employment by Region

单位：% (%)

地区	Region	合计 Total	男 Male	女 Female	未上过学 Illiterate	小学 Primary School	初中 Junior School	高中 Senior School	大学专科 College	大学本科 University	研究生及以上 Graduate and Higher Level
全国	**National**	**100.0**	**55.2**	**44.8**	**1.8**	**18.1**	**46.7**	**17.2**	**9.3**	**6.2**	**0.55**
北京	Beijing	100.0	59.5	40.5	0.3	3.0	20.9	19.9	18.5	29.5	7.87
天津	Tianjin	100.0	61.1	38.9	0.2	6.7	39.3	19.7	18.3	14.5	1.35
河北	Hebei	100.0	57.1	42.9	1.3	15.3	55.3	14.8	7.9	5.3	0.23
山西	Shanxi	100.0	59.8	40.2	1.0	11.1	51.4	19.6	10.8	5.7	0.29
内蒙古	Inner Mongolia	100.0	58.6	41.4	1.6	19.8	42.9	17.2	11.6	6.5	0.42
辽宁	Liaoning	100.0	55.9	44.1	0.4	12.5	55.5	14.9	9.2	7.0	0.50
吉林	Jilin	100.0	55.7	44.3	0.7	17.7	52.7	14.0	7.6	6.9	0.35
黑龙江	Heilongjiang	100.0	57.0	43.0	0.8	19.7	54.5	13.4	7.0	4.4	0.23
上海	Shanghai	100.0	58.6	41.4	0.2	4.2	28.8	24.0	19.6	20.8	2.45
江苏	Jiangsu	100.0	52.9	47.1	2.0	15.8	45.2	18.7	11.2	6.5	0.59
浙江	Zhejiang	100.0	56.0	44.0	1.9	20.1	39.5	17.0	11.8	9.2	0.52
安徽	Anhui	100.0	53.9	46.1	4.9	20.7	51.7	11.1	6.8	4.4	0.40
福建	Fujian	100.0	58.4	41.6	1.5	20.1	42.7	17.7	9.9	7.6	0.51
江西	Jiangxi	100.0	54.8	45.2	1.3	19.6	51.2	17.0	6.8	3.9	0.24
山东	Shandong	100.0	53.9	46.1	1.9	16.7	45.2	18.8	9.8	7.0	0.49
河南	Henan	100.0	51.5	48.5	1.9	14.6	53.3	18.3	7.4	4.3	0.27
湖北	Hubei	100.0	55.1	44.9	2.5	15.7	45.2	20.7	9.9	5.5	0.57
湖南	Hunan	100.0	55.3	44.7	1.0	15.6	44.3	23.4	10.1	5.1	0.43
广东	Guangdong	100.0	56.5	43.5	0.5	12.2	47.8	24.0	9.6	5.4	0.38
广西	Guangxi	100.0	54.7	45.3	0.9	18.3	58.2	12.2	7.2	3.0	0.26
海南	Hainan	100.0	55.6	44.4	1.7	11.5	50.2	21.4	8.3	6.7	0.24
重庆	Chongqing	100.0	55.8	44.2	2.1	29.2	38.3	16.2	8.4	5.2	0.57
四川	Sichuan	100.0	53.8	46.2	2.1	26.4	45.3	15.3	7.1	3.7	0.18
贵州	Guizhou	100.0	52.7	47.3	5.4	31.1	45.0	8.3	6.4	3.7	0.09
云南	Yunnan	100.0	54.3	45.7	2.9	41.2	36.1	9.5	5.6	4.4	0.22
西藏	Tibet	100.0	53.4	46.6	19.9	46.3	20.6	7.3	2.9	3.0	
陕西	Shaanxi	100.0	56.4	43.6	1.4	11.8	45.4	20.4	12.6	7.3	1.11
甘肃	Gansu	100.0	54.8	45.2	5.7	25.7	39.9	14.3	8.3	5.8	0.26
青海	Qinghai	100.0	56.0	44.0	5.2	27.2	37.2	13.9	9.2	6.8	0.40
宁夏	Ningxia	100.0	55.9	44.1	7.8	23.6	41.0	12.3	8.7	6.5	0.17
新疆	Xinjiang	100.0	55.6	44.4	1.0	23.2	44.6	13.5	11.7	5.6	0.37

资料来源：2014年9月劳动力调查资料(下表同)。
Data Source: Labor Force Survey in Sep.2014. The same applies to the tables following.

5-9　按受教育程度、性别分的就业人员职业构成

Occupation Composition of Employment by Educational Attainment and Sex

单位：%　　(%)

受教育程度	Educational Attainment	合计 Total	单位负责人 Unit Head	专业技术人员 Professional and Technical Personnel	办事人员和有关人员 Clerk and Related Workers	商业、服务业人员 Business Service Personnel	农林牧渔水利业生产人员 Agriculture and Water Conservancy Labors	生产运输设备操作人员及有关人员 Production, Transport Equipment Operators and Related Workers	其他 Others
总　计	**Total**	**100.0**	**2.2**	**10.4**	**6.8**	**22.2**	**34.1**	**23.9**	**0.4**
未上过学	Illiterate	100.0	0.3	1.1	0.7	8.1	81.2	8.4	0.2
小　学	Primary School	100.0	0.5	2.3	1.5	11.7	66.9	16.8	0.2
初　中	Junior School	100.0	1.4	4.1	2.8	23.1	38.2	30.0	0.4
高　中	Senior School	100.0	3.3	11.6	9.4	33.6	13.5	27.9	0.5
大学专科	College	100.0	5.1	30.8	20.3	25.5	2.7	15.1	0.4
大学本科	University	100.0	5.3	44.9	25.5	15.2	1.1	7.7	0.2
研究生	Graduate	100.0	5.9	62.9	20.7	6.0	0.7	3.7	0.1
男	**Male**	**100.0**	**3.0**	**9.1**	**7.8**	**20.1**	**29.3**	**30.4**	**0.4**
未上过学	Illiterate	100.0	0.3	1.5	1.3	8.4	74.9	13.4	0.3
小　学	Primary School	100.0	0.9	2.2	2.3	11.1	60.1	23.0	0.3
初　中	Junior School	100.0	1.9	4.1	3.5	19.7	33.9	36.5	0.4
高　中	Senior School	100.0	4.0	9.1	9.9	28.6	13.3	34.4	0.6
大学专科	College	100.0	7.0	23.8	21.4	24.2	3.1	20.2	0.4
大学本科	University	100.0	7.1	38.8	27.1	15.4	1.3	9.9	0.3
研究生	Graduate	100.0	6.9	59.9	21.5	5.9	1.1	4.4	0.3
女	**Female**	**100.0**	**1.2**	**11.9**	**5.6**	**24.9**	**40.1**	**16.0**	**0.4**
未上过学	Illiterate	100.0	0.3	0.9	0.5	8.0	84.1	6.1	0.2
小　学	Primary School	100.0	0.2	2.3	0.7	12.3	72.9	11.3	0.2
初　中	Junior School	100.0	0.8	4.0	1.9	27.5	43.8	21.6	0.5
高　中	Senior School	100.0	2.2	15.8	8.6	41.9	13.9	17.3	0.4
大学专科	College	100.0	2.8	39.6	19.0	27.2	2.3	8.7	0.5
大学本科	University	100.0	2.9	52.7	23.5	14.9	0.9	4.9	0.2
研究生	Graduate	100.0	4.5	67.0	19.5	6.1	0.3	2.6	

5-10 分地区规模以上工业企业研究与试验发展(R&D)人员全时当量情况

Statistics on Full-time Equivalent of R&D Personnel of Industrial Enterprises above Designated Size by Region

单位：人年 (man-year)

地 区	Region	2011	2012	2013	2014
全 国	**National Total**	**1939075**	**2246179**	**2493958**	**2641578**
北 京	Beijing	49829	53510	58036	57761
天 津	Tianjin	47828	60681	68175	79014
河 北	Hebei	51498	55979	65049	75142
山 西	Shanxi	32476	31542	34024	35775
内蒙古	Inner Mongolia	17645	21509	26990	27068
辽 宁	Liaoning	47513	52064	59090	63374
吉 林	Jilin	17884	24365	23709	24395
黑龙江	Heilongjiang	39661	36256	37296	37509
上 海	Shanghai	79147	82355	92136	93868
江 苏	Jiangsu	287447	342262	393942	422865
浙 江	Zhejiang	203904	228618	263507	290339
安 徽	Anhui	56275	73356	86000	95287
福 建	Fujian	75503	90280	100200	110892
江 西	Jiangxi	23969	23877	29519	28803
山 东	Shandong	180832	204398	227403	230800
河 南	Henan	93833	102846	125091	134256
湖 北	Hubei	71281	77087	85826	91456
湖 南	Hunan	57478	69784	73558	77428
广 东	Guangdong	346260	424563	426330	424872
广 西	Guangxi	20155	20845	20700	22793
海 南	Hainan	1587	2767	2882	3484
重 庆	Chongqing	27652	31577	36605	43797
四 川	Sichuan	36839	50533	58148	62145
贵 州	Guizhou	9564	12135	16049	15659
云 南	Yunnan	10335	12321	11811	12980
西 藏	Tibet	22	78	81	130
陕 西	Shaanxi	30829	36728	45809	50753
甘 肃	Gansu	9307	11445	12472	14380
青 海	Qinghai	1833	2020	2039	2068
宁 夏	Ningxia	3967	4196	4817	5799
新 疆	Xinjiang	6723	6202	6668	6688

5-11　城镇登记失业人数和失业率
Urban Registred Unemplyoment and Unemployment Rate

单位：万人，%　　(10 000 persons,%)

年　份 Year	登记失业人数 Urban Registered Unemployment	比上年增长 Increase over Preceeding year	登记失业率 Registered Unemployment Rate
1978	530.0		5.3
1979	567.6	7.1	5.4
1980	541.5	-4.6	4.9
1981	439.5	-18.8	3.8
1982	379.4	-13.7	3.2
1983	271.4	-28.5	2.3
1984	235.7	-13.2	1.9
1985	238.5	1.2	1.8
1986	264.4	10.9	2.0
1987	276.6	4.6	2.0
1988	296.2	7.1	2.0
1989	377.9	27.6	2.6
1990	383.2	1.4	2.5
1991	352.2	-8.1	2.3
1992	363.9	3.3	2.3
1993	420.1	15.4	2.6
1994	476.4	13.4	2.8
1995	519.6	9.1	2.9
1996	552.8	6.3	3.0
1997	576.8	4.3	3.1
1998	571.0	-1.0	3.1
1999	575.0	0.7	3.1
2000	595.0	3.5	3.1
2001	681.0	14.4	3.6
2002	770.0	13.1	4.0
2003	800.0	3.9	4.3
2004	827.0	3.4	4.2
2005	839.0	1.5	4.2
2006	847.0	1.0	4.1
2007	830.0	-2.0	4.0
2008	886.0	6.7	4.2
2009	921.0	4.0	4.3
2010	908.0	-1.4	4.1
2011	922.0	1.5	4.1
2012	917.0	-0.5	4.1
2013	926.0	1.0	4.05
2014	952.0	2.8	4.09

5-12 分地区城镇登记失业人数和增长情况
Urban Registred Umemployment by Region

单位：万人，%　　(10 000 persons,%)

地区 Region	登记失业人数 Unemployment					比上年增长 Increase over Preceeding year				
	2010	2011	2012	2013	2014	2010	2011	2012	2013	2014
北京 Beijing	7.7	8.1	8.1	7.5	7.4	-5.3	5.3	0.2	-7.5	-1.4
天津 Tianjin	16.1	20.1	20.4	21.7	22.5	7.3	24.9	1.4	6.3	3.9
河北 Hebei	35.1	36.0	36.8	37.2	38.3	1.8	2.4	2.3	1.1	2.9
山西 Shanxi	20.4	21.1	21.0	21.1	24.5	-5.8	3.7	-0.7	0.5	16.3
内蒙古 Inner Mongolia	20.8	21.8	23.1	23.8	24.8	3.3	4.9	5.9	2.9	4.0
辽宁 Liaoning	38.9	39.4	38.1	39.6	41.0	-6.5	1.3	-3.4	3.9	3.6
吉林 Jilin	22.7	22.2	22.3	22.6	23.2	-3.4	-1.9	0.4	1.4	2.5
黑龙江 Heilongjiang	36.2	35.0	41.3	41.4	39.9	15.4	-3.3	17.8	0.3	-3.7
上海 Shanghai	27.6	27.0	26.7	25.3	25.6	-1.0	-2.2	-1.2	-5.2	1.3
江苏 Jiangsu	40.6	41.4	40.5	37.6	36.6	-0.2	2.0	-2.4	-7.1	-2.8
浙江 Zhejiang	31.1	31.7	33.4	33.4	33.1	1.5	1.7	5.5	0.0	-0.8
安徽 Anhui	26.9	33.1	31.3	32.4	31.5	-10.7	23.4	-5.5	3.4	-2.8
福建 Fujian	14.5	14.6	14.5	14.7	14.3	-4.6	1.0	-0.6	1.1	-2.4
江西 Jiangxi	26.3	24.6	25.7	27.4	29.4	-3.8	-6.2	4.3	6.7	7.3
山东 Shandong	44.5	45.1	43.4	42.2	43.1	-1.4	1.3	-3.8	-2.9	2.2
河南 Henan	38.2	38.4	38.3	40.2	40.0	-0.8	0.7	-0.3	5.1	-0.6
湖北 Hubei	55.7	55.1	42.3	40.2	37.9	0.7	-1.0	-23.3	-4.9	-5.7
湖南 Hunan	43.2	43.1	44.1	45.6	47.3	-9.6	-0.2	2.3	3.4	3.6
广东 Guangdong	39.3	38.8	39.6	38.0	36.8	-0.5	-1.2	2.0	-4.1	-3.0
广西 Guangxi	19.1	18.8	18.9	18.0	18.7	-0.2	-1.3	0.7	-4.7	3.4
海南 Hainan	4.8	2.9	3.6	3.9	4.3	-9.9	-40.2	27.3	8.6	7.8
重庆 Chongqing	13.0	13.0	12.4	12.1	13.4	-3.2	-0.5	-4.1	-2.9	11.2
四川 Sichuan	34.6	36.9	40.7	42.9	54.4	-4.8	6.9	10.1	5.4	26.8
贵州 Guizhou	12.2	12.5	12.6	13.7	14.1	-1.3	2.7	0.4	8.7	3.1
云南 Yunnan	15.7	16.0	17.4	18.1	19.2	1.9	1.9	9.0	3.7	6.1
西藏 Tibet	2.1	1.0	1.6	1.6	1.7	3.1	-50.0	57.7	-0.7	3.5
陕西 Shaanxi	21.4	20.9	19.5	21.1	22.3	-0.3	-2.4	-6.8	8.1	6.1
甘肃 Gansu	10.7	10.8	9.8	9.3	9.7	4.3	0.5	-9.1	-5.1	4.5
青海 Qinghai	4.2	4.4	4.1	4.2	4.2	4.4	2.6	-6.0	3.3	-0.3
宁夏 Ningxia	4.8	5.2	4.6	4.7	5.0	-0.9	9.8	-11.8	1.9	6.5
新疆 Xinjiang	11.0	11.1	11.8	11.9	11.2	-7.3	1.2	6.6	0.4	-5.8

5-13　分地区城镇登记失业人数情况(2014年)
Basic Conditions of Urban Registered Unemployment by Region (2014)

单位：万人　　　　(10 000 persons)

地　区	Region	上年末结转登记失业人员 Unemployment at Last Year-end	本年新登记的失业人员 Unemployment Newly Regis-tered This Year	#女 Female	#就业转失业人数 Unemploy-employed	本年失业人员就业人数 From the Unemployed This Year	#女 Female	本年末登记失业人数 Unemployment at the Year-end	#女 Female	#长期失业者 Long-term Unemployment
北　京	Beijing	8.2	18.3	7.6	13.0	16.9	6.9	7.4	2.9	0.2
天　津	Tianjin	22.7	12.1	5.5	7.3	11.3	5.2	22.5	11.6	0.1
河　北	Hebei	38.2	54.3	17.9	7.4	43.0	15.8	38.3	16.1	3.2
山　西	Shanxi	23.9	27.1	10.4	5.4	22.4	8.4	24.5	10.8	4.0
内蒙古	Inner Mongolia	24.4	23.3	11.2	6.1	21.4	10.5	24.8	11.7	1.6
辽　宁	Liaoning	41.5	78.2	34.1	57.1	74.9	34.8	41.0	20.0	1.3
吉　林	Jilin	22.9	33.8	15.7	11.5	32.3	15.4	23.2	9.9	1.3
黑龙江	Heilongjiang	43.3	66.2	29.5	42.3	65.8	29.7	39.9	19.0	1.9
上　海	Shanghai	24.1	39.7	14.9	23.2	38.1	16.1	25.6	6.1	5.9
江　苏	Jiangsu	36.8	111.3	52.5	77.5	110.9	54.7	36.6	16.1	2.1
浙　江	Zhejiang	33.5	41.8	19.6	19.0	41.0	19.9	33.1	14.1	3.0
安　徽	Anhui	31.7	39.3	18.4	10.0	39.9	17.8	31.5	14.2	1.2
福　建	Fujian	14.9	28.4	14.3	11.2	24.0	11.4	14.3	6.4	3.2
江　西	Jiangxi	29.7	92.4	41.8	3.7	89.8	42.6	29.4	10.8	1.3
山　东	Shandong	42.2	79.4	36.9	37.4	74.1	33.8	43.1	17.0	2.7
河　南	Henan	39.9	42.6	16.7	11.2	40.8	14.9	40.0	18.8	2.2
湖　北	Hubei	39.3	58.0	24.8	10.7	55.3	23.4	37.9	17.7	2.3
湖　南	Hunan	47.6	45.9	20.3	15.3	43.6	19.8	47.3	17.1	1.8
广　东	Guangdong	37.7	66.4	31.4	21.4	63.1	31.3	36.8	15.3	2.2
广　西	Guangxi	18.3	20.6	9.3	5.9	18.4	8.8	18.7	8.6	1.2
海　南	Hainan	4.2	4.1	1.8	1.6	3.8	1.4	4.3	2.0	0.3
重　庆	Chongqing	13.5	30.4	20.0	13.2	26.8	18.3	13.4	6.9	0.4
四　川	Sichuan	54.5	67.1	29.5	26.4	52.3	22.1	54.4	26.7	1.7
贵　州	Guizhou	13.8	13.5	5.9	3.0	12.8	5.6	14.1	6.2	0.8
云　南	Yunnan	18.8	32.5	14.2	8.9	29.8	13.0	19.2	8.3	2.5
西　藏	Tibet	1.4	3.2	1.9	0.2	3.1	1.4	1.7	1.0	0.0
陕　西	Shaanxi	22.1	20.9	10.0	2.7	19.6	10.0	22.3	7.3	2.1
甘　肃	Gansu	9.8	31.9	15.8	7.5	31.2	15.2	9.7	4.5	1.2
青　海	Qinghai	4.3	6.5	2.8	1.9	6.5	2.7	4.2	1.8	0.7
宁　夏	Ningxia	5.0	10.5	5.3	5.7	10.2	5.0	5.0	2.0	0.1
新　疆	Xinjiang	10.0	39.2	14.7	8.3	39.9	14.1	11.2	5.2	0.5
新疆兵团	Xingjiang Production and Construction Crops	1.4	15.0	6.3	2.7	14.6	6.1	3.4	1.4	0.3

5-14 按年龄、性别分的城镇失业人员失业原因构成
Unemployment Reason Composition of Urban Unemployement by Age and Sex

单位：% (%)

年龄 Age	合 计 Total	离退休 Retired	料理家务 Take Care of Housework	毕业后未工作 Job-off after Graduated	因单位原因失去工作 Lose Job for Working Unit Reasons	因个人原因失去工作 Lose Job for Individual Reasons	承包土地被征用 Land Expropriated	其 他 Others
总计 Total	**100.0**	**5.4**	**24.0**	**15.9**	**15.1**	**29.5**	**1.7**	**8.2**
16-19	100.0		2.8	65.0	4.0	21.8		6.3
20-24	100.0		7.5	54.0	3.5	28.2	0.3	6.5
25-29	100.0		21.6	21.8	6.7	39.4	0.5	9.9
30-34	100.0		33.7	5.5	11.0	39.0	1.4	9.5
35-39	100.0		40.3	1.6	16.5	31.5	1.3	8.8
40-44	100.0	0.0	32.9	1.2	24.0	29.3	3.0	9.7
45-49	100.0	3.1	32.0	0.5	28.4	25.0	3.1	7.9
50-54	100.0	20.4	18.0	0.4	28.7	22.0	2.5	8.0
55-59	100.0	31.0	14.9	0.3	27.6	17.3	3.0	5.8
60-64	100.0	56.2	18.9		8.9	8.1	5.2	2.7
65+	100.0	59.6	17.8		4.6	4.6	6.0	7.3
男 Male	**100.0**	**5.9**	**3.8**	**22.4**	**20.6**	**33.2**	**2.5**	**11.5**
16-19	100.0		1.4	64.2	3.9	23.9		6.6
20-24	100.0		0.7	60.5	3.5	27.5	0.6	7.3
25-29	100.0		2.6	29.6	10.2	44.3	0.8	12.4
30-34	100.0		3.6	10.1	16.7	50.5	3.1	16.1
35-39	100.0		4.9	2.1	27.0	42.8	3.1	20.0
40-44	100.0	0.1	5.7	1.1	31.5	40.2	4.5	16.9
45-49	100.0	0.4	7.6	0.8	38.6	34.4	5.0	13.3
50-54	100.0	5.3	4.3	0.7	45.9	28.8	2.5	12.5
55-59	100.0	22.6	5.7	0.5	41.9	18.8	3.2	7.4
60-64	100.0	63.5	7.1		9.8	10.1	6.7	2.8
65+	100.0	66.0	10.0		6.6	2.7	7.9	6.8
女 Female	**100.0**	**5.1**	**37.9**	**11.5**	**11.3**	**27.0**	**1.2**	**6.0**
16-19	100.0		5.4	66.5	4.1	18.1		5.9
20-24	100.0		14.9	46.9	3.5	28.9	0.1	5.7
25-29	100.0		33.3	16.9	4.6	36.4	0.3	8.4
30-34	100.0		45.8	3.6	8.7	34.3	0.7	6.9
35-39	100.0		53.3	1.5	12.6	27.4	0.6	4.7
40-44	100.0		45.3	1.3	20.6	24.3	2.3	6.4
45-49	100.0	4.4	44.0	0.3	23.3	20.4	2.2	5.3
50-54	100.0	35.8	32.0	0.1	11.1	15.2	2.5	3.3
55-59	100.0	45.6	31.0		3.0	14.7	2.8	2.9
60-64	100.0	42.4	41.2		7.2	4.3	2.3	2.5
65+	100.0	45.0	36.0			9.1	1.6	8.2

资料来源：2014年9月劳动力调查资料(下表同)。
Data Source: Labor Force Survey in Sep.2014. The same applies to the tables following.

5-15 按失业原因、性别分的城镇失业人员年龄构成
Age Composotion of Urban Unemployment by Unemployed Reason and Sex

单位：% (%)

年龄 Age	合 计 Total	离退休 Retired	料理家务 Take Care of Housework	毕业后未工作 Job-off after Graduated	因单位原因失去工作 Lose Job for Working Unit Reasons	因个人原因失去工作 Lose Job for Individual Reasons	承包土地被征用 Land Expropriated	其 他 Others
总计 Total	**100.0**	**100.0**	**100.0**	**100.0**	**100.0**	**100.0**	**100.0**	**100.0**
16-19	3.3		0.4	13.4	0.9	2.4		2.5
20-24	17.1		5.3	57.9	4.0	16.3	3.3	13.5
25-29	15.8		14.2	21.5	7.0	21.1	4.7	19.0
30-34	12.8		17.9	4.4	9.3	16.9	10.2	14.8
35-39	10.2		17.2	1.1	11.1	10.9	7.5	11.0
40-44	13.7	0.0	18.8	1.0	21.8	13.6	23.6	16.1
45-49	10.9	6.2	14.5	0.3	20.5	9.2	19.9	10.5
50-54	8.1	30.6	6.1	0.2	15.4	6.1	11.8	7.8
55-59	4.5	25.9	2.8	0.1	8.3	2.6	7.9	3.2
60-64	2.6	27.3	2.1		1.5	0.7	7.9	0.9
65+	0.9	10.0	0.7		0.3	0.1	3.2	0.8
男 Male	**100.0**	**100.0**	**100.0**	**100.0**	**100.0**	**100.0**	**100.0**	**100.0**
16-19	5.2		1.8	14.8	1.0	3.7		3.0
20-24	22.0		4.0	59.6	3.8	18.2	4.9	13.9
25-29	14.8		10.2	19.6	7.3	19.7	4.8	15.9
30-34	9.0		8.4	4.1	7.3	13.7	11.0	12.5
35-39	6.7		8.7	0.6	8.8	8.7	8.3	11.7
40-44	10.5	0.1	15.7	0.5	16.1	12.8	18.6	15.5
45-49	8.9	0.5	17.7	0.3	16.6	9.2	17.5	10.2
50-54	10.1	9.1	11.2	0.3	22.4	8.7	10.0	10.9
55-59	7.0	27.1	10.4	0.2	14.3	4.0	8.8	4.5
60-64	4.2	45.7	7.8		2.0	1.3	11.2	1.0
65+	1.6	17.5	4.0		0.5	0.1	4.9	0.9
女 Female	**100.0**	**100.0**	**100.0**	**100.0**	**100.0**	**100.0**	**100.0**	**100.0**
16-19	2.0		0.3	11.6	0.7	1.3		2.0
20-24	13.7		5.4	55.6	4.2	14.7	1.0	13.0
25-29	16.5		14.5	24.2	6.7	22.2	4.5	23.1
30-34	15.4		18.6	4.9	11.8	19.6	9.0	17.7
35-39	12.6		17.7	1.6	14.0	12.8	6.3	10.0
40-44	15.9		19.0	1.8	28.9	14.3	30.9	17.0
45-49	12.3	10.7	14.3	0.4	25.3	9.3	23.4	10.9
50-54	6.8	47.6	5.7	0.0	6.7	3.8	14.5	3.8
55-59	2.8	24.9	2.3		0.7	1.5	6.7	1.4
60-64	1.5	12.7	1.7		1.0	0.2	3.0	0.6
65+	0.5	4.1	0.4			0.2	0.6	0.6

5-16 按失业原因、性别分的城镇失业人员受教育程度构成
Educational Attainment of Urban Unemployed Persons by Reason and Sex

单位：% (%)

受教育程度	Educational Attainment	合计 Total	离退休 Retired	料理家务 Do Housework	毕业后未工作 Job-off After Graduated	因单位原因失去工作 Lost Job for Working Unit Reasons	因个人原因失去工作 Lost Job for Individual Reasons	承包土地被征用 Land Expropriated	其他 Others
总计	**Total**	**100.0**	**100.0**	**100.0**	**100.0**	**100.0**	**100.0**	**100.0**	**100.0**
未上过学	No Schooling	0.4	0.1	0.6	0.1	0.1	0.3	1.1	0.9
小学	Primary School	7.2	7.5	12.6	0.9	3.9	6.8	20.4	8.6
初中	Junior Secondary School	38.9	42.3	52.4	13.8	39.4	38.1	60.1	43.0
高中	Senior Secondary School	30.1	40.2	24.4	29.1	39.6	30.1	12.9	28.6
大学专科	College	15.2	7.6	7.6	31.1	12.4	16.7	3.9	13.3
大学本科	University	7.8	2.3	2.4	23.8	4.3	7.4	1.6	5.6
研究生及以上	Graduate and Higher Level	0.4		0.1	1.1	0.3	0.6		0.0
男	**Male**	**100.0**	**100.0**	**100.0**	**100.0**	**100.0**	**100.0**	**100.0**	**100.0**
未上过学	No Schooling	0.3		1.0	0.1	0.2	0.2	1.5	0.4
小学	Primary School	5.9	7.8	19.8	1.0	3.8	6.8	17.2	8.4
初中	Junior Secondary School	34.8	47.0	47.5	13.6	40.1	36.5	58.8	45.5
高中	Senior Secondary School	33.6	33.5	26.3	33.0	39.6	33.6	16.8	29.9
大学专科	College	16.1	8.3	3.3	29.2	11.4	15.3	3.8	12.1
大学本科	University	9.0	3.3	2.0	22.2	4.7	7.1	1.9	3.6
研究生及以上	Graduate and Higher Level	0.4			0.8	0.2	0.5		0.1
女	**Female**	**100.0**	**100.0**	**100.0**	**100.0**	**100.0**	**100.0**	**100.0**	**100.0**
未上过学	No Schooling	0.4	0.1	0.6	0.2	0.1	0.4	0.6	1.6
小学	Primary School	8.2	7.3	12.1	0.8	4.1	6.8	25.0	8.9
初中	Junior Secondary School	41.7	38.6	52.7	14.2	38.4	39.4	62.1	39.7
高中	Senior Secondary School	27.8	45.5	24.2	23.9	39.6	27.2	7.2	26.8
大学专科	College	14.5	7.1	7.9	33.7	13.5	17.9	4.0	14.9
大学本科	University	7.0	1.5	2.4	26.0	3.8	7.7	1.0	8.1
研究生及以上	Graduate and Higher Level	0.4		0.1	1.3	0.4	0.6		

5-17　按年龄、性别分的城镇失业人员未工作时间构成
Unemployment Duration of Urban Unemployed Persons by Age and Sex

单位：%　　　　　　　　　　　　　　　　　　　　　　　　　　　　(%)

年　龄 Age	合　计 Total	1个月 1 Month	2-3个月 2-3 Months	4-6个月 4-6 Months	7-12个月 7-12 Months	13-24个月 13-24 Months	25个月以上 25+ Months+
总计　Total	**100.0**	**6.1**	**14.4**	**14.8**	**28.5**	**16.9**	**19.3**
16-19	100.0	13.9	27.5	13.2	29.2	10.5	5.6
20-24	100.0	12.3	22.2	15.5	27.3	13.7	8.9
25-29	100.0	5.2	16.7	14.7	30.3	17.6	15.6
30-34	100.0	5.4	14.7	17.9	27.1	15.3	19.5
35-39	100.0	4.0	13.4	14.5	29.8	18.4	19.8
40-44	100.0	4.3	10.3	14.8	30.3	17.1	23.2
45-49	100.0	4.8	9.5	13.1	26.4	19.2	27.0
50-54	100.0	3.3	9.6	13.8	29.2	18.5	25.6
55-59	100.0	3.7	8.2	12.3	24.6	21.7	29.5
60-64	100.0	1.2	6.0	15.1	31.6	21.7	24.5
65+	100.0	3.6	10.2	8.4	22.6	11.7	43.6
男　Male	**100.0**	**7.5**	**16.7**	**15.2**	**27.6**	**15.7**	**17.4**
16-19	100.0	13.5	28.5	11.8	28.6	10.0	7.6
20-24	100.0	12.3	20.7	16.9	26.3	15.0	8.7
25-29	100.0	6.7	18.7	15.5	30.8	13.2	15.1
30-34	100.0	8.2	17.8	20.7	27.2	13.6	12.5
35-39	100.0	4.6	20.2	18.1	30.0	11.0	16.2
40-44	100.0	5.6	15.7	18.3	27.9	16.5	15.9
45-49	100.0	7.1	11.8	10.1	28.5	17.8	24.7
50-54	100.0	4.1	11.4	12.4	25.3	17.7	29.2
55-59	100.0	4.0	8.5	8.9	23.0	22.7	32.8
60-64	100.0	1.8	6.9	15.5	29.5	24.4	21.9
65+	100.0	3.1	11.5	6.9	28.1	13.4	37.1
女　Female	**100.0**	**5.1**	**12.9**	**14.5**	**29.1**	**17.8**	**20.6**
16-19	100.0	14.6	25.8	15.7	30.4	11.4	2.1
20-24	100.0	12.3	23.9	13.9	28.5	12.3	9.1
25-29	100.0	4.2	15.4	14.2	29.9	20.3	15.9
30-34	100.0	4.3	13.5	16.7	27.1	16.0	22.4
35-39	100.0	3.8	10.9	13.2	29.7	21.2	21.1
40-44	100.0	3.7	7.8	13.2	31.5	17.4	26.4
45-49	100.0	3.7	8.3	14.6	25.4	19.9	28.1
50-54	100.0	2.6	7.7	15.2	33.2	19.4	22.0
55-59	100.0	3.0	7.7	18.1	27.4	20.0	23.8
60-64	100.0		4.2	14.4	35.6	16.7	29.2
65+	100.0	4.9	7.2	11.7	9.8	7.8	58.6

5-18 按行业、性别分的城镇就业人员调查周平均工作时间
Weekly Working Hours in Urban Area by Sector and Sex

单位:小时/周 (hours/per week)

项 目	Item	2014年9月 Sep.2014	男 Male	女 Female	男女比 (女=1)
总 计	**National Total**	**46.6**	**47.5**	**45.5**	**1.0**
农、林、牧、渔业	Farming,Forestry,Animal Husbandry and Fishery	37.4	40.1	34.8	1.2
采矿业	Mining	46.0	46.8	42.9	1.1
制造业	Manufacturing	48.7	48.9	48.4	1.0
电力、热力、燃气及水生产和供应业	Production and Supply of Electricity,Heat, Gas and Water	43.7	44.1	42.9	1.0
建筑业	Construction	49.6	50.1	46.8	1.1
批发和零售业	Wholesale and Retail Trades	50.5	51.1	50.0	1.0
交通运输、仓储和邮政业	Transport,Storage and Post	48.2	49.0	44.9	1.1
住宿和餐饮业	Hotels and Catering Services	51.6	52.6	50.7	1.0
信息传输、软件和信息技术服务业	Information Transmission, Software and Information Technology	47.6	47.5	47.7	1.0
金融业	Financial Intermediation	42.9	42.9	42.8	1.0
房地产业	Real Estate	46.0	46.6	45.0	1.0
租赁和商务服务业	Leasing and Business Services	45.1	46.0	43.9	1.0
科学研究和技术服务业	Scientific Research and Technical Service	42.4	42.5	42.3	1.0
水利、环境和公共设施管理业	Management of Water Conservancy,Environment and Public Establishment	44.8	44.9	44.5	1.0
居民服务、修理和其他服务业	Services to Household,Repair and Other Services	50.0	50.8	49.1	1.0
教育	Education	42.4	43.0	42.1	1.0
卫生和社会工作	Health and Social Service	44.1	44.9	43.7	1.0
文化体育和娱乐业	Culture, Sports and Entertainment	46.0	46.3	45.7	1.0
公共管理、社会保障和社会组织	Public Management,Social Security and Social Organization	41.9	42.2	41.3	1.0
国际组织	International Organizations	45.2	50.0	39.2	1.3

5-19　按年龄、性别分的城镇就业人员工作时间构成
Working Hours of Urban Employed Persons by Age and Sex

单位：%　(%)

年　龄 Age	合　计 Total	1-8小时 1-8 Hours	9-19小时 9-19 Hours	20-39小时 20-39 Hours	40小时 40 Hours	41-48小时 41-48 Hours	48小时以上 48 Hours Above
总计　Total	**100.0**	**0.6**	**1.4**	**8.0**	**36.1**	**20.2**	**33.7**
16-19	100.0	0.2	1.1	9.5	22.7	23.2	43.3
20-24	100.0	0.4	0.6	6.2	33.2	24.9	34.7
25-29	100.0	0.4	0.6	5.2	38.0	22.7	33.0
30-34	100.0	0.4	0.8	5.2	40.5	20.7	32.5
35-39	100.0	0.4	0.7	5.8	38.0	19.5	35.5
40-44	100.0	0.4	1.0	6.9	35.9	19.7	36.2
45-49	100.0	0.7	1.3	8.5	35.1	19.6	34.8
50-54	100.0	0.8	1.7	9.7	37.9	18.2	31.7
55-59	100.0	1.1	2.8	14.1	34.8	17.0	30.0
60-64	100.0	1.7	6.6	24.8	23.4	14.5	28.9
65+	100.0	3.3	12.0	35.6	18.5	10.4	20.2
男　Male	**100.0**	**0.5**	**1.0**	**6.5**	**35.7**	**20.0**	**36.2**
16-19	100.0	0.1	0.8	8.9	22.6	20.2	47.3
20-24	100.0	0.4	0.6	5.8	30.9	24.1	38.3
25-29	100.0	0.5	0.5	4.3	35.7	22.2	36.8
30-34	100.0	0.3	0.6	4.3	39.3	20.4	35.1
35-39	100.0	0.3	0.6	4.6	37.1	19.2	38.2
40-44	100.0	0.2	0.7	5.3	35.4	19.7	38.6
45-49	100.0	0.5	0.8	6.6	35.4	19.2	37.4
50-54	100.0	0.5	1.1	6.7	40.2	19.2	32.3
55-59	100.0	0.7	1.5	9.8	38.8	18.1	31.2
60-64	100.0	1.3	4.5	19.1	25.3	16.3	33.4
65+	100.0	2.2	9.9	32.6	19.0	12.0	24.3
女　Female	**100.0**	**0.8**	**1.8**	**10.0**	**36.6**	**20.4**	**30.4**
16-19	100.0	0.3	1.6	10.2	22.7	27.2	38.1
20-24	100.0	0.4	0.7	6.6	36.1	25.8	30.4
25-29	100.0	0.4	0.8	6.3	40.7	23.2	28.6
30-34	100.0	0.5	1.0	6.2	41.8	21.0	29.5
35-39	100.0	0.5	0.9	7.3	39.1	19.9	32.3
40-44	100.0	0.6	1.2	8.8	36.4	19.6	33.3
45-49	100.0	0.9	1.9	10.9	34.7	20.0	31.6
50-54	100.0	1.2	2.9	15.4	33.6	16.3	30.5
55-59	100.0	2.2	6.0	24.1	25.7	14.5	27.4
60-64	100.0	2.3	10.0	34.0	20.3	11.6	21.7
65+	100.0	4.9	15.2	40.4	17.7	8.0	13.7

5-20 公共就业服务工作情况(2014年)

单位：人，%

项　目	Item	本期单位登记招聘人数 Total Registered Job Vacancies This Year	本期登记求职人数 Total Registered Job-seekers This Year	#女 Female	#城镇登记失业人员 Urban Registered Unemployed persons
总　计	**Total**	**61843180**	**45554947**	**19059537**	**11467839**
市(地、州)及以上公共就业人才服务机构	Public Employment (Talent) Services Institution of City (Prefecture) and Above	21537466	15461005	6144897	3398730
区(县)公共就业人才服务机构	Public Employment (Talent) Services Institution of District (County)	30586188	22297854	9461363	5625137
街道公共就业人才服务机构	Public Employment (Talent) Services Institution of Street	4165759	2342171	1155551	1147494
乡镇公共就业人才服务机构	Public Employment (Talent) Services Institution of Town	3709784	3956495	1621431	595021
社区公共就业人才服务窗口	Public Employment (Talent) Services Window of Community	1479549	1129741	526593	586386
行政村公共就业人才服务窗口	Public Employment (Talent) Services Window of Administrative Village	364434	367681	149702	115071

5-20 续表

单位：人，%

项　目	Item	本期接受创业服务人数 Person-times of Vocational Guidance	#女 Female	本期介绍成功人数 Placed Job-seekers	#女 Female
总　计	**Total**	**4142074**	**1422283**	**19133259**	**8281579**
市(地、州)及以上公共就业人才服务机构	Public Employment (Talent) Services Institution of City (Prefecture) and Above	1395557	548284	4834744	2112109
区(县)公共就业人才服务机构	Public Employment (Talent) Services Institution of District (County)	1954016	703490	10164379	4396862
街道公共就业人才服务机构	Public Employment (Talent) Services Institution of Street	218115	60329	1166389	604798
乡镇公共就业人才服务机构	Public Employment (Talent) Services Institution of Town	325918	65016	1957717	749384
社区公共就业人才服务窗口	Public Employment (Talent) Services Window of Community	145183	32215	612418	300859
行政村公共就业人才服务窗口	Public Employment (Talent) Services Window of Administrative Village	103285	12949	397612	117567

Situations of Public Employment Services (2014)

(person,%)

#应届高校毕业生 College Graduates	#农村劳动者 Rural Labours	本期登记求职人数比重(合计=100) Percentage #女 Female	#城镇登记失业人员 Urban Registered Unemp-loyed persons	#应届高校毕业生 College Graduates	#农村劳动者 Rural Labours	本期接受职业指导人数 Person-times of Vocational Guidance This Year	#女 Female
5053577	**17977467**	**41.8**	**25.2**	**11.1**	**39.5**	**18105927**	**7828369**
2808030	4503992	39.7	22.0	18.2	29.1	4485877	2041243
1742356	9561247	42.4	25.2	7.8	42.9	9366170	4194344
208838	843317	49.3	49.0	8.9	36.0	1158085	491779
173881	2544138	41.0	15.0	4.4	64.3	1713087	655207
84492	274156	46.6	51.9	7.5	24.3	730536	333625
35980	250617	40.7	31.3	9.8	68.2	652172	112171

5-20　continued

(person,%)

#城镇登记失业人员 Urban Registered Unemp-loyed persons	#应届高校毕业生 College Graduates	#农村劳动者 Rural Labours	本期介绍成功人数比重(合计=100) Percentage #女 Female	#城镇登记失业人员 Urban Registered Unemp-loyed persons	#应届高校毕业生 College Graduates	#农村劳动者 Rural Labours
5748470	**1896098**	**8124994**	**43.3**	**30.0**	**9.9**	**42.5**
1592166	848127	1508298	43.7	32.9	17.5	31.2
3017442	826404	4443409	43.3	29.7	8.1	43.7
535768	96592	396034	51.9	45.9	8.3	34.0
232803	70669	1485001	38.3	11.9	3.6	75.9
332529	39999	95565	49.1	54.3	6.5	15.6
37762	14307	196687	29.6	9.5	3.6	49.5

5-21 分地区公共就业服务工作情况(2014年)

单位：人，%

地区	Region	本期单位登记招聘人数 Total Registered Job Vacancies This Year	本期登记求职人数 Total Registered Job-seekers This Year	#女 Female	#城镇登记失业人员 Urban Registered Unemployed persons
总计	**National Total**	**61843180**	**45554947**	**19059537**	**11467839**
北京	Beijing	1177778	442670	149373	51495
天津	Tianjin	1022607	988364	441592	203745
河北	Hebei	2302926	2149443	577276	220068
山西	Shanxi	1168752	1052230	404798	245497
内蒙古	Inner Mongolia	625747	603925	264827	250858
辽宁	Liaoning	2966926	2766509	1061185	1036260
吉林	Jilin	946943	735666	333788	280135
黑龙江	Heilongjiang	1090455	1314197	555666	760939
上海	Shanghai	1681991	754103		
江苏	Jiangsu	7183282	6547588	3156337	1614743
浙江	Zhejiang	5180286	2677587	917364	383668
安徽	Anhui	2569934	2028274	952153	540220
福建	Fujian	5183998	4230988	1861703	579565
江西	Jiangxi	2452668	1145778	519878	348132
山东	Shandong	3442893	2547040	1208716	855159
河南	Henan	1732763	1239977	477377	280922
湖北	Hubei	1942182	1479378	682443	400057
湖南	Hunan	1995741	1645240	785106	661248
广东	Guangdong	5533418	3258464	1446256	768380
广西	Guangxi	3250224	1648347	657378	231584
海南	Hainan	837055	101922	50534	32606
重庆	Chongqing	1199355	856891	364738	401766
四川	Sichuan	1856888	1116626	524628	416586
贵州	Guizhou	1127362	558390	195087	104066
云南	Yunnan	647376	560289	242115	193319
西藏	Tibet	37629	36798	17522	14555
陕西	Shaanxi	1006090	1328117	552424	178603
甘肃	Gansu	382227	353837	167437	181991
青海	Qinghai	592380	598615	177151	48605
宁夏	Ningxia	205359	254954	60945	18704
新疆	Xinjiang	393274	376021	171429	136555
新疆兵团	Xinjiang Production and Construction Corps	106671	156719	82311	27808

Situations of Public Employment Services by Regioin (2014)

(person,%)

#应届高校毕业生 College Graduates	#农村劳动者 Rural Labours	本期登记求职人数比重(合计=100) Percentage #女 Female	#城镇登记失业人员 Urban Registered Unemp-loyed persons	#应届高校毕业生 College Graduates	#农村劳动者 Rural Labours	本期接受职业指导人数 Person-times of Vocational Guidance This Year	#女 Female
5053577	**17977467**	**41.8**	**25.2**	**11.1**	**39.5**	**18105927**	**7828369**
75955	37751	33.7	11.6	17.2	8.5	386172	39400
65615	140688	44.7	20.6	6.6	14.2	597144	257528
317905	428427	26.9	10.2	14.8	19.9	646063	239594
202418	287163	38.5	23.3	19.2	27.3	215724	94670
79664	140097	43.9	41.5	13.2	23.2	277690	121237
348184	446004	38.4	37.5	12.6	16.1	774884	300351
55447	236029	45.4	38.1	7.5	32.1	380330	169597
109757	230054	42.3	57.9	8.4	17.5	587972	249747
						47033	
684421	2636006	48.2	24.7	10.5	40.3	2602801	1312811
161014	1402808	34.3	14.3	6.0	52.4	1351037	463885
209899	601506	46.9	26.6	10.3	29.7	815249	361236
260499	3330428	44.0	13.7	6.2	78.7	551609	266629
102957	462290	45.4	30.4	9.0	40.3	502941	228233
424540	940731	47.5	33.6	16.7	36.9	930222	435644
240678	438806	38.5	22.7	19.4	35.4	606958	249475
113285	564542	46.1	27.0	7.7	38.2	881941	432903
202581	423598	47.7	40.2	12.3	25.7	1322021	423654
282096	1839886	44.4	23.6	8.7	56.5	901833	459770
374297	514152	39.9	14.0	22.7	31.2	333665	160994
35033	43898	49.6	32.0	34.4	43.1	43112	22221
14471	327987	42.6	46.9	1.7	38.3	594569	284593
82642	448389	47.0	37.3	7.4	40.2	794612	387430
59207	186661	34.9	18.6	10.6	33.4	176670	78915
69089	257324	43.2	34.5	12.3	45.9	306139	147302
894	19219	47.6	39.6	2.4	52.2	52411	24687
377377	476180	41.6	13.4	28.4	35.9	416603	203689
51306	71913	47.3	51.4	14.5	20.3	160253	74898
9149	527336	29.6	8.1	1.5	88.1	499496	165065
4391	230095	23.9	7.3	1.7	90.2	110179	46888
30915	196893	45.6	36.3	8.2	52.4	179084	94906
7891	90606	52.5	17.7	5.0	57.8	59510	30417

5-21 续表

单位：人，%

地区 Region	本期接受创业服务人数 Person-times of Vocational Guidance	#女 Female	本期介绍成功人数 Placed Job-seekers	#女 Female
总计 National Total	**4142074**	**1422283**	**19133259**	**8281579**
北京 Beijing	14826	6831	84354	33445
天津 Tianjin	43967	18550	471044	250122
河北 Hebei	59675	24850	655500	264839
山西 Shanxi	46317	20182	498008	166322
内蒙古 Inner Mongolia	54367	24323	312758	127638
辽宁 Liaoning	72768	42194	1248645	575297
吉林 Jilin	49839	25977	369584	160831
黑龙江 Heilongjiang	55055	24591	645501	282969
上海 Shanghai	90335		352259	
江苏 Jiangsu	1153615	394136	2236689	1047177
浙江 Zhejiang	106310	35911	1147063	477681
安徽 Anhui	108586	55411	759094	345875
福建 Fujian	15387	7033	1362634	600495
江西 Jiangxi	83363	37945	587882	275193
山东 Shandong	300583	123724	1277311	595961
河南 Henan	107743	47080	639538	244651
湖北 Hubei	112830	55553	709663	329510
湖南 Hunan	667142	27482	766346	336072
广东 Guangdong	475147	202234	1446366	688085
广西 Guangxi	31066	13268	473020	207301
海南 Hainan	10600	5261	34158	16160
重庆 Chongqing	36415	24889	235033	126949
四川 Sichuan	117493	51429	540400	249088
贵州 Guizhou	66976	30638	196257	79101
云南 Yunnan	67028	34616	341921	119643
西藏 Tibet	1854	970	28395	13030
陕西 Shaanxi	90703	36644	377469	168133
甘肃 Gansu	47560	26759	154341	67050
青海 Qinghai	16517	8632	549791	166218
宁夏 Ningxia	10790	3916	244587	55550
新疆 Xinjiang	24292	9249	251288	118481
新疆兵团 Xinjiang Production and Construction Corps	2925	2005	136360	92712

5-21 continued

(person，%)

#城镇登记失业人员 Urban Registered Unemployed persons	#应届高校毕业生 College Graduates	#农村劳动者 Rural Labours	本期介绍成功人数比重(合计=100) Percentage #女 Female	#城镇登记失业人员 Urban Registered Unemployed persons	#应届高校毕业生 College Graduates	#农村劳动者 Rural Labours
5748470	**1896098**	**8124994**	**43.3**	**30.0**	**9.9**	**42.5**
25331	9771	12909	39.6	30.0	11.6	15.3
206542	63967	135139	53.1	43.8	13.6	28.7
125323	134163	249974	40.4	19.1	20.5	38.1
119591	84214	177778	33.4	24.0	16.9	35.7
151321	38393	102215	40.8	48.4	12.3	32.7
608514	165451	253536	46.1	48.7	13.3	20.3
163709	19296	111073	43.5	44.3	5.2	30.1
408225	45247	124802	43.8	63.2	7.0	19.3
663272	328062	917179	46.8	29.7	14.7	41.0
190752	77760	599261	41.6	16.6	6.8	52.2
251627	91333	294905	45.6	33.1	12.0	38.8
225016	98072	1065875	44.1	16.5	7.2	78.2
172738	16634	280586	46.8	29.4	2.8	47.7
444964	197364	425121	46.7	34.8	15.5	33.3
141326	71094	251895	38.3	22.1	11.1	39.4
206549	51698	302151	46.4	29.1	7.3	42.6
272216	63772	187124	43.9	35.5	8.3	24.4
495746	68344	627563	47.6	34.3	4.7	43.4
105772	45658	238796	43.8	22.4	9.7	50.5
5210	6339	10852	47.3	15.3	18.6	31.8
105308	8305	86226	54.0	44.8	3.5	36.7
207482	44726	203013	46.1	38.4	8.3	37.6
41122	26000	69868	40.3	21.0	13.2	35.6
103299	38820	180583	35.0	30.2	11.4	52.8
12801	268	14315	45.9	45.1	0.9	50.4
81627	54477	196965	44.5	21.6	14.4	52.2
60720	16623	56324	43.4	39.3	10.8	36.5
31668	4053	505544	30.2	5.8	0.7	92.0
12427	3404	228465	22.7	5.1	1.4	93.4
91189	16145	129783	47.1	36.3	6.4	51.6
17083	6645	85174	68.0	12.5	4.9	62.5

六、收入消费
Earning and Consumption

6-1 城乡居民人均收入情况
Per Capita Income of Urban and Rural Households

年 份 Year	城镇居民人均可支配收入 Per Capita Disposable Income of Urban Households		农村居民人均纯收入 Per Capita Net Income of Rural Households		城乡居民收入比（农村=1）Ratio (Rural=1)
	绝对数（元）Value (yuan)	指数（1978=100）Index	绝对数（元）Value (yuan)	指数（1978=100）Index	
1978	343.4	100.0	133.6	100.0	2.6
1980	477.6	127.0	191.3	139.0	2.5
1985	739.1	160.4	397.6	268.9	1.9
1990	1510.2	198.1	686.3	311.2	2.2
1991	1700.6	212.4	708.6	317.4	2.4
1992	2026.6	232.9	784.0	336.2	2.6
1993	2577.4	255.1	921.6	346.9	2.8
1994	3496.2	276.8	1221.0	364.3	2.9
1995	4283.0	290.3	1577.7	383.6	2.7
1996	4838.9	301.6	1926.1	418.1	2.5
1997	5160.3	311.9	2090.1	437.3	2.5
1998	5425.1	329.9	2162.0	456.1	2.5
1999	5854.0	360.6	2210.3	473.5	2.6
2000	6280.0	383.7	2253.4	483.4	2.8
2001	6859.6	416.3	2366.4	503.7	2.9
2002	7702.8	472.1	2475.6	527.9	3.1
2003	8472.2	514.6	2622.2	550.6	3.2
2004	9421.6	554.2	2936.4	588.0	3.2
2005	10493.0	607.4	3254.9	624.5	3.2
2006	11759.5	670.7	3587.0	670.7	3.3
2007	13785.8	752.5	4140.4	734.4	3.3
2008	15780.8	815.7	4760.6	793.2	3.3
2009	17174.7	895.4	5153.2	860.6	3.3
2010	19109.4	965.2	5919.0	954.4	3.2
2011	21809.8	1046.3	6977.3	1063.2	3.1
2012	24564.7	1146.7	7916.6	1176.9	3.1
2013	26955.1	1227.0	8895.9	1286.4	3.0
2014	29381.0	1310.5	9892.0	1404.7	3.0

注：本表1978—2012年数据来源于分别开展的城镇住户调查和农村住户调查，2013—2014年数据根据城乡一体化住户收支与生活状况调查数据按可比口径推算获得(以下相关表同)。

a) The data shown of the year 1978-2012 in the table are compiled on the basis of the urban and rural household surveys. And the year 2013-2014 in the table are reckoned at comparable coverage on the basis of the integrated household income and expenditure survey, including both urban and rural households(The same applies to the relevant tables following).

6-2 城乡居民恩格尔系数
Engel's Coefficient of Urban and Rural Households

单位：% (%)

年 份 Year	城镇居民恩格尔系数 Engel's Coefficient of Urban Households	农村居民恩格尔系数 Engel's Coefficient of Rural Households	年 份 Year	城镇居民恩格尔系数 Engel's Coefficient of Urban Households	农村居民恩格尔系数 Engel's Coefficient of Rural Households
1978	57.5	67.7	2001	38.2	47.7
1980	56.9	61.8	2002	37.7	46.2
1985	53.3	57.8	2003	37.1	45.6
1990	54.2	58.8	2004	37.7	47.2
1991	53.8	57.6	2005	36.7	45.5
1992	53.0	57.6	2006	35.8	43.0
1993	50.3	58.1	2007	36.3	43.1
1994	50.0	58.9	2008	37.9	43.7
1995	50.1	58.6	2009	36.5	41.0
1996	48.8	56.3	2010	35.7	41.1
1997	46.6	55.1	2011	36.3	40.4
1998	44.7	53.4	2012	36.2	39.3
1999	42.1	52.6	2013	35.0	37.7
2000	39.4	49.1			

6-3 全国居民人均收支和构成情况
Per Capita Income and Consumption Expenditure and Composition Nationwide

单位：元,% (yuan,%)

指　标	Item	绝对数 Value		构成 Percentage	
		2013	2014	2013	2014
全国居民人均收入	**Per Capita Income Nationwide**				
可支配收入	**Disposable Income**	**18310.8**	**20167.1**	**100.00**	**100.00**
1.工资性收入	1.Income of Wages and Salaries	10410.8	11420.6	56.86	56.63
2.经营净收入	2.Net Business Income	3434.7	3732.0	18.76	18.51
3.财产净收入	3.Net Income from Property	1423.3	1587.8	7.77	7.87
4.转移净收入	4.Net Income from Transfer	3042.1	3426.8	16.61	16.99
现金可支配收入	**Cash Disposable Income**	**17114.6**	**18747.4**	**100.00**	**100.00**
1.工资性收入	1.Income of Wages and Salaries	10348.6	11352.7	60.47	60.56
2.经营净收入	2.Net Business Income	3354.2	3571.5	19.60	19.05
3.财产净收入	3.Net Income from Property	526.6	621.8	3.08	3.32
4.转移净收入	4.Net Income from Transfer	2885.2	3201.3	16.86	17.08
全国居民人均支出	**Per Capita Expenditure Nationwide**				
消费支出	**Consumption Expenditure**	**13220.4**	**14491.4**	**100.00**	**100.00**
1.食品烟酒	1.Food,Tobacco and Liquor	4126.7	4493.9	31.21	31.01
2.衣着	2.Clothing	1027.1	1099.3	7.77	7.59
3.居住	3.Residence	2998.5	3200.5	22.68	22.09
4.生活用品及服务	4.Household Facilities, Articles and Services	806.5	889.7	6.10	6.14
5.交通通信	5.Transport and Communications	1627.1	1869.3	12.31	12.90
6.教育文化娱乐	6.Education, Cultural and Recreation	1397.7	1535.9	10.57	10.60
7.医疗保健	7.Health Care and Medical Services	912.1	1044.8	6.90	7.21
8.其他用品及服务	8.Miscellaneous Goods and Services	324.7	358.0	2.46	2.47
现金消费支出	**Cash Consumption Expenditure**	**10917.4**	**11975.7**	**100.00**	**100.00**
1.食品烟酒	1.Food, Tobacco and Liquor	3822.8	4185.6	35.02	34.95
2.衣着	2.Clothing	1025.7	1098.6	9.39	9.17
3.居住	3.Residence	1155.1	1215.7	10.58	10.15
4.生活用品及服务	4.Household Facilities, Articles and Services	801.8	882.6	7.34	7.37
5.交通通信	5.Transport and Communications	1624.8	1866.2	14.88	15.58
6.教育文化娱乐	6.Education, Cultural and Recreation	1396.5	1534.9	12.79	12.82
7.医疗保健	7.Health Care and Medical Services	772.1	838.3	7.07	7.00
8.其他用品及服务	8.Miscellaneous Goods and Services	318.7	353.8	2.92	2.95

注：2013、2014年数据来源于国家统计局开展的城乡一体化住户收支与生活状况调查(以下相关表同)。
The data in 2013 and 2014 are complied on the basis of the intergrated household income and expenditure survey of the NBS, including both urban and rural households.(The same applies to the relevant tables following)

6-4 城镇居民人均收支和构成情况
Per Capita Income and Consumption Expenditure and Composition of Urban Households

单位：元,% (yuan,%)

指 标	Item	绝对数 Value		构成 Percentage	
		2013	2014	2013	2014
城镇居民人均收入	**Per Capita Income Nationwide**				
可支配收入	**Disposable Income**	**26467.0**	**28843.9**	**100.00**	**100.00**
1.工资性收入	1.Income of Wages and Salaries	16617.4	17936.8	62.79	62.19
2.经营净收入	2.Net Business Income	2975.3	3279.0	11.24	11.37
3.财产净收入	3.Net Income from Property	2551.5	2812.1	9.64	9.75
4.转移净收入	4.Net Income from Transfer	4322.8	4815.9	16.33	16.70
现金可支配收入	**Cash Disposable Income**	**24799.0**	**26860.2**	**100.00**	**100.00**
1.工资性收入	1.Income of Wages and Salaries	16509.9	17821.3	66.58	66.35
2.经营净收入	2.Net Business Income	3332.3	3528.0	13.44	13.13
3.财产净收入	3.Net Income from Property	831.8	977.8	3.35	3.64
4.转移净收入	4.Net Income from Transfer	4125.0	4533.1	16.63	16.88
城镇居民人均支出	**Per Capita Expenditure Nationwide**				
消费支出	**Consumption Expenditure**	**18487.5**	**19968.1**	**100.00**	**100.00**
1.食品烟酒	1.Food,Tobacco and Liquor	5570.7	6000.0	30.13	30.05
2.衣着	2.Clothing	1553.7	1627.2	8.40	8.15
3.居住	3.Residence	4301.4	4489.6	23.27	22.48
4.生活用品及服务	4.Household Facilities, Articles and Services	1129.2	1233.2	6.11	6.18
5.交通通信	5.Transport and Communications	2317.8	2637.3	12.54	13.21
6.教育文化娱乐	6.Education, Cultural and Recreation	1988.3	2142.3	10.75	10.73
7.医疗保健	7.Health Care and Medical Services	1136.1	1305.6	6.15	6.54
8.其他用品及服务	8.Miscellaneous Goods and Services	490.4	532.9	2.65	2.67
现金消费支出	**Cash Consumption Expenditure**	**15453.0**	**16690.6**	**100.00**	**100.00**
1.食品烟酒	1.Food, Tobacco and Liquor	5461.2	5874.9	35.34	35.20
2.衣着	2.Clothing	1551.5	1626.6	10.04	9.75
3.居住	3.Residence	1579.9	1625.6	10.22	9.74
4.生活用品及服务	4.Household Facilities, Articles and Services	1124.0	1225.6	7.27	7.34
5.交通通信	5.Transport and Communications	2313.6	2631.5	14.97	15.77
6.教育文化娱乐	6.Education, Cultural and Recreation	1986.3	2140.7	12.85	12.83
7.医疗保健	7.Health Care and Medical Services	954.8	1038.5	6.18	6.22
8.其他用品及服务	8.Miscellaneous Goods and Services	481.7	527.1	3.12	3.16

6-5 农村居民人均收支和构成情况
Per Capita Income and Consumption Expenditure and Composition of Rural Households

单位：元,% (yuan,%)

指　标	Item	绝对数 Value		构成 Percentage	
		2013	2014	2013	2014
农村居民人均收入	**Per Capita Income of Rural Households**				
可支配收入	**Disposable Income**	**9429.6**	**10488.9**	**100.00**	**100.00**
1.工资性收入	1.Income of Wages and Salaries	3652.5	4152.2	38.73	39.59
2.经营净收入	2.Net Business Income	3934.9	4237.4	41.73	40.40
3.财产净收入	3.Net Income from Property	194.7	222.1	2.06	2.12
4.转移净收入	4.Net Income from Transfer	1647.5	1877.2	17.47	17.90
现金可支配收入	**Cash Disposable Income**	**8747.1**	**9698.2**	**92.76**	**92.46**
1.工资性收入	1.Income of Wages and Salaries	3639.7	4137.5	38.60	39.45
2.经营净收入	2.Net Business Income	3378.0	3620.1	35.82	34.51
3.财产净收入	3.Net Income from Property	194.2	224.7	2.06	2.14
4.转移净收入	4.Net Income from Transfer	1535.2	1715.9	16.28	16.36
农村居民人均支出	**Per Capita Expenditure of Rural Households**				
消费支出	**Consumption Expenditure**	**7485.2**	**8382.6**	**100.00**	**100.00**
1.食品烟酒	1.Food,Tobacco and Liquor	2554.4	2814.0	34.13	33.57
2.衣着	2.Clothing	453.8	510.4	6.06	6.09
3.居住	3.Residence	1579.8	1762.7	21.11	21.03
4.生活用品及服务	4.Household Facilities, Articles and Services	455.1	506.5	6.08	6.04
5.交通通信	5.Transport and Communications	874.9	1012.6	11.69	12.08
6.教育文化娱乐	6.Education, Cultural and Recreation	754.6	859.5	10.08	10.25
7.医疗保健	7.Health Care and Medical Services	668.2	753.9	8.93	8.99
8.其他用品及服务	8.Miscellaneous Goods and Services	144.2	163.0	1.93	1.94
现金消费支出	**Cash Consumption Expenditure**	**5978.8**	**6716.7**	**100.00**	**100.00**
1.食品烟酒	1.Food, Tobacco and Liquor	2038.8	2301.3	34.10	34.26
2.衣着	2.Clothing	453.1	509.7	7.58	7.59
3.居住	3.Residence	692.4	758.5	11.58	11.29
4.生活用品及服务	4.Household Facilities, Articles and Services	451.0	500.1	7.54	7.44
5.交通通信	5.Transport and Communications	874.7	1012.5	14.63	15.07
6.教育文化娱乐	6.Education, Cultural and Recreation	754.4	859.2	12.62	12.79
7.医疗保健	7.Health Care and Medical Services	573.2	614.9	9.59	9.16
8.其他用品及服务	8.Miscellaneous Goods and Services	141.2	160.5	2.36	2.39

6-6 城乡居民按收入五等份分组的人均可支配收入情况
Per Capita Disposable Income of Urban and Rural Households by Income Quintile

单位：元 (yuan)

组　别	Item	全国 National		城镇 Urban Area		农村 Rural Area	
		2013	2014	2013	2014	2013	2014
低收入户(20%)	Low Income Households	4402	4747	9896	11219	2878	2768
中等偏下户(20%)	Lower Middle Income Households	9654	10887	17628	19651	5966	6604
中等收入户(20%)	Middle Income Households	15698	17631	24173	26651	8438	9504
中等偏上户(20%)	Upper Middle Income Households	24361	26937	32614	35631	11816	13449
高收入户（20%)	High Income Households	47457	50968	57762	61615	21324	23947

6-7 东、中、西部及东北地区城乡居民人均可支配收入情况
Per Capita Disposable Income of Urban and Rrual Households in Eastern, Central, Western and Northeastern Regions

单位：元 (yuan)

组　别	Item	全国 National		城镇 Urban		农村 Rural	
		2013	2014	2013	2014	2013	2014
东部地区	Eastern Region	23658.4	25954.0	31152.4	33905.4	11856.8	13144.6
中部地区	Central Region	15263.9	16868.0	22664.7	24733.3	8983.2	10011.1
西部地区	Western Region	13919.0	15376.0	22362.9	24390.6	7436.6	8295.0
东北地区	Northeastern Region	17893.1	19604.0	23507.2	25578.9	9761.5	10802.1

6-8 分地区城乡居民人均可支配收入情况
Per Capita Disposable Income in Urban and Rural Households by Region

单位：元 (yuan)

地 区	Region	全国 National		城镇 Urban		农村 Rural	
		2013	2014	2013	2014	2013	2014
全 国	**National Average**	**18310.8**	**20167.1**	**26467.0**	**28843.9**	**9429.6**	**10488.9**
北 京	Beijing	40830.0	44488.6	44563.9	48531.8	17101.2	18867.3
天 津	Tianjin	26359.2	28832.3	28979.8	31506.0	15352.6	17014.2
河 北	Hebei	15189.6	16647.4	22226.7	24141.3	9187.7	10186.1
山 西	Shanxi	15119.7	16538.3	22258.2	24069.4	7949.5	8809.4
内蒙古	Inner Mongolia	18692.9	20559.3	26003.6	28349.6	8984.9	9976.3
辽 宁	Liaoning	20817.8	22820.2	26697.0	29081.7	10161.2	11191.5
吉 林	Jilin	15998.1	17520.4	21331.1	23217.8	9780.7	10780.1
黑龙江	Heilongjiang	15903.4	17404.4	20848.4	22609.0	9369.0	10453.2
上 海	Shanghai	42173.6	45965.8	44878.3	48841.4	19208.3	21191.6
江 苏	Jiangsu	24775.5	27172.8	31585.5	34346.3	13521.3	14958.4
浙 江	Zhejiang	29775.0	32657.6	37079.7	40392.7	17493.9	19373.3
安 徽	Anhui	15154.3	16795.5	22789.3	24838.5	8850.0	9916.4
福 建	Fujian	21217.9	23330.9	28173.9	30722.4	11404.8	12650.2
江 西	Jiangxi	15099.7	16734.2	22119.7	24309.2	9088.8	10116.6
山 东	Shandong	19008.3	20864.2	26882.4	29221.9	10686.9	11882.3
河 南	Henan	14203.7	15695.2	21740.7	23672.1	8969.1	9966.1
湖 北	Hubei	16472.5	18283.2	22667.9	24852.3	9691.8	10849.1
湖 南	Hunan	16004.9	17621.7	24352.0	26570.2	9028.6	10060.2
广 东	Guangdong	23420.7	25685.0	29537.3	32148.1	11067.8	12245.6
广 西	Guangxi	14082.3	15557.1	22689.4	24669.0	7793.1	8683.2
海 南	Hainan	15733.3	17476.5	22411.4	24486.5	8801.7	9912.6
重 庆	Chongqing	16568.7	18351.9	23058.2	25147.2	8492.5	9489.8
四 川	Sichuan	14231.0	15749.0	22227.5	24234.4	8380.7	9347.7
贵 州	Guizhou	11083.1	12371.1	20564.9	22548.2	5897.8	6671.2
云 南	Yunnan	12577.9	13772.2	22460.0	24299.0	6723.6	7456.1
西 藏	Tibet	9740.4	10730.2	20394.5	22015.8	6553.4	7359.2
陕 西	Shaanxi	14371.5	15836.7	22345.9	24365.8	7092.2	7932.2
甘 肃	Gansu	10954.4	12184.7	19873.4	21803.9	5588.8	6276.6
青 海	Qinghai	12947.8	14374.0	20352.4	22306.6	6461.6	7282.7
宁 夏	Ningxia	14565.8	15906.8	21475.7	23284.6	7598.7	8410.0
新 疆	Xinjiang	13669.6	15096.6	21091.5	23214.0	7846.6	8723.8

6-9 分地区全国居民人均可支配收入来源和构成情况（2014年）
Per Capita Disposable Income and Composition of Nationwide Households by Sources and Region(2014)

单位：元,% (yuan,%)

地 区	Region	可支配收入 Disposable Income	工资性收入 Income from Wages and Salaries	经营净收入 Net Business Income	财产净收入 Net Income from Properties	转移净收入 Net Income from Transfers
全 国	**National Average**	**20167.1**	**11420.6**	**3732.0**	**1587.8**	**3426.8**
北 京	Beijing	44488.6	27554.9	1452.2	7000.9	8480.6
天 津	Tianjin	28832.3	17163.0	2875.6	2781.7	6012.0
河 北	Hebei	16647.4	9829.3	2681.4	1138.5	2998.2
山 西	Shanxi	16538.3	10168.3	2593.1	935.5	2841.4
内蒙古	Inner Mongolia	20559.3	10904.0	5104.3	1202.8	3348.3
辽 宁	Liaoning	22820.2	12082.5	4062.6	1478.2	5196.8
吉 林	Jilin	17520.4	8289.3	4835.1	754.2	3641.8
黑龙江	Heilongjiang	17404.4	8794.9	4208.9	973.1	3427.5
上 海	Shanghai	45965.8	28752.5	1376.4	6504.1	9332.8
江 苏	Jiangsu	27172.8	15706.7	4421.3	2299.9	4744.8
浙 江	Zhejiang	32657.6	19068.8	5958.9	3586.2	4043.6
安 徽	Anhui	16795.5	9068.5	3937.9	904.5	2884.7
福 建	Fujian	23330.9	13658.5	4593.2	2238.6	2840.5
江 西	Jiangxi	16734.2	9386.1	3106.3	1242.7	2999.1
山 东	Shandong	20864.2	12044.4	4708.3	1314.9	2796.7
河 南	Henan	15695.2	7963.0	3854.1	863.2	3014.9
湖 北	Hubei	18283.2	9094.2	4216.0	1079.4	3893.5
湖 南	Hunan	17621.7	8930.8	3605.8	1293.6	3791.4
广 东	Guangdong	25685.0	18439.3	3458.1	2376.2	1411.3
广 西	Guangxi	15557.1	7305.0	3782.7	1003.9	3465.5
海 南	Hainan	17476.5	9854.2	3929.9	1253.9	2438.5
重 庆	Chongqing	18351.9	9888.7	2981.0	1256.2	4225.9
四 川	Sichuan	15749.0	7932.1	3459.1	918.5	3439.4
贵 州	Guizhou	12371.1	6336.2	2833.1	672.5	2529.2
云 南	Yunnan	13772.2	6309.0	3743.4	1450.0	2269.8
西 藏	Tibet	10730.2	5212.8	3503.8	453.6	1560.0
陕 西	Shaanxi	15836.7	8848.9	2404.4	1033.4	3550.1
甘 肃	Gansu	12184.7	6414.6	2346.3	872.2	2551.6
青 海	Qinghai	14374.0	8291.7	2397.4	699.3	2985.6
宁 夏	Ningxia	15906.8	9612.7	3161.0	589.9	2543.2
新 疆	Xinjiang	15096.6	7810.1	3997.2	673.6	2615.8

6–9 续表 continued

单位：元,% (yuan,%)

地区	Region	可支配收入来源构成 Percentage of Disposable Income	工资性收入 Income from Wages and Salaries	经营净收入 Net Business Income	财产净收入 Net Income from Properties	转移净收入 Net Income from Transfers
全 国	**National Average**	**100.0**	**56.6**	**18.5**	**7.9**	**17.0**
北 京	Beijing	100.0	61.9	3.3	15.7	19.1
天 津	Tianjin	100.0	59.5	10.0	9.6	20.9
河 北	Hebei	100.0	59.0	16.1	6.8	18.0
山 西	Shanxi	100.0	61.5	15.7	5.7	17.2
内蒙古	Inner Mongolia	100.0	53.0	24.8	5.9	16.3
辽 宁	Liaoning	100.0	52.9	17.8	6.5	22.8
吉 林	Jilin	100.0	47.3	27.6	4.3	20.8
黑龙江	Heilongjiang	100.0	50.5	24.2	5.6	19.7
上 海	Shanghai	100.0	62.6	3.0	14.1	20.3
江 苏	Jiangsu	100.0	57.8	16.3	8.5	17.5
浙 江	Zhejiang	100.0	58.4	18.2	11.0	12.4
安 徽	Anhui	100.0	54.0	23.4	5.4	17.2
福 建	Fujian	100.0	58.5	19.7	9.6	12.2
江 西	Jiangxi	100.0	56.1	18.6	7.4	17.9
山 东	Shandong	100.0	57.7	22.6	6.3	13.4
河 南	Henan	100.0	50.7	24.6	5.5	19.2
湖 北	Hubei	100.0	49.7	23.1	5.9	21.3
湖 南	Hunan	100.0	50.7	20.5	7.3	21.5
广 东	Guangdong	100.0	71.8	13.5	9.3	5.5
广 西	Guangxi	100.0	47.0	24.3	6.5	22.3
海 南	Hainan	100.0	56.4	22.5	7.2	14.0
重 庆	Chongqing	100.0	53.9	16.2	6.8	23.0
四 川	Sichuan	100.0	50.4	22.0	5.8	21.8
贵 州	Guizhou	100.0	51.2	22.9	5.4	20.4
云 南	Yunnan	100.0	45.8	27.2	10.5	16.5
西 藏	Tibet	100.0	48.6	32.7	4.2	14.5
陕 西	Shaanxi	100.0	55.9	15.2	6.5	22.4
甘 肃	Gansu	100.0	52.6	19.3	7.2	20.9
青 海	Qinghai	100.0	57.7	16.7	4.9	20.8
宁 夏	Ningxia	100.0	60.4	19.9	3.7	16.0
新 疆	Xinjiang	100.0	51.7	26.5	4.5	17.3

6-10 分地区城镇居民人均可支配收入来源和构成情况（2014年）
Per Capita Disposable Income and Composition of Urban Households by Sources and Region(2014)

单位：元 (yuan)

地 区	Region	可支配收入 Disposable Income	工资性收入 Income from Wages and Salaries	经营净收入 Net Business Income	财产净收入 Net Income from Properties	转移净收入 Net Income from Transfers
全 国	**National Average**	**28843.9**	**17936.8**	**3279.0**	**2812.1**	**4815.9**
北 京	Beijing	48531.8	29652.9	1388.7	7976.7	9513.5
天 津	Tianjin	31506.0	18796.9	2442.2	3230.2	7036.8
河 北	Hebei	24141.3	15275.9	1806.8	2222.4	4836.3
山 西	Shanxi	24069.4	15623.7	2701.1	1727.1	4017.4
内蒙古	Inner Mongolia	28349.6	17406.2	4538.8	1802.1	4602.6
辽 宁	Liaoning	29081.7	16239.6	3421.9	2147.7	7272.5
吉 林	Jilin	23217.8	13658.2	2628.5	1238.0	5693.1
黑龙江	Heilongjiang	22609.0	13741.3	2421.0	1318.2	5128.5
上 海	Shanghai	48841.4	30212.1	1369.0	7179.4	10080.9
江 苏	Jiangsu	34346.3	20720.1	4063.5	3373.5	6189.2
浙 江	Zhejiang	40392.7	23317.3	6379.4	5358.3	5337.7
安 徽	Anhui	24838.5	15515.0	3881.7	1787.7	3654.1
福 建	Fujian	30722.4	19197.2	4246.8	3648.6	3629.8
江 西	Jiangxi	24309.2	15623.1	1961.4	2489.7	4235.0
山 东	Shandong	29221.9	18866.2	4035.7	2271.2	4048.9
河 南	Henan	23672.1	14510.8	3264.4	1861.7	4035.2
湖 北	Hubei	24852.3	14215.3	3515.1	1922.4	5199.4
湖 南	Hunan	26570.2	14661.7	3566.7	2628.6	5713.1
广 东	Guangdong	32148.1	24315.6	3547.4	3376.8	908.3
广 西	Guangxi	24669.0	13892.7	3431.3	2235.0	5110.0
海 南	Hainan	24486.5	15654.2	3166.6	2252.2	3413.5
重 庆	Chongqing	25147.2	15020.2	2658.3	2026.0	5442.7
四 川	Sichuan	24234.4	14262.4	2903.8	1891.2	5177.0
贵 州	Guizhou	22548.2	13147.5	3172.5	1746.6	4481.6
云 南	Yunnan	24299.0	13530.9	2911.9	3642.2	4214.1
西 藏	Tibet	22015.8	17404.6	631.1	1537.8	2442.3
陕 西	Shaanxi	24365.8	14925.9	2030.6	2018.8	5390.4
甘 肃	Gansu	21803.9	13999.9	1670.0	2109.5	4024.5
青 海	Qinghai	22306.6	15283.5	1699.4	1159.6	4164.1
宁 夏	Ningxia	23284.6	15735.6	2685.1	1023.9	3840.0
新 疆	Xinjiang	23214.0	15404.3	2491.4	1240.2	4078.1

6-10 续表 continued

单位：% (%)

地 区	Region	可支配收入来源构成 Percentage of Disposable Income	工资性收入 Income from Wages and Salaries	经营净收入 Net Business Income	财产净收入 Net Income from Properties	转移净收入 Net Income from Transfers
全 国	**National Average**	**100.0**	**62.2**	**11.4**	**9.7**	**16.7**
北 京	Beijing	100.0	61.1	2.9	16.4	19.6
天 津	Tianjin	100.0	59.7	7.8	10.3	22.3
河 北	Hebei	100.0	63.3	7.5	9.2	20.0
山 西	Shanxi	100.0	64.9	11.2	7.2	16.7
内蒙古	Inner Mongolia	100.0	61.4	16.0	6.4	16.2
辽 宁	Liaoning	100.0	55.8	11.8	7.4	25.0
吉 林	Jilin	100.0	58.8	11.3	5.3	24.5
黑龙江	Heilongjiang	100.0	60.8	10.7	5.8	22.7
上 海	Shanghai	100.0	61.9	2.8	14.7	20.6
江 苏	Jiangsu	100.0	60.3	11.8	9.8	18.0
浙 江	Zhejiang	100.0	57.7	15.8	13.3	13.2
安 徽	Anhui	100.0	62.5	15.6	7.2	14.7
福 建	Fujian	100.0	62.5	13.8	11.9	11.8
江 西	Jiangxi	100.0	64.3	8.1	10.2	17.4
山 东	Shandong	100.0	64.6	13.8	7.8	13.9
河 南	Henan	100.0	61.3	13.8	7.9	17.0
湖 北	Hubei	100.0	57.2	14.1	7.7	20.9
湖 南	Hunan	100.0	55.2	13.4	9.9	21.5
广 东	Guangdong	100.0	75.6	11.0	10.5	2.8
广 西	Guangxi	100.0	56.3	13.9	9.1	20.7
海 南	Hainan	100.0	63.9	12.9	9.2	13.9
重 庆	Chongqing	100.0	59.7	10.6	8.1	21.6
四 川	Sichuan	100.0	58.9	12.0	7.8	21.4
贵 州	Guizhou	100.0	58.3	14.1	7.7	19.9
云 南	Yunnan	100.0	55.7	12.0	15.0	17.3
西 藏	Tibet	100.0	79.1	2.9	7.0	11.1
陕 西	Shaanxi	100.0	61.3	8.3	8.3	22.1
甘 肃	Gansu	100.0	64.2	7.7	9.7	18.5
青 海	Qinghai	100.0	68.5	7.6	5.2	18.7
宁 夏	Ningxia	100.0	67.6	11.5	4.4	16.5
新 疆	Xinjiang	100.0	66.4	10.7	5.3	17.6

6-11 分地区农村居民人均可支配收入来源和构成情况（2014年）
Per Capita Disposable Income and Composition of Rural Households by Sources and Region(2014)

单位：元 (yuan)

地区	Region	可支配收入 Disposable Income	工资性收入 Income from Wages and Salaries	经营净收入 Net Business Income	财产净收入 Net Income from Properties	转移净收入 Net Income from Transfers
全国	**National Average**	**10488.9**	**4152.2**	**4237.4**	**222.1**	**1877.2**
北京	Beijing	18867.3	14260.2	1854.3	817.8	1935.0
天津	Tianjin	17014.2	9941.1	4791.4	799.1	1482.6
河北	Hebei	10186.1	5133.3	3435.5	204.0	1413.4
山西	Shanxi	8809.4	4569.6	2482.3	123.2	1634.4
内蒙古	Inner Mongolia	9976.3	2070.8	5872.4	388.7	1644.4
辽宁	Liaoning	11191.5	4362.3	5252.4	234.7	1342.1
吉林	Jilin	10780.1	1937.6	7445.6	181.8	1215.0
黑龙江	Heilongjiang	10453.2	2188.5	6596.7	512.2	1155.8
上海	Shanghai	21191.6	16177.0	1440.6	686.1	2887.9
江苏	Jiangsu	14958.4	7170.3	5030.5	472.0	2285.6
浙江	Zhejiang	19373.3	11772.5	5236.7	542.8	1821.2
安徽	Anhui	9916.4	3554.9	3985.9	149.1	2226.6
福建	Fujian	12650.2	5655.2	5093.6	201.3	1700.1
江西	Jiangxi	10116.6	3937.4	4106.5	153.3	1919.3
山东	Shandong	11882.3	4713.1	5431.0	287.2	1450.9
河南	Henan	9966.1	3260.2	4277.6	146.1	2282.1
湖北	Hubei	10849.1	3298.6	5009.3	125.4	2415.7
湖南	Hunan	10060.2	4088.1	3638.9	165.6	2167.5
广东	Guangdong	12245.6	6220.3	3272.4	295.5	2457.3
广西	Guangxi	8683.2	2335.4	4047.8	75.2	2224.9
海南	Hainan	9912.6	3596.0	4753.5	176.7	1386.4
重庆	Chongqing	9489.8	3196.5	3401.9	252.4	2639.1
四川	Sichuan	9347.7	3156.5	3877.9	184.7	2128.5
贵州	Guizhou	6671.2	2521.5	2643.1	71.0	1435.7
云南	Yunnan	7456.1	1975.8	4242.4	134.7	1103.3
西藏	Tibet	7359.2	1571.1	4361.8	129.8	1296.5
陕西	Shaanxi	7932.2	3216.8	2750.7	120.1	1844.5
甘肃	Gansu	6276.6	1755.8	2761.6	112.3	1646.9
青海	Qinghai	7282.7	2041.4	3021.4	287.8	1932.1
宁夏	Ningxia	8410.0	3391.0	3644.6	148.9	1225.4
新疆	Xinjiang	8723.8	1848.0	5179.4	228.7	1467.7

6-11 续表 continued

单位：% (%)

地区	Region	可支配收入来源构成 Percentage of Disposable Income	工资性收入 Income from Wages and Salaries	经营净收入 Net Business Income	财产净收入 Net Income from Properties	转移净收入 Net Income from Transfers
全国	**National Average**	**100.0**	**39.6**	**40.4**	**2.1**	**17.9**
北京	Beijing	100.0	75.6	9.8	4.3	10.3
天津	Tianjin	100.0	58.4	28.2	4.7	8.7
河北	Hebei	100.0	50.4	33.7	2.0	13.9
山西	Shanxi	100.0	51.9	28.2	1.4	18.6
内蒙古	Inner Mongolia	100.0	20.8	58.9	3.9	16.5
辽宁	Liaoning	100.0	39.0	46.9	2.1	12.0
吉林	Jilin	100.0	18.0	69.1	1.7	11.3
黑龙江	Heilongjiang	100.0	20.9	63.1	4.9	11.1
上海	Shanghai	100.0	76.3	6.8	3.2	13.6
江苏	Jiangsu	100.0	47.9	33.6	3.2	15.3
浙江	Zhejiang	100.0	60.8	27.0	2.8	9.4
安徽	Anhui	100.0	35.8	40.2	1.5	22.5
福建	Fujian	100.0	44.7	40.3	1.6	13.4
江西	Jiangxi	100.0	38.9	40.6	1.5	19.0
山东	Shandong	100.0	39.7	45.7	2.4	12.2
河南	Henan	100.0	32.7	42.9	1.5	22.9
湖北	Hubei	100.0	30.4	46.2	1.2	22.3
湖南	Hunan	100.0	40.6	36.2	1.6	21.5
广东	Guangdong	100.0	50.8	26.7	2.4	20.1
广西	Guangxi	100.0	26.9	46.6	0.9	25.6
海南	Hainan	100.0	36.3	48.0	1.8	14.0
重庆	Chongqing	100.0	33.7	35.8	2.7	27.8
四川	Sichuan	100.0	33.8	41.5	2.0	22.8
贵州	Guizhou	100.0	37.8	39.6	1.1	21.5
云南	Yunnan	100.0	26.5	56.9	1.8	14.8
西藏	Tibet	100.0	21.3	59.3	1.8	17.6
陕西	Shaanxi	100.0	40.6	34.7	1.5	23.3
甘肃	Gansu	100.0	28.0	44.0	1.8	26.2
青海	Qinghai	100.0	28.0	41.5	4.0	26.5
宁夏	Ningxia	100.0	40.3	43.3	1.8	14.6
新疆	Xinjiang	100.0	21.2	59.4	2.6	16.8

6-12 分地区全国居民人均消费支出和构成情况（2014年）
Per Capita Consumption Expenditure and Composition of Nationwide Households by Region (2014)

单位：元 (yuan)

地 区	Region	消费支出 Consumption Expenditure	食品烟酒 Food, Tobacco and Liquor	衣 着 Clothing	居 住 Residence	生活用品及服务 Household Facilities Articles and Services	交通通信 Transport and Communi-cations	教育文化娱乐 Education, Culture and Recreation	医疗保健 Health Care and Medical Services	其他用品及服务 Miscellaneous Goods and Services
全 国	**National Average**	**14491.4**	**4493.9**	**1099.3**	**3200.5**	**889.7**	**1869.3**	**1535.9**	**1044.8**	**358.0**
北 京	Beijing	31102.9	7467.8	2359.8	9497.7	2041.4	3578.6	3268.3	1914.2	975.2
天 津	Tianjin	22343.0	7376.6	1859.3	4873.0	1295.5	2904.7	1833.8	1584.5	615.5
河 北	Hebei	11931.5	3263.7	971.8	2727.7	773.6	1749.3	1144.5	1027.5	273.5
山 西	Shanxi	10863.8	2940.5	1084.8	2198.8	619.4	1214.7	1484.6	1008.6	312.4
内蒙古	Inner Mongolia	16258.1	4746.4	1688.0	2795.2	1008.9	2405.1	1813.2	1319.7	481.5
辽 宁	Liaoning	16068.0	4554.8	1477.8	3400.5	918.7	1949.7	1834.4	1419.2	512.9
吉 林	Jilin	13026.0	3531.6	1228.9	2561.3	689.5	1636.3	1550.8	1458.0	369.6
黑龙江	Heilongjiang	12768.8	3537.9	1292.8	2689.6	670.9	1588.4	1406.8	1258.3	324.1
上 海	Shanghai	33064.8	9011.6	1613.0	10789.1	1531.6	3596.5	3311.4	2223.9	987.6
江 苏	Jiangsu	19163.6	5591.7	1385.2	4126.7	1107.2	2869.3	2238.2	1331.3	514.0
浙 江	Zhejiang	22552.0	6569.2	1587.1	5577.2	1117.7	3670.6	2169.0	1358.2	503.1
安 徽	Anhui	11727.0	4003.1	870.3	2541.8	694.2	1324.9	1157.3	870.0	265.3
福 建	Fujian	17644.5	6081.9	1097.5	4278.5	1032.3	2067.0	1667.2	926.8	493.1
江 西	Jiangxi	11088.9	3785.8	853.4	2576.6	679.3	1164.3	1151.1	635.0	243.4
山 东	Shandong	13328.9	3932.3	1168.9	2825.8	993.6	1821.9	1303.0	989.6	293.7
河 南	Henan	11000.4	3202.4	1111.8	2208.6	875.1	1225.5	1160.8	929.0	287.1
湖 北	Hubei	12928.3	4139.7	1009.7	2810.2	813.4	1339.8	1479.8	1056.2	279.3
湖 南	Hunan	13288.7	4240.5	914.1	2708.4	796.9	1600.2	1764.9	972.2	291.4
广 东	Guangdong	19205.5	6589.8	1014.6	4300.2	1116.5	2795.1	1965.0	890.5	533.9
广 西	Guangxi	10274.3	3680.1	460.5	2341.5	614.0	1198.3	1115.3	679.3	185.3
海 南	Hainan	12470.6	4915.0	549.9	2558.2	686.0	1437.4	1358.4	716.8	248.8
重 庆	Chongqing	13810.6	4971.9	1275.9	2554.4	978.8	1476.2	1319.3	966.1	268.1
四 川	Sichuan	12368.4	4548.2	974.3	2217.3	879.6	1437.0	1061.0	964.5	286.5
贵 州	Guizhou	9303.4	3151.9	666.3	1826.9	619.1	1080.4	1222.0	572.0	164.7
云 南	Yunnan	9869.5	3211.5	567.0	2018.5	568.4	1513.6	1096.7	739.4	154.4
西 藏	Tibet	7317.0	3370.2	733.7	1311.5	399.7	796.0	266.7	197.6	241.5
陕 西	Shaanxi	12203.6	3405.1	944.6	2585.8	796.2	1535.4	1500.4	1178.2	257.9
甘 肃	Gansu	9874.6	3218.2	884.2	2015.0	652.1	1072.2	1092.4	737.2	203.3
青 海	Qinghai	12604.8	3854.4	1153.0	2374.5	733.5	1790.1	1293.0	1071.2	335.0
宁 夏	Ningxia	12484.5	3555.6	1170.0	2214.4	797.9	1763.5	1416.4	1239.9	326.7
新 疆	Xinjiang	11903.7	3855.0	1205.6	2226.4	669.2	1624.5	1102.2	978.3	242.4

6-12 续表 continued

单位：% (%)

地 区	Region	消费支出构成 Percentage of Consumption Expenditure	食品烟酒 Food, Tobacco and Liquor	衣着 Clothing	居住 Residence	生活用品及服务 Household Facilities Articles and Services	交通通信 Transport and Communi-cations	教育文化娱乐 Education, Culture and Recreation	医疗保健 Health Care and Medical Services	其他用品及服务 Misce-llaneous Goods and Services
全 国	**National Average**	**100.0**	**31.0**	**7.6**	**22.1**	**6.1**	**12.9**	**10.6**	**7.2**	**2.5**
北 京	Beijing	100.0	24.0	7.6	30.5	6.6	11.5	10.5	6.2	3.1
天 津	Tianjin	100.0	33.0	8.3	21.8	5.8	13.0	8.2	7.1	2.8
河 北	Hebei	100.0	27.4	8.1	22.9	6.5	14.7	9.6	8.6	2.3
山 西	Shanxi	100.0	27.1	10.0	20.2	5.7	11.2	13.7	9.3	2.9
内蒙古	Inner Mongolia	100.0	29.2	10.4	17.2	6.2	14.8	11.2	8.1	3.0
辽 宁	Liaoning	100.0	28.3	9.2	21.2	5.7	12.1	11.4	8.8	3.2
吉 林	Jilin	100.0	27.1	9.4	19.7	5.3	12.6	11.9	11.2	2.8
黑龙江	Heilongjiang	100.0	27.7	10.1	21.1	5.3	12.4	11.0	9.9	2.5
上 海	Shanghai	100.0	27.3	4.9	32.6	4.6	10.9	10.0	6.7	3.0
江 苏	Jiangsu	100.0	29.2	7.2	21.5	5.8	15.0	11.7	6.9	2.7
浙 江	Zhejiang	100.0	29.1	7.0	24.7	5.0	16.3	9.6	6.0	2.2
安 徽	Anhui	100.0	34.1	7.4	21.7	5.9	11.3	9.9	7.4	2.3
福 建	Fujian	100.0	34.5	6.2	24.2	5.9	11.7	9.4	5.3	2.8
江 西	Jiangxi	100.0	34.1	7.7	23.2	6.1	10.5	10.4	5.7	2.2
山 东	Shandong	100.0	29.5	8.8	21.2	7.5	13.7	9.8	7.4	2.2
河 南	Henan	100.0	29.1	10.1	20.1	8.0	11.1	10.6	8.4	2.6
湖 北	Hubei	100.0	32.0	7.8	21.7	6.3	10.4	11.4	8.2	2.2
湖 南	Hunan	100.0	31.9	6.9	20.4	6.0	12.0	13.3	7.3	2.2
广 东	Guangdong	100.0	34.3	5.3	22.4	5.8	14.6	10.2	4.6	2.8
广 西	Guangxi	100.0	35.8	4.5	22.8	6.0	11.7	10.9	6.6	1.8
海 南	Hainan	100.0	39.4	4.4	20.5	5.5	11.5	10.9	5.7	2.0
重 庆	Chongqing	100.0	36.0	9.2	18.5	7.1	10.7	9.6	7.0	1.9
四 川	Sichuan	100.0	36.8	7.9	17.9	7.1	11.6	8.6	7.8	2.3
贵 州	Guizhou	100.0	33.9	7.2	19.6	6.7	11.6	13.1	6.1	1.8
云 南	Yunnan	100.0	32.5	5.7	20.5	5.8	15.3	11.1	7.5	1.6
西 藏	Tibet	100.0	46.1	10.0	17.9	5.5	10.9	3.6	2.7	3.3
陕 西	Shaanxi	100.0	27.9	7.7	21.2	6.5	12.6	12.3	9.7	2.1
甘 肃	Gansu	100.0	32.6	9.0	20.4	6.6	10.9	11.1	7.5	2.1
青 海	Qinghai	100.0	30.6	9.1	18.8	5.8	14.2	10.3	8.5	2.7
宁 夏	Ningxia	100.0	28.5	9.4	17.7	6.4	14.1	11.3	9.9	2.6
新 疆	Xinjiang	100.0	32.4	10.1	18.7	5.6	13.6	9.3	8.2	2.0

6-13 分地区城镇居民人均消费支出和构成情况（2014年）
Per Capita Consumption Expenditure and Composition of Urban Households by Region (2014)

单位：元 (yuan)

地区	Region	消费支出 Consumption Expenditure	食品烟酒 Food, Tobacco and Liquor	衣着 Clothing	居住 Residence	生活用品及服务 Household Facilities Articles and Services	交通通信 Transport and Communi-cations	教育文化娱乐 Education, Culture and Recreation	医疗保健 Health Care and Medical Services	其他用品及服务 Misce-llaneous Goods and Services
全国	**National Average**	**19968.1**	**6000.0**	**1627.2**	**4489.6**	**1233.2**	**2637.3**	**2142.3**	**1305.6**	**532.9**
北京	Beijing	33717.5	8007.4	2587.4	10308.4	2206.6	3857.2	3610.9	2044.4	1095.2
天津	Tianjin	24289.6	8069.5	2050.8	5251.4	1387.1	3114.0	2013.0	1721.3	682.6
河北	Hebei	16203.8	4240.8	1424.4	3735.8	1081.6	2448.4	1591.9	1304.5	376.5
山西	Shanxi	14636.9	3804.0	1616.0	2898.8	887.9	1709.8	2026.5	1240.9	452.9
内蒙古	Inner Mongolia	20885.2	6003.2	2394.6	3619.3	1436.6	3095.3	2177.8	1470.8	687.7
辽宁	Liaoning	20519.6	5816.9	1987.2	4428.2	1234.8	2434.3	2275.9	1630.8	711.4
吉林	Jilin	17156.1	4478.5	1800.6	3330.8	971.6	2232.2	1980.8	1838.4	523.2
黑龙江	Heilongjiang	16466.6	4532.1	1813.4	3503.8	912.7	2054.2	1723.2	1457.6	469.6
上海	Shanghai	35182.4	9438.6	1700.4	11621.7	1629.4	3801.5	3605.0	2327.6	1058.3
江苏	Jiangsu	23476.3	6695.8	1753.0	5101.5	1335.2	3504.0	2838.8	1616.7	631.3
浙江	Zhejiang	27241.7	7705.0	1997.7	6901.9	1333.7	4493.9	2642.9	1527.0	639.7
安徽	Anhui	16107.1	5360.3	1333.7	3542.4	922.9	1924.9	1650.9	976.5	395.4
福建	Fujian	22204.1	7368.7	1461.0	5434.7	1302.0	2737.8	2170.0	1059.0	670.9
江西	Jiangxi	15141.8	4965.6	1394.7	3377.1	991.2	1627.7	1653.8	760.7	370.9
山东	Shandong	18322.6	5298.1	1801.3	4015.6	1430.7	2376.6	1769.8	1188.0	442.4
河南	Henan	16184.5	4662.5	1823.4	3136.0	1389.3	1735.0	1721.9	1204.1	512.3
湖北	Hubei	16681.4	5390.6	1463.9	3575.1	1024.7	1802.3	1894.8	1187.8	342.1
湖南	Hunan	18334.7	5596.0	1442.1	3567.6	1098.6	2462.1	2537.5	1209.8	421.0
广东	Guangdong	23611.7	7850.2	1344.7	5291.5	1365.1	3625.4	2468.4	988.3	678.1
广西	Guangxi	15045.4	5293.7	794.6	3389.7	904.5	1845.9	1688.9	845.9	282.1
海南	Hainan	17513.8	6655.3	829.9	3697.8	957.7	2156.2	1912.8	960.3	343.8
重庆	Chongqing	18279.5	6308.4	1878.1	3520.8	1292.6	2009.7	1713.6	1187.7	368.6
四川	Sichuan	17759.9	6203.8	1539.4	3186.1	1210.6	2168.8	1672.4	1283.6	495.2
贵州	Guizhou	15254.6	4809.6	1245.9	2942.5	1090.5	1873.1	2071.3	927.4	294.3
云南	Yunnan	16268.3	4987.4	1066.6	3469.6	916.5	2608.3	1816.5	1115.2	288.2
西藏	Tibet	15669.4	6166.6	1656.2	3397.6	891.1	1730.1	727.3	552.5	547.9
陕西	Shaanxi	17546.0	4800.2	1470.4	3620.4	1176.0	2447.1	2147.5	1495.9	388.5
甘肃	Gansu	15942.3	4964.2	1654.2	3537.7	1089.5	1628.7	1644.3	1048.2	375.3
青海	Qinghai	17492.9	5228.5	1754.2	3446.5	1008.7	2235.2	2056.4	1213.0	550.4
宁夏	Ningxia	17216.2	4795.3	1729.0	3027.6	1094.9	2552.8	1957.5	1616.9	442.3
新疆	Xinjiang	17684.5	5529.7	1912.4	3262.8	1087.6	2406.7	1741.0	1310.9	433.5

6-13 续表 continued

单位：% (%)

地区	Region	消费支出构成 Percentage of Consumption Expenditure	食品烟酒 Food, Tobacco and Liquor	衣着 Clothing	居住 Residence	生活用品及服务 Household Facilities Articles and Services	交通通信 Transport and Communi-cations	教育文化娱乐 Education, Culture and Recreation	医疗保健 Health Care and Medical Services	其他用品及服务 Misce-llaneous Goods and Services
全国	**National Average**	**100.0**	**30.0**	**8.1**	**22.5**	**6.2**	**13.2**	**10.7**	**6.5**	**2.7**
北京	Beijing	100.0	23.7	7.7	30.6	6.5	11.4	10.7	6.1	3.2
天津	Tianjin	100.0	33.2	8.4	21.6	5.7	12.8	8.3	7.1	2.8
河北	Hebei	100.0	26.2	8.8	23.1	6.7	15.1	9.8	8.1	2.3
山西	Shanxi	100.0	26.0	11.0	19.8	6.1	11.7	13.8	8.5	3.1
内蒙古	Inner Mongolia	100.0	28.7	11.5	17.3	6.9	14.8	10.4	7.0	3.3
辽宁	Liaoning	100.0	28.3	9.7	21.6	6.0	11.9	11.1	7.9	3.5
吉林	Jilin	100.0	26.1	10.5	19.4	5.7	13.0	11.5	10.7	3.0
黑龙江	Heilongjiang	100.0	27.5	11.0	21.3	5.5	12.5	10.5	8.9	2.9
上海	Shanghai	100.0	26.8	4.8	33.0	4.6	10.8	10.2	6.6	3.0
江苏	Jiangsu	100.0	28.5	7.5	21.7	5.7	14.9	12.1	6.9	2.7
浙江	Zhejiang	100.0	28.3	7.3	25.3	4.9	16.5	9.7	5.6	2.3
安徽	Anhui	100.0	33.3	8.3	22.0	5.7	12.0	10.2	6.1	2.5
福建	Fujian	100.0	33.2	6.6	24.5	5.9	12.3	9.8	4.8	3.0
江西	Jiangxi	100.0	32.8	9.2	22.3	6.5	10.7	10.9	5.0	2.4
山东	Shandong	100.0	28.9	9.8	21.9	7.8	13.0	9.7	6.5	2.4
河南	Henan	100.0	28.8	11.3	19.4	8.6	10.7	10.6	7.4	3.2
湖北	Hubei	100.0	32.3	8.8	21.4	6.1	10.8	11.4	7.1	2.1
湖南	Hunan	100.0	30.5	7.9	19.5	6.0	13.4	13.8	6.6	2.3
广东	Guangdong	100.0	33.2	5.7	22.4	5.8	15.4	10.5	4.2	2.9
广西	Guangxi	100.0	35.2	5.3	22.5	6.0	12.3	11.2	5.6	1.9
海南	Hainan	100.0	38.0	4.7	21.1	5.5	12.3	10.9	5.5	2.0
重庆	Chongqing	100.0	34.5	10.3	19.3	7.1	11.0	9.4	6.5	2.0
四川	Sichuan	100.0	34.9	8.7	17.9	6.8	12.2	9.4	7.2	2.8
贵州	Guizhou	100.0	31.5	8.2	19.3	7.1	12.3	13.6	6.1	1.9
云南	Yunnan	100.0	30.7	6.6	21.3	5.6	16.0	11.2	6.9	1.8
西藏	Tibet	100.0	39.4	10.6	21.7	5.7	11.0	4.6	3.5	3.5
陕西	Shaanxi	100.0	27.4	8.4	20.6	6.7	13.9	12.2	8.5	2.2
甘肃	Gansu	100.0	31.1	10.4	22.2	6.8	10.2	10.3	6.6	2.4
青海	Qinghai	100.0	29.9	10.0	19.7	5.8	12.8	11.8	6.9	3.1
宁夏	Ningxia	100.0	27.9	10.0	17.6	6.4	14.8	11.4	9.4	2.6
新疆	Xinjiang	100.0	31.3	10.8	18.4	6.1	13.6	9.8	7.4	2.5

6-14 分地区农村居民人均消费支出和构成情况（2014年）
Per Capita Consumption Expenditure and Composition of Rural Households by Region (2014)

单位：元 (yuan)

地区	Region	消费支出 Consumption Expenditure	食品烟酒 Food, Tobacco and Liquor	衣着 Clothing	居住 Residence	生活用品及服务 Household Facilities Articles and Services	交通通信 Transport and Communi-cations	教育文化娱乐 Education, Culture and Recreation	医疗保健 Health Care and Medical Services	其他用品及服务 Misce-llaneous Goods and Services
全国	**National Average**	**8382.6**	**2814.0**	**510.4**	**1762.7**	**506.5**	**1012.6**	**859.5**	**753.9**	**163.0**
北京	Beijing	14535.1	4048.0	917.8	4360.7	994.6	1813.0	1097.3	1088.6	215.1
天津	Tianjin	13738.6	4314.4	1013.1	3200.4	891.0	1979.4	1041.4	979.7	319.2
河北	Hebei	8248.0	2421.2	581.6	1858.5	508.0	1146.5	758.7	788.7	184.7
山西	Shanxi	6991.7	2054.3	539.7	1480.5	343.9	706.5	928.5	770.2	168.2
内蒙古	Inner Mongolia	9972.2	3039.0	728.1	1675.7	427.9	1467.5	1318.0	1114.4	201.5
辽宁	Liaoning	7800.7	2210.9	531.7	1491.7	331.7	1049.7	1014.5	1026.4	144.2
吉林	Jilin	8139.8	2411.2	552.6	1650.9	355.7	931.2	1042.2	1008.0	188.0
黑龙江	Heilongjiang	7830.0	2210.2	597.4	1602.1	348.0	966.2	984.2	992.1	129.7
上海	Shanghai	14820.1	5332.7	860.4	3615.7	689.5	1830.3	782.7	1330.3	378.3
江苏	Jiangsu	11820.3	3711.9	758.9	2467.0	719.0	1788.5	1215.5	845.3	314.3
浙江	Zhejiang	14497.8	4618.5	881.8	3302.1	746.6	2256.8	1355.3	1068.3	268.4
安徽	Anhui	7980.8	2842.3	474.0	1686.0	498.7	811.7	735.1	778.8	154.1
福建	Fujian	11055.9	4222.5	572.4	2607.8	642.7	1097.7	940.7	735.9	236.2
江西	Jiangxi	7548.3	2755.1	380.6	1877.3	406.8	759.4	711.9	525.2	132.0
山东	Shandong	7962.2	2464.5	489.3	1547.1	523.9	1225.8	801.4	776.4	133.8
河南	Henan	7277.2	2153.8	600.7	1542.6	505.9	859.6	757.8	731.4	125.4
湖北	Hubei	8680.9	2724.1	495.7	1944.6	574.3	816.4	1010.2	907.3	208.3
湖南	Hunan	9024.8	3095.2	468.0	1982.4	541.9	871.9	1112.1	771.4	181.9
广东	Guangdong	10043.2	3968.9	328.2	2238.8	599.7	1068.7	918.2	686.9	233.8
广西	Guangxi	6675.1	2462.9	208.6	1550.8	394.8	709.7	682.5	553.5	112.4
海南	Hainan	7029.0	3037.2	247.9	1328.5	392.8	661.8	760.3	454.1	146.4
重庆	Chongqing	7982.6	3229.0	490.5	1294.2	569.4	780.4	805.1	677.0	137.1
四川	Sichuan	8301.1	3299.3	548.1	1486.5	629.8	884.9	599.8	723.7	129.1
贵州	Guizhou	5970.3	2223.5	341.6	1202.1	355.1	636.5	746.4	373.0	92.1
云南	Yunnan	6030.3	2145.9	267.2	1147.8	359.6	856.8	664.9	514.0	74.1
西藏	Tibet	4822.1	2534.9	458.1	688.4	252.9	517.0	129.1	91.6	149.9
陕西	Shaanxi	7252.4	2112.2	457.3	1627.0	444.2	690.5	900.6	883.7	136.8
甘肃	Gansu	6147.8	2145.7	411.2	1079.8	383.4	730.4	753.4	546.2	97.7
青海	Qinghai	8235.1	2626.0	615.5	1416.3	487.5	1392.3	610.6	944.5	142.5
宁夏	Ningxia	7676.5	2296.0	602.0	1388.1	496.1	961.4	866.6	856.9	209.2
新疆	Xinjiang	7365.3	2540.2	650.7	1412.8	340.8	1010.4	600.7	717.2	92.4

6-14 续表 continued

单位：% (%)

地 区	Region	消费支出构成 Percentage of Consumption Expenditure	食品烟酒 Food, Tobacco and Liquor	衣着 Clothing	居住 Residence	生活用品及服务 Household Facilities Articles and Services	交通通信 Transport and Communi-cations	教育文化娱乐 Education, Culture and Recreation	医疗保健 Health Care and Medical Services	其他用品及服务 Misce-llaneous Goods and Services
全 国	**National Average**	**100.0**	**33.6**	**6.1**	**21.0**	**6.0**	**12.1**	**10.3**	**9.0**	**1.9**
北 京	Beijing	100.0	27.8	6.3	30.0	6.8	12.5	7.5	7.5	1.5
天 津	Tianjin	100.0	31.4	7.4	23.3	6.5	14.4	7.6	7.1	2.3
河 北	Hebei	100.0	29.4	7.1	22.5	6.2	13.9	9.2	9.6	2.2
山 西	Shanxi	100.0	29.4	7.7	21.2	4.9	10.1	13.3	11.0	2.4
内蒙古	Inner Mongolia	100.0	30.5	7.3	16.8	4.3	14.7	13.2	11.2	2.0
辽 宁	Liaoning	100.0	28.3	6.8	19.1	4.3	13.5	13.0	13.2	1.8
吉 林	Jilin	100.0	29.6	6.8	20.3	4.4	11.4	12.8	12.4	2.3
黑龙江	Heilongjiang	100.0	28.2	7.6	20.5	4.4	12.3	12.6	12.7	1.7
上 海	Shanghai	100.0	36.0	5.8	24.4	4.7	12.4	5.3	9.0	2.6
江 苏	Jiangsu	100.0	31.4	6.4	20.9	6.1	15.1	10.3	7.2	2.7
浙 江	Zhejiang	100.0	31.9	6.1	22.8	5.1	15.6	9.3	7.4	1.9
安 徽	Anhui	100.0	35.6	5.9	21.1	6.2	10.2	9.2	9.8	1.9
福 建	Fujian	100.0	38.2	5.2	23.6	5.8	9.9	8.5	6.7	2.1
江 西	Jiangxi	100.0	36.5	5.0	24.9	5.4	10.1	9.4	7.0	1.7
山 东	Shandong	100.0	31.0	6.1	19.4	6.6	15.4	10.1	9.8	1.7
河 南	Henan	100.0	29.6	8.3	21.2	7.0	11.8	10.4	10.1	1.7
湖 北	Hubei	100.0	31.4	5.7	22.4	6.6	9.4	11.6	10.5	2.4
湖 南	Hunan	100.0	34.3	5.2	22.0	6.0	9.7	12.3	8.5	2.0
广 东	Guangdong	100.0	39.5	3.3	22.3	6.0	10.6	9.1	6.8	2.3
广 西	Guangxi	100.0	36.9	3.1	23.2	5.9	10.6	10.2	8.3	1.7
海 南	Hainan	100.0	43.2	3.5	18.9	5.6	9.4	10.8	6.5	2.1
重 庆	Chongqing	100.0	40.5	6.1	16.2	7.1	9.8	10.1	8.5	1.7
四 川	Sichuan	100.0	39.7	6.6	17.9	7.6	10.7	7.2	8.7	1.6
贵 州	Guizhou	100.0	37.2	5.7	20.1	5.9	10.7	12.5	6.2	1.5
云 南	Yunnan	100.0	35.6	4.4	19.0	6.0	14.2	11.0	8.5	1.2
西 藏	Tibet	100.0	52.6	9.5	14.3	5.2	10.7	2.7	1.9	3.1
陕 西	Shaanxi	100.0	29.1	6.3	22.4	6.1	9.5	12.4	12.2	1.9
甘 肃	Gansu	100.0	34.9	6.7	17.6	6.2	11.9	12.3	8.9	1.6
青 海	Qinghai	100.0	31.9	7.5	17.2	5.9	16.9	7.4	11.5	1.7
宁 夏	Ningxia	100.0	29.9	7.8	18.1	6.5	12.5	11.3	11.2	2.7
新 疆	Xinjiang	100.0	34.5	8.8	19.2	4.6	13.7	8.2	9.7	1.3

6-15 居民消费水平
Household Consumption Expenditure

年 份 Year	绝对数(元) Level (yuan) 全体居民 All Households	农村居民 Rural Household	城镇居民 Urban Household	城乡消费水平对比（农村居民=1) Urban/Rural Consumption Ratio (Rural Household=1)	指数（上年=100) Index (Preceding Year=100) 全体居民 All Households	农村居民 Rural Household	城镇居民 Urban Household	指数(1978=100) Index (1978=100) 全体居民 All Households	农村居民 Rural Household	城镇居民 Urban Household
1978	184	138	405	2.9	104.1	104.3	103.3	100.0	100.0	100.0
1980	238	178	490	2.7	109.1	108.6	107.3	116.8	115.7	110.4
1985	440	346	750	2.2	112.7	114.4	107.4	181.3	192.5	137.4
1990	831	627	1404	2.2	102.8	103.4	101.4	227.5	240.4	163.6
1995	2330	1344	4769	3.5	108.3	105.0	109.5	339.8	288.8	285.6
2000	3721	1917	6999	3.7	110.6	106.6	109.7	493.1	377.6	382.9
2001	3987	2032	7324	3.6	106.1	104.6	103.8	523.2	395.2	397.4
2002	4301	2157	7745	3.6	108.4	106.6	106.3	567.3	421.1	422.5
2003	4606	2292	8104	3.5	105.8	104.6	103.5	600.0	440.5	437.2
2004	5138	2521	8880	3.5	107.2	103.9	106.0	643.0	457.8	463.3
2005	5771	2784	9832	3.5	109.7	106.8	108.5	705.4	488.9	502.6
2006	6416	3066	10739	3.5	108.4	107.3	106.6	765.0	524.7	535.6
2007	7572	3538	12480	3.5	112.8	108.7	111.6	862.6	570.4	597.6
2008	8707	4065	14061	3.5	108.3	107.0	106.5	934.3	610.3	636.4
2009	9514	4402	15127	3.4	109.8	109.3	108.0	1026.1	666.9	687.1
2010	10919	4941	17104	3.5	109.6	107.4	107.9	1124.5	716.0	741.2
2011	13134	6187	19912	3.2	111.0	112.9	108.2	1248.6	808.6	802.1
2012	14699	6964	21861	3.1	109.1	108.9	107.2	1362.0	880.4	859.9
2013	16190	7773	23609	3.0	107.3	108.6	105.3	1462.0	955.8	905.4
2014	17806	8744	25449	2.9	107.8	110.2	105.7	1576.6	1052.9	957.3

注：1.城乡消费水平对比没有剔除城乡价格不可比的因素（下表同)。
2.居民消费水平指按常住人口平均计算的居民消费支出(下表同)。
3.本表绝对数按当年价格计算，指数按不变价格计算。

a) The effect of price differentials between urban and rural areas has not been removed in the calculation of the urban/rural consumption ratio. The same applies to the table following.
b) Household consumption level refers to per capita household consumption on the basis of usual residents. The same applies to the table following.
c) Level in this table are calculated at current prices, while indices are calculated at constant prices.

6-16 分地区居民消费水平(2014年)
Household Consumption Expenditure by Region (2014)

地 区	Region	绝对数(元) Level (yuan) 全体居民 All Households	农村居民 Rural Household	城镇居民 Urban Household	城乡消费水平对比(农村居民=1) Urban/Rural Consumption Ratio (Rural Household=1)	指数（上年=100） Index (Preceding Year=100) 全体居民 All Households	农村居民 Rural Household	城镇居民 Urban Household
北 京	Beijing	36057	20506	38515	1.9	104.7	108.9	104.3
天 津	Tianjin	28492	16949	31000	1.8	106.9	112.2	106.1
河 北	Hebei	12171	7023	17589	2.5	109.4	113.2	106.2
山 西	Shanxi	12622	7692	17189	2.2	105.0	107.2	102.4
内蒙古	Inner Mongolia	19827	11070	25885	2.3	108.7	108.6	107.8
辽 宁	Liaoning	22260	12178	27282	2.2	108.7	115.7	106.6
吉 林	Jilin	13663	7810	18549	2.4	105.5	103.6	105.6
黑龙江	Heilongjiang	15215	8594	20068	2.3	116.1	116.3	115.4
上 海	Shanghai	43007	22803	45352	2.0	107.3	108.3	107.3
江 苏	Jiangsu	28316	17780	34074	1.9	111.9	114.0	110.4
浙 江	Zhejiang	26885	17281	32186	1.9	107.3	110.8	105.7
安 徽	Anhui	12944	6994	19259	2.8	107.0	109.8	104.1
福 建	Fujian	19099	11908	23642	2.0	107.9	111.1	105.9
江 西	Jiangxi	12000	7429	16914	2.3	110.1	113.7	106.3
山 东	Shandong	19184	11215	25869	2.3	110.1	116.1	106.6
河 南	Henan	13078	7439	20111	2.7	108.6	113.7	104.2
湖 北	Hubei	15762	8608	21854	2.5	110.8	111.7	108.8
湖 南	Hunan	14384	7908	21227	2.7	109.2	111.2	106.6
广 东	Guangdong	24582	12674	30216	2.4	108.3	113.4	106.9
广 西	Guangxi	12944	6644	20518	3.1	107.6	112.4	103.8
海 南	Hainan	12915	8371	16823	2.0	108.7	115.7	104.8
重 庆	Chongqing	17262	7577	24000	3.2	111.1	113.7	108.8
四 川	Sichuan	13755	9092	19318	2.1	108.4	110.0	106.6
贵 州	Guizhou	11362	6620	18804	2.8	113.1	111.9	110.2
云 南	Yunnan	12235	7116	19569	2.8	107.7	114.8	102.3
西 藏	Tibet	7205	4498	15009	3.3	111.3	112.8	103.6
陕 西	Shaanxi	14812	7552	21531	2.9	110.1	111.4	107.9
甘 肃	Gansu	10678	5661	17925	3.2	110.8	107.3	109.6
青 海	Qinghai	13534	8007	19252	2.4	109.7	113.2	106.7
宁 夏	Ningxia	15193	8454	21212	2.5	111.7	117.7	107.7
新 疆	Xinjiang	12435	6859	19176	2.8	107.0	113.5	102.8

注：本表绝对数按当年价格计算，指数按不变价格计算。
Level in this table are calculated at current prices, while indices are calculated at constant prices.

6-17 分地区最终消费支出及构成(2014年)
Final Consumption Expenditure and Its Composition by Region (2014)

地区	Region	最终消费支出(亿元) Final Consumption Expenditures (100 million yuan)	居民消费支出 Household Consumption	农村居民 Rural Household	城镇居民 Urban Household	政府消费支出 Government Consumption	最终消费支出=100 Final Consumption Expenditures=100: 居民消费支出 Household Consumption	政府消费支出 Government Consumption	居民消费支出=100 Household Consumption Expenditures=100: 农村居民 Rural Household	城镇居民 Urban Household
北京	Beijing	13329.2	7691.6	597.0	7094.6	5637.6	57.7	42.3	7.8	92.2
天津	Tianjin	6253.6	4258.1	452.2	3805.9	1995.5	68.1	31.9	10.6	89.4
河北	Hebei	12539.0	8955.9	2649.6	6306.3	3583.1	71.4	28.6	29.6	70.4
山西	Shanxi	6365.6	4569.7	1339.0	3230.6	1795.9	71.8	28.2	29.3	70.7
内蒙古	Inner Mongolia	7158.2	4959.2	1132.2	3827.1	2199.0	69.3	30.7	22.8	77.2
辽宁	Liaoning	12192.7	9773.6	1777.9	7995.7	2419.1	80.2	19.8	18.2	81.8
吉林	Jilin	5408.0	3759.9	977.8	2782.1	1648.1	69.5	30.5	26.0	74.0
黑龙江	Heilongjiang	8877.3	5833.4	1393.5	4439.9	3043.9	65.7	34.3	23.9	76.1
上海	Shanghai	13858.1	10409.4	574.0	9835.4	3448.8	75.1	24.9	5.5	94.5
江苏	Jiangsu	31067.3	22510.6	4995.1	17515.5	8556.8	72.5	27.5	22.2	77.8
浙江	Zhejiang	19365.4	14794.8	3382.0	11412.8	4570.6	76.4	23.6	22.9	77.1
安徽	Anhui	10136.8	7839.2	2181.2	5658.0	2297.6	77.3	22.7	27.8	72.2
福建	Fujian	9299.3	7238.4	1747.5	5490.9	2061.0	77.8	22.2	24.1	75.9
江西	Jiangxi	7082.6	5415.6	1737.1	3678.5	1667.0	76.5	23.5	32.1	67.9
山东	Shandong	24193.1	18726.6	4994.2	13732.4	5466.5	77.4	22.6	26.7	73.3
河南	Henan	16850.1	12325.6	3891.0	8434.6	4524.5	73.1	26.9	31.6	68.4
湖北	Hubei	12562.8	9124.5	2292.1	6832.4	3438.3	72.6	27.4	25.1	74.9
湖南	Hunan	12463.1	9657.1	2727.8	6929.3	2806.0	77.5	22.5	28.2	71.8
广东	Guangdong	33920.6	26263.1	4349.3	21913.9	7657.4	77.4	22.6	16.6	83.4
广西	Guangxi	8187.7	6131.5	1718.1	4413.5	2056.1	74.9	25.1	28.0	72.0
海南	Hainan	1722.7	1161.5	348.1	813.4	561.2	67.4	32.6	30.0	70.0
重庆	Chongqing	6764.7	5145.3	926.5	4218.9	1619.3	76.1	23.9	18.0	82.0
四川	Sichuan	14529.9	11174.2	4018.1	7156.1	3355.7	76.9	23.1	36.0	64.0
贵州	Guizhou	5288.5	3982.3	1417.4	2564.8	1306.2	75.3	24.7	35.6	64.4
云南	Yunnan	8207.5	5750.9	1969.9	3781.0	2456.6	70.1	29.9	34.3	65.7
西藏	Tibet	595.2	228.8	106.1	122.7	366.4	38.4	61.6	46.4	53.6
陕西	Shaanxi	7816.1	5584.3	1368.5	4215.8	2231.8	71.4	28.6	24.5	75.5
甘肃	Gansu	4035.6	2761.8	865.2	1896.6	1273.8	68.4	31.6	31.3	68.7
青海	Qinghai	1154.4	785.8	236.4	549.4	368.6	68.1	31.9	30.1	69.9
宁夏	Ningxia	1468.6	999.5	262.4	737.1	469.1	68.1	31.9	26.3	73.7
新疆	Xinjiang	5024.5	2837.0	856.3	1980.7	2187.5	56.5	43.5	30.2	69.8

注：本表按当年价格计算。
Data in value terms in this table are calculated at current prices.

6–18 分地区居民人民币储蓄存款情况(年底余额)
Savings Deposit of Households by Region at Year-end

单位：亿元 (100 million yuan)

地 区	Region	2008	2009	2010	2011	2012	2013	2014
全 国	**National Total**	**217885.4**	**260771.7**	**303302.5**	**343635.9**	**399551.0**	**447601.6**	**485261.3**
总 行	Head Office	952.6	1962.1	2458.1	1336.8	1303.8	998.5	938.5
北 京	Beijing	11952.8	14672.1	17003.1	19126.1	21644.9	23086.4	24158.4
天 津	Tianjin	3978.0	4885.9	5558.2	6123.1	7055.4	7612.3	7916.9
河 北	Hebei	11434.7	13551.1	15678.4	17824.3	20665.1	23357.2	25690.1
山 西	Shanxi	7048.6	8099.4	9223.0	10455.5	11997.0	13339.4	14145.2
内蒙古	Inner Mongolia	3211.7	3914.0	4618.1	5423.1	6597.2	7455.2	8013.7
辽 宁	Liaoning	10154.7	12030.9	13690.3	15365.7	17785.9	19659.5	21183.8
吉 林	Jilin	3923.1	4614.4	5147.3	5835.3	6875.1	7745.3	8556.7
黑龙江	Heilongjiang	5545.1	6430.1	7254.7	8147.4	9269.2	10058.6	10856.9
上 海	Shanghai	11464.2	13707.3	15650.2	17288.5	19506.7	20486.3	21269.3
江 苏	Jiangsu	16718.7	20080.6	23334.5	25914.7	30057.2	33823.9	36580.6
浙 江	Zhejiang	14504.7	17833.4	20612.2	23470.3	26406.8	28923.0	30666.4
安 徽	Anhui	5647.5	6619.5	7788.5	9233.6	11178.6	12924.9	14599.4
福 建	Fujian	5853.5	7078.8	8101.0	9068.6	10507.4	11847.3	12579.0
江 西	Jiangxi	4166.2	5092.7	6113.2	7123.6	8471.9	9725.2	10790.7
山 东	Shandong	14382.2	17082.8	19648.2	22173.3	26343.3	29796.1	33178.6
河 南	Henan	9515.8	11207.4	12884.0	14648.4	17469.0	20232.1	22417.2
湖 北	Hubei	6745.4	8163.5	9798.0	11291.6	13419.7	15507.0	17247.6
湖 南	Hunan	6549.5	7809.8	9022.6	10584.8	12578.3	14539.7	16413.6
广 东	Guangdong	27500.7	31411.4	36318.7	40405.1	45533.8	49891.3	52410.6
广 西	Guangxi	3852.0	4686.2	5702.4	6654.0	7900.8	9118.9	10023.0
海 南	Hainan	1058.5	1282.9	1667.1	1875.1	2172.7	2465.4	2672.3
重 庆	Chongqing	3989.0	4908.7	5839.7	6990.2	8361.6	9622.3	10774.1
四 川	Sichuan	9646.7	11575.2	13650.8	16147.3	19438.3	22597.3	25312.5
贵 州	Guizhou	2237.1	2676.1	3245.0	3934.5	4806.1	5919.1	6620.6
云 南	Yunnan	3783.8	4668.6	5720.0	6656.0	7744.7	8969.8	9699.9
西 藏	Tibet	184.9	226.4	267.1	318.8	403.9	496.0	559.3
陕 西	Shaanxi	5494.5	6743.8	7957.8	9172.1	10770.0	12249.4	13428.9
甘 肃	Gansu	2461.9	3026.9	3598.2	4231.4	5050.1	5878.5	6674.7
青 海	Qinghai	580.5	711.3	868.2	1043.5	1275.3	1504.2	1640.7
宁 夏	Ningxia	794.1	967.7	1170.3	1351.3	1679.4	1887.2	2054.6
新 疆	Xinjiang	2553.0	3050.8	3713.5	4421.9	5281.8	5884.5	6187.7

6-19 城镇单位就业人员工资总额和指数
Total Wage Bill of Employed Persons in Urban Units and Related Indices

年 份 Year	合 计 Total	国有单位 State-owned Units	城镇集体单位 Urban Collective-owned Units	其他单位 Units of Other Types of Ownership
工资总额(亿元)				
Total Wage Bill (100 million yuan)				
1995	8055.8	6172.6	1210.6	672.6
2000	10954.7	7744.9	950.7	2259.1
2005	20627.1	12291.7	906.4	7429.0
2006	24262.3	13920.6	983.8	9357.9
2007	29471.5	16689.1	1108.1	11674.3
2008	35289.5	19487.9	1203.2	14598.4
2009	40288.2	21862.7	1273.3	17152.1
2010	47269.9	24886.4	1433.7	20949.7
2011	59954.7	28954.8	1737.4	29262.4
2012	70914.2	32950.0	1990.4	35973.8
2013	93064.3	33359.6	2195.8	57508.9
2014	102817.2	36106.6	2302.7	64408.0
指数(上年=100)				
Indices (preceding year=100)				
1995	119.0	117.4	115.6	142.2
2000	107.9	106.2	95.5	120.8
2005	117.1	111.4	103.4	130.3
2006	117.6	113.3	108.5	126.0
2007	121.5	119.9	112.6	124.8
2008	119.7	116.8	108.6	125.0
2009	114.2	112.2	105.8	117.5
2010	117.3	113.8	112.6	122.1
2011	126.8	116.3	121.2	139.7
2012	118.3	113.8	114.6	122.9
2013	131.2	101.2	110.3	159.9
2014	110.5	108.2	104.9	112.0

注：1995—2008年的城镇单位就业人员平均工资即为原来的城镇单位就业人员平均劳动报酬(以下相关表同)。

a) Average wage of employed persons in urban units from 1995 to 2008 referred to average earning of employed persons in urban units. The same applies to the related tables following.

6-20 分地区城镇单位就业人员工资总额和指数(2014年)
Total Wage Bill of Employed Persons in Urban Units and Related Indices by Region(2014)

地区	Region	工资总额(亿元) Total Wage Bill(100 million yuan)				指数(上年=100) Indices(preceding year=100)			
		合计 Total	国有单位 State-owned Units	城镇集体单位 Urban Collective-owned Units	其他单位 Units of Other Types of Ownership	合计 Total	国有单位 State-owned Units	城镇集体单位 Urban Collective-owned Units	其他单位 Units of Other Types of Ownership
全国	**National Total**	**102817.2**	**36106.6**	**2302.7**	**64408.0**	**110.5**	**108.2**	**104.9**	**112.0**
北京	Beijing	7687.6	1932.4	86.0	5669.2	111.9	109.1	115.4	112.8
天津	Tianjin	2154.0	631.3	35.3	1487.4	104.9	106.3	111.7	104.1
河北	Hebei	2965.5	1268.5	59.1	1637.9	108.9	107.4	97.5	110.5
山西	Shanxi	2220.9	940.4	75.7	1204.8	102.8	106.5	97.4	100.4
内蒙古	Inner Mongolia	1672.3	944.4	33.6	694.2	104.6	102.7	90.6	108.1
辽宁	Liaoning	3280.2	1391.9	116.2	1772.1	101.6	104.1	94.0	100.1
吉林	Jilin	1589.9	834.8	25.1	730.0	107.7	105.7	99.3	110.4
黑龙江	Heilongjiang	2033.1	1193.8	64.4	774.8	104.4	103.3	107.7	105.8
上海	Shanghai	6551.3	1100.6	84.3	5366.4	115.4	102.0	124.8	118.5
江苏	Jiangsu	9551.6	2147.9	205.2	7198.5	113.8	109.2	105.9	115.4
浙江	Zhejiang	6666.8	1874.5	113.4	4679.0	111.4	109.3	97.0	112.7
安徽	Anhui	2631.6	1027.1	64.4	1540.1	106.8	107.6	104.8	106.3
福建	Fujian	3459.0	982.5	65.2	2411.2	110.3	109.4	115.7	110.6
江西	Jiangxi	2118.3	931.2	60.0	1127.0	112.8	109.1	114.1	116.0
山东	Shandong	6545.4	2334.1	232.8	3978.6	107.3	106.8	94.0	108.5
河南	Henan	4594.2	1699.2	161.6	2733.4	113.5	109.2	108.4	116.6
湖北	Hubei	3471.3	1425.7	53.6	1992.0	115.2	119.3	108.0	112.7
湖南	Hunan	2800.1	1263.1	80.0	1457.1	110.3	106.7	105.2	114.0
广东	Guangdong	11764.8	2714.3	229.5	8821.0	112.4	109.8	111.8	113.2
广西	Guangxi	1800.4	946.9	53.4	800.1	110.2	106.8	118.0	113.9
海南	Hainan	502.8	228.2	9.1	265.5	114.9	109.6	83.0	121.5
重庆	Chongqing	2258.6	752.5	36.5	1469.7	115.2	112.9	117.3	116.4
四川	Sichuan	4243.0	2016.3	123.8	2102.9	106.0	105.2	104.9	106.9
贵州	Guizhou	1589.6	905.0	33.3	651.3	114.6	111.8	115.5	118.6
云南	Yunnan	1909.3	978.6	56.3	874.5	106.9	113.2	96.8	101.2
西藏	Tibet	198.4	164.8	1.1	32.5	111.6	104.6	76.0	173.6
陕西	Shaanxi	2662.4	1276.6	79.6	1306.2	110.5	109.7	111.7	111.3
甘肃	Gansu	1247.3	762.8	37.6	446.8	112.5	113.3	100.7	112.2
青海	Qinghai	358.3	205.3	5.0	148.0	108.4	107.6	114.8	109.5
宁夏	Ningxia	424.3	210.1	3.9	210.4	108.8	105.2	74.0	113.7
新疆	Xinjiang	1865.1	1021.8	17.9	825.4	111.4	110.0	103.6	113.3

6-21 城镇单位就业人员平均工资和指数
Average Wage of Employed Persons in Urban Units and Related Indices

年 份 Year	合 计 Total	#在岗职工 Staff and Workers	国有单位 State-owned Units	城镇集体单位 Urban Collective-owned Units	其他单位 Units of Other Types of Ownership
平均工资(元)					
Average Wage (yuan)					
1995	5348	5500	5553	3934	7728
2000	9333	9371	9441	6241	11238
2005	18200	18364	18978	11176	18362
2006	20856	21001	21706	12866	21004
2007	24721	24932	26100	15444	24271
2008	28898	29229	30287	18103	28552
2009	32244	32736	34130	20607	31350
2010	36539	37147	38359	24010	35801
2011	41799	42452	43483	28791	41323
2012	46769	47593	48357	33784	46360
2013	51483	52388	52657	38905	51453
2014	56360	57361	57296	42742	56485
平均货币工资指数(上年=100)					
Indices of Average Wage(preceding year=100)					
1995	118.9	121.2	117.3	121.1	119.9
2000	112.2	112.3	111.8	108.4	110.8
2005	114.3	114.6	115.4	114.9	111.2
2006	114.6	114.4	114.4	115.1	114.4
2007	118.5	118.7	120.2	120.0	115.6
2008	116.9	117.2	116.0	117.2	117.6
2009	111.6	112.0	112.7	113.8	109.8
2010	113.3	113.5	112.4	116.5	114.2
2011	114.4	114.3	113.4	119.9	115.4
2012	111.9	112.1	111.2	117.3	112.2
2013	110.1	110.1	108.9	115.2	111.0
2014	109.5	109.5	108.8	109.9	109.8
平均实际工资指数(上年=100)					
Indices of Average Real Wage(preceding year=100)					
1995	101.8	103.8	100.4	103.7	102.6
2000	111.3	111.4	110.9	107.5	109.9
2005	112.5	112.8	113.6	113.1	109.4
2006	112.9	112.7	112.7	113.4	112.7
2007	113.4	113.6	115.0	114.8	110.6
2008	110.7	111.0	109.8	111.0	111.4
2009	112.6	113.0	113.7	114.8	110.8
2010	109.8	110.0	108.9	112.9	110.7
2011	108.6	108.5	107.7	113.9	109.6
2012	109.0	109.2	108.3	114.3	109.2
2013	107.3	107.3	106.1	112.2	108.2
2014	107.2	107.2	106.6	107.6	107.5

注：1995—2008年的城镇单位就业人员平均工资即为原来的城镇单位就业人员平均劳动报酬(以下相关表同)。

Average wage of employed persons in urban units from 1995 to 2008 referred to average earning of employed persons in urban units. The same applies to the related tables following.

6-22 分行业分登记注册类型城镇单位就业人员平均工资(2014年)
Average Wage of Employed Persons in Urban Units by Status of Registration and Sector in Detail (2014)

单位：元 (yuan)

项　目	Item	合　计 Total	国有单位 State-owned Units	城镇集体单位 Urban Collective-owned Units	其他单位 Units of Other Types of Ownership
全国总计	**National Total**	**56360**	**57296**	**42742**	**56485**
农、林、牧、渔业	Agriculture, Forestry, Animal Husbandry and Fishery	28356	27782	30809	35689
采矿业	Mining	61677	59765	41092	62481
制造业	Manufacturing	51369	61600	38350	51163
电力、热力、燃气及水生产和供应业	Production and Supply of Electricity, Heat, Gas and Water	73339	74914	49023	72330
建筑业	Construction	45804	46409	36932	46367
批发和零售业	Wholesale and Retail Trades	55838	64186	29069	55971
交通运输、仓储和邮政业	Transport, Storage and Post	63416	65417	35018	62749
住宿和餐饮业	Hotels and Catering Services	37264	40103	34925	36830
信息传输、软件和信息技术服务业	Information Transmission, Software and Information Technology	100845	63629	42253	105724
金融业	Financial Intermediation	108273	94943	77236	117537
房地产业	Real Estate	55568	50597	40429	56459
租赁和商务服务业	Leasing and Business Services	67131	49286	36833	78859
科学研究和技术服务业	Scientific Research and Technical Services	82259	73844	56711	93884
水利、环境和公共设施管理业	Management of Water Conservancy, Environment	39198	38008	31291	46682
居民服务、修理和其他服务业	Services to Households, Repair and Other Services	41882	45242	37642	40752
教育	Education	56580	56974	51166	51494
卫生和社会工作	Health and Social Service	63267	64631	54122	54309
文化、体育和娱乐业	Culture, Sports and Entertainment	64375	64245	41647	65926
公共管理、社会保障和社会组织	Public Management, Social Security and Social Organization	53110	53230	48465	38391

6-23 分地区城镇单位就业人员平均工资和指数(2014年)
Average Wage of Employed Persons in Urban Units and Related Indices(2014)

地区	Region	平均工资(元) Average Wage(yuan)					平均货币工资指数(上年=100) Indices of Average Wage (preceding year=100)		
		合计 Total	#在岗职工 Staff and Workers	国有单位 State-owned Units	城镇集体单位 Urban Collective-owned Units	其他单位 Units of Other Types of Ownership	合计 Total	#在岗职工 Staff and Workers	国有单位 State-owned Units
全国	**National Total**	**56360**	**57361**	**57296**	**42742**	**56485**	**109.5**	**109.5**	**108.8**
北京	Beijing	102268	103400	102538	45500	104146	110.0	110.0	108.9
天津	Tianjin	72773	73839	84254	44946	69764	107.4	107.2	111.0
河北	Hebei	45114	46239	43351	36358	47004	108.7	108.7	109.3
山西	Shanxi	48969	49984	45843	38841	52633	105.5	105.4	108.7
内蒙古	Inner Mongolia	53748	54460	56304	53766	50621	106.0	106.0	104.3
辽宁	Liaoning	48190	49110	47768	32889	50065	105.9	106.0	104.0
吉林	Jilin	46516	47683	49267	37351	44072	108.6	108.8	108.0
黑龙江	Heilongjiang	44036	46036	42794	37740	46776	107.9	107.7	109.5
上海	Shanghai	100251	100623	102277	60008	100904	110.3	110.0	107.0
江苏	Jiangsu	60867	61783	72260	53122	58364	106.5	106.6	106.5
浙江	Zhejiang	61572	62460	87609	56684	55124	108.8	109.0	107.9
安徽	Anhui	50894	52388	51974	41741	50657	106.5	107.1	106.8
福建	Fujian	53426	54235	62970	50679	50388	110.1	109.9	108.2
江西	Jiangxi	46218	47299	49519	39893	44158	108.8	108.5	109.3
山东	Shandong	51825	52460	58485	45015	48986	110.3	110.1	110.7
河南	Henan	42179	42670	46604	37601	40100	110.1	110.0	110.3
湖北	Hubei	49838	50637	53299	36449	48079	113.5	113.5	119.1
湖南	Hunan	47117	48525	48344	36417	46843	110.3	110.6	109.5
广东	Guangdong	59481	59827	68803	40509	57777	111.6	111.6	109.8
广西	Guangxi	45424	46846	46065	36874	45378	109.7	109.9	108.3
海南	Hainan	49882	50589	53622	38393	47521	110.9	111.0	113.7
重庆	Chongqing	55588	56852	64046	40166	52536	111.2	111.4	114.6
四川	Sichuan	52555	53722	57018	43707	49435	109.6	109.6	105.8
贵州	Guizhou	52772	54685	54083	55520	50927	111.4	111.4	108.7
云南	Yunnan	46101	47802	52224	48389	40645	108.6	108.2	111.5
西藏	Tibet	61235	68059	61886	29574	60161	106.0	105.7	103.3
陕西	Shaanxi	50535	52119	50355	42932	51267	106.5	106.7	104.1
甘肃	Gansu	46960	48470	49614	34257	44297	109.6	109.9	108.7
青海	Qinghai	57084	57804	60815	40883	53261	111.1	110.9	109.8
宁夏	Ningxia	54858	56811	53923	44674	56063	108.7	108.9	108.0
新疆	Xinjiang	53471	54407	49846	59378	58622	109.0	109.2	108.8

6–23 续表 continued

地 区	Region	平均货币工资指数(上年=100) Indices of Average Wage (preceding year=100)		平均实际工资指数(上年=100) Indices of Average Real Wage (preceding year=100)				
		城镇集体单位 Urban Collective-owned Units	其他单位 Units of Other Types of Ownership	合计 Total	#在岗职工 Staff and Workers	国有单位 State-owned Units	城镇集体单位 Urban Collective-owned Units	其他单位 Units of Other Types of Ownership
全 国	**National Total**	**109.9**	**109.8**	**107.2**	**107.2**	**106.6**	**107.6**	**107.5**
北 京	Beijing	107.1	110.5	107.7	107.7	106.6	104.9	108.2
天 津	Tianjin	109.4	106.0	105.2	105.0	108.8	107.1	103.8
河 北	Hebei	110.0	107.9	106.5	106.5	107.1	107.7	105.6
山 西	Shanxi	106.7	103.0	103.4	103.2	106.5	104.5	100.9
内蒙古	Inner Mongolia	105.6	108.4	103.8	103.8	102.2	103.4	106.2
辽 宁	Liaoning	103.5	107.5	103.7	103.8	101.8	101.3	105.3
吉 林	Jilin	108.0	109.4	106.3	106.6	105.8	105.8	107.1
黑龙江	Heilongjiang	105.4	105.4	105.7	105.5	107.3	103.2	103.2
上 海	Shanghai	108.9	111.2	108.0	107.7	104.8	106.7	108.9
江 苏	Jiangsu	105.1	106.7	104.3	104.4	104.3	102.9	104.5
浙 江	Zhejiang	108.9	109.4	106.6	106.8	105.7	106.6	107.1
安 徽	Anhui	110.1	106.1	104.3	104.9	104.6	107.8	103.9
福 建	Fujian	122.7	110.4	107.8	107.6	106.0	120.2	108.2
江 西	Jiangxi	110.8	108.7	106.6	106.3	107.0	108.5	106.5
山 东	Shandong	108.7	110.1	108.0	107.8	108.5	106.5	107.9
河 南	Henan	113.5	110.2	107.9	107.7	108.0	111.1	107.9
湖 北	Hubei	109.7	109.9	111.2	111.2	116.7	107.5	107.7
湖 南	Hunan	110.4	111.0	108.0	108.3	107.2	108.2	108.7
广 东	Guangdong	113.6	112.1	109.3	109.3	107.6	111.3	109.8
广 西	Guangxi	114.5	111.4	107.5	107.6	106.0	112.2	109.1
海 南	Hainan	105.4	109.1	108.6	108.7	111.4	103.3	106.9
重 庆	Chongqing	116.5	109.7	108.9	109.1	112.3	114.1	107.5
四 川	Sichuan	111.7	112.7	107.3	107.3	103.6	109.4	110.4
贵 州	Guizhou	115.8	115.1	109.1	109.1	106.5	113.4	112.8
云 南	Yunnan	110.7	104.9	106.4	106.0	109.2	108.4	102.8
西 藏	Tibet	118.9	124.9	103.8	103.5	101.2	116.5	122.3
陕 西	Shaanxi	111.6	108.6	104.3	104.5	101.9	109.3	106.4
甘 肃	Gansu	104.4	111.2	107.4	107.6	106.5	102.2	108.9
青 海	Qinghai	119.4	112.6	108.8	108.6	107.5	116.9	110.3
宁 夏	Ningxia	91.8	109.6	106.4	106.7	105.8	89.9	107.3
新 疆	Xinjiang	104.5	109.1	106.7	107.0	106.5	102.4	106.9

6-24 农村贫困状况
Poverty Conditions in Rural Areas

年 份 Year	1978年标准 1978 Standard		2008年标准 2008 Standard		2010年标准 2010 Standard	
	贫困人口(万人) Poverty Population (10 000 persons)	贫困发生率(%) Poverty Headcount Rate (%)	贫困人口(万人) Poverty Population (10 000 persons)	贫困发生率(%) Poverty Headcount Rate (%)	贫困人口(万人) Poverty Population (10 000 persons)	贫困发生率(%) Poverty Headcount Rate (%)
1978	25000.0	30.7				
1980	22000.0	26.8				
1981	15200.0	18.5				
1982	14500.0	17.5				
1983	13500.0	16.2				
1984	12800.0	15.1				
1985	12500.0	14.8				
1986	13100.0	15.5				
1987	12200.0	14.3				
1988	9600.0	11.1				
1989	10200.0	11.6				
1990	8500.0	9.4				
1991	9400.0	10.4				
1992	8000.0	8.8				
1994	7000.0	7.7				
1995	6540.0	7.1				
1997	4962.0	5.4				
1998	4210.0	4.6				
1999	3412.0	3.7				
2000	3209.0	3.5	9422	10.2		
2001	2927.0	3.2	9029	9.8		
2002	2820.0	3.0	8645	9.2		
2003	2900.0	3.1	8517	9.1		
2004	2610.0	2.8	7587	8.1		
2005	2365.0	2.5	6432	6.8		
2006	2148.0	2.3	5698	6.0		
2007	1479.0	1.6	4320	4.6		
2008			4007	4.2		
2009			3597	3.8		
2010			2688	2.8	16567	17.2
2011					12238	12.7
2012					9899	10.2
2013					8249	8.5
2014					7017	7.2

注：1．1978年标准：1978—1999年称为农村贫困标准，2000—2007年称为农村绝对贫困标准。
2．2008年标准：2000—2007年称为农村低收入标准，2008—2010年称为农村贫困标准。
3．2010年标准：是新确定的农村扶贫标准。

a) 1978 Standard: It was referred to as the rural poverty standard from 1978 to 1999, and as the rural absolute poverty standard from 2000 to 2007.
b) 2008 Standard: It was referred to as the rural low income standard from 2000 to 2007, and as the rural poverty standard from 2008 to 2010.
c) 2010 Standard: It was defined as the rural poverty alleviation standard.

七、社会保障

Social Security

7-1 社会保险基金收支及累计结余和增长情况
Revenue, Expenses and Balance of Social Insurance Fund and Increase Rate

单位：亿元 (100 million yuan)

年份 Year	绝对数 Value					
	合计 Total	基本养老保险 Basic Pension Insurance	失业保险 Unemployment Insurance	城镇基本医疗保险 Basic Medical Care Insurance	工伤保险 Work Injury Insurance	生育保险 Maternity Insurance
基金收入 Revenue						
1990	186.8	178.8	7.2			
1995	1006.0	950.1	35.3	9.7	8.1	2.9
2000	2644.9	2278.5	160.4	170.0	24.8	11.2
2001	3101.9	2489.0	187.3	383.6	28.3	13.7
2002	4048.7	3171.5	213.4	607.8	32.0	21.8
2003	4882.9	3680.0	249.5	890.0	37.6	25.8
2004	5780.3	4258.4	290.8	1140.5	58.3	32.1
2005	6975.2	5093.3	340.3	1405.3	92.5	43.8
2006	8643.2	6309.8	402.4	1747.1	121.8	62.1
2007	10812.3	7834.2	471.7	2257.2	165.6	83.6
2008	13696.1	9740.2	585.1	3040.4	216.7	113.7
2009	16115.6	11490.8	580.4	3671.9	240.1	132.4
2010	19276.1	13872.9	649.8	4308.9	284.9	159.6
2011	25153.3	18004.8	923.1	5539.2	466.4	219.8
2012	30738.8	21830.2	1138.9	6938.7	526.7	304.2
2013	35252.9	24732.6	1288.9	8248.3	614.8	368.4
2014	39827.7	27619.9	1379.8	9687.2	694.8	446.1
基金支出 Expenses						
1990	151.9	149.3	2.5			
1995	877.1	847.6	18.9	7.3	1.8	1.6
2000	2385.6	2115.5	123.4	124.5	13.8	8.3
2001	2748.0	2321.3	156.6	244.1	16.5	9.6
2002	3471.5	2842.9	182.6	409.4	19.9	12.8
2003	4016.4	3122.1	199.8	653.9	27.1	13.5
2004	4627.4	3502.1	211.3	862.2	33.3	18.8
2005	5400.8	4040.3	206.9	1078.7	47.5	27.4
2006	6477.4	4896.7	198.0	1276.7	68.5	37.5
2007	7887.8	5964.9	217.7	1561.8	87.9	55.6
2008	9925.1	7389.6	253.5	2083.6	126.9	71.5
2009	12302.6	8894.4	366.8	2797.4	155.7	88.3
2010	15018.9	10755.3	423.3	3538.1	192.4	109.9
2011	18652.9	13363.2	432.8	4431.4	286.4	139.2
2012	23331.3	16711.5	450.6	5543.6	406.3	219.3
2013	27916.3	19818.7	531.6	6801.0	482.1	282.8
2014	33002.7	23325.8	614.7	8133.6	560.5	368.1
累计结余 Balance at Year-end						
1990	117.3	97.9	19.5			
1995	516.8	429.8	68.4	3.1	12.7	2.7
2000	1327.5	947.1	195.9	109.8	57.9	16.8
2001	1622.8	1054.1	226.2	253.0	68.9	20.6
2002	2423.4	1608.0	253.8	450.7	81.1	29.7
2003	3313.8	2206.5	303.5	670.6	91.2	42.0
2004	4493.4	2975.0	385.8	957.9	118.6	55.9
2005	6073.7	4041.0	519.0	1278.1	163.5	72.1
2006	8255.9	5488.9	724.8	1752.4	192.9	96.9
2007	11236.6	7391.4	979.1	2476.9	262.6	126.6
2008	15225.6	9931.0	1310.1	3431.7	384.6	168.2
2009	19006.5	12526.1	1523.6	4275.9	468.8	212.1
2010	23407.5	15787.8	1749.8	5047.1	561.4	261.4
2011	30233.1	20727.8	2240.2	6180.0	742.6	342.5
2012	38106.6	26243.5	2929.0	7644.5	861.9	427.6
2013	45588.1	31274.8	3685.9	9116.5	996.2	514.7
2014	52462.3	35644.5	4451.5	10644.8	1128.8	592.7

注：1.2007年及以后城镇基本医疗保险基金中包括城镇职工基本医疗保险和城镇居民基本医疗保险。
2.2010年及以后基本养老保险基金中包括城镇职工基本养老保险和城乡居民基本养老保险。
3.工伤保险累计结余中含储备金。

a) Data of basic medical care insurance include both urban workers and urban residence from 2007.

b) Data of the basic pension insurance for 2010 and following years include the basic pension insurances for urban workers and for urban and rural residents.

c) The grand total of work injury insurance at year-end include reserve fund.

7-1 续表 continued

单位：% (%)

年 份 Year	比上年增长 Increase Rate 合 计 Total	基本养老保险 Basic Pension Insurance	失业保险 Unemployment Insurance	城镇基本医疗保险 Basic Medical Care Insurance	工伤保险 Work Injury Insurance	生育保险 Maternity Insurance
基金收入 Revenue						
1990	21.64	21.85	17.12			
1995	35.57	34.30	38.73	206.29	77.53	99.36
2000	19.58	15.95	28.11	89.17	18.68	3.78
2001	17.28	9.24	16.75	125.65	14.15	23.07
2002	30.52	27.42	13.92	58.44	13.25	58.89
2003	20.61	16.03	16.92	46.43	17.38	18.28
2004	18.38	15.72	16.55	28.15	55.05	24.42
2005	20.67	19.61	17.02	23.22	58.66	36.45
2006	23.91	23.88	18.25	24.32	31.70	41.85
2007	25.10	24.16	17.22	29.20	35.94	34.56
2008	26.67	24.33	24.05	34.70	30.86	36.00
2009	17.67	17.97	-0.81	20.77	10.81	16.45
2010	19.61	20.73	11.96	17.35	18.67	20.52
2011	30.49	29.78	42.06	28.55	63.69	37.75
2012	22.21	21.25	23.38	25.27	12.92	38.39
2013	14.69	13.30	13.17	18.87	16.72	21.09
2014	12.98	11.67	7.05	17.45	13.01	21.09
基金支出 Expenses						
1990	25.67	25.67	25.45			
1995	29.00	28.21	32.85	150.18	92.36	95.30
2000	13.16	9.90	34.69	80.30	-10.50	17.09
2001	15.19	9.73	26.85	96.00	19.54	14.88
2002	26.33	22.47	16.63	67.70	20.61	33.28
2003	15.70	9.82	9.42	59.74	36.24	5.65
2004	15.21	12.17	5.76	31.86	22.88	39.26
2005	16.71	15.37	-2.08	25.11	42.64	45.74
2006	19.93	21.20	-4.30	18.36	44.19	36.81
2007	21.77	21.82	9.94	22.33	28.34	48.32
2008	25.83	23.88	16.43	33.41	44.37	28.60
2009	23.95	20.36	44.71	34.26	22.68	23.43
2010	22.08	20.92	15.40	26.48	23.59	24.48
2011	24.20	24.25	2.25	25.25	48.84	26.68
2012	25.08	25.06	4.11	25.10	41.87	57.59
2013	19.65	18.59	17.99	22.68	18.66	28.93
2014	18.22	17.70	15.63	19.59	16.26	30.16
累计结余 Balance at Year-end						
1990	43.75	43.96	42.71			
1995	41.32	41.04	31.58	335.45	87.32	91.74
2000	31.46	29.12	22.57	90.83	28.79	20.59
2001	22.24	11.29	15.45	130.36	19.08	22.69
2002	49.34	52.55	12.22	78.14	17.69	44.50
2003	36.74	37.22	19.56	48.79	12.48	41.26
2004	35.60	34.83	27.12	42.84	30.04	33.10
2005	35.17	35.83	34.53	33.43	37.86	28.98
2006	35.93	35.83	39.66	37.11	17.98	34.38
2007	36.10	34.66	35.08	41.34	36.14	30.67
2008	35.50	34.36	33.81	38.55	46.46	32.86
2009	24.83	26.13	16.29	24.60	21.89	26.10
2010	23.16	26.04	14.85	18.04	19.77	23.25
2011	29.16	31.29	28.03	22.45	32.26	31.03
2012	26.04	26.61	30.75	23.70	16.08	24.84
2013	19.63	19.17	25.84	19.25	15.58	20.38
2014	15.08	13.97	20.77	16.76	13.31	15.15

7-2 社会保险基本情况
Basic Statistics of Social Insurance

单位：万人 (10 000 persons)

年 份 Year	年末参加基本养老保险人数 Basic Pension Insurance Participants at Year-end	城镇职工基本养老保险 Urban Employees Basic Pension Insurance					城乡居民基本养老保险 Basic Pension Insurance for Urban and Rural Residents
		合 计 Total	职 工 Number of Employees	#企业(含其他) Enterprises (including others)	离退休人员 Number of Retirees	#企业(含其他) Enterprises (including others)	
1989	5710.3	5710.3	4816.9	4816.9	893.4	893.4	
1990	6166.0	6166.0	5200.7	5200.7	965.3	965.3	
1991	6740.3	6740.3	5653.7	5653.7	1086.6	1086.6	
1992	9456.2	9456.2	7774.7	7774.7	1681.5	1681.5	
1993	9847.6	9847.6	8008.2	8008.2	1839.4	1839.4	
1994	10573.5	10573.5	8494.1	8494.1	2079.4	2079.4	
1995	10979.0	10979.0	8737.8	8737.8	2241.2	2241.2	
1996	11116.7	11116.7	8758.4	8758.4	2358.3	2358.3	
1997	11203.9	11203.9	8670.9	8670.9	2533.0	2533.0	
1998	11203.1	11203.1	8475.8	8475.8	2727.3	2727.3	
1999	12485.4	12485.4	9501.8	8859.2	2983.6	2863.8	
2000	13617.4	13617.4	10447.5	9469.9	3169.9	3016.5	
2001	14182.5	14182.5	10801.9	9733.0	3380.6	3171.3	
2002	14736.6	14736.6	11128.8	9929.4	3607.8	3349.2	
2003	15506.7	15506.7	11646.5	10324.5	3860.2	3556.9	
2004	16352.9	16352.9	12250.3	10903.9	4102.6	3775.0	
2005	17487.9	17487.9	13120.4	11710.6	4367.5	4005.2	
2006	18766.3	18766.3	14130.9	12618.0	4635.4	4238.6	
2007	20136.9	20136.9	15183.2	13690.6	4953.7	4544.0	
2008	21891.1	21891.1	16587.5	15083.4	5303.6	4868.0	
2009	23549.9	23549.9	17743.0	16219.0	5806.9	5348.0	
2010	35984.1	25707.3	19402.3	17822.7	6305.0	5811.6	10276.8
2011	61573.3	28391.3	21565.0	19970.0	6826.2	6314.0	33182.0
2012	78796.3	30426.8	22981.1	21360.9	7445.7	6910.9	48369.5
2013	81968.4	32218.4	24177.3	22564.7	8041.0	7484.8	49750.1
2014	84231.9	34124.4	25531.0	23932.3	8593.4	8013.6	50107.5

7–2 续表 Contiuned

年 份 Year	失业保险 Unemployment Insurance			城镇基本医疗保险 Urban Basic Medical Care Insurance			工伤保险 Work Injury Insurance		年末参加生育保险人数（万人） Maternity Insurance Contributors at Year-end (10 000 persons)
	年末参保人数（万人） Contributors at Year-end (10 000 persons)	全年发放失业保险金人数（万人） Beneficiaries of Unemployment Insurance Fund (10 000 persons)	全年发放失业保险金（亿元） Unemployed Relief (100 million yuan)	年末参保人数（万人） Contributors at Year-end (10 000 persons)	年末参保城镇职工 Staff and Workers	年末参保城镇居民 Residents	年末参保人数（万人） Contributors at Year-end (10 000 persons)	年末享受工伤待遇的人数（万人） Beneficiaries at Year-end (10 000 persons)	
1994	7967.8	196.5	5.1	400.3	400.3		1822.1	5.8	915.9
1995	8237.7	261.3	8.2	745.9	745.9		2614.8	7.1	1500.2
1996	8333.1	330.8	13.9	855.7	855.7		3102.6	10.1	2015.6
1997	7961.4	319.0	18.7	1762.0	1762.0		3507.8	12.5	2485.9
1998	7927.9	158.1	20.4	1877.6	1877.6		3781.3	15.3	2776.7
1999	9852.0	271.4	31.9	2065.3	2065.3		3912.3	15.1	2929.8
2000	10408.4	329.7	56.2	3786.9	3786.9		4350.3	18.8	3001.6
2001	10354.6	468.5	83.3	7285.9	7285.9		4345.3	18.7	3455.1
2002	10181.6	657.0	116.8	9401.2	9401.2		4405.6	26.5	3488.2
2003	10372.9	741.6	133.4	10901.7	10901.7		4574.8	32.9	3655.4
2004	10583.9	753.5	137.5	12403.6	12403.6		6845.2	51.9	4383.8
2005	10647.7	677.8	132.4	13782.9	13782.9		8478.0	65.1	5408.5
2006	11186.6	598.1	125.8	15731.8	15731.8		10268.5	77.8	6458.9
2007	11644.6	538.5	129.4	22311.1	18020.0	4291.1	12173.3	96.0	7775.3
2008	12399.8	516.7	139.5	31821.6	19995.6	11826.0	13787.2	117.8	9254.1
2009	12715.5	483.9	145.8	40147.0	21937.4	18209.6	14895.5	129.6	10875.7
2010	13375.6	431.6	140.4	43262.9	23734.7	19528.3	16160.7	147.5	12335.9
2011	14317.1	394.4	159.9	47343.2	25227.1	22116.1	17695.9	163.0	13892.0
2012	15224.7	390.1	181.3	53641.3	26485.6	27155.7	19010.1	190.5	15428.7
2013	16416.8	416.7	203.2	57072.6	27443.1	29629.4	19917.2	195.2	16392.0
2014	17042.6	422.0	233.3	59746.9	28296.0	31450.9	20639.2	198.2	17038.7

7-3 分地区城乡居民养老保险情况(2014年)
Statistics on Basic Pension Insurance for Urban and Rural Residents by Region (2014)

地 区	Region	参保人数(万人) Contributors at Year-end (10 000 persons)	#达到领取待遇年龄参保人数 Number of Participants Who Have Reached the Prescribed Age of Benifit Entilement	基金收支情况(亿元) Revenue and Expenses(100 million yuan) 基金收入 Revenue	基金支出 Expenses	累计结余 Balance at Year-end
全 国	**National Total**	**50107.5**	**14741.7**	**2310.2**	**1571.2**	**3844.6**
北 京	Beijing	186.3	35.8	36.7	21.3	116.8
天 津	Tianjin	106.1	74.1	41.6	20.3	127.7
河 北	Hebei	3404.4	897.9	100.4	64.4	169.3
山 西	Shanxi	1537.4	355.6	54.5	31.9	99.4
内蒙古	Inner Mongolia	761.9	202.1	33.8	29.2	62.7
辽 宁	Liaoning	1032.0	375.2	45.8	37.4	50.5
吉 林	Jilin	654.8	233.4	21.6	16.1	35.5
黑龙江	Heilongjiang	821.8	263.8	25.7	19.3	50.4
上 海	Shanghai	78.3	47.7	42.8	40.6	74.2
江 苏	Jiangsu	2347.9	988.0	215.4	175.7	379.9
浙 江	Zhejiang	1342.1	580.1	136.6	126.6	139.4
安 徽	Anhui	3337.2	874.2	109.3	65.3	176.7
福 建	Fujian	1473.0	396.3	58.1	39.4	82.6
江 西	Jiangxi	1798.1	436.6	49.0	29.4	89.7
山 东	Shandong	4539.9	1353.4	266.4	157.4	469.5
河 南	Henan	4843.8	1300.3	153.1	99.6	243.3
湖 北	Hubei	2230.5	640.1	80.0	52.2	135.6
湖 南	Hunan	3298.3	913.3	98.1	65.2	143.6
广 东	Guangdong	2407.7	835.1	180.6	105.9	297.7
广 西	Guangxi	1713.9	529.6	60.3	49.3	66.1
海 南	Hainan	274.8	68.9	14.4	9.2	20.4
重 庆	Chongqing	1112.5	385.8	63.8	41.4	89.2
四 川	Sichuan	3013.9	1130.9	150.5	110.9	255.1
贵 州	Guizhou	1586.6	446.8	47.8	32.0	59.8
云 南	Yunnan	2160.5	463.6	66.4	36.1	124.7
西 藏	Tibet	140.9	23.5	5.9	3.5	9.1
陕 西	Shaanxi	1710.8	417.5	73.0	47.2	122.1
甘 肃	Gansu	1240.1	288.3	41.7	24.1	78.2
青 海	Qinghai	224.6	43.3	10.4	5.9	16.5
宁 夏	Ningxia	182.1	36.9	8.5	4.8	16.1
新 疆	Xinjiang	545.2	103.9	18.3	9.5	42.6

注：2012年8月起，新型农村社会养老保险和城镇居民社会养老保险制度全覆盖工作全面启动，合并为城乡居民社会养老保险。
Since August, 2012, system of new rural old-age insurance and urban basic pension insurance have started completely, and called basic pension insurance for urban and rural residents as total.

7-4 分地区城镇职工基本养老保险情况(2014年)
Statistics on Urban Employee Basic Pension Insurance by Region (2014)

地区	Region	年末参加城镇职工基本养老保险人数(万人) Urban Employee Basic Pension Insurance Contributors at Year-end (10 000 persons)	职工 Number of Staff and Workers	离退休人员 Number of Retirees	基金收支情况(亿元) Revenue and Expenses(100 million yuan) 基金收入 Revenue	基金支出 Expenses	累计结余 Balance at Year-end
全国	**National Total**	**34124.4**	**25531.0**	**8593.4**	**25309.7**	**21754.7**	**31800.0**
北京	Beijing	1392.6	1163.7	228.9	1331.3	841.7	2160.8
天津	Tianjin	545.4	370.2	175.3	534.4	491.7	361.7
河北	Hebei	1262.0	908.3	353.6	958.8	953.1	818.8
山西	Shanxi	692.0	501.1	190.9	663.9	555.9	1232.8
内蒙古	Inner Mongolia	524.9	332.2	192.7	501.7	486.1	471.6
辽宁	Liaoning	1769.2	1167.3	601.9	1534.2	1477.9	1283.8
吉林	Jilin	676.7	415.6	261.1	519.2	516.9	423.9
黑龙江	Heilongjiang	1090.1	646.7	443.4	922.2	1028.3	323.3
上海	Shanghai	1457.4	1005.0	452.4	1688.5	1505.5	1260.0
江苏	Jiangsu	2691.9	2054.3	637.6	1922.6	1584.2	2854.5
浙江	Zhejiang	2548.0	2079.2	468.8	1618.6	1220.0	2695.5
安徽	Anhui	829.2	596.9	232.3	656.5	519.9	882.0
福建	Fujian	848.3	708.1	140.2	453.3	378.9	490.3
江西	Jiangxi	783.9	562.8	221.1	490.1	444.6	430.5
山东	Shandong	2370.2	1858.7	511.5	1672.7	1557.7	1973.0
河南	Henan	1431.6	1089.3	342.3	922.8	830.7	931.3
湖北	Hubei	1266.2	847.0	419.2	977.8	950.6	821.6
湖南	Hunan	1118.9	769.8	349.0	811.5	730.4	878.6
广东	Guangdong	4809.5	4363.6	445.9	2059.4	1289.1	5444.2
广西	Guangxi	557.6	377.3	180.3	413.8	412.4	448.0
海南	Hainan	242.3	182.4	59.9	140.8	138.5	103.7
重庆	Chongqing	825.5	532.2	293.3	678.4	573.8	662.0
四川	Sichuan	1839.7	1191.6	648.1	1576.8	1313.2	2013.3
贵州	Guizhou	361.5	274.3	87.1	259.8	207.8	407.2
云南	Yunnan	397.9	279.2	118.7	358.2	288.2	573.0
西藏	Tibet	15.2	11.6	3.7	23.3	14.9	40.4
陕西	Shaanxi	716.5	516.1	200.3	576.2	542.9	445.6
甘肃	Gansu	298.8	193.9	105.0	298.2	258.6	361.2
青海	Qinghai	94.6	65.7	28.8	93.1	90.8	84.3
宁夏	Ningxia	151.4	107.2	44.2	117.2	118.3	165.3
新疆	Xinjiang	490.8	341.6	149.1	526.1	426.1	744.7
不分地区	Not Classified by Region	24.5	17.8	6.8	8.3	5.9	13.1

注：不分地区合计中，包括中国人民银行、中国农业发展银行数。
Data in the category of "Not Classified by Region" include data from the People's Bank of China and Agricultural Development Bank of China.

7-5 分地区城镇基本医疗保险参保情况(2014年)
Persons Covered of Urban Basic Medical Care Insurance by Region (2014)

单位：万人 (10 000 persons)

地区	Region	年末参保人数合计 Persons Covered at Year-end	城镇职工 Urban Workers	在岗职工 Staff and Workers	退休人员 Retirees	城镇居民 Urban Non-employment
全国	**National Total**	**59746.9**	**28296.0**	**21041.3**	**7254.8**	**31450.9**
北京	Beijing	1604.3	1431.3	1171.2	260.1	173.0
天津	Tianjin	1023.6	509.6	326.0	183.6	514.0
河北	Hebei	1697.5	944.5	658.2	286.3	753.1
山西	Shanxi	1101.2	657.3	481.8	175.5	443.9
内蒙古	Inner Mongolia	998.1	470.7	332.1	138.6	527.4
辽宁	Liaoning	2387.2	1649.2	1072.5	576.7	738.0
吉林	Jilin	1380.0	575.6	378.1	197.5	804.4
黑龙江	Heilongjiang	1586.4	873.9	549.6	324.3	712.5
上海	Shanghai	1678.5	1420.8	967.6	453.2	257.7
江苏	Jiangsu	3797.5	2361.8	1784.9	577.0	1435.7
浙江	Zhejiang	4847.6	1900.0	1576.0	324.1	2947.5
安徽	Anhui	1756.4	739.9	528.0	211.9	1016.5
福建	Fujian	1293.0	737.3	594.3	143.0	555.7
江西	Jiangxi	1494.2	579.2	381.5	197.7	915.0
山东	Shandong	3988.0	1860.2	1448.8	411.4	2127.8
河南	Henan	2340.0	1182.4	855.2	327.2	1157.6
湖北	Hubei	1968.0	933.3	646.4	286.9	1034.7
湖南	Hunan	2300.7	807.9	546.1	261.8	1492.8
广东	Guangdong	9804.2	3647.1	3226.1	420.9	6157.1
广西	Guangxi	1067.3	482.6	338.8	143.8	584.7
海南	Hainan	386.8	191.7	138.0	53.7	195.2
重庆	Chongqing	3256.8	575.8	408.8	167.0	2681.1
四川	Sichuan	2576.5	1329.4	921.9	407.5	1247.1
贵州	Guizhou	687.1	354.8	254.9	99.9	332.4
云南	Yunnan	1135.9	462.6	324.0	138.6	673.3
西藏	Tibet	58.9	33.0	25.2	7.8	25.9
陕西	Shaanxi	1246.2	574.2	389.8	184.4	671.9
甘肃	Gansu	630.6	302.6	206.4	96.2	328.1
青海	Qinghai	190.4	93.3	64.2	29.1	97.1
宁夏	Ningxia	578.6	116.1	85.1	31.0	462.5
新疆	Xinjiang	885.1	498.0	359.9	138.2	387.1

7-6 分地区城镇基本医疗保险基金收支情况（2014年）
Revenue and Expenses of Urban Basic Medical Care Insurance by Region (2014)

单位：亿元 (100 million yuan)

地区	Region	基金收入 Revenue			基金支出 Expenses			累计结余 Balance at the Year-end		
		合计 Total	职工 Workers	居民 Non-employment	合计 Total	职工 Workers	居民 Non-employment	合计 Total	职工 Workers	居民 Non-employment
全国	**National Total**	**9687.2**	**8037.9**	**1649.3**	**8133.6**	**6696.6**	**1437.0**	**10644.8**	**9449.8**	**1195.0**
北京	Beijing	703.1	682.7	20.3	662.5	648.4	14.1	242.1	227.1	15.1
天津	Tianjin	237.5	204.6	32.9	208.5	185.1	23.4	98.9	80.3	18.6
河北	Hebei	298.3	270.9	27.5	232.6	212.8	19.8	414.6	373.6	41.0
山西	Shanxi	182.9	167.4	15.6	160.0	146.4	13.6	239.7	219.1	20.6
内蒙古	Inner Mongolia	166.9	146.5	20.4	144.2	127.8	16.4	169.5	148.9	20.6
辽宁	Liaoning	377.7	351.3	26.4	348.7	329.9	18.8	375.3	344.2	31.1
吉林	Jilin	141.5	118.3	23.2	114.9	95.8	19.1	202.5	164.4	38.2
黑龙江	Heilongjiang	241.3	210.4	30.9	217.1	192.8	24.3	298.0	256.9	41.1
上海	Shanghai	673.4	648.7	24.7	476.3	452.0	24.3	882.8	876.1	6.7
江苏	Jiangsu	771.6	697.5	74.1	651.9	585.5	66.4	914.1	863.4	50.7
浙江	Zhejiang	809.1	604.1	205.0	650.7	444.6	206.0	921.5	876.0	45.4
安徽	Anhui	210.8	173.6	37.2	178.3	147.6	30.8	246.1	201.2	44.9
福建	Fujian	235.1	215.4	19.7	173.8	157.5	16.3	365.6	352.2	13.4
江西	Jiangxi	144.4	111.9	32.5	115.8	93.8	22.1	183.1	129.2	53.9
山东	Shandong	770.5	501.6	268.8	677.2	430.4	246.8	626.8	527.4	99.4
河南	Henan	277.4	235.5	41.9	235.9	204.1	31.8	352.0	297.3	54.7
湖北	Hubei	260.1	219.5	40.6	247.4	216.7	30.6	253.2	192.6	60.6
湖南	Hunan	258.3	199.4	58.9	219.9	168.4	51.5	261.0	211.8	49.2
广东	Guangdong	1054.7	774.4	280.3	815.4	580.6	234.8	1558.7	1336.9	221.8
广西	Guangxi	147.9	128.9	18.9	124.8	112.6	12.2	210.2	175.1	35.1
海南	Hainan	51.6	43.5	8.1	42.0	35.2	6.8	64.2	54.2	10.0
重庆	Chongqing	277.7	171.6	106.1	248.7	155.8	92.9	228.6	168.7	59.9
四川	Sichuan	495.7	383.0	112.7	410.1	309.0	101.1	571.3	504.6	66.7
贵州	Guizhou	96.2	88.3	7.9	93.7	86.7	7.1	85.1	73.1	11.9
云南	Yunnan	189.0	160.8	28.3	167.9	139.6	28.3	195.1	181.9	13.2
西藏	Tibet	18.9	17.0	1.9	14.8	12.9	1.9	30.0	30.0	
陕西	Shaanxi	181.4	154.0	27.4	151.2	126.5	24.8	230.8	203.2	27.5
甘肃	Gansu	95.2	83.1	12.1	85.4	75.8	9.6	84.0	71.6	12.4
青海	Qinghai	47.3	42.3	4.9	41.1	36.0	5.1	54.7	53.8	0.8
宁夏	Ningxia	62.0	39.1	23.0	54.0	31.7	22.3	60.1	45.7	14.5
新疆	Xinjiang	209.8	192.6	17.3	168.8	154.7	14.1	225.3	209.2	16.1

7-7 分地区失业保险情况(2014年)
Statistics of Unemployment Insurance by Region (2014)

地区	Region	年末参加失业保险人数(万人) Unemployment Insurance Contributors at Year-end (10 000 persons)	年末领取失业保险金人数(万人) Beneficiaries of Unemployment Insurance Fund (10 000 persons)	基金收支情况(亿元) Revenue and Expenses (100 million yuan)		
				基金收入 Revenue	基金支出 Expenses	累计结余 Balance at Year-end
全国	**National Total**	**17042.6**	**207.2**	**1379.8**	**614.7**	**4451.5**
北京	Beijing	1057.1	3.0	62.6	35.9	163.7
天津	Tianjin	287.6	2.6	39.4	32.9	104.8
河北	Hebei	508.7	7.1	51.5	20.6	154.1
山西	Shanxi	407.7	3.0	36.5	12.4	133.2
内蒙古	Inner Mongolia	236.3	2.4	27.5	6.4	92.1
辽宁	Liaoning	664.3	8.5	52.9	17.7	227.4
吉林	Jilin	258.7	2.2	26.8	11.4	86.4
黑龙江	Heilongjiang	478.4	4.8	33.9	7.0	145.7
上海	Shanghai	634.1	9.8	89.8	83.6	157.0
江苏	Jiangsu	1442.7	32.1	114.9	70.2	383.4
浙江	Zhejiang	1210.3	8.2	109.5	50.2	343.1
安徽	Anhui	422.0	6.5	38.6	17.6	92.4
福建	Fujian	524.1	4.5	34.8	10.0	128.0
江西	Jiangxi	271.8	1.3	13.1	2.3	55.1
山东	Shandong	1154.3	19.9	68.6	49.3	261.0
河南	Henan	773.3	10.2	48.6	16.4	133.9
湖北	Hubei	519.0	5.6	45.0	25.9	139.4
湖南	Hunan	509.5	6.9	31.0	10.9	98.9
广东	Guangdong	2840.2	10.9	135.6	27.7	515.7
广西	Guangxi	259.0	6.1	31.1	8.2	110.4
海南	Hainan	157.5	2.0	6.0	4.2	30.0
重庆	Chongqing	439.1	2.8	28.2	4.8	94.8
四川	Sichuan	635.8	29.8	105.7	41.1	278.6
贵州	Guizhou	191.9	1.5	20.3	9.8	65.3
云南	Yunnan	236.9	5.3	26.6	5.9	108.3
西藏	Tibet	12.5	0.004	2.5	0.1	11.4
陕西	Shaanxi	344.3	2.9	29.9	4.9	130.1
甘肃	Gansu	162.4	1.0	16.6	1.9	61.5
青海	Qinghai	39.3	0.4	5.9	0.5	25.1
宁夏	Ningxia	73.5	1.3	8.4	3.8	27.3
新疆	Xinjiang	290.2	4.7	38.1	21.2	93.3

7-8 分地区工伤保险情况(2014年)
Statistics of Work Injury Insurance by Region (2014)

地 区	Region	年末参加工伤保险人数(万人) Work Injury Insurance Contributors at Year-end (10 000 persons)	享受工伤待遇人数(万人) Beneficiaries at Year-end (10 000 persons)	基金收支情况(亿元) Revenue and Expenses (100 million yuan)		
				基金收入 Revenue	基金支出 Expenses	累计结余 Balance at Year-end
全 国	**National Total**	**20639.2**	**198.2**	**694.8**	**560.5**	**1128.8**
北 京	Beijing	961.0	5.0	28.7	22.2	35.8
天 津	Tianjin	345.2	3.3	10.9	8.9	15.7
河 北	Hebei	778.7	10.4	33.4	33.0	20.2
山 西	Shanxi	563.1	11.1	31.4	25.6	50.7
内蒙古	Inner Mongolia	289.9	2.3	14.2	8.5	30.9
辽 宁	Liaoning	903.1	13.2	21.4	28.3	34.4
吉 林	Jilin	415.6	4.6	14.4	10.4	18.8
黑龙江	Heilongjiang	505.5	6.3	21.7	20.4	31.4
上 海	Shanghai	920.5	6.9	32.2	28.2	52.1
江 苏	Jiangsu	1540.1	14.3	73.3	61.1	69.6
浙 江	Zhejiang	1899.4	22.6	48.3	40.4	65.0
安 徽	Anhui	508.3	8.3	20.0	15.0	32.1
福 建	Fujian	627.3	3.9	22.1	14.5	47.7
江 西	Jiangxi	461.2	4.7	16.4	10.4	25.3
山 东	Shandong	1421.5	11.8	45.1	35.0	60.6
河 南	Henan	805.7	4.6	23.8	18.0	47.8
湖 北	Hubei	576.7	4.9	15.1	12.2	27.3
湖 南	Hunan	747.9	8.7	32.1	24.0	43.8
广 东	Guangdong	3092.6	17.1	64.5	41.8	217.1
广 西	Guangxi	338.2	1.8	8.4	4.4	24.9
海 南	Hainan	126.1	0.3	2.6	1.2	9.1
重 庆	Chongqing	426.1	8.1	16.9	18.0	6.3
四 川	Sichuan	709.7	8.6	29.1	22.3	48.1
贵 州	Guizhou	275.4	2.3	14.1	12.0	16.8
云 南	Yunnan	341.7	4.0	13.4	12.4	21.6
西 藏	Tibet	24.3	0.1	0.9	0.3	2.2
陕 西	Shaanxi	404.0	2.9	13.8	9.9	30.5
甘 肃	Gansu	175.1	2.2	7.2	6.1	10.6
青 海	Qinghai	54.7	0.6	3.0	2.2	5.2
宁 夏	Ningxia	82.2	0.5	3.5	3.3	8.7
新 疆	Xinjiang	318.2	2.8	13.0	10.5	18.4

注：工伤保险累计结余中含储备金。
Balance of work injury insurance includes reserves.

7-9 分地区生育保险情况（2014年）
Statistics of Maternity Insurance by Region (2014)

地 区	Region	年末参加生育保险人数（万人）Maternity Insurance Contributors at Year-end (10 000 persons)	享 受 待遇人数（万人次）Beneficiaries at Year-end (10 000 person-times)	基金收支情况(亿元) Revenue and Expenses (100 million yuan)		
				基金收入 Revenue	基金支出 Expenses	累计结余 Balance at Year-end
全 国	**National Total**	**17038.7**	**613.4**	**446.1**	**368.1**	**592.7**
北 京	Beijing	915.6	53.2	42.4	44.5	34.5
天 津	Tianjin	260.7	22.2	10.9	9.4	19.3
河 北	Hebei	684.0	22.5	13.2	10.1	19.7
山 西	Shanxi	454.2	7.4	8.6	5.1	17.2
内蒙古	Inner Mongolia	293.7	8.0	7.5	5.7	11.3
辽 宁	Liaoning	783.9	28.5	18.6	18.0	13.9
吉 林	Jilin	367.0	14.0	5.6	4.6	10.5
黑龙江	Heilongjiang	356.1	7.8	6.7	5.6	12.4
上 海	Shanghai	717.5	24.0	43.2	37.6	6.7
江 苏	Jiangsu	1374.6	93.6	40.0	34.2	75.0
浙 江	Zhejiang	1248.9	46.1	31.5	26.7	31.3
安 徽	Anhui	482.8	13.6	9.6	7.6	13.0
福 建	Fujian	556.7	12.8	20.7	16.5	22.7
江 西	Jiangxi	241.1	3.3	3.7	1.6	7.9
山 东	Shandong	1046.5	56.2	32.6	31.5	37.9
河 南	Henan	590.2	15.7	14.0	9.9	25.9
湖 北	Hubei	480.6	19.9	9.7	6.4	20.1
湖 南	Hunan	537.6	17.0	10.2	6.4	20.7
广 东	Guangdong	2801.3	50.8	45.8	31.9	73.8
广 西	Guangxi	280.2	8.6	7.2	4.3	14.0
海 南	Hainan	122.0	3.8	2.4	1.5	4.6
重 庆	Chongqing	347.5	12.5	8.4	6.7	9.7
四 川	Sichuan	730.4	21.7	16.3	13.4	24.7
贵 州	Guizhou	248.8	6.4	4.1	3.1	7.4
云 南	Yunnan	279.3	13.2	8.7	8.5	12.5
西 藏	Tibet	22.8	0.5	0.8	0.6	1.2
陕 西	Shaanxi	250.8	5.3	6.2	3.3	13.8
甘 肃	Gansu	143.7	3.9	4.0	2.5	6.7
青 海	Qinghai	45.8	3.4	1.9	1.1	3.0
宁 夏	Ningxia	71.3	4.9	2.1	1.9	2.3
新 疆	Xinjiang	303.0	12.7	9.4	7.9	19.0

7-10 新型农村合作医疗情况
Conditions of New Cooperative Medical System

指　标	Indicator	2008	2009	2010	2011	2012	2013	2014
开展新农合县（区、市)数 （个）	Number of Counties Implementing of NCMS(unit)	2729	2716	2678	2637	2566	2489	
参加新农合人数（亿人）	Number of Enrollees (100 million persons)	8.15	8.33	8.36	8.32	8.05	8.02	7.36
参合率(%)	Enrollment Rate(%)	91.5	94.2	96.0	97.5	98.3	99.0	98.9
人均筹资(元)	Per Capita Premiums(yuan)	96.3	113.4	156.6	246.2	308.5	370.6	410.9
当年基金支出（亿元）	Payout at Current Year (100 million yuan)	662.3	922.9	1187.8	1710.2	2408.0	2908.0	2890.4
补偿受益人次（亿人次）	Number of Beneficiaries from Reimbursement (100 million person-times)	5.85	7.59	10.87	13.15	17.45	19.42	16.52

7-11 分地区新型农村合作医疗情况(2014年)
Conditions of New Cooperative Medical System by Region (2014)

地区	Region	参加新农合人数(万人) Number of Enrollees (10 000 persons)	人均筹资(元) Per Capita Premiums (yuan)	本年度筹资总额(亿元) Premiums This Year (100 million yuan)	补偿受益人次(万人次) Number of Beneficiaries from Reimbursement (10 000 person-times)	基金使用率(%) Utilization Rate of Funds (%)
全国	**National Total**	**73627.3**	**410.9**	**3025.28**	**165220.6**	**95.5**
北京	Beijing	242.6	1090.9	26.46	582.3	91.1
天津	Tianjin					
河北	Hebei	5235.0	396.7	207.66	13606.8	94.9
山西	Shanxi	2191.2	395.1	86.57	4062.0	95.8
内蒙古	Inner Mongolia	1289.3	420.1	54.17	849.0	92.3
辽宁	Liaoning	1972.6	407.9	80.46	2734.9	95.7
吉林	Jilin	1321.3	414.6	54.78	674.2	88.6
黑龙江	Heilongjiang	1530.6	392.9	60.13	2720.9	91.8
上海	Shanghai	98.7	1710.0	16.88	1707.3	100.0
江苏	Jiangsu	4076.1	457.5	186.49	15747.6	97.6
浙江	Zhejiang	1374.6	523.9	72.02	5263.5	100.0
安徽	Anhui	5190.8	410.3	212.97	10226.7	94.7
福建	Fujian	2531.4	400.5	101.37	1752.6	98.2
江西	Jiangxi	3407.8	390.4	133.03	5621.0	94.1
山东	Shandong					
河南	Henan	8262.0	380.9	314.67	26640.0	98.6
湖北	Hubei	3951.3	401.1	158.48	13619.3	98.3
湖南	Hunan	4795.8	384.6	184.46	5318.9	95.3
广东	Guangdong					
广西	Guangxi	4159.2	392.8	163.37	6059.8	99.8
海南	Hainan	501.6	386.3	19.37	1158.0	94.5
重庆	Chongqing	2123.4	499.7	106.10	2787.3	70.7
四川	Sichuan	6227.3	397.9	247.77	15722.8	91.3
贵州	Guizhou	3247.4	393.6	127.82	5755.3	96.4
云南	Yunnan	3304.5	387.1	127.91	10040.2	100.3
西藏	Tibet	253.0	418.2	10.58	551.0	93.2
陕西	Shaanxi	2569.9	439.0	112.83	5229.5	94.4
甘肃	Gansu	369.0	514.6	18.99	261.0	100.0
青海	Qinghai	1922.9	378.0	72.68	3634.2	100.0
宁夏	Ningxia	360.0	499.3	17.97	830.3	100.0
新疆	Xinjiang	1118.1	440.7	49.27	2064.3	96.5

7-12 社会救助情况
Statistics on Social Relief

单位：万人 (10 000 persons)

年 份 / 地 区	Year / Region	城市居民最低生活保障人数 Number of Urban Residents Receiving Minimum Living Allowance	农村居民最低生活保障人数 Number of Rural Residents Receiving Minimum Living Allowance	农村集中供养五保人数 Rural Households with Centralized Livelihood Guaranteed in Five Aspects	农村分散供养五保人数 Rural Households with Decentralized Livelihood Guaranteed in Five Aspects
	2007	2272.1	3566.3	138.0	393.3
	2008	2334.8	4305.5	155.6	393.0
	2009	2345.6	4760.0	171.8	381.6
	2010	2310.5	5214.0	177.4	378.9
	2011	2276.8	5305.7	184.5	366.5
	2012	2143.5	5344.5	185.3	360.3
	2013	2064.2	5388.0	183.5	353.8
	2014	1877.0	5207.2	174.3	354.8
北 京	Beijing	8.9	5.1	0.2	0.2
天 津	Tianjin	13.6	10.1	0.1	1.1
河 北	Hebei	62.5	209.9	6.7	16.4
山 西	Shanxi	72.6	140.7	2.5	13.5
内蒙古	Inner Mongolia	70.6	122.2	2.5	6.4
辽 宁	Liaoning	80.2	80.7	3.4	10.5
吉 林	Jilin	75.9	79.0	2.4	9.2
黑龙江	Heilongjiang	127.3	117.3	5.1	8.6
上 海	Shanghai	18.7	3.0	0.1	0.2
江 苏	Jiangsu	30.7	119.1	10.2	9.6
浙 江	Zhejiang	6.4	50.8	3.5	0.1
安 徽	Anhui	72.4	208.9	16.1	27.0
福 建	Fujian	14.7	73.9	0.9	7.5
江 西	Jiangxi	98.3	170.1	12.1	10.9
山 东	Shandong	44.6	258.2	16.8	5.8
河 南	Henan	118.9	397.9	18.7	30.0
湖 北	Hubei	107.1	221.6	7.0	18.7
湖 南	Hunan	134.0	316.0	10.3	40.0
广 东	Guangdong	31.6	158.8	2.7	21.1
广 西	Guangxi	44.8	329.0	2.2	26.7
海 南	Hainan	11.1	21.5	0.2	2.9
重 庆	Chongqing	41.0	50.2	6.4	9.9
四 川	Sichuan	173.4	425.3	27.0	23.5
贵 州	Guizhou	47.6	416.8	3.9	7.8
云 南	Yunnan	100.9	458.9	3.9	17.2
西 藏	Tibet	4.7	32.3	0.8	0.8
陕 西	Shaanxi	57.8	181.6	4.9	8.4
甘 肃	Gansu	81.4	339.0	1.3	11.0
青 海	Qinghai	20.3	37.2	0.5	1.9
宁 夏	Ningxia	16.8	39.2	0.4	1.0
新 疆	Xinjiang	88.1	132.7	1.4	6.8

7-13 医疗救助情况
Statistics on Medical Aid

年 份 Year 地 区 Region	资助参加医疗保险人数（万人）Aid for Medical Insurance (10 000 persons)	资助参加合作医疗人数（万人）Aid for Cooperative Medical Care (10 000 persons)	直接医疗救助人数（万人次）Direct Medical Aid (10 000 persons)	资助参加合作医疗支出（万元）Expenses of Cooperative Medical Insurance (10 000 yuan)	资助参加医疗保险支出（万元）Expenses of Medical Insurance (10 000 yuan)	直接医疗救助支出（万元）Expenses for Direct Medical Aid (10 000 yuan)
2005		654.9	199.6	9508.4		48140.3
2006		1317.1	201.3	25888.3		169550.7
2007		2517.3	377.1	47971.5		349149.3
2008	642.6	3432.4	1203.1	71024.0	38889.0	488082.1
2009	1095.9	4059.1	1140.4	105035.1	58631.3	807748.6
2010	1461.2	4615.4	1479.3	139619.5	76050.0	1042328.1
2011	1549.8	4825.3	2144.0	220189.0	105163.0	1469146.5
2012	1387.1	4490.4	2173.7	258295.7	116470.7	1663140.0
2013	1490.1	4868.7	2126.4	300427.0	144061.2	1804596.5
2014	1702.0	5021.7	2395.3	322959.9	161507.9	2041295.0
北 京 Beijing	5.3	6.0	8.9	350.9	4598.8	13425.1
天 津 Tianjin	30.0		20.7		6017.0	19023.4
河 北 Hebei	16.4	196.6	25.9	13620.0	1913.7	48288.6
山 西 Shanxi	59.1	137.5	22.0	8240.3	4495.0	53796.0
内蒙古 Inner Mongolia	60.9	109.1	30.2	6757.4	4639.5	60320.8
辽 宁 Liaoning	75.5	99.0	74.3	7635.8	14799.2	38717.6
吉 林 Jilin	89.3	96.2	78.6	11233.6	4710.8	50701.1
黑龙江 Heilongjiang	132.1	130.5	62.9	9102.4	11262.4	100694.9
上 海 Shanghai	8.3	1.0	10.0	106.1	3500.9	20006.0
江 苏 Jiangsu	23.4	118.4	310.6	12924.5	7685.5	96686.9
浙 江 Zhejiang	4.8	67.9	153.6	10043.8	1167.0	71627.0
安 徽 Anhui	53.7	237.3	94.7	16284.1	3568.5	87955.0
福 建 Fujian	3.4	81.8	79.9	5984.6	341.7	39189.8
江 西 Jiangxi	101.3	251.3	154.9	8646.8	10449.6	142260.6
山 东 Shandong	32.8	222.1	26.9	18707.1	5499.6	67756.4
河 南 Henan	63.9	325.1	85.7	20558.7	6492.8	78595.2
湖 北 Hubei	136.9	263.6	101.7	18080.3	4537.8	99531.9
湖 南 Hunan	116.8	261.9	98.0	16073.3	8120.6	96172.9
广 东 Guangdong	85.8	145.5	98.7	11514.9	13371.7	80974.3
广 西 Guangxi	21.5	253.8	42.3	13229.2	1530.4	79795.7
海 南 Hainan	11.3	27.4	8.5	1756.9	1070.0	23060.0
重 庆 Chongqing	62.0	113.7	260.0	6237.3	4051.8	63868.3
四 川 Sichuan	155.4	475.3	176.3	33963.9	12925.8	160568.3
贵 州 Guizhou	33.6	319.6	30.2	14650.9	1222.8	69201.2
云 南 Yunnan	106.3	453.8	82.2	28279.5	9294.6	67424.7
西 藏 Tibet	3.1	1.8	3.9	509.9	318.4	12348.8
陕 西 Shaanxi	10.3	81.1	38.9	6695.3	1138.1	100358.7
甘 肃 Gansu	77.2	340.9	40.9	9534.6	2847.9	79007.4
青 海 Qinghai	20.9	45.7	28.6	2432.0	1688.3	28168.0
宁 夏 Ningxia	15.5	26.3	33.1	1532.8	1064.7	25087.6
新 疆 Xinjiang	85.3	131.3	112.2	8273.0	7183.0	66682.8

7–14 城市居民最低生活保障情况
Subsistence Allowance for Urban Residents

单位：万人 (10 000 persons)

年 份 Year	城市居民最低生活保障人数 Number of Persons Receiving Subsistence Allowance in Urban Areas	#残疾人 Disabled Persons	# “三无”人员 "Three-without" Persons	#老年人 Aged Persons	在职人员 On-job Persons	灵活就业 Flexibly Employed Persons	登记失业 Unemployed Persons with Registration	未登记失 业 Unemployed Persons without Registration	在校生 Students	其 他 Others
2007	2272.1	161.0	125.8	298.4	93.9	343.8	627.2	364.3	321.6	223.0
2008	2334.8	169.1	106.9	316.7	82.2	381.7	564.3	402.2	358.1	229.6
2009	2345.6	181.0	94.1	333.5	79.0	432.2	510.2	410.9	369.1	210.7
2010	2310.5	180.7	89.3	338.6	68.2	432.4	492.8	420.0	357.3	201.2
2011	2276.8	184.1	80.3	346.9	61.5	429.7	472.5	426.7	348.5	191.0
2012	2143.5	174.5	64.9	339.3	49.6	459.3	400.4	422.1	318.3	154.5
2013	2064.2	169.2	58.0	330.3	45.1	462.1	365.5	416.8	303.2	141.3
2014	1877.0	161.1	50.0	315.8	37.5	425.8	312.5	398.7	266.0	120.7

7–15 农村居民最低生活保障情况
Subsistence Allowance for Rural Residents

单位：万人 (10 000 persons)

年 份 Year	农村救助总 人 数 Total Number of Rural Residents Receiving Relief	农村居民最低生活保障人数 Number of Rural Residents Receiving Subsistence Allowance	农村集中供养五保人数 Rural Households with Centralized Livelihood Guaranteed in Five Aspects	农村分散供养五保人数 Rural Households with Decentralized Livelihood Guaranteed in Five Aspects	传统救济人数 Number of Persons Receiving Traditional Relief	农村临时救济人数 Number of Rural Residents Receiving Temporary Relief
2007	4818.6	3566.3	138.0	393.3	75.0	646.0
2008	5757.3	4305.5	155.6	393.0	72.2	831.0
2009	5922.0	4760.0	171.8	381.6	62.2	546.4
2010	6443.5	5214.0	177.4	378.9	59.5	613.7
2011	6522.2	5305.7	184.5	366.5	68.7	596.8
2012	5969.7	5344.5	185.3	360.3	79.6	
2013	5998.3	5388.0	183.5	353.8	73.0	
2014	5810.8	5207.2	174.3	354.8	74.5	

7-16 分地区城市居民最低生活保障平均标准
Average Standard of Subsistence Allowance in Urban Areas by Region

单位：元/人、月　　(yuan per capita per month)

地 区	Region	2011	2012	2013	2014	2014年比2013增减% Change in 2014 over 2013 %
全 国	**National Average**	**287.6**	**330.1**	**373.3**	**410.5**	**10.0**
北 京	Beijing	500.0	520.0	580.0	650.0	12.1
天 津	Tianjin	480.0	520.0	600.0	640.0	6.7
河 北	Hebei	310.0	335.0	378.5	431.9	14.1
山 西	Shanxi	268.6	308.5	351.1	383.7	9.3
内蒙古	Inner Mongolia	343.5	407.7	460.3	481.4	4.6
辽 宁	Liaoning	311.7	366.6	411.5	452.8	10.0
吉 林	Jilin	254.2	291.1	322.5	371.1	15.1
黑龙江	Heilongjiang	277.8	323.7	387.7	446.8	15.2
上 海	Shanghai	505.0	570.0	640.0	710.0	10.9
江 苏	Jiangsu	385.8	434.3	485.1	536.1	10.5
浙 江	Zhejiang	429.2	462.7	515.5	573.3	11.2
安 徽	Anhui	296.7	339.4	380.5	421.5	10.8
福 建	Fujian	274.4	324.1	363.3	404.4	11.3
江 西	Jiangxi	308.1	345.9	395.7	418.3	5.7
山 东	Shandong	314.2	364.1	417.7	451.9	8.2
河 南	Henan	233.2	271.8	309.2	328.8	6.4
湖 北	Hubei	293.8	334.5	375.1	411.0	9.6
湖 南	Hunan	243.2	304.5	356.1	352.8	-0.9
广 东	Guangdong	285.9	314.0	380.4	454.5	19.5
广 西	Guangxi	241.3	270.5	334.7	340.1	1.6
海 南	Hainan	299.9	316.2	353.3	379.6	7.4
重 庆	Chongqing	298.3	326.0	346.8	369.0	6.4
四 川	Sichuan	242.1	276.7	306.4	336.2	9.7
贵 州	Guizhou	270.9	308.0	347.6	395.0	13.6
云 南	Yunnan	248.3	284.4	323.9	359.6	11.0
西 藏	Tibet	355.8	399.7	432.4	533.9	23.5
陕 西	Shaanxi	306.2	363.1	374.7	388.5	3.7
甘 肃	Gansu	207.4	251.3	279.0	328.3	17.6
青 海	Qinghai	235.8	310.8	330.8	351.0	6.1
宁 夏	Ningxia	244.3	252.5	287.6	304.8	6.0
新 疆	Xinjiang	200.4	261.0	300.4	329.2	9.6

7-17 分地区城市居民最低生活保障支出水平
Expenditure on Urban Subsistence Security by Region

单位：元/人、月 (yuan per capita per month)

地 区	Region	2011	2012	2013	2014	2014年比2013增减% Change in 2014 over 2013 %
全 国	**National Average**	**240.3**	**239.1**	**264.2**	**285.6**	**8.1**
北 京	Beijing	457.0	463.0	510.9	572.7	12.1
天 津	Tianjin	537.4	435.0	433.4	490.0	13.1
河 北	Hebei	208.2	217.0	231.9	247.9	6.9
山 西	Shanxi	247.2	221.9	240.7	278.1	15.5
内蒙古	Inner Mongolia	325.4	329.3	367.5	392.4	6.8
辽 宁	Liaoning	255.7	296.3	312.7	365.8	17.0
吉 林	Jilin	249.0	254.4	321.7	323.7	0.6
黑龙江	Heilongjiang	250.4	261.7	290.3	307.7	6.0
上 海	Shanghai	347.3	404.4	500.9	560.6	11.9
江 苏	Jiangsu	261.7	251.7	296.5	334.6	12.9
浙 江	Zhejiang	391.5	378.9	400.4	426.5	6.5
安 徽	Anhui	261.4	257.3	271.5	308.4	13.6
福 建	Fujian	207.0	199.6	240.4	267.3	11.2
江 西	Jiangxi	219.1	202.0	226.5	271.6	19.9
山 东	Shandong	209.8	250.2	286.4	301.2	5.1
河 南	Henan	199.4	189.3	207.2	212.5	2.6
湖 北	Hubei	247.9	218.7	246.6	269.5	9.3
湖 南	Hunan	220.7	236.8	244.4	253.2	3.6
广 东	Guangdong	203.4	196.6	253.6	362.7	43.0
广 西	Guangxi	204.0	212.3	228.3	257.3	12.7
海 南	Hainan	234.5	233.3	237.1	251.9	6.2
重 庆	Chongqing	237.1	234.7	257.9	277.7	7.7
四 川	Sichuan	202.2	192.0	206.9	220.5	6.6
贵 州	Guizhou	220.6	222.2	245.9	270.9	10.2
云 南	Yunnan	194.3	205.1	224.2	260.3	16.1
西 藏	Tibet	327.7	357.1	384.4	380.2	-1.1
陕 西	Shaanxi	276.0	261.0	308.3	306.0	-0.7
甘 肃	Gansu	233.2	223.8	268.9	259.6	-3.5
青 海	Qinghai	263.3	248.5	267.9	269.1	0.4
宁 夏	Ningxia	209.6	203.5	202.5	226.2	11.7
新 疆	Xinjiang	250.3	244.1	266.7	280.9	5.4

7-18 分地区农村居民最低生活保障平均标准
Average Standard of Subsistence Allowance in Rural Areas by Region

单位：元/人、年 (yuan per capita per year)

地 区	Region	2011	2012	2013	2014	2014年比2013增减% Change in 2014 over 2013 %
全 国	**National Average**	**1718.4**	**2067.8**	**2433.9**	**2776.6**	**14.1**
北 京	Beijing	4597.2	5119.4	6258.5	7587.7	21.2
天 津	Tianjin	3960.0	4442.0	5304.0	6153.6	16.0
河 北	Hebei	1662.0	1847.0	2269.1	2543.5	12.1
山 西	Shanxi	1419.6	1756.0	2157.6	2454.8	13.8
内蒙古	Inner Mongolia	2385.6	2906.3	3415.0	3633.8	6.4
辽 宁	Liaoning	1944.0	2484.8	2839.0	3195.7	12.6
吉 林	Jilin	1482.0	1730.2	2034.1	2466.1	21.2
黑龙江	Heilongjiang	1491.6	1887.9	2236.9	2764.2	23.6
上 海	Shanghai	4320.0	5160.0	6000.0	7560.0	26.0
江 苏	Jiangsu	3598.8	4240.7	4752.3	5345.5	12.5
浙 江	Zhejiang	3534.0	3973.4	4721.0	5686.0	20.4
安 徽	Anhui	1789.2	2144.6	2463.4	2828.3	14.8
福 建	Fujian	1713.6	2099.1	2375.0	2732.2	15.0
江 西	Jiangxi	1705.2	2072.5	2417.0	2638.6	9.2
山 东	Shandong	1700.4	2189.5	2473.1	2936.7	18.7
河 南	Henan	1254.0	1414.0	1696.8	1824.1	7.5
湖 北	Hubei	1455.6	1587.9	2024.9	2567.8	26.8
湖 南	Hunan	1372.8	1731.3	2068.1	2326.8	12.5
广 东	Guangdong	2352.0	2645.6	3233.3	3837.9	18.7
广 西	Guangxi	1226.4	1375.2	1993.1	2029.0	1.8
海 南	Hainan	2594.4	2840.0	3022.9	3355.0	11.0
重 庆	Chongqing	1886.4	2202.6	2417.4	2667.2	10.3
四 川	Sichuan	1317.6	1575.8	1832.2	2139.7	16.8
贵 州	Guizhou	1449.6	1626.9	1833.0	2116.1	15.4
云 南	Yunnan	1468.8	1676.2	1953.5	2141.9	9.6
西 藏	Tibet	968.4	1600.0	1980.8	2230.9	12.6
陕 西	Shaanxi	1611.6	2007.7	2143.4	2262.8	5.6
甘 肃	Gansu	1092.0	1597.3	1939.1	2275.6	17.4
青 海	Qinghai	1454.4	1990.3	2089.0	2213.1	5.9
宁 夏	Ningxia	1144.8	1377.2	2037.8	2281.8	12.0
新 疆	Xinjiang	1090.8	1543.7	1804.1	2029.4	12.5

7-19 分地区农村居民最低生活保障支出水平
Expenditure on Rural Subsistence Security by Region

单位：元/人、年　　　　(yuan per capita per year)

地 区	Region	2011	2012	2013	2014	2014年比2013增减% Change in 2014 over 2013 %
全 国	**National Average**	**1273.2**	**1247.9**	**1393.5**	**1552.3**	**11.4**
北 京	Beijing	3352.8	3821.4	4239.3	5126.5	20.9
天 津	Tianjin	2120.4	2410.1	2811.0	3350.2	19.2
河 北	Hebei	1171.2	1187.5	1315.3	1451.9	10.4
山 西	Shanxi	1488.0	1278.0	1474.2	1755.4	19.1
内蒙古	Inner Mongolia	1862.4	1976.2	2231.3	2387.8	7.0
辽 宁	Liaoning	1396.8	1540.7	1601.7	1936.7	20.9
吉 林	Jilin	1273.2	1408.8	1443.5	1406.8	-2.5
黑龙江	Heilongjiang	1448.4	1261.9	1550.9	1693.8	9.2
上 海	Shanghai	1586.4	2154.1	3465.0	4142.0	19.5
江 苏	Jiangsu	2095.2	1940.8	2187.6	2496.7	14.1
浙 江	Zhejiang	2556.0	2742.4	3070.8	3398.6	10.7
安 徽	Anhui	1306.8	1274.5	1365.4	1667.8	22.1
福 建	Fujian	1192.8	1330.6	1523.6	1725.1	13.2
江 西	Jiangxi	1372.8	1348.7	1470.5	1820.8	23.8
山 东	Shandong	1178.4	1475.4	1639.6	1794.7	9.5
河 南	Henan	1126.8	1120.7	1255.9	1271.4	1.2
湖 北	Hubei	1257.6	1032.6	1166.7	1290.4	10.6
湖 南	Hunan	1107.6	1173.2	1287.3	1392.1	8.1
广 东	Guangdong	1347.6	1420.3	1588.5	2107.1	32.6
广 西	Guangxi	974.4	1012.2	1060.5	1250.0	17.9
海 南	Hainan	1538.4	1597.1	1668.4	1667.2	-0.1
重 庆	Chongqing	1262.4	1366.6	1643.7	1834.0	11.6
四 川	Sichuan	1086.0	966.0	1104.6	1232.0	11.5
贵 州	Guizhou	1030.8	982.2	1059.1	1238.5	16.9
云 南	Yunnan	1167.6	1194.8	1299.1	1464.7	12.7
西 藏	Tibet	1026.0	1148.2	1125.1	1008.2	-10.4
陕 西	Shaanxi	1626.0	1487.9	1800.0	1772.6	-1.5
甘 肃	Gansu	1282.8	1055.2	1264.7	1371.1	8.4
青 海	Qinghai	1597.2	1572.6	1759.7	1862.9	5.9
宁 夏	Ningxia	1272.0	1333.4	1529.2	1567.1	2.5
新 疆	Xinjiang	1393.2	1306.6	1510.2	1543.8	2.2

7-20 分地区养老机构数(2014年)
Statistics on Institution for Aged by Region（2014）

单位：个 (unit)

地 区	Region	合计 Total	按城乡分 by Area 城市 Urban	农村 Rural	按登记批准机关分 by Approval Authori 工商部门 Business Administration Department	编制部门 Authorized Strength Department	民政部门 Civil Administration Department	一个机构多个牌子 One Institution Brands with Many Brands
全 国	**National Total**	**33043**	**12782**	**20261**	**151**	**13558**	**12314**	**7020**
北 京	Beijing	592	317	275	5	345	219	23
天 津	Tianjin	346	255	91	1	38	276	31
河 北	Hebei	1283	660	623	4	490	470	319
山 西	Shanxi	833	288	545		260	427	146
内蒙古	Inner Mongolia	734	335	399		313	275	146
辽 宁	Liaoning	1663	970	693	4	282	1096	281
吉 林	Jilin	798	203	595		700	70	28
黑龙江	Heilongjiang	983	586	397		181	682	120
上 海	Shanghai	637	447	190	2	42	590	3
江 苏	Jiangsu	2324	1046	1278	16	1096	1121	91
浙 江	Zhejiang	1919	604	1315	18	602	590	709
安 徽	Anhui	831	372	459	7	184	554	86
福 建	Fujian	380	286	94	3	225	118	34
江 西	Jiangxi	1906	572	1334		801	1029	76
山 东	Shandong	2119	1053	1066	4	512	1175	428
河 南	Henan	2540	648	1892		338	953	1249
湖 北	Hubei	2008	566	1442	8	1142	311	547
湖 南	Hunan	1603	442	1161	1	1383	130	89
广 东	Guangdong	1489	564	925	30	921	243	295
广 西	Guangxi	492	370	122		262	158	72
海 南	Hainan	220	39	181	4	22	85	109
重 庆	Chongqing	900	361	539	23	350	220	307
四 川	Sichuan	3409	626	2783	17	2137	347	908
贵 州	Guizhou	387	237	150		204	136	47
云 南	Yunnan	495	159	336	1	176	115	203
西 藏	Tibet	230	86	144	2	10	175	43
陕 西	Shaanxi	759	230	529		235	368	156
甘 肃	Gansu	342	127	215		106	118	118
青 海	Qinghai	143	26	117		14	6	123
宁 夏	Ningxia	80	27	53		41	35	4
新 疆	Xinjiang	598	280	318	1	146	222	229

7-21 分地区分床位养老机构数(2014年)
Statistics on Institutions for Aged by Beds and by Region(2014)

单位：个，%　　(unit,%)

地 区	Region	合计 Total	0-99张床位 0-99 Beds	100-299张床位 100-299 Beds	300-499张床位 300-499 Beds	500张及以上床位 500 Beds and over	合计 Total	0-99张床位 0-99 Beds	100-299张床位 100-299 Beds	300-499张床位 300-499 Beds	500张及以上床位 500 Beds and over
全 国	**National Total**	**33043**	**18715**	**12154**	**1435**	**739**	**100**	**56.6**	**36.8**	**4.3**	**2.2**
北 京	Beijing	592	198	275	60	59	100	33.4	46.5	10.1	10.0
天 津	Tianjin	346	158	153	13	22	100	45.7	44.2	3.8	6.4
河 北	Hebei	1283	607	492	119	65	100	47.3	38.3	9.3	5.1
山 西	Shanxi	833	580	213	20	20	100	69.6	25.6	2.4	2.4
内蒙古	Inner Mongolia	734	432	246	42	14	100	58.9	33.5	5.7	1.9
辽 宁	Liaoning	1663	1096	455	81	31	100	65.9	27.4	4.9	1.9
吉 林	Jilin	798	510	244	37	7	100	63.9	30.6	4.6	0.9
黑龙江	Heilongjiang	983	599	295	52	37	100	60.9	30.0	5.3	3.8
上 海	Shanghai	637	218	330	63	26	100	34.2	51.8	9.9	4.1
江 苏	Jiangsu	2324	931	1156	159	78	100	40.1	49.7	6.8	3.4
浙 江	Zhejiang	1919	901	844	108	66	100	47.0	44.0	5.6	3.4
安 徽	Anhui	831	347	418	52	14	100	41.8	50.3	6.3	1.7
福 建	Fujian	380	249	90	30	11	100	65.5	23.7	7.9	2.9
江 西	Jiangxi	1906	1337	525	28	16	100	70.1	27.5	1.5	0.8
山 东	Shandong	2119	799	1105	153	62	100	37.7	52.1	7.2	2.9
河 南	Henan	2540	1529	941	46	24	100	60.2	37.0	1.8	0.9
湖 北	Hubei	2008	1010	920	49	29	100	50.3	45.8	2.4	1.4
湖 南	Hunan	1603	1353	218	19	13	100	84.4	13.6	1.2	0.8
广 东	Guangdong	1489	1072	322	56	39	100	72.0	21.6	3.8	2.6
广 西	Guangxi	492	384	91	11	6	100	78.0	18.5	2.2	1.2
海 南	Hainan	220	184	17	13	6	100	83.6	7.7	5.9	2.7
重 庆	Chongqing	900	509	342	31	18	100	56.6	38.0	3.4	2.0
四 川	Sichuan	3409	1733	1565	81	30	100	50.8	45.9	2.4	0.9
贵 州	Guizhou	387	269	109	8	1	100	69.5	28.2	2.1	0.3
云 南	Yunnan	495	302	167	17	9	100	61.0	33.7	3.4	1.8
西 藏	Tibet	230	204	25	1		100	88.7	10.9	0.4	0.0
陕 西	Shaanxi	759	397	281	65	16	100	52.3	37.0	8.6	2.1
甘 肃	Gansu	342	229	98	10	5	100	67.0	28.7	2.9	1.5
青 海	Qinghai	143	108	29	2	4	100	75.5	20.3	1.4	2.8
宁 夏	Ningxia	80	35	37	4	4	100	43.8	46.3	5.0	5.0
新 疆	Xinjiang	598	435	151	5	7	100	72.7	25.3	0.8	1.2

7-22 分地区每千老年人口床位情况
Statistics on Beds per 1000 Senior Citizens by Region

单位：张 (bed)

地 区	Region	2012	2013	2014
全 国	**National Average**	**21.48**	**24.39**	**27.20**
北 京	Beijing	39.90	39.25	45.69
天 津	Tianjin	19.51	24.55	20.88
河 北	Hebei	18.82	36.77	38.87
山 西	Shanxi	12.22	13.02	16.48
内蒙古	Inner Mongolia	19.89	22.47	49.00
辽 宁	Liaoning	27.33	28.41	24.31
吉 林	Jilin	20.23	19.16	17.82
黑龙江	Heilongjiang	18.67	18.66	21.80
上 海	Shanghai	32.72	32.08	33.49
江 苏	Jiangsu	36.73	41.39	38.61
浙 江	Zhejiang	33.14	36.54	52.90
安 徽	Anhui	30.74	31.70	34.95
福 建	Fujian	11.28	16.64	25.66
江 西	Jiangxi	24.31	24.83	28.43
山 东	Shandong	28.43	32.59	31.03
河 南	Henan	20.61	21.51	25.18
湖 北	Hubei	28.64	27.16	27.25
湖 南	Hunan	17.27	17.42	16.76
广 东	Guangdong	9.73	11.16	15.34
广 西	Guangxi	7.88	17.64	21.92
海 南	Hainan	11.17	11.08	16.60
重 庆	Chongqing	28.35	31.96	25.01
四 川	Sichuan	29.48	30.09	24.51
贵 州	Guizhou	9.96	14.20	22.42
云 南	Yunnan	9.35	9.22	11.18
西 藏	Tibet	16.32	17.25	27.66
陕 西	Shaanxi	14.96	17.34	17.79
甘 肃	Gansu	12.94	19.03	24.75
青 海	Qinghai	10.17	16.18	26.64
宁 夏	Ningxia	8.73	10.22	15.10
新 疆	Xinjiang	13.24	13.56	21.01

7–23 孤儿和家庭儿童收养情况
Orphans and Children Adopted by Families

年 份 Year	孤儿数 (人) Number of Orphans (person)	家庭儿童收养登记总数 (件) Number of Adoption Registration of Children Adopted by Families (case)	中国公民收养登记 Adoption Registration of Chinese Citizens	外国公民收养登记 Adoption Registration of Foreign Citizens	家庭儿童收养比例 (%) Proportion of Children Adopted by Families (%)
1996		18896	14804	4092	
1997		21548	17193	4355	
1998		26498	20611	5887	
1999		38074	31916	6158	
2000		55802	49037	6765	
2001		44706	36089	8617	
2002		45336	35372	9964	
2003		54159	44884	9275	
2004		52603	40084	12519	
2005		49506	35470	14036	
2006		48178	38393	9785	
2007		45192	36893	8299	
2008	67921	42550	37009	5541	65.0
2009	127599	44260	39801	4459	34.8
2010	252110	34529	29618	4911	13.7
2011	509695	31424	27579	3845	6.1
2012	570075	27278	23157	4121	4.8
2013	548845	24460	21230	3230	4.5
2014	525179	22772	19885	2887	4.3

注：2011年以前的“孤儿数”指领取《儿童福利证》的孤儿数，2011年起指失去父母或查找不到生父母的未满18周岁的未成年人数。
家庭儿童收养比例=家庭儿童收养人数/孤儿数×100%。

Before 2011, number of orphans referred to the number of orphans who received Children Welfare Credentials, and from 2011, it refers to juveniles under age of 18 who have lost parents or can't find parents. Proportion of Children Adopted by Families=Number of Children Adopted by Families/ Number of Orphans×100%.

7-24 分地区孤儿和家庭收养情况(2014年)
Statistics on Orphans and Children Adopted by Families by Region(2014)

地 区	Region	孤儿数 (人) Orphans (person)	集中供养 Concentrate Raising	社会散居 Social Unsettle	儿童收养登记件数 (件) Total Number of Registered Adoption (case)	中国公民收养登记 Adoption Registered by Chinese Citizens	外国人收养登记 Adoption Registered by Foreigners
全 国	**National Total**	**525179**	**93522**	**431657**	**22772**	**19885**	**2887**
北 京	Beijing	2287	1860	427	199	145	54
天 津	Tianjin	884	591	293	129	110	19
河 北	Hebei	15663	2205	13458	400	346	54
山 西	Shanxi	15349	3091	12258	252	78	174
内蒙古	Inner Mongolia	5883	1297	4586	225	132	93
辽 宁	Liaoning	7760	3149	4611	184	172	12
吉 林	Jilin	5401	1549	3852	43	21	22
黑龙江	Heilongjiang	7884	1615	6269	47	29	18
上 海	Shanghai	2054	1955	99	255	182	73
江 苏	Jiangsu	18445	3496	14949	2018	1828	190
浙 江	Zhejiang	5088	2637	2451	4206	4126	80
安 徽	Anhui	27073	3561	23512	1010	911	99
福 建	Fujian	6437	2116	4321	1288	1233	55
江 西	Jiangxi	24860	5746	19114	607	439	168
山 东	Shandong	18023	3683	14340	2416	2312	104
河 南	Henan	45326	5911	39415	439	193	246
湖 北	Hubei	26990	4637	22353	717	635	82
湖 南	Hunan	45489	6338	39151	803	700	103
广 东	Guangdong	41711	10052	31659	1789	1308	481
广 西	Guangxi	23701	2491	21210	1624	1504	120
海 南	Hainan	2152	318	1834	162	162	
重 庆	Chongqing	12422	1430	10992	297	245	52
四 川	Sichuan	30174	4234	25940	1073	1022	51
贵 州	Guizhou	21646	2791	18855	426	260	166
云 南	Yunnan	22995	2294	20701	1239	1139	100
西 藏	Tibet	5869	1563	4306	32	32	
陕 西	Shaanxi	13013	2794	10219	328	157	171
甘 肃	Gansu	21999	3262	18737	130	64	66
青 海	Qinghai	15991	1453	14538	42	30	12
宁 夏	Ningxia	7077	442	6635	48	37	11
新 疆	Xinjiang	25533	4961	20572	344	333	11

7-24 续表 continued

地区	Region	家庭收养儿童数(人) Total Number of Adopted Children (person)	#女 Femal	#残疾儿童 Disabled Children	被中国公民收养 Children Adopted by Chinese Citizens	被外国人收养 Children Adopted by Foreigners	社会福利机构抚养的儿童 Children Fostered by Welfare Institutions
全国	**National Total**	**22876**	**16158**	**2637**	**20055**	**2821**	**10336**
北京	Beijing	199	107	43	145	54	52
天津	Tianjin	129	67	16	110	19	60
河北	Hebei	400	239	70	346	54	167
山西	Shanxi	252	138	169	78	174	211
内蒙古	Inner Mongolia	225	114	18	132	93	97
辽宁	Liaoning	185	94	5	173	12	98
吉林	Jilin	43	17		21	22	26
黑龙江	Heilongjiang	47	31	13	29	18	
上海	Shanghai	255	182	72	182	73	165
江苏	Jiangsu	2018	1469	172	1828	190	857
浙江	Zhejiang	4206	3327	58	4126	80	2191
安徽	Anhui	1013	758	100	914	99	371
福建	Fujian	1292	991	56	1237	55	466
江西	Jiangxi	609	491	195	441	168	404
山东	Shandong	2520	1590	181	2416	104	986
河南	Henan	439	232	261	193	246	327
湖北	Hubei	717	493	76	635	82	332
湖南	Hunan	803	533	94	700	103	364
广东	Guangdong	1788	1296	416	1307	481	1351
广西	Guangxi	1621	1379	91	1501	120	537
海南	Hainan	162	124	11	162		59
重庆	Chongqing	297	187	50	245	52	103
四川	Sichuan	1074	603	12	1023	51	351
贵州	Guizhou	427	330	125	261	166	254
云南	Yunnan	1239	880	81	1139	100	226
西藏	Tibet	32	13		32		2
陕西	Shaanxi	328	191	157	157	171	197
甘肃	Gansu	130	78	65	130		12
青海	Qinghai	32	19	8	20	12	12
宁夏	Ningxia	48	31	15	37	11	19
新疆	Xinjiang	346	154	7	335	11	39

7–25 分地区儿童收养机构情况(2014年)
Statistics on Institution of Children Adopted by Region (2014)

地 区	Region	机构数 (个) Number of Institution (unit)	助理工作师 (人) Assistant Works (person)	社会工作师 (人) Social Works (person)	年末床位数 (张) Number of Beds at Year-end (bed)	年末在院人数 (人) Number of Persons in Institution at Year-end (person)	#少年儿童 Children
全 国	**National Total**	**545**	**334**	**421**	**96117**	**57441**	**53809**
北 京	Beijing	11	10	11	1510	1423	1359
天 津	Tianjin	2	4	11	823	648	630
河 北	Hebei	12		1	804	246	246
山 西	Shanxi	7	2	9	859	697	677
内蒙古	Inner Mongolia	8	10	13	1683	863	816
辽 宁	Liaoning	10	6	5	3954	2779	2558
吉 林	Jilin	18		2	3990	1669	1596
黑龙江	Heilongjiang	15	2	20	2737	1456	1264
上 海	Shanghai	3	19	39	2133	2053	2053
江 苏	Jiangsu	14	26	47	3695	2367	1836
浙 江	Zhejiang	16	16	21	2867	1711	1622
安 徽	Anhui	42	31	21	6066	3280	2468
福 建	Fujian	12	7	8	1554	921	896
江 西	Jiangxi	5		1	965	744	609
山 东	Shandong	18	13	16	6976	3385	3385
河 南	Henan	18	7	28	3754	3040	3033
湖 北	Hubei	52	16	16	6146	3726	3117
湖 南	Hunan	18	10	7	3786	2341	2238
广 东	Guangdong	37	48	28	4559	2370	2334
广 西	Guangxi	14	14	12	1965	1079	903
海 南	Hainan	2		1	163	72	72
重 庆	Chongqing	9	15	17	3180	1397	1397
四 川	Sichuan	48	32	19	6342	2984	2761
贵 州	Guizhou	20	10	3	3142	1412	1373
云 南	Yunnan	27	3	19	3461	1901	1881
西 藏	Tibet	15	2		2802	2222	2162
陕 西	Shaanxi	12	4	6	3053	2092	2092
甘 肃	Gansu	17	6	5	3238	2156	2144
青 海	Qinghai	7	4		1780	1275	1275
宁 夏	Ningxia	5	4	12	1183	428	428
新 疆	Xinjiang	51	13	23	6947	4704	4584

7-26 分地区未成年人救助保护中心情况(2014年)
Statistics on Center of Juveniles Salvation and Protection by Region(2014)

地 区	Region	机构数 (个) Number of Institution (unit)	管理人员 (人) Manager (person)	专业技能人员 (人) Professionaland Technical Personnel (person)	年末床位数 (张) Number of Beds at Year-end (bed)	当年救助人次数 (人次) Person Accepting Salvation in Current Year (person time)	#女 Female
全 国	**National Total**	**345**	**1208**	**841**	**11584**	**41979**	**6954**
北 京	Beijing	2	51		468	483	20
天 津	Tianjin						
河 北	Hebei	1	10	3	30	45	
山 西	Shanxi	3	17		115	17	
内蒙古	Inner Mongolia						
辽 宁	Liaoning	2	18	3	70	80	20
吉 林	Jilin						
黑龙江	Heilongjiang	1	3	5	100	18	
上 海	Shanghai	1	18	47	100	75	39
江 苏	Jiangsu	31	29	55	979	2345	263
浙 江	Zhejiang						
安 徽	Anhui	10	34	23	659	1030	172
福 建	Fujian					3	
江 西	Jiangxi	12	68	28	495	1471	162
山 东	Shandong	8	21	32	430	432	78
河 南	Henan	4	17	15	110	547	55
湖 北	Hubei	65	162	173	1717	8132	495
湖 南	Hunan	54	260	207	1570	8392	2920
广 东	Guangdong	2	93	25	330	701	171
广 西	Guangxi	23	74	49	1008	5668	1262
海 南	Hainan						
重 庆	Chongqing	6	24	2	210	583	143
四 川	Sichuan	69	175	67	1645	6572	835
贵 州	Guizhou	5	24	5	137	565	137
云 南	Yunnan	10	18	14	392	1222	59
西 藏	Tibet						
陕 西	Shaanxi	1	9	5	12	12	
甘 肃	Gansu	10	49	37	553	1051	39
青 海	Qinghai	15	18	1	212	127	8
宁 夏	Ningxia	5	10	25	147	1992	28
新 疆	Xinjiang	5	6	20	95	416	48

7-27 优抚安置情况
Statistics on Preferential Treatment and Resettlement

年 份 Year 地 区 Region		国家重点优抚对象（万人）State Entitled Groups (10 000 persons)				接收军队离退休人员（人）Number of Retired Veterans Resettled (person)
			定期抚恤人数 Number of People Receiving Regular Pension	定期补助人数 Number of People Receiving Regular Subsidy	伤残人员 Injured and Disabled Persons	
	2007	622.4	48.9	487.1	86.5	28058
	2008	633.2	47.9	498.2	87.2	21378
	2009	630.7	45.9	497.7	87.2	18904
	2010	625.0	44.8	493.5	86.7	13451
	2011	852.5	42.2	724.4	85.9	14530
	2012	944.4	41.2	818.4	84.9	18570
	2013	950.5	36.6	832.6	81.2	38706
	2014	917.3	31.1	809.6	76.6	27699
北 京	Beijing	4.5	0.2	3.1	1.1	5008
天 津	Tianjin	4.6	0.1	3.8	0.7	243
河 北	Hebei	56.6	1.4	50.6	4.6	1244
山 西	Shanxi	18.1	0.8	14.9	2.4	337
内蒙古	Inner Mongolia	4.8	0.2	3.4	1.2	150
辽 宁	Liaoning	23.5	0.7	19.8	3.0	2617
吉 林	Jilin	12.8	0.5	10.4	1.9	621
黑龙江	Heilongjiang	12.4	0.6	10.0	1.8	343
上 海	Shanghai	4.0	0.6	2.8	0.7	1024
江 苏	Jiangsu	49.5	1.6	43.0	4.9	1568
浙 江	Zhejiang	27.6	0.5	24.9	2.2	593
安 徽	Anhui	47.5	1.1	43.1	3.4	287
福 建	Fujian	18.8	1.0	16.6	1.2	474
江 西	Jiangxi	32.2	2.8	27.1	2.4	256
山 东	Shandong	96.0	3.4	81.7	10.8	1786
河 南	Henan	75.3	1.8	67.2	6.4	1139
湖 北	Hubei	47.9	3.2	41.6	3.1	1309
湖 南	Hunan	87.8	2.7	80.0	5.1	663
广 东	Guangdong	43.3	0.8	40.1	2.4	671
广 西	Guangxi	29.5	0.4	27.9	1.1	314
海 南	Hainan	2.7	0.4	2.1	0.2	602
重 庆	Chongqing	28.0	0.6	25.3	2.1	326
四 川	Sichuan	86.0	2.9	77.2	6.0	1756
贵 州	Guizhou	23.3	0.4	21.4	1.5	119
云 南	Yunnan	35.2	0.7	32.7	1.8	625
西 藏	Tibet	0.5	0.2	0.1	0.2	74
陕 西	Shaanxi	26.8	1.1	23.4	2.2	1544
甘 肃	Gansu	12.1	0.3	10.8	1.0	1008
青 海	Qinghai	1.5	0.1	1.1	0.3	192
宁 夏	Ningxia	1.2	0.0	0.9	0.2	145
新 疆	Xinjiang	3.4	0.2	2.5	0.7	661

7–28 定期补助优抚对象情况
Regular Beneficiaries of Subsidies with Preferential Treatment

单位：人 (person)

年 份 Year	定期补助总人数 Regular Beneficiaries of Subsidies	在乡红军老战士 Red Army Soldiers in the Countryside	西路军 West Road Army of the Red Army	红军失散人员 Scattered Red Army Soldiers	在乡复员军人 Demobilized Soldiers in the Countryside	带病回乡退伍军人 Veterans in the Countryside	60岁以上农村籍退伍军人 Rural Veterans over 60	其 他 Others
1978	9251	9251						
1979	7872	7872						
1980	6922	6922						
1981	6567	6567						
1982	1002181	6383			859055	136743		
1983	1104586	6142			952993	145451		
1984	1243633	6159			1081350	156124		
1985	1461180	6329			1185502	183129		86220
1986	1999872	6315			1673990	210445		109122
1987	2230873	7466			1833402	241290		148715
1988	2360462	7415			1950641	247009		155397
1989	2715258	6628			2272639	283075		152916
1990	2866579	7514			2373873	305045		180147
1991	2939074	7015			2419453	346021		166585
1992	2975175	6599			2402869	373989		191718
1993	2947209	5531	2997	105200	2424984	408497		
1994	2963965	5058	2430	104566	2424435	427476		
1995	2987751	4659	2318	101507	2423191	456076		
1996	3018047	4480	2303	108534	2421517	481213		
1997	3037367	4195	2214	115706	2396017	519235		
1998	3033826	3996	2157	112092	2367266	548315		
1999	3056727	3687	2106	105303	2363466	582165		
2000	3057257	3326	1997	100309	2320739	630886		
2001	3170877	3325	1889	93131	2246954	782802		42776
2002	3251971	3136	1691	90021	2274657	882090		376
2003	3300232	2893	1610	86264	2262264	919349		27852
2004	3277914	2701	1454	83366	2214467	950428		25498
2005	3265797	2681	1370	75588	2145421	977424		63313
2006	3274059	2417	1220	68070	2064713	1072684		64955
2007	4870800	2049	966	63205	1988977	1134414		1681189
2008	4981893	1622	440	47136	1920235	1193622		1818838
2009	4976839	1351	322	41272	1809019	1219752		1905123
2010	4935399	1226	273	37131	1703396	1265664		1927709
2011	7243706	911	190	29208	1587006	1321786	2373772	1930833
2012	8183693	757	164	25961	1474790	1324325	3210986	2146710
2013	8326336	647	117	18976	1260945	1306479	3566766	2172406
2014	8095950	341	87	11269	993204	1242020	3748039	2100990

7-29 烈士褒扬和优待情况
Commendation and Preferential Treatment of Martyrs

年 份 Year	本年批准烈士人数（人）Number of Martyrs Approved During the Year (person)	零散烈士纪念建筑物（个）Scattered Martyr Memorial Buildings (unit)	优待优抚对象户数（户）Number of Households with Preferential Treatment (household)	#优待军属 Families of Servicemen Entitled to Preferential Treatment	优待总金额（万元）Total Pension of Preferential Treatment (10 000 yuan)	#固定优待军属 Fixed Pensions for Family Members of Servicemen
1978		5347				
1979		3779			20393	
1980		2825			31459	
1981		2915			47255	
1982	8601	3592	4730756		58750	
1983	11024	3826	4387292		59588	
1984	8478	3953	4102419		62263	
1985	5887	3716	3567165	2884906	71655	577018
1986	11758	3871	3355694	2710272	75243	62205
1987	10644	4121	3223550	2562036	80915	66321
1988	9035	4236	3225253	2477699	87160	71735
1989	3960	4466	3086285	2423418	92169	77764
1990	3067	6065	2941486	2522476	99535	86739
1991	1556	6474	2967881	2540714	106354	93069
1992	1338	6957	2967002	2535037	116573	102008
1993	1467	6956	3009163	2470099	131555	113330
1994	1215	7279	3027420	2462671	155627	133070
1995	1277	7067	3051322	2476261	194379	166414
1996	1187	7020	3040439	2449077	251798	217527
1997	888	7048	3334000	2427586	321741	261865
1998	749	7322	3250395	2415838	356413	292305
1999	616	7252	3818210	2380675	402998	305386
2000	468	7427	3855797	2282584	469054	363675
2001	460	7802	3973085	2086464	385859	275456
2002	403	8051	4130817	1929011	374819	251854
2003	461	7781	3962425	1672205	391581	239410
2004	316	7425	3632630	1430630	418499	267458
2005	314	7483	3393218	1224036	379631	213968
2006	265	7414	3220933	1183674	421010	224354
2007	168	7186	3277318	1145223	454090	233479
2008	297	7569	3301682	1108878	666011	267750
2009	213	7622	3280522	1190816	751065	297448
2010	173	9729	3308766	1169833	671536	340382
2011	233	12378	3330859	1050918	968175	555402
2012	172	13151	3471611	1008477	1121135	520520
2013	200	13601	3402629	958255	1351368	646023
2014	267	11365	3354536	883066	1510252	693201

7-30 人口受灾和救灾情况
Population Affected by Disasters and Disaster Relief

年 份 Year	受灾人口 (万人次) Population Affected by Disasters (10 000 person-times)	因灾死亡人口 (人) Number of Persons Died in Disasters (person)	紧急转移人口 (万人) Population Evacuated in Emergency (10 000 persons)	直接经济损失 (亿元) Direct economic losses (100 million yuan)	倒塌房屋 (万间) Collapsed Houses (10 000 rooms)	农作物受灾面积 (万公顷) Crops Areas Affected by Disaster (10 000 hectares)
1978		4965			73.1	4844.0
1979		6962			152.1	3937.0
1980		6821			137.3	5003.0
1981	26710.0	7422			261.5	3979.0
1982	22900.7	7935			320.3	3313.0
1983	22439.0	10952		260.9	345.4	3471.0
1984	20894.0	6927			274.7	3189.0
1985	26446.0	4394	290.5	410.4	224.9	4437.0
1986	29928.0	5410	345.8		209.7	4714.0
1987	23512.0	5495	348.0	326.3	180.0	4207.0
1988	36169.0	7306	582.9		258.0	5087.0
1989	34569.0	5952	365.3	525.0	194.1	4699.0
1990	29348.0	7338	579.2	616.0	247.4	3847.0
1991	41941.0	7315	1308.5	1215.1	581.5	5547.0
1992	37174.0	5741	303.6	853.9	196.6	5133.0
1993	37541.0	6125	307.7	933.2	271.6	4867.0
1994	43799.0	8549	1054.0	1876.0	512.1	5504.0
1995	24215.0	5561	1064.0	1863.0	439.3	4587.0
1996	32305.0	7273	1216.0	2882.0	809.0	5975.0
1997	47886.0	3212	511.3	1975.0	288.0	5343.0
1998	35216.0	5511	2082.4	3007.4	821.4	2229.0
1999	35319.0	2966	664.8	1962.4	174.5	4998.0
2000	45652.3	3014	467.1	2045.3	147.3	5469.0
2001	37255.9	2583	211.1	1942.0	92.2	5215.0
2002	37841.8	2840	471.8	1717.4	175.7	4711.9
2003	49745.9	2259	707.3	1884.2	343.0	5438.6
2004	33920.6	2250	563.2	1602.3	155.0	3710.6
2005	40653.7	2475	1570.3	2042.1	226.4	3881.8
2006	43453.3	3186	1384.5	2528.1	193.3	4109.1
2007	39777.9	2325	1499.1	2363.0	146.7	4899.0
2008	47795.0	88928	2682.2	11752.4	1097.8	3999.0
2009	47933.5	1528	709.9	2523.7	83.8	4721.4
2010	42610.2	7844	1858.4	5339.9	273.3	3742.6
2011	43290.0	1126	939.4	3096.4	93.5	3247.1
2012	29421.7	1530	1109.6	4185.5	90.6	2496.2
2013	38818.7	2284	1215.0	5808.4	87.5	3135.0
2014	24353.7	1818	601.7	3373.8	45.0	2489.1

7-31 社会捐赠情况
Statistics on Social Donations

年份 地区	Year Region	社会捐赠款物合计(亿元) Total Social Donations (100 million yuan)	社会捐赠款 Donated Money	民政部门 Civil Affairs Department	各类社会组织 Other Social Donations	社会捐赠其他物资折款 Total Value from Other Social Donations in Kinds
	1997	14.0	4.2			9.9
	1998	113.2	50.2	50.2		63.0
	1999	17.8	6.9	5.0	2.0	10.8
	2000	16.3	9.3	5.4	3.9	7.0
	2001	20.0	11.7	7.6	4.1	8.3
	2002	20.8	19.0	11.1	7.9	1.8
	2003	43.4	41.0	29.2	11.9	2.4
	2004	35.1	34.0	17.1	16.9	1.2
	2005	61.9	60.3	31.3	29.0	1.6
	2006	89.5	83.1	43.0	40.1	6.4
	2007	148.4	132.8	50.9	81.9	15.6
	2008	764.0	744.5	479.3	265.2	19.6
	2009	485.9	483.7	66.5	417.2	2.2
	2010	601.7	596.8	179.8	417.0	4.9
	2011	494.9	490.1	96.6	393.5	4.8
	2012	578.8	572.5	101.7	470.8	6.3
	2013	575.1	566.4	107.6	458.8	8.7
	2014	618.5	606.6	81.7	524.9	11.9
部本级	Ministry Level	238.1	238.1	0.3	237.8	
北京	Beijing	40.7	38.6	8.1	30.5	2.1
天津	Tianjin	2.9	2.9	0.6	2.3	
河北	Hebei	2.4	2.4	0.1	2.3	
山西	Shanxi	1.3	1.3	0.1	1.2	
内蒙古	Inner Mongolia	1.5	0.7	0.1	0.6	0.8
辽宁	Liaoning	8.8	8.8	4.3	4.5	0.1
吉林	Jilin	2.8	2.8	2.1	0.7	
黑龙江	Heilongjiang	0.4	0.4	0.1	0.3	
上海	Shanghai	39.1	39.1	1.8	37.3	
江苏	Jiangsu	90.0	86.1	14.8	71.3	3.9
浙江	Zhejiang	36.6	36.6	9.4	27.2	0.1
安徽	Anhui	3.4	3.4	0.0	3.4	
福建	Fujian	2.8	2.3	0.9	1.4	0.5
江西	Jiangxi	5.4	2.2	1.0	1.3	3.2
山东	Shandong	26.2	26.2	1.9	24.3	
河南	Henan	3.2	3.2	0.4	2.9	
湖北	Hubei	6.2	5.7	0.8	4.9	0.5
湖南	Hunan	14.5	14.3	2.7	11.6	0.3
广东	Guangdong	53.4	53.2	12.2	41.0	0.1
广西	Guangxi	0.6	0.6	0.1	0.5	
海南	Hainan	0.3	0.3	0.2	0.0	
重庆	Chongqing	13.1	12.9	5.3	7.5	0.3
四川	Sichuan	6.9	6.9	3.0	3.9	
贵州	Guizhou	1.7	1.7	0.8	0.9	
云南	Yunnan	12.3	12.2	10.0	2.3	0.1
西藏	Tibet	0.4	0.4	0.2	0.2	
陕西	Shaanxi	0.4	0.4	0.1	0.4	
甘肃	Gansu	0.5	0.5	0.1	0.4	
青海	Qinghai	0.7	0.7	0.1	0.6	
宁夏	Ningxia	1.3	1.3	0.1	1.3	
新疆	Xinjiang	0.4	0.4	0.2	0.1	

注：社会捐赠其他物资折款指民政部门接收的捐赠衣被和物资。

Total value from other social donations in kinds refers to those clothes, quilts and goods received by department of civil affairs.

7-32 分地区为残疾人提供服务情况(2014年)
Statistics on Social Welfare Enterprise by Region(2014)

地区 Region	单位数(个) Number of Social Welfare Enterprise (unit)	年末职工人数(人) Number of Workers at Year-end (person)	#女 Female	#残疾职工 Disable Worker	#女 Female	实际减免税金总额(万元) Total Amount of Tax Deduction (10 000 yuan)	盈利总额(万元) Total Amount of Profit (10 000 yuan)	志愿者服务人次数(人次) Person Time of Volunteer Service (person time)	志愿服务时间(小时) Hour of Volunteer Service (hour)
全　国 National Total	**16389**	**1254051**	**403316**	**479459**	**150073**	**752529.4**	**951906.2**	**48152**	**103957**
北　京 Beijing	574	26179	8776	10443	3086	24593.4	4371.5	1015	1165
天　津 Tianjin	223	15835	4468	6412	1874	3309.1	2341.2	1000	2000
河　北 Hebei	541	34618	10950	13576	3582	13545.4	13756.3	1266	5489
山　西 Shanxi	378	35978	8041	14796	4236	9375.8	5472.7		
内蒙古 Inner Mongolia	144	8647	2442	4807	1614	6305.9	2602.8		
辽　宁 Liaoning	1749	89134	26648	39059	10185	38723.5	20654.8	200	400
吉　林 Jilin	318	15440	4035	6925	1738	752.7	10.4		
黑龙江 Heilongjiang	441	14420	4497	7875	2574	2908	12.1		
上　海 Shanghai	928	74486	25798	24522	8237	88939.8	157820.9	427	2106
江　苏 Jiangsu	2608	249727	87089	86743	30569	185751	123077	8688	16528
浙　江 Zhejiang	1934	204070	68068	67471	26377	182600.7	421055.8	16591	26326
安　徽 Anhui	343	17480	6122	6917	1990	7696.1	12736.8	468	1807
福　建 Fujian	277	18158	5682	7997	1032	3205.1	4070.8		
江　西 Jiangxi	298	25057	7436	10084	2614	18813.1	6519.5	27	
山　东 Shandong	1222	92097	26550	34861	9933	70131.1	76394.4	938	3188
河　南 Henan	815	54662	17881	24381	7589	7546.8	4078.2	7	21
湖　北 Hubei	534	34626	11299	13218	4376	5681.1	5431.4	67	251
湖　南 Hunan	499	31464	8749	15788	4248	4796	1197.8	5809	20123
广　东 Guangdong	147	13817	4464	5689	2020	3441.5	3414.6		
广　西 Guangxi	124	8139	1419	3178	664	5207	8979.5	177	
海　南 Hainan	13	1221	305	794	273	223	70		
重　庆 Chongqing	745	67826	22987	26068	7974	55690.1	77811.1	10566	23437
四　川 Sichuan	682	54389	20284	21510	6380	5100.4	7949.5	602	612
贵　州 Guizhou	41	2145	586	934	370	134	2.9	173	190
云　南 Yunnan	267	32622	7993	12081	2447	3435.8	-22302.7		
西　藏 Tibet	3	201	75	99	30				
陕　西 Shaanxi	200	12104	3784	4488	1558	1474.1	12615.4	71	174
甘　肃 Gansu	64	3655	1155	1356	366			60	140
青　海 Qinghai	36	2061	769	951	304	251.4			
宁　夏 Ningxia	80	5194	1824	2334	342	1526	355		
新　疆 Xinjiang	161	8599	3140	4102	1491	1371.5	1406.5		

7-33 分地区残疾人参加社会保险情况(2014年)
PWDs Covered by Social Insurance(2014)

单位：万人 (10 000 persons)

地区	Region	残疾职工参加社会保险 Disable Workers Covered by Social Insurance		残疾居民参加城乡社会养老保险 Disable Residents Covered by Pension Insurance							
		参加养老保险 Covered by Pension Insurance	参加医疗保险 Covered by Medial Insurance		享受养老金 Covered by Insurance Pension	#重度残疾人 Persons with Severe Disability	60周岁以下参保残疾居民 PWDs under Age 60	重度残疾人 Persons with Severe Disability	#全部或部分代缴 Paid by Subsidy Totally or Partially	其他残疾人 other PWDs	#全部或部分代缴 Paid by Subsidy Totally or Partially
全 国	**National Total**	**282.8**	**282.8**	**2180.0**	**858.6**	**233.4**	**1321.3**	**405.0**	**379.2**	**916.4**	**234.7**
北 京	Beijing	7.4	7.2	9.7	1.2	0.6	8.5	4.4	4.4	4.2	3.6
天 津	Tianjin	4.3	4.3	5.8	3.5	1.2	2.4	1.8	1.8	0.6	0.6
河 北	Hebei	15.9	16.6	122.0	37.2	9.5	84.8	16.8	16.1	67.9	16.3
山 西	Shanxi	8.2	8.2	95.6	48.5	6.2	47.1	13.7	13.2	33.4	6.3
内蒙古	Inner Mongolia	4.4	5.2	28.6	12.3	4.7	16.3	5.6	5.1	10.7	3.3
辽 宁	Liaoning	23.7	22.9	52.0	14.8	3.9	37.2	9.6	9.0	27.6	19.1
吉 林	Jilin	6.5	5.9	25.3	6.9	2.1	18.4	7.3	6.7	11.1	5.4
黑龙江	Heilongjiang	8.8	7.9	25.1	12.1	2.0	13.0	3.2	2.7	9.7	2.3
上 海	Shanghai	7.3	7.3	5.9	2.0	0.5	3.9	3.4	3.4	0.5	0.5
江 苏	Jiangsu	23.3	23.0	130.4	67.0	12.4	63.3	18.8	17.2	44.5	14.1
浙 江	Zhejiang	17.2	17.2	44.1	19.2	6.2	24.9	10.5	9.6	14.4	7.0
安 徽	Anhui	7.3	7.2	101.3	40.2	16.4	61.1	22.3	20.8	38.8	3.5
福 建	Fujian	4.1	4.6	55.1	27.2	11.4	27.9	12.0	11.2	15.9	11.5
江 西	Jiangxi	4.9	4.9	58.2	30.6	4.6	27.5	7.4	7.4	20.1	5.9
山 东	Shandong	18.0	17.1	134.9	51.5	16.8	83.3	26.9	23.7	56.4	16.3
河 南	Henan	17.6	17.5	296.4	123.7	20.9	172.7	59.4	53.7	113.3	2.2
湖 北	Hubei	14.0	15.1	104.6	42.6	10.3	62.0	16.4	15.3	45.6	19.2
湖 南	Hunan	15.5	14.6	162.1	62.4	23.4	99.7	28.9	28.4	70.8	6.1
广 东	Guangdong	10.8	10.9	61.5	22.5	10.3	38.9	16.2	15.0	22.8	7.8
广 西	Guangxi	4.0	4.7	97.4	49.5	13.8	48.0	12.7	11.9	35.3	8.1
海 南	Hainan	0.6	0.5	17.0	6.5	1.9	10.6	3.6	3.6	6.9	0.1
重 庆	Chongqing	8.3	8.6	45.1	17.0	6.7	28.1	10.1	10.0	18.0	10.6
四 川	Sichuan	18.7	17.4	178.3	45.5	14.8	132.8	29.7	29.4	103.1	14.3
贵 州	Guizhou	4.5	4.6	54.2	28.2	6.0	26.1	7.9	7.7	18.2	2.5
云 南	Yunnan	5.2	5.2	79.0	22.6	7.4	56.3	14.8	14.1	41.6	15.9
西 藏	Tibet	1.2	1.4	1.8	0.9	0.2	0.9	0.2	0.2	0.7	0.5
陕 西	Shaanxi	7.5	7.4	43.9	13.6	3.9	30.3	8.3	8.0	22.0	12.8
甘 肃	Gansu	4.8	5.0	92.7	29.9	7.6	62.8	21.5	19.0	41.4	6.3
青 海	Qinghai	0.6	0.6	4.0	2.7	0.5	1.4	1.0	0.9	0.4	0.2
宁 夏	Ningxia	1.5	1.5	18.7	8.2	4.3	10.5	4.9	4.8	5.6	3.4
新 疆	Xinjiang	7.0	8.1	29.3	8.8	2.8	20.5	5.5	5.1	15.0	9.0

7–34 分地区残疾人社会救助和补贴情况(2014年)
PWDs Social Relief and Subsidy by Region(2014)

单位：万人 (10 000 person)

地 区	Region	城镇 Urban			农村 Rural			享受生活补贴	享受护理补贴
		已纳入最低生活保障范围人数 PWDs Covered by Basic Living Allowance System	集中供养 PWDs Living in Welfare Institutions	其他救助救济 Others Assistance and Relief	已纳入最低生活保障范围人数 PWDs Covered by Basis Living Allowance system	五保供养 PWDs Living in Welfare Institutions	其他救助救济 Others Assistance and Relief	PWDs with Living Subsidy	PWDs with Nursing Subsidy
全 国	**National Total**	**261.46**	**11.18**	**68.68**	**844.06**	**66.20**	**189.03**	**454.96**	**278.99**
北 京	Beijing	2.09	0.01	1.45	2.04	0.04	1.42	12.08	
天 津	Tianjin	3.59	0.00	1.24	2.57	0.29	0.98	6.35	1.22
河 北	Hebei	6.77	0.32	0.97	34.44	2.38	3.70	14.21	0.90
山 西	Shanxi	6.78	0.13	1.62	24.35	2.54	5.00	4.64	5.29
内蒙古	Inner Mongolia	9.43	0.26	4.90	21.26	1.81	8.24	21.28	23.37
辽 宁	Liaoning	16.13	0.52	2.05	18.35	2.45	3.15	0.14	0.17
吉 林	Jilin	12.70	0.44	1.52	16.01	1.28	1.47	0.03	0.18
黑龙江	Heilongjiang	19.27	0.38	2.11	14.07	1.06	3.00	0.81	3.17
上 海	Shanghai	1.50	0.01	4.29	0.27	0.03	1.10	4.35	3.40
江 苏	Jiangsu	8.15	0.65	4.47	22.50	2.29	8.72	32.10	11.61
浙 江	Zhejiang	2.79	0.21	1.07	15.31	0.75	8.26	22.40	8.51
安 徽	Anhui	12.66	0.58	0.95	43.24	3.92	4.61	54.58	0.75
福 建	Fujian	3.54	0.10	0.91	22.38	1.10	5.39	30.86	1.73
江 西	Jiangxi	10.75	1.08	1.52	25.85	2.60	3.87		14.61
山 东	Shandong	7.71	0.73	2.32	37.72	3.09	7.30	26.70	8.14
河 南	Henan	20.09	0.80	4.13	67.36	5.50	13.29	31.39	0.26
湖 北	Hubei	17.66	1.19	2.16	52.65	4.03	6.10	24.06	2.55
湖 南	Hunan	20.53	0.79	4.97	65.88	6.94	11.97	18.02	45.41
广 东	Guangdong	8.45	0.40	3.01	27.59	1.74	3.51	40.57	41.68
广 西	Guangxi	6.79	0.22	0.77	39.90	4.43	5.75	0.98	31.69
海 南	Hainan	1.53	0.03	0.53	4.59	0.25	1.19	0.26	3.93
重 庆	Chongqing	6.71	0.36	2.70	12.81	2.08	5.78	1.22	1.88
四 川	Sichuan	17.44	0.85	6.56	78.59	5.63	15.71	9.45	60.88
贵 州	Guizhou	5.22	0.18	1.13	43.34	1.12	5.71		
云 南	Yunnan	8.00	0.26	1.84	57.97	4.39	10.38	2.13	0.06
西 藏	Tibet	0.12	0.00	0.07	1.36	0.07	0.17	0.38	0.01
陕 西	Shaanxi	7.73	0.32	5.72	30.50	2.02	31.82	74.79	0.06
甘 肃	Gansu	6.79	0.10	1.30	35.47	1.82	8.85	8.56	6.61
青 海	Qinghai	0.58	0.09	0.24	2.25	0.08	0.51	4.76	0.13
宁 夏	Ningxia	1.52	0.04	0.57	7.78	0.17	1.09	6.90	
新 疆	Xinjiang	8.44	0.11	1.59	15.68	0.29	0.99	0.93	0.80

7−35　分地区残疾人托养服务情况(2014年)
PWDs Fostering service by Region (2014)

单位：人　　　　(person)

地　区	Region	托养残疾人 PWDs in the Institutions	寄宿制机构中托养残疾人 PWDs Fostered in the Form of Bording	#智力残疾人 Persons with Intellectual Disability	#精神残疾人 Persons with Psychiatric , Disability	#重度肢体残疾人 Persons with Severe Physical Disabilities	日间照料机构中托养残疾人 PWDs Fostered in the Form of Day Care	#智力残疾人 Persons with Intellectual Disability
全　国	**National Average**	**931825**	**46872**	**11942**	**17851**	**11198**	**53781**	**24523**
北　京	Beijing	107792	660	282	76	157		
天　津	Tianjin	25329	348	180	53	115	1032	542
河　北	Hebei	23017	2490	577	1219	545	726	145
山　西	Shanxi	14801	239	53	149	16	403	142
内蒙古	Inner Mongolia	19099	1929	318	184	468	98	24
辽　宁	Liaoning	35840	3746	1269	1215	536	1783	1466
吉　林	Jilin	16771	412	26	356	25	43	18
黑龙江	Heilongjiang	21023	2381	294	1377	440	140	93
上　海	Shanghai	28692	5357	2205	1941	1019	10144	6184
江　苏	Jiangsu	61312	1039	326	104	518	5146	2120
浙　江	Zhejiang	96574	7013	1413	2050	2585	4396	2330
安　徽	Anhui	17945	440	72	223	115	121	78
福　建	Fujian	27849	597	117	284	126	878	484
江　西	Jiangxi	15655	1055	635	315	68	71	33
山　东	Shandong	45200	5684	1718	1841	1643	5296	1923
河　南	Henan	20244	438	42	189	128	30	6
湖　北	Hubei	23589	1028	348	353	163	5668	1874
湖　南	Hunan	21935	493	180	151	121	1446	553
广　东	Guangdong	31206	802	263	292	204	9874	3972
广　西	Guangxi	34304	138	4	134		923	535
海　南	Hainan	14963	582	51	516	1		
重　庆	Chongqing	21316	559	94	292	133	467	184
四　川	Sichuan	44391	1544	198	1039	166	1376	816
贵　州	Guizhou	14480	268	5	251	11	8	5
云　南	Yunnan	22709	768	61	599	41	235	67
西　藏	Tibet	3168						
陕　西	Shaanxi	27552	4415	671	1947	1148	230	88
甘　肃	Gansu	20479	918	187	97	332	234	75
青　海	Qinghai	18034	135	18	4	47	85	18
宁　夏	Ningxia	16249	328	132	119	51	1342	175
新　疆	Xinjiang	40307	1066	203	481	276	1586	573

7-35 续表 continued

单位：人 (person)

地区	Region			综合服务机构中托养残疾人 PWDs in Combined Fostering Services Facilities				享受居家托养服务残疾人 PWDs Receiving Fostering Service at home
		#精神残疾人 Persons with Psychiatric Disability	#重度肢体残疾人 Persons with Severe Physical Disabilities		#智力残疾人 Persons with Intellectual Disability	#精神残疾人 Persons with Psychiatric Disability	#重度肢体残疾人 Persons with Severe Physical Disabilities	
全国	**National Average**	**16635**	**6966**	**60500**	**19672**	**14969**	**14108**	**770672**
北京	Beijing			637	120	230	124	106495
天津	Tianjin	274	189	58	31	6	12	23891
河北	Hebei	122	269	3956	523	1125	1646	15845
山西	Shanxi	111	133	358	75	97	85	13801
内蒙古	Inner Mongolia	12	16	767	184	51	313	16305
辽宁	Liaoning	151	103	1578	593	392	412	28733
吉林	Jilin	23	2	371	181	113	45	15945
黑龙江	Heilongjiang	35	10	1756	465	285	537	16746
上海	Shanghai	3270	360	172	1	170		13019
江苏	Jiangsu	1309	942	15833	5673	2414	3995	39294
浙江	Zhejiang	1636	205	10696	4907	3047	1596	74469
安徽	Anhui	36	7	1833	336	145	559	15551
福建	Fujian	136	20	1364	358	657	142	25010
江西	Jiangxi	28	5	328	167	108	38	14201
山东	Shandong	2059	855	5828	1728	1571	1801	28392
河南	Henan	9	15	1066	271	201	396	18710
湖北	Hubei	2335	663	2003	443	535	184	14890
湖南	Hunan	406	247	1417	382	650	280	18579
广东	Guangdong	3030	1377	2859	1007	771	419	17671
广西	Guangxi	164	163	21	12	9		33222
海南	Hainan							14381
重庆	Chongqing	83	160	548	167	274	7	19742
四川	Sichuan	265	170	1233	304	455	266	40238
贵州	Guizhou	1	2	267	57	71	44	13937
云南	Yunnan	51	68	427	91	221	53	21279
西藏	Tibet							3168
陕西	Shaanxi	61	20	2371	769	444	675	20536
甘肃	Gansu	59	64	1925	640	830	202	17402
青海	Qinghai	11	39	326	39	8	112	17488
宁夏	Ningxia	664	368	284	104	43	87	14295
新疆	Xinjiang	294	494	218	44	46	78	37437

八、居住环境

Living Condition

8-1 城市公用事业基本情况
Basic Statistics on City Public Utilities

项目	Item	1990	1995	2000	2010	2013	2014
城市建设	**City Areas and Floor Space of Buildings**						
城市个数(个)	Number of Cities(unit)			663	657	658	653
城区面积(平方公里)	Urban Area(sq.km)	1165970	1171698	878015	178692	183416	184099
建成区面积(平方公里)	Area of Built Districts(sq.km)	12856	19264	22439	40058	47855	49773
城市建设用地面积(平方公里)	Area of Land Used for Urban Construction(sq.km)	11608	22064	22114	39758	47109	49983
城市人口密度(人/平方公里)	Population Density of City Districts(persons/sq.km)	279	322	442	2209	2362	2419
城市供水、燃气及集中供热	**Water Supply, Gas Supply and Heating**						
全年供水总量(亿立方米)	Annual Volume of Tap Water Supply(100 million cu.m)	382.3	481.6	469.0	507.9	537.3	546.7
#生活用水	Water Consumption for Residential Use	100.1	158.1	200.0	238.8	267.6	275.7
人均生活用水(吨)	Per Capita Water Consumption for Residential Use(ton)	67.9	71.3	95.5	62.6	63.3	63.4
用水普及率(%)	Coverage Rate of Urban Population with Access to Tap Water(%)	48.0	58.7	63.9	96.7	97.6	97.6
人工煤气供气量(亿立方米)	Gaswork Gas Supply(100 million cu.m)	174.7	126.7	152.4	279.9	62.8	56.0
#家庭用量	Consumption of Gaswork Gas for Residential Use	27.4	45.7	63.1	26.9	16.8	14.6
天然气供气量(亿立方米)	Natural Gas Supply(100 million cu.m)	64.2	67.3	82.1	487.6	901.0	964.4
#家庭用量	Consumption of Natural Gas for Residential Use	11.6	16.4	24.8	117.2	185.4	196.9
液化石油气供气量(万吨)	Liquefied Petroleum Gas(10 000 tons)	219.0	488.7	1053.7	1268.0	1109.7	1082.8
#家庭用量	Consumption of Liquefied Gas for Residential Use	142.8	370.2	532.3	633.9	613.1	586.2
供气管道长度(万公里)	Length of Gas Pipelines(10 000 km)	2.4	4.4	8.9	30.9	43.2	47.5
燃气普及率(%)	Coverage Rate of Urban Population with Access to Gas(%)	19.1	34.3	45.4	92.0	94.3	94.6
集中供热面积(亿平方米)	Area of Centralized Heating(100 million sq.m)	2.1	6.5	11.1	43.6	57.2	61.1
城市市政设施	**Municipal Infra-structure**						
年末实有道路长度(万公里)	Length of Paved Roads at Year-end(10 000 km)	9.5	13.0	16.0	29.4	33.6	35.2
每万人拥有道路长度(公里)	Length of Paved Roads Per 10 000 Persons(km)	3.1	3.8	4.1	7.5	7.8	7.9
年末实有道路面积(亿平方米)	Area of Paved Roads at Year-end(100 million sq.m)	10.2	16.5	23.8	52.1	64.4	68.3
人均拥有道路面积(平方米)	Per Capita Area of Paved Roads(sq.m)	3.1	4.4	6.1	13.2	14.9	15.3
城市排水管道长度(万公里)	Length of City Sewage Pipes(10 000 km)	5.8	11.0	14.2	37.0	46.5	51.1
城市公共交通	**Public Traffic**						
年末公共交通车辆运营数(万辆)	Number of Public Vehicles under Operation at Year-end (Buses and Trolley Buses, etc.)(10 000 units)	6.2	13.7	22.6	38.3	46.1	47.6
每万人拥有公交车辆(标台)	Number of Public Transportation Vehicles Per 10 000 Persons(unit)	2.2	3.6	5.3	11.2	12.8	13.0
出租汽车数(万辆)	Taxis(10 000 units)	11.1	50.4	82.5	98.6	105.4	107.4
城市绿化和园林	**City Greening**						
城市绿地面积(万公顷)	Area of Green Land(10 000 hectares)	47.5	67.8	86.5	213.4	242.7	252.8
建成区绿化覆盖率(%)	Green Covered Area as % of Completed Area(%)			28.2	38.6	39.7	40.2
人均公园绿地面积(平方米)	Per Capita Area of Parks and Green Land(sq.m)	1.8	2.5	3.7	11.2	12.6	13.1
公园个数(个)	Number of Parks and Zoos(unit)	1970	3619	4455	9955	12401	13037
公园面积(万公顷)	Area of Parks(10 000 hectares)	3.9	7.3	8.2	25.8	33.0	35.2
城市环境卫生	**Environmental Sanitation**						
生活垃圾清运量(万吨)	Volume of Garbage Disposal(10 000 tons)	6767	10671	11819	15805	17239	17860
粪便清运量(万吨)	Volume of Disposal of Excrement and Urine (10 000 tons)	2385	3066	2829	1951	1682	1552
每万人拥有公厕(座)	Number of Public Toilets per 10 000 Persons(unit)	3.0	3.0	2.7	3.0	2.8	2.8

注：1. 本表各项指标按全社会范围计算。
2. 2006年以前“城区面积”为“城市面积”。
3. 计算人均和普及率指标所使用的人口数2006年以前为城市人口，2006年起为城区人口与城区暂住人口之和，以公安部门的户籍统计和暂住人口统计为准。

a) Data have covered the public utilities of all city units.
b) Before 2006, Urban Area is the area of the city proper.
c) Per capita data and coverage rate are calculated on the basis of urban population before 2006. Since 2006, those indicators are calculated on the basis of the sum of districts area population and temporarily residing population, which are provided by the Ministry of Public Security.

8-2 城乡新建住宅面积和居民住房情况
Floor Space of Newly Built Residential Buildings and Housing Conditions of Urban and Rural Residents

年 份 Year	城镇新建住宅面积 (亿平方米) Floor Space of Newly Built Residential Buildings in Urban Areas (100 million sq.m)	农村新建住宅面积 (亿平方米) Floor Space of Newly Built Residential Buildings in Rural Areas (100 million sq.m)	城镇居民人均住房建筑面积 (平方米) Per Capita Floor Space of Residential Building in Urban Areas (sq.m)	农村居民人均住房面积 (平方米) Per Capita Floor Space of Residential Building in Rural Areas (sq.m)
1978	0.38	1.00		8.1
1980	0.92	5.00		9.4
1985	1.88	7.22		14.7
1986	2.22	9.84		15.3
1987	2.23	8.84		16.0
1988	2.40	8.45		16.6
1989	1.97	6.76		17.2
1990	1.73	6.91		17.8
1991	1.92	7.54		18.5
1992	2.40	6.19		18.9
1993	3.08	4.81		20.7
1994	3.57	6.18		20.2
1995	3.75	6.99		21.0
1996	3.95	8.28		21.7
1997	4.06	8.06		22.5
1998	4.76	8.00		23.3
1999	5.59	8.34		24.2
2000	5.49	7.97		24.8
2001	5.75	7.29		25.7
2002	5.98	7.42	24.5	26.5
2003	5.50	7.52	25.3	27.2
2004	5.69	6.80	26.4	27.9
2005	6.61	6.67	27.8	29.7
2006	6.30	6.84	28.5	30.7
2007	6.88	7.75	30.1	31.6
2008	7.60	8.34	30.6	32.4
2009	8.21	10.21	31.3	33.6
2010	8.69	9.63	31.6	34.1
2011	9.49	10.26	32.7	36.2
2012	10.00	9.51	32.9	37.1

注：城镇居民人均住房建筑面积为城镇住户抽样调查数据(不含集体户)。

Data of per capita floor space of residential building in urban areas are obtained from the sample survey on urban households (the collective households are not included).

8-3 分地区城市公共交通情况(2014年)

Basic Statistics on Public Transportation in Cities by Region (2014)

地区	Region	年末公共交通车辆运营数(辆) Number of Public Vehicles under Operation at Year-end (unit)	公共汽、电车 Bus and Trolley Bus	轨道交通 Subways, Light Rail, Streetcar	运营线路总长度(公里) Length under Operation (km)	公共汽、电车 Bus and Trolley Bus	轨道交通 Subways, Light Rail, Streetcar
全国	**National Total**	**476255**	**458955**	**17300**	**620051**	**617235**	**2816**
北京	Beijing	28331	23667	4664	20776	20249	527
天津	Tianjin	11770	11144	626	15028	14881	147
河北	Hebei	15977	15977		20305	20305	
山西	Shanxi	8301	8301		13658	13658	
内蒙古	Inner Mongolia	6836	6836		11109	11109	
辽宁	Liaoning	21872	21386	486	23603	23462	141
吉林	Jilin	11723	11343	380	13129	13074	55
黑龙江	Heilongjiang	15706	15640	66	17930	17913	17
上海	Shanghai	19832	16155	3677	24475	23897	578
江苏	Jiangsu	36016	34745	1271	54797	54484	313
浙江	Zhejiang	27048	26532	516	50273	50186	87
安徽	Anhui	13915	13915		12319	12319	
福建	Fujian	13426	13426		19675	19675	
江西	Jiangxi	7307	7307		11718	11718	
山东	Shandong	34138	34138		59238	59238	
河南	Henan	20417	20267	150	20866	20840	26
湖北	Hubei	18249	17671	578	18541	18446	95
湖南	Hunan	15745	15649	96	14698	14676	22
广东	Guangdong	56862	53866	2996	94568	94131	437
广西	Guangxi	7774	7774		10699	10699	
海南	Hainan	2879	2879		4758	4758	
重庆	Chongqing	11769	10881	888	12191	11989	202
四川	Sichuan	22797	22407	390	20883	20824	59
贵州	Guizhou	5834	5834		6269	6269	
云南	Yunnan	9334	9100	234	16679	16620	59
西藏	Tibet	451	451		997	997	
陕西	Shaanxi	11647	11365	282	9470	9419	51
甘肃	Gansu	5488	5488		5872	5872	
青海	Qinghai	2113	2113		1978	1978	
宁夏	Ningxia	3296	3296		5890	5890	
新疆	Xinjiang	9402	9402		7663	7663	

8-3 续表 Continued

地　区	Region	公共交通客运总量（万人次）Passengers Transported by Public Vehicles (10 000 person-times)	公共汽、电车 Bus and Trolley Bus	轨道交通 Subways, Light Rail, Streetcar	出租汽车（辆）Number of Taxi (unit)
全　国	**National Total**	**8495033**	**7228457**	**1266576**	**1074386**
北　京	Beijing	815848	477180	338668	67546
天　津	Tianjin	181072	151011	30061	31940
河　北	Hebei	205342	205342		50435
山　西	Shanxi	131496	131496		30401
内蒙古	Inner Mongolia	107099	107099		38347
辽　宁	Liaoning	440165	405165	35000	80951
吉　林	Jilin	176867	169206	7661	55725
黑龙江	Heilongjiang	251360	245973	5387	65068
上　海	Shanghai	549257	266530	282727	50738
江　苏	Jiangsu	506163	442725	63438	53488
浙　江	Zhejiang	357679	341776	15903	36732
安　徽	Anhui	211631	211631		38792
福　建	Fujian	225977	225977		20380
江　西	Jiangxi	129185	129185		13369
山　东	Shandong	403854	403854		60119
河　南	Henan	263819	257033	6786	46247
湖　北	Hubei	367410	331786	35624	35182
湖　南	Hunan	280807	276227	4580	25846
广　东	Guangdong	1089333	757868	331465	66135
广　西	Guangxi	130990	130990		16592
海　南	Hainan	43815	43815		6105
重　庆	Chongqing	292391	240681	51710	19629
四　川	Sichuan	413075	390383	22692	34304
贵　州	Guizhou	142596	142596		15967
云　南	Yunnan	152878	147956	4922	17746
西　藏	Tibet	8380	8380		1554
陕　西	Shaanxi	269246	239293	29953	23766
甘　肃	Gansu	113738	113738		20337
青　海	Qinghai	34971	34971		7269
宁　夏	Ningxia	42744	42744		12831
新　疆	Xinjiang	155845	155845		30845

8-4 分地区城市市容环境卫生情况(2014年)
Basic Statistics on Urban Sanitation in Cities by Region (2014)

地 区 Region	清扫保洁面积(万平方米) Area under Cleaning Program (10 000 sq.m)	生活垃圾清运量(万吨) Volume of Garbage Disposal (10 000 tons)	粪便清运量(万吨) Volume of Excrement and Urine Disposal (10 000 tons)	市容环卫专用车辆设备总数(台) Number of Special Vehicles for Environmental Sanitation (unit)	公共厕所(座) Number of Public Lavatories (unit)	#三类以上 Third Grade and Above
全 国 National Total	**676093**	**17860.2**	**1552.0**	**141431**	**124410**	**93086**
北 京 Beijing	15104	733.8	216.1	10255	5429	5429
天 津 Tianjin	10879	215.9	32.7	3036	1206	786
河 北 Hebei	24549	614.1	96.9	4820	6391	3743
山 西 Shanxi	15527	445.0	34.1	4895	3234	1576
内蒙古 Inner Mongolia	18207	324.6	48.1	2717	4075	1864
辽 宁 Liaoning	33721	917.1	90.4	6097	5353	1896
吉 林 Jilin	14504	504.6	65.1	5973	3729	1061
黑龙江 Heilongjiang	22716	553.4	134.8	6887	7064	2560
上 海 Shanghai	17490	608.4	199.9	5371	6168	4967
江 苏 Jiangsu	55132	1352.4	82.4	11227	11178	9255
浙 江 Zhejiang	36843	1229.1	71.0	6483	8026	6441
安 徽 Anhui	26370	464.8	18.5	3116	3192	2684
福 建 Fujian	16243	598.9	4.0	2578	3113	3092
江 西 Jiangxi	12893	308.5	8.1	1630	1982	1524
山 东 Shandong	65422	958.5	127.2	10324	6084	5266
河 南 Henan	27197	832.8	44.4	4203	7218	6545
湖 北 Hubei	30527	739.3	19.5	8851	5130	4171
湖 南 Hunan	18032	600.8	14.4	3642	3373	2611
广 东 Guangdong	84873	2214.2	85.1	11729	9666	9076
广 西 Guangxi	14065	338.9	9.8	3442	2129	2035
海 南 Hainan	6084	144.2	5.3	1503	484	474
重 庆 Chongqing	12304	399.4	67.0	2448	2843	2234
四 川 Sichuan	28574	780.0	18.0	4436	4280	3040
贵 州 Guizhou	5129	273.8	4.2	2352	1375	1142
云 南 Yunnan	15547	349.5	16.1	2314	2374	1995
西 藏 Tibet	2413	30.8		251	303	172
陕 西 Shaanxi	15338	517.9	16.0	2938	3794	3707
甘 肃 Gansu	7478	253.0	17.6	1717	1430	1153
青 海 Qinghai	2529	77.6	1.3	475	669	302
宁 夏 Ningxia	7482	118.4	3.9	1099	687	576
新 疆 Xinjiang	12921	360.6	0.4	4622	2431	1709

8-5 分地区城市绿地和园林情况(2014年)
Basic Statistics on Parks and Green Areas in Cities by Region (2014)

单位：公顷 (hectare)

地 区	Region	绿化覆盖面积 Green Covered Area	#建成区 Completed Area	绿地面积 Area of Green Land	#建成区 Completed Area	公园绿地面积 Park Green Land
全 国	**National Total**	**2921029**	**2000515**	**2527962**	**1808175**	**576817**
北 京	Beijing	70111	70111	68438	68438	23223
天 津	Tianjin	27843	27843	25307	25307	7652
河 北	Hebei	90136	76870	79393	69881	23541
山 西	Shanxi	46692	43987	40448	38719	12253
内蒙古	Inner Mongolia	62720	47148	57372	43090	16423
辽 宁	Liaoning	196122	97148	121982	90410	26406
吉 林	Jilin	50909	48821	45263	43908	13912
黑龙江	Heilongjiang	85312	64224	76346	58895	16681
上 海	Shanghai	136427	38382	125741	33878	17789
江 苏	Jiangsu	297376	171265	265543	157696	42901
浙 江	Zhejiang	149641	101425	132619	91370	26155
安 徽	Anhui	107540	75569	89512	67868	18909
福 建	Fujian	67984	56767	60396	51719	14475
江 西	Jiangxi	55327	53586	50809	49983	13955
山 东	Shandong	232174	188277	205208	168473	51952
河 南	Henan	98862	90995	85661	79482	23834
湖 北	Hubei	96603	78675	75546	69068	20866
湖 南	Hunan	67118	59519	57273	53576	14355
广 东	Guangdong	486241	223676	421884	200717	83195
广 西	Guangxi	79421	46834	72414	40245	11086
海 南	Hainan	16623	12522	14672	11176	3437
重 庆	Chongqing	57805	50000	52515	46030	21107
四 川	Sichuan	92272	83145	82116	74435	22191
贵 州	Guizhou	41085	24587	35721	22634	7906
云 南	Yunnan	41284	37266	37309	33590	9113
西 藏	Tibet	5630	5530	4195	4144	725
陕 西	Shaanxi	44104	39143	36354	33005	10999
甘 肃	Gansu	26404	24010	22342	21510	7320
青 海	Qinghai	5442	5235	5340	5142	1786
宁 夏	Ningxia	24944	16760	23195	16076	4897
新 疆	Xinjiang	60879	41194	57050	37711	7774

注：公园绿地面积包括综合公园、社区公园、专类公园、带状公园和街旁绿地。
Area of park green areas includes comprehensive park, community park, topic park, belt-shaped park and green area nearby street.

8-5 续表 continued

地 区 Region	人均公园绿地面积(平方米) Park Green Land per Capita (sq.m)	建成区绿化覆盖率(%) Green Covered Area as % of Completed Area	建成区绿地率(%) Parks & Green Land as % of Completed Area	公园个数(个) Number of Parks (unit)	公园面积(公顷) Area of Parks (hectare)
全 国 National Total	**13.1**	**40.2**	**36.3**	**13037**	**352423**
北 京 Beijing	15.9	47.4	45.3	245	13294
天 津 Tianjin	9.7	34.9	31.8	94	2124
河 北 Hebei	14.5	41.9	38.1	479	16373
山 西 Shanxi	11.3	40.1	35.3	259	9417
内蒙古 Inner Mongolia	18.8	39.8	36.4	260	12090
辽 宁 Liaoning	11.6	40.1	37.3	374	13829
吉 林 Jilin	12.1	35.8	32.2	183	6231
黑龙江 Heilongjiang	12.1	36.0	33.0	331	9626
上 海 Shanghai	7.3	38.4	33.9	161	2301
江 苏 Jiangsu	14.4	42.6	39.2	883	21879
浙 江 Zhejiang	12.9	40.8	36.7	1106	15949
安 徽 Anhui	13.2	41.2	37.0	348	11303
福 建 Fujian	12.8	42.8	39.0	557	11402
江 西 Jiangxi	14.1	44.6	41.6	310	8596
山 东 Shandong	17.1	42.8	38.3	790	32621
河 南 Henan	9.9	38.3	33.5	306	12002
湖 北 Hubei	11.1	37.9	33.2	329	11206
湖 南 Hunan	9.9	38.6	34.8	247	9555
广 东 Guangdong	16.3	41.4	37.2	3408	70151
广 西 Guangxi	11.2	39.3	33.7	196	7767
海 南 Hainan	13.0	41.3	36.9	58	2074
重 庆 Chongqing	17.0	40.6	37.4	307	10751
四 川 Sichuan	11.3	37.5	33.6	466	12369
贵 州 Guizhou	12.5	34.0	31.3	63	5066
云 南 Yunnan	11.0	38.1	34.4	646	6673
西 藏 Tibet	10.8	43.8	32.8	59	723
陕 西 Shaanxi	12.5	40.5	34.1	191	5417
甘 肃 Gansu	12.8	30.8	27.6	116	4079
青 海 Qinghai	10.8	31.6	31.0	29	949
宁 夏 Ningxia	17.9	38.0	36.4	73	2282
新 疆 Xinjiang	10.7	36.8	33.7	163	4325

8-6 分地区城市设施水平情况(2014年)
Level of Public Facilities in Cities by Region (2014)

地区	Region	城市用水普及率(%) Coverage Rate of Urban Population with Access to Tap Water (%)	城市燃气普及率(%) Coverage Rate of Urban Population with Access to Gas (%)	每万人拥有公共交通车辆(标台) Number of Public Transportation Vehicles Per 10 000 Population (unit)	人均城市道路面积(平方米) Per Capita Area of Paved Roads (sq.m)	每万人拥有公共厕所(座) Number of Public Lavatories Per 10 000 Population (unit)
全国	**National Average**	**97.64**	**94.57**	**12.99**	**15.34**	**2.79**
北京	Beijing	100.00	100.00	24.84	7.44	2.92
天津	Tianjin	100.00	100.00	18.14	16.71	1.53
河北	Hebei	99.29	94.26	11.34	18.49	3.92
山西	Shanxi	98.54	95.77	8.85	13.34	2.98
内蒙古	Inner Mongolia	97.79	92.28	9.01	21.10	4.67
辽宁	Liaoning	98.72	96.19	11.79	12.75	2.35
吉林	Jilin	93.79	91.98	10.32	14.62	3.23
黑龙江	Heilongjiang	96.20	86.23	12.78	13.32	5.13
上海	Shanghai	100.00	100.00	11.97	4.11	2.54
江苏	Jiangsu	99.75	99.49	15.08	23.89	3.75
浙江	Zhejiang	99.93	99.81	15.46	18.40	3.96
安徽	Anhui	98.63	96.81	11.60	20.33	2.23
福建	Fujian	99.49	98.83	13.33	13.61	2.74
江西	Jiangxi	97.78	95.18	8.56	15.77	2.01
山东	Shandong	99.92	99.49	13.17	25.77	2.00
河南	Henan	92.99	83.76	9.75	11.67	3.01
湖北	Hubei	98.75	94.71	11.91	16.57	2.73
湖南	Hunan	97.05	91.24	12.46	13.76	2.31
广东	Guangdong	97.26	96.64	13.28	13.20	1.89
广西	Guangxi	94.40	92.99	9.19	15.75	2.15
海南	Hainan	98.10	96.49	11.97	17.97	1.83
重庆	Chongqing	96.78	94.27	11.18	11.68	2.29
四川	Sichuan	91.12	90.89	14.22	13.32	2.17
贵州	Guizhou	94.47	76.30	10.61	10.33	2.17
云南	Yunnan	97.85	76.18	12.36	17.12	2.87
西藏	Tibet	89.07	57.13	8.43	14.44	4.51
陕西	Shaanxi	96.31	95.08	15.85	15.38	4.30
甘肃	Gansu	94.95	83.48	9.67	15.30	2.50
青海	Qinghai	99.71	88.81	14.40	11.08	4.04
宁夏	Ningxia	97.26	89.23	13.17	23.16	2.51
新疆	Xinjiang	98.15	96.87	15.54	16.46	3.36

注：人均和普及率指标按城区人口与暂住人口之和计算，以公安部门的户籍统计和暂住人口统计为准。
Per capita data and coverage rate are calculated on the basis of the sum of districts area population and temporarily residing population, which are provided by the Ministry of Public Security.

8-7 分地区乡公用设施水平情况(2014年)
Level of Municipal Public Facilities of Built-up Area of Townships by Region(2014)

地 区 Region	人口密度 (人/平方公里) Population Density (person/sq.km)	人均日生活用水量 (升) Daily Water Consumption Per Capita (liter)	供水普及率 (%) Water Coverage Rate (%)	燃气普及率 (%) Gas Coverage Rate (%)	人均道路面积 (平方米) Road Surface Area Per Capita (sq.m)	排水管道暗渠密度 (公里/平方公里) Density of Drains (km/sq.km)	人均公园绿地面积 (平方米) Public Recreational Green Space Per Capita (sq.m)	绿化覆盖率 (%) Green Coverage Rate (%)	绿地率 (%) Green Space Rate (%)
全 国 National Total	**4428**	**83.08**	**69.26**	**20.32**	**12.63**	**3.83**	**1.07**	**12.98**	**5.50**
北 京 Beijing	5862	65.77	95.24	80.46	5.35	4.59	0.37	21.55	12.80
天 津 Tianjin	3205	83.28	92.67	36.18	10.58	2.28	0.02	27.53	0.34
河 北 Hebei	4167	67.48	65.08	21.59	11.50	1.64	0.40	9.39	3.64
山 西 Shanxi	4479	65.93	82.49	10.37	13.45	3.46	1.25	19.69	7.88
内蒙古 Inner Mongolia	2781	53.69	54.21	12.24	11.70	0.94	0.36	7.48	3.52
辽 宁 Liaoning	3812	83.20	47.56	13.54	14.68	3.01	0.53	12.19	2.35
吉 林 Jilin	3181	75.85	49.22	11.11	14.99	1.47	0.41	5.42	2.58
黑龙江 Heilongjiang	3142	65.33	76.33	10.00	21.52	1.39	0.56	5.77	2.57
上 海 Shanghai	3302	138.05	99.12	99.12	17.44	12.61	10.50	37.50	28.55
江 苏 Jiangsu	5189	107.47	97.07	79.18	16.62	8.79	4.46	24.87	16.09
浙 江 Zhejiang	4878	116.43	80.76	45.31	15.00	7.85	1.37	11.12	6.51
安 徽 Anhui	4561	94.95	61.13	40.27	12.40	5.25	3.27	19.30	11.18
福 建 Fujian	6493	107.38	88.16	60.82	14.45	7.34	7.76	27.82	15.32
江 西 Jiangxi	4496	92.54	63.32	30.45	12.20	5.83	0.77	10.05	5.50
山 东 Shandong	4063	79.48	85.48	45.02	18.94	7.80	1.64	18.85	8.52
河 南 Henan	5771	75.87	67.83	4.24	12.01	4.88	1.02	22.32	4.51
湖 北 Hubei	4219	94.75	77.72	27.44	10.55	4.68	0.88	10.51	4.84
湖 南 Hunan	3992	101.74	54.24	24.89	10.12	3.78	0.71	14.85	6.77
广 东 Guangdong	3357	119.62	81.35	53.33	19.80	7.81	1.44	18.72	4.47
广 西 Guangxi	7239	99.40	83.76	55.42	10.52	6.40	0.36	10.31	5.71
海 南 Hainan	2627	83.18	93.77	77.10	19.86	3.37	0.52	31.19	19.35
重 庆 Chongqing	5872	84.29	78.72	23.06	11.48	8.15	0.48	8.88	4.74
四 川 Sichuan	4365	78.53	65.07	17.82	9.66	3.96	0.07	6.77	1.67
贵 州 Guizhou	4346	87.00	79.05	5.94	10.83	2.81	0.47	9.43	4.12
云 南 Yunnan	5151	93.71	81.51	9.60	10.62	5.01	0.29	5.63	2.93
西 藏 Tibet									
陕 西 Shaanxi	4202	53.45	65.37	3.23	9.90	3.14	0.28	4.76	2.08
甘 肃 Gansu	3716	54.10	51.14	2.97	13.84	2.65	0.38	8.65	3.21
青 海 Qinghai	5236	61.40	46.78		11.15	0.56		6.04	2.47
宁 夏 Ningxia	3913	60.73	73.13	18.84	15.73	4.33	0.20	9.89	4.59
新 疆 Xinjiang	3064	76.14	77.62	5.45	22.82	1.05	1.30	16.23	11.50

8-8 农村改水情况
Drinking Water Improvement in Rural Areas

年 份 Year	累计改水受益总人口 (万人) Population of Benefiting from Drinking Water Improvement (10 000 persons)	自来水 Tap Water 厂、站 (个) Factory Station (unit)	自来水 Tap Water 累计受益人口 (万人) Accumulative Benefiting Population (10 000 persons)	手压机井 Manually Operated Motor-pumped Wells 数量 (万台) Number (10 000 units)	手压机井 Manually Operated Motor-pumped Wells 累计受益人口 (万人) Accumulative Benefiting Population (10 000 persons)	雨水收集 Rain Collection 水窖 (个) Water Cellar (unit)	雨水收集 Rain Collection 累计受益人口 (万人) Accumulative Benefiting Population (10 000 persons)	雨水收集 Rain Collection 其中：当年受益 (万人) in Which: Benefiting Population Current Year (10 000 persons)	其他 Others 累计受益人口 (万人) Accumulative Benefiting Population (10 000 persons)
1990	66585.0	332044	27128.0	3311.0	17251.0				22206.0
1991	70555.0	522691	30092.0	3607.0	19898.0				20565.0
1992	74057.5	551517	32728.3	3774.6	20341.2				20988.0
1993	76211.4	591251	35006.6	3975.8	20662.1				20542.1
1994	77970.6	650103	37004.6	3823.8	20805.2				20160.8
1995	79879.2	640375	40086.2	3998.7	20498.3	33058	21.3	14.3	19273.4
1996	82412.1	568168	42827.4	4399.7	21911.8	400581	364.2	106.3	17308.7
1997	84843.0	605626	45805.7	4681.6	22546.7	525626	425.8	60.8	16064.8
1998	86442.8	614686	48103.9	4729.6	22790.5	990020	697.1	192.6	14851.2
1999	87607.9	652814	50843.6	5215.4	22443.2	1119854	778.2	76.2	13542.8
2000	88112.2	674758	52669.5	4891.0	22264.8	1622886	1002.3	114.1	12175.6
2001	86113.2	694138	52145.8	6725.1	21214.0	1370335	1053.9	99.2	11699.4
2002	86833.0	645939	53652.7	6615.9	20917.8	1559750	1188.8	121.8	11074.0
2003	87386.6	630903	54837.0	5612.3	20810.5	1760607	1259.6	118.9	10479.6
2004	88451.5	644199	56545.5	4795.2	20442.0	1922629	1458.1	79.1	10006.0
2005	88893.2	651512	57944.4	4845.3	19647.5	2493172	1441.3	102.9	9860.8
2006	86405.3	588843	58110.9	7079.9	18382.0	5639556	1490.1	597.2	8629.7
2007	87859.1	599878	59850.0	7265.5	18404.6	1982334	1537.5	57.6	8067.0
2008	89447.4	617177	62612.6	6852.0	17646.8	1938500	1537.1	39.8	7650.9
2009	90250.9	681688	65405.1	6075.2	16470.2	1942144	1546.9	19.0	6828.7
2010	90833.9	629164	68158.5	6006.8	15172.8	2172278	1285.0	273.3	6217.5
2011	89971.5	591206	68832.9	3928.9	13737.8	2240509	1568.3	91.1	5831.9
2012	91266.1	572775	71417.2	3319.3	12882.7	2131757	1524.7	27.1	5441.5
2013	89938.3	743988	71865.9	8148.1	11596.5	2603432	1506.4	49.6	4969.4
2014	91511.3	555362	75470.9	9053.4	10022.4	2031063	1432.9	6.8	4585.1

8-9 分地区农村改水情况(2014年)
Drinking Water improvement in Rural Areas by Region(2014)

单位：万人 (10 000 persons)

地区	Region	累计已改水受益人口 Population of Benefiting from Drinking Water Improvement	自来水 Tap Water			手压机井 Manually Operated Motor-pumped Wells		
			厂、站(个) Factory Station (unit)	累计受益人口 Accumulative Benefiting Population	占农村总人口比重(%) % of all Rural Population	数量(万台) Number (10 000 units)	累计受益人口 Accumulative Benefiting Population	占农村总人口(%) % of all Rural Population
总计	**National Total**	**91511.31**	**555362**	**75470.87**	**78.97**	**9053.40**	**10022.41**	**10.49**
北京	Beijing	268.30	3278	267.10	99.55			
天津	Tianjin	378.70	3510	374.85	98.98	2.51	3.85	1.02
河北	Hebei	5390.05	31602	4822.23	88.57	482.01	515.80	9.47
山西	Shanxi	2230.35	16967	2089.95	85.85	1080.50	48.32	1.98
内蒙古	Inner Mongolia	1411.29	11660	966.36	65.98	91.28	312.94	21.37
辽宁	Liaoning	2159.66	10677	1660.06	74.48	85.59	237.12	10.64
吉林	Jilin	1542.12	16846	1357.46	88.03	53.47	191.39	12.41
黑龙江	Heilongjiang	2098.33	14812	1474.58	70.03	169.38	606.97	28.83
上海	Shanghai	283.47	29	283.47	99.99			
江苏	Jiangsu	4871.09	3709	4871.09	99.05			
浙江	Zhejiang	3566.23	20367	3487.64	97.02	8.41	31.56	0.88
安徽	Anhui	5057.53	10431	3466.25	64.27	523.72	1455.46	26.99
福建	Fujian	2918.88	20736	2748.72	92.95	4625.60	55.20	1.87
江西	Jiangxi	3369.54	19089	2386.55	70.55	150.35	637.05	18.83
山东	Shandong	6905.67	23266	6572.15	94.52	258.84	328.60	4.73
河南	Henan	7558.37	36112	5723.16	68.99	567.37	1704.26	20.54
湖北	Hubei	4465.58	4202	3411.71	76.04	111.20	589.70	13.14
湖南	Hunan	4983.38	46913	4054.01	75.52	126.62	500.20	9.32
广东	Guangdong	6006.73	26749	5415.84	89.44	145.65	501.66	8.28
广西	Guangxi	3878.95	47343	3236.14	74.94	83.30	405.60	9.39
海南	Hainan	541.44	13705	484.52	84.20	9.87	45.22	7.86
重庆	Chongqing	2545.86	19825	2343.76	91.08	13.65	72.68	2.82
四川	Sichuan	6574.48	53702	4521.09	65.61	204.02	1081.01	15.69
贵州	Guizhou	2887.34	28202	2445.42	73.24	53.97	9.47	0.28
云南	Yunnan	3368.54	35433	2608.01	70.27	9.00	60.92	1.64
西藏	Tibet							
陕西	Shaanxi	2154.00	27800	949.62	40.22	153.70	460.26	19.49
甘肃	Gansu	2030.25	4013	1461.03	70.24	34.10	154.09	7.41
青海	Qinghai	348.21	1711	307.81	80.88	5.33	7.50	1.97
宁夏	Ningxia	394.13	454	359.42	86.73	3.93	4.20	1.01
新疆	Xinjiang	1322.84	2219	1320.88	96.60	0.03	1.39	0.10

8-9 续表 continued

单位：万人 (10 000 persons)

地区	Region	雨水收集 Rain Collection 水窖(个) Water Cellars (unit)	雨水收集 Rain Collection 累计受益人口 Accumulative Benefiting Population	雨水收集 Rain Collection 占农村总人口(%) % of all Rural Population	其他 Other 累计受益人口 Accumulative Benefiting Population	其他 Other 占农村总人口(%) % of all Rural Population
总计	**National Total**	**2031063**	**1432.90**	**1.50**	**4585.12**	**4.80**
北京	Beijing				1.20	0.45
天津	Tianjin					
河北	Hebei	14933	15.83	0.29	36.19	0.66
山西	Shanxi	142578	43.79	1.80	48.29	1.98
内蒙古	Inner Mongolia	42846	6.15	0.42	125.84	8.59
辽宁	Liaoning	1963	28.93	1.30	233.55	10.48
吉林	Jilin				-6.73	-0.44
黑龙江	Heilongjiang				16.77	0.80
上海	Shanghai					
江苏	Jiangsu					
浙江	Zhejiang	6502	0.91	0.03	46.11	1.28
安徽	Anhui		2.45	0.05	133.37	2.47
福建	Fujian				114.97	3.89
江西	Jiangxi	10	0.15		345.79	10.22
山东	Shandong		-6.28	-0.09	11.20	0.16
河南	Henan	25571	19.13	0.23	111.83	1.35
湖北	Hubei	150628	60.69	1.35	403.48	8.99
湖南	Hunan	969	3.81	0.07	425.36	7.92
广东	Guangdong	80	0.88	0.01	88.35	1.46
广西	Guangxi	134350	115.26	2.67	121.96	2.82
海南	Hainan				11.70	2.03
重庆	Chongqing	2014	13.18	0.51	116.24	4.52
四川	Sichuan	64791	91.98	1.33	880.40	12.78
贵州	Guizhou	112544	184.43	5.52	248.01	7.43
云南	Yunnan	517993	302.39	8.15	397.22	10.70
西藏	Tibet					
陕西	Shaanxi	63434	222.83	9.44	521.29	22.08
甘肃	Gansu	618415	283.36	13.62	131.77	6.33
青海	Qinghai	40290	14.43	3.79	18.47	4.85
宁夏	Ningxia	91152	28.60	6.90	1.91	0.46
新疆	Xinjiang				0.57	0.04

8-10 分地区农村改水受益人口占农村总人口比重

Proportion of Population Benefiting from Drinking Water Improvement of all Rural Population by Region

单位：% (%)

地 区	Region	2000	2005	2010	2011	2012	2013	2014
全 国	**National Total**	**92.4**	**94.1**	**94.9**	**94.2**	**95.3**	**95.6**	**95.8**
北 京	Beijing	99.8	100.0	100.0	100.0	100.0	100.0	100.0
天 津	Tianjin	100.0	100.0	100.0	99.9	100.0	100.0	100.0
河 北	Hebei	96.1	98.7	97.5	96.7	97.7	98.6	99.0
山 西	Shanxi	90.5	94.5	87.2	89.3	91.4	90.0	91.6
内蒙古	Inner Mongolia	83.9	88.5	88.4	94.0	98.9	94.6	96.4
辽 宁	Liaoning	98.2	97.8	96.7	96.0	97.0	97.3	96.9
吉 林	Jilin	96.7	98.4	99.1	100.0	100.0	100.0	100.0
黑龙江	Heilongjiang	97.4	98.2	98.6	99.5	99.6	99.6	99.7
上 海	Shanghai	100.0	100.0	100.0	100.0	100.0	100.0	100.0
江 苏	Jiangsu	93.6	99.0	98.8	98.6	98.7	98.5	99.1
浙 江	Zhejiang	96.7	97.0	97.2	96.5	97.6	98.7	99.2
安 徽	Anhui	98.7	98.4	99.6	96.1	96.5	97.0	93.8
福 建	Fujian	98.5	97.6	98.8	97.1	97.7	98.9	98.7
江 西	Jiangxi	94.5	96.5	99.6	100.7	100.0	99.5	99.6
山 东	Shandong	98.9	99.5	99.6	99.5	99.6	99.8	99.3
河 南	Henan	97.0	97.3	91.2	93.5	95.2	92.8	91.1
湖 北	Hubei	93.5	92.4	99.2	98.7	99.4	99.5	99.5
湖 南	Hunan	96.1	96.9	94.3	90.5	91.4	90.1	92.8
广 东	Guangdong	98.0	90.4	99.0	98.4	98.8	99.0	99.2
广 西	Guangxi	89.6	98.6	92.0	75.1	79.9	85.1	89.8
海 南	Hainan	94.2	91.0	96.4	95.4	97.0	96.4	94.1
重 庆	Chongqing	92.2	95.2	98.6	98.8	98.9	98.9	98.9
四 川	Sichuan	91.4	94.1	92.6	93.1	93.6	94.4	95.4
贵 州	Guizhou	61.4	73.4	81.0	75.8	80.3	87.7	86.5
云 南	Yunnan	80.8	87.9	85.1	88.1	91.6	93.5	90.8
西 藏	Tibet							
陕 西	Shaanxi	64.1	70.11	89.3	97.0	96.3	91.2	91.2
甘 肃	Gansu	71.8	88.4	97.1	97.0	94.2	97.1	97.6
青 海	Qinghai	71.3	90.9	85.0	86.6	87.7	88.1	91.5
宁 夏	Ningxia	87.8	95.1	94.6	96.3	95.5	95.7	95.1
新 疆	Xinjiang	86.3	58.0	78.5	87.8	93.0	92.1	96.8

8-11 分地区农村引用自来水人口占农村总人口比重
Proportion of Population Drinking Tap Water of all Rural Population by Region

单位：% (%)

地 区	Region	2000	2005	2010	2011	2012	2013	2014
全 国	**National Total**	**55.2**	**61.3**	**71.2**	**72.1**	**74.6**	**76.4**	**79.0**
北 京	Beijing	98.2	97.7	99.5	99.5	99.6	99.6	99.6
天 津	Tianjin	83.6	88.1	97.3	97.5	97.8	98.9	99.0
河 北	Hebei	73.4	81.2	83.9	83.9	85.8	87.3	88.6
山 西	Shanxi	73.4	77.5	75.7	77.3	79.7	79.9	85.9
内蒙古	Inner Mongolia	30.8	34.6	50.5	58.4	65.3	61.2	66.0
辽 宁	Liaoning	59.2	54.3	66.1	69.2	73.3	74.1	74.5
吉 林	Jilin	35.3	48.8	73.1	77.4	81.8	85.4	88.0
黑龙江	Heilongjiang	50.0	58.5	64.5	66.5	67.6	68.8	70.0
上 海	Shanghai	99.9	100.0	100.0	100.0	100.0	100.0	100.0
江 苏	Jiangsu	75.0	95.7	98.8	98.6	98.7	98.5	99.1
浙 江	Zhejiang	83.2	88.1	93.3	92.7	93.9	95.7	97.0
安 徽	Anhui	36.8	37.7	47.8	50.4	54.6	58.6	64.3
福 建	Fujian	71.2	74.5	87.2	87.6	89.6	91.9	93.0
江 西	Jiangxi	38.2	48.4	59.1	62.9	66.5	68.8	70.6
山 东	Shandong	57.2	67.6	90.6	91.8	92.2	93.6	94.5
河 南	Henan	48.9	50.2	55.1	59.9	62.2	61.7	69.0
湖 北	Hubei	54.0	52.4	72.0	68.5	73.3	75.3	76.0
湖 南	Hunan	46.0	58.4	65.8	65.9	69.3	70.2	75.5
广 东	Guangdong	70.3	53.1	83.9	84.3	86.7	88.4	89.4
广 西	Guangxi	47.6	75.0	65.7	54.5	61.0	68.3	74.9
海 南	Hainan	49.9	59.1	72.4	75.0	79.1	81.5	84.2
重 庆	Chongqing	59.3	68.3	87.5	90.3	90.5	91.0	91.1
四 川	Sichuan	39.2	45.9	53.3	56.2	59.3	63.0	65.6
贵 州	Guizhou	43.6	53.4	61.8	61.4	65.7	73.3	73.2
云 南	Yunnan	54.3	63.0	64.1	66.1	67.9	70.0	70.3
西 藏	Tibet							
陕 西	Shaanxi	35.3	31.4	55.1	55.1	54.4	40.2	40.2
甘 肃	Gansu	32.7	43.9	59.2	60.9	63.2	66.2	70.2
青 海	Qinghai	55.2	77.2	76.9	78.0	79.9	78.7	80.9
宁 夏	Ningxia	29.6	40.3	68.0	77.4	79.8	84.3	86.7
新 疆	Xinjiang	80.1	58.0	78.4	87.6	92.8	91.9	96.6

8-12 分地区农村改厕情况
Sanitation Lavatory Improvement In Rural by Region

单位：万户，% (10 000 households,%)

地 区	Region	农村总户数 Total Rural Households	累计使用卫生厕所户数 Accumulative Households Sanitary Toilets	累计使用卫生公厕户数 Accumulative Households Using Sanitary Public Lavatories	卫生厕所普及率 Access Rate to Sanitary Toilets	无害化卫生厕所普及率 Access Rate to Harmless Sanitary Toilets
	2005	24843.1	13740.1	1034.1	55.3	
	2009	25402.5	16055.7	2970.7	63.2	40.5
	2010	25415.4	17138.3	2827.7	67.4	45.0
	2011	26044.3	18018.5	2972.8	69.2	47.3
	2012	25977.2	18627.5	2896.6	71.7	49.7
	2013	26185.9	19400.6	3165.1	74.1	52.4
	2014	26219.1	19939.3	3990.9	76.1	55.2
北 京	Beijing	118.84	116.65	16.37	98.15	98.08
天 津	Tianjin	123.44	115.48	13.95	93.55	93.55
河 北	Hebei	1503.59	915.23	52.70	60.87	41.69
山 西	Shanxi	681.08	365.06	124.75	53.60	30.05
内蒙古	Inner Mongolia	395.13	209.65	67.91	53.06	26.32
辽 宁	Liaoning	682.41	466.59	30.38	68.37	33.78
吉 林	Jilin	440.33	337.10	16.73	76.56	16.31
黑龙江	Heilongjiang	624.58	464.78	106.56	74.42	15.89
上 海	Shanghai	86.32	83.25	515.61	96.45	94.46
江 苏	Jiangsu	1571.33	1509.75	2.78	96.08	85.48
浙 江	Zhejiang	1203.29	1140.48	205.04	94.78	86.48
安 徽	Anhui	1434.76	934.95	176.94	65.16	36.42
福 建	Fujian	803.59	737.26	74.16	91.75	90.20
江 西	Jiangxi	841.28	748.49	199.74	88.97	64.99
山 东	Shandong	2097.74	1921.14	110.70	91.58	56.41
河 南	Henan	2152.96	1620.72	423.94	75.28	57.20
湖 北	Hubei	1055.92	871.27	0.25	82.51	53.52
湖 南	Hunan	1483.42	1016.55	73.18	68.53	40.58
广 东	Guangdong	1484.54	1352.35	149.78	91.10	84.94
广 西	Guangxi	1053.78	877.64	142.27	83.28	75.67
海 南	Hainan	128.48	101.86	11.36	79.28	78.11
重 庆	Chongqing	726.86	468.72		64.49	64.49
四 川	Sichuan	2030.17	1509.16	893.56	74.34	57.24
贵 州	Guizhou	845.89	413.76	66.37	48.91	31.55
云 南	Yunnan	963.71	604.95	139.57	62.77	35.40
西 藏	Tibet					
陕 西	Shaanxi	711.67	361.39	100.69	50.78	42.91
甘 肃	Gansu	484.84	334.09	62.49	68.91	30.25
青 海	Qinghai	92.08	60.00	10.35	65.16	10.67
宁 夏	Ningxia	106.69	67.40	24.00	63.17	51.43
新 疆	Xinjiang	290.34	213.61	178.79	73.57	49.04

8-13 分地区农村改水、改厕投资情况(2014年)
Investment of Drinking Water and Sanitation Lavatory Improvement in Rural Area by Region(2014)

单位：万元，% (10 000 yuan,%)

地 区	Region	农村改水 Access to Drinking Water Improvement			农村改厕 Access to Sanitation Lavatory Improvement		
		农村改水投资 Investment of Water Drinking Improvement	#国家投资 State Investment	国家投资占总投资比重 Proportion of State Investment in Total	农村改厕投资 Investment of Sanitation Lavatory Improvement	#国家投资 State Investment	国家投资占总投资比重 Proportion of State Investment in Total
全 国	**National Total**	**3445656.5**	**2720394.7**	**79.0**	**948625.0**	**409512.5**	**43.2**
北 京	Beijing	8079.0	8079.0	100.0	4156.8	4012.8	96.5
天 津	Tianjin	315.8	46.0	14.6	678.7		
河 北	Hebei	61466.4	49114.5	79.9	183220.0	108524.6	59.2
山 西	Shanxi	24561.6	17758.0	72.3	22019.8	14351.7	65.2
内蒙古	Inner Mongolia	56289.0	45661.2	81.1	10506.1	6525.7	62.1
辽 宁	Liaoning	28202.5	20334.0	72.1	23497.1	17533.8	74.6
吉 林	Jilin	45772.0	45772.0	100.0			
黑龙江	Heilongjiang	13250.6	8063.4	60.9	5676.1	2131.0	37.5
上 海	Shanghai	78685.0	51577.0	65.5	3587.6	932.9	26.0
江 苏	Jiangsu	193154.3	103663.2	53.7	51144.7	36702.3	71.8
浙 江	Zhejiang	92447.4	56034.4	60.6	77693.0	36171.0	46.6
安 徽	Anhui	163670.4	147503.9	90.1	34085.8	13568.5	39.8
福 建	Fujian	82025.1	63725.9	77.7	26515.3	3812.2	14.4
江 西	Jiangxi	47149.9	35335.6	74.9	41205.3	11909.8	28.9
山 东	Shandong	129978.8	99271.4	76.4	33906.3	10916.9	32.2
河 南	Henan	303997.4	263615.6	86.7	24446.8	11372.8	46.5
湖 北	Hubei	170066.4	128071.5	75.3	34746.8	16879.7	48.6
湖 南	Hunan	243917.0	160647.7	65.9	16469.7	6102.0	37.0
广 东	Guangdong	137078.6	99118.8	72.3	56246.8	3262.2	5.8
广 西	Guangxi	307976.2	236829.3	76.9	93089.9	15481.6	16.6
海 南	Hainan	33682.8	32136.6	95.4	20820.4	2082.9	10.0
重 庆	Chongqing	23530.0	22352.0	95.0	12730.0	10968.0	86.2
四 川	Sichuan	155632.7	128833.0	82.8	78160.8	36294.8	46.4
贵 州	Guizhou	140215.9	137421.6	98.0	21510.4	7601.3	35.3
云 南	Yunnan	189021.6	161547.2	85.5	20174.1	7486.8	37.1
西 藏	Tibet						
陕 西	Shaanxi	168482.0	108615.0	64.5	23813.8	13567.4	57.0
甘 肃	Gansu	94433.2	66623.3	70.6	11695.5	1164.7	10.0
青 海	Qinghai	34772.3	29098.3	83.7	1265.3	944.5	74.6
宁 夏	Ningxia	19101.1	14222.5	74.5	3180.7	1821.7	57.3
新 疆	Xinjiang	398701.7	379323.2	95.1	12381.5	7389.3	59.7

8-14 分地区村庄公共设施情况(2014年)
Public Facilities of Villages by Region(2014)

地区 Region	集中供水的行政村 Administrative Villages With Access to Piped Water		村内自建集中供水设施的行政村 The Administrative Villages with Self-built Central Water Supply Facilities		年生活用水量(万立方米) Annual Domestic Water Consumption (10 000 cu.m)	供水管道长度(公里) Length of Water Supply Pipelines (km)	#本年新增 Added This Year
	个数(个) Number (unit)	比例(%) Percent (%)	个数(个) Number (unit)	比例(%) Percent (%)			
全 国 National Total	**341487**	**62.5**	**61090**	**11.2**	**1292889**	**1228394**	**83464**
北 京 Beijing	3202	85.8	716	19.2	16864	16865	79
天 津 Tianjin	2656	90.2	609	20.7	8105	9405	122
河 北 Hebei	31203	74.0	7073	16.8	76045	69596	3735
山 西 Shanxi	20173	73.6	2990	10.9	31715	47705	964
内蒙古 Inner Mongolia	5943	55.5	1020	9.5	11106	21523	2601
辽 宁 Liaoning	6367	59.8	1702	16.0	27248	31312	1851
吉 林 Jilin	5146	56.9	1260	13.9	13552	23866	1942
黑龙江 Heilongjiang	6539	75.1	1884	21.6	23559	41120	645
上 海 Shanghai	1584	99.9	3	0.2	19227	10622	155
江 苏 Jiangsu	13539	94.8	1211	8.5	105487	110358	4725
浙 江 Zhejiang	17658	77.8	3253	14.3	63794	61582	3604
安 徽 Anhui	7478	51.6	815	5.6	55416	42080	3811
福 建 Fujian	10551	81.6	2606	20.2	50029	30106	1926
江 西 Jiangxi	8180	48.7	1288	7.7	32927	26819	2342
山 东 Shandong	60055	93.0	11666	18.1	129037	139276	10475
河 南 Henan	22307	48.9	2527	5.5	73364	50952	5619
湖 北 Hubei	13169	55.9	1670	7.1	43384	39635	3478
湖 南 Hunan	11591	29.6	2053	5.3	50182	38355	4405
广 东 Guangdong	10917	61.4	2653	14.9	108755	51817	2959
广 西 Guangxi	6887	48.1	771	5.4	66841	36036	2201
海 南 Hainan	2759	74.2	393	10.6	12910	9710	496
重 庆 Chongqing	5044	59.0	689	8.1	25747	26567	2092
四 川 Sichuan	13409	29.7	2368	5.3	50352	49068	5629
贵 州 Guizhou	9081	57.8	1717	10.9	42397	35992	4187
云 南 Yunnan	8950	69.0	1925	14.8	67094	60616	3864
陕 西 Shaanxi	15932	64.8	5117	20.8	34180	35634	1965
甘 肃 Gansu	8240	51.5	407	2.5	19611	32499	2433
青 海 Qinghai	2701	65.2	7	0.2	7127	11804	811
宁 夏 Ningxia	1832	78.8	38	1.6	5945	11367	1501
新 疆 Xinjiang	6795	78.0	361	4.1	18438	47946	2726
新疆兵团 Xinjiang Production and Construction Corps	1599	92.9	298	17.3	2452	8163	117

8-14 续表 1 Continued 1

地 区	Region	用水人口（万人）Population with Access to Water (10 000 persons)	供水普及率(%) Water Coverage Rate (%)	人均日生活用水量（升）Per Capita Daily Water Consumption (liter)	用气人口（万人）Population with Access to Gas (10 000 persons)	燃气普及率(%) Gas Coverage Rate (%)	集中供热面积（万平方米）Area of Centrally Heated District (10 000 sq.m)
全 国	**National Total**	**48687.31**	**61.55**	**72.75**	**16276.50**	**20.58**	**8925.77**
北 京	Beijing	499.04	91.12	92.58	190.86	34.85	924.89
天 津	Tianjin	258.89	93.98	85.77	118.90	43.16	384.93
河 北	Hebei	3655.62	82.09	56.99	731.10	16.42	383.40
山 西	Shanxi	1593.16	80.67	54.54	91.93	4.66	1044.74
内蒙古	Inner Mongolia	694.71	50.95	43.80	63.86	4.68	218.64
辽 宁	Liaoning	961.24	53.05	77.66	228.99	12.64	787.19
吉 林	Jilin	599.55	43.73	61.93	43.08	3.14	205.40
黑龙江	Heilongjiang	990.79	57.17	65.15	44.51	2.57	257.75
上 海	Shanghai	574.54	95.00	91.68	400.91	66.29	
江 苏	Jiangsu	3550.03	94.28	81.41	2637.66	70.05	
浙 江	Zhejiang	2014.52	79.24	86.76	1125.41	44.27	
安 徽	Anhui	2124.49	47.25	71.46	955.26	21.25	25.00
福 建	Fujian	1573.73	80.64	87.10	940.48	48.19	
江 西	Jiangxi	1105.67	36.51	81.59	439.08	14.50	5.60
山 东	Shandong	4814.93	90.91	73.42	2182.93	41.21	3755.82
河 南	Henan	3468.00	52.67	57.96	149.24	2.27	149.26
湖 北	Hubei	1681.03	50.14	70.71	584.96	17.45	
湖 南	Hunan	1723.11	38.54	79.79	472.52	10.57	
广 东	Guangdong	3293.11	68.12	90.48	2236.72	46.27	
广 西	Guangxi	2095.46	52.05	87.39	1210.48	30.07	
海 南	Hainan	448.62	82.59	78.84	333.36	61.37	
重 庆	Chongqing	935.90	46.02	75.37	196.75	9.68	5.00
四 川	Sichuan	2096.00	35.31	65.82	439.94	7.41	115.80
贵 州	Guizhou	1620.90	57.87	71.66	52.87	1.89	19.46
云 南	Yunnan	2185.11	65.96	84.12	116.63	3.52	
陕 西	Shaanxi	1523.74	70.08	61.46	175.04	8.05	31.67
甘 肃	Gansu	1136.56	60.54	47.27	42.11	2.24	102.98
青 海	Qinghai	303.46	81.45	64.34	6.26	1.68	1.42
宁 夏	Ningxia	273.30	69.88	59.60	27.44	7.02	181.66
新 疆	Xinjiang	812.86	75.57	62.15	19.35	1.80	125.47
新疆兵团	Xinjiang Production and Construction Corps	79.24	79.14	84.77	17.87	17.85	199.69

8-14 续表 2 Continued 2

地区	Region	村庄内道路长度(公里) The Length of Roads within Villages (km)	本年新增 Added This Year	本年更新改造 Renewal and Upgrading during The Reported Year	硬化道路 Hardened Roads	村庄内道路面积(万平方米) The Area of Roads within Villages (10 000 sq.m)	本年新增 Added This Year	本年更新改造 Renewal and Upgrading during The Reported Year	硬化道路 Hardened Roads
全国	**National Total**	**2340964.4**	**101194.4**	**60664.5**	**724846.5**	**1847303.5**	**76724.7**	**37845.3**	**552716.8**
北京	Beijing	23990.7	171.3	206.8	9509.2	40148.4	188.4	121.8	28732.7
天津	Tianjin	11848.4	318.0	433.4	2459.8	7345.6	191.5	216.7	1921.4
河北	Hebei	111007.1	5082.9	1995.0	36567.3	54095.9	2509.9	1104.4	20527.4
山西	Shanxi	54293.1	675.0	358.4	17225.8	33508.8	567.8	181.8	11259.2
内蒙古	Inner Mongolia	41343.0	4480.9	1473.7	9723.2	35487.6	3309.3	962.4	8403.4
辽宁	Liaoning	55996.7	2915.2	3509.7	24227.9	36727.7	1869.6	1903.2	13704.9
吉林	Jilin	75090.8	909.3	1577.3	22833.1	46917.2	651.1	781.8	14989.4
黑龙江	Heilongjiang	79755.4	505.1	957.0	22077.5	44088.2	263.8	444.9	10912.4
上海	Shanghai	11865.3	183.9	490.8	6771.4	8813.7	147.4	211.2	5142.5
江苏	Jiangsu	124321.2	4006.2	3498.2	59039.6	69901.2	2539.8	1880.3	32509.7
浙江	Zhejiang	69013.9	2340.2	1131.0	21517.9	59305.1	1966.5	864.4	15573.3
安徽	Anhui	109412.9	4424.1	2226.8	28279.1	72173.0	3188.1	1398.5	18165.6
福建	Fujian	47897.3	1935.0	1206.2	21319.3	38228.0	1376.2	736.1	14441.8
江西	Jiangxi	64398.3	2931.6	1225.7	20391.2	42070.1	2321.0	736.5	13112.2
山东	Shandong	223041.8	12513.1	9725.6	87638.8	145366.9	10051.7	6734.6	57228.5
河南	Henan	113344.0	4297.0	1763.9	30957.0	157105.5	3472.8	1566.3	23173.7
湖北	Hubei	140916.3	5101.5	3493.5	34744.2	101020.4	5211.3	2724.4	21130.5
湖南	Hunan	135716.9	5611.5	3022.0	35418.4	125145.4	6405.3	2172.9	37583.7
广东	Guangdong	114106.6	3878.7	1809.5	47999.4	164142.1	3079.5	1255.7	80375.2
广西	Guangxi	96682.4	4457.8	1647.4	27989.2	46701.6	2403.9	778.2	14196.6
海南	Hainan	22762.3	483.2	436.2	4053.3	15116.7	635.4	182.6	2740.3
重庆	Chongqing	44452.6	2064.9	2275.5	7420.3	23766.3	1595.3	1289.1	4561.2
四川	Sichuan	184670.9	15733.8	4750.7	41685.1	230532.4	11218.1	3130.7	26759.5
贵州	Guizhou	60813.7	3876.2	3639.5	10066.2	46651.0	3826.5	2321.7	8629.2
云南	Yunnan	89287.7	3493.8	2851.6	16467.1	62885.7	2508.4	1576.2	21905.1
西藏	Tibet								
陕西	Shaanxi	82227.4	2584.6	1535.9	43483.6	40013.4	1408.0	772.0	21300.2
甘肃	Gansu	56401.7	2189.3	1679.0	11252.4	33432.9	1193.4	922.4	5969.3
青海	Qinghai	20864.6	806.2	106.4	6801.7	14169.2	724.7	89.3	4692.8
宁夏	Ningxia	20645.4	809.2	541.0	4328.5	14747.7	648.2	234.3	3456.5
新疆	Xinjiang	47745.3	2277.6	1014.2	10445.0	32217.6	1142.1	515.6	8125.6
新疆兵团	Xinjiang Production and Construction Corps	7050.9	137.3	82.7	2154.6	5478.3	110.0	35.4	1493.2

8-14 续表 3 Continued 3

地 区	Region	排水管道沟渠长度(公里) The Length of Drainage Pipelines and Canals (km)	#本年新增 Added This Year	对生活污水进行处理的行政村 Administrative Villages with Domestic Wastewater Treated		有生活垃圾收集点的行政村 Administrative Villages with Domestic Garbge Collected		对生活垃圾进行处理的行政村 Villages with Domestic Garbge Treated	
				个数(个) Number (unit)	比例(%) Rate (%)	个数(个) Number (unit)	比例(%) Rate (%)	个数(个) Number (unit)	比例(%) Rate (%)
全 国	**National Total**	**541812.5**	**35151.6**	**54574**	**10.0**	**349774**	**64.0**	**263412**	**48.2**
北 京	Beijing	9139.1	111.4	876	23.5	3517	94.2	3097	82.9
天 津	Tianjin	2974.5	184.7	484	16.4	2443	83.0	1973	67.0
河 北	Hebei	10039.2	603.4	1405	3.3	21634	51.3	10575	25.1
山 西	Shanxi	10602.2	224.6	1105	4.0	20135	73.5	7496	27.4
内蒙古	Inner Mongolia	2172.9	442.0	255	2.4	1695	15.8	727	6.8
辽 宁	Liaoning	15121.2	1018.6	402	3.8	6831	64.1	4026	37.8
吉 林	Jilin	10053.4	245.0	332	3.7	4087	45.2	2315	25.6
黑龙江	Heilongjiang	5696.9	206.3	35	0.4	5013	57.5	235	2.7
上 海	Shanghai	5906.2	51.2	840	53.0	1549	97.7	1406	88.7
江 苏	Jiangsu	33990.3	1889.7	3902	27.3	13272	92.9	12326	86.3
浙 江	Zhejiang	27452.2	3353.1	12387	54.6	20478	90.2	18411	81.1
安 徽	Anhui	22408.1	1721.2	833	5.8	8667	59.8	6464	44.6
福 建	Fujian	14398.7	761.4	1639	12.7	11751	90.9	10361	80.2
江 西	Jiangxi	26755.8	1714.2	1280	7.6	12551	74.7	9428	56.1
山 东	Shandong	91950.6	7369.9	11889	18.4	62437	96.7	59139	91.6
河 南	Henan	22969.0	1330.7	1241	2.7	16534	36.2	7778	17.1
湖 北	Hubei	32564.6	2046.0	2032	8.6	13115	55.7	9139	38.8
湖 南	Hunan	29435.7	1597.7	1584	4.1	18262	46.7	13317	34.0
广 东	Guangdong	29347.3	1091.6	2710	15.3	15675	88.2	12594	70.9
广 西	Guangxi	16646.8	1116.1	688	4.8	13800	96.3	13341	93.1
海 南	Hainan	1923.1	152.8	156	4.2	1901	51.1	1664	44.8
重 庆	Chongqing	13323.5	1139.4	948	11.1	3193	37.4	2168	25.4
四 川	Sichuan	39327.1	2753.7	4363	9.7	39395	87.3	38534	85.4
贵 州	Guizhou	10663.6	845.2	711	4.5	4613	29.4	2829	18.0
云 南	Yunnan	19906.5	1011.9	741	5.7	5173	39.9	3251	25.1
西 藏	Tibet								
陕 西	Shaanxi	18583.6	1099.8	964	3.9	10966	44.6	4774	19.4
甘 肃	Gansu	4399.9	564.5	165	1.0	5352	33.5	2793	17.5
青 海	Qinghai	3218.2	26.4	51	1.2	592	14.3	279	6.7
宁 夏	Ningxia	8743.8	224.9	171	7.4	1476	63.5	917	39.4
新 疆	Xinjiang	1694.5	199.8	231	2.7	2571	29.5	1514	17.4
新疆兵团	Xinjiang Production and Construction Corps	404.2	54.6	154	8.9	1096	63.7	541	31.4

8-15 互联网主要指标发展情况(年底数)
Main Indicators on Internet Development at Year-end

年份 Year / 地区 Region		互联网上网人数(万人) Number of Internet Users (10 000 persons)	域名数(万个) Number of Domain Names (10 000 units)	网站数(万个) Number of Websites (10 000 sites)	网页数(万个) Number of Webpages (10 000 pages)	IPv4地址数(万个) IPv4 Addresses (10 000 units)
	1995					
	1996					
	1997	62				
	1998	210				
	1999	890				
	2000	2250		26.5		
	2001	3370		27.7		2182.0
	2002	5910		37.2		2900.0
	2003	7950		59.6		4146.0
	2004	9400		66.9		5994.6
	2005	11100	259.2	69.4		7439.1
	2006	13700	410.9	84.3	447257.8	9801.6
	2007	21000	1193.1	150.4	847108.5	13527.5
	2008	29800	1682.6	287.8	1608637.0	18127.3
	2009	38400	1681.8	323.2	3360173.2	23244.6
	2010	45730	865.6	190.8	6000806.0	27763.7
	2011	51310	774.8	229.6	8658229.8	33044.0
	2012	56400	1341.2	268.1	12274681.7	33053.0
	2013	61758	1843.6	320.2	15004076.3	24668.5
	2014	64875	2059.6	334.9	18991864.9	33198.8
北 京	Beijing	1593	265.5	45.7	5516153.3	8525.5
天 津	Tianjin	904	15.4	3.6	793676.1	351.9
河 北	Hebei	3603	36.0	9.4	678615.3	956.1
山 西	Shanxi	1838	13.2	3.6	453314.0	428.3
内蒙古	Inner Mongolia	1142	6.3	1.2	27920.2	262.3
辽 宁	Liaoning	2580	30.3	9.7	240854.6	1122.1
吉 林	Jilin	1243	10.7	2.1	130892.1	408.3
黑龙江	Heilongjiang	1599	79.1	2.8	34804.7	405.0
上 海	Shanghai	1716	102.3	31.4	1131036.1	1490.6
江 苏	Jiangsu	4274	83.6	16.5	1451157.2	1593.5
浙 江	Zhejiang	3458	91.2	21.9	2663566.9	1792.7
安 徽	Anhui	2225	35.6	4.0	155013.4	557.7
福 建	Fujian	2471	90.2	22.3	176838.4	650.7
江 西	Jiangxi	1543	18.0	2.3	307100.6	584.3
山 东	Shandong	4634	304.2	15.8	627574.6	1646.7
河 南	Henan	3474	63.3	12.4	510325.6	886.4
湖 北	Hubei	2625	35.5	6.8	190176.2	803.4
湖 南	Hunan	2579	32.5	4.9	71291.9	796.8
广 东	Guangdong	7286	390.5	53.3	3021830.0	3187.1
广 西	Guangxi	1848	26.4	2.5	133090.1	464.8
海 南	Hainan	421	19.6	1.2	175663.0	159.4
重 庆	Chongqing	1357	22.8	3.4	56027.7	564.4
四 川	Sichuan	3022	67.1	12.2	80618.3	932.9
贵 州	Guizhou	1222	8.6	1.0	2002.1	146.1
云 南	Yunnan	1643	11.2	1.4	295017.9	328.7
西 藏	Tibet	123	0.9	0.1	201.5	43.2
陕 西	Shaanxi	1745	20.2	3.8	49839.2	547.8
甘 肃	Gansu	951	4.8	0.7	5731.2	159.4
青 海	Qinghai	289	1.6	0.2	827.1	59.8
宁 夏	Ningxia	295	2.3	0.4	1733.6	79.7
新 疆	Xinjiang	1139	5.7	0.8	8972.0	205.8
不分地区	Not Classified by Region	33	165.1	37.6		3057.6

8-15 续表 continued

年 份 Year 地 区 Region	互联网宽带接入端口（万个）Broad Band Subscribers Port of Internet (10 000 ports)	互联网拨号用户（万户）Dial-up Subscribers of Internet (10 000 subscribers)	互联网宽带接入用户（万户）Broadband Subscribers of Internet (10 000 subscribers)	城市宽带接入用户 Urban Broadband Subscribers	农村宽带接入用户 Rural Broadband Subscribers
1995		0.7			
1996		3.6			
1997		16.0			
1998		67.7			
1999		299.4			
2000		900.5			
2001		3652.7			
2002		5246.5	325.3		
2003	1802.3	5653.1	1115.1		
2004	3578.1	5122.3	2487.5		
2005	4874.7	3559.5	3735.0		
2006	6486.4	2644.6	5085.3		
2007	8539.3	1941.0	6641.4		
2008	10890.4	1227.8	8287.9		
2009	13835.7	754.4	10397.8		
2010	18781.1	590.1	12629.1	9963.5	2475.7
2011	23239.4	550.7	15000.1	11691.4	3308.8
2012	32108.4	569.8	17518.3	13442.4	4075.9
2013	35945.3	485.1	18890.9	14153.6	4737.3
2014	40546.1	441.6	20048.3	15174.6	4873.7
北 京 Beijing	1159.9	46.6	482.4	377.7	104.7
天 津 Tianjin	397.7	12.3	208.8	206.9	2.0
河 北 Hebei	2204.7	0.1	1127.6	704.9	422.8
山 西 Shanxi	996.8	3.5	571.1	521.5	49.7
内蒙古 Inner Mongolia	739.9		316.8	245.0	71.8
辽 宁 Liaoning	2083.5	20.0	772.1	621.1	151.0
吉 林 Jilin	806.0	5.6	414.9	341.2	73.7
黑龙江 Heilongjiang	1044.0	7.9	484.6	425.2	59.4
上 海 Shanghai	1404.5	0.3	532.2	532.2	
江 苏 Jiangsu	3503.3	10.8	1523.4	935.2	588.2
浙 江 Zhejiang	2632.6	30.2	1276.1	871.0	405.1
安 徽 Anhui	1175.7	19.5	563.8	420.1	143.7
福 建 Fujian	1618.7	0.3	899.2	591.4	307.8
江 西 Jiangxi	975.1	1.4	434.2	322.6	111.6
山 东 Shandong	2949.1	40.1	1523.9	1070.4	453.5
河 南 Henan	2016.4	100.9	1087.9	773.5	314.4
湖 北 Hubei	1266.1	13.1	869.7	723.5	146.3
湖 南 Hunan	1498.3	0.1	744.9	594.8	150.1
广 东 Guangdong	3597.7	69.8	2174.1	1639.9	534.2
广 西 Guangxi	1126.2	7.6	592.4	483.9	108.5
海 南 Hainan	223.9		120.3	90.6	29.7
重 庆 Chongqing	963.4	0.0	475.4	399.4	76.0
四 川 Sichuan	2200.4	7.5	883.1	654.5	228.7
贵 州 Guizhou	580.6	5.4	310.9	259.3	51.6
云 南 Yunnan	741.3	6.2	424.9	348.2	76.7
西 藏 Tibet	48.1		22.1	22.1	
陕 西 Shaanxi	1070.4	13.5	552.4	447.0	105.4
甘 肃 Gansu	473.2	10.6	213.9	175.2	38.7
青 海 Qinghai	134.2	0.7	61.4	56.8	4.6
宁 夏 Ningxia	180.3	1.5	78.2	71.6	6.6
新 疆 Xinjiang	734.3	6.3	305.7	248.2	57.5

九、文化休闲
Culture and Leisure

9-1 主要文化机构情况

Number of Institutions in Cultural Industry

单位：个 (unit)

年 份 Year	公共图书馆 Public Libraries	文化馆(站) Cultural Centers	省级、地市级文化馆 Art Centers at Provincial & Prefecture Level	县市级文化馆 Cultural Centers at County & City Level	乡镇(街道)文化站 Township (sub-district) Cultural Centers	博物馆 Museums	艺术表演团体 Art Performance Troupes	艺术表演场馆 Art Performance Places
1978	1218	6893	92	2748	4053	349	3150	1095
1980	1732	8739	218	2912	5609	365	3533	1444
1985	2344	8576	335	2960	5281	711	3317	1377
1986	2406	8913	337	2993	5583	777	3195	2058
1987	2440	8974	348	2973	5653	827	3094	2148
1988	2485	9045	358	2975	5712	903	2985	2081
1989	2512	9037	366	2955	5716	967	2850	2050
1990	2527	9216	366	2955	5895	1013	2805	1955
1991	2535	10507	371	2894	7242	1075	2772	2068
1992	2558	9564	372	2900	6292	1106	2753	2037
1993	2572	10155	370	2886	6899	1130	2707	2024
1994	2589	11276	374	2887	8015	1161	2698	1998
1995	2615	13487	373	2886	10228	1194	2682	1958
1996	2620	45253	392	2892	41969	1219	2664	1934
1997	2628	45449	385	2901	42163	1282	2663	1947
1998	2662	45834	386	2901	42547	1339	2652	1929
1999	2669	45837	389	2905	42543	1363	2632	1911
2000	2675	45321	390	2907	42024	1392	2619	1900
2001	2696	43379	399	2842	40138	1461	2605	1854
2002	2697	42516	389	2854	39273	1511	2587	1829
2003	2709	41816	382	2846	38588	1515	2601	1900
2004	2720	41402	380	2841	38181	1548	2759	1928
2005	2762	41588	375	2851	38362	1581	2805	1866
2006	2778	40088	395	2819	36874	1617	2866	1839
2007	2799	40601	411	2806	37384	1722	4512	1732
2008	2820	41156	389	2829	37938	1893	5114	1662
2009	2850	41959	361	2862	38736	2252	6139	1499
2010	2884	43382	374	2890	40118	2435	6864	1461
2011	2952	43675	379	2906	40390	2650	7055	1429
2012	3076	43876	382	2919	40575	3069	7321	1279
2013	3112	44260	385	2930	40945	3473	8180	1344
2014	3117	44423	385	2928	41110	3658	8769	1338

注：1.2007年以前艺术表演团体为文化系统内数据，2007年起含非文化部门单位。艺术表演场馆不含民营艺术表演场馆。
2.1996年以前文化站数据未包括其他部门所属乡镇文化站。1996—1998年包括其他部门所属文化站，1999年以后，其他部门所属文化划归文化部门管理。

a) The Art performance troupes referred to those under the official cultural system before 2007 and expanded the coverage to those both under and outside the official cultural system starting from 2007. The Art Performace Places do not include those of non-state owned.

b) Culture stations did not include township culture stations of other department before 1996, and included culture stations of other department from 1996 to 1998. Since 1999, culture stations of other department was put under Culture Department's administration.

9–2 分地区艺术表演团体、艺术表演场馆演出情况(2014年)
Statistics on Performance of Art Performance Troupes and Art Performance Places by Region (2014)

地区	Region	艺术表演团体 Art Performance Troupes						艺术表演场馆 Art Performance Places				
		机构数 (个) Number of Institutions (unit)	演出场次 (万场次) Number of Performances (10 000 shows)	#国内演出 Domestic Performances	#农村 Rural Performances	国内演出观众人次 (万人次) Number of Domestic Audience (10 000 person-times)	#农村 Rural Audience	机构数 (个) Number of Institutions (unit)	演(映)出场次 (万场次) Number of Performances (10 000 shows)	#艺术演出 Art Performances	观众人次 (万人次) Number of Audience (10 000 person-times)	#艺术演出 Art Performances
全国	**National Total**	**8769**	**173.91**	**171.08**	**114.04**	**91020**	**55863**	**1338**	**78.07**	**6.95**	**6844**	**2598**
中央	Central Level	18	0.38	0.35	0.01	461	75	7	0.14	0.14	56	54
北京	Beijing	344	2.48	2.23	0.61	1026	195	17	1.13	0.25	216	171
天津	Tianjin	66	1.10	1.09	0.25	418	138	28	1.60	0.19	153	82
河北	Hebei	458	7.75	7.63	4.91	5370	3892	77	1.82	0.13	144	47
山西	Shanxi	351	5.54	5.36	4.45	3592	2944	99	7.22	0.19	327	95
内蒙古	Inner Mongolia	177	2.56	2.41	1.36	1779	1122	19	1.54	0.05	83	30
辽宁	Liaoning	207	1.57	1.51	0.63	826	352	33	0.47	0.16	135	51
吉林	Jilin	56	0.59	0.57	0.28	503	189	28	2.04	0.34	150	44
黑龙江	Heilongjiang	39	0.57	0.49	0.13	311	104	34	0.12	0.07	56	32
上海	Shanghai	158	2.80	2.78	0.70	1017	194	24	1.16	0.26	238	149
江苏	Jiangsu	287	6.28	6.12	3.02	2606	1434	111	32.51	1.70	1697	289
浙江	Zhejiang	891	18.27	18.24	14.61	14670	9496	62	4.61	0.52	744	286
安徽	Anhui	988	28.96	28.90	23.54	14096	5355	48	1.00	0.23	317	102
福建	Fujian	393	10.84	10.80	9.15	4182	3640	57	4.78	0.10	251	35
江西	Jiangxi	219	3.42	3.39	2.49	2239	1699	49	0.68	0.28	198	123
山东	Shandong	481	16.50	16.41	12.32	3747	2287	93	0.95	0.21	313	159
河南	Henan	598	20.64	20.61	12.36	11110	8031	140	1.06	0.17	221	98
湖北	Hubei	273	3.90	3.82	2.33	3344	2361	52	2.71	0.24	262	146
湖南	Hunan	271	4.97	4.91	2.17	1712	1056	57	2.60	0.20	319	129
广东	Guangdong	325	4.70	4.64	2.09	2742	1844	44	1.52	0.22	272	144
广西	Guangxi	67	0.92	0.90	0.32	664	255	17	2.06	0.14	115	62
海南	Hainan	71	0.97	0.97	0.66	1673	1277	7	0.08	0.04	24	13
重庆	Chongqing	512	6.21	6.12	4.92	1557	1208	15	0.06	0.05	23	16
四川	Sichuan	492	6.42	6.37	3.52	1887	932	41	0.19	0.13	93	59
贵州	Guizhou	105	1.65	0.88	0.51	611	245	7	0.00	0.00	3	2
云南	Yunnan	284	5.34	5.28	1.59	2606	1119	17	0.10	0.08	39	25
西藏	Tibet	88	0.54	0.45	0.37	412	279	14	0.03	0.01	9	5
陕西	Shaanxi	143	2.40	2.32	1.56	2110	1463	85	0.81	0.19	188	91
甘肃	Gansu	190	2.23	2.21	1.61	2150	1673	22	1.60	0.58	70	37
青海	Qinghai	64	0.32	0.30	0.16	261	156	16	0.19	0.02	56	5
宁夏	Ningxia	31	1.41	1.41	0.32	414	251	3	0.06	0.00	7	1
新疆	Xinjiang	122	1.68	1.64	1.09	923	596	15	3.24	0.08	67	15

9-3 分地区公共图书馆基本情况(2014年)
Statistics on Public Libraries by Region (2014)

地 区	Region	公共图书馆 (个) Number of Public Library (unit)	总藏量 (万册件) Total Collections (10 000 copies)	人均拥有公共图书馆藏量 (册) Collections of Public Libraries Owned Per Person (copy)	有效借书证数 (万个) Accumulative Number of Library Cards Distributed (10 000 units)	总流通人次 (万人次) Total Number of Circulation (10 000 person-times)	#书刊文献外借人次 Borrowing from Libraries	书刊文献外借册次 (万册次) Number of Books and Periodicals Lent to Readers (10 000 copies-times)	阅览室座席数 (个) Seats of Reading Room (unit)
全 国	**National Total**	**3117**	**79092**	**0.58**	**3943.80**	**53036**	**22737**	**46734**	**855520**
中 央	Central Level	1	3378		200.00	398			5155
北 京	Beijing	24	2223	1.03	98.10	1146	395	953	15908
天 津	Tianjin	31	1598	1.05	67.34	681	285	779	14258
河 北	Hebei	172	2105	0.29	73.07	1210	443	838	32120
山 西	Shanxi	126	1472	0.40	45.79	676	298	446	25925
内蒙古	Inner Mongolia	116	1449	0.58	26.07	621	262	571	25577
辽 宁	Liaoning	129	3563	0.81	109.99	1892	724	1623	31073
吉 林	Jilin	66	1662	0.60	72.29	599	323	608	18953
黑龙江	Heilongjiang	107	1721	0.45	54.75	893	311	631	23310
上 海	Shanghai	25	7363	3.04	172.95	3961	1899	7854	21656
江 苏	Jiangsu	114	6280	0.79	525.77	5425	3217	4481	44782
浙 江	Zhejiang	98	5634	1.02	925.60	5480	1953	4936	50930
安 徽	Anhui	113	1753	0.29	75.25	1546	846	1394	29453
福 建	Fujian	88	2660	0.70	91.57	2052	851	2118	30453
江 西	Jiangxi	114	2127	0.47	80.97	1213	655	1059	31506
山 东	Shandong	153	4480	0.46	165.95	2558	1540	2623	50094
河 南	Henan	157	2312	0.25	97.36	1968	1060	1569	41448
湖 北	Hubei	112	2822	0.49	127.90	1868	1052	1755	36643
湖 南	Hunan	136	2422	0.36	98.98	1570	792	1476	31244
广 东	Guangdong	138	6367	0.59	438.43	7657	1698	3848	80527
广 西	Guangxi	112	2482	0.52	61.49	1998	754	1099	26991
海 南	Hainan	21	412	0.46	11.52	268	72	188	5352
重 庆	Chongqing	43	1242	0.42	57.70	1221	471	990	19177
四 川	Sichuan	198	3162	0.39	75.95	1867	836	1536	41680
贵 州	Guizhou	95	1217	0.35	39.17	525	306	384	19816
云 南	Yunnan	151	1864	0.40	40.73	1210	530	892	27456
西 藏	Tibet	78	125	0.39	1.11	17	7	9	2359
陕 西	Shaanxi	114	1514	0.40	31.64	927	354	635	18792
甘 肃	Gansu	103	1307	0.50	28.06	658	335	537	18974
青 海	Qinghai	49	394	0.67	12.26	120	60	105	3422
宁 夏	Ningxia	26	690	1.04	13.44	266	137	282	8034
新 疆	Xinjiang	107	1292	0.56	22.66	544	256	407	22452

9-3 续表 1 continued 1

地 区	Region	每万人拥有公共图书馆建筑面积（平方米）Floor Space of Buildings of Public Libraries Owned per 10 000 Population (sq.m)	组织各类讲座次数（次）Number of Lectures (time)	参加讲座人次（万人次）Attending Lectures (10 000 person-times)	举办展览（个）Exhibitions Held (unit)	参观展览人次（万人次）Visiting Exhibitions (10 000 person-times)	举办培训班（个）Training Classes Held (unit)	参加培训人次（万人次）Attending Training (10 000 person-times)	计算机（台）Computers (set)	#电子阅览室终端数 Terminals in Electronic Media Reading Rooms
全 国	**National Total**	**90.0**	**54939**	**973.70**	**18124**	**3820.71**	**30523**	**220.45**	**198586**	**121597**
中 央	Central Level		288	7.20	19	138.00	482	1.50	2705	398
北 京	Beijing	115.7	1785	16.06	320	115.12	871	4.21	4094	1920
天 津	Tianjin	169.4	706	10.46	240	74.06	746	3.56	3605	1806
河 北	Hebei	65.3	1788	26.63	578	77.62	631	4.52	6968	4473
山 西	Shanxi	111.8	1799	22.39	452	51.02	749	4.75	5686	4264
内蒙古	Inner Mongolia	137.0	971	15.15	257	34.47	315	2.20	6928	4079
辽 宁	Liaoning	112.6	2343	35.36	732	226.69	1786	7.36	7367	3908
吉 林	Jilin	89.6	757	13.43	204	83.96	319	2.71	4718	2668
黑龙江	Heilongjiang	75.7	934	15.35	464	70.60	650	5.28	5824	3923
上 海	Shanghai	170.8	2363	26.92	371	78.34	1116	8.33	7016	2129
江 苏	Jiangsu	119.4	2934	60.61	1160	191.62	1536	11.53	10026	5279
浙 江	Zhejiang	155.9	3741	65.95	1786	352.54	2721	13.83	9851	5755
安 徽	Anhui	60.6	1768	44.72	584	94.33	797	6.12	7488	5376
福 建	Fujian	98.5	2364	32.30	751	135.75	740	4.09	5911	3650
江 西	Jiangxi	80.7	1441	33.32	780	166.75	883	6.24	7015	4542
山 东	Shandong	74.7	3051	55.47	914	107.07	1317	11.24	10875	6839
河 南	Henan	57.8	2557	49.15	839	98.65	1333	11.79	8878	6095
湖 北	Hubei	91.1	1812	39.76	661	124.98	1025	8.63	7089	4762
湖 南	Hunan	56.7	2604	51.79	574	93.44	1355	14.61	6370	4361
广 东	Guangdong	105.2	5742	120.22	1551	748.74	2613	17.25	14398	8412
广 西	Guangxi	70.3	1699	37.59	646	130.44	1500	10.48	5851	3957
海 南	Hainan	89.7	224	3.31	85	13.34	154	0.71	1382	994
重 庆	Chongqing	88.0	1101	22.31	508	116.68	836	6.35	3985	2767
四 川	Sichuan	61.4	2670	52.56	816	153.10	1405	18.10	10010	6545
贵 州	Guizhou	62.3	1492	14.97	279	26.22	603	4.21	5104	3166
云 南	Yunnan	72.6	2148	30.91	798	116.30	1607	13.85	7313	5246
西 藏	Tibet	134.2	42	0.88	32	1.44	35	0.24	1155	847
陕 西	Shaanxi	65.4	1669	23.17	552	82.05	931	6.79	5633	3685
甘 肃	Gansu	81.0	954	22.27	387	49.23	374	3.10	4709	3084
青 海	Qinghai	77.8	199	2.69	60	3.14	157	0.95	1921	1295
宁 夏	Ningxia	167.1	287	5.84	69	6.01	204	1.35	2194	1655
新 疆	Xinjiang	97.5	706	14.93	655	59.00	732	4.59	6517	3717

9-4 分地区文化馆(站)基本情况(2014年)
Statistics on Cultural Centers by Region (2014)

单位：个 (unit)

地 区	Region	文化馆(站) Number of Art Centers	文化馆 Number of Art Centers	文化站 Number of Cultural Centers	#乡镇综合文化站 Township Cultrual Centers
全 国	**National Total**	**44423**	**3313**	**41110**	**34465**
北 京	Beijing	346	20	326	183
天 津	Tianjin	299	19	280	133
河 北	Hebei	2397	180	2217	1981
山 西	Shanxi	1538	131	1407	1197
内蒙古	Inner Mongolia	1156	118	1038	859
辽 宁	Liaoning	1544	125	1419	955
吉 林	Jilin	974	78	896	626
黑龙江	Heilongjiang	1640	148	1492	900
上 海	Shanghai	238	25	213	109
江 苏	Jiangsu	1395	115	1280	919
浙 江	Zhejiang	1420	102	1318	918
安 徽	Anhui	1557	120	1437	1288
福 建	Fujian	1215	97	1118	961
江 西	Jiangxi	1880	118	1762	1632
山 东	Shandong	1969	158	1811	1238
河 南	Henan	2523	205	2318	1904
湖 北	Hubei	1390	121	1269	1028
湖 南	Hunan	2673	143	2530	2238
广 东	Guangdong	1746	147	1599	1173
广 西	Guangxi	1290	123	1167	1126
海 南	Hainan	233	21	212	204
重 庆	Chongqing	1040	41	999	825
四 川	Sichuan	4808	207	4601	4349
贵 州	Guizhou	1686	98	1588	1434
云 南	Yunnan	1558	148	1410	1295
西 藏	Tibet	772	82	690	683
陕 西	Shaanxi	1772	122	1650	1501
甘 肃	Gansu	1434	103	1331	1228
青 海	Qinghai	413	55	358	358
宁 夏	Ningxia	253	26	227	199
新 疆	Xinjiang	1264	117	1147	1021

9-5 分地区博物馆基本情况(2014年)
Statistics on Museums by Region (2014)

地区 Region		机构 (个) Number of Institutions (unit)	从业人员 (人) Number of Employed Persons (person)	#专业技术人员 Professional Technical Staff	文物藏品 (件/套) Number of Collections (piece/set)	基本陈列展览 (个) Displays Exhibition (unit)	举办展览 (个) Exhibition (unit)	参观人次 (万人次) Spectators (10 000 person-times)	门票销售总额 (万元) Ticket Sales for Entrance Ticket (10 000 yuan)
全　国	**National Total**	**3658**	**83970**	**30934**	**29299673**	**9036**	**10529**	**71774**	**331007.0**
中　央	Central Level	4	3030	1429	3160790	44	136	2592	83572.4
北　京	Beijing	41	1222	392	1251584	84	152	498	2112.5
天　津	Tianjin	22	747	417	669665	82	68	926	896.9
河　北	Hebei	105	3318	1076	375522	230	302	2494	1233.5
山　西	Shanxi	99	2685	811	803379	172	124	1222	16300.8
内蒙古	Inner Mongolia	75	1470	838	493522	246	183	990	363.1
辽　宁	Liaoning	63	2202	1078	467050	194	170	1152	3252.3
吉　林	Jilin	78	1214	642	374808	129	299	959	4111.7
黑龙江	Heilongjiang	158	2387	1089	694942	354	354	2066	3264.3
上　海	Shanghai	103	3138	1513	2359064	378	486	1967	17265.9
江　苏	Jiangsu	301	5948	2131	1721406	790	1101	7044	13171.9
浙　江	Zhejiang	187	4010	1466	1061045	429	988	4121	1976.1
安　徽	Anhui	164	2657	1009	715617	459	421	2406	57.1
福　建	Fujian	98	1940	725	483880	249	440	2308	
江　西	Jiangxi	137	2873	1064	476469	261	264	2476	162.3
山　东	Shandong	243	5369	2279	1502130	925	908	4818	19203.8
河　南	Henan	248	6265	1453	917092	529	567	4532	6968.7
湖　北	Hubei	174	3380	1687	1894926	465	392	2600	1091.0
湖　南	Hunan	109	2639	830	554636	208	256	3574	418.5
广　东	Guangdong	176	3309	1609	1080018	472	932	4021	4537.2
广　西	Guangxi	106	1703	800	411224	190	207	1508	27617.5
海　南	Hainan	18	270	102	43715	41	73	157	
重　庆	Chongqing	78	2246	773	646125	250	171	2154	11604.4
四　川	Sichuan	206	5795	1427	3283205	402	366	5329	28979.8
贵　州	Guizhou	74	1171	371	115588	114	69	1293	23.0
云　南	Yunnan	86	1076	679	1245402	252	200	1679	13.0
西　藏	Tibet	4	85	44	66126	7	11	38	
陕　西	Shaanxi	238	7101	1795	1436898	531	259	3831	82226.1
甘　肃	Gansu	147	3082	854	543923	335	373	2008	560.7
青　海	Qinghai	22	228	148	181009	35	32	233	
宁　夏	Ningxia	12	266	125	80080	30	42	128	
新　疆	Xinjiang	82	1144	278	188833	149	183	652	22.5

9-6 全国文化事业费基本情况

Basic Statistics on Operating Expenses of Culture

单位：亿元、% (100 million yuan,%)

年 份 Year	文化事业费 Operating Expenses of Culture	国家财政总支出 Total Government Financial Expenditures	文化事业费总支出占国家财政比重 Proportion of Operating Expenses of Culture in Government Financial Expenditures
1978	4.44	1122.09	0.40
1979	5.84	1281.79	0.46
1980	5.61	1228.83	0.46
"六五"时期 6th Five-Year Period	**36.03**	**7483.18**	**0.48**
1985	9.32	2004.25	0.47
"七五"时期 7th Five-Year Period	**62.45**	**12865.67**	**0.49**
1986	10.74	2204.91	0.49
1987	10.77	2262.18	0.48
1988	12.18	2491.21	0.49
1989	13.57	2823.78	0.48
1990	15.19	3083.59	0.49
"八五"时期 8th Five-Year Period	**121.33**	**24387.47**	**0.50**
1991	17.28	3386.62	0.51
1992	19.46	3742.20	0.52
1993	22.37	4642.30	0.48
1994	28.83	5792.62	0.50
1995	33.39	6823.72	0.49
"九五"时期 9th Five-Year Period	**254.51**	**57043.46**	**0.45**
1996	38.77	7937.55	0.49
1997	46.19	9233.56	0.50
1998	50.78	10798.18	0.47
1999	55.61	13187.67	0.42
2000	63.16	15886.50	0.40
"十五"时期 10th Five-Year Period	**496.13**	**128022.85**	**0.39**
2001	70.99	18902.58	0.38
2002	83.66	22053.15	0.38
2003	94.03	24649.95	0.38
2004	113.63	28486.89	0.40
2005	133.82	33930.28	0.39
"十一五"时期 11th Five-Year Period	**1220.40**	**318672.05**	**0.38**
2006	158.03	40422.73	0.39
2007	198.96	49781.35	0.40
2008	248.04	62592.66	0.40
2009	292.31	76299.93	0.38
2010	323.06	89575.38	0.36
"十二五"时期 12th Five-Year Period			
2011	392.62	109247.79	0.36
2012	480.10	125952.97	0.38
2013	530.49	140212.10	0.38
2014	583.44	151661.54	0.38

注：1.国家财政总支出系国家财政决算数。

2.文化事业费：1953～1980年系国家财政决算数（"一五"至"四五"时期含文物、出版经费，"五五"时期不含文物、出版经费）；1981年以后系文化事业统计年报数(不含文物、出版及科学研究费；不含基本建设的财政拨款和行政运行经费,以下各表同)。

a) Government financial expenditures is final accounting.

b) Operating expenses of culture: 1953-1980,is national financial final accounting (1st Five-Year Period to 4th Five-Year Period, includes expenditure of antique and publish, 5th Five-Year Period,exclusives expenditure of antique and publish), after 1981,is data from culture operating statistics annual report (exclusives expenditure of antique,publish and research,fiscal appropriation of capital construction and expenditure of administrative operation), same with the table related.

9-7 分地区文化事业费及占财政支出比重
Operating Expenses of Culture and Proportion in Government Financial Expenditures by Region

地区	Region	文化事业费(万元) Operating Expenses of Culture (10 000 yuan)					
		1995	2000	2005	2011	2013	2014
全国	**National Total**	**333853**	**631591**	**1338193**	**3926223**	**5304904**	**5834377**
中央	Central Level	20973	55498	113028	184867	269177	358420
北京	Beijing	8427	24008	64587	179115	244620	249386
天津	Tianjin	5098	9796	31592	74595	95616	122666
河北	Hebei	11393	18984	39626	93048	127775	143751
山西	Shanxi	9215	12347	29832	111854	141055	140919
内蒙古	Inner Mongolia	8624	14515	30543	127692	173791	189673
辽宁	Liaoning	17525	26790	47578	109256	139102	148061
吉林	Jilin	10613	15711	26566	93047	111561	136021
黑龙江	Heilongjiang	10722	16598	33742	87957	96252	125077
上海	Shanghai	15431	42608	79201	241757	294524	332623
江苏	Jiangsu	18234	38527	77658	228144	369077	343980
浙江	Zhejiang	14764	35334	110397	288595	360199	379174
安徽	Anhui	8836	15849	30541	91387	111141	119933
福建	Fujian	11023	22174	42949	107639	144997	148123
江西	Jiangxi	7404	10696	23398	69643	89733	103717
山东	Shandong	16315	30944	61687	175411	246349	253539
河南	Henan	12447	20948	37708	122440	161446	173942
湖北	Hubei	11268	19367	43585	108101	154138	168048
湖南	Hunan	10525	16564	34771	98805	144707	162613
广东	Guangdong	27486	58321	128095	337369	419594	452260
广西	Guangxi	8617	14608	28089	82743	131614	144457
海南	Hainan	2965	3468	6007	37297	62250	60611
重庆	Chongqing		9151	17505	93801	121134	133289
四川	Sichuan	16905	20500	44523	205784	304646	349146
贵州	Guizhou	4785	9131	18731	74805	96869	105913
云南	Yunnan	14563	23945	42036	121629	143712	174862
西藏	Tibet	2124	4264	8003	19239	31966	50826
陕西	Shaanxi	8583	13976	23462	119207	191783	193209
甘肃	Gansu	6935	9130	20882	83375	98665	110710
青海	Qinghai	2574	3696	7349	34114	50669	63784
宁夏	Ningxia	2108	3625	9646	35539	38052	46671
新疆	Xinjiang	7371	10518	24877	87971	138694	148975

9–7 续表 Continued

地 区 Region	文化事业费占财政支出比重(%) Proportion of Operating Expenses of Culture in Government Financial Expenditures(%)											
	1995		2000		2005		2009		2011		2014	
	比重 Proportion	位次 Rank	比重 Proportion	位次 Rank	比重 Proportion	位次 Rank	比重 Proportion	位次 Rank	比重 Proportion	位次 Rank	比重 Proportion	位次 Rank
全 国 National Total	**0.49**		**0.40**		**0.39**		**0.38**		**0.36**		**0.38**	
北 京 Beijing	0.55	28	0.54	14	0.61	4	0.60	4	0.55	3	0.55	3
天 津 Tianjin	0.55	28	0.53	15	0.71	3	0.53	7	0.42	12	0.43	17
河 北 Hebei	0.60	23	0.46	28	0.40	24	0.29	30	0.26	30	0.31	26
山 西 Shanxi	0.82	7	0.55	11	0.44	14	0.44	14	0.47	8	0.46	12
内蒙古 Inner Mongolia	0.84	5	0.59	8	0.44	15	0.47	11	0.43	11	0.49	7
辽 宁 Liaoning	0.64	15	0.52	17	0.39	25	0.39	19	0.28	26	0.29	28
吉 林 Jilin	0.88	3	0.90	1	0.42	18	0.55	6	0.42	13	0.47	10
黑龙江 Heilongjiang	0.61	18	0.45	30	0.42	19	0.35	26	0.31	24	0.36	22
上 海 Shanghai	0.59	25	0.68	5	0.48	9	0.62	3	0.62	2	0.68	2
江 苏 Jiangsu	0.72	10	0.61	6	0.46	12	0.39	20	0.37	17	0.41	19
浙 江 Zhejiang	0.82	7	0.82	2	0.87	1	0.79	1	0.75	1	0.73	1
安 徽 Anhui	0.65	14	0.49	23	0.42	20	0.32	28	0.28	27	0.26	31
福 建 Fujian	0.64	15	0.69	4	0.72	2	0.63	2	0.49	6	0.45	14
江 西 Jiangxi	0.67	13	0.48	26	0.41	22	0.43	15	0.27	29	0.27	30
山 东 Shandong	0.59	25	0.51	18	0.42	21	0.39	21	0.35	19	0.35	23
河 南 Henan	0.60	23	0.47	27	0.33	31	0.32	29	0.29	25	0.29	29
湖 北 Hubei	0.69	12	0.53	15	0.55	6	0.47	12	0.34	21	0.34	24
湖 南 Hunan	0.61	18	0.49	23	0.39	26	0.40	17	0.28	28	0.32	25
广 东 Guangdong	0.52	30	0.55	11	0.55	7	0.52	10	0.50	4	0.49	6
广 西 Guangxi	0.61	18	0.57	10	0.45	13	0.42	16	0.33	22	0.42	18
海 南 Hainan	0.70	11	0.51	18	0.39	27	0.53	8	0.48	7	0.55	4
重 庆 Chongqing			0.49	23	0.35	29	0.40	18	0.36	18	0.40	20
四 川 Sichuan	0.61	18	0.45	30	0.41	23	0.33	27	0.44	10	0.51	5
贵 州 Guizhou	0.56	27	0.46	28	0.35	30	0.39	22	0.33	23	0.30	27
云 南 Yunnan	0.62	17	0.58	9	0.54	8	0.39	23	0.42	14	0.39	21
西 藏 Tibet	0.61	18	0.71	3	0.43	16	0.27	31	0.25	31	0.43	16
陕 西 Shaanxi	0.84	5	0.51	18	0.36	28	0.39	24	0.41	15	0.49	8
甘 肃 Gansu	0.85	4	0.50	22	0.48	10	0.38	25	0.47	9	0.44	15
青 海 Qinghai	0.89	2	0.55	11	0.43	17	0.53	9	0.35	20	0.47	9
宁 夏 Ningxia	0.92	1	0.60	7	0.60	5	0.57	5	0.50	5	0.47	11
新 疆 Xinjiang	0.76	9	0.51	18	0.47	11	0.45	13	0.39	16	0.45	13

注：各地财政支出不含中央转移支付部分。

9-8 图书、期刊和报纸出版情况
Number of Books, Magazines and Newspapers Published

Year	图书 Books Published			期刊 Magazines Published		报纸 Newspapers Published	
	种数（种） Number of Publication (kind)	#新出版 New Publication	总印数（亿册、亿张） Printed Copies (100 million copies)	种数（种） Number of Publication (kind)	总印数（亿册） Total Printed Copies (100 million copies)	种数（种） Number of Publication (kind)	总印数（亿份） Total Printed Copies (100 million copies)
绝对数							
Value							
1995	101381	59159	63.2	7583	23.4	2089	263.3
1996	112813	63647	71.6	7916	23.1	2163	274.3
1997	120106	66585	73.1	7918	24.4	2149	287.6
1998	130613	74719	72.4	7999	25.4	2053	300.4
1999	141831	83095	73.2	8187	28.5	2038	318.4
2000	143376	84235	62.7	8725	29.4	2007	329.3
2001	154526	91416	63.1	8889	28.9	2111	351.1
2002	170962	100693	68.7	9029	29.5	2137	367.8
2003	190391	110812	66.7	9074	29.5	2119	383.1
2004	208294	121597	64.1	9490	28.3	1922	402.4
2005	222473	128578	64.7	9468	27.6	1931	412.6
2006	233971	160757	64.1	9468	28.5	1938	424.5
2007	248283	136226	62.9	9468	30.4	1938	438.0
2008	274123	148978	70.6	9549	31.0	1943	442.9
2009	301719	168296	70.4	9851	31.5	1937	439.1
2010	328387	189295	71.7	9884	32.2	1939	452.1
2011	369523	207506	77.1	9849	32.9	1928	467.4
2012	414005	241986	79.2	9867	33.5	1918	482.3
2013	444427	255981	83.1	9877	32.7	1915	482.4
2014	448431	255890	81.8	9966	30.9	1912	463.9
比上年增长(%)							
Increase Rate (%)							
(Preceding Year=100)							
1996	11.3	7.6	13.2	4.4	-1.2	3.5	4.2
1997	6.5	4.6	2.1		5.5	-0.6	4.9
1998	8.7	12.2	-0.9	1.0	4.1	-4.5	4.4
1999	8.6	11.2	1.1	2.4	12.2	-0.7	6.0
2000	1.1	1.4	-14.2	6.6	3.4	-1.5	3.4
2001	7.8	8.5	0.6	1.9	-1.8	5.2	6.6
2002	10.6	10.1	8.9	1.6	2.1	1.2	4.8
2003	11.4	10.0	-2.9	0.5		-0.8	4.2
2004	9.4	9.7	-3.9	4.6	-4.1	-9.3	5.0
2005	6.8	5.7	0.9	-0.2	-2.5	0.5	2.5
2006	5.2	25.0	-0.9		3.3	0.4	2.9
2007	6.1	-15.3	-1.8		6.7		3.2
2008	10.4	9.4	12.2	0.9	2.1	0.3	1.1
2009	10.1	13.0	-0.3	3.2	1.5	-0.3	-0.9
2010	8.8	12.5	1.9	0.3	2.0	0.1	3.0
2011	12.5	9.6	7.5	-0.4	2.2	-0.6	3.4
2012	12.0	16.6	2.9	0.2	2.0	-0.5	3.2
2013	7.3	5.8	4.9	0.1	-2.3	-0.2	
2014	0.9		-1.5	0.9	-5.4	-0.2	-3.8

9-9 图书出版和构成情况(2014年)
Statistics on Books Published and Composition by Categories (2014)

类 别	Category	绝对数 Value		构成% Percentage%	
		种 数 (种) Number of Publications (item)	印 数 (万册) Printed Copies (10 000 copies)	种 数 Number of Publications	印 数 Printed Copies
图书总计	**Total**	**448431**	**818465**	**100.0**	**100.0**
使用"中国标准书号"部分合计	**Publications with "China International Standard Book Number"**	**447981**	**815464**	**99.9**	**99.6**
马列主义、毛泽东思想	Marxism-Leninism, Mao Zedong Thought	780	1918	0.2	0.2
哲学	Philosophy	8472	5387	1.9	0.7
社会科学总论	General Social Sciences	5610	2675	1.3	0.3
政治、法律	Politics and Law	18005	17712	4.0	2.2
军事	Military Affairs	1408	772	0.3	0.1
经济	Economics	31627	14784	7.1	1.8
文化、科学、教育、体育	Culture, Science, Education and Sports	173825	624367	38.8	76.6
语言、文字	Languages	21057	19741	4.7	2.4
文学	Literature	46897	50864	10.5	6.2
艺术	Arts	26797	18477	6.0	2.3
历史、地理	History and Geography	16995	12703	3.8	1.6
自然科学总论	General Natural Sciences	834	559	0.2	0.1
数理科学、化学	Mathematics and Chemistry	7964	3863	1.8	0.5
天文学、地球科学	Astronomy and Geology	2583	1158	0.6	0.1
生物科学	Biology	2690	1630	0.6	0.2
医学、卫生	Medicine and Health Care	18951	11340	4.2	1.4
农业科学	Agricultural Science	5082	2350	1.1	0.3
工业技术	Industrial Technology	47024	18764	10.5	2.3
交通运输	Transportation	5297	3111	1.2	0.4
航空、航天	Aeronautics and Aerospace	468	165	0.1	0.0
环境科学	Environmental Science	2067	849	0.5	0.1
综合性图书	General Books	3548	2275	0.8	0.3
不使用"中国标准书号"部分合计	**Publications without "China International Standard Book Number"**	**450**	**3001**	**0.1**	**0.4**
图片	Pictures	450	461	100.0	15.4
国标(GB)、部标(BB)等标准类文件印品	Standards Publications such as National Standards, Ministry Standards		2193		73.1
活页文选、活页歌篇、小件印品等	Loose-leaf Collectanea, Loose-leaf Song and Prints of Small Volume		347		11.6

9-10 课本出版和构成情况(2014年)
Publication of Textbooks and Composition (2014)

项 目	Item	种数(种) Number of Items (number)	#新出版 New Publication	总印数(万册) Printed Copies (10 000)	总印张(千印张) Printed Sheets (1 000)	定价总金额(万元) Total Priced Value (10 000 yuan)
绝对数	**Value**					
总 计	**Total**	**92370**	**34147**	**349949**	**27398531**	**3676175**
大专及以上课本	Textbooks for Colleges and Universities	59215	23578	33218	5866909	1112414
中专、技校课本	Textbooks for Secondary Technical Schools	7768	2651	7579	950631	170837
中学课本	Textbooks for Secondary Schools	8829	2162	167384	12530288	1323130
小学课本	Textbooks for Primary Schools	6783	1741	134540	7017374	827637
业余教育课本	Textbooks for Spare-time Education	5199	2567	4053	641981	157319
扫盲课本	Textbooks for Eliminating Illiteracy	4		21	705	92
教学用书	Teaching Materials	4572	1448	3154	390643	84746
构成(%)	**Percentage(%)**					
总计	**Total**	**100.0**	**100.0**	**100.0**	**100.0**	**100.0**
大专及以上课本	Textbooks for Colleges and Universities	64.1	69.0	9.5	21.4	30.3
中专、技校课本	Textbooks for Secondary Technical Schools	8.4	7.8	2.2	3.5	4.6
中学课本	Textbooks for Secondary Schools	9.6	6.3	47.8	45.7	36.0
小学课本	Textbooks for Primary Schools	7.3	5.1	38.4	25.6	22.5
业余教育课本	Textbooks for Spare-time Education	5.6	7.5	1.2	2.3	4.3
扫盲课本	Textbooks for Eliminating Illiteracy					
教学用书	Teaching Materials	4.9	4.2	0.9	1.4	2.3

9-11 图书、期刊、报纸进出口和构成情况(2014年)
Statistics and Composition on Imports and Exports of Books, Magazines and Newspapers (2014)

指 标	Item	出 口 Exports		进 口 Imports	
		数量(万册、份) Number (10 000 copies)	金额(万美元) Value (10 000 USD)	数量(万册、份) Number (10 000 copies)	金额(万美元) Value (10 000 USD)
绝对数	**Value**				
总计	**Total**	**1689.42**	**5649.66**	**2538.85**	**28381.57**
图书	Books Published	1465.75	5060.59	977.81	12588.38
哲学、社会科学	Philosophy, Social Science	111.65	1677.83	69.09	1937.54
文化、教育	Culture and Education	216.22	940.68	202.70	2211.28
文学、艺术	Literature and Art	143.87	918.84	127.67	1431.67
自然、科学技术	Natural Science and S&T	41.53	302.77	47.12	2716.90
少儿读物	For Children	807.08	547.68	172.45	689.53
综合性图书	General Books	145.40	672.78	358.78	3601.45
期刊	Magazines Published	188.07	544.35	396.68	14232.07
报纸	Newspapers Published	35.60	44.73	1164.36	1561.13
构成(%)	**Percentage(%)**				
总计	**Total**	**100.00**	**100.00**	**100.00**	**100.00**
图书	Books Published	86.76	89.57	38.51	44.35
哲学、社会科学	Philosophy, Social Science	7.62	33.15	7.07	15.39
文化、教育	Culture and Education	14.75	18.59	20.73	17.57
文学、艺术	Literature and Art	9.82	18.16	13.06	11.37
自然、科学技术	Natural Science and S&T	2.83	5.98	4.82	21.58
少儿读物	For Children	55.06	10.82	17.64	5.48
综合性图书	General Books	9.92	13.29	36.69	28.61
期刊	Magazines Published	11.13	9.64	15.62	50.15
报纸	Newspapers Published	2.11	0.79	45.86	5.50

9-12 分地区各类出版物情况(2014年)
Number of Publications Published by Region (2014)

地 区	Region	图书 Books Published: 种数(种) Number of Publication (kind)	#新出版 New Publication	#少数民族 Minority	#盲文 Braille	总印数(万册、万张) Printed Copies (10 000 copies)	期刊 Magazines Published: 种数(种) Number of Publication (kind)	#少数民族 Minority	总印数(万册) Total Printed Copies (10 000 copies)
全 国	**National Total**	**448431**	**255890**	**8031**	**585**	**818465**	**9966**	**227**	**309452.0**
中 央	Central Level	183457	107131	476	582	218886	2951	21	95745.9
北 京	Beijing	10802	6474			16746	172		3792.4
天 津	Tianjin	5745	3755			4560	254		3832.8
河 北	Hebei	7022	3071			22234	229		4833.2
山 西	Shanxi	3458	1866			12866	201		2930.4
内蒙古	Inner Mongolia	3157	1937	1688		6752	147	42	2422.9
辽 宁	Liaoning	11942	7405	177		12713	323		8965.0
吉 林	Jilin	21565	11425	866		25500	239	13	9489.9
黑龙江	Heilongjiang	5043	3626	96		7426	315	2	5278.8
上 海	Shanghai	24420	13055	2		32188	636		14471.0
江 苏	Jiangsu	23936	14383			55963	468		11817.2
浙 江	Zhejiang	12687	6867			36971	225		7765.1
安 徽	Anhui	9934	5227			25579	186		5626.6
福 建	Fujian	3456	2442			8619	176		4396.7
江 西	Jiangxi	5890	3535			19663	164		7615.7
山 东	Shandong	14282	8153			46448	269		11938.5
河 南	Henan	7705	4244			19714	248		8673.5
湖 北	Hubei	15910	9571			27193	424		28089.5
湖 南	Hunan	11340	5634			42194	253		13441.7
广 东	Guangdong	9495	6005			29872	388		15520.2
广 西	Guangxi	7871	3752	74	3	39777	185	1	4808.0
海 南	Hainan	3747	1698			6143	44		797.5
重 庆	Chongqing	6062	3190			15009	138		5498.1
四 川	Sichuan	9095	5252	402		19623	353	4	6382.4
贵 州	Guizhou	845	721	13		10099	90		1523.1
云 南	Yunnan	6958	3781	102		15307	127	3	4000.5
西 藏	Tibet	547	237	451		1303	35	14	230.1
陕 西	Shaanxi	9334	4667	2		18925	286		5305.2
甘 肃	Gansu	2410	1319	138		5312	136	3	10871.4
青 海	Qinghai	597	269	318		1069	53	12	378.1
宁 夏	Ningxia	1987	1253			3682	37		1285.7
新 疆	Xinjiang	7732	3945	3226		10129	214	112	1725.2

9-12 续表 continued

地区	Region	报 纸 Newspapers Published		音像制品 Audio-Video Published		电子出版物 Electronic Published	
		种数（种）Number of Publi-cation (kind)	总印数（万份）Total Printed Copies (10000 copies)	种数（种）Number of Publi-cation (kind)	出版数量（万盒、万张）Total Printed Copies (10000 cassettes, 10000 discs)	种数（种）Number of Publi-cation (kind)	数量（万张）Number of Electronic Publications (10000 discs)
全 国	**National Total**	**1912**	**4638987**	**15355**	**32838.95**	**11823**	**35048.8**
中 央	Central Level	221	804300	5878	19460.19	7632	26588.7
北 京	Beijing	35	94640	355	539.51	92	27.9
天 津	Tianjin	24	75996	39	9.57	82	25.5
河 北	Hebei	65	157641	130	398.72	79	164.5
山 西	Shanxi	60	216020	127	28.43	266	32.3
内蒙古	Inner Mongolia	58	33599	81	25.82	10	1.0
辽 宁	Liaoning	70	150582	250	4421.43	287	365.3
吉 林	Jilin	52	92605	193	72.6	60	8.4
黑龙江	Heilongjiang	68	69039	7	1.45		
上 海	Shanghai	72	114002	3771	3501.84	797	1656.6
江 苏	Jiangsu	81	282063	441	1064.58	458	2812.6
浙 江	Zhejiang	69	337367	233	421.3	366	839.5
安 徽	Anhui	51	121176	111	31.18	23	74.3
福 建	Fujian	42	111945	89	48.46	32	8.1
江 西	Jiangxi	41	113322	317	175.28	32	19.1
山 东	Shandong	87	306553	371	205.03	489	254.6
河 南	Henan	78	209722	130	114.85	91	29.6
湖 北	Hubei	74	190374	138	81.62	216	489.8
湖 南	Hunan	48	136738	495	705.47	51	198.7
广 东	Guangdong	101	389869	1293	1004.47	209	1217.6
广 西	Guangxi	54	72972	175	99.01	12	1.2
海 南	Hainan	14	24603	18	14.5	1	0.2
重 庆	Chongqing	27	61855	94	34.5	121	116.2
四 川	Sichuan	88	167700	92	65.19	334	96.4
贵 州	Guizhou	30	36348	1	0.4		
云 南	Yunnan	42	61279	200	74.8	28	4.5
西 藏	Tibet	25	7651	115	37.96		
陕 西	Shaanxi	43	68245	145	181.46	44	14.7
甘 肃	Gansu	50	50982	19	2.75	3	0.1
青 海	Qinghai	26	13730	15	7.1	4	1.0
宁 夏	Ningxia	14	10987			4	0.4
新 疆	Xinjiang	102	55082	32	9.48		

9-13 分地区少年儿童读物和课本出版情况（2014年）
Number of Books Published for Children and Textbooks by Region (2014)

地 区	Region	种数(种) Number of Publications (kind)				总印数（万册） Printed Copies (10 000 copies)		总印张(万印张) Printed Sheets (100 million sheets)	
		儿童读物 Books for Children	#新出版 New Published	课 本 Textbooks	#新出版 New Published	儿童读物 Books for Children	课 本 Textbooks	儿童读物 Books for Children	课 本 Textbooks
全 国	**National Total**	**32712**	**19896**	**92370**	**34147**	**49693**	**349949**	**309176**	**2739853**
中 央	Central Level	8091	5605	54982	19099	11569	101740	66733	1033443
北 京	Beijing	1906	1166	758	174	2569	1794	21431	15651
天 津	Tianjin	687	432	975	463	918	1195	5415	10790
河 北	Hebei	608	293	435	167	857	11862	3858	80273
山 西	Shanxi	202	154	102	48	410	5020	1346	36967
内蒙古	Inner Mongolia	207	158	859	151	86	4601	576	32466
辽 宁	Liaoning	903	586	2733	1205	991	3990	7970	30057
吉 林	Jilin	3438	2364	1207	575	3794	5670	29806	36259
黑龙江	Heilongjiang	533	522	708	353	178	3583	1473	24942
上 海	Shanghai	1422	821	5390	1844	3480	14768	15653	125693
江 苏	Jiangsu	1843	1141	3370	1397	2583	24188	17486	149689
浙 江	Zhejiang	2578	1134	1791	680	5166	13085	38760	84242
安 徽	Anhui	2042	870	951	384	2079	12801	14341	91092
福 建	Fujian	318	266	437	214	381	4139	2273	29774
江 西	Jiangxi	1596	790	401	198	3158	7535	18306	55709
山 东	Shandong	1136	699	1653	801	2709	20687	16945	125477
河 南	Henan	280	158	1295	554	389	11290	1614	75819
湖 北	Hubei	490	242	2731	1291	844	8283	8098	67896
湖 南	Hunan	1126	579	1258	527	1241	14550	9305	76751
广 东	Guangdong	580	315	1670	736	1210	18819	3175	134738
广 西	Guangxi	1084	577	435	108	2186	11515	13877	75697
海 南	Hainan	33	9	59	29	164	1208	731	7782
重 庆	Chongqing	27	3	1959	835	12	6808	51	44844
四 川	Sichuan	744	485	1932	811	1143	9320	5031	74236
贵 州	Guizhou	39	39	116	49	668	6426	1472	45108
云 南	Yunnan	28	17	197	93	27	7269	66	49643
西 藏	Tibet	16	7	169	8	7	1024	25	7190
陕 西	Shaanxi	346	165	1782	936	593	7401	1815	54278
甘 肃	Gansu	88	56	62	53	142	3342	671	25658
青 海	Qinghai	4	4	221		1	930	2	6693
宁 夏	Ningxia	23	19			18	906	152	6562
新 疆	Xinjiang	294	220	1732	364	120	4200	721	24437

9-14 档案馆基本情况
Basic Statistics on National Comprehensive Archives

年 份 Year	馆藏档案 (万卷、万件) Number of Archives (10 000 volumes, 10 000 pieces)	照片档案 (万张) Photos (10 000 sheets)	开放档案 (万卷、万件) Archives Open to Public (10 000 volume, 10 000 pieces)	利用档案 (万卷、万件次) Utilized Archives (10 000 volume-times, 10 000 piece-times)	档案馆建筑面积 (万平方米) Floor Space of Archive Institutions (10 000 sq.m)
1991	9637.4	371.0	2094.3	937.0	348.1
1992	10003.5	402.4	2018.7	773.8	255.7
1993	10726.8	435.5	2140.7	891.9	275.9
1994	10782.9	449.6	2454.6	674.4	268.3
1995	11318.3	485.5	2790.3	529.3	282.5
1996	11341.4	494.6	2939.2	485.4	297.5
1997	12222.9	553.0	3304.6	501.0	347.6
1998	12276.5	579.7	3556.5	446.5	310.7
1999	12866.8	584.5	3808.2	508.5	328.4
2000	13314.0	631.7	4072.0	494.4	336.2
2001	13756.6	642.8	4129.7	575.4	342.0
2002	14790.7	720.5	4301.1	548.8	351.0
2003	15945.9	797.4	4618.4	602.6	361.4
2004	17601.5	827.9	4868.3	813.9	376.8
2005	18688.7	908.8	5132.3	868.0	393.1
2006	21656.5	1277.2	5746.3	1166.4	406.1
2007	23675.3	1393.3	5875.5	1244.9	421.9
2008	25051.0	1505.3	6072.2	1257.4	465.4
2009	28089.2	1646.3	6687.4	1308.0	473.3
2010	32198.6	1809.2	7428.6	1417.3	504.4
2011	35445.5	1965.8	7828.4	1564.5	551.1
2012	40547.7	1827.4	8254.6	1521.1	627.1
2013	44759.1	1927.6	8490.0	1477.8	709.3
2014	53470.3	2041.8	9179.7	1688.8	924.0

9-15 各类档案馆和人员情况
Statistics on Archive Institutions and Personnel

单位：个、人 (unit, person)

年份 Year	国家综合档案馆 National Comprehensive Archives		国家专门档案馆 National Special Archives		部门档案馆 Department Archives		企业档案馆数 Enterprise Archive Institutions	文化事业档案馆数 Culture Archive Institutions	科技事业单位档案馆数 Science and Technology Archive Institutions
	馆数 Number of Institutions	专职人员 Full-time Personnel	馆数 Number of Institutions	专职人员 Full-time Personnel	馆数 Number of Institutions	专职人员 Full-time Personnel			
1991	2957	21657	211	2038	128	2171	229	19	28
1992	2962	22226	206	2082	122	2258	231	19	28
1993	2980	23624	200	2245	122	1448	221	20	31
1994	2983	23568	205	2294	136	2160	209	20	36
1995	3024	24777	216	2484	144	2168	213	27	38
1996	3011	24542	226	2658	134	2072	232	23	44
1997	3021	24904	223	2578	162	2521	228	26	46
1998	3034	24197	232	3200	149	2411	245	27	46
1999	3046	23530	225	3436	142	2123	304	40	59
2000	3070	23701	234	3319	141	1865	307	53	80
2001	3100	23652	243	3448	142	2086	286	47	84
2002	3110	22825	253	3435	148	2109	299	75	93
2003	3121	23086	260	3514	141	1770	300	75	85
2004	3127	23401	258	3591	149	1932	300	79	99
2005	3142	23413	238	3452	145	2020	301	105	63
2006	3154	22689	239	3537	137	1699	216	110	95
2007	3161	21399	245	3737	146	1985	215	126	94
2008	3170	21414	240	3663	154	1886	241	141	87
2009	3191	20949	241	3626	149	1814	233	167	96
2010	3194	19750	252	3833	167	1747	223	160	111
2011	3196	19985	255	3843	170	2121	183	179	124
2012	3237	18009	238	3577	183	2161	204	260	
2013	3325	18106	240	3579	218	2182	189	274	
2014	3319	17863	247	3538	209	2129	169	252	

注：2012年新修订的《全国档案事业统计年报制度》不再细分事业单位的属性，统称“省部属事业单位档案馆”。省部属事业单位包括文化事业档案馆数，科技事业单位档案馆数。

The newly revised Annual Report of National Archive Statistics in 2012 does not further subcategorize public institutions by their attributes, but generally called public archive institutions affiliated to ministries or provincial governments. Public institutions affiliated to ministries or provincial governments include cultural archive institutions, and science and technology archive institutions.

9-16 全国成年国民阅读情况
Statistics on Reading of Adult

年 份 year	图书阅读率（%） Reading Rate of Book (%)	数字化阅读方式接触率(%) Contact Rate of Digital Reading (%)	人均纸质图书阅读量(本) Per Capital Reading Paper Books (book)
2010	52.3	32.8	4.25
2011	53.9	38.6	4.35
2012	54.9	40.3	4.39
2013	57.8	50.1	4.77
2014	58.0	58.1	4.56

注：本表数据来自中国新闻出版研究院“全国国民阅读调查”结果。
Data resource is Chinese Academy of Press and Publication “National Reading Survey”.

9-17 广播电视事业发展情况
Basic Statistics on Radio and Television Industry

指 标	Item	2010	2013	2014
广播	**Radio**			
广播节目综合人口覆盖率(%)	Radio Coverage Rate of the Population(%)	96.78	97.79	97.99
#农村	Rural	95.64	97.00	97.29
公共广播节目套数(套)	Number of Public Radio Programs(set)	2549	2637	2686
公共广播节目播出时间(万小时)	Length of Public Radio Programs Broadcasted(10 000 hours)	1266.0	1379.5	1405.8
广播节目制作时间(万小时)	Length of Radio Programs Produced(10 000 hours)	681.4	739.1	764.7
电视	**Television**			
电视节目综合人口覆盖率(%)	TV Coverage Rate of the Population(%)	97.62	98.42	98.60
#农村	Rural	96.78	97.86	98.11
有线广播电视用户数(万户)	Users of Cable Radio and TV(10 000 households)	18872	22894	23458
#农村	Rural	7293	8911	7986
#数字电视	Users of Digital TV	8870	17160	19143
有线广播电视用户数占家庭总户数比重(%)	Popularization Rate of Cable Radio and TV(%)	46.40	54.14	54.82
#农村有线广播电视用户数占农村家庭总户数比重	Rural Popularization Rate of Cable Radio and TV	29.35	35.29	31.55
公共电视节目套数(套)	Number of Public TV Programs(set)	3272	3250	3329
公共电视节目播出时间(万小时)	Length of Public TV Programs Broadcasted(10 000 hours)	1635.50	1705.72	1747.61
电视剧播出数(万部)	Number of TV Plays Broadcasted(10 000 sets)	24.92	24.10	23.28
#进口电视剧播出数	Imported TV Plays	0.88	0.36	0.29
电视剧播出数(万集)	Number of TV Plays Broadcasted(10 000 parts)	635.86	661.42	669.00
#进口电视剧播出数	Imported TV Plays	19.51	9.89	8.05
动画电视播出时间(万小时)	Number of Cartoons Broadcasted(10 000 hours)		29.31	30.48
#进口动画电视播出时间	Imported Cartoons		1.40	1.59
电视节目制作时间(万小时)	Length of TV Programs Produced(10 000 hours)	274.29	339.78	327.74
电影	**Movies**			
国有电影制片厂(个)	State-owned Movie Studios(unit)	38	38	38
#电影故事片厂	Feature Film Studios	31	31	31
电影院线(条)	Movie Circuit(line)	37	42	45
银幕(块)	Movie Screen(unit)	6256	18195	23600
全国电影票房收入(亿元)	Domestic Movie Box Office Revenue	157.21	217.69	296.39
#国产电影票房收入	Chinese Movies		127.67	161.55
进口电影票房收入	Imported Movies		90.02	134.84
广播电视技术及其他	**TV Technology and Others**			
广播电视总收入(亿元)	Revenue of Radio and TV(100 million yuan)	2301.87	3734.88	3635.51
广播电视从业人员数(万人)	Staff and Workers of Radio and TV(10 000 persons)	75.09	84.43	86.44
中、短波转播发射台(座)	Transmission and Relaying Stations of Medium and Short Wave Broadcast(unit)	822	850	856
调频转播发射台(万座)	Relaying Stations of Frequency Modulation Broadcasting(10 000 units)	1.16	1.03	0.93
电视转播发射台(万座)	TV Transmission and Relaying Stations(10 000 units)	1.60	1.34	1.13
微波实有站(座)	Microwave Stations(unit)	2376	2207	2302

9-18 广播电视节目制作时间
Length of Radio and Television Programs Produced

单位：小时 (hour)

项 目	Item	1995	2005	2010	2011	2012	2013	2014
广播节目制作	**Production of Radio Programs**	**2332164**	**6139227**	**6814226**	**6936960**	**7188245**	**7391245**	**7647267**
新闻	News Programs	353368	1066880	1216632	1295019	1333084	1397353	1443464
专题	Special Subject Programs	1054140	1822621	1955180	2016386	2044073	2091787	2120517
综艺	General Entertainment Programs	924656	1937290	1942828	1905916	1973796	1976162	2020456
广播剧	Radio Play Programs		75456	80181	119477	140493	178163	185405
广告	Advertising Programs		671071	775931	766463	796009	785278	808148
其他	Others		565909	843474	833699	900790	962502	1069277
电视节目制作	**Production of TV Programs**	**383513**	**2553861**	**2742949**	**2950490**	**3436301**	**3397834**	**3277394**
新闻	News Programs	80800	637956	719680	802376	886905	866756	918296
专题	Special Subject Programs	193391	525528	640857	775565	892521	854124	848276
综艺	General Entertainment Programs	109322	382350	407849	416289	483174	464977	468355
影视剧	TV Play Programs		193771	93536	75452	163348	201117	116750
广告	Advertising Programs		524892	526839	508294	555192	542823	510275
其他	Others		289364	354188	372515	455161	468035	415441

9-19 广播电视节目播出时间
Length of Radio and Television Programs

单位：小时，% (hour,%)

年份 Year	总 计 Total	新闻资讯类节目 News	专题服务类节目 Special Subject	综艺益智类节目 General Entertainment	广播(影视)剧类节目 Radio Play	广告类节 目 Advertising	其他类节 目 Others
绝对数 Value							
广播 Radio							
2012	13383651	2709968	3033050	3664874	699153	1274836	2001769
2013	13795461	2820087	3108653	3732369	770085	1259269	2104998
2014	14058328	2837111	3167377	3748730	784852	1312387	2207871
电视 Television							
2012	16985291	2304049	2022171	1454231	7359530	2017196	1828114
2013	17057212	2352285	2108917	1419911	7366010	1951125	1858964
2014	17476126	2443782	2196434	1436727	7426969	2032610	1939603
构成 Composition							
广播 Radio							
2012	100.0	20.2	22.7	27.4	5.2	9.5	15.0
2013	100.0	20.4	22.5	27.1	5.6	9.1	15.3
2014	100.0	20.2	22.5	26.7	5.6	9.3	15.7
电视 Television							
2012	100.0	13.6	11.9	8.6	43.3	11.9	10.8
2013	100.0	13.8	12.4	8.3	43.2	11.4	10.9
2014	100.0	14.0	12.6	8.2	42.5	11.6	11.1

9–20 分地区广播电视节目播出情况（2014年）
Radio and TV Programs Broadcasted by Region (2014)

地区	Region	公共广播节目套数（套）Number of Public Radio Programs (set)	公共电视节目套数（套）Number of TV Programs (set)	电视剧播出数（部）Number of TV Plays Broadcasted (set)	#进口 Import	动画电视播出时间（小时）Number of Cartoons Broadcasted (hour)	#进口 Import
全国	**National Total**	**2686**	**3329**	**232802**	**2878**	**304839**	**15883**
总局直属	directly under the State Administration	22	35	1447	69	5315	484
北京	Beijing	25	26	505	2	6995	1860
天津	Tianjin	22	24	2752		2813	720
河北	Hebei	137	178	13127	25	6889	1316
山西	Shanxi	112	116	5932	46	9805	62
内蒙古	Inner Mongolia	125	121	12694	46	8578	75
辽宁	Liaoning	110	118	8598	213	5892	550
吉林	Jilin	73	76	6899	119	1374	
黑龙江	Heilongjiang	95	118	4365	102	2739	605
上海	Shanghai	21	25	1191	39	14559	2419
江苏	Jiangsu	130	126	8765	56	12804	
浙江	Zhejiang	111	115	8811	61	20661	382
安徽	Anhui	105	112	8604	65	7699	456
福建	Fujian	90	101	3133		8366	
江西	Jiangxi	107	113	9777	311	13936	271
山东	Shandong	158	194	13603		13580	1473
河南	Henan	152	167	15157	34	8502	195
湖北	Hubei	87	114	13154	88	10109	40
湖南	Hunan	102	139	11251	62	22151	986
广东	Guangdong	148	163	5446	101	24745	1131
广西	Guangxi	70	117	5439	28	10580	
海南	Hainan	24	15	875		1377	260
重庆	Chongqing	37	46	5142	67	7928	
四川	Sichuan	126	208	18079	304	18023	458
贵州	Guizhou	40	102	2141	50	2001	
云南	Yunnan	50	158	10359	5	10288	365
西藏	Tibet	9	12	738		652	
陕西	Shaanxi	107	123	7243		7710	
甘肃	Gansu	91	107	6646	110	9562	120
青海	Qinghai	12	16	1048	1	2408	
宁夏	Ningxia	24	28	2492	15	4290	17
新疆	Xinjiang	164	216	17389	859	22507	1638

9-21 分地区广播电视节目综合人口覆盖情况(2014年)
Population Coverage of Radio and TV Programs, and Radio by Region (2014)

地区	Region	广播节目综合人口覆盖率 Population Coverage Rate of Radio Programs (%)	#农村 Rural	电视节目综合人口覆盖率 Population Coverage Rate of TV Programs (%)	#农村 Rural
全国	**National Total**	**97.99**	**97.29**	**98.60**	**98.11**
北京	Beijing	100.00	100.00	100.00	100.00
天津	Tianjin	100.00	100.00	100.00	100.00
河北	Hebei	99.34	99.21	99.27	99.05
山西	Shanxi	98.04	96.64	98.95	98.28
内蒙古	Inner Mongolia	98.42	96.99	98.57	97.38
辽宁	Liaoning	98.81	97.91	98.96	98.16
吉林	Jilin	98.62	97.98	98.75	98.17
黑龙江	Heilongjiang	98.62	98.19	98.82	98.47
上海	Shanghai	100.00	100.00	100.00	100.00
江苏	Jiangsu	99.99	99.99	99.88	99.79
浙江	Zhejiang	99.57	99.49	99.65	99.58
安徽	Anhui	98.55	98.18	98.72	98.39
福建	Fujian	98.31	97.94	98.70	98.44
江西	Jiangxi	97.51	96.98	98.55	98.19
山东	Shandong	98.72	98.37	98.49	98.15
河南	Henan	98.21	97.86	98.26	98.00
湖北	Hubei	98.90	98.59	98.89	98.51
湖南	Hunan	93.48	90.25	97.51	96.37
广东	Guangdong	99.90	99.80	99.90	99.85
广西	Guangxi	96.60	96.07	98.20	97.91
海南	Hainan	96.49	95.39	95.47	93.92
重庆	Chongqing	98.44	97.88	98.95	98.61
四川	Sichuan	97.04	96.34	98.07	97.57
贵州	Guizhou	91.52	90.48	95.39	94.76
云南	Yunnan	96.48	95.67	97.48	96.89
西藏	Tibet	94.78	93.69	95.91	94.93
陕西	Shaanxi	97.77	97.25	98.49	98.12
甘肃	Gansu	97.89	97.50	98.35	98.02
青海	Qinghai	97.03	95.93	97.51	96.71
宁夏	Ningxia	96.15	93.70	99.11	98.61
新疆	Xinjiang	96.48	96.28	96.94	96.51

9—22 分地区有线广播电视传输干线网络及用户情况(2014年)
Transmission Trunk and Users of Cable Radios and TVs by Region (2014)

地区	Region	有线广播电视传输干线网络总长(万公里) Total Length of Transmission Trunk for Cable Radios and TVs (10 000 km)	有线广播电视用户数(万户) Users of Cable Radios and TVs (10 000 households)	#农村有线广播电视 Users of Rural Cable Radios and TVs	#数字电视 Users of Digital TV	#付费电视 Pay TV	有线广播电视用户数占家庭总户数的比重(%) Popularization Rate of Cable TV Programs (%)	#农村 Rural Areas
全国	**National Total**	**415.34**	**23458.23**	**7986.36**	**19143.21**	**4505.41**	**54.82**	**31.55**
北京	Beijing	22.60	551.57	75.83	469.15	216.49	106.85	68.56
天津	Tianjin	0.65	312.68	28.82	283.86	19.99	88.95	23.34
河北	Hebei	17.36	914.40	296.98	750.29	78.44	39.31	18.54
山西	Shanxi	10.21	515.25	172.30	367.97	9.64	39.23	33.18
内蒙古	Inner Mongolia	3.65	342.04	80.59	271.67	16.55	40.59	23.19
辽宁	Liaoning	12.98	935.33	239.45	716.22	19.37	62.13	35.10
吉林	Jilin	9.33	574.78	207.38	512.89	163.46	57.60	43.21
黑龙江	Heilongjiang	17.56	764.60	88.52	701.40	92.20	59.86	15.49
上海	Shanghai	4.41	687.79	69.86	554.65	152.22	130.38	84.36
江苏	Jiangsu	34.94	2291.47	1255.12	1787.11	358.59	94.55	92.32
浙江	Zhejiang	27.53	1499.71	905.80	1442.62	352.57	92.43	75.57
安徽	Anhui	5.10	769.48	370.86	386.34	43.28	35.89	25.61
福建	Fujian	10.29	724.03	395.66	594.66	123.85	69.26	53.81
江西	Jiangxi	12.26	609.44	436.19	498.80	102.71	48.64	49.39
山东	Shandong	32.48	1889.75	465.76	1730.75	430.68	61.90	23.40
河南	Henan	17.76	1030.47	383.18	452.85	45.79	32.97	18.70
湖北	Hubei	24.47	1056.67	450.22	895.95	258.98	51.32	34.44
湖南	Hunan	12.46	878.03	241.59	768.26	156.70	43.81	22.51
广东	Guangdong	22.53	2161.86	289.14	1971.21	423.97	91.45	27.22
广西	Guangxi	10.98	639.12	286.63	429.03	170.75	40.86	26.85
海南	Hainan	0.58	117.80	35.95	91.43	40.79	44.85	25.76
重庆	Chongqing	14.77	504.07	145.25	390.11	153.13	40.76	20.46
四川	Sichuan	46.61	1471.09	541.10	1132.46	408.24	46.89	26.14
贵州	Guizhou	16.43	386.18	97.51	386.18	83.40	30.79	9.64
云南	Yunnan	10.75	489.77	171.49	473.09	235.31	34.40	18.42
西藏	Tibet	0.39	22.18	2.69	14.86	1.01	30.50	4.99
陕西	Shaanxi	3.84	654.72	176.96	501.31	197.69	51.82	24.95
甘肃	Gansu	4.82	206.41	24.53	197.03	66.13	25.19	5.03
青海	Qinghai	0.59	70.00	2.82	64.48	26.85	40.69	3.01
宁夏	Ningxia	1.31	96.37		96.37		46.66	
新疆	Xinjiang	5.66	291.21	48.18	210.21	56.66	34.97	14.71

9–23 电影创作生产情况
Basic Statistics on Film Production

年 份 Year	电影故事片厂 (个) Number of Feature Film Studios (unit)	生产故事影片 (部) Feature Films (film)	生产动画影片 (部) Cartoons (reel)	生产科教影片 (部) Popular Science Films (reel)	生产纪录影片 (部) Documentary Films (reel)	生产特种影片 (部) Special Films (reel)
1978	12	46	26	289	202	
1979	17	65	25	349	317	
1980	17	82	32	337	242	
1981	19	105	33	277	276	
1982	19	112	33	284	259	
1983	19	127	37	343	299	
1984	20	144	37	387	337	
1985	20	127	45	357	419	
1986	20	134	46	383	417	
1987	22	146	45	353	347	
1988	22	158	38	344	350	
1989	22	136	53	334	259	
1990	22	134	51	326	296	
1991	22	130	46	351	283	
1992	22	170	56	354	307	
1993	22	154	47	252	300	
1994	22	148	32	182	22	
1995	30	146	37	40	111	
1996	30	110	58	33	39	
1997	31	88	28	34	95	
1998	31	82	9	30	54	
1999	31	99	3	20	14	
2000	31	91	1	49	10	
2001	27	88	1	56	9	
2002	31	100	2	60	7	
2003	31	140	2	53	6	
2004	31	212	4	30	10	
2005	32	260	7	33	2	
2006	32	330	13	36	13	
2007	32	402	6	34	9	
2008	33	406	16	39	16	2
2009	31	456	27	52	19	4
2010	31	526	16	54	16	9
2011	31	558	24	76	26	5
2012	31	745	33	74	15	26
2013	31	638	29	121	18	18
2014	31	618	40	52	25	23

注：1.本表电影故事片厂指国有电影故事片厂。
2.2005年及以前动画片数为美术片数。

a) The number of feature film studios in this table only includes those approved by the State Council.

b) The real of cartoons refer to the arts films before 2005.

9–24 城市院线电影观众及票房情况
Statistics on Movie Audience and Box Office in Urban

年　份	Year	2008	2009	2010	2011	2012	2013	2014
银幕(块)	Screen(screen)			6256			18195	23600
电影票房收入（亿元）	Movie Box Office Income (100 million yuan)	43.21	62.06	101.72	131.15	170.73	217.69	296.39
#进口影片	Import Movie		26.91	44.38	60.84	88	90.2	134.84
#城市院线	Urban Movie Line	38.84	60.19	97.49	124.41	166.29	215.34	294.67
年度票房过亿影片数(个)	Number of Movies Box Office Income above 100 million yuan(film)		16	27	34	44	60	66
#进口影片	Import Movie		9	17	17	21	33	36
院线观众人次（万人次）	Audience Person Times (10 000 person times)	14070	20036	28097	35475	46577	61688	83630

9–25 全国农村电影市场情况
Statistics on Movie in Rural

项　　目	Item	2011	2012	2013	2014
影片订购场次（万场）	Public-interest Copyright Movie Session Ordered (10 000 rounds)	722	709	568	542
农村院线(条)	Movie Line in Rural(line)	246	248	249	252
卫星接收站(个)	Satellite Receiving Station(unit)	201	204	206	208

9–26 运动员获世界冠军情况
World Championships Won by Chinese Athletes

年 份 Year	项 数 (项) Number of Events (Item)	人 数 (人) Number of Persons (person)	个 数 (个) Number of Champions (time)
1978	4	4	4
1979	12	20	12
1980	3	3	3
1981	25	53	25
1982	12	31	13
1983	37	50	39
1984	33	46	37
1985	42	70	46
1986	26	56	26
1987	64	72	69
1988	54	59	54
1989	80	83	82
1990	54	61	54
1991	88	86	93
1992	86	68	89
1993	101	106	103
1994	79	86	79
1995	98	187	102
1996	72	58	75
1997	87	96	92
1998	75	89	83
1999	91	129	92
2000	92	109	110
2001	79	138	90
2002	99	123	110
2003	17	94	84
2004	27	175	101
2005	22	159	106
2006	24	169	141
2007	22	217	123
2008	24	151	120
2009	30	223	142
2010	22	180	108
2011	24	198	138
2012	24	140	107
2013	22	164	124
2014	22	206	98

9-27 体育系统机构人员情况(2014年)

Number of Institutions and Engaged Persons of Physical Education System (2014)

单位：个、人 (unit, person)

指 标	Item	合 计 Total		国家级 National Level	
		机构 Institutions	人员 Persons	机构 Institutions	人员 Persons
绝对数	**Value**				
总计	**Total**	**7106**	**148247**	**44**	**4915**
体育行政机关	Administrative Agencies of Physical Culture and Sports	3004	27783	1	220
运动项目管理部门	Sports Events Management	305	33815	23	1351
本科院校	Colleges	8	4848	1	1023
职业、运动技术学院	Sports Technical Institutes	17	5233		
体育运动学校	Physical Education and Sports Schools	250	15442		
竞技体校	Competitive Sports School	12	501		
少儿体育运动学校(业余体校)	Spare-time Sports School	1463	20697		
单项运动学校	Physical Education and Sports Schools	22	388		
体育中学	Secondary Schools of Physical Education	35	1516		
训练基地	Training Bases	70	2444	5	647
体育场馆	Stadium and Gymnasium	683	14731	1	334
体育科研机构	Science and Technology Institute	59	1335	1	111
其他事业单位	Other Institutions	1068	16336	11	769
其他	Others	110	3178	1	460
构成(%)	**Composition(%)**				
总计	**Total**	**100.0**	**100.0**	**100.0**	**100.0**
体育行政机关	Administrative Agencies of Physical Culture and Sports	42.3	18.7	2.3	4.5
运动项目管理部门	Sports Events Management	4.3	22.8	52.3	27.5
本科院校	Colleges	0.1	3.3	2.3	20.8
职业、运动技术学院	Sports Technical Institutes	0.2	3.5		
体育运动学校	Physical Education and Sports Schools	3.5	10.4		
竞技体校	Competitive Sports School	0.2	0.3		
少儿体育运动学校(业余体校)	Spare-time Sports School	20.6	14.0		
单项运动学校	Physical Education and Sports Schools	0.3	0.3		
体育中学	Secondary Schools of Physical Education	0.5	1.0		
训练基地	Training Bases	1.0	1.6	11.4	13.2
体育场馆	Stadium and Gymnasium	9.6	9.9	2.3	6.8
体育科研机构	Science and Technology Institute	0.8	0.9	2.3	2.3
其他事业单位	Other Institutions	15.0	11.0	25.0	15.6
其他	Others	1.5	2.1	2.3	9.4

9-27 续表 continued

单位：个、人 (unit, person)

指 标	Item	省级 Provincial Level 机构 Institutions	省级 Provincial Level 人员 Persons	地级 Prefectural Level 机构 Institutions	地级 Prefectural Level 人员 Persons	县级 County Level 机构 Institutions	县级 County Level 人员 Persons
绝对数	**Value**						
总计	**Total**	**734**	**55508**	**1859**	**45637**	**4469**	**42187**
体育行政机关	Administrative Agencies of Physical Culture and Sports	55	1920	431	6909	2517	18734
运动项目管理部门	Sports Events Management	218	29345	61	3081	3	38
本科院校	Colleges	7	3825				
职业、运动技术学院	Sports Technical Institutes	15	4854	2	379		
体育运动学校	Physical Education and Sports Schools	39	2686	171	11390	40	1366
竞技体校	Competitive Sports School	1	133	7	283	4	85
少儿体育运动学校（业余体校）	Spare-time Sports School	26	513	312	8117	1125	12067
单项运动学校	Physical Education and Sports Schools	7	94	11	247	4	47
体育中学	Secondary Schools of Physical Education			20	920	15	596
训练基地	Training Bases	25	1253	34	436	6	108
体育场馆	Stadium and Gymnasium	62	3031	371	8310	249	3056
体育科研机构	Science and Technology Institute	29	989	28	229	1	6
其他事业单位	Other Institutions	230	5403	369	4433	458	5731
其他	Others	20	1462	42	903	47	353
构成(%)	**Composition(%)**						
总计	**Total**	**100.0**	**100.0**	**100.0**	**100.0**	**100.0**	**100.0**
体育行政机关	Administrative Agencies of Physical Culture and Sports	7.5	3.5	23.2	15.1	56.3	44.4
运动项目管理部门	Sports Events Management	29.7	52.9	3.3	6.8	0.1	0.1
本科院校	Colleges	1.0	6.9				
职业、运动技术学院	Sports Technical Institutes	2.0	8.7	0.1	0.8		
体育运动学校	Physical Education and Sports Schools	5.3	4.8	9.2	25.0	0.9	3.2
竞技体校	Competitive Sports School	0.1	0.2	0.4	0.6	0.1	0.2
少儿体育运动学校（业余体校）	Spare-time Sports School	3.5	0.9	16.8	17.8	25.2	28.6
单项运动学校	Physical Education and Sports Schools	1.0	0.2	0.6	0.5	0.1	0.1
体育中学	Secondary Schools of Physical Education			1.1	2.0	0.3	1.4
训练基地	Training Bases	3.4	2.3	1.8	1.0	0.1	0.3
体育场馆	Stadium and Gymnasium	8.4	5.5	20.0	18.2	5.6	7.2
体育科研机构	Science and Technology Institute	4.0	1.8	1.5	0.5	0.0	0.0
其他事业单位	Other Institutions	31.3	9.7	19.8	9.7	10.2	13.6
其他	Others	2.7	2.6	2.3	2.0	1.1	0.8

9-28 分地区分等级教练员情况(2014年)
Certified Coaches by Region and Grade (2014)

单位：人 (person)

地 区	Region	合 计 Total	#女 Female	国家级 National Level	#女 Female	高 级 Senior Grade	#女 Female	一 级 Medium Grade	#女 Female	二 级 Junior Grade	#女 Female	三 级 Junior Grade	#女 Female
全 国	**National Total**	**1648**	**475**	**35**	**10**	**293**	**81**	**512**	**137**	**554**	**167**	**254**	**80**
北 京	Beijing	26	7			8	1	5	2	13	4		
天 津	Tianjin	40	9	2		11	3	14	2	8	2	5	2
河 北	Hebei	36	10	1	1	3		16	5	12	4	4	
山 西	Shanxi	47	14			9	2	23	8	10	4	5	
内蒙古	Inner Mongolia	43	15			7	3	10	3	13	2	13	7
辽 宁	Liaoning	112	33			14	3	30	10	51	16	17	4
吉 林	Jilin	47	11	1		20	5	13	4	12	2	1	
黑龙江	Heilongjiang	61	17	4	2	17	5	16	1	14	7	10	2
上 海	Shanghai	42	16	1	1	10	2	10	4	10	4	11	5
江 苏	Jiangsu	111	27	3	2	12	1	37	6	40	11	19	7
浙 江	Zhejiang	65	23			19	7	21	6	19	8	6	2
安 徽	Anhui	14	4			4	1	3		4	2	3	1
福 建	Fujian	131	52			22	12	38	14	48	15	23	11
江 西	Jiangxi	45	14	1		9	3	9	3	16	4	10	4
山 东	Shandong	149	49	1		25	6	41	11	68	26	14	6
河 南	Henan	48	14	2		11	3	15	4	16	5	4	2
湖 北	Hubei	42	6			3	2	25	2	5	2	9	
湖 南	Hunan	50	17	2	1	5	1	15	4	20	7	8	4
广 东	Guangdong	112	27	8	1	25	6	45	12	22	4	12	4
广 西	Guangxi	76	27	2	1	11	5	25	8	31	12	7	1
海 南	Hainan	9	2			1		2	1	4		2	1
重 庆	Chongqing	30	8			2	1	3		14	4	11	3
四 川	Sichuan	68	17	1		13	4	13	4	19	5	22	4
贵 州	Guizhou	14	4	1	1	3		9	3	1			
云 南	Yunnan	85	18	2		6	1	20	7	41	7	16	3
西 藏	Tibet	6						3		2		1	
陕 西	Shaanxi	39	11	2		4		19	6	7	1	7	4
甘 肃	Gansu	45	13			9	1	12	5	21	6	3	1
青 海	Qinghai	15	2			5	1	9	1	1			
宁 夏	Ningxia	8	2			3	1	3	1	2			
新 疆	Xinjiang	32	6	1		2	1	8		10	3	11	2

9–29 分地区按岗位和文化程度分在岗专职教练员情况(2014年)
Coaches with Full-time Contracts by Post and Educational Attainment by Region (2014)

单位：人 (person)

地区	Region	合计 Total	按岗位分 by Post			按文化程度分 by Educational Attainment			
			一线 First Grade	二线 Second Grade	三线 Third Grade	研究生及以上 Post-graduates and Above	本科 Under-graduates	专科 Junior College	中专(中学)及以下 Secondary Technical Schools
全国	**National Total**	**23419**	**5524**	**5113**	**12782**	**393**	**14674**	**7097**	**1255**
国家直属	Directly Under the Jurisdiction of State	102	80	3	19	27	55	19	1
北京	Beijing	737	187	110	440	26	592	113	6
天津	Tianjin	427	157	28	242	6	282	128	11
河北	Hebei	828	196	193	439	6	508	255	59
山西	Shanxi	630	113	255	262	6	371	215	38
内蒙古	Inner Mongolia	479	65	151	263	4	286	158	31
辽宁	Liaoning	1406	392	395	619	31	958	368	49
吉林	Jilin	742	105	154	483	16	460	226	40
黑龙江	Heilongjiang	1041	346	121	574	12	646	336	47
上海	Shanghai	904	242	120	542	20	656	207	21
江苏	Jiangsu	1436	302	406	728	25	1111	260	40
浙江	Zhejiang	927	248	192	487	7	715	170	35
安徽	Anhui	650	127	138	385	8	360	247	35
福建	Fujian	1071	200	150	721	3	708	301	59
江西	Jiangxi	565	109	99	357	2	275	261	27
山东	Shandong	1990	604	579	807	36	1306	505	143
河南	Henan	947	202	426	319	30	651	238	28
湖北	Hubei	854	255	135	464	21	365	381	87
湖南	Hunan	886	112	121	653	5	466	355	60
广东	Guangdong	1508	390	385	733	18	1031	386	73
广西	Guangxi	829	134	169	526	16	465	284	64
海南	Hainan	129	49		80	6	77	32	14
重庆	Chongqing	297	74	97	126	12	190	86	9
四川	Sichuan	1113	244	45	824	21	596	434	62
贵州	Guizhou	207	63	35	109	1	85	103	18
云南	Yunnan	725	96	155	474	2	385	299	39
西藏	Tibet	39	29		10	2	16	20	1
陕西	Shaanxi	552	111	125	316	11	308	197	36
甘肃	Gansu	547	146	176	225	8	358	151	30
青海	Qinghai	131	34		97	1	64	60	6
宁夏	Ningxia	113	39	29	45		79	32	2
新疆	Xinjiang	607	73	121	413	4	249	270	84

9-30 分地区分技术等级运动员情况(2014年)
Certified Athletes by Region and Technical Grade (2014)

单位：人 (person)

地 区	Region	合 计 Total	#女 Female	国际级运动健将 International Master of Sports	#女 Female	运动健将 Master of Sports	#女 Female	一 级运动员 First Grade	#女 Female	二 级运动员 Second Grade	#女 Female
全 国	**National Total**	**45141**	**16667**	**127**	**62**	**910**	**395**	**11410**	**5030**	**32694**	**11180**
国家直属	Directly Under the Jurisdiction of State	254	82	3	2	11	4	12	3	228	73
北 京	Beijing	1826	793	12	3	93	38	528	274	1193	478
天 津	Tianjin	1540	592					421	175	1119	417
河 北	Hebei	2460	925					592	274	1868	651
山 西	Shanxi	1567	627	4	3	15	8	329	141	1219	475
内蒙古	Inner Mongolia	1214	360	1		60	22	306	128	847	210
辽 宁	Liaoning	2099	797	15	10	144	59	525	216	1415	512
吉 林	Jilin	776	267	9	6	18	7	239	89	510	165
黑龙江	Heilongjiang	1152	371	17	7	88	50	299	133	748	181
上 海	Shanghai	2157	898	4	1	46	28	788	346	1319	523
江 苏	Jiangsu	2452	1067	17	9	113	45	754	386	1568	627
浙 江	Zhejiang	2407	894	3	2	5	2	619	256	1780	634
安 徽	Anhui	1436	598	2	1	37	16	354	154	1043	427
福 建	Fujian	1282	541	15	5	62	27	320	171	885	338
江 西	Jiangxi	1078	376	1	1	29	9	277	118	771	248
山 东	Shandong	3582	1241					1019	479	2563	762
河 南	Henan	2302	674					598	229	1704	445
湖 北	Hubei	3646	938					388	164	3258	774
湖 南	Hunan	1415	585	6	3	28	16	391	176	990	390
广 东	Guangdong	1382	619			8	2	83	31	1291	586
广 西	Guangxi	705	303					214	108	491	195
海 南	Hainan	323	136					140	58	183	78
重 庆	Chongqing	1470	526			27	5	353	160	1090	361
四 川	Sichuan	2175	927	9	3	33	16	669	312	1464	596
贵 州	Guizhou	279	82	1	1	9	3	85	34	184	44
云 南	Yunnan	1098	324			18	8	177	46	903	270
西 藏	Tibet	4	2			4	2				
陕 西	Shaanxi	753	312	5	2	30	12	382	175	336	123
甘 肃	Gansu	590	203			18	10	122	41	450	152
青 海	Qinghai	155	56	1	1	10	5	65	25	79	25
宁 夏	Ningxia	440	152	2	2	4	1	107	39	327	110
新 疆	Xinjiang	1122	399					254	89	868	310

9–31 体育场地和面积情况(截至2013年12月31日)
Statistics on Sports Ground and Area (by 2013.12.31)

类　型	Type	场地数量 (万个) Number of Sports Ground (10 000 unit)	场地数量构成 (%) Proportion (%)	场地面积 (亿平方米) Area of Sports Ground (100 million sq.m)	场地面积构成 (%) Proportion (%)
合　计	**Total**	**169.5**	**100.0**	**19.9**	**100.0**
按系统分	**by System**				
体育系统	Sports System	2.4	1.4	1.0	4.8
教育系统	Education System	66.1	39.0	10.6	53.0
#高等院校	Higher Education	5.0	2.9	0.8	4.2
中小学	Secondary and Primary Education	58.5	34.5	9.3	46.6
其他	Others	2.6	1.5	0.5	2.3
军队系统	Army System	5.2	3.1	0.4	2.2
其他系统	Other Systems	95.8	56.5	8.0	40.0
按单位类型分	**by Unit Type**				
行政机关	Administrative Agency	8.4	5.1	0.9	4.4
事业单位	Institutional Organization	68.7	41.8	11.5	58.8
企业单位	Business Units	13.8	8.4	4.1	21.1
#内资企业	Domestic Funded Enterprises	12.9	7.9	3.4	17.4
港、澳、台商投资企业	Enterprises with Funds from Hongkong, Macao and Taiwan	0.5	0.3	0.4	2.0
外商投资企业	Enterprises with Foreign Investment	0.4	0.2	0.3	1.7
其他单位	Other Units	73.4	44.7	3.1	15.7
按场地类型分	**by Ground Type**				
82种主要体育场地类型	82 Kinds Main Sports Ground Tpye	154.0	93.8	17.9	91.9
其他类体育场地	Other Sports Ground Types	10.2	6.2	1.6	8.1

注：1.本表数据来自第六次全国体育场地普查。
2.“按单位类型分”和“按场地类型分”的体育场地分布数据不包括军队系统所属的各类体育场地。
a)Data resource is 6th National Sports Ground General Survey.
b)"by Unit Type" and "by Ground Type" data excludes sports grounds belonging to army system.

9-32 体育场地城乡分布情况(截至2013年12月31日)
Statistics on Sports Ground by Area(by 2013.12.31)

场地类型	Ground Type	城镇 Urban		乡村 Rural	
		数量 (万个) Number (10 000 unit)	场地面积 (亿平方米) Area of Sports Ground (100 million sq.m)	数量 (万个) Number (10 000 unit)	场地面积 (亿平方米) Area of Sports Ground (100 million sq.m)
合　计	**Total**	**96.27**	**13.37**	**67.97**	**6.12**
室内体育场地	Sports Ground Indoor	12.87	0.54	2.73	0.05
室外体育场地	Sports Ground Outdoor	83.40	12.83	65.24	6.07

注：本表数据来自第六次全国体育场地普查。体育场地分布数据不包括军队系统所属的各类体育场地。
Data resource is 6th National Sports Ground General Survey. Data in this table excludes sports grounds belonging to army system.

9-33 分年龄城乡居民参加体育锻炼情况
Statistics on Urban and Rural Residents Participating in Physical Exercises by Age

单位：% (%)

年龄 Age	2007		2014	
	参加过锻炼比例 Ever Participating in Physical Exercises	经常参加锻炼比例 Often Participating in Physical Exercises	参加过锻炼比例 Ever Participating in Physical Exercises	经常参加锻炼比例 Often Participating in Physical Exercises
20-29	38.2	6.2	48.2	13.7
30-39	33.1	6.1	41.7	12.4
40-49	31.5	8.0	41.1	14.9
50-59	29.9	10.8	40.0	18.0
60-69	28.4	11.7	36.2	18.2
≥70	22.2	8.5	26.0	10.8

注：本表数据来自全民健身活动状况调查结果。
Data resource is national fitness activies survey.

9-34 分年龄接受体育锻炼指导的人数比重(2014年)
Proportion of People Accepting Guidance of Physical Exercises by Age(2014)

项目	Item	合计	年龄 Age					
		Total	20-29	30-39	40-49	50-59	60-69	≥70
合计	**Totel**	**100.0**	**100.0**	**100.0**	**100.0**	**100.0**	**100.0**	**100.0**
专业教练指导	Guided by Professional Coach	5.7	11.4	6.4	4.2	2.9	2.9	1.9
社会体育指导员	Guided by Social Physical Instructor	5.3	5.3	4.5	5.6	5.7	5.7	4.9
其他受过相关专业训练的指导	Guided by Other Related Professional Exercises	4.7	6.4	4.8	4.3	3.6	4.5	2.9
同事、朋友相互指导	Guided by Friends or Colleagues	32.3	37.4	34.4	31.6	30.8	26.5	21.4
看资料(书刊、视频)指导	Guided by Book or Video	5.0	5.3	5.4	4.7	4.8	4.5	3.9
没有指导	No Guided	47.1	34.2	44.5	49.6	52.2	55.9	65.0

注：本表数据来自全民健身活动状况调查结果。
Data resource is national fitness activies survey.

9-35 国内游客旅游情况
Statistics on Domestic Visitors

指标	Indicator	2010	2011	2012	2013	2014
绝对数	**Value**					
国内居民出境人数(万人次)	Number of Chinese Outbound Visitors (10 000 person-times)	5738.65	7025.00	8318.17	9818.52	10727.55
#因私出境人数	For Private Purpose	5150.79	6411.79	7705.51	9197.08	11002.91
国内游客(亿人次)	Number of Domestic Visitors(100 million person-times)	21.03	26.41	29.57	32.62	36.11
国际旅游(外汇)收入(亿美元)	Foreign Exchange Earnings from International Tourism (100 million USD)	458.14	484.64	500.28	516.64	569.13
国内旅游收入(亿元)	Earnings from Domestic Tourism(100 million yuan)	12579.77	19305.39	22706.22	26276.12	30311.86
比上年增长(%)	**Increase Rate (preceding year=100)**					
国内居民出境人数(万人次)	Number of Chinese Outbound Visitors (10 000 person-times)	20.42	22.42	18.41	18.04	9.26
#因私出境人数	For Private Purpose	22.03	24.48	20.18	19.36	19.63
国内游客(亿人次)	Number of Domestic Visitors(100 million person-times)	10.57	25.58	11.97	10.31	10.70
国际旅游(外汇)收入(亿美元)	Foreign Exchange Earnings from International Tourism (100 million USD)	15.47	5.78	3.23	3.27	10.16
国内旅游收入(亿元)	Earnings from Domestic Tourism(100 million yuan)	23.53	53.46	17.62	15.72	15.36

9-36 城乡居民国内旅游情况
Statistics on Tourism of Urban and Rural Residents

年 份 Year	国内游客（百万人次）Domestic Tourists (million person-times)	城镇居民 Urban Residents	农村居民 Rural Residents	旅游总花费（亿元）Tourism Expenditure(100 million yuan)	城镇居民 Urban Residents	农村居民 Rural Residents	人均花费（元）Per Capita Expenditure (yuan)	城镇居民 Urban Residents	农村居民 Rural Residents
1994	524	205	319	1023.5	848.2	175.3	195.3	414.7	54.9
1995	629	246	383	1375.7	1140.1	235.6	218.7	464.0	61.5
1996	640	256	383	1638.4	1368.4	270.0	256.2	534.1	70.5
1997	644	259	385	2112.7	1551.8	560.9	328.1	599.8	145.7
1998	695	250	445	2391.2	1515.1	876.1	345.0	607.0	197.0
1999	719	284	435	2831.9	1748.2	1083.7	394.0	614.8	249.5
2000	744	329	415	3175.5	2235.3	940.3	426.6	678.6	226.6
2001	784	375	409	3522.4	2651.7	870.7	449.5	708.3	212.7
2002	878	385	493	3878.4	2848.1	1030.3	441.8	739.7	209.1
2003	870	351	519	3442.3	2404.1	1038.2	395.7	684.9	200.0
2004	1102	459	643	4710.7	3359.0	1351.7	427.5	731.8	210.2
2005	1212	496	716	5285.9	3656.1	1629.7	436.1	737.1	227.6
2006	1394	576	818	6229.7	4414.7	1815.0	446.9	766.4	221.9
2007	1610	612	998	7770.6	5550.4	2220.2	482.6	906.9	222.5
2008	1712	703	1009	8749.3	5971.7	2777.6	511.0	849.4	275.3
2009	1902	903	999	10183.7	7233.8	2949.9	535.4	801.1	295.3
2010	2103	1065	1038	12579.8	9403.8	3176.0	598.2	883.0	306.0
2011	2641	1687	954	19305.4	14808.6	4496.8	731.0	877.8	471.4
2012	2957	1933	1024	22706.2	17678.0	5028.2	767.9	914.5	491.0
2013	3262	2186	1076	26276.1	20692.6	5583.5	805.5	946.6	518.9
2014	3611	2483	1128	30311.9	24219.8	6092.1	839.7	975.4	540.2

9-37 按城乡和性别划分的休闲娱乐活动平均时间
Average Time of Leisure and Entertainment Activities by Area and Gender

单位：分钟 (minute)

休闲娱乐活动	Leisure and Entertainment Activities	合计 Total			城市 Urban			农村 Rural		
		合计 Total	男 Male	女 Female	合计 Total	男 Male	女 Female	合计 Total	男 Male	女 Female
合 计	**Total**	**233**	**252**	**215**	**276**	**303**	**251**	**185**	**196**	**174**
使用媒体	Media	152	165	140	176	195	159	125	131	118
阅读书报杂志	Reading Books, Newspapers or Magazines	11	14	9	18	22	15	4	5	3
看电视及影视光盘	Watching TV or Compact Disk	126	131	121	133	139	127	117	121	113
听广播及音频节目	Listening to the Radio or Audio Program	1	1	1	1	1	1	1	1	
上互联网	Surf the Internet	14	19	9	23	32	15	3	4	2
健身锻炼	Fitness Exercises	23	24	22	36	37	34	9	10	7
走路跑步	Working or Running	18	19	17	27	28	26	7	8	6
武术气功	Martial Arts or Qigong				1	1	1			
跳舞和健身	Dancing or Bodybuilding	3	2	3	4	3	5	1	1	1
球类运动	Ball Game	2	2	1	2	4	1	1	1	
业余爱好、游戏	Hobbies and Games	22	26	18	24	29	20	19	22	15
棋牌游戏	Chess and Card Game	19	23	16	21	25	17	18	20	15
计算机游戏	Computer Game	1	2	1	1	2	1	1	1	
群体游戏	Group Game	1	1	1	1	1	1			
外出参观、看电影与演出	Touring, Seeing Movie and Performance	2	3	2	4	4	3	1	1	1
看电影	Seeing Movie				1		1			
外出参观	Touring	2	2	2	3	3	3			
社会交往	Social Communication	23	22	24	22	21	22	25	24	26
交流与交谈	Talking and Communication	22	21	23	20	19	20	24	22	25
其他社会交往活动	Others	1	2	1	2	2	2	1	1	1
相关交通活动	Related Transportation Activities	8	9	7	12	12	11	4	4	3

注：1.数据来源于国家统计局2008年时间利用调查。
2.平均时间指用于某类活动的时间总和除以全部调查对象人数。
a)Data resource is from NBS 2008 Time Use Survey.
b)Average time refers to total time of certain activity divide by number of respondents.

9−37 续表 1 Continued 1

单位：分钟 (minute)

休闲娱乐活动	Leisure and Entertainment Activities	合计 Total			城市 Urban			农村 Rural		
		合计 Total	男 Male	女 Female	合计 Total	男 Male	女 Female	合计 Total	男 Male	女 Female
工作日	**Weekday**	**214**	**228**	**201**	**249**	**268**	**231**	**175**	**184**	**166**
使用媒体	Media	143	154	133	164	179	150	120	126	114
阅读书报杂志	Reading Books, Newspapers or Magazines	11	13	9	18	21	14	3	5	2
看电视及影视光盘	Watching TV or Compact Disk	119	123	115	124	128	120	113	117	110
听广播及音频节目	Listening to the Radio or Audio Program	1	1	1	1	1	1		1	
上互联网	Surf the Internet	12	16	8	21	28	14	3	4	1
健身锻炼	Fitness Exercises	22	23	21	34	35	33	8	10	7
走路跑步	Working or Running	17	18	16	26	27	25	7	8	6
武术气功	Martial Arts or Qigong				1	1	1			
跳舞和健身	Dancing or Bodybuilding	3	2	3	4	3	5	1	1	1
球类运动	Ball Game	1	2	1	2	3	1	1	1	
业余爱好、游戏	Hobbies and Games	18	21	15	20	23	16	16	18	14
棋牌游戏	Chess and Card Game	16	18	14	17	19	14	15	17	13
计算机游戏	Computer Game	1	1		1	2	1	1	1	
群体游戏	Group Game	1	1	1	1	1	1			
外出参观、看电影与演出	Touring, Seeing Movie and Performance	1	1	1	2	2	2	1	1	1
看电影	Seeing Movie									
外出参观	Touring	1	1	1	1	1	1			
社会交往	Social Communication	21	20	22	19	18	20	23	22	25
交流与交谈	Talking and Communication	20	19	21	18	17	19	22	21	24
其他社会交往活动	Others	1	1	1	1	1	1	1	1	1
相关交通活动	Related Transportation Activities	6	6	6	8	9	8	3	4	3

9−37 续表 2 Continued 2

单位：分钟 (minute)

休闲娱乐活动	Leisure and Entertainment Activities	合计 Total			城市 Urban			农村 Rural		
		合计 Total	男 Male	女 Female	合计 Total	男 Male	女 Female	合计 Total	男 Male	女 Female
休息日	**Weekend**	**281**	**312**	**252**	**344**	**389**	**301**	**211**	**228**	**195**
使用媒体	Media	174	192	156	208	237	181	136	144	128
阅读书报杂志	Reading Books, Newspapers or Magazines	13	16	10	20	24	16	5	6	3
看电视及影视光盘	Watching TV or Compact Disk	142	150	134	156	168	145	127	131	122
听广播及音频节目	Listening to the Radio or Audio Program	1	1	1	1	2	1	1	1	
上互联网	Surf the Internet	17	24	11	29	42	18	4	6	2
健身锻炼	Fitness Exercises	26	28	23	40	43	37	10	12	8
走路跑步	Working or Running	20	21	18	30	32	29	8	10	6
武术气功	Martial Arts or Qigong				1	1	1			
跳舞和健身	Dancing or Bodybuilding	2	2	3	4	3	5	1	1	1
球类运动	Ball Game	2	4	1	4	6	2	1	2	
业余爱好、游戏	Hobbies and Games	31	39	24	36	45	28	25	32	19
棋牌游戏	Chess and Card Game	28	35	22	32	40	25	24	29	18
计算机游戏	Computer Game	1	2	1	2	3	1	1	2	
群体游戏	Group Game	1	1	1	2	2	1			
外出参观、看电影与演出	Touring, Seeing Movie and Performance	5	5	5	8	8	8	2	2	2
看电影	Seeing Movie	1	1	1	1	1	1			
外出参观	Touring	4	4	4	6	6	6	1	1	1
社会交往	Social Communication	28	28	29	28	28	27	29	28	30
交流与交谈	Talking and Communication	26	25	27	25	25	24	28	26	29
其他社会交往活动	Others	2	3	2	3	3	2	1	2	1
相关交通活动	Related Transportation Activities	13	14	12	20	22	18	5	6	5

9-38 按城乡和性别划分的休闲娱乐活动参与率
Participation Rate of Leisure and Entertainment Activities by Area and Gender

单位：%　　　　(%)

休闲娱乐活动	Leisure and Entertainment Activities	合计 Total			城市 Urban			农村 Rural		
		合计 Total	男 Male	女 Female	合计 Total	男 Male	女 Female	合计 Total	男 Male	女 Female
合计	**Total**	**94**	**95**	**94**	**96**	**97**	**95**	**93**	**94**	**91**
使用媒体	Media	90	91	89	92	93	92	87	88	86
阅读书报杂志	Reading Books, Newspapers or Magazines	18	21	15	29	33	25	6	8	4
看电视及影视光盘	Watching TV or Compact Disk	86	87	86	87	87	86	86	86	85
听广播及音频节目	Listening to the Radio or Audio Program	2	2	1	2	3	2	1	1	1
上互联网	Surf the Internet	11	13	9	19	23	15	2	3	1
健身锻炼	Fitness Exercises	27	28	25	39	40	39	12	15	10
走路跑步	Working or Running	22	23	21	33	33	32	10	13	8
武术气功	Martial Arts or Qigong	1	1	1	1	1	1			
跳舞和健身	Dancing or Bodybuilding	4	4	5	7	6	8	1	1	2
球类运动	Ball Game	2	3	1	3	4	2	1	2	
业余爱好、游戏	Hobbies and Games	13	16	11	15	18	12	11	14	9
棋牌游戏	Chess and Card Game	12	14	9	13	16	10	11	13	9
计算机游戏	Computer Game	1	1	1	1	1	1	1	1	
群体游戏	Group Game	1		1	1	1	1			
外出参观、看电影与演出	Touring, Seeing Movie and Performance	2	2	2	3	3	3	1	1	1
看电影	Seeing Movie				1	1	1			
外出参观	Touring	1	1	1	2	2	2			
社会交往	Social Communication	29	28	29	30	29	31	28	28	28
交流与交谈	Talking and Communication	28	27	29	29	28	30	27	27	27
其他社会交往活动	Others	1	1	1	1	2	1	1	1	1
相关交通活动	Related Transportation Activities	16	16	15	22	23	21	8	9	7

注：1.数据来源于国家统计局2008年时间利用调查。
　　2.参与率指参与某类活动的人数占全部调查对象的比重。

a)Data resource is from NBS 2008 Time Use Survey.

b)Participatio rate refers to proportion of people participating certain activity in the whole respondents.

9-38 续表 1 Continued 1

单位：% (%)

休闲娱乐活动	Leisure and Entertainment Activities	合计 Total			城市 Urban			农村 Rural		
		合计 Total	男 Male	女 Female	合计 Total	男 Male	女 Female	合计 Total	男 Male	女 Female
工作日	**Weekday**	**94**	**95**	**93**	**96**	**96**	**95**	**92**	**94**	**91**
使用媒体	Media	89	90	89	92	93	91	87	88	86
阅读书报杂志	Reading Books, Newspapers or Magazines	18	21	15	29	33	25	6	8	4
看电视及影视光盘	Watching TV or Compact Disk	85	86	85	85	86	85	85	86	85
听广播及音频节目	Listening to the Radio or Audio Program	1	2	1	2	3	2	1	1	1
上互联网	Surf the Internet	11	13	8	18	22	15	2	3	1
健身锻炼	Fitness Exercises	26	27	25	39	39	39	12	14	10
走路跑步	Working or Running	22	23	21	32	33	31	10	12	8
武术气功	Martial Arts or Qigong	1	1	1	1	1	1			
跳舞和健身	Dancing or Bodybuilding	5	4	5	8	6	9	2	2	2
球类运动	Ball Game	2	3	1	3	4	2	1	1	
业余爱好、游戏	Hobbies and Games	12	14	10	14	17	11	10	12	8
棋牌游戏	Chess and Card Game	11	13	9	12	14	9	9	11	8
计算机游戏	Computer Game	1	1	1	1	1	1	1	1	
群体游戏	Group Game				1	1	1			
外出参观、看电影与演出	Touring, Seeing Movie and Performance	1	1	1	2	2	2	1	1	1
看电影	Seeing Movie									
外出参观	Touring	1	1	1	1	1	1			
社会交往	Social Communication	28	27	28	28	27	29	27	27	27
交流与交谈	Talking and Communication	27	26	28	27	26	29	27	27	27
其他社会交往活动	Others	1	1	1	1	1	1	1	1	1
相关交通活动	Related Transportation Activities	13	14	13	18	19	18	7	8	6

9-38 续表 2 Continued 2

单位：% (%)

休闲娱乐活动	Leisure and Entertainment Activities	合计 Total			城市 Urban			农村 Rural		
		合计 Total	男 Male	女 Female	合计 Total	男 Male	女 Female	合计 Total	男 Male	女 Female
休息日	**Weekend**	**95**	**96**	**95**	**98**	**98**	**97**	**93**	**94**	**92**
使用媒体	Media	91	92	90	94	95	93	88	88	87
阅读书报杂志	Reading Books, Newspapers or Magazines	18	21	15	28	32	24	7	9	4
看电视及影视光盘	Watching TV or Compact Disk	88	89	88	89	90	89	87	87	86
听广播及音频节目	Listening to the Radio or Audio Program	2	2	2	3	3	2	1	1	1
上互联网	Surf the Internet	12	15	9	20	26	15	3	3	2
健身锻炼	Fitness Exercises	27	29	26	41	42	39	13	15	10
走路跑步	Working or Running	23	24	22	34	34	33	11	13	9
武术气功	Martial Arts or Qigong	1	1	1	1	1	1			
跳舞和健身	Dancing or Bodybuilding	4	3	4	6	5	7	1	1	1
球类运动	Ball Game	3	4	1	4	5	2	1	2	1
业余爱好、游戏	Hobbies and Games	17	20	13	19	23	15	14	17	11
棋牌游戏	Chess and Card Game	15	18	12	17	20	13	13	16	10
计算机游戏	Computer Game	1	1	1	1	2	1	1	1	
群体游戏	Group Game	1	1	1	1	1	1			
外出参观、看电影与演出	Touring, Seeing Movie and Performance	4	4	4	6	6	6	1	1	1
看电影	Seeing Movie	1	1	1	1	1	1	1		1
外出参观	Touring	3	3	3	5	5	5			1
社会交往	Social Communication	32	32	32	33	33	34	30	30	30
交流与交谈	Talking and Communication	31	30	31	32	31	32	30	29	30
其他社会交往活动	Others	2	2	2	2	3	2	1	1	1
相关交通活动	Related Transportation Activities	22	24	20	32	35	30	10	12	9

十、资源环境

Resources and Environment

10-1 国土和气候自然状况(2014年) Natural Conditions(2014)

项　　目	Item	2014
国土	**Territory**	
国土面积(万平方公里)	Area of Territory(10 000 sq.km)	960
海域面积(万平方公里)	Area of Sea(10 000 sq.km)	473
海洋平均深度(米)	Average Depth of Sea(m)	961
海洋最大深度(米)	Maximum Depth of Sea(m)	5377
岸线总长度(公里)	Length of Coastline(km)	32000
大陆岸线长度	Mainland Shore	18000
岛屿岸线长度	Island Shore	14000
岛屿个数(个)	Number of Islands	5400
岛屿面积(万平方公里)	Area of Islands(10 000 sq.km)	3.87
气候	**Climate**	
热量分布(积温≥0℃)	Distribution of Heat (Accumulated Temperature≥0℃)	
黑龙江北部及青藏高原	Northern Heilongjiang and Tibet Plateau	2000-2500
东北平原	Northeast Plain	3000-4000
华北平原	North China Plain	4000-5000
长江流域及以南地区	Changjiang (Yangtze) River Drainage Area and the Area to the south of it	5800-6000
南岭以南地区	Area to the South of Nanling Mountain	7000-8000
降水量(毫米)	Precipitation(mm)	
台湾中部山区	Mid-Taiwan Mountain Area	≥4000
华南沿海	Southern China Coastal Area	1600-2000
长江流域	Changjiang River Valley	1000-1500
华北、东北	Northern and Northeastern Area	400-800
西北内陆	Northwestern Inland	100-200
塔里木盆地、吐鲁番盆地和柴达木盆地	Tarim Basin, Turpan Basin and Qaidam Basin	≤25
气候带面积比例(国土面积=100)	Percentage of Climatic Zones to Total Area of Territory	
湿润地区(干燥度<1.0)	Humid Zone(aridity<1.0)	32
半湿润地区(干燥度=1.0-1.5)	Semi-Humid Zone(aridity 1.0-1.5)	15
半干旱地区(干燥度=1.5-2.0)	Semi-Arid Zone(aridity 1.5-2.0)	22
干旱地区(干燥度>2.0)	Arid Zone(aridity>2.0)	31

注：1.气候资料为多年平均值。
2.岛屿面积未包括香港、澳门特别行政区和台湾省。

a) The climate data refer to the average figures in many years.

b) Island area does not include that of Hong Kong Special Administrative Region, Macao Special Administrative Region and Taiwan Province.

10-2 全国自然生态情况
Natural Ecology

年 份 Year	自然保护区 数 (个) Number of Nature Reserves (unit)	自然保护区面 积 (万公顷) Area of Nature Reserves (10 000 hectares)	保护区面积占辖区面积比重 (%) Percentage of Nature Reserves in the Region (%)	累计除涝面 积 (万公顷) Area with Flood Prevention Measures (10 000 hectares)	累计水土流失治理面积 (万公顷) Area of Soil Erosion under Control (10 000 hectares)
2000	1227	9821	9.9		8096.1
2001	1551	12989	12.9		8153.9
2002	1757	13295	13.2		8541.0
2003	1999	14398	14.4	2113.9	8971.4
2004	2194	14823	14.8	2119.8	9200.5
2005	2349	14995	15.0	2134.0	9465.5
2006	2395	15154	15.2	2137.6	9749.1
2007	2531	15188	15.2	2141.9	9987.1
2008	2538	14894	14.9	2142.5	10158.7
2009	2541	14775	14.7	2158.4	10454.5
2010	2588	14944	14.9	2169.2	10680.0
2011	2640	14971	14.9	2172.2	10966.4
2012	2669	14979	14.9	2185.7	10295.3
2013	2697	14631	14.8	2194.3	10689.2
2014	2729	14699		2236.9	11160.9

10-3 水资源情况
Water Resources

年 份 Year	水资源总量 (亿立方米) Total Amount of Water Resources (100 million cu.m)	地 表 水资源量 Surface Water Resources	地 下 水资源量 Groundwater Resources	地表水与地下水资源重复量 Duplicated Measurement Between Surface Water and Groundwater	人均水资源量 (立方米/人) Per Capita Water Resources (cu.m/person)
2000	27700.8	26561.9	8501.9	7363.0	2193.9
2005	28053.1	26982.4	8091.1	7020.4	2151.8
2006	25330.1	24358.1	7642.9	6670.8	1932.1
2007	25255.2	24242.5	7617.2	6604.5	1916.3
2008	27434.3	26377.0	8122.0	7064.7	2071.1
2009	24180.2	23125.2	7267.0	6212.1	1816.2
2010	30906.4	29797.6	8417.0	7308.2	2310.4
2011	23256.7	22213.6	7214.5	6171.4	1730.2
2012	29526.9	28371.4	8416.1	7260.6	2186.1
2013	27957.9	26839.5	8081.1	6962.7	2059.7
2014	27266.9	26263.9	7745.0	6742.0	1998.6

10-4 供水用水情况
Water Supply and Water Use

年 份 Year	供水总量 (亿立方米) Water Supply (100 million cu.m)	地表水 Surface Water	地下水 Ground-water	其 他 Others	用水总量 (亿立方米) Water Use (100 million cu.m)	农 业 Agricul-ture	工 业 Industry	生 活 Consump-tion	生 态 Ecological Protection	人均用水量 (立方米/人) Per Capita Water Use (cu.m/person)
2000	5530.7	4440.4	1069.2	21.1	5497.6	3783.5	1139.1	574.9		435.4
2005	5633.0	4572.2	1038.8	22.0	5633.0	3580.0	1285.2	675.1	92.7	432.1
2006	5795.0	4706.8	1065.5	22.7	5795.0	3664.4	1343.8	693.8	93.0	442.0
2007	5818.7	4723.9	1069.1	25.7	5818.7	3599.5	1403.0	710.4	105.7	441.5
2008	5910.0	4796.4	1084.8	28.7	5910.0	3663.5	1397.1	729.3	120.2	446.2
2009	5965.2	4839.5	1094.5	31.2	5965.2	3723.1	1390.9	748.2	103.0	448.0
2010	6022.0	4881.6	1107.3	33.1	6022.0	3689.1	1447.3	765.8	119.8	450.2
2011	6107.2	4953.3	1109.1	44.8	6107.2	3743.6	1461.8	789.9	111.9	454.4
2012	6141.8	4963.0	1134.2	44.6	6141.8	3880.3	1423.9	728.8	108.8	454.7
2013	6183.4	5007.3	1126.2	49.9	6183.4	3921.5	1406.4	750.1	105.4	455.5
2014	6094.9	4920.5	1116.9	57.5	6094.9	3869.0	1356.1	766.6	103.2	446.7

注：1.生态用水仅包括部分河湖、湿地人工补水和城市环境用水。
2.2012年起，生活用水量中的牲畜用水量调整至农业用水量中。

a) Water use by ecological protection only includes artificial supplement of river & lake, wetland and city entironment.

b) Since 2012, water use for animal husbandry in water use for consumption is moved to rural water use.

10-5 全国自然灾害情况
Natural Disasters

年 份 Year	地质灾害 Geological Disasters: 灾害起数 (处) Number of Geological Disasters (unit)	人员伤亡 (人) Casualties (person)	直接经济损失 (万元) Direct Economic Loss (10 000 yuan)	地震灾害 Earthquake Disasters: 灾害次数 (次) Number of Earthquake Disasters (time)	人员伤亡 (人) Casualties (person)	直接经济损失 (万元) Direct Economic Loss (10 000 yuan)
2000	19653	27697	494201	10	2855	142244
2001	5793	1675	348699	12		
2002	40246	2759	509740	5	362	13100
2003	15489	1333	504325	21	7465	466040
2004	13555	1407	408828	11	696	94959
2005	17751	1223	357678	13	882	262811
2006	102804	1227	431590	10	229	79962
2007	25364	1123	247528	3	422	201922
2008	26580	1598	326936	17	446293	85949594
2009	10580	845	190109	8	407	273782
2010	30670	3445	638509	12	13795	2361077
2011	15804	410	413151	18	540	6020873
2012	14675	636	625253	12	1279	828757
2013	15374	929	1043568	14	15965	9953631
2014	10937	637	567027	20	3666	3326078

10-5 续表 continued

年 份 Year	海洋灾害 Marine Disasters			森林火灾 Geological Disasters		
	发生次数 (次) Number of Marine Disasters (time)	死亡、失踪人数 (人) Deaths and Missing People (person)	直接经济损失 (亿元) Direct Economic Loss (100 million yuan)	灾害次数 (次) Number of Forest Fires (time)	人员伤亡 (人) Casualties (person)	其他损失折款 (万元) Economic Loss (10 000 yuan)
2000		79	120.8	5934	178	3069
2001		401	100.1	4933	58	7409
2002	126	124	65.9	7527	98	3610
2003	172	128	80.5	10463	142	37000
2004	155	140	54.2	13466	252	20213
2005	176	371	332.4	11542	152	15029
2006	180	492	218.5	8170	102	5375
2007	163	161	88.4	9260	94	12416
2008	128	152	206.1	14144	174	12594
2009	132	95	100.2	8859	110	14511
2010		137	132.8	7723	108	11611
2011	114	76	62.1	5550	91	20173
2012	138	68	155.0	3966	21	10802
2013	115	121	163.5	3929	55	6062
2014	100	24	136.1	3703	112	42513

10-6 分地区自然保护基本情况(2014年)
Basic Situation of Natural Protection by Region (2014)

地 区	Region	自然保护区数(个) Number of Nature Reserves (unit)	#国家级 National Level	#省级 Provincial Level	自然保护区面积(万公顷) Area of Nature Reserves (10000 hectares)	#国家级 National Level	#省级 Provincial Level
全 国	**National Total**	**2729**	**428**	**858**	**14699.2**	**9651.6**	**3778.2**
北 京	Beijing	20	2	12	13.4	2.6	7.1
天 津	Tianjin	8	3	5	9.1	3.8	5.3
河 北	Hebei	44	13	25	70.5	25.3	41.9
山 西	Shanxi	46	7	39	110.3	11.7	98.5
内蒙古	Inner Mongolia	182	29	60	1264.3	428.4	603.2
辽 宁	Liaoning	104	17	30	274.3	97.5	85.6
吉 林	Jilin	48	20	20	245.2	110.7	132.4
黑龙江	Heilongjiang	250	36	85	747.4	303.1	258.8
上 海	Shanghai	4	2	2	13.6	6.6	7.0
江 苏	Jiangsu	30	3	10	53.0	29.9	8.5
浙 江	Zhejiang	33	10	10	19.9	14.7	1.8
安 徽	Anhui	104	7	29	45.5	13.9	21.8
福 建	Fujian	90	16	21	43.3	24.0	8.4
江 西	Jiangxi	202	14	37	129.0	23.1	37.9
山 东	Shandong	88	7	38	111.9	22.0	55.2
河 南	Henan	33	12	19	74.1	43.7	30.2
湖 北	Hubei	70	18	21	101.7	42.8	32.8
湖 南	Hunan	128	23	28	131.0	63.6	37.7
广 东	Guangdong	390	15	63	185.4	32.6	52.8
广 西	Guangxi	77	22	45	142.1	38.9	81.5
海 南	Hainan	49	10	22	270.5	15.7	253.4
重 庆	Chongqing	57	6	18	83.8	27.5	23.4
四 川	Sichuan	168	30	64	829.8	293.6	276.9
贵 州	Guizhou	124	8	7	89.0	24.4	10.6
云 南	Yunnan	157	20	38	283.2	150.3	67.1
西 藏	Tibet	47	9	14	4136.9	3715.3	420.9
陕 西	Shaanxi	60	22	31	113.1	60.0	47.2
甘 肃	Gansu	60	20	36	916.8	687.7	217.6
青 海	Qinghai	11	7	4	2166.5	2073.4	93.1
宁 夏	Ningxia	14	9	5	53.3	46.0	7.4
新 疆	Xinjiang	31	11	20	1971.2	1218.9	752.3

注：数据来自环境保护部。

Data source is Ministry of Environmental Protection.

10-7 分地区森林资源情况(2014年)
Forest Resources by Region(2014)

地区	Region	林业用地面积(万公顷) Area of Afforested Land (10 000 hectares)	森林面积(万公顷) Forest Aera (10 000 hectares)	#人工林 Artifical Forest	森林覆盖率(%) Forest Coverage Rate (%)	活立木总蓄积量(万立方米) Total Standing Forest Stock (10 000 cu.m)	森林蓄积量(万立方米) Stock Volume of Forest (10 000 cu.m)
全 国	**National Total**	**31259.0**	**20768.7**	**6933.4**	**21.6**	**1643280.6**	**1513729.7**
北 京	Beijing	101.4	58.8	37.2	35.8	1828.0	1425.3
天 津	Tianjin	15.6	11.2	10.6	9.9	454.0	374.0
河 北	Hebei	718.1	439.3	220.9	23.4	13082.2	10775.0
山 西	Shanxi	765.6	282.4	131.8	18.0	11039.4	9739.1
内蒙古	Inner Mongolia	4398.9	2487.9	331.7	21.0	148415.9	134530.5
辽 宁	Liaoning	699.9	557.3	307.1	38.2	25972.1	25046.3
吉 林	Jilin	856.2	763.9	160.6	40.4	96534.9	92257.4
黑龙江	Heilongjiang	2207.4	1962.1	246.5	43.2	177721.0	164487.0
上 海	Shanghai	7.7	6.8	6.8	10.7	380.3	186.4
江 苏	Jiangsu	178.7	162.1	156.8	15.8	8461.4	6470.0
浙 江	Zhejiang	660.7	601.4	258.5	59.1	24224.9	21679.8
安 徽	Anhui	443.2	380.4	225.1	27.5	21710.1	18074.9
福 建	Fujian	926.8	801.3	377.7	66.0	66674.6	60796.2
江 西	Jiangxi	1069.7	1001.8	338.6	60.0	47032.4	40840.6
山 东	Shandong	331.3	254.6	244.5	16.7	12360.7	8919.8
河 南	Henan	505.0	359.1	227.1	21.5	22880.7	17094.6
湖 北	Hubei	849.9	713.9	194.9	38.4	31324.7	28653.0
湖 南	Hunan	1252.8	1011.9	474.6	47.8	37311.5	33099.3
广 东	Guangdong	1076.4	906.1	557.9	51.3	37774.6	35682.7
广 西	Guangxi	1527.2	1342.7	634.5	56.5	55816.6	50936.8
海 南	Hainan	214.5	187.8	136.2	55.4	9774.5	8903.8
重 庆	Chongqing	406.3	316.4	92.6	38.4	17437.3	14651.8
四 川	Sichuan	2328.3	1703.7	449.3	35.2	177576.0	168000.0
贵 州	Guizhou	861.2	653.4	237.3	37.1	34384.4	30076.4
云 南	Yunnan	2501.0	1914.2	414.1	50.0	187514.3	169309.2
西 藏	Tibet	1783.6	1471.6	4.9	12.0	228812.2	226207.1
陕 西	Shaanxi	1228.5	853.2	237.0	41.4	42416.1	39592.5
甘 肃	Gansu	1042.7	507.5	103.0	11.3	24054.9	21454.0
青 海	Qinghai	808.0	406.4	7.4	5.6	4884.4	4331.2
宁 夏	Ningxia	180.1	61.8	14.4	11.9	872.6	660.3
新 疆	Xinjiang	1099.7	698.3	94.0	4.2	38679.6	33654.1

注：1.本表为第八次全国森林资源清查(2009—2013)资料。
2.全国总计数包括台湾省和香港、澳门特别行政区数据。
a) Data in the table are the figures of the Eighth National Forestry Survey (2009-2013).
b) Data of national total include forest resources in Taiwan Province and Hong Kong SAR and Macao SAR.

10−8 分地区海洋类型自然保护区建设情况(2013年)
Construction of Nature Reserves by Sea Type by Region (2013)

海 域	Sea Area	保护区数量(个) Number of Nature Reserves (unit)							保护区面积(平方公里)
		合 计	按保护级别分 by Level		按保护类型分 by Type				
		Total	国家级 National Level	地方级 Local Level	海洋海岸生态系统 Biogeocenose of Coast	海洋自然遗迹 Natural Relic	海洋生物多样性 Biology Variety	其他 Others	Area of Nature Reserves (sq.km)
总 计	**Total**	**133**	**30**	**103**	**48**	**7**	**71**	**7**	**48503**
天 津	Tianjin	1	1		1				359
河 北	Hebei	3	1	2	1	1	1		339
辽 宁	Liaoning	15	5	10	10	2	3		9860
上 海	Shanghai	4	2	2	1			3	941
江 苏	Jiangsu	4	1	3			4		724
浙 江	Zhejiang	4	2	2	1	2		1	721
福 建	Fujian	12	3	9	5	2	5		1089
山 东	Shandong	18	4	14	7		11		5543
广 东	Guangdong	50	5	45	20		28	2	3820
广 西	Guangxi	2	2		2				110
海 南	Hainan	20	4	16			19	1	24997

注：数据来自国家海洋局。
Data source is State Oceanic Administration.

10-9 分地区水资源情况(2014年)
Water Resources by Region(2014)

地 区	Region	水资源总量(亿立方米) Total Amount of Water Resources (100 million cu.m)	地表水资源量 Surface Water Resources	地下水资源量 Groundwater Resources	地表水与地下水资源重复量 Duplicated Measurement Between Surface Water and Groundwater	人均水资源量(立方米/人) Per Capita Water Resources (cu.m/person)
全 国	**National Total**	**27266.9**	**26263.9**	**7745.0**	**6742.0**	**1998.6**
北 京	Beijing	20.3	6.5	16.0	2.2	95.1
天 津	Tianjin	11.4	8.3	3.7	0.6	76.1
河 北	Hebei	106.2	46.9	89.3	30.1	144.3
山 西	Shanxi	111.0	65.2	97.3	51.4	305.1
内蒙古	Inner Mongolia	537.8	397.6	236.3	96.1	2149.9
辽 宁	Liaoning	145.9	123.7	82.3	60.1	332.4
吉 林	Jilin	306.0	251.0	120.2	65.2	1112.2
黑龙江	Heilongjiang	944.3	814.4	295.4	165.5	2463.1
上 海	Shanghai	47.1	40.1	10.0	3.0	194.8
江 苏	Jiangsu	399.3	296.4	118.9	16.0	502.3
浙 江	Zhejiang	1132.1	1118.2	231.8	217.9	2057.3
安 徽	Anhui	778.5	712.9	178.9	113.3	1285.4
福 建	Fujian	1219.6	1218.4	330.5	329.3	3218.0
江 西	Jiangxi	1631.8	1613.3	397.2	378.7	3600.6
山 东	Shandong	148.4	76.6	116.9	45.0	152.1
河 南	Henan	283.4	177.4	166.8	60.9	300.7
湖 北	Hubei	914.3	885.9	282.0	253.6	1574.3
湖 南	Hunan	1799.4	1791.5	434.1	426.2	2680.1
广 东	Guangdong	1718.4	1709.0	420.5	411.1	1608.4
广 西	Guangxi	1990.9	1989.6	403.0	401.7	4203.3
海 南	Hainan	383.5	378.7	96.7	91.9	4266.0
重 庆	Chongqing	642.6	642.6	121.8	121.8	2155.9
四 川	Sichuan	2557.7	2556.5	606.2	605.1	3148.5
贵 州	Guizhou	1213.1	1213.1	294.4	294.4	3461.1
云 南	Yunnan	1726.6	1726.6	558.4	558.4	3673.3
西 藏	Tibet	4416.3	4416.3	985.1	985.1	140200.0
陕 西	Shaanxi	351.6	325.8	124.1	98.3	932.8
甘 肃	Gansu	198.4	190.5	112.6	104.7	767.0
青 海	Qinghai	793.9	776.0	349.4	331.5	13675.5
宁 夏	Ningxia	10.1	8.2	21.3	19.4	153.0
新 疆	Xinjiang	726.9	686.6	443.9	403.6	3186.9

10-10 分地区供水用水情况(2014年)
Water Supply and Water Use by Region (2014)

地 区 Region	供水总量(亿立方米) Water Supply (100 million cu.m)	地表水 Surface Water	地下水 Ground-water	其 他 Others	用水总量(亿立方米) Water Use (100 million cu.m)	农 业 Agricul-ture	工 业 Industry	生 活 Consump-tion	生 态 Ecological Protection	人均用水量(立方米/人) Per Capita Water Use (cu.m/person)
全 国 National Total	**6094.9**	**4920.5**	**1116.9**	**57.5**	**6094.9**	**3869.0**	**1356.1**	**766.6**	**103.2**	**446.7**
北 京 Beijing	37.5	9.3	19.6	8.6	37.5	8.2	5.1	17.0	7.2	175.7
天 津 Tianjin	24.1	15.9	5.3	2.8	24.1	11.7	5.4	5.0	2.1	161.2
河 北 Hebei	192.8	46.8	142.1	4.0	192.8	139.2	24.5	24.1	5.1	262.0
山 西 Shanxi	71.4	32.8	35.1	3.5	71.4	41.5	14.2	12.2	3.4	196.1
内蒙古 Inner Mongolia	182.0	89.1	90.8	2.2	182.0	137.5	19.7	10.5	14.3	727.6
辽 宁 Liaoning	141.8	80.0	58.4	3.3	141.8	89.6	22.8	24.4	4.9	322.9
吉 林 Jilin	133.0	87.5	44.9	0.6	133.0	89.8	26.8	12.8	3.6	483.3
黑龙江 Heilongjiang	364.1	196.3	167.6	0.2	364.1	316.1	29.0	17.7	1.3	949.7
上 海 Shanghai	105.9	105.9	0.1		105.9	14.6	66.2	24.4	0.8	437.6
江 苏 Jiangsu	591.3	574.7	9.7	6.9	591.3	297.8	238.0	52.8	2.7	743.8
浙 江 Zhejiang	192.9	189.7	2.2	0.9	192.9	88.2	55.7	43.8	5.2	
安 徽 Anhui	272.1	239.9	30.3	1.8	272.1	142.8	92.7	31.9	4.7	449.3
福 建 Fujian	205.6	198.5	6.5	0.7	205.6	95.6	75.3	31.5	3.2	542.6
江 西 Jiangxi	259.3	248.3	9.1	2.0	259.3	168.6	61.3	27.4	2.1	572.2
山 东 Shandong	214.5	121.3	86.0	7.3	214.5	146.7	28.6	33.4	5.8	219.8
河 南 Henan	209.3	88.6	119.4	1.3	209.3	117.6	52.6	33.4	5.7	222.1
湖 北 Hubei	288.3	279.1	9.2		288.3	156.9	90.2	40.7	0.6	496.5
湖 南 Hunan	332.4	314.6	17.8	0.02	332.4	200.2	87.7	41.8	2.7	495.1
广 东 Guangdong	442.5	425.5	15.3	1.7	442.5	224.3	117.0	96.1	5.1	414.2
广 西 Guangxi	307.6	295.2	11.6	0.8	307.6	209.2	56.8	39.2	2.4	649.4
海 南 Hainan	45.0	41.9	3.0	0.1	45.0	33.4	3.9	7.5	0.2	500.7
重 庆 Chongqing	80.5	78.9	1.5	0.1	80.5	23.7	36.7	19.1	0.9	270.0
四 川 Sichuan	236.9	217.9	17.3	1.7	236.9	145.4	44.7	42.5	4.2	291.6
贵 州 Guizhou	95.3	90.9	2.8	1.7	95.3	50.4	27.7	16.6	0.7	271.9
云 南 Yunnan	149.4	142.5	5.8	1.1	149.4	103.3	24.6	19.5	2.0	317.9
西 藏 Tibet	30.5	26.7	3.8		30.5	27.7	1.7	1.1	…	967.3
陕 西 Shaanxi	89.8	55.2	33.3	1.3	89.8	57.9	14.0	15.4	2.5	238.3
甘 肃 Gansu	120.6	90.9	28.1	1.6	120.6	97.8	12.8	8.2	1.8	466.2
青 海 Qinghai	26.3	22.6	3.6	0.1	26.3	21.0	2.4	2.5	0.4	453.8
宁 夏 Ningxia	70.3	64.7	5.5	0.2	70.3	61.3	5.0	1.7	2.3	1068.6
新 疆 Xinjiang	581.8	449.4	131.4	1.1	581.8	551.0	13.3	12.3	5.3	2550.7

10-11 分地区草原建设利用情况(2014年)
Construction & Utilization of Grassland by Region (2014)

单位：千公顷 (1 000 hectares)

地 区	Region	草原总面积 Area of Grassland	可利用草原面积 Grassland Available	累计种草保留面积 Accumulated Grassland Reserved	当年新增种草面积 Newly Increased Grassland of the Year
全 国	**National Total**	**392832.7**	**330995.4**	**22004.7**	**7192.3**
北 京	Beijing	394.8	336.3	2.7	2.7
天 津	Tianjin	146.6	135.4	9.3	8.7
河 北	Hebei	4712.1	4085.3	636.0	115.3
山 西	Shanxi	4552.0	4552.0	405.3	162.7
内蒙古	Inner Mongolia	78804.5	63591.1	4856.7	2216.7
辽 宁	Liaoning	3388.8	3239.3	801.3	362.7
吉 林	Jilin	5842.2	4379.0	621.3	253.3
黑龙江	Heilongjiang	7531.8	6081.7	526.0	190.7
上 海	Shanghai	73.3	37.3		
江 苏	Jiangsu	412.7	325.7	26.0	20.7
浙 江	Zhejiang	3169.9	2075.2		
安 徽	Anhui	1663.2	1485.2	114.7	85.3
福 建	Fujian	2048.0	1957.1	13.3	6.0
江 西	Jiangxi	4442.3	3847.6	222.0	115.3
山 东	Shandong	1638.0	1329.2	182.0	88.7
河 南	Henan	4433.8	4043.3	141.3	74.0
湖 北	Hubei	6352.2	5071.5	226.7	98.0
湖 南	Hunan	6372.7	5666.3	235.3	45.3
广 东	Guangdong	3266.2	2677.2	48.0	36.7
广 西	Guangxi	8698.3	6500.3	95.3	25.3
海 南	Hainan	949.8	843.3	18.0	0.3
重 庆	Chongqing	2158.4	1867.2	93.3	46.7
四 川	Sichuan	20380.4	17753.1	2569.3	846.0
贵 州	Guizhou	4287.3	3759.7	569.3	97.3
云 南	Yunnan	15308.4	11925.6	1110.0	314.0
西 藏	Tibet	82051.9	70846.8	62.7	15.3
陕 西	Shaanxi	5206.2	4349.2	1013.3	160.7
甘 肃	Gansu	17904.2	16071.6	2993.3	660.7
青 海	Qinghai	36369.7	31530.7	1555.3	166.7
宁 夏	Ningxia	3014.1	2625.6	773.3	181.3
新 疆	Xinjiang	57258.8	48006.8	2083.3	795.3

注：数据来自农业部。
Data source is Ministry of Agriculture.

10-12 分地区地质公园建设情况(2014年)
Construction of Geoparks by Region (2014)

地 区 Region	地质公园(个) Geopark (unit)	#国家级 National Level	地质公园面积(公顷) Area of Geopark (hectare)	#国家级 National Level	地质公园类别(个) Categories of Geoparks (unit) 地质构造、剖面和形迹 Geological Structure, Section or Traces	古生物化石 Fossil	地质地貌景观 Geological-geomor Phological Landscape	本年建设投资(万元) Investment in Current Year (10 000 yuan)
全 国 National Total	**468**	**184**	**11648785**	**6904772**	**53**	**38**	**377**	**478853**
北 京 Beijing	6	5	202842	200042	1	1	4	12445
天 津 Tianjin	1	1	34200	34200	1			1000
河 北 Hebei	17	9	150585	89303	5	1	11	16780
山 西 Shanxi	16	7	202704	122094	3	1	12	13085
内蒙古 Inner Mongolia	19	7	479389	363991		6	13	6066
辽 宁 Liaoning	8	4	317415	291241	1	2	5	
吉 林 Jilin	8	3	332210	150528		1	7	8784
黑龙江 Heilongjiang	30	6	1476258	531682	2	1	27	9212
上 海 Shanghai	1		14500				1	230
江 苏 Jiangsu	9	2	15385	438	1	2	6	5054
浙 江 Zhejiang	11	4	84141	44316	1	1	9	10058
安 徽 Anhui	15	10	189144	154177	2		13	32801
福 建 Fujian	16	11	259275	163165	2		14	26954
江 西 Jiangxi	10	4	302087	203613			10	7281
山 东 Shandong	63	8	332430	197872	3	3	57	21744
河 南 Henan	25	13	550933	429245	11	1	13	375
湖 北 Hubei	27	6	549185	140856	2	1	24	11566
湖 南 Hunan	27	8	333131	159956			27	3955
广 东 Guangdong	14	8	155678	124829		1	13	15998
广 西 Guangxi	18	7	1262466	129529	1		17	14726
海 南 Hainan	5	1	27274	10800			5	1500
重 庆 Chongqing	7	6	1402708	1383558		1	6	38064
四 川 Sichuan	25	13	405019	336409	6	3	16	9408
贵 州 Guizhou	12	9	221126	178295	2	3	7	3763
云 南 Yunnan	11	8	328147	305465	1	3	7	41765
西 藏 Tibet	5	2	540886	462480	3		2	
陕 西 Shaanxi	12	5	183137	122665	3		9	37882
甘 肃 Gansu	28	6	632045	111141		4	24	119354
青 海 Qinghai	7	5	334580	221300			7	
宁 夏 Ningxia	4	1	38201	12960	2	1	1	
新 疆 Xinjiang	11	5	291704	228622		1	10	9004

注：数据来自国土资源部。
Data source is Ministry of Land and Resources.

10-13 分地区林业系统野生动植物保护及自然保护区工程建设情况(2014年)
Engineering Construction of Forestry System Wildlife Conservation and Nature Reserve Area by Region(2014)

地区 Region	国际重要湿地 International Important Wetland 个数(个) Number (unit)	面积(万公顷) Area (10 000 hectares)	野生植物种源培育基地(个) Breeding Base of Rare Wild Flora (unit)	野生动物观赏展演单位(个) Number of Wild Animal Zoos (unit)	植物园(个) Arboretums (unit)	林业投资完成额(万元) Investment Completed (10 000 yuan)	#国家投资 State Investment
全　国 National Total	**46**	**400.2**	**1070**	**393**	**180**	**198224**	**147788**
北　京 Beijing				5	1	1904	1721
天　津 Tianjin						1600	1600
河　北 Hebei			1	1		1058	1058
山　西 Shanxi			2	9	2	2768	2768
内蒙古 Inner Mongolia	2	74.8	2	2	2	3528	3128
辽　宁 Liaoning	2	14.0	7	16	5	3067	2993
吉　林 Jilin	2	24.9	16	8	2	4158	3665
黑龙江 Heilongjiang	7	71.5		1	2	7766	7656
上　海 Shanghai	2	3.6		2		38470	38298
江　苏 Jiangsu	2	53.1	1	14	6	4904	223
浙　江 Zhejiang	1	…	18	9	5	3053	2982
安　徽 Anhui			11	88	4	3334	3152
福　建 Fujian	1	0.2	208	20	2	8529	6257
江　西 Jiangxi	1	2.2	208	9	23	5156	2390
山　东 Shandong	1	9.6		40	14	5215	5215
河　南 Henan			4	79	1	2242	1076
湖　北 Hubei	3	6.4	13	18	2	6449	2096
湖　南 Hunan	3	39.3	453	13	45	22757	6567
广　东 Guangdong	3	3.2	10	9	4	6831	3644
广　西 Guangxi	2	0.7	9	4	3	10517	5219
海　南 Hainan	1	0.5	55	3	10	7873	7012
重　庆 Chongqing			5	4	9	4116	4096
四　川 Sichuan	1	16.7	3	10	5	12209	9903
贵　州 Guizhou			5	4	4	5800	5200
云　南 Yunnan	4	1.4	10	9	11	6544	3687
西　藏 Tibet	2	11.7	4	4		450	450
陕　西 Shaanxi			7	4	2	3753	3645
甘　肃 Gansu	1	24.7	17	2	9	5480	5161
青　海 Qinghai	3	18.4		2	1	1900	1500
宁　夏 Ningxia				1	2	2626	1700
新　疆 Xinjiang			1	3	4	3058	2617
大兴安岭 Daxinganling	1	23.0				1109	1109

注：国际重要湿地个数中，全国合计包括香港特别行政区1处。
Number of international important wetland includes one of Hong Kong SAR.

10–14 主要城市气候情况(2014年)
Climate of Major Cities (2014)

城市	City	年平均气温(摄氏度) Annual Average Temperature (℃)	年极端最高气温(摄氏度) Annual Maximum Temperature (℃)	年极端最低气温(摄氏度) Annual Minimum Temperature (℃)	年平均相对湿度(%) Annual Average Humidity (%)	全年日照时数(小时) Annual Average Sunshine Hours (hour)	全年降水量(毫米) Annual Average Precipitation (millimeter)
北京	Beijing	14.1	41.1	-11.2	52	2344.1	461.5
天津	Tianjin	14.0	40.5	-11.2	59	2265.6	441.4
石家庄	Shijiazhuang	14.9	42.8	-8.9	55	1585.4	294.8
太原	Taiyuan	10.9	36.5	-16.8	58	2513.5	428.7
呼和浩特	Hohhot	7.7	33.9	-20.8	46	2517.2	394.8
沈阳	Shenyang	9.2	35.4	-25.9	59	2690.0	362.9
长春	Changchun	7.1	34.4	-26.9	57	2674.5	446.0
哈尔滨	Harbin	5.1	36.2	-32.7	63	2055.9	415.8
上海	Shanghai	17.0	35.2	-4.1	73	1612.6	1295.3
南京	Nanjing	16.4	36.5	-5.6	74	1863.8	1091.1
杭州	Hangzhou	17.5	37.9	-3.3	73	1407.2	1359.9
合肥	Hefei	16.5	37.7	-6.4	76	1539.4	1180.2
福州	Fuzhou	20.8	37.9	2.0	72	1591.7	1628.0
南昌	Nanchang	18.8	37.2	-2.6	74	1810.5	1890.5
济南	Jinan	15.4	39.1	-11.2	55	2168.0	521.4
郑州	Zhengzhou	16.3	39.7	-8.8	58	1894.2	551.6
武汉	Wuhan	16.7	37.1	-6.4	79	1596.3	1208.6
长沙	Changsha	18.6	38.0	-3.5	69	1634.4	1386.8
广州	Guangzhou	21.7	37.2	1.3	79	1613.6	2234.0
南宁	Nanning	21.6	36.8	-1.2	82	1416.4	1234.7
海口	Haikou	24.7	37.0	8.3	83	2112.0	1861.3
重庆	Chongqing	18.6	40.5	2.3	79	598.4	1452.1
成都	Chengdu	16.0	35.6	-3.3	82	875.8	975.0
贵阳	Guiyang	14.7	32.1	-5.5	83	956.0	1562.0
昆明	Kunming	16.4	32.8	-1.8	66	2636.4	1078.3
拉萨	Lhasa	9.4	29.3	-11.2	36	3053.5	637.8
西安	Xi'an	15.2	40.6	-6.0	61	1941.8	660.2
兰州	Lanzhou	7.7	35.0	-20.4	59	2492.8	355.6
西宁	Xining	5.7	31.4	-20.9	59	2571.3	446.5
银川	Yinchuan	10.7	37.5	-16.9	50	2738.8	169.2
乌鲁木齐	Urumqi	7.4	36.7	-24.6	54	2986.9	297.0

注：数据来自中国气象局。
Data source is China Meteorological Administration.

10-15 分地区自然灾害损失情况(2014年)
Loss Caused by Natural Disasters by Region (2014)

单位：千公顷 (1 000 hectares)

地 区	Region	合 计 Total		旱 灾 Drought	
		受灾 Area Affected	绝收 Total Crop Failure	受灾 Area Affected	绝收 Total Crop Failure
全 国	**National Total**	**24890.7**	**3090.3**	**12271.7**	**1484.7**
北 京	Beijing	53.3	11.3	26.1	6.8
天 津	Tianjin	10.3	4.3		
河 北	Hebei	1435.7	176.7	1027.9	107.8
山 西	Shanxi	1173.5	113.7	721.6	41.4
内蒙古	Inner Mongolia	1878.3	258.9	1313.6	183.5
辽 宁	Liaoning	1931.4	550.6	1811.4	543.7
吉 林	Jilin	689.3	117.8	568.3	97.3
黑龙江	Heilongjiang	810.0	114.3	61.8	10.8
上 海	Shanghai				
江 苏	Jiangsu	554.1	39.8	473.9	34.5
浙 江	Zhejiang	204.0	13.8		
安 徽	Anhui	641.3	22.0	283.3	16.5
福 建	Fujian	102.6	11.1		
江 西	Jiangxi	487.1	46.6		
山 东	Shandong	886.1	76.7	688.5	60.0
河 南	Henan	1905.2	210.4	1809.3	203.8
湖 北	Hubei	1058.8	72.8	633.5	21.8
湖 南	Hunan	1136.1	192.0		
广 东	Guangdong	842.4	159.5		
广 西	Guangxi	1212.7	61.1	15.6	0.2
海 南	Hainan	309.4	110.8		
重 庆	Chongqing	280.9	34.4	7.6	1.1
四 川	Sichuan	919.3	80.9	576.8	21.3
贵 州	Guizhou	626.7	97.4	9.5	
云 南	Yunnan	882.0	87.4	332.0	19.1
西 藏	Tibet	12.9	4.6	4.1	1.5
陕 西	Shaanxi	772.2	102.6	434.7	42.7
甘 肃	Gansu	1618.4	66.8	644.2	13.9
青 海	Qinghai	169.8	18.1	23.9	0.1
宁 夏	Ningxia	438.3	38.8	227.8	12.9
新 疆	Xinjiang	1848.6	195.1	576.3	44.0

注：数据来自民政部。
Data source is Ministry of Civil Affairs.

10-15 续表 1 continued 1

单位：千公顷 (1 000 hectares)

地 区	Region	洪涝、山体滑坡、泥石流和台风 Flood, Waterlogging, Landslides and Debris flow, Typhoon		风雹灾害 Wind and Hail	
		受灾 Area Affected	绝收 Total Crop Failure	受灾 Area Affected	绝收 Total Crop Failure
全 国	**National Total**	**7222.0**	**976.9**	**3225.4**	**457.7**
北 京	Beijing			27.2	4.5
天 津	Tianjin			10.3	4.3
河 北	Hebei	48.4	4.5	254.2	26.3
山 西	Shanxi	90.3	13.7	153.9	19.9
内蒙古	Inner Mongolia	77.8	24.3	439.4	50.9
辽 宁	Liaoning	23.0	1.4	24.1	5.5
吉 林	Jilin	24.3	6.1	89.2	14.4
黑龙江	Heilongjiang	513.3	68.8	234.9	34.7
上 海	Shanghai				
江 苏	Jiangsu	23.4	0.3	56.3	5.0
浙 江	Zhejiang	192.2	13.6	5.3	0.2
安 徽	Anhui	307.2	5.4	9.8	
福 建	Fujian	97.8	10.9	2.7	0.2
江 西	Jiangxi	416.3	42.1	42.4	4.4
山 东	Shandong	139.7	2.9	57.7	13.8
河 南	Henan	48.3	3.7	37.7	2.9
湖 北	Hubei	293.6	36.1	48.8	4.2
湖 南	Hunan	1041.5	182.9	21.4	4.2
广 东	Guangdong	821.8	158.8	15.3	0.6
广 西	Guangxi	1167.2	58.9	14.8	1.1
海 南	Hainan	309.4	110.8		
重 庆	Chongqing	250.9	31.0	20.7	2.0
四 川	Sichuan	292.5	52.1	29.8	5.0
贵 州	Guizhou	411.7	65.1	160.9	30.4
云 南	Yunnan	282.7	41.2	157.1	19.3
西 藏	Tibet	3.9	1.1	4.7	2.0
陕 西	Shaanxi	143.2	27.0	189.8	31.8
甘 肃	Gansu	155.3	8.0	143.1	22.1
青 海	Qinghai	14.1	2.8	67.5	9.7
宁 夏	Ningxia	1.6		94.2	23.1
新 疆	Xinjiang	30.6	3.4	812.2	115.2

10-15 续表 2 continued 2

地 区	Region	低温冷冻和雪灾(千公顷) Low-temperature, Freezing and Snow Disaster (1 000 hectares)		人口受灾 Population		直接经济损失(亿元) Direct Economic Loss
		受灾 Area Affected	绝收 Total Crop Failure	受灾人口(万人次) Population Affected (10 000 person-times)	死亡人口(含失踪)(人) Deaths (including missing) (person)	(100 million yuan)
全 国	**National Total**	**2132.5**	**168.2**	**24353.7**	**1818**	**3373.8**
北 京	Beijing			32.1	1	10.5
天 津	Tianjin			3.7	1	1.3
河 北	Hebei	105.2	38.1	1716.1	13	135.1
山 西	Shanxi	207.7	38.7	476.0	9	50.8
内蒙古	Inner Mongolia	47.5	0.2	644.5	17	113.1
辽 宁	Liaoning	72.9		746.7	8	169.6
吉 林	Jilin	7.5		545.5	1	117.4
黑龙江	Heilongjiang			257.4	11	55.8
上 海	Shanghai					
江 苏	Jiangsu	0.5		548.4	1	14.0
浙 江	Zhejiang	6.5		471.4	20	64.4
安 徽	Anhui	41	0.1	1201.6	6	29.4
福 建	Fujian	2.1		155.8	23	45.4
江 西	Jiangxi	28.4	0.1	634.2	50	72.8
山 东	Shandong	0.2		959.8	1	82.4
河 南	Henan	9.9		2491.0	10	118.7
湖 北	Hubei	82.9	10.7	986.9	24	68.4
湖 南	Hunan	73.2	4.9	1704.9	71	206.5
广 东	Guangdong	5.3	0.1	742.8	71	337.1
广 西	Guangxi	15.1	0.9	1100.5	60	191.7
海 南	Hainan			621.4	34	177.4
重 庆	Chongqing	1.7	0.3	649.7	129	98.5
四 川	Sichuan	17.5	2.5	1611.9	63	205.4
贵 州	Guizhou	43.9	1.9	1493.8	146	198.0
云 南	Yunnan	74.5	5	1414.8	942	444.2
西 藏	Tibet	0.2		17.6	18	1.9
陕 西	Shaanxi	4.5	1.1	1208.5	37	93.4
甘 肃	Gansu	675.8	22.8	1052.7	9	74.6
青 海	Qinghai	64.3	5.5	129.8	10	9.3
宁 夏	Ningxia	114.7	2.8	220.6	4	16.6
新 疆	Xinjiang	429.5	32.5	513.6	28	170.1
新疆兵团	Xinjiang Production & Construction Corps					

10-16 全国环境污染治理投资和构成情况
Investment and Percentage in the Treatment of Environmental Pollution

单位：亿元，% (100 million yuan, %)

年份 Year	环境污染治理投资总额 Total Investment in Treatment of Environmental Pollution	城镇环境基础设施建设投资 Investment in Urban Environment Infrastructure Facilities	燃气 Gas Supply	集中供热 Central Heating	排水 Sewerage Projects	园林绿化 Gardening & Greening	市容环境卫生 Sanitation
绝对数 Value							
2001	1166.7	655.8	81.7	90.3	244.9	181.4	57.5
2002	1456.5	878.4	98.9	134.6	308.0	261.5	75.4
2003	1750.1	1194.8	147.4	164.3	419.8	352.4	110.9
2004	2057.5	1288.9	163.4	197.7	404.8	400.5	122.5
2005	2565.2	1466.9	164.3	250.0	431.5	456.3	164.8
2006	2779.5	1528.4	179.2	252.5	403.6	475.2	217.9
2007	3668.8	1749.0	187.0	272.4	517.1	601.6	171.0
2008	4937.0	2247.7	199.2	328.2	637.2	823.9	259.2
2009	5258.4	3245.1	219.2	441.5	1035.5	1137.6	411.2
2010	7612.2	5182.2	357.9	557.5	1172.7	2670.6	423.5
2011	7114.0	4557.2	444.1	593.3	971.6	1991.9	556.2
2012	8253.5	5062.7	551.8	798.1	934.1	2380.0	398.6
2013	9516.5	5223.0	607.9	819.5	1055.0	2234.9	505.7
2014	9575.5	5463.9	574.0	763.0	1196.1	2338.5	592.2
构成 Percentage							
2001	100.0	56.2	7.0	7.7	21.0	15.5	4.9
2002	100.0	60.3	6.8	9.2	21.1	18.0	5.2
2003	100.0	68.3	8.4	9.4	24.0	20.1	6.3
2004	100.0	62.6	7.9	9.6	19.7	19.5	6.0
2005	100.0	57.2	6.4	9.7	16.8	17.8	6.4
2006	100.0	55.0	6.4	9.1	14.5	17.1	7.8
2007	100.0	47.7	5.1	7.4	14.1	16.4	4.7
2008	100.0	45.5	4.0	6.6	12.9	16.7	5.3
2009	100.0	61.7	4.2	8.4	19.7	21.6	7.8
2010	100.0	68.1	4.7	7.3	15.4	35.1	5.6
2011	100.0	64.1	6.2	8.3	13.7	28.0	7.8
2012	100.0	61.3	6.7	9.7	11.3	28.8	4.8
2013	100.0	54.9	6.4	8.6	11.1	23.5	5.3
2014	100.0	57.1	6.0	8.0	12.5	24.4	6.2

10-16 续表 continued

单位：亿元,% (100 million yuan,%)

年 份 Year	工业污染源治理投资 Investment in Treatment of Industrial Pollution Sources	治理废水 Treatment of Waste water	治理废气 Treatment of Waste Gas	治理固体废物 Treatment of Solid Waste	治理噪声 Treatment of Noise Pollution	治理其他 Treatment of Other Pollution	当年完成环保验收项目环保投资 Environmental Protection Investment in the Environmental Protection Acceptance Projects in the Year	环境污染治理投资占GDP比重 Investment in Anti-pollution Projects as Percentage of GDP
绝对数 Value								
2001	174.5	72.9	65.8	18.7	0.6	16.5	336.4	1.06
2002	188.4	71.5	69.8	16.1	1.0	29.9	389.7	1.21
2003	221.8	87.4	92.1	16.2	1.0	25.1	333.5	1.29
2004	308.1	105.6	142.8	22.6	1.3	35.7	460.5	1.29
2005	458.2	133.7	213.0	27.4	3.1	81.0	640.1	1.39
2006	483.9	151.1	233.3	18.3	3.0	78.3	767.2	1.28
2007	552.4	196.1	275.3	18.3	1.8	60.7	1367.4	1.38
2008	542.6	194.6	265.7	19.7	2.8	59.8	2146.7	1.57
2009	442.6	149.5	232.5	21.9	1.4	37.4	1570.7	1.54
2010	397.0	129.6	188.2	14.3	1.4	62.0	2033.0	1.86
2011	444.4	157.7	211.7	31.4	2.2	41.4	2112.4	1.47
2012	500.5	140.3	257.7	24.7	1.2	76.5	2690.4	1.55
2013	867.7	124.9	640.9	14.0	1.8	86.1	3425.8	1.54
2014	997.7	115.2	789.4	15.1	1.1	76.9	3113.9	1.51
构成 Percentage								
2001	15.0	6.2	5.6	1.6	0.1	1.4	28.8	
2002	12.9	4.9	4.8	1.1	0.1	2.1	26.8	
2003	12.7	5.0	5.3	0.9	0.1	1.4	19.1	
2004	15.0	5.1	6.9	1.1	0.1	1.7	22.4	
2005	17.9	5.2	8.3	1.1	0.1	3.2	25.0	
2006	17.4	5.4	8.4	0.7	0.1	2.8	27.6	
2007	15.1	5.3	7.5	0.5		1.7	37.3	
2008	11.0	3.9	5.4	0.4	0.1	1.2	43.5	
2009	8.4	2.8	4.4	0.4		0.7	29.9	
2010	5.2	1.7	2.5	0.2		0.8	26.7	
2011	6.2	2.2	3.0	0.4		0.6	29.7	
2012	6.1	1.7	3.1	0.3		0.9	32.6	
2013	9.1	1.3	6.7	0.1		0.9	36.0	
2014	10.4	1.2	8.2	0.2		0.8	32.5	

10-17 分地区环境污染治理投资和构成情况(2014年)
Investment and Percentage in the Treatment of Environmental Pollution by Region (2014)

单位：亿元，% (100 million yuan, %)

地 区	Region	环境污染治理投资总额 Total Investment in Treatment of Environmental	城镇环境基础设施建设投资 Investment in Urban Environment Infrastructure	工业污染源治理投资 Investment in Treatment of Industrial Pollution	当年完成环保验收项目环保投资 Environmental Protection Investment in the Environmental Protection Acceptance Projects in the Year
全 国	**National Total**	**9575.5**	**5463.9**	**997.7**	**3113.9**
北 京	Beijing	624.4	535.6	7.6	81.2
天 津	Tianjin	278.9	177.2	22.1	79.6
河 北	Hebei	455.5	266.3	89.0	100.2
山 西	Shanxi	293.2	178.7	31.1	83.4
内蒙古	Inner Mongolia	562.3	319.4	77.5	165.4
辽 宁	Liaoning	271.5	129.5	38.2	103.8
吉 林	Jilin	98.1	66.4	16.4	15.3
黑龙江	Heilongjiang	182.1	124.1	17.8	40.3
上 海	Shanghai	250.0	82.0	17.8	150.2
江 苏	Jiangsu	880.6	579.3	48.5	252.8
浙 江	Zhejiang	474.2	229.0	67.6	177.6
安 徽	Anhui	428.7	303.0	17.6	108.1
福 建	Fujian	193.4	142.4	42.4	8.6
江 西	Jiangxi	231.2	172.3	12.3	46.5
山 东	Shandong	823.8	490.1	141.6	192.0
河 南	Henan	295.1	172.9	55.5	66.8
湖 北	Hubei	316.5	211.7	26.3	78.5
湖 南	Hunan	213.7	167.8	17.3	28.6
广 东	Guangdong	303.1	95.3	37.9	170.0
广 西	Guangxi	200.4	147.9	17.9	34.7
海 南	Hainan	21.1	7.1	5.6	8.4
重 庆	Chongqing	168.4	92.6	5.0	70.8
四 川	Sichuan	288.2	148.1	23.2	116.8
贵 州	Guizhou	170.4	84.0	18.5	67.9
云 南	Yunnan	152.0	56.4	24.4	71.2
西 藏	Tibet	14.4	2.2	1.0	11.1
陕 西	Shaanxi	285.4	203.5	33.4	48.4
甘 肃	Gansu	143.5	68.1	17.6	57.7
青 海	Qinghai	30.0	15.0	7.5	7.5
宁 夏	Ningxia	78.6	24.6	27.3	26.8
新 疆	Xinjiang	392.4	171.4	31.7	189.3

注：1.数据来自环境保护部、住房和城乡建设部。
2.城镇环境基础设施建设投资统计范围包括设市城市和县城。

a) Data source is Ministry of Environmental Protection, Ministry of Housing and Urban-Rural Development.
b) Scope of Investment in Urban Environment Infrastructure Facilities included cities officially designated and county seats.

10-17 续表 continued

单位：亿元，% (100 million yuan, %)

地 区	Region	环境污染治理投资构成 Percentage of Investment in Treatment of Environmental Pollution	城镇环境基础设施建设投资 Investment in Urban Environment Infrastructure Facilities	工业污染源治理投资 Investment in Treatment of Industrial Pollution Sources	当年完成环保验收项目环保投资 Environmental Protection Investment in the Environmental Protection Acceptance Projects in the Year	环境污染治理投资占GDP比重(%) Investment in Anti-pollution Projects as Percentage of GDP (%)
全 国	**National Total**	**100.0**	**57.1**	**10.4**	**32.5**	**1.51**
北 京	Beijing	100.0	85.8	1.2	13.0	2.93
天 津	Tianjin	100.0	63.5	7.9	28.5	1.77
河 北	Hebei	100.0	58.5	19.5	22.0	1.55
山 西	Shanxi	100.0	60.9	10.6	28.4	2.30
内蒙古	Inner Mongolia	100.0	56.8	13.8	29.4	3.16
辽 宁	Liaoning	100.0	47.7	14.1	38.2	0.95
吉 林	Jilin	100.0	67.7	16.7	15.6	0.71
黑龙江	Heilongjiang	100.0	68.1	9.8	22.1	1.21
上 海	Shanghai	100.0	32.8	7.1	60.1	1.06
江 苏	Jiangsu	100.0	65.8	5.5	28.7	1.35
浙 江	Zhejiang	100.0	48.3	14.3	37.4	1.18
安 徽	Anhui	100.0	70.7	4.1	25.2	2.06
福 建	Fujian	100.0	73.6	21.9	4.5	0.80
江 西	Jiangxi	100.0	74.5	5.3	20.1	1.47
山 东	Shandong	100.0	59.5	17.2	23.3	1.39
河 南	Henan	100.0	58.6	18.8	22.6	0.84
湖 北	Hubei	100.0	66.9	8.3	24.8	1.16
湖 南	Hunan	100.0	78.5	8.1	13.4	0.79
广 东	Guangdong	100.0	31.4	12.5	56.1	0.45
广 西	Guangxi	100.0	73.8	8.9	17.3	1.28
海 南	Hainan	100.0	33.8	26.6	39.6	0.60
重 庆	Chongqing	100.0	55.0	3.0	42.0	1.18
四 川	Sichuan	100.0	51.4	8.1	40.5	1.01
贵 州	Guizhou	100.0	49.3	10.8	39.8	1.84
云 南	Yunnan	100.0	37.1	16.1	46.9	1.19
西 藏	Tibet	100.0	15.3	7.2	77.5	1.56
陕 西	Shaanxi	100.0	71.3	11.7	17.0	1.61
甘 肃	Gansu	100.0	47.5	12.3	40.2	2.10
青 海	Qinghai	100.0	50.0	24.8	25.2	1.30
宁 夏	Ningxia	100.0	31.2	34.7	34.0	2.86
新 疆	Xinjiang	100.0	43.7	8.1	48.2	4.24

10−18 分地区城镇环境基础设施建设投资情况(2014年)
Investment in Urban Environment Infrastructure by Region (2014)

单位：亿元 (100 million yuan)

地 区	Region	投资总额 Total Investment	燃 气 Gas Supply	集中供热 Central Heating	排 水 Sewerage Projects	#污水处理 Waste Water Treatment	园林绿化 Gardening & Greening	市容环境卫生 Sanitation	#垃圾处理 Garbage Treatment
全 国	**National Total**	**5463.88**	**574.04**	**763.05**	**1196.05**	**437.84**	**2338.53**	**592.20**	**166.57**
北 京	Beijing	535.60	31.57	80.22	113.65	10.00	112.97	197.20	10.48
天 津	Tianjin	177.18	54.45	22.80	15.87	0.40	57.88	26.18	0.18
河 北	Hebei	266.35	39.23	72.15	44.00	10.89	92.59	18.37	2.70
山 西	Shanxi	178.65	16.35	92.49	16.35	10.28	47.87	5.59	4.56
内蒙古	Inner Mongolia	319.39	21.52	77.82	60.26	27.77	153.46	6.33	1.79
辽 宁	Liaoning	129.47	13.30	63.85	12.40	2.42	34.01	5.90	2.06
吉 林	Jilin	66.38	6.96	23.99	14.16	11.13	17.66	3.61	0.12
黑龙江	Heilongjiang	124.07	13.35	64.82	16.25	8.13	15.52	14.14	8.91
上 海	Shanghai	81.96	12.75		9.61		40.76	18.84	18.84
江 苏	Jiangsu	579.31	34.00		129.97	26.87	383.49	31.85	21.04
浙 江	Zhejiang	229.05	23.06	0.53	83.24	34.25	105.23	16.99	7.16
安 徽	Anhui	303.01	34.67	3.22	69.11	24.78	172.23	23.78	10.02
福 建	Fujian	142.35	16.53	0.39	43.28	24.31	73.37	8.78	5.12
江 西	Jiangxi	172.33	18.13		37.42	19.75	106.66	10.12	4.09
山 东	Shandong	490.15	41.18	112.46	95.26	25.56	209.49	31.76	14.17
河 南	Henan	172.85	15.39	27.00	36.09	16.65	87.76	6.61	0.94
湖 北	Hubei	211.69	13.52	1.14	74.95	16.04	109.54	12.54	3.74
湖 南	Hunan	167.76	15.75		51.66	30.83	64.21	36.14	4.94
广 东	Guangdong	95.28	33.04		26.67	14.57	16.57	19.01	10.74
广 西	Guangxi	147.87	14.73		39.58	12.37	82.52	11.03	2.55
海 南	Hainan	7.13	0.45		3.27	1.68	2.08	1.33	0.69
重 庆	Chongqing	92.64	18.98		9.53	2.13	59.45	4.69	0.45
四 川	Sichuan	148.14	11.34	0.02	59.29	38.37	63.90	13.60	8.97
贵 州	Guizhou	84.05	7.70		37.17	26.46	34.03	5.14	3.46
云 南	Yunnan	56.36	7.10	1.07	18.81	7.46	23.08	6.30	2.87
西 藏	Tibet	2.20			1.88	0.61	0.05	0.27	0.25
陕 西	Shaanxi	203.51	18.02	36.91	38.46	20.02	84.16	25.96	1.60
甘 肃	Gansu	68.15	6.29	24.31	11.08	5.87	24.08	2.38	1.35
青 海	Qinghai	15.00	0.35	2.43	6.15	3.12	2.64	3.43	0.46
宁 夏	Ningxia	24.55	2.77	6.09	2.71	0.23	12.21	0.79	0.26
新 疆	Xinjiang	171.44	31.59	49.32	17.92	4.88	49.06	23.56	12.06

注：数据来自住房和城乡建设部。
Data source is Ministry of Housing and Urban-Rural Development.

10–19 分地区城市污水排放和处理情况(2014年)
Urban Waste Water Discharged and Treated by Region (2014)

地区	Region	城市污水排放量（万立方米）Waste Water Discharged (10 000 cu.m)	污水处理厂（座）Waste Water Treatment Plants (unit)	#二、三级处理 Secondary & Tertiary Treatment	污水处理厂污水处理能力（万立方米/日）Treatment Capacity (10 000 cu.m/day)	#二、三级处理 Secondary & Tertiary Treatment	污水处理厂污水处理量（万立方米）Volume of Waste Water Treated (10 000 cu.m)
全国	**National Total**	**4453428**	**1807**	**1513**	**13086.8**	**11013.4**	**3827239**
北京	Beijing	161548	51	44	429.5	405.5	136533
天津	Tianjin	82316	40	40	260.0	260.0	74276
河北	Hebei	157348	73	39	520.9	221.7	149281
山西	Shanxi	67093	33	22	203.8	148.0	58490
内蒙古	Inner Mongolia	57212	40	33	189.5	172.5	51041
辽宁	Liaoning	239889	90	76	767.7	646.2	210349
吉林	Jilin	83347	38	18	258.3	174.0	74513
黑龙江	Heilongjiang	121559	53	26	317.3	121.2	77004
上海	Shanghai	231685	51	51	788.0	788.0	207865
江苏	Jiangsu	396336	189	157	1111.0	942.3	310725
浙江	Zhejiang	250146	78	69	782.0	683.8	220057
安徽	Anhui	144249	63	45	411.9	331.6	130097
福建	Fujian	119013	49	49	324.3	324.3	99691
江西	Jiangxi	81271	35	35	224.4	224.4	67090
山东	Shandong	295243	151	151	927.8	927.8	280681
河南	Henan	169502	66	52	550.3	410.2	154223
湖北	Hubei	192893	74	60	540.6	420.9	170798
湖南	Hunan	161784	59	58	408.6	398.6	129321
广东	Guangdong	652251	226	210	1848.8	1554.3	596142
广西	Guangxi	125341	34	26	286.6	249.0	75795
海南	Hainan	28454	23	15	87.6	57.8	20321
重庆	Chongqing	93517	42	39	252.9	242.9	85981
四川	Sichuan	172892	75	56	479.2	341.5	137587
贵州	Guizhou	45013	28	23	140.8	134.0	42669
云南	Yunnan	78196	31	28	219.3	209.9	69399
西藏	Tibet	10639	2	2	6.2	6.2	1710
陕西	Shaanxi	86823	33	20	280.5	210.0	79492
甘肃	Gansu	39211	22	20	137.2	125.2	29785
青海	Qinghai	17700	8	8	34.2	34.2	10476
宁夏	Ningxia	27114	11	9	65.5	50.5	21462
新疆	Xinjiang	63843	39	32	232.1	196.9	54385

10-19 续表 continued

地区 Region	其他污水处理设施 Other Waste Water Treatment Equipments		污水处理总能力（万立方米/日） Total Treatment Capacity (10 000 cu.m/day)	污水处理总量（万吨） Total Volume of Waste Water Treated (10 000 tons)	污水再生利用量（万吨） Total Volume of Waste Water Recycled & Reused (10 000 tons)	城市污水处理率(%) Waste Water Treatment Rate (%)		
	处理能力（万立方米/日） Treatment Capacity (10 000 cu.m/day)	处理量（万吨） Volume of Treatment (10 000 tons)					#污水处理厂集中处理率 Waste Water Treatment Concentration Rate
全 国 National Total	**2036.7**	**188959**	**15123.5**	**4016198**	**363460**	**90.2**	**85.9**
北 京 Beijing	12.5	2575	442.0	139108	68260	86.1	84.5
天 津 Tianjin	2.6	668	262.6	74944	2597	91.0	90.2
河 北 Hebei	2.3	298	523.2	149579	31798	95.1	94.9
山 西 Shanxi	4.7	802	208.5	59292	9338	88.4	87.2
内蒙古 Inner Mongolia			189.5	51041	6120	89.2	89.2
辽 宁 Liaoning	16.1	3283	783.8	213632	22350	89.1	87.7
吉 林 Jilin	4.5	579	262.8	75092	706	90.1	89.4
黑龙江 Heilongjiang	373.5	16861	690.8	93865	5266	77.2	63.4
上 海 Shanghai			788.0	207865		89.7	89.7
江 苏 Jiangsu	511.4	59704	1622.4	370429	61233	93.5	78.4
浙 江 Zhejiang	56.5	6787	838.5	226844	3383	90.7	88.0
安 徽 Anhui	204.3	8682	616.2	138779	1060	96.2	90.2
福 建 Fujian	110.1	5820	434.4	105511	96	88.7	83.8
江 西 Jiangxi	18.0	979	242.4	68069	796	83.8	82.6
山 东 Shandong	7.3	602	935.1	281283	51142	95.3	95.1
河 南 Henan	12.5	2594	562.8	156817	7619	92.5	91.0
湖 北 Hubei	69.8	6824	610.4	177622	15176	92.1	88.6
湖 南 Hunan	142.7	16458	551.3	145779	801	90.1	79.9
广 东 Guangdong	8.7	976	1857.5	597118	94	91.6	91.4
广 西 Guangxi	385.6	33820	672.2	109615	29	87.5	60.5
海 南 Hainan			87.6	20321	998	71.4	71.4
重 庆 Chongqing	4.9	980	257.8	86961	726	93.0	91.9
四 川 Sichuan	48.4	9991	527.6	147578	2792	85.4	79.6
贵 州 Guizhou			140.8	42669	22122	94.8	94.8
云 南 Yunnan	14.2	1868	233.5	71267	29529	91.1	88.8
西 藏 Tibet			6.2	1710		16.1	16.1
陕 西 Shaanxi			280.5	79492	6869	91.6	91.6
甘 肃 Gansu	23.8	3545	161.0	33330	2161	85.0	76.0
青 海 Qinghai			34.2	10476	649	59.2	59.2
宁 夏 Ningxia		3587	65.5	25049	1535	92.4	79.2
新 疆 Xinjiang	2.3	676	234.4	55061	8215	86.2	85.2

10–20 分地区城市无害化处理情况(2014年)
Statistics on Harmless Treatment in Urban by Region (2014)

地 区	Region	无害化处理厂(座) Number of Harmless Treatment Plants/Grounds (unit)	卫生填埋 Sanitary Landfill	焚烧 Incineration	其他 Others	无害化处理量(万吨) Amount of Harmless Treated (10 000 tons)	卫生填埋 Sanitary Landfill	焚烧 Incineration	其他 Others
全 国	**National Total**	**818**	**604**	**188**	**26**	**16393.7**	**10744.3**	**5329.9**	**319.6**
北 京	Beijing	25	16	3	6	730.8	488.6	156.1	86.2
天 津	Tianjin	8	4	4		208.7	102.1	106.6	
河 北	Hebei	40	32	7	1	531.9	376.3	150.5	5.1
山 西	Shanxi	23	17	5	1	409.7	292.2	117.5	
内蒙古	Inner Mongolia	26	24	1	1	311.8	286.4	24.5	0.9
辽 宁	Liaoning	29	25	2	2	840.0	737.3	70.6	32.1
吉 林	Jilin	17	14	3		312.4	216.2	96.2	
黑龙江	Heilongjiang	22	16	3	3	325.7	277.6	12.3	35.9
上 海	Shanghai	12	5	5	2	608.4	328.8	238.5	41.2
江 苏	Jiangsu	58	29	28	1	1326.9	455.2	871.6	
浙 江	Zhejiang	59	26	32	1	1229.0	460.4	768.6	
安 徽	Anhui	26	20	6		462.5	333.0	129.5	
福 建	Fujian	27	13	13	1	586.1	188.5	376.9	20.7
江 西	Jiangxi	17	17			287.1	287.1		
山 东	Shandong	59	41	16	2	958.5	533.9	386.9	37.6
河 南	Henan	43	39	4		773.1	635.8	137.3	
湖 北	Hubei	39	28	11		666.6	322.4	344.2	
湖 南	Hunan	34	32	2		599.0	568.4	30.6	
广 东	Guangdong	65	40	21	4	1912.7	1196.0	661.7	55.1
广 西	Guangxi	19	17	2		323.3	311.2	12.0	
海 南	Hainan	9	6	3		144.0	82.3	61.6	
重 庆	Chongqing	16	14	2		396.2	261.0	135.2	
四 川	Sichuan	40	32	8		743.9	494.2	249.7	
贵 州	Guizhou	14	14			255.3	255.3		
云 南	Yunnan	23	16	7		323.2	132.0	191.2	
西 藏	Tibet								
陕 西	Shaanxi	17	16		1	496.1	491.1		4.9
甘 肃	Gansu	16	16			158.4	158.4		
青 海	Qinghai	5	5			67.0	67.0		
宁 夏	Ningxia	8	8			110.4	110.4		
新 疆	Xinjiang	22	22			295.3	295.3		

10-20 续表 continued

地 区	Region	无害化处理能力（吨/日）Harmless Treatment Capacity (ton/day)	卫生填埋 Sanitary Landfill	焚烧 Incineration	其他 Others	生活垃圾无害化处理率(%) Proportion of Harmless Treated Garbage (%)
全 国	**National Total**	**533455**	**335316**	**185957**	**12182**	**91.8**
北 京	Beijing	21371	12121	5200	4050	99.6
天 津	Tianjin	9400	5100	4300		96.7
河 北	Hebei	17184	10524	6500	160	86.6
山 西	Shanxi	10525	7115	3350	60	92.1
内蒙古	Inner Mongolia	11190	9890	1200	100	96.1
辽 宁	Liaoning	22657	20075	1780	802	91.6
吉 林	Jilin	10893	7443	3450		61.9
黑龙江	Heilongjiang	10995	8355	1000	1640	58.9
上 海	Shanghai	20530	11230	8300	1000	100.0
江 苏	Jiangsu	50574	20257	29817	500	98.1
浙 江	Zhejiang	45981	16076	29705	200	100.0
安 徽	Anhui	15153	10203	4950		99.5
福 建	Fujian	18149	5349	12300	500	97.9
江 西	Jiangxi	9273	9273			93.1
山 东	Shandong	35171	19211	14700	1260	100.0
河 南	Henan	23207	19257	3950		92.8
湖 北	Hubei	24016	13066	10950		90.2
湖 南	Hunan	21609	20009	1600		99.7
广 东	Guangdong	64901	39906	23235	1760	86.4
广 西	Guangxi	8091	7491	600		95.4
海 南	Hainan	3880	2230	1650		99.8
重 庆	Chongqing	8710	5110	3600		99.2
四 川	Sichuan	21677	14217	7460		95.4
贵 州	Guizhou	5545	5545			93.3
云 南	Yunnan	9943	3583	6360		92.5
西 藏	Tibet					
陕 西	Shaanxi	15047	14897		150	95.8
甘 肃	Gansu	4475	4475			62.6
青 海	Qinghai	2110	2110			86.3
宁 夏	Ningxia	2980	2980			93.3
新 疆	Xinjiang	8218	8218			81.9

10–21 风沙源治理工程建设情况(2014年)
Desertification Control Program in the Vicinity(2014)

单位：公顷 (hectare)

地 区	Region	当年造林面积 Area of Afforestation in the Year	人工造林 Plantation Establishment	飞播造林 Aerial Seeding	无林地和疏林地新封山育林 Area without Forest or of Sparse Forest
全 国	**National Total**	**239107**	**131167**	**20766**	**87174**
北 京	Beijing				
天 津	Tianjin	2010	2010		
河 北	Hebei	38668	27000		11668
山 西	Shanxi	48298	25631	3333	19334
内蒙古	Inner Mongolia	132578	70259	12100	50219
陕 西	Shaanxi	17553	6267	5333	5953

10–21 续表 continued

地 区	Region	草地治理面积（公顷） Improved Area of Grass Land（hectare）	小流域治理面积（公顷） Improved Area of Small Drainage Areas（hectare）	水利设施（处） Water Conservancy Facilities (unit)	投资完成额（万元） Investment Completed (10000 yuan)	#国家投资 State Investment Investment
全 国	**National Total**	**20499**	**27800**	**2643**	**106583**	**81217**
北 京	Beijing				1938	1499
天 津	Tianjin				2057	1692
河 北	Hebei	6667	12800	543	15926	14076
山 西	Shanxi	8420	11800	1600	16111	16111
内蒙古	Inner Mongolia	5412	3200	500	65788	43076
陕 西	Shaanxi				4763	4763

十一、公共安全
Public Safety

11-1 公安机关立案的刑事案件和构成情况
Criminal Cases Registered in Public Security Organs and Its Composition

案件类别	Category of Cases	立案(起) Number of Cases Registered (case)		构成(%) Composition(%)	
		2013	2014	2013	2014
合计	**Total**	**6598247**	**6539692**	**100.00**	**100.00**
杀人	Homicide	10640	10083	0.16	0.15
伤害	Injury	161910	140709	2.45	2.15
抢劫	Robbery	146193	111187	2.22	1.70
强奸	Rape	34102	33417	0.52	0.51
拐卖妇女儿童	Abducting Women or Children	20735	16483	0.31	0.25
盗窃	Larceny	4506414	4435984	68.30	67.83
诈骗	Fraud	676771	785306	10.26	12.01
走私	Smuggling	1853	2083	0.03	0.03
伪造、变造货币,出售、购买、运输、持有、使用假币	Forging Currency, Selling, Buying, Transporting, Holding and Using Counterfeit Currency	768	899	0.01	0.01
其他	Others	1038861	1003541	15.74	15.35

11-2 公安机关受理和查处治安案件数(2014年)
Cases of Offence Against Public Order Handled by Public Security Organs (2014)

案件类别	Category of Cases	受理(起) Number of Cases Accepted to be Treated (case)	查处(起) Number of Cases Investigated and Treated (case)	每万人口受理案件数(起/万人) Number of Cases Accepted per 10 000 Population (case/10 000 persons)
合 计	**Total**	**11878456**	**11202216**	**86.3**
扰乱单位秩序	Disturbing Business Orders	110179	108458	0.8
扰乱公共场所秩序	Disturbing the Orders in Public Places	424549	423001	3.1
寻衅滋事	Causing Quarrels and Making Troubles	80768	76830	0.6
阻碍执行职务	Obstructing Government Workers in Performing Their Duties	31361	30607	0.2
非法携带枪支、弹药、管制工具	Violation of Firearms Control Regulations	52964	52145	0.4
违反危险物质管理规定	Violation of Explosives Control Regulations	21205	20654	0.2
殴打他人	Battering Other Persons	3283733	3164686	23.8
故意伤害	Willfully Injuring Others	229277	212400	1.7
盗窃	Stealing Property	2326509	1988722	16.9
敲诈勒索	Extortion and Blackmail	14028	12207	0.1
抢夺	Robbery and Snatch	30404	21501	0.2
盗窃、损毁公共设施	Stealing and Damaging Public Facilities	12617	11028	0.1
伪造、变造、倒卖有价票证、凭证	Forge/alter/scalp Valuable Coupons or Certificates	6377	6199	0.1
违反旅馆业管理	Violating the Hotel Management Regulations	116292	115139	0.8
违反房屋出租管理	Violating the Rent Control Regulations	123063	122624	0.9
诈骗	Swindling, Seizing and Extorting Property	398982	325474	2.9
卖淫、嫖娼	Prostitution or Soliciting Prostitutes	86729	85887	0.6
赌博	Gambling	367458	363006	2.7
毒品违法活动	Illegal Drug Related Action	658908	652949	4.8
其他	Others	3503053	3408699	32.6

11-3 交通事故情况(2014年)
Basic Statistics on Traffic Accidents (2014)

类　别	Type	发生数 (起) Number of Traffic Accidents (case)	死亡人数 (人) Number of Deaths (person)	受伤人数 (人) Number of Injuries (person)	直接财产损失 (万元) Direct Property Losses (10 000 yuan)
总计	**Total**	**196812**	**58523**	**211882**	**107542.9**
#重大事故	Serious Accidents	11	131	114	71.0
#特大事故	Extraordinarily Serious Accidents	2	98	17	258.5
机动车	Vehicles	180321	54944	194887	103386.0
#汽车	Motor Vehicles	136386	42847	141718	93837.2
摩托车	Motorcycles	40185	10411	49727	7987.9
拖拉机	Tractors	2458	1018	2260	656.5
非机动车	Non-motor-driven Vehicles	14175	2311	15737	2719.4
#自行车	Bicycles	1393	289	1284	265.9
行人乘车人	Pedestrians and Passengers	2242	1247	1167	1403.5
其他	Others	74	21	91	34.1

11-4 分地区交通事故情况(2014年)
Basic Statistics on Traffic Accidents by Region (2014)

地 区	Region	发生数 (起) Number of Traffic Accidents (case)	死亡人数 (人) Number of Deaths (person)	受伤人数 (人) Number of Injuries (person)	直接财产损失 (万元) Direct Property Losses (10 000 yuan)
全 国	**National Total**	**196812**	**58523**	**211882**	**107542.9**
北 京	Beijing	3196	851	3333	3064.7
天 津	Tianjin	5322	828	6171	4256.3
河 北	Hebei	5009	2499	4533	4947.9
山 西	Shanxi	5121	2080	5422	2952.2
内蒙古	Inner Mongolia	3406	1006	3236	1491.9
辽 宁	Liaoning	5650	2012	5404	2623.6
吉 林	Jilin	2794	1323	2694	3448.5
黑龙江	Heilongjiang	3451	1153	3600	4069.3
上 海	Shanghai	1172	902	624	462.9
江 苏	Jiangsu	13187	4668	12101	6328.0
浙 江	Zhejiang	17135	4403	17219	6655.3
安 徽	Anhui	16077	2647	18199	6733.9
福 建	Fujian	8684	1995	9817	3756.2
江 西	Jiangxi	2873	1389	2901	4010.6
山 东	Shandong	13570	3703	12815	4927.6
河 南	Henan	6355	1642	6459	3360.9
湖 北	Hubei	5271	1772	5471	5072.4
湖 南	Hunan	8542	1794	11134	7012.1
广 东	Guangdong	26445	5491	30219	7200.1
广 西	Guangxi	3942	2154	3902	1694.9
海 南	Hainan	2058	576	2872	1457.1
重 庆	Chongqing	5220	970	7281	1531.1
四 川	Sichuan	9193	2664	11026	7320.4
贵 州	Guizhou	1145	795	1412	1282.5
云 南	Yunnan	5725	3053	6351	3460.9
西 藏	Tibet	388	247	508	509.1
陕 西	Shaanxi	5055	1655	4609	3652.4
甘 肃	Gansu	3035	1430	3569	1290.9
青 海	Qinghai	1029	532	1209	884.8
宁 夏	Ningxia	1752	393	2026	856.0
新 疆	Xinjiang	5010	1896	5765	1228.3

11-5 人民检察院直接立案侦查案件和构成情况(2014年)
Cases and Composition under Direct Investigation by People's Procuratorate (2014)

案件分类	Category of Cases	受案(件) Cases Accepted (case)	立案件数(件) Number of Cases Registered (case)	立案人数(人) Person of Cases Registered (person)	#要案 Key Case	结案件数(件) Number of Cases Settled (case)	结案人数(人) Person of Cases Settled (person)
绝对数	**Value**						
合计	**Total**	**63341**	**41487**	**55101**	**4040**	**37844**	**50816**
贪污	Corruption	18519	9424	15546	439	8981	14845
贿赂	Bribery	26166	19523	21889	2718	16914	19106
挪用公款	Misappropriation of Public Funds	3067	2670	3331	101	2557	3201
集体私分	Collective Illegal Possession of Public Funds	289	184	380	67	191	409
巨额财产来源不明	Unstated Source of Large Amount of Properties	248	11	11	4	8	8
滥用职权	Abuse of Power	6015	3891	5450	376	3598	5024
玩忽职守	Dereliction of Duty	5853	4156	5851	157	4056	5702
徇私舞弊	Fraudulent Practice	1583	827	1122	38	767	1024
其他	Others	1601	801	1521	140	772	1497
构成(%)	**Percentage(%)**						
合计	**Total**	**100.00**	**100.00**	**100.00**	**100.00**	**100.00**	**100.00**
贪污	Corruption	29.24	22.72	28.21	10.87	23.73	29.21
贿赂	Bribery	41.31	47.06	39.73	67.28	44.69	37.60
挪用公款	Misappropriation of Public Funds	4.84	6.44	6.05	2.50	6.76	6.30
集体私分	Collective Illegal Possession of Public Funds	0.46	0.44	0.69	1.66	0.50	0.80
巨额财产来源不明	Unstated Source of Large Amount of Properties	0.39	0.03	0.02	0.10	0.02	0.02
滥用职权	Abuse of Power	9.50	9.38	9.89	9.31	9.51	9.89
玩忽职守	Dereliction of Duty	9.24	10.02	10.62	3.89	10.72	11.22
徇私舞弊	Fraudulent Practice	2.50	1.99	2.04	0.94	2.03	2.02
其他	Others	2.53	1.93	2.76	3.47	2.04	2.95

注：结案中含上年旧存（以下各表同）。
Data of cases settled include cases turned over from previous year. The same applies to the tables following.

11−6 人民检察院审查逮捕、审查起诉和构成情况(2014年)
Arrests and Prosecution Approved by People's Procuratorate (2014)

案件分类	Category of Cases	批捕、决定逮捕合计 Total of Arrests		决定起诉合计 Total of Public Prosecutions	
		件 (case)	人 (person)	件 (case)	人 (person)
绝对数	**Value**				
合计	**Total**	**658210**	**899297**	**1027115**	**1437899**
危害公共安全案	Offences Against Public Security	49974	55473	221217	230372
破坏社会主义市场经济秩序案	Offences Against Socialist Economic Order	38160	56165	56962	91025
侵犯公民人身、民主权利案	Offences Against Citizens' Personal and Democratic Rights	120412	152939	176292	235597
侵犯财产案	Offences Against Properties	244477	334177	309512	441971
妨害社会管理秩序案	Offences Against Social Management of Order	186853	279800	228684	391099
危害国防利益案	Offences Against National Defense	184	230	252	374
军人违反职责案	Offences on Dereliction of Duty by Servicemen	10	15	13	20
贪污贿赂案	Offences on Corruption and Bribery	15728	17373	26589	35845
渎职侵权案	Offences on Abuse and Dereliction of Duty	1810	2162	6931	10185
其他	Others	602	963	663	1411
构成(%)	**Percentage(%)**				
合计	**Total**	**100.00**	**100.00**	**100.00**	**100.00**
危害公共安全案	Offences Against Public Security	7.59	6.17	21.54	16.02
破坏社会主义市场经济秩序案	Offences Against Socialist Economic Order	5.80	6.25	5.55	6.33
侵犯公民人身、民主权利案	Offences Against Citizens' Personal and Democratic Rights	18.29	17.01	17.16	16.38
侵犯财产案	Offences Against Properties	37.14	37.16	30.13	30.74
妨害社会管理秩序案	Offences Against Social Management of Order	28.39	31.11	22.26	27.20
危害国防利益案	Offences Against National Defense	0.03	0.03	0.02	0.03
军人违反职责案	Offences on Dereliction of Duty by Servicemen				
贪污贿赂案	Offences on Corruption and Bribery	2.39	1.93	2.59	2.49
渎职侵权案	Offences on Abuse and Dereliction of Duty	0.27	0.24	0.67	0.71
其他	Others	0.09	0.11	0.06	0.10

11-7 人民检察院办理刑事抗诉案件情况(2014年)
Criminal Appeals Handled by People's Procuratorate (2014)

案件类别	Category of Cases	提出抗诉 Presenting Procuratoral Appeal (件) (case)	审判结果 合计 Total Result of Judgement (件) (case)	改判 Revising Judgment (件) (case)	改判 Revising Judgment (人) (person)	维持原判 Affirming Original Judgment (件) (case)	发回重审 Remanding for Retrial (件) (case)
合计	**Total**	**7053**	**4808**	**2605**	**3819**	**939**	**1264**
二审小计	Sub-total of Second Instance	6126	4089	2267	3384	881	941
贪污贿赂案件	Embazzlement and Bribery Cases	751	542	227	312	147	168
渎职侵权案件	Dereliction of Duty and Infingement of Citizens' Right Cases	194	131	54	83	33	44
刑事案件	Criminal Cases	5181	3416	1986	2989	701	729
再审小计	Sub-total of Retrial	927	719	338	435	58	323
贪污贿赂案件	Embazzlement and Bribery Cases	130	80	29	34	8	43
渎职侵权案件	Dereliction of Duty and Infingement of Citizens' Right Cases	25	14	5	7	2	7
刑事案件	Criminal Cases	772	625	304	394	48	273

11-8 人民检察院办理民事、行政抗诉案件情况(2014年)
Civil and Administrative Appeals Handled by People's Procuratorate (2014)

单位：件 (case)

案件类别	Category of Cases	合计 Total	民事案件 Civil Cases	行政案件 Administrative Cases
提请抗诉	Submitting Procuratoral Appeal	6326	5910	416
抗诉	Procuratoral Appeal	4299	4064	235
提出再审检察建议	Giving Retrial Procuratorate Suggestion	5079	4877	202
抗诉案件再审	Retrial of Procuratoral Appeal	3770	3609	161
改判	Revising Judgment	1613	1565	48
发回重审	Remanding for Retrial	518	499	19
调解	Mediation	514	491	23
维持原判	Affirming Original Judgment	860	798	62
其他	Others	265	256	9

11-9 人民检察院受理举报、控告和申诉案件情况(2014年)
Cases of Reporting, Accusation and Petition Handled by People's Procuratorate (2014)

单位：件 (case)

案件类别	Category of Cases	受理 Cases Accepted	处理 Cases Handled	#分送检察机关 Handled by General Office of People's Procuratorate	#转其他机关 Transfering to Other Organs
合　计	**Total**	**444094**	**435438**	**262869**	**96573**
首次举报	First Report of an Offence	175869	172955	140972	10756
首次控告	First Accusation	88986	86028	33438	31372
首次申诉	First Petition	179239	176455	88459	54445

11-10 人民检察院处理申诉案件情况(2014年)
Appeals Handled by People's Procuratorate (2014)

单位：件 (case)

案件分类	Category of Cases	受案 Cases Accepted	立案复查 Cases Registered for Reinvestigation	结案 Cases Settled	#改变原决定 Original Decision Changed
合　计	**Total**	**17359**	**10273**	**14764**	**1680**
不服检察机关处理决定	Appeals against Decision of Procuratorate's Offices	6076	4085	5245	633
不服不批捕	Appeals against Rejection of Arrest	713	474	666	31
不服不起诉	Appeals against Rejection of Prosecuting	3759	2531	3114	117
不服撤案	Appeals against Withdrawal of the Case	34	22	33	3
不服原免予起诉	Appeals against Original Exemption of Lawsuit	68	37	66	2
其他	Others	1502	1021	1366	480
不服法院刑事判决裁定	Appeals against Judgment of Criminal Case	11283	6188	9519	1047
刑罚执行中被害人申诉	Appeals of the Victim at the Punishment	3359	1886	2890	337
刑罚执行中被告人申诉	Appeals of the Defendant at the Punishment	3701	2134	3231	419
刑罚执行完毕后被害人申诉	Appeals of the Victim after the Punishment	1119	640	889	119
刑罚执行完毕后被告人申诉	Appeals of the Defendant after the Punishment	3104	1528	2509	172

11-11 人民检察院纠正违法情况
Law-breaking Cases Rectified by People's Procuratorate

项　目	Item	2013	2014
书面提出纠正件次合计(件次)	**Total of Written Rectification (Case-times)**	**147316**	**111872**
立案监督小计	Sub-total of Supervision of Cases Filing	57381	46677
监督立案	Supervision of Cases Filing	31754	26396
监督撤案	Supervision of Cases Withdrawed	25627	20281
侦查监督小计	Sub-total of Supervision of Investigation	72718	54949
刑事审判监督	Supervision of Criminal Trial	17217	10246
刑罚执行监督人次小计(人次)	**Sub-total of Supervision of Punishment Execution (person-times)**	**60750**	**68445**
监管活动	Administration of Prison and Custody	43389	43855
超期羁押	Excessive Custody	455	474
减刑、假释、保外就医	Commutation of Sentence, Parole and Released on Parole for Medical Treatment	16906	24116
已纠正件次合计　(件次)	**Total of Rectified (Case-times)**	**141780**	**100804**
立案监督小计	Sub-total of Supervision of Cases Filing	54570	38909
监督立案	Supervision of Cases Filing	29359	21236
监督撤案	Supervision of Cases Withdrawed	25211	17673
侦查监督小计	Sub-total of Supervision of Investigation	70432	52004
刑事审判监督	Supervision of Criminal Trial	16778	9891
刑罚执行监督人次小计(人次)	**Sub-total of Supervision of Punishment Execution (person-times)**	**60013**	**67942**
监管活动	Administration of Prison and Custody	42873	43618
超期羁押	Excessive Custody	432	497
减刑、假释、保外就医	Commutation of Sentence, Parole and Released on Parole for Medical Treatment	16708	23827

11-12 人民检察院检察官基本情况
Statistics on People's Procuratorate Procurators

单位：人，%　　(person，%)

项　目	Item	2013		2014	
		合计 Total	#女 Female	合计 Total	#女 Female
绝对数	**Value**				
全部检察官人数	**Total of Procurator**	**138854**	**40716**	**141050**	**43004**
检察长人数	Chief Procurator	3532	276	3541	281
副检察长人数	Deputy Chief Procurator	11809	1558	11816	1557
检察员人数	Procurator	93173	26036	94394	27833
助理检察员	Assistant Procurator	30340	12846	31299	13333
构成	**Percentage**				
全部检察官人数	**Total of Procurator**	**100.00**	**100.00**	**100.00**	**100.00**
检察长人数	Chief Procurator	2.54	0.68	2.51	0.65
副检察长人数	Deputy Chief Procurator	8.50	3.83	8.38	3.62
检察员人数	Procurator	67.10	63.95	66.92	64.72
助理检察员	Assistant Procurator	21.85	31.55	22.19	31.00

11-13 人民法院审理一审案件情况
First Trial Cases by Courts

单位：件 (case)

年 份	收 案 Cases Accepted	刑 事 Criminal	民商事 Civil	#知识产权 Intellectual Property Rights	#海事海商 Maritime Affairs	行 政 Administrative
1978	447755	146968	300787			
1980	763535	197856	565679			
1985	1319741	246655	846391		238	916
1986	1611282	299720	989409		301	632
1987	1875229	289614	1213219		346	5940
1988	2290624	313306	1455130		569	8573
1989	2913515	392564	1815385		725	9934
1990	2916774	459656	1851897		753	13006
1991	2901685	427840	1880635		951	25667
1992	3051157	422991	1948786		1654	27125
1993	3414845	403267	2089257		1830	27911
1994	3955475	482927	2383764		1959	35083
1995	4545676	495741	2718533		2847	52596
1996	5312580	618826	3093995		3945	79966
1997	5288379	436894	3277572		4534	90557
1998	5410798	482164	3375069		5166	98350
1999	5692434	540008	3519244		5736	97569
2000	5356294	560432	3412259		6976	85760
2001	5344934	628996	3459025		6891	100921
2002	5132199	631348	4420123			80728
2003	5130760	632605	4410236			87919
2004	5072881	647541	4332727			92613
2005	5161170	684897	4380095			96178
2006	5183794	702445	4385732			95617
2007	5550062	724112	4724440			101510
2008	6288831	767842	5412591			108398
2009	6688963	768507	5800144			120312
2010	6999350	779595	6090622			129133
2011	7596116	845714	6614049			136353
2012	8442657	996611	7316463			129583
2013	8876733	971567	7781972	88583	11224	123194
2014	9489787	1040457	8307450	95522	12174	141880

注：1.一审案件指人民法院按照诉讼级别管辖按第一审程序审理的案件。
2.2002年起，经济纠纷和海事海商并入民事案件中。

a) First trial cases refer to cases accepted by people's courts according to the first trial proceedings.
b) Data of civil cases include cases of economic disputes and maritime affairs since 2002.

11－14 人民法院审理刑事一审案件收结案和构成情况(2014年)
First Trial Criminal Cases Composition Accepted and Settled by Courts (2014)

单位：件，%　　(case,%)

项　目	Item	收　案 Cases Accepted	结　案 Cases Settled
绝对数	**Value**		
合　计	**Total**	**1040457**	**1023017**
危害公共安全罪	Offences Against Public Security	219894	217826
破坏社会主义市场经济秩序罪	Offences Against Socialist Economic Order	57776	55858
侵犯公民人身权利民主权利罪	Offences Against Citizens' Personal and Democratic Rights	187631	185295
侵犯财产罪	Offences Against Properties	311652	307688
妨害社会管理秩序罪	Offences Against Social Management of Order	228684	223954
危害国防利益罪	Offences Against National Defense	257	243
贪污贿赂罪	Offences on Corruption and Bribery	27543	25583
渎职罪	Offences on Dereliction of Duty	5927	5496
其他	Others	1093	1074
合计中含自诉案件	Private Prosecution Among the Total	7166	7102
构成	**Percentage**		
合　计	**Total**	**100.00**	**100.00**
危害公共安全罪	Offences Against Public Security	21.13	21.29
破坏社会主义市场经济秩序罪	Offences Against Socialist Economic Order	5.55	5.46
侵犯公民人身权利民主权利罪	Offences Against Citizens' Personal and Democratic Rights	18.03	18.11
侵犯财产罪	Offences Against Properties	29.95	30.08
妨害社会管理秩序罪	Offences Against Social Management of Order	21.98	21.89
危害国防利益罪	Offences Against National Defense	0.02	0.02
贪污贿赂罪	Offences on Corruption and Bribery	2.65	2.50
渎职罪	Offences on Dereliction of Duty	0.57	0.54
其他	Others	0.11	0.10

注：结案中含上年旧存(以下各表同)。
Data of cases settled include cases turned over from previous year. The same applies to the tables following.

11－15 人民法院审理刑事案件罪犯情况
Criminal Offenders Heard by Courts

单位：人，%　　(person,%)

年份 Year	刑事罪犯总数 Number of Offenders	#青少年罪犯 Young Offenders	不满18岁 Less Than 18 Years	18岁至25岁 Between 18 and 25 Years	青少年罪犯占刑事罪犯比重 Proportion of Young Offenders in the Total
1997	526312	199212	30446	168766	37.9
1998	528301	208076	33612	174464	39.4
1999	602380	221153	40014	181139	36.7
2000	639814	220981	41709	179272	34.5
2001	746328	253465	49883	203582	34.0
2002	701858	217909	50030	167879	31.0
2003	742261	231715	58870	172845	31.2
2004	764441	248834	70086	178748	32.6
2005	842545	285801	82692	203109	33.9
2006	889042	303631	83697	219934	34.2
2007	931745	316298	87506	228792	33.9
2008	1007304	322061	88891	233170	32.0
2009	996666	302023	77604	224419	30.3
2010	1006420	287978	68193	219785	28.6
2011	1050747	282429	67280	215149	26.9
2012	1173406	282990	63782	219208	24.1
2013	1157784	265439	55817	209622	22.9
2014	1183784	249576	50415	199161	21.1

11-16 人民法院审理婚姻家庭、继承一审案件收结案情况(2014年) First Trial Civil Cases of Marriage, Family Affairs and Inheritance Accepted and Settled by Courts (2014)

单位：件 (case)

项 目	Item	收案 Cases Accepted	结案 Cases Settled	调解 Mediation	判决 Judgment	驳回 Reject	撤诉 With-drawal	其他 Other
合 计	**Total**	**1635244**	**1618904**	**724776**	**494784**	**7644**	**379034**	**12666**
婚姻家庭	Marriage and Family Affairs	1548493	1534452	672592	476255	6903	366893	11809
离婚	Divorce	1318744	1307242	565857	411494	5493	314967	9431
赡养纠纷	Support Disputes	24794	24573	8525	7901	126	7670	351
抚养、扶养关系纠纷	Upbringing Disputes	50539	50076	31242	9481	192	8826	335
抚育费纠纷	Upbringing Fee Disputes	27963	27674	11425	9337	173	6451	288
其他	Others	126453	124887	55543	38042	919	28979	1404
继承	Inheritance	86751	84452	52184	18529	741	12141	857
法定继承	Legal Inheritance	50705	50185	34839	8498	315	6149	384
遗嘱继承	Testament Inheritance	6612	6482	3084	2230	67	1046	55
其他	Others	29434	27785	14261	7801	359	4946	418

11-17 人民法院审理合同纠纷一审案件收结案和构成情况(2014年) First Trial Cases and Composition of Contract Disputes Accepted and Settled by Courts (2014)

单位：件，% (case,%)

项 目	Item	收案 Cases Accepted	结案 Cases Settled	调解 Mediation	判决 Judgment	驳回 Reject	撤诉 With-drawal	其他 Other
绝对数	**Value**							
合计	**Total**	**4589375**	**4375771**	**1295072**	**1716963**	**90683**	**1197175**	**75878**
借款合同	Loan Contracts	1753767	1653846	473791	764268	23811	365960	26016
买卖合同	Trade Contracts	696358	664075	221489	251798	8189	170821	11778
电信合同	Telecom Contracts	68259	68388	18761	1939	151	47213	324
租赁合同	Lease Contracts	172416	164387	41344	69108	2369	48987	2579
劳动争议	Work Disputes	386576	374299	141071	146797	8567	69754	8110
房地产合同	Real Estate Contracts	173024	165928	57531	66249	1939	35883	4326
供用动力合同	Power Supply Contracts	55183	54235	15136	5261	760	33017	61
建设工程合同	Construction Contracts	118649	108195	27950	47093	2285	27261	3606
农村承包合同	Rural Contracts	19174	18530	5836	6634	423	5419	218
承揽合同	Contracts for Work	76515	73616	22907	27464	852	20522	1871
其他	Others	1069454	1030272	269256	330352	41337	372338	16989
构成	**Percentage**							
合计	**Total**	**100.00**	**100.00**	**100.00**	**100.00**	**100.00**	**100.00**	**100.00**
借款合同	Loan Contracts	38.21	37.80	36.58	44.51	26.26	30.57	34.29
买卖合同	Trade Contracts	15.17	15.18	17.10	14.67	9.03	14.27	15.52
电信合同	Telecom Contracts	1.49	1.56	1.45	0.11	0.17	3.94	0.43
租赁合同	Lease Contracts	3.76	3.76	3.19	4.03	2.61	4.09	3.40
劳动争议	Work Disputes	8.42	8.55	10.89	8.55	9.45	5.83	10.69
房地产合同	Real Estate Contracts	3.77	3.79	4.44	3.86	2.14	3.00	5.70
供用动力合同	Power Supply Contracts	1.20	1.24	1.17	0.31	0.84	2.76	0.08
建设工程合同	Construction Contracts	2.59	2.47	2.16	2.74	2.52	2.28	4.75
农村承包合同	Rural Contracts	0.42	0.42	0.45	0.39	0.47	0.45	0.29
承揽合同	Contracts for Work	1.67	1.68	1.77	1.60	0.94	1.71	2.47
其他	Others	23.30	23.54	20.79	19.24	45.58	31.10	22.39

11-18 人民法院审理权属、侵权纠纷及其他民事一审案件收结案情况(2014年) First Trial Cases of Disputes of Right, Infringement of Right and Other Civil Affairs Accepted and Settled by Courts (2014)

单位：件 (case)

项目	Item	收案 Cases Accepted	结案 Cases Settled	调解 Mediation	判决 Judgment	驳回 Reject	撤诉 With-drawal	其他 Other
合计	**Total**	**2082831**	**2015667**	**653108**	**709596**	**29888**	**319534**	**303541**
所有权及其相关权利	Ownership and Related Rights	267184	255454	64684	99943	9814	75423	5590
特别程序	Special Proceedings	381916	376192	5688	57527	11842	24007	277128
人身权纠纷	Personal Rights	1015701	978342	464201	378855	3335	120133	11818
#人身损害赔偿	Compensate for Personal Harm	980968	944708	453003	364430	3002	112996	11277
特殊侵权纠纷	Disputes of Special Infringement of Right	218331	212154	69191	105993	1712	32279	2979
不当得利	Unjustified Enrichment	30254	29116	6555	12018	884	8973	686
票据、证券、股票纠纷	Disputes of Bill, Securities and Stocks	32334	31305	8828	13568	957	6462	1490
其他	Other	137111	133104	33961	41692	1344	52257	3850

11-19 人民法院审理行政一审案件收结案和构成情况(2014年) First Trial Administrative Cases and Percentage Accepted and Settled by Courts (2014)

单位：件，% (case,%)

项目	Item	收案 Cases Accepted	结案 Cases Settled	维持 Affirmation of Original Judgement	撤销 Cancel	驳回 Reject	撤诉 With-drawal	单独赔偿 Separate Compen-sation	其他 Other
绝对数	**Value**								
合计	**Total**	**141880**	**130964**	**14424**	**10452**	**12353**	**39592**	**394**	**53749**
土地等资源	Land	19345	18658	1578	2176	2495	4623	53	7733
公安	Public Security	14497	13829	2361	568	858	4668	40	5334
城建	City Construction	22406	20860	855	1780	2775	5414	82	9954
交通运输	Traffic and Transport	2188	2043	133	73	99	1199	5	534
工商	Industry and Commerce	4434	4268	604	266	337	1775	3	1283
环保	Environment Protection	809	792	46	18	40	417	2	269
计划生育	Family Planning	5009	5009	180	27	27	3653	1	1121
税务	Tax	398	389	40	34	34	137		144
卫生	Health	596	599	32	26	44	287		210
乡政府	Townships Government	2444	2324	134	263	287	702	13	925
劳动和社会保障	Labour and Social Security	12291	12002	2293	1167	524	3366	6	4646
其他	Other	57463	50191	6168	4054	4833	13351	189	21596
构成	**Percentage**								
合计	**Total**	**100.00**	**100.00**	**100.00**	**100.00**	**100.00**	**100.00**	**100.00**	**100.00**
土地等资源	Land	13.63	14.25	10.94	20.82	20.20	11.68	13.45	14.39
公安	Public Security	10.22	10.56	16.37	5.43	6.95	11.79	10.15	9.92
城建	City Construction	15.79	15.93	5.93	17.03	22.46	13.67	20.81	18.52
交通运输	Traffic and Transport	1.54	1.56	0.92	0.70	0.80	3.03	1.27	0.99
工商	Industry and Commerce	3.13	3.26	4.19	2.54	2.73	4.48	0.76	2.39
环保	Environment Protection	0.57	0.60	0.32	0.17	0.32	1.05	0.51	0.50
计划生育	Family Planning	3.53	3.82	1.25	0.26	0.22	9.23	0.25	2.09
税务	Tax	0.28	0.30	0.28	0.33	0.28	0.35		0.27
卫生	Health	0.42	0.46	0.22	0.25	0.36	0.72		0.39
乡政府	Townships Government	1.72	1.77	0.93	2.52	2.32	1.77	3.30	1.72
劳动和社会保障	Labour and Social Security	8.66	9.16	15.90	11.17	4.24	8.50	1.52	8.64
其他	Other	40.50	38.32	42.76	38.79	39.12	33.72	47.97	40.18

11-20 律师、公证和调解工作基本情况
Basic Statistics on Lawyers, Notarization and Mediation

项目	Item	2009	2010	2011	2012	2013	2014
律师工作	**Lawyers**						
律师事务所(个)	Number of Law Offices(unit)	15888	17230	18235	19361	20609	22166
律师人员数(人)	Number of Lawyers(person)	173327	195170	214968	232384	248623	271452
#专职律师	Full-time Lawyers	155457	176219	192546	208356	225267	244255
兼职律师	Part-time Lawyers	8764	9294	9740	10108	10550	10545
担任法律顾问(家)	Number of Units with Legal Advisors(unit)	338179	369129	392456	447993	456847	507289
民事诉讼代理(件)	Agent of Civil Cases(case)	1499105	1569043	1693635	1779118	1887156	2100102
刑事诉讼辩护及代理(件)	Agent and Defender of Criminal Cases(case)	564204	530800	569330	576050	592486	667391
行政诉讼代理(件)	Agent of Administrative Action(case)	57286	51011	52136	43312	57659	64545
非诉讼法律事务(件)	Agent of Non-Litigious Legal Affairs(case)	569304	549453	625229	585358	817703	673080
解答法律询问(万人次)	Agent of Legal Advisory Services (10 000 person-times)	383.1	474.5	513.6	436.9	452.3	464.3
咨询和代写法律文书(万件)	Consultattion and Agent of Legal Documents Written on Behalf of Clients(10 000 cases)					512.3	537.2
公证工作	**Notarization**						
公证处(个)	Number of Notary Offices(unit)	3023	3026	3006	3007	2987	3006
公证员(人)	Notaries(person)	11282	11457	12163	12333	12725	12960
办理公证文书(万件)	Number of Notarized Documents (10 000 cases)	1075.1	1104.8	1076.6	1120.8	1258.9	1221.6
人民调解工作	**Number of People's Mediation**						
司法助理员(人)	Number of Judicial Assistants(person)			54470	54822	56186	54350
人民调解委员会(万个)	Number of People's Mediation Committees (10 000 units)	82.4	81.8	81.1	81.7	82.0	80.3
调解人员(万人)	Number of Mediators(10 000 persons)	493.9	466.9	433.6	428.1	422.9	394.1
调解民间纠纷(万件)	Number of Civil Disputes Mediated (10 000 cases)	579.7	841.8	893.5	926.6	943.9	933.0

11-21 律师人员构成情况
Basic Statistics on Composition of Lawyers

单位：人 (person)

项目	Item	2008	2010	2011	2012	2013	2014	2014年比2013年增减(%) Change in 2014 over 2013(%)
律师人数	**Total Number**	**156710**	**195170**	**214968**	**232384**	**248623**	**271452**	**9.18**
#女	Female	33755	47210	52262	61717	69383	79471	14.54
#中共党员	Communist Party Members	45033	53991	62881	64576	67969	73774	8.54
#博士	With Doctor's Degree	1903	2340	3242	3399	4054	4411	8.81
硕士、双学士	With Master's Degree and Dual Bachlors' Degree	21046	27081	31885	35612	38094	43944	15.36
法律专业本科	Undergraduates Majoring in Law	94167	124835	141230	150046	163864	180434	10.11

11−22 分地区律师和公证员情况(2014年)
Basic Statistics on Lawyers and Notaries by Region (2014)

单位:人 (person)

地 区	Region	律师人数 Number of Lawyers	#女 Female	#专职律师 Full-time Lawyers	公证员 Notaries	#女 Female
全 国	**National Total**	**271452**	**79471**	**244255**	**12960**	**5746**
北 京	Beijing	24169	9607	22701	327	280
天 津	Tianjin	5058	2077	4678	150	65
河 北	Hebei	10459	3019	9515	743	310
山 西	Shanxi	6400	2358	5638	457	211
内蒙古	Inner Mongolia	4741	1543	4254	399	178
辽 宁	Liaoning	9130	3477	8210	507	246
吉 林	Jilin	3694	1248	3043	368	153
黑龙江	Heilongjiang	4812	1637	4450	432	230
上 海	Shanghai	17820	6192	16246	459	177
江 苏	Jiangsu	16708	4207	15745	632	297
浙 江	Zhejiang	14144	4399	12353	418	174
安 徽	Anhui	6763	1224	6127	390	116
福 建	Fujian	8117	2189	6581	399	153
江 西	Jiangxi	4043	720	3551	355	125
山 东	Shandong	18405	5262	17147	1040	416
河 南	Henan	13571	3235	12349	700	281
湖 北	Hubei	9482	1780	8502	397	146
湖 南	Hunan	10227	2333	9401	420	202
广 东	Guangdong	26397	7849	24446	752	327
广 西	Guangxi	6029	1072	5098	281	118
海 南	Hainan	1602	428	1321	82	27
重 庆	Chongqing	6798	1650	6043	185	88
四 川	Sichuan	13974	4407	13207	836	391
贵 州	Guizhou	3509	768	3019	258	116
云 南	Yunnan	7278	2238	6570	521	222
西 藏	Tibet	239	76	179	17	8
陕 西	Shaanxi	6567	1753	5914	473	204
甘 肃	Gansu	2596	465	2259	270	109
青 海	Qinghai	707	193	578	113	45
宁 夏	Ningxia	1601	598	1379	131	81
新 疆	Xinjiang	4092	1467	3751	448	250

注：全国律师人数中包含其他律师数2320人。
Total number of layers included other layers 2320 person.

11-23 国内公证业务分类情况
Domestic Notarial Services by Type

分类	Item	办证件数(件) Number of Notarial Documents Issued (case)		比重(%) Percentage (%)	
		2013	2014	2013	2014
合计	**Total**	**8949765**	**8392930**	**100.00**	**100.00**
合同(协议)	Contracts (Agreements)	2528789	2186522	28.26	26.05
继承	Inheritance	792586	863132	8.86	10.28
单方法律行为	Unilateral Legal Acts	2880111	2704170	32.18	32.22
现场监督	Field Supervision	254334	223161	2.84	2.66
保全证据	Evidence Preservation	215956	217191	2.41	2.59
公司章程	Corporation Constitutions	2158	3073	0.02	0.04
组织资格	Organization Qualification	3462	3133	0.04	0.04
财产权	Property Rights	10400	7851	0.12	0.09
身份	Identity	14588	13569	0.16	0.16
收养关系	Adoptive Relationship	3093	2652	0.03	0.03
婚姻状况	Marital Status	14296	14034	0.16	0.17
亲属关系	Kinship Confirmation	85339	86105	0.95	1.03
有无违法犯罪记录	Illegal and Criminal Record Check	19791	23916	0.22	0.28
其他有法律意义事实	Other Facts of Legal Significance	64615	79662	0.72	0.95
证书(执照)	Certificate (Licence)	29523	35649	0.33	0.42
签名(印章)	Signature (Seal)	389785	488103	4.36	5.82
文本相符	Conformity of Documentation	240715	269460	2.69	3.21
赋予执行效力	Executor Force	695887	685861	7.78	8.17
执行证书	Certificate of Execution	19028	24577	0.21	0.29
抵押登记	Mortgage Registration	76946	32828	0.86	0.39
提存	Drawing	6156	4092	0.07	0.07
保管	Storage	5482	7169	0.06	0.06
其他	Others	596725	417020	6.67	6.70

11-24 国内合同(协议)类公证业务分类情况
Domestic Notarization of Contracts (Agreements) by Type

分类	Item	办证件数(件) Number of Notarial Documents Issued (case)		比重(%) Percentage (%)	
		2013	2014	2013	2014
合 计	**Total**	**2528796**	**2186587**	**100.00**	**100.00**
买卖合同	Trade Contracts	331291	276580	13.10	12.65
赠与合同	Gift Contracts	173026	162774	6.84	7.44
借款合同	Contracts for Loan of Money	945446	839363	37.39	38.39
租赁合同	Leasing Contracts	21145	18946	0.84	0.87
承揽合同	Contracts of Hired Work	1314	1572	0.05	0.07
建设工程合同	Contracts for Construction Projects	10534	6829	0.42	0.31
委托合同	Agency Appointment Contracts	92535	72418	3.66	3.31
担保合同	Guarantee Contracts	113413	93262	4.48	4.27
土地使用合同	Land Use Contracts	37684	34783	1.49	1.59
知识产权合同	Intellectual Property Contracts	656	1324	0.03	0.06
承包合同	Contract Agreements	13689	16093	0.54	0.74
企业经营合同	Enterprise Operating Contracts	2689	1288	0.11	0.06
劳动(劳务)合同	Labor (Labor Service) Contracts	26996	9181	1.07	0.42
其他合同	Other Contracts	177165	168894	7.01	7.72
合伙协议	Partnership Agreements	6157	4911	0.24	0.22
财产分割协议	Property Division Agreements	29613	26880	1.17	1.23
财产约定协议	Property Agreement	61673	49715	2.44	2.27
抚养协议	Child Support Agreements	7057	8038	0.28	0.37
出国留学协议	Studying Abroad Agreement	12207	19960	0.48	0.91
拆迁安置协议	Removal and Resettlement Agreements	79284	72934	3.14	3.34
赔偿协议	Compensation Agreements	7956	6452	0.31	0.30
还款协议	Payment Contracts	70211	55831	2.78	2.55
其他	Others	307055	238559	12.14	10.91

11-25 涉外公证文书分类情况
Foreign-Related Notarial Documents by Type

分 类	Item	办证件数(件) Number of Notarial Documents Issued (case)		比重 (%) Percentage (%)	
		2013	2014	2013	2014
合 计	**Total**	**3444422**	**3597434**	**100.00**	**100.00**
合同(协议)	Contracts (Agreements)	5449	6941	0.16	0.19
继承	Inheritance	1139	2452	0.03	0.07
委托	Power of Attorney	52349	66441	1.52	1.85
声明	Declaration	59874	64709	1.74	1.80
遗嘱	Testaments	181	311	0.01	0.01
其他单方法律行为	Other Unilateral Legal Acts	20223	13095	0.59	0.36
公司章程	Corporation Constitutions	3565	5013	0.10	0.14
组织资格	Organization Qualification	4719	2660	0.14	0.07
收养关系	Adoptive Relationship	5789	3494	0.17	0.10
婚姻关系	Marital Relationship	156798	152955	4.55	4.25
亲属关系	Kinship Confirmation	357590	370270	10.38	10.29
出生	Births	471521	489677	13.69	13.61
死亡	Deaths	10170	11017	0.30	0.31
生存、居住	Survival and Residence	14720	11656	0.43	0.32
学历(学位)	Education Background (Academic Degree)	206369	200138	5.99	5.56
经历	Resume	16627	17658	0.48	0.49
职务(职称)	Professional Titles	8787	8971	0.26	0.25
身份	Identity	10513	10928	0.31	0.30
有无违法犯罪记录	Illegal and Criminal Record Check	423687	428544	12.30	11.91
其他有法律意义事实	Other Facts of Legal Significance	49233	45444	1.43	1.26
证书(执照)	Certificate (Licence)	227228	315375	6.60	8.77
签名(印章)	Signature (Seal)	147615	187375	4.29	5.21
文本相符	Conformity of Documentation	740790	785085	21.51	21.82
其他	Others	449486	397225	13.05	11.04

11-26 调解民间纠纷分类情况
Number of Civil Disputes Mediated by Type

项 目	Item	调解纠纷（件） Civil Disputes (case)		各类纠纷所占比重 (%) Percentage(%)	
		2013	2014	2013	2014
合 计	**Total**	**943.9**	**933.0**	**100.0**	**100.0**
#婚姻家庭	Family Disputes	175.0	184.2	18.5	19.7
房屋、宅基地	Housing and Housing Sites	62.6	64.7	6.6	6.9
邻 里	Neighbor Disputes	227.7	236.1	24.1	25.3
损害赔偿	Compensation for Damages	74.5	72.7	7.9	7.8

11-27 劳动人事争议仲裁情况
Disposal of Labor Disputes

项　目	Item	2010	2011	2012	2013	2014
上期未结案数(件)	**Number of Cases Left Over from Last Period(case)**	**77926**	**42308**	**36151**	**34478**	**31796**
案件受理情况	**Cases Accepted**					
当期案件受理数(件)	Number of Cases(case)	600865	589244	641202	665760	715163
#集体劳动争议案件数	Number of Collective Labour Disputes	9314	6592	7252	6783	8041
劳动者申诉案件数	Number of Cases Appealed by Laborers	558853	568768	620849	641932	690418
按争议原因分(件)	By Cause of the Disputes(case)					
劳动报酬	Labour Remuneration	209968	200550	225981	223351	258716
社会保险	Social Insurances		149944	159649	165665	160961
解除、终止劳动合同	Relieve or End the Labour Contract	31915	118684	129108	147977	155870
劳动者当事人数(人)	Number of Laborers Involved(person)	815121	779490	882487	888430	997807
#集体劳动争议	Collective Labour Disputes	211755	174785	231894	218521	267165
案件处理情况	**Cases Settled**					
结案数(件)	Number of Cases Settled(case)	634041	592823	643292	669062	711044
按处理方式分	By Manners of Settlement					
仲裁调解	By Mediation	250131	278873	302552	311806	321598
仲裁裁决	By Arbitrition Lawsuit	266506	244942	268530	283341	313175
其他方式	Others	117404	69008	72210	73915	76271
按处理结果分	By Result of Settlement					
用人单位胜诉	Lawsuit Won by Units	85028	74189	79187	82519	82541
劳动者胜诉	Lawsuit Won by Laborers	229448	195680	213453	217551	250284
双方部分胜诉及其他	Lawsuit Partly Won by Both Parties and Others	319565	322954	350652	368992	378219
案外调解案件数	**Cases Mediated**	**163997**	**194338**	**212937**	**215595**	**227447**

注：2011年起，解除、终止劳动合同的类型进行合并统计。
Since 2011, items of Relieve or End the Labour Contract have been merged during statistics.

11-28 分地区基层工会劳动法律监督工作情况(2014年)
Legal Supervision on Labor Laws by Trade Unions at All Levels by Region (2014)

单位：个，件 (unit,case)

地 区	Region	基层工会劳动法律监督组织 Supervision Organizations in Grassroot Trade Unions			基层以上工会劳动法律监督组织 Supervision Organizations in Trade Unions above Grassroot Level		
		组织个数 Number of Organizations	受理违法、违规案件数 Number of Illegal and Irregular Cases Accepted	#提请劳动监察部门处理的案件 Cases Delivered to Labor Supervision Departments	组织个数 Number of Organizations	受理案件数 Number of Cases Accepted	#提请劳动监察部门处理的案件 Cases Delivered to Labor Supervision Departments
全 国	**National Total**	**930617**	**85849**	**10973**	**28363**	**49958**	**11187**
北 京	Beijing	6506	670	117	342	678	224
天 津	Tianjin	14989	10163	1068	415	653	65
河 北	Hebei	68401	3836	842	2270	818	178
山 西	Shanxi	26658	3672	927	684	646	75
内蒙古	Inner Mongolia	20294	362	33	86	199	43
辽 宁	Liaoning	40202	3215	128	1606	1670	195
吉 林	Jilin	4507	239	4	269	566	84
黑龙江	Heilongjiang	21355	672	86	581	451	50
上 海	Shanghai	9218	129	19	1264	1056	110
江 苏	Jiangsu	104568	8572	1031	4879	5559	960
浙 江	Zhejiang	69030	3675	186	1673	7238	1067
安 徽	Anhui	20783	3502	829	484	949	548
福 建	Fujian	22620	5483	472	815	1979	356
江 西	Jiangxi	65890	5634	626	1633	2306	189
山 东	Shandong	81950	6148	847	2001	3964	658
河 南	Henan	20491	3491	763	418	1766	730
湖 北	Hubei	26308	2791	325	725	2732	453
湖 南	Hunan	11613	2021	232	563	1635	323
广 东	Guangdong	76284	6095	1039	1583	4162	815
广 西	Guangxi	26775	786	266	685	645	84
海 南	Hainan	903	58	9	58	213	48
重 庆	Chongqing	13972	2384	207	349	3778	2332
四 川	Sichuan	99765	10225	732	2671	3410	728
贵 州	Guizhou	22219	139	25	114	276	83
云 南	Yunnan	17095	271	41	731	486	164
西 藏	Tibet	27			9	2	1
陕 西	Shaanxi	14151	265	12	547	433	97
甘 肃	Gansu	8707	517	40	477	398	88
青 海	Qinghai	3735	71		63	40	16
宁 夏	Ningxia	6542	417	21	238	970	210
新 疆	Xinjiang	5059	346	46	130	280	213

注：北京市的各项数据中包括国家机关工委和中直机关工委的数据。

Data for Beijing include figures of Work Committee for Offices Directly under the CCCPC and State Organs Work Committee of the CPC.

11−29 全国生产安全事故情况
Statistics on Production Safety Accident Nation Wide

单位：起，人 (case, person)

项　目	Item	总计 Total				较大事故 Larger Accident			
		2013		2014		2013		2014	
		发生数 Case	死亡人数 Death	发生数 Case	死亡人数 Death	发生数 Case	死亡人数 Death	发生数 Case	死亡人数 Death
合　计	**Total**	**309303**	**69453**	**305677**	**68061**	**1158**	**4598**	**1126**	**4221**
工矿商贸合计	Total of Mining and Trading	6490	8058	5774	7199	263	1052	257	965
煤矿	Coal Mine	608	1086	509	931	48	232	46	193
金属非金属矿	Metal Mine and Non-Metallic Mine	658	790	534	640	19	74	25	90
建筑施工	Building Construction	2059	2489	1786	2197	88	336	95	344
化工和危险化学品	Chemical Industry and Dangerous Chemical	142	207	114	166	14	47	16	56
烟花爆竹	Fireworks and Crackers	55	112	43	100	12	50	9	46
工商贸其它	Others of Mining and Trading	2968	3374	2788	3165	82	313	66	236
生产经营性火灾	Fire Disaster of Production and Operation	100268	504	99188	291	36	144	18	53
道路交通	Road Transport	198394	58539	196812	58523	818	3194	802	2987
水上交通	Water Transportation	262	265	260	247	25	109	30	127
铁路交通	Rail Transport	1852	1337	1630	1232			1	3
民航飞行	Civil Aviation	13	6	4	3				
农业机械	Agricultural Machinery	1733	432	1744	300			1	4
渔业船舶	Fishery Vessel	287	275	262	218	14	85	15	74
其它	Others	4	37	3	48	2	14	2	8

11−29 续表 continued

单位：起，人 (case, person)

项　目	Item	重特大事故 Serious and Major Accidents				#特别重大事故 Extraordinarily Serious Accident			
		2013		2014		2013		2014	
		发生数 Case	死亡人数 Death	发生数 Case	死亡人数 Death	发生数 Case	死亡人数 Death	发生数 Case	死亡人数 Death
合　计	**Total**	**51**	**876**	**42**	**758**	**4**	**252**	**4**	**235**
工矿商贸合计	Total of Mining and Trading	26	442	21	402	3	131	1	97
煤矿	Coal Mine	16	256	14	229	1	36		
金属非金属矿	Metal Mine and Non-Metallic Mine	3	30						
建筑施工	Building Construction	1	11	2	21				
化工和危险化学品	Chemical Industry and Dangerous Chemical	1	10						
烟花爆竹	Fireworks and Crackers	1	12	1	14				
工商贸其它	Others of Mining and Trading	4	123	4	138	2	95	1	97
生产经营性火灾	Fire Disaster of Production and Operation	4	163	5	58	1	121		
道路交通	Road Transport	16	208	13	235			2	98
水上交通	Water Transportation	3	40	1	10				
铁路交通	Rail Transport								
民航飞行	Civil Aviation								
农业机械	Agricultural Machinery								
渔业船舶	Fishery Vessel			1	13				
其它	Others	2	23	1	40			1	40

11-30 全国消协组织受理投诉情况
Statistics on Complaints Accepted by Consumer Society Nationwide

单位：件，% (case, %)

项　目	Item	投诉件数 Complaint Case		比　重 Percentage	
		2013	2014	2013	2014
合　计	**Total**	**702484**	**619415**	**100.00**	**100.00**
产品质量	Product Quality	301275	283681	45.80	42.89
售后服务	After-sales Service	106367	110947	17.91	15.14
产品合同	Product Contract	118558	80329	12.97	16.88
产品价格	Product Price	25989	18207	2.94	3.70
产品安全	Product Safety	8990	12850	2.08	1.28
虚假宣传	False Propaganda	11675	9095	1.47	1.66
假冒问题	Case of Counterfeit	7766	5493	0.89	1.11
计量问题	Case of Weighing	6973	5038	0.81	0.99
人格尊严	Personal Dignity	2526	2877	0.46	0.36
其他	Others	112365	90898	14.67	16.00

注：资料来自《全国消协组织受理投诉情况分析报告》。
Data source is Analysis Report of Statistics on Complaints Accepted by Consumer Society

11-31 按商品大类分投诉情况
Statistics on Complaints by Merchandise Type

单位：件，% (case, %)

项　目	Item	2013	2014	比上年减少 Change % in 2014 over 2013
家用电子电器类	Household Electrical Appliance	165571	128607	-22.33
服装鞋帽类	Clothing Shoes and Hats	59543	50863	-14.58
日用商品类	Commodity	53328	43247	-18.90
交通工具类	Vehicle	38010	33706	-11.32
食品类	Food	42973	26459	-38.43
房屋建材类	Building Materials	28425	24599	-13.46
首饰及文体用品类	Jewelry and Stationery and Sporting Goods	11300	9448	-16.39
烟、酒和饮料类	Tobacco and Beverages	12115	8618	-28.87
农用生产资料类	Agricultural Production Material	9917	5554	-44.00
医药及医疗用品类	Medicine and Medical Supplies	6492	3800	-41.47

注：资料来自《全国消协组织受理投诉情况分析报告》。
Data source is Analysis Report of Statistics on Complaints Accepted by Consumer Society

11-32 食品药品投诉和查处案件情况
Statistics on Complaint and Investigation Case of Food and Medicine

单位：件 (case)

项　目	Item	2012	2013	2014
药品投诉	Complaint of Medicine	39306	45908	61850
#立案	Case Registered	8444	7325	6159
结案	Case Settled	7795	6180	5687
医疗器械投诉	Complaint of Medical Equipment	5933	9760	15741
#立案	Case Registered	1355	1426	1837
结案	Case Settled	1235	1193	1552
保健食品投诉	Complaint of Health Food	8942	16142	27357
#立案	Case Registered	610	1317	1486
结案	Case Settled	445	1101	1399
查处药品案件	Investigate and Treat Medicine Case	170266	147322	103318
查处医疗器械案件	Investigate and Treat Medical Equipment Case	21742	19792	17878

注：资料来自国家食品药品监督管理总局《食品药品监管统计年报》。
Data source is Food and Drug Administration "Yearly Statistics on Food and Drug Supervision".

十二、社会参与
Social Participation

12-1 历届全国人民代表大会代表情况
Number of Deputies to All the Previous National People's Congresses

单位：人 (person)

届别	Congress	年份 Year	代表总数 Total Number of Deputies	#女代表 Female Deputies	#少数民族代表 Ethnic Minority Deputies	占代表总数比重(%) As Percentage to Total Deputies (%) 女代表 Female Deputies	少数民族代表 Ethnic Minority Deputies
一届	First Congress	1954	1226	147	177	12.0	14.4
二届	Second Congress	1959	1226	150	180	12.2	14.7
三届	Third Congress	1964	3040	542	373	17.8	12.3
四届	Fourth Congress	1975	2885	653	270	22.6	9.4
五届	Fifth Congress	1978	3497	740	381	21.2	10.9
六届	Sixth Congress	1983	2978	632	404	21.2	13.6
七届	Seventh Congress	1988	2970	634	445	21.3	15.0
八届	Eighth Congress	1993	2978	626	439	21.0	14.7
九届	Ninth Congress	1998	2979	650	428	21.8	14.4
十届	Tenth Congress	2003	2984	604	415	20.2	13.9
十一届	Eleventh Congress	2008	2987	637	411	21.3	13.8
十二届	Twelfth Congress	2013	2987	699	409	23.4	13.7

12-2 历届全国政治协商会议委员情况
Number of Deputies to All the Previous Chinese People's Political Consultative Conferences

单位：人 (person)

届别	Congress	年份 Year	委员总数 Total Number of Deputies	#中国共产党委员 Deputies from the Communist Party of China	#少数民族委员 Ethnic Minority Deputies	占委员总数比重(%) As Percentage to Total Deputies (%) 中国共产党委员 Deputies from the Communist Party of China	少数民族委员 Ethnic Minority Deputies
六届	Sixth Congress	1983	2042	811	179	39.7	8.8
七届	Seventh Congress	1988	2038	832	221	40.8	10.8
八届	Eighth Congress	1993	2093	831	241	39.7	11.5
九届	Ninth Congress	1998	2195	875	258	39.9	11.8
十届	Tenth Congress	2003	2238	895	262	40.0	11.7
十一届	Eleventh Congress	2008	2237	892	250	39.9	11.2
十二届	Twelfth Congress	2013	2237	893	258	39.9	11.5

12-3 各民主党派人员情况
Basic Statistics on Membership of Democratic Parties

单位：万人 (10000 person)

党派	Party Groupings	2012 人数 Number	2012 #女 Female	2013 人数 Number	2013 #女 Female
中国国民党革命委员会	Revolutionary Committee of the Chinese Kuomintang	11.0	4.0	11.0	4.1
中国民主同盟	China Democratic League	25.0	11.0	24.7	10.6
中国民主建国会	China Democratic National Construction Association	15.0	5.0	15.1	5.2
中国民主促进会	China Association for Promoting Democracy	14.0	7.0	14.0	6.8
中国农工民主党	Chinese Peasants and Workers Democratic Party	14.0	7.0	13.6	6.8
中国致公党	China Zhi Gong Party	4.0	2.0	4.3	2.0
九三学社	Jiu San Society	14.0	6.0	14.3	5.7
台湾民主自治同盟	Taiwan Democratic Self-government League	0.3	0.1	0.3	0.1

12-4 各民主党派中央委员情况
Basic Statistics on Central Committee Member of Democratic Parties

单位：人 (person)

党派	Party Groupings	2012 人数 Number	2012 #女 Female	2013 人数 Number	2013 #女 Female
中国国民党革命委员会	Revolutionary Committee of the Chinese Kuomintang	224	51	225	52
中国民主同盟	China Democratic League	282	65	282	65
中国民主建国会	China Democratic National Construction Association	215	51	215	41
中国民主促进会	China Association for Promoting Democracy	205	45	205	50
中国农工民主党	Chinese Peasants and Workers Democratic Party	214	51	214	40
中国致公党	China Zhi Gong Party	118	34	118	29
九三学社	Jiu San Society	240	47	240	46
台湾民主自治同盟	Taiwan Democratic Self-government League	68	24	68	29

12-5 分地区人大代表和政协委员情况(2014年)
Deputies of People's Congress and People's Political Consultative Conference by Region(2014)

单位：人，% (person, %)

地区	Region	省(区、市)人大代表数 Deputies of People's Congress of Provinces, Autonomous Regions and Municipalities	#女 Female	女性人大代表比例 Female Deputies as Percentage to Total Deputies	省(区、市)政协委员数 Deputies of People's Political Consultative of Provinces, Autonomous Regions and Municipalities	#女 Female	女性政协委员比例 Female Deputies as Percentage to Total Deputies
北京	Beijing	769	256	33.29	757	236	31.18
天津	Tianjin	706	181	25.64	775	200	25.81
河北	Hebei	765	184	24.05	770	169	21.95
山西	Shanxi	550	151	27.45	578	123	21.28
内蒙古	Inner Mongolia	537	159	29.61	526	118	22.43
辽宁	Liaoning	616	140	22.73	874	346	39.59
吉林	Jilin	513	70	13.65	606	129	21.29
黑龙江	Heilongjiang	574	136	23.69	715	166	23.22
上海	Shanghai	861	267	31.01	841	187	22.24
江苏	Jiangsu	797	207	25.97	796	130	16.33
浙江	Zhejiang	637	168	26.37	734	187	25.48
安徽	Anhui	742	208	28.03	743	166	22.34
福建	Fujian	554	139	25.09	695	124	17.84
江西	Jiangxi	599	148	24.71	694	121	17.44
山东	Shandong	911	199	21.84	808	192	23.76
河南	Henan	942	193	20.49	897	202	22.52
湖北	Hubei	730	183	25.07	728	160	21.98
湖南	Hunan	764	138	18.06	755	170	22.52
广东	Guangdong	786	221	28.12	974	178	18.28
广西	Guangxi	694	176	25.36	703	166	23.61
海南	Hainan	385	91	23.64	391	76	19.44
重庆	Chongqing	865	212	24.51	853	183	21.45
四川	Sichuan	879	203	23.09	882	173	19.61
贵州	Guizhou	604	174	28.81	604	132	21.85
云南	Yunnan	635	182	28.66	640	172	26.88
西藏	Tibet	441	101	22.90	589	125	21.22
陕西	Shaanxi	578	137	23.70	643	31	4.82
甘肃	Gansu	504	118	23.41	590	85	14.41
青海	Qinghai	394	88	22.34	397	95	23.93
宁夏	Ningxia	421	87	20.67	432	121	28.01
新疆	Xinjiang	549	139	25.32	529	139	26.28

注：资料来自2014年社会综合统计年报。
Data source is Social Comprehensive Annual Statistical Report in 2014

12-6 分地区居委会选举情况(2014年)
Statistics on Election of Neighborhood Committee by Region(2014)

地 区	Region	社区居委会(个) Neighborhood Committee (unit)	当年完成选举的社区居委会(个) Neighborhood Committee Completing the Election in the Current Year (unit)	当年完成选举的社区选民登记数(人) Electorates Registered of Neighborhood Committee Completing the Election (person)		
					本届登记选民数 Electorates Registered in the Current Session	参加投票人数 Persons Joining in Voting
全 国	**National Total**	**96693**	**27337**	**60995065**	**54530894**	**42225351**
北 京	Beijing	2932	105	186527	186527	35367
天 津	Tianjin	1575	224	274043	181497	144224
河 北	Hebei	3835	183	204250	197143	156149
山 西	Shanxi	2282	450	479570	466897	303481
内蒙古	Inner Mongolia	2235				
辽 宁	Liaoning	4105	416	1402975	546151	198019
吉 林	Jilin	1995	596	901153	530437	356592
黑龙江	Heilongjiang	2839	264	790744	637997	511196
上 海	Shanghai	4122				
江 苏	Jiangsu	6972	1132	3003804	2917069	2246983
浙 江	Zhejiang	4321	658	2045409	2017235	1850764
安 徽	Anhui	3257	851	2724594	2175257	1720042
福 建	Fujian	2308	287	407229	387705	330546
江 西	Jiangxi	3308	188	365772	203437	266370
山 东	Shandong	6627	5206	7317398	6356035	5037091
河 南	Henan	4404	1041	1530190	1411451	1185290
湖 北	Hubei	4187	442	1516794	1479530	1055662
湖 南	Hunan	5100	88	315924	315637	315445
广 东	Guangdong	6586	6471	15662479	14945116	11180598
广 西	Guangxi	1892	1315	4781333	4684362	3799698
海 南	Hainan	475	225	346986	189319	164585
重 庆	Chongqing	2775	456	1986232	1919236	1287794
四 川	Sichuan	6805	3501	6752394	6033767	5229247
贵 州	Guizhou	2016	1281	2942204	2806158	2045693
云 南	Yunnan	2203	544	2185870	1629692	1240941
西 藏	Tibet	209	78	55928	48244	50763
陕 西	Shaanxi	2153	96	263431	100465	25757
甘 肃	Gansu	1340	569	1691698	1544292	1175791
青 海	Qinghai	451	310	328454	314394	257438
宁 夏	Ningxia	467	90	108824	24283	2231
新 疆	Xinjiang	2917	270	422856	281561	51594

12-7 分地区村委会选举情况(2014年)
Statistics on Election of Village Committee by Region (2014)

地 区	Region	村民委员会(个) Village Committee (unit)	当年完成选举的村委会(个) Village Committee Completing the Election in the Current Year (unit)	当年完成选举的村委会选民登记数(人) Electorates Registered of VillageCommittee Completing the Election (person)		
					本届登记选民数 Electorates Registered in the Current Session	参加投票人数 Persons Joining in Voting
全 国	**National Total**	**585451**	**302832**	**368872058**	**343801097**	**301390325**
北 京	Beijing	3937	729	215435	195936	172554
天 津	Tianjin	3698	1976	1856152	1825677	1678748
河 北	Hebei	48636	3738	2629190	2581926	1947252
山 西	Shanxi	28072	22866	15555318	14919910	12791419
内蒙古	Inner Mongolia	11192	1			
辽 宁	Liaoning	11558	1207	2456917	2291502	1977945
吉 林	Jilin	9313	4829	1902152	1815113	1581613
黑龙江	Heilongjiang	8902	4318	10060678	7063743	6095868
上 海	Shanghai	1605				
江 苏	Jiangsu	14428	1404	3605690	3573978	3189946
浙 江	Zhejiang	27997	2840	4704220	4352875	4466826
安 徽	Anhui	14786	10065	29490252	25661786	23527730
福 建	Fujian	14440	883	619071	616015	570922
江 西	Jiangxi	17011	1247	1764589	1388583	1421722
山 东	Shandong	73388	61109	48183478	45940381	38062933
河 南	Henan	46938	39232	54255204	50389612	43522805
湖 北	Hubei	25448	24009	25303292	23686204	18224469
湖 南	Hunan	41523	40625	40019879	37366875	34850204
广 东	Guangdong	19347	19312	40550291	39491427	37458379
广 西	Guangxi	14291	10256	21029091	20372329	17832695
海 南	Hainan	2561	1186	1687902	1685512	1181214
重 庆	Chongqing	8255	1047	2469482	2246492	1618050
四 川	Sichuan	46318	27235	31291205	29046643	25068022
贵 州	Guizhou	16747	8975	13669045	12967017	10999711
云 南	Yunnan	12035	2766	5888216	5670307	5312133
西 藏	Tibet	5255	3007	988379	948288	893824
陕 西	Shaanxi	26608	77	254494	236149	221900
甘 肃	Gansu	15957	4153	5145004	4403344	4234776
青 海	Qinghai	4157	2574	2400016	2264077	1782051
宁 夏	Ningxia	2274	450	360101	356955	314790
新 疆	Xinjiang	8774	716	517315	442441	389824

12-8 分地区社区服务机构情况(2014年)
Statistics on Community Service Institutions by Region(2014)

单位：个 (unit)

地区	Region	机构数 Number of Community Service Institution	#农村 Rural	社区服务指导中心数 Community Service Guidance Centers	社区服务中心数 Community Service Centers	社区服务站数 Community Service Stations	其他社区服务机构 Other Community Service Institution
全　国	**National Total**	**251368**	**102588**	**918**	**23088**	**120188**	**107174**
北　京	Beijing	10911	4955	17	193	6350	4351
天　津	Tianjin	1793	360	13	273	1263	244
河　北	Hebei	10028	6549	27	785	1515	7701
山　西	Shanxi	2910	1167	24	530	1827	529
内蒙古	Inner Mongolia	2227	82	4	982	709	532
辽　宁	Liaoning	6295	986	29	738	3987	1541
吉　林	Jilin	633	157	27	349	257	
黑龙江	Heilongjiang	2204	112	40	466	1340	358
上　海	Shanghai	3810	356	8	249	2878	675
江　苏	Jiangsu	29324	12279	68	2550	14704	12002
浙　江	Zhejiang	23544	14079	29	2438	11648	9429
安　徽	Anhui	6097	1832	41	1240	2891	1925
福　建	Fujian	3183	908	26	225	2780	152
江　西	Jiangxi	3137	249	45	339	1058	1695
山　东	Shandong	22758	9642	120	1221	10558	10859
河　南	Henan	3226	636	51	599	905	1671
湖　北	Hubei	8692	1953	32	558	4529	3573
湖　南	Hunan	5421	997	56	490	2987	1888
广　东	Guangdong	55011	17883	35	2741	12992	39243
广　西	Guangxi	906	73	2	80	524	300
海　南	Hainan	1658	1254	2	71	1443	142
重　庆	Chongqing	4107	1422	12	282	2097	1716
四　川	Sichuan	12790	5399	80	1726	7926	3058
贵　州	Guizhou	17589	14737	18	1564	15608	399
云　南	Yunnan	1547	408	5	109	1240	193
西　藏	Tibet	39	10	6	15	18	
陕　西	Shaanxi	3153	786	55	514	2146	438
甘　肃	Gansu	4999	2999	26	986	1708	2279
青　海	Qinghai	271	41		29	242	
宁　夏	Ningxia	805	242	6	74	641	84
新　疆	Xinjiang	2300	35	14	672	1417	197

12-9 分地区社区服务机构年末职工人数(2014年)

Number of Workers in Community Service Institution at Year-end by Region(2014)

单位：人 (person)

地 区	Region	年末职工人数 Number of Workers at Year-end	#女 Female	按受教育程度 by Education Status 大学专科人数 Short-cycle Courses in College	大学本科及以上人数 Normal Courses in College and Above
全 国	**National Total**	**928607**	**348557**	**211547**	**93062**
北 京	Beijing	37036	18453	9459	8260
天 津	Tianjin	9174	5992	3015	1638
河 北	Hebei	24164	8850	3765	894
山 西	Shanxi	9249	3763	1966	724
内蒙古	Inner Mongolia	11978	6125	3766	2459
辽 宁	Liaoning	38667	22257	12083	7180
吉 林	Jilin	3909	2441	2057	200
黑龙江	Heilongjiang	12177	5288	4140	1547
上 海	Shanghai	25159	12947	3470	2055
江 苏	Jiangsu	140127	44029	27666	11782
浙 江	Zhejiang	60454	23997	12158	5043
安 徽	Anhui	27399	11534	7870	2055
福 建	Fujian	14067	5761	1862	815
江 西	Jiangxi	10831	4746	1459	207
山 东	Shandong	87670	34086	29504	12914
河 南	Henan	13750	5627	3723	1045
湖 北	Hubei	31561	12829	7291	2315
湖 南	Hunan	19236	8362	4891	1527
广 东	Guangdong	142225	42279	23337	13886
广 西	Guangxi	8218	4034	1575	837
海 南	Hainan	8403	2298	972	311
重 庆	Chongqing	14571	6893	4664	2154
四 川	Sichuan	42396	14503	10554	3156
贵 州	Guizhou	82921	19908	17049	4890
云 南	Yunnan	8353	3026	1510	580
西 藏	Tibet	223	126	92	45
陕 西	Shaanxi	13889	6114	3779	877
甘 肃	Gansu	13528	4081	2766	1372
青 海	Qinghai	941	342	278	109
宁 夏	Ningxia	3893	2411	531	140
新 疆	Xinjiang	12438	5455	4295	2045

12-9 续表 Continued

单位：人，% (person,%)

地区	Region	职业资格水平 by Occupational Qualification		占年末职工人数比重 Percentage			
		助理社会工作师人数 Number of Social Workers	社会工作师人数 Number of Assistant Social Workers	大学专科人数 Short-cycle Courses in College	大学本科及以上人数 Normal Courses in College and Above	助理社会工作师人数 Social Workers	社会工作师人数 Assistant Social Workers
全国	**National Total**	**11015**	**4618**	**22.78**	**10.02**	**1.19**	**0.50**
北京	Beijing	2314	827	25.54	22.30	6.25	2.23
天津	Tianjin	438	86	32.86	17.85	4.77	0.94
河北	Hebei	37	95	15.58	3.70	0.15	0.39
山西	Shanxi	50	23	21.26	7.83	0.54	0.25
内蒙古	Inner Mongolia	185	88	31.44	20.53	1.54	0.73
辽宁	Liaoning	364	247	31.25	18.57	0.94	0.64
吉林	Jilin	6	59	52.62	5.12	0.15	1.51
黑龙江	Heilongjiang	130	45	34.00	12.70	1.07	0.37
上海	Shanghai	291	193	13.79	8.17	1.16	0.77
江苏	Jiangsu	1356	478	19.74	8.41	0.97	0.34
浙江	Zhejiang	948	520	20.11	8.34	1.57	0.86
安徽	Anhui	253	97	28.72	7.50	0.92	0.35
福建	Fujian	308	199	13.24	5.79	2.19	1.41
江西	Jiangxi	32	33	13.47	1.91	0.30	0.30
山东	Shandong	186	140	33.65	14.73	0.21	0.16
河南	Henan	89	56	27.08	7.60	0.65	0.41
湖北	Hubei	107	66	23.10	7.34	0.34	0.21
湖南	Hunan	145	75	25.43	7.94	0.75	0.39
广东	Guangdong	2904	808	16.41	9.76	2.04	0.57
广西	Guangxi	127	37	19.17	10.18	1.55	0.45
海南	Hainan	29	8	11.57	3.70	0.35	0.10
重庆	Chongqing	194	100	32.01	14.78	1.33	0.69
四川	Sichuan	329	219	24.89	7.44	0.78	0.52
贵州	Guizhou	34	18	20.56	5.90	0.04	0.02
云南	Yunnan	23	19	18.08	6.94	0.28	0.23
西藏	Tibet		2	41.26	20.18		0.90
陕西	Shaanxi	53	22	27.21	6.31	0.38	0.16
甘肃	Gansu	20	26	20.45	10.14	0.15	0.19
青海	Qinghai	7	7	29.54	11.58	0.74	0.74
宁夏	Ningxia	5	2	13.64	3.60	0.13	0.05
新疆	Xinjiang	51	23	34.53	16.44	0.41	0.18

12-10 分地区社区服务志愿者服务情况(2014年)
Statistics on Volunteer Service in Community Service by Region (2014)

地 区	Region	服务志愿者组织数 (个) Organization of Volunteer Service (unit)	注册社区志愿者人数 (人) Number of Registered volunteers (person)	志愿者服务人次数 (人次) Number of Volunteer Service (person time)	志愿者服务时间 (小时) Volunteer Service Times (hour)
全 国	**National Total**	**101526**	**2536003**	**7170316**	**17100579**
北 京	Beijing	10253	1444406	5152994	12943229
天 津	Tianjin	795		59935	88873
河 北	Hebei	587	252	3266	9356
山 西	Shanxi	613	10920	868	2266
内蒙古	Inner Mongolia	1136	11113	17999	36396
辽 宁	Liaoning	1182	39571	4928	10683
吉 林	Jilin				
黑龙江	Heilongjiang	1823	44528	15985	47601
上 海	Shanghai	3509	123399	39684	118586
江 苏	Jiangsu	12186	160186	251949	526125
浙 江	Zhejiang	2286	35973	390917	686469
安 徽	Anhui	898	8820	29005	56796
福 建	Fujian	603	17		
江 西	Jiangxi	1013	2250	656	1158
山 东	Shandong	5622	26419	192470	430392
河 南	Henan	130	858		
湖 北	Hubei	590	3803	3010	5054
湖 南	Hunan	1232	744	7999	18757
广 东	Guangdong	1228	266774	3330	6622
广 西	Guangxi	34		60	130
海 南	Hainan	1	15	8560	15319
重 庆	Chongqing	34063	218219	269281	627095
四 川	Sichuan	5931	87582	8497	25036
贵 州	Guizhou	14480	10242	690634	1393400
云 南	Yunnan				
西 藏	Tibet				
陕 西	Shaanxi	500	39335	10299	26513
甘 肃	Gansu			1790	10050
青 海	Qinghai			3	
宁 夏	Ningxia	140			
新 疆	Xinjiang	691	577	6197	14673

12-11 社会组织情况
Number of NGOs

单位：个 (unit)

年 份 Year	社会组织合计 Total Number of NGOs	社会团体 Social Organizations	民办非企业 Non-enterprise Units Run by NGO	基金会 Foundations
1988	4446	4446		
1989	4544	4544		
1990	10855	10855		
1991	82814	82814		
1992	154502	154502		
1993	167506	167506		
1994	174060	174060		
1995	180583	180583		
1996	184821	184821		
1997	181318	181318		
1998	165600	165600		
1999	142665	136764	5901	
2000	153322	130668	22654	
2001	210939	128805	82134	
2002	244509	133297	111212	
2003	266612	141167	124491	954
2004	289432	153359	135181	892
2005	319762	171150	147637	975
2006	354393	191946	161303	1144
2007	386916	211661	173915	1340
2008	413660	229681	182382	1597
2009	431069	238747	190479	1843
2010	445631	245256	198175	2200
2011	461971	254969	204388	2614
2012	499268	271131	225108	3029
2013	547245	289026	254670	3549
2014	606048	309736	292195	4117

注：2001年以前的基金会含在社会团体内。
Data of social organizations included foundations before 2001.

12-12 分地区社会组织和年末职工人数(2014年)
Statistics on Social Organizations and Workers at Year-end(2014)

地区	Region	单位数(个) Number of Institutions (unit)	社会团体 Social Organi-zation	省级 Provincial Level	地级 Prefecture-level	县级 County Level
全国	**National Total**	**606048**	**309736**	**27973**	**76211**	**203611**
中央级	Central-level	2252	1941			
北京	Beijing	9083	3730	1488		2242
天津	Tianjin	4729	2215	955		1260
河北	Hebei	17642	9810	818	2691	6301
山西	Shanxi	12330	6855	926	2161	3768
内蒙古	Inner Mongolia	11790	7044	727	2260	4057
辽宁	Liaoning	20137	8966	802	3727	4437
吉林	Jilin	10521	5671	763	1889	3019
黑龙江	Heilongjiang	12479	5471	999	2214	2258
上海	Shanghai	12365	3909	1189		2720
江苏	Jiangsu	71571	32706	995	5807	25904
浙江	Zhejiang	39844	19430	1076	4571	13783
安徽	Anhui	22549	11977	989	3570	7418
福建	Fujian	21357	13892	1005	3113	9774
江西	Jiangxi	14236	8030	779	2399	4852
山东	Shandong	41165	17738	868	5536	11334
河南	Henan	27572	11183	1098	4008	6077
湖北	Hubei	26560	11878	956	3348	7574
湖南	Hunan	24011	12194	877	3846	7471
广东	Guangdong	47680	22132	1570	7833	12729
广西	Guangxi	20321	12311	824	2451	9036
海南	Hainan	4847	2334	818	371	1145
重庆	Chongqing	14387	7049	985		6064
四川	Sichuan	37800	20030	1187	4208	14635
贵州	Guizhou	9424	5624	722	1232	3670
云南	Yunnan	19207	12987	884	2663	9440
西藏	Tibet	600	570	216	139	215
陕西	Shaanxi	18050	9907	858	1916	7133
甘肃	Gansu	14400	10742	608	1625	8509
青海	Qinghai	3362	2209	537	448	1224
宁夏	Ningxia	4324	3129	645	541	1943
新疆	Xinjiang	9453	6072	809	1644	3619

12-12 续表 1 Continued 1

地 区 Region	民办非企业单位 Non-enterprise Units Run by NGO	法人 League Person	合伙 Partnership	个体 Individual	基金会 Fund Organization	#公募 Public Placement	#非公募 Non-public Placement
全 国 National Total	**292195**	**228366**	**7033**	**56796**	**4117**	**1470**	**2610**
中央级 Central-level	84	82	1	1	227	93	97
北 京 Beijing	5035	4150	13	872	318	41	277
天 津 Tianjin	2450	2370	10	70	64	20	44
河 北 Hebei	7783	4802	367	2614	49	9	40
山 西 Shanxi	5416	4931	136	349	59	24	35
内蒙古 Inner Mongolia	4655	2953	181	1521	91	91	
辽 宁 Liaoning	11102	8440	175	2487	69	69	
吉 林 Jilin	4771	2762	45	1964	79	24	55
黑龙江 Heilongjiang	6932	3743	189	3000	76	37	39
上 海 Shanghai	8257	7675	37	545	199	56	143
江 苏 Jiangsu	38382	33607	818	3957	483	161	322
浙 江 Zhejiang	20033	16400	451	3182	381	138	243
安 徽 Anhui	10492	7425	545	2522	80	23	57
福 建 Fujian	7286	6007	348	931	179	36	143
江 西 Jiangxi	6156	3978	244	1934	50	18	32
山 东 Shandong	23335	17813	443	5079	92	38	54
河 南 Henan	16285	11800	457	4028	104	39	65
湖 北 Hubei	14587	12002	387	2198	95	22	73
湖 南 Hunan	11628	7625	371	3632	189	111	78
广 东 Guangdong	24990	22637	103	2250	558	114	444
广 西 Guangxi	7961	5339	205	2417	49	20	29
海 南 Hainan	2457	2244	6	207	56	17	39
重 庆 Chongqing	7284	6387	108	789	54	28	26
四 川 Sichuan	17642	13724	504	3414	128	52	76
贵 州 Guizhou	3760	1993	245	1522	40	30	10
云 南 Yunnan	6145	4212	196	1737	75	41	34
西 藏 Tibet	17	14	2	1	13	8	5
陕 西 Shaanxi	8055	5522	215	2318	88	30	58
甘 肃 Gansu	3605	2615	118	872	53	22	31
青 海 Qinghai	1126	1045	24	57	27	13	14
宁 夏 Ningxia	1140	917	39	184	55	25	30
新 疆 Xinjiang	3344	3152	50	142	37	20	17

12-12 续表 2 Continued 2

地区	Region	年末职工人数(人) Staff and Workers at Year-end (person)	#女 Female	社会团体 Social Organization	#女 Female	民办非企业单位 Non-enterprise Units Run by NGO	#女 Female	基金会 Fund Organization	#女 Female
全 国	**National Total**	**6822623**	**2003785**	**3736265**	**815873**	**3065964**	**1182492**	**20394**	**5420**
中央级	Central-level	33101	14510	29608	12940	1501	842	1992	728
北 京	Beijing	104147	37214	37242	10882	64601	25244	2304	1088
天 津	Tianjin	38270	15926	11483	4024	26676	11902	111	
河 北	Hebei	260419	71292	131274	18113	128874	53076	271	103
山 西	Shanxi	148571	42896	80241	17131	68187	25706	143	59
内蒙古	Inner Mongolia	87880	26901	55876	14224	31631	12552	373	125
辽 宁	Liaoning	204806	62657	107695	17504	96575	45011	536	142
吉 林	Jilin	55888	11843	34920	4264	20865	7556	103	23
黑龙江	Heilongjiang	138980	50623	96425	37014	42423	13609	132	
上 海	Shanghai	157443	33570	31355	5383	124993	27995	1095	192
江 苏	Jiangsu	533822	146460	216457	53350	315701	92676	1664	434
浙 江	Zhejiang	356994	107451	132073	31271	223908	75806	1013	374
安 徽	Anhui	231774	60682	103447	14910	128125	45745	202	27
福 建	Fujian	259139	55110	187430	26293	70630	28666	1079	151
江 西	Jiangxi	179910	53139	94098	18719	85579	34369	233	51
山 东	Shandong	342065	80613	139121	26659	202622	53873	322	81
河 南	Henan	221127	71200	74266	17924	146479	53232	382	44
湖 北	Hubei	355090	100503	220021	48239	134222	52109	847	155
湖 南	Hunan	241550	80367	123396	31401	117107	48848	1047	118
广 东	Guangdong	574091	244758	184832	49820	386169	194039	3090	899
广 西	Guangxi	321481	69324	241198	34433	79905	34748	378	143
海 南	Hainan	45476	17317	21475	5486	23721	11747	280	84
重 庆	Chongqing	146041	63672	46082	8571	99558	54967	401	134
四 川	Sichuan	514534	146467	319728	69043	193906	77424	900	
贵 州	Guizhou	173845	43795	131701	25676	41941	18114	203	5
云 南	Yunnan	448907	161589	386579	130751	62119	30763	209	75
西 藏	Tibet	12452	4398	12224	4311	157	65	71	22
陕 西	Shaanxi	252343	52503	168539	25546	83324	26936	480	21
甘 肃	Gansu	169563	32146	146582	25440	22972	6705	9	1
青 海	Qinghai	16880	3982	11725	2412	5110	1560	45	10
宁 夏	Ningxia	60510	11989	53168	7993	7067	3871	275	125
新 疆	Xinjiang	135524	28888	106004	16146	29316	12736	204	6

12-13 分地区社会组织志愿者服务情况
Statistics on Volunteer service in Social Organizations by Region

地区	Region	志愿者服务人次(人次) Number of Volunteer Service(person time)		志愿者服务时间(小时) Time of Volunteer Service(hours)	
		2013	2014	2013	2014
全国	**National Total**	**411467**	**459162**	**1225910**	**1275281**
北京	Beijing				
天津	Tianjin	700	700	1950	1400
河北	Hebei	6505	5812	23563	23095
山西	Shanxi	1666	1678	4854	1975
内蒙古	Inner Mongolia	160	1347	480	3730
辽宁	Liaoning	6206	5674	14364	12352
吉林	Jilin		20		30
黑龙江	Heilongjiang	31	10500	100	27800
上海	Shanghai	40	2994	120	23682
江苏	Jiangsu	61045	70466	162872	166323
浙江	Zhejiang	46521	48708	138327	98257
安徽	Anhui	38264	34965	100930	73674
福建	Fujian				
江西	Jiangxi	10	10	50	50
山东	Shandong	98551	100444	277792	266581
河南	Henan	52	52	178	33
湖北	Hubei	344	2929	1014	6174
湖南	Hunan	97633	109038	327088	366370
广东	Guangdong	34368	36705	108750	98032
广西	Guangxi				
海南	Hainan	300		1000	
重庆	Chongqing	12142	22535	41252	86176
四川	Sichuan	305	2	944	14
贵州	Guizhou	1693	2611	4602	12900
云南	Yunnan	8	205	18	636
西藏	Tibet				
陕西	Shaanxi	4365	1233	14223	4449
甘肃	Gansu	243	50	499	40
青海	Qinghai		141		468
宁夏	Ningxia	62	77	180	200
新疆	Xinjiang	252	251	760	840

12-14 自治组织情况
Statistic on Autonomy Organizations

年 份 Year	社区居委会 (个) Number of Neighbourhood Committees (unit)	居民小组 (万个) Number of Neighbourhood Groups (10 000 units)	社区居委会成员 (万人) Membership of Neighbourhood Committees (10 000 persons)	村民委员会 (万个) Number of Villagers' Committees (10 000 units)	村民小组 (万个) Number of Villagers' Groups (10 000 units)	村民委员会成员 (万人) Membership of Villagers' Committees (10 000 persons)
1979	46810					
1980						
1981	57169					
1982						
1983	65519			31.2		
1984	75609			92.7		
1985	80943		34.9	94.9		379.6
1986	86824		36.2	86.6		365.9
1987	86799		37.0	84.5		359.9
1988	95684		36.1	88.3		366.6
1989	93691		36.6	93.4		379.4
1990	98814		43.1	100.1		409.4
1991	100347		44.1	101.9		424.4
1992	104136		46.5	100.4		430.9
1993	107173		47.9	101.3		456.0
1994	110112		48.0	100.7		458.5
1995	111860		48.0	93.2		400.5
1996	113690		49.3	92.8		397.5
1997	117915	108.3	49.8	90.6	535.8	378.8
1998	119042	117.2	50.8	83.3	537.1	358.6
1999	114815	124.7	50.1	80.1	555.7	351.3
2000	108424	127.2	48.4	73.2	553.4	315.0
2001	91893	125.9	46.4	70.0	541.9	316.4
2002	86087	124.4	39.6	68.1	528.6	294.2
2003	77431	122.2	39.7	66.3	519.2	319.1
2004	77884	129.6	42.5	64.4	507.9	292.1
2005	79947	123.3	45.4	62.9	490.5	265.7
2006	80717	123.5	44.3	62.4	453.3	243.0
2007	82006	122.3	41.6	61.3	466.9	241.1
2008	83413	128.7	42.2	60.4	480.9	233.9
2009	84689	129.5	43.1	59.9	480.5	234.0
2010	87057	130.7	43.9	59.5	479.1	233.4
2011	89480	134.0	45.4	59.0	476.4	231.9
2012	91153	133.5	46.9	58.8	469.4	232.3
2013	94620	135.7	48.4	58.9	466.4	232.3
2014	96693	135.8	49.7	58.5	470.4	230.5

12-15 分地区自治组织和年末成员情况(2014年)
Statistics on Autonomy Organizations and Members by Region(2014)

地区	Region	单位数(个) Number of Institutions (unit)	村民委员会 Village Committee	社区居委会 Neighborhood Committee	年末成员数(万人) Member at Year-end (10 000 persons)	#女 Female	村民委员会 Village Committee	社区居委会 Neighborhood Committee
全国	**National Total**	**682144**	**585451**	**96693**	**280.2**	**76.7**	**230.5**	**49.7**
北京	Beijing	6869	3937	2932	3.4	1.8	1.4	2.0
天津	Tianjin	5273	3698	1575	2.5	1.2	1.5	1.0
河北	Hebei	52471	48636	3835	18.5	3.3	16.6	1.9
山西	Shanxi	30354	28072	2282	11.1	2.6	10.0	1.1
内蒙古	Inner Mongolia	13427	11192	2235	5.2	1.7	4.1	1.1
辽宁	Liaoning	15663	11558	4105	7.1	3.0	4.5	2.6
吉林	Jilin	11308	9313	1995	3.4	1.2	2.8	0.6
黑龙江	Heilongjiang	11741	8902	2839	5.3	1.7	3.9	1.4
上海	Shanghai	5727	1605	4122	2.7	1.5	0.6	2.1
江苏	Jiangsu	21400	14428	6972	11.0	3.4	7.2	3.8
浙江	Zhejiang	32318	27997	4321	12.6	3.6	10.6	2.0
安徽	Anhui	18043	14786	3257	7.7	2.3	6.0	1.7
福建	Fujian	16748	14440	2308	7.0	1.7	5.8	1.2
江西	Jiangxi	20319	17011	3308	7.7	2.0	6.5	1.3
山东	Shandong	80015	73388	6627	32.1	9.3	28.9	3.2
河南	Henan	51342	46938	4404	21.2	4.8	19.0	2.1
湖北	Hubei	29635	25448	4187	11.3	3.6	9.3	2.0
湖南	Hunan	46623	41523	5100	16.6	4.8	14.4	2.2
广东	Guangdong	25933	19347	6586	12.3	3.6	8.6	3.8
广西	Guangxi	16183	14291	1892	8.1	2.0	6.9	1.2
海南	Hainan	3036	2561	475	1.6	0.4	1.3	0.3
重庆	Chongqing	11030	8255	2775	5.4	1.8	3.8	1.6
四川	Sichuan	53123	46318	6805	21.3	5.2	18.3	3.0
贵州	Guizhou	18763	16747	2016	8.9	2.0	7.7	1.2
云南	Yunnan	14238	12035	2203	7.1	1.5	5.8	1.3
西藏	Tibet	5464	5255	209	2.5	0.5	2.3	0.1
陕西	Shaanxi	28761	26608	2153	10.8	2.7	9.7	1.1
甘肃	Gansu	17297	15957	1340	6.8	1.3	6.1	0.7
青海	Qinghai	4608	4157	451	1.8	0.4	1.6	0.2
宁夏	Ningxia	2741	2274	467	1.1	0.4	0.9	0.2
新疆	Xinjiang	11691	8774	2917	5.9	1.6	4.2	1.7

12-16 工会组织情况
Basic Statistics on Trade Unions

年 份 Year	工会基层组织数（万个） Number of Grassroot Trade Unions (10 000 units)	全国已建工会组织的基层单位的职工与会员人数（万人） Membership and Staff and Workers in Grassroot Trade Unions (10 000 persons)				工会专职工作人员人数（万人） Number of Full-time Personnel of Trade Unions (10 000 persons)
		职工人数 Staff and Workers	#女 Female	会员人数 Membership	#女 Female	
1979	32.9	6897.2	2171.7	5147.3		17.9
1980	37.6	7448.2	2518.6	6116.5		24.3
1985	46.5	9643.0	3596.7	8525.8	3149.2	38.1
1990	60.6	11156.9	4291.0	10135.6	3897.7	55.6
1991	61.4	11351.4	4394.8	10389.1	3991.6	58.0
1992	61.7	11223.9	4377.1	10322.5	3974.0	58.0
1993	62.7	11103.8	4359.9	10176.1	3949.6	55.4
1994	58.3	11269.6	4483.2	10202.5	4018.1	56.0
1995	59.3	11321.4	4515.3	10399.6	4116.5	46.8
1996	58.6	11181.4	4500.0	10211.9	4093.1	60.5
1997	51.0	10111.5	4004.8	9131.0	3579.4	57.7
1998	50.4	9716.5	3882.0	8913.4	3546.7	48.4
1999	50.9	9683.0	3797.9	8689.9	3406.2	49.7
2000	85.9	11472.1	4534.5	10361.5	3917.3	48.2
2001	153.8	12997.0	5087.9	12152.3	4696.6	
2002	171.3	14461.5	5157.6	13397.8	4665.2	47.2
2003	90.6	13301.6	5079.3	12340.5	4601.2	46.5
2004	102.0	14436.7	5502.6	13694.9	5135.3	45.6
2005	117.4	15985.3	6016.3	15029.4	5574.8	47.7
2006	132.4	18143.6	6719.3	16994.2	6177.8	54.3
2007	150.8	20452.4	7494.5	19329.0	7042.2	60.2
2008	172.5	22487.5	8168.8	21217.1	7773.8	70.5
2009	184.5	24535.3	8652.6	22634.4	8248.4	74.6
2010	197.6	25345.4	9288.1	23996.5	8871.5	86.4
2011	232.0	27304.7	10211.2	25885.1	9763.6	99.8
2012	266.3	29371.5	11014.5	28021.3	10611.0	107.9
2013	276.7	29946.2	11227.6	28786.9	10886.0	115.6
2014	278.1	29930.9	11299.4	28811.8	10977.7	115.5

注：因指标解释调整，2003年以前的工会基层组织数包含部分覆盖单位数。
Because of the adjustment of indicator explanation, the number of grassroot trade unions before 2003 contained part of cover units.

12-17 分地区已建工会企业单位董(监)事中职工董(监)事比例
Employee Directors(Supervisors) as Percentage of Directors(Supervisors) in Enterprises with Trade Union by Region

单位：% (%)

地 区	Region	2012		2013		2014	
		职工董事占董事比例 Employee Directors as Percentage of Directors	职工监事占监事比例 Employee Supervisors as Percentage of Supervisors	职工董事占董事比例 Employee Directors as Percentage of Directors	职工监事占监事比例 Employee Supervisors as Percentage of Supervisors	职工董事占董事比例 Employee Directors as Percentage of Directors	职工监事占监事比例 Employee Supervisors as Percentage of Supervisors
全 国	**National Total**	**24.0**	**35.4**	**19.9**	**28.3**	**24.1**	**34.3**
北 京	Beijing	13.3	32.3	13.6	31.6	15.9	32.4
天 津	Tianjin	17.2	39.7	14.8	29.7	35.0	42.7
河 北	Hebei	30.6	43.7	29.1	36.4	24.9	31.3
山 西	Shanxi	21.5	34.9	19.3	34.7	17.9	36.1
内蒙古	Inner Mongolia	26.7	70.1	16.9	17.0	9.8	8.4
辽 宁	Liaoning	22.8	25.3	24.1	32.1	25.0	32.1
吉 林	Jilin	19.9	26.2	28.6	32.6	23.3	30.7
黑龙江	Heilongjiang	19.2	41.8	15.0	30.5	20.0	34.8
上 海	Shanghai	10.2	27.4	8.8	25.6	8.7	25.6
江 苏	Jiangsu	17.2	31.7	19.0	27.3	17.4	26.4
浙 江	Zhejiang	14.6	27.8	13.5	20.6	27.3	37.0
安 徽	Anhui	18.9	32.7	22.6	38.6	25.3	40.8
福 建	Fujian	16.7	25.5	19.6	30.1	18.4	27.5
江 西	Jiangxi	57.4	60.7	20.9	18.1	18.3	22.1
山 东	Shandong	25.4	36.0	23.0	33.1	26.4	36.4
河 南	Henan	33.1	38.6	23.6	28.8	49.0	58.0
湖 北	Hubei	13.6	18.6	21.4	29.9	25.9	37.8
湖 南	Hunan	12.1	16.7	17.0	19.4	17.1	21.6
广 东	Guangdong	18.3	36.5	17.5	36.4	12.4	40.7
广 西	Guangxi	16.4	21.9	18.8	26.3	19.2	22.8
海 南	Hainan	19.0	32.3	14.6	24.8	13.4	26.6
重 庆	Chongqing	27.9	25.1	26.1	25.5	26.3	27.2
四 川	Sichuan	20.5	25.1	19.3	25.7	25.6	33.8
贵 州	Guizhou	20.4	33.7	31.5	59.6	23.2	31.3
云 南	Yunnan	22.5	37.7	20.0	35.0	18.2	25.6
西 藏	Tibet	25.2	43.6	33.3	50.0	29.1	50.8
陕 西	Shaanxi	19.4	39.3	17.0	30.4	18.9	29.2
甘 肃	Gansu	31.1	37.0	31.8	38.6	29.5	36.5
青 海	Qinghai	18.7	31.3	13.1	28.0	13.3	23.6
宁 夏	Ningxia	17.6	30.5	16.7	29.5	14.6	26.3
新 疆	Xinjiang	22.0	37.5	19.4	34.1	18.2	32.2

附　录
Appendix

附录　主要统计指标解释

人口家庭

人口数　指一定时点、一定地区范围内有生命的个人总和。

年度统计的年末人口数指每年 12 月 31 日 24 时的人口数。年度统计的全国人口总数内未包括香港、澳门特别行政区和台湾省以及海外华侨人数。

城镇人口和乡村人口　城镇人口是指居住在城镇范围内的全部常住人口；乡村人口是除上述人口以外的全部人口。

出生率(又称粗出生率)　指在一定时期内(通常为一年)一定地区的出生人数与同期内平均人数(或期中人数)之比，用千分率表示。本资料中的出生率指年出生率，其计算公式为：

$$出生率=\frac{年出生人数}{年平均人数}\times 1000‰$$

式中：出生人数指活产婴儿，即胎儿脱离母体时(不管怀孕月数)，有过呼吸或其他生命现象。年平均人数指年初、年底人口数的平均数，也可用年中人口数代替。

死亡率(又称粗死亡率)　指在一定时期内(通常为一年)一定地区的死亡人数与同期内平均人数(或期中人数)之比，用千分率表示。本资料中的死亡率指年死亡率，其计算公式为：

$$死亡率=\frac{年死亡人数}{年平均人数}\times 1000‰$$

人口自然增长率　指在一定时期内(通常为一年)人口自然增加数(出生人数减死亡人数)与该时期内平均人数(或期中人数)之比，用千分率表示。计算公式为：

$$人口自然增长率=\frac{本年出生人数-本年死亡人数}{年平均人数}\times 1000‰$$

$$=人口出生率-人口死亡率$$

总抚养比　也称总负担系数。指人口总体中非劳动年龄人口数与劳动年龄人口数之比。通常用百分比表示。说明每 100 名劳动年龄人口大致要负担多少名非劳动年龄人口。用于从人口角度反映人口与经济发展的基本关系。计算公式为：

$$GDR=\frac{P_{0\sim14}+P_{65^+}}{P_{15\sim64}}\times 100\%$$

其中：GDR 为总抚养比；

$P_{0\sim14}$为 0～14 岁少年儿童人口数；

$P_{65}+$为 65 岁及 65 岁以上的老年人口数；

$P_{15\sim64}$为 15～64 岁劳动年龄人口数。

老年人口抚养比　也称老年人口抚养系数。指某一人口中老年人口数与劳动年龄人口数之比。通常用百分比表示。用以表明每 100 名劳动年龄人口要负担多少名老年人。老年人口抚养比是从经济角度反映人口老化社会后果的指标之一。计算公式为：

$$ODR=\frac{P_{65^+}}{P_{15-64}}\times 100\%$$

其中：ODR 为老年人口抚养比；

P_{65}+为 65 岁及 65 岁以上的老年人口数；

$P_{15\sim64}$为 15～64 岁的劳动年龄人口数。

少年儿童抚养比 也称少年儿童抚养系数。指某一人口中少年儿童人口数与劳动年龄人口数之比。通常用百分比表示。以反映每 100 名劳动年龄人口要负担多少名少年儿童。计算公式为：

$$CDR = \frac{P_{0\sim14}}{P_{15\sim64}} \times 100\%$$

其中：CDR 为少年儿童抚养比；

$P_{0\sim14}$为 0～14 岁少年儿童人口数；

$P_{15\sim64}$为 15～64 岁劳动年龄人口数。

卫生健康

医疗卫生机构 指从卫生行政部门取得《医疗机构执业许可证》、《计划生育技术服务许可证》，或从民政、工商行政、机构编制管理部门取得法人单位登记证书，为社会提供医疗保健、疾病控制、卫生监督服务或从事医学科研和医学在职培训等工作的单位。医疗卫生机构包括医院、基层医疗卫生机构、专业公共卫生机构、其他医疗卫生机构。

医院 包括综合医院、中医医院、中西医结合医院、民族医院、各类专科医院和护理院，不包括专科疾病防治院、妇幼保健院和疗养院。

基层医疗卫生机构 包括社区卫生服务中心、社区卫生服务站、街道卫生院、乡镇卫生院、村卫生室、门诊部、诊所(医务室)。

专业公共卫生机构 包括疾病预防控制中心、专科疾病防治机构、妇幼保健机构（含妇幼保健计划生育服务中心）、健康教育机构、急救中心（站）、采供血机构、卫生监督机构、取得《医疗机构执业许可证》或《计划生育技术服务许可证》的计划生育技术服务机构。

其他医疗卫生机构 包括疗养院、临床检验中心、医学科研机构、医学在职教育机构、医学考试中心、农村改水中心、人才交流中心、统计信息中心等卫生事业单位。

卫生人员 指在医院、基层医疗卫生机构、专业公共卫生机构及其他医疗卫生机构工作的职工，包括卫生技术人员、乡村医生和卫生员、其他技术人员、管理人员和工勤人员。一律按支付年底工资的在岗职工统计，包括各类聘任人员(含合同工)及返聘本单位半年以上人员，不包括临时工、离退休人员、退职人员、离开本单位仍保留劳动关系人员、本单位返聘和临聘不足半年人员。

卫生技术人员 包括执业医师、执业助理医师、注册护士、药师（士）、检验技师（士）、影像技师、卫生监督员和见习医（药、护、技）师（士）等卫生专业人员。不包括从事管理工作的卫生技术人员(如院长、副院长、党委书记等)。

执业医师 指《医师执业证》“级别”为“执业医师”且实际从事医疗、预防保健工作的人员，不包括实际从事管理工作的执业医师。执业医师类别分为临床、中医、口腔和公共卫生四类。

执业(助理)医师 指《医师执业证》“级别”为“执业助理医师”且实际从事医疗、预防保健工作的人员，不包括实际从事管理工作的执业助理医师。执业助理医师类别分为临床、中医、口腔和公共卫生四类。

每千人口执业(助理)医师 每千人口执业(助理)医师=（执业医师数+执业助理医师数)/人口数×1000。人口数系年末常住人口。

每千人口卫生技术人员 每千人口卫生技术人员=卫生技术人员数/人口数×1000。人口数系年末常住人口。

每千人口医疗卫生机构床位 每千人口医疗卫生机构床位=医疗卫生机构床位数/人口数×1000。人口数系年末常住人口。

甲乙类法定报告传染病发病率　是指某年某地区每10万人口中甲、乙类法定报告传染病发病数。即甲乙类法定报告传染病发病率=甲、乙类法定报告传染病发病数/人口数×100000。

甲乙类法定报告传染病死亡率　是指某年某地区每10万人口中甲、乙类法定报告传染病死亡数。即甲乙类法定报告传染病死亡率=甲、乙类法定报告传染病死亡数/人口数×100000。

甲乙类法定报告传染病病死率　是指某年某地区甲、乙类法定报告传染病死亡数与发病数之比。即甲乙类法定报告传染病病死率=甲、乙类法定报告传染病死亡数/发病数×100%。

粗死亡率　指年内一定地区的死亡人数与同期平均人数之比，一般以‰表示。

病死率　表示一定时期内(通常为一年)，患某种疾病的死亡人数与患某种疾病发病人数之比，一般以%表示。

孕产妇死亡率　指年内每10万名孕产妇的死亡人数。孕产妇死亡指从妊娠期至产后42天内，由于任何妊娠或妊娠处理有关的原因导致的死亡，但不包括意外原因死亡者。按国际通用计算方法，“孕产妇总数”以“活产数”代替计算。

活产数　指年内妊娠满28周及以上（如孕周不清楚，可参考出生体重达1000克及以上)，娩出后有心跳、呼吸、脐带搏动、随意肌收缩四项生命体征之一的新生儿数。

5岁以下儿童死亡率　指年内未满5岁儿童死亡人数与　活产数之比，一般以‰表示。

新生儿死亡率　指年内新生儿死亡数与活产数之比。一般以‰表示。新生儿死亡指出生至28天以内(即0–27天)死亡人数。

参加新农合人数　指根据本地新农合实施方案到年内新农合筹资截止时已缴纳新农合资金的人口数。

新农合当年基金支出　指本年度实际从新农合基金帐户中支出用于新农合补偿的资金。

新农合补偿受益人次　指年内新农合参合人员因病就医获得补偿的人次数，包括住院、家庭帐户形式、门诊、特殊病种大额门诊、住院正常分娩、体检和其他补偿人次之和。

新农合本年度筹资总额　指为本年度筹集的、实际进入新农合专用帐户的基金数额。包括本年度中央及地方财政配套资金、农民个人缴纳资金（含民政部门及其他相关部门代缴的救助资金）、新农合基金本年度产生的全部利息收入及其他渠道实际筹集到的新农合基金额。筹资数额以进入新农合专用帐户的基金数额为准，不含上年结转资金。

卫生总费用　指一个国家或地区在一定时期内，为开展卫生服务活动从全社会筹集的卫生资源的货币总额，按来源法核算。它反映一定经济条件下，政府、社会和居民个人对卫生保健的重视程度和费用负担水平，以及卫生筹资模式的主要特征和卫生筹资的公平性合理性。

政府卫生支出　指各级政府用于医疗卫生服务、医疗保障补助、卫生和医疗保险行政管理、人口与计划生育事务支出等各项事业的经费。

社会卫生支出　指政府支出外的社会各界对卫生事业的资金投入。包括社会医疗保障支出、商业健康保险费、社会办医支出、社会捐赠援助、行政事业性收费收入等。

个人现金卫生支出　指城乡居民在接受各类医疗卫生服务时的现金支付，包括享受各种医疗保险制度的居民就医时自付的费用。可分为城镇居民、农村居民个人现金卫生支出，反映城乡居民医疗卫生费用的负担程度。

人均卫生费用　即某年卫生总费用与同期平均人口数之比。

卫生总费用占GDP比重　指某年卫生总费用与同期国内生产总值（GDP）之比。是用来反映一定时期国家对卫生事业的资金投入力度，以及政府和全社会对卫生事业、居民健康的重视程度。

教育培训

普通高等学校　指通过国家普通高等教育招生考试，招收高中毕业生为主要培养对象，实施高等学历教育的全日制大学、独立设置的学院、独立学院和高等专科学校、高等职业学校及其他机构。

大学、独立设置的学院主要实施本科及本科层次以上的教育。独立学院主要实施本科层次的教育。高等专科学校、高等职业学校实施专科层次的教育。其他机构是指承担国家普通招生计划任务不计校数的机构，包括普通高等学校分校、大专班等。

独立学院 指由普通本科高校按新机制、新模式举办的本科层次的二级学院。一些普通本科高校按公办机制和模式建立的二级学院、“分校”或其他类似的二级办学机构不属此范畴。

成人高等学校 指通过国家成人高等教育招生考试，招收具有高中毕业或同等学力的人员为主要培养对象，利用函授、业余、脱产等多种形式，对其实施高等学历教育的学校。包括：职工高等学校、农民高等学校、管理干部学院、教育学院、独立函授学院、广播电视大学、其他机构。其他机构是指承担国家成人招生计划任务不计校数的机构。

民办的其他高等教育机构 指经省、自治区、直辖市教育行政部门审批并颁发办学许可证，不具有颁发普通本专科和成人本专科学历文凭资格的实施高等教育的单位。

中等职业教育 调整后的中等职业学校是指将普通中等专业学校（中等技术学校、中等师范学校）、成人中等专业学校、职业高中学校、其他机构等各种实施中等职业教育的办学类型，通过合并、共建、联办、划转等形式调整为统一的办学类型。

其他机构 指承担中等职业教育不计校数的教育机构（包括停办的学校和高等学校附设的中等职业教育机构）。

职业初中 指经县或县以上教育行政部门批准设立，招收小学毕业生实施初级中等职业技术教育的教学机构。

初等教育 指由县或县以上教育行政部门批准，招收学龄儿童实施初等教育的教学机构。

特殊教育 指独立设置的招收盲聋哑和智残儿童，以及其他特殊需要的儿童、青少年进行普通或职业初、中等教育的独立设置学校。

学前教育 包括幼儿园和学前班。学前班是指在部分不能满足学龄前幼儿三年入园的地区，组织学龄前儿童进行学前一年教育的一种组织形式。学前班是农村发展学前教育的重要形式，也是城市弥补幼儿园数量不足的一种辅助形式。

完全中学 指普通初、高中合设的教育机构。

在职人员攻读博士、硕士学位 指经国务院学位委员会批准的，为提高在职人员业务水平，通过攻读博士、硕士学位入学全国联考所招收的学生。培养的学生只有学位没有学历。

自考助学班学生 指为参加高等教育自学考试的学生举办的全日制教学辅导班所招收的学生。

学历文凭考试学生 指民办的其他高等教育机构中所招收参加高等教育学历文凭考试的全日制专科学生。

普通预科生 指经教育部和国家民委批准下达预科招生计划，招收的少数民族和港澳、华侨、台籍学生，经过一年的文化补习，合格者升入普通高等学校有关专业学习。

进修及培训 指在高等教育学校（机构）进行的各类非学历教育。

高等教育资格证书培训 指由各类高等教育机构举办的，招收具有高中毕业文化程度，从事专业技术工作或专业性较强的管理工作人员，经过学习及考试合格，取得达到岗位要求的专业知识水平的非学历教育。证书教育形式包括单科班和专业证书班。

高等教育岗位证书培训 指由各类高等教育机构举办的，以提高本职工作能力为目的的非学历教育和培训活动。接受培训的各类人员按要求经考核合格，颁发岗位合格证书和上岗任职聘任书。岗位培训形式包括资格性培训和适应性培训。

中等教育资格证书培训 指接受培训的各类人员经过学习及考试合格，取得达到岗位要求的职业资格证书。

中等教育岗位证书培训　指接受培训的各类人员经过学习及考试合格，颁发岗位合格证书和上岗任职聘任书。

小学学龄儿童净入学率　指调查范围内已入小学学习的学龄儿童占校内外学龄儿童总数的比重。

教职工（基础教育）　指编制在学校，并从事教学、管理和后勤保障工作的固定人员（不包括临时工和聘任教师）。

教职工按工作性质可分为教师、行政人员、教辅人员和工勤人员。

教职工（高等和中职教育）　指在学校（机构）工作并由学校（机构）支付工资的教职工人数，人员包括①在编人员，即根据原人事管理制度，人事关系和档案均在学校的人员；②聘任制人员，即人事制度改革后，高校（机构）招聘录用的长期、全时工作人员。聘任制人员的人事关系在学校但档案不在学校。

教职工数包括校本部教职工、科研机构人员、校办企业职工、其他附设机构人员。

专任教师　是指具有教师资格，专门从事教学工作的人员。

国家财政性教育经费　包括公共财政预算教育经费，各级政府征收用于教育的税费，企业办学中的企业拨款，校办产业和社会服务收入用于教育的经费，其他属于国家财政性教育经费。其中，企业办学中的企业拨款是指中央和地方所属企业在企业营业外资金列支或企业自有资金列支，并实际拨付所属学校的办学经费；校办产业和社会服务收入用于教育的经费是指学校举办的校办产业和各种经营取得的收益及投资收益中用于补充教育经费的部分。

公共财政预算内教育经费　指中央、地方各级财政或上级主管部门在年度内安排，并划拨到各级各类学校、教育行政单位、教育事业单位，列入国家预算支出科目的教育经费。包括教育事业拨款、科研拨款、基本建设拨款和其他拨款。

就业

经济活动人口　指在 16 周岁及以上，有劳动能力，参加或要求参加社会经济活动的人口。包括就业人员和失业人员。

就业人员　指在一定年龄以上，有劳动能力，为取得劳动报酬或经营收入而从事一定社会劳动的人员。具体指年满 16 周岁，为取得报酬或经营利润，在调查周内从事了 1 小时（含 1 小时）以上的劳动或由于学习、休假等原因在调查周内暂时处于未工作状态，但有工作单位或场所的人口。

单位就业人员　指报告期末最后一日 24 时在本单位中工作,并取得工资或其他形式劳动报酬的人员数。该指标为时点指标，不包括最后一日当天及以前已经与单位解除劳动合同关系的人员，是在岗职工、劳务派遣人员及其他就业人员之和。就业人员不包括：

(1)离开本单位仍保留劳动关系，并定期领取生活费的人员；

(2)利用课余时间打工的学生及在本单位实习的各类在校学生；

(3)本单位因劳务外包而使用的人员。

城镇私营和个体就业人员　城镇私营就业人员指在工商管理部门注册登记，其经营地址设在县城关镇(含县城关镇)以上的私营企业就业人员，包括私营企业投资者和雇工。城镇个体就业人员指在工商管理部门注册登记，并持有城镇户口或在城镇长期居住，经批准从事个体工商经营的就业人员，包括个体经营者和在个体工商户劳动的家庭帮工和雇工。

在岗职工　指在本单位工作且与本单位签订劳动合同，并由单位支付各项工资和社会保险、住房公积金的人员，以及上述人员中由于学习、病伤、产假等原因暂未工作仍由单位支付工资的人员。在岗职工还包括：

(1)应订立劳动合同而未订立劳动合同人员(如使用的农村户籍人员)；

(2)处于试用期人员；

(3)编制外招用的人员；

(4)派往外单位工作，但工资仍由本单位发放的人员(如挂职锻炼、外派工作等情况)。

城镇登记失业人员 指有非农业户口，在一定的劳动年龄内(16周岁至退休年龄)，有劳动能力，无业而要求就业，并在当地劳动保障部门进行失业登记的人员。

城镇登记失业率 城镇登记失业人员与城镇单位就业人员(扣除使用的农村劳动力、聘用的离退休人员、港澳台及外方人员)、城镇单位中的不在岗职工、城镇私营业主、个体户主、城镇私营企业和个体就业人员、城镇登记失业人员之和的比。

收入消费

居民可支配收入 指居民可用于最终消费支出和储蓄的总和，即居民可用于自由支配的收入。既包括现金收入，也包括实物收入。按照收入的来源，可支配收入包含四项，分别为：工资性收入、经营性净收入、财产性净收入和转移性净收入。

居民消费支出 是指居民用于满足家庭日常生活消费需要的全部支出，既包括现金消费支出，也包括实物消费支出。消费支出可划分为食品烟酒、衣着、居住、生活用品及服务、交通通信、教育文化娱乐、医疗保健以及其他用品及服务八大类。

工资总额 指根据《关于工资总额组成的规定》(1990年1月1日国家统计局发布的一号令)进行修订，在报告期内(季度或年度)直接支付给本单位全部就业人员的劳动报酬总额。包括计时工资、计件工资、奖金、津贴和补贴、加班加点工资、特殊情况下支付的工资，是在岗职工工资总额、劳务派遣人员工资总额和其他就业人员工资总额之和。

工资总额是税前工资，包括单位从个人工资中直接为其代扣或代缴的房费、水费、电费、住房公积金和社会保险基金个人缴纳部分等。

工资总额不论是计入成本的还是不计入成本的，不论是以货币形式支付的还是以实物形式支付的，均应列入工资总额的计算范围。

平均工资 指单位就业人员在一定时期内平均每人所得的工资额。它表明一定时期工资收入的高低程度，是反映就业人员工资水平的主要指标。计算公式为：

$$\text{平均工资}=\frac{\text{报告期就业人员工资总额}}{\text{报告期就业人员平均人数}}$$

平均工资指数 指报告期就业人员平均工资与基期就业人员平均工资的比率，是反映不同时期就业人员货币工资水平变动情况的相对数。计算公式为：

$$\text{平均工资指数}=\frac{\text{报告期就业人员平均工资}}{\text{基期就业人员平均工资}}\times 100\%$$

平均实际工资指数 就业人员平均实际工资指扣除物价变动因素后的就业人员平均工资。就业人员平均实际工资指数是反映实际工资变动情况的相对数，表明就业人员实际工资水平提高或降低的程度。计算公式为：

$$\text{平均实际工资指数}=\frac{\text{报告期就业人员平均工资指数}}{\text{报告期城镇居民消费价格指数}}\times 100\%$$

社会保障

城镇职工基本养老保险

参保职工人数 指报告期末按照国家法律、法规和有关政策规定参加城镇职工基本养老保险并在社保经办机构已建立缴费记录档案的职工人数，包括中断缴费但未终止养老保险关系的职工人数，不包括只登记未建立缴费记录档案的人数。

离退休人员人数 指报告期末参加城镇职工基本养老保险的离休、退休和退职人员的人数。

基金收入 指根据国家有关规定，由纳入基本养老保险范围的缴费单位和个人按国家规定的缴费基数和缴费比例缴纳的养老保险基金，以及通过其他方式取得的形成基金来源的收入。包括单位和职工个人缴纳的基本养老保险费、基本养老保险基金利息收入、上级补助收入、下级上解收入、转移收入、财政补贴和其他收入。

基金支出 指按照国家政策规定的开支范围和开支标准从养老保险基金中支付给参加基本养老保险的个人的养老金、丧葬抚恤补助，以及由于保险关系转移、上下级之间调剂资金等原因而发生的支出。包括离休金、退休金、退职金、各种补贴、医疗费、死亡丧葬补助费、抚恤救济费、社会保险经办机构管理费、补助下级支出、上解上级支出、转移支出、其他支出等。

基金累计结余 指截止报告期末基本养老保险基金收支相抵后的累计余额。

城乡居民基本养老保险

参保人数 指报告期末，参加城乡居民养老保险（在经办机构参保登记并已建立缴费记录以及制度实施当年已经年满60周岁并在经办机构参保登记）的总人数（不包括已经办理注销登记手续的人数）。

基金收入 指根据国家有关规定，由参加城乡居民基本养老保险的个人按规定缴费的城乡居民基本养老保险基金，以及通过集体补助、财政补助等其他方式取得的形成基金来源的收入。包括个人缴费收入、集体补助收入、政府补贴收入、利息收入、转移收入、上级补助收入、下级上解收入和其他收入。

基金支出 指按照国家政策规定的开支范围和开支标准从城乡居民基本养老保险基金中支付给参加城乡居民基本养老保险的个人养老金待遇支出，以及由于参保人员跨统筹地区流动而发生的支出等。包括养老金待遇支出、转移支出、补助下级支出、上解上级支出、其他支出。

基金累计结余 指截止报告期末城乡居民基本养老保险基金收支相抵后的累计余额。

基本医疗保险

参保人数 指报告期末按国家有关规定参加相应基本医疗保险的人数。

基金收入 指由用人单位和个人按照国家规定的缴费基数、缴费比例或缴费标准缴纳的基本医疗保险基金，财政补助资金以及通过其他方式取得的形成基金来源的款项，包括：单位缴纳收入、个人缴纳收入、财政补助收入（含医疗救助补助个人收入）、财政补贴收入、利息收入和其他收入。

基金支出 指按照国家政策规定的开支范围和开支标准，从基本医疗保险基金中支付给参保人员的医疗保险待遇支出，以及其他支出。包括住院医疗费用支出、门急诊医疗费用支出、个人账户基金支出、其他支出。

基金累计结余 指截止报告期末基本医疗保险基金累计结余金额。

失业保险

参保人数 指报告期末按照国家法律、法规和有关政策规定参加了失业保险的城镇企业、事业单位的职工及地方政府规定参加失业保险的其他人员的人数。

基金收入 指报告期内筹集的失业保险基金的总额，包括失业保险费收入、利息收入、财政补贴收入、其他收入、转移收入、上级补助收入、下级上解收入。

基金支出 指报告期内为保障失业人员基本生活、促进其再就业等支出的基金总额，包括失业保险金支出、医疗补助金支出、丧葬补助金和抚恤金支出、职业培训和职业介绍补贴支出、农民合同制工人一次性生活补助支出、其他支出、转移支出、上级补助支出、下级上解支出。

基金累计结余 指截止报告期末失业保险基金收支相抵后的累计余额。

工伤保险

参保人数 指报告期末依据国家有关规定参加工伤保险的职工人数和有雇工的个体工商户的雇工数。

享受保险待遇人数 指年初至报告期末因工伤或职业病而享受工伤保险待遇的人数。为享受工伤医疗待遇中未评定等级的人数、享受伤残待遇人数以及享受因工死亡待遇人数之和。

基金收入 指根据国家有关规定，由参加工伤保险的单位按国家规定的缴费基数和缴费比例缴纳的工伤保险基金，以及通过其他形式取得的形成基金来源的款项。包括：单位缴纳的社会统筹基金收入、财政补贴收入、利息收入、其他收入。

基金支出 指按照国家政策规定的开支范围和开支标准从工伤保险基金中支付给参加工伤保险的人员及供养直系亲属工伤保险待遇支出及其他支出。包括工伤医疗费、伤残补助金、工亡补助金、护理费、丧葬补助费、工伤预防费用、职业康复费用和其他支出。

基金累计结余 指截止报告期末工伤保险基金累计结余金额。

生育保险

参保人数 指报告期末依据有关规定参加生育保险的人数。

基金收入 指根据国家有关规定，由参加生育保险的单位按照国家规定的缴费基数和缴费比例缴纳的生育保险基金，以及通过其他方式取得的形成基金来源的款项，包括：单位缴纳的基金收入、利息收入和其他收入。

基金支出 指按照国家政策规定的开支范围和开支标准，从生育保险基金中支付给参加生育保险的职工，因妊娠、分娩和计划生育手术而享受的待遇及其他支出。包括：生育津贴、医疗费用支出及其他支出。

基金累计结余 指截止报告期末生育保险基金累计结余金额。

城市老年收养性福利机构 指提供食宿的、不以盈利为目的、城市中主要收养社会“三无”对象和家庭无力照顾的老年人的社会福利事业单位的总称。

农村老年收养性福利机构（农村五保供养福利机构） 指提供食宿的、不以盈利为目的、农村（乡、镇）中主要收养“五保户”和家庭无力照顾的老年人的社会福利单位的总称。

社区服务机构数 指报告期末设立的社区服务指导中心、社区服务中心、社区服务站、其他社区服务机构的总和数。具有面向老人及其家庭的商品递送、医疗保健、家庭保洁、日间照料、陪伴服务等为社区居家养老服务的设施和突出综合服务的职能。包括党员活动室、就业保障网络、社区卫生服务站、文化活动室、图书室、“爱心超市”、社区捐助接收站点、警务站（室）、老年活动室、未成年人文化活动场所等具有综合服务功能的机构。

社区服务机构覆盖率 计算公式为：

$$\text{社区服务机构覆盖率} = \frac{\text{社区服务机构数}}{\text{村委会数}+\text{居委会数}} \times 100\%$$

军供站 即军队供应管理单位，指地方政府委托民政部门管理的、独立核算的、为战时或平时军队来往服务的军用饮食供应站、军用供水站、军人转运接待站等单位的总称。

社会福利企业 指以集中安置有一定劳动能力的残疾人就业为目的（残疾职工占生产人员10%以上）、带有社会福利性质的企业总称。社会福利企业分类为：社会福利工厂、假肢厂、其他福利企业。性质分为：国有、集体和其他性质。

民办非企业 指企业事业单位、社会团体和其他社会力量以及公民个人利用非国有资产举办的，从事非营利性社会服务活动的社会组织。

每千人口社会服务床位数 指老年及残疾人床位数、智障和精神疾病床位数、儿童床位数、救助及其他社会服务床位数的总和除以当年期末人口数乘以1000。计算公式为：

$$\text{每千人口社会服务床位数} = \frac{\text{社会服务床位数}}{\text{年末人口数}} \times 1000$$

其中，老年及残疾人床位数包括城市养老服务机构、农村养老服务机构、社会福利院、光荣院、荣誉军人康复医院、复员军人疗养院中的相关床位数；智障和精神疾病床位数包括复退军人精神病院和社会福利医院中的相关床位数；儿童床位数包括儿童福利院和流浪儿童救助保护中心中的相关床位数；救助及其他社会服务床位数包括社区养老服务中心、社区养老服务站、生活无着人员救助管理站、其他收养机构、军休所、军供站的相关床位数。

孤儿数 指失去父母或查找不到生父母的未满18周岁的未成年人的人数。由地方县级以上民政部门依据有关规定和条件认定。

家庭儿童收养登记总数 指中国公民收养查找不到生父母的弃婴、儿童和福利机构抚养的孤儿以及外国人收养中国儿童并在中国县级及以上民政部门办理儿童收养登记后取得合法收养关系的总件数。县级及以上民政部门办理儿童收养登记一次为一件。

中国公民收养登记 指收养人是中国公民（包括港澳台居民及华侨）的儿童收养登记。

外国公民收养登记 指收养人是具有外国国籍（包括无国籍人）的人员。夫妻共同收养有一方是外国人的，按外国人办理收养登记。

城市居民最低生活保障人数 指在报告期末家庭平均收入在当地规定的最低生活保障线以下的城镇居民数。包括“三无”对象，失业人员和在职、下岗、退休人员等。

农村居民最低生活保障人数 指报告期末在建立农村最低生活保障制度的地区，得到当地政府或集体给予最低生活保障的农业人口家庭人数。

五保户 指无法定抚养义务人，或者虽有法定抚养义务人，但是抚养人无抚养能力的；无劳动能力的；无生活来源的老年人、残疾人和未成年人。

传统救济人数 指国家规定由民政部门救济的特殊人员和60年代精简退职老职工救济人员。特殊人员包括麻风病人、原国民党起义、投诚人员、归侨、台胞台属、宽大释放人员、摘掉右派帽子人员、因公负伤的下乡知青、因计划生育手术事故造成死亡和丧失劳动能力人员等传统民政救济对象。

定期抚恤人数 指报告期末革命烈士家属、因公牺牲、病故军人家属中符合抚恤条件，国家给予定期发放抚恤金的人数。

定期补助人数 指报告期末由国家定期发放给带病回乡不能参加生产劳动、生活特别困难的复员、退伍军人，完全丧失劳动能力、生活困难的复员军人，红军失散人员，以及用抚恤费开支的其他享受定期发放的人员总和。

实际参保的残疾居民人数 指在“符合参保条件的残疾居民人数”中实际缴费参加城镇居民社会养老保险并已建立缴费记录档案的残疾居民人数。包括城镇居民养老保险制度实施时，已年满60周岁、未享受城镇职工基本养老保险待遇，直接按月领取城镇居民社会养老保险基础养老金的残疾居民，不包括只登记未建立缴费记录档案的人数。

实际参保的残疾居民人数 指在“符合参保条件的残疾居民人数”中实际缴费参加新型农村社会养老保险并已建立缴费记录档案的农村残疾居民人数。包括新型农村社会养老保险制度实施时，已年满60周岁、未享受城镇职工基本养老保险待遇，直接按月领取新型农村社会养老保险基础养老金的农村残疾居民，不包括只登记未建立缴费记录档案的人数。

已纳入最低生活保障范围 指具有城镇户口的残疾人家庭人均收入低于当地城市居民最低生活保障标准，并已经纳入最低生活保障的残疾人数。

集中供养 指城镇“三无”残疾人员在社会福利院等社会福利机构集中供养的人数。

其他救助救济 指本年度具有城镇户口，定期或不定期享受政府、残联或社会捐助的资金和实物救助救济的残疾人数。

已纳入最低生活保障范围 指具有农村户口的残疾人家庭人均收入低于当地城市居民最低生活保障标准，并已经纳入最低生活保障的残疾人数。

五保供养 指符合农村“五保供养”条件，并实际享受“五保供养”的农村残疾人数。

其他救助救济 指本年度具有农村户口，定期或不定期享受政府、残联或社会捐助的资金和实物救助救济的残疾人数。

托养服务机构 指为有托养服务需求的智力、精神、无生活自理能力、长期需要专人照料或护理的残疾人提供基本生活照料和护理、生活自理能力训练、心理及行为辅导、康复训练及医疗保健、社会适应辅导、休闲生活辅导、劳动技能训练和职业康复等方面服务的场所。包括各级各类寄宿制集中托养机构和日间照料机构。

寄宿制托养服务机构合计 指截止本年度末，实际建立的可以对残疾人进行寄宿托养服务的托养服务机构总数。

日间照料托养服务机构合计 指截止本年度末，实际建立的可以对残疾人进行日间照料的托养服务的机构总数。

居家托养服务 指以社区（村）为依托，以社会服务组织、志愿服务人员、家庭邻里等为载体，采取派人包户、定期上门、临时陪护、发放服务券等多种形式，为居住在家。

享受居家托养服务残疾人 指居住在家并符合托养条件，获得政府和残联组织提供的多种形式的生活照料、康复护理、精神慰藉、安全保护的等上门服务的残疾人。

居住环境

供水综合生产能力 指按供水设施取水、净化、送水、出厂输水干管等环节设计能力计算的综合生产能力。包括在原设计能力的基础上，经挖、革、改增加的生产能力。计算时，以四个环节中最薄弱的环节为主确定能力。

供水管道长度 指从送水泵至用户水表之间所有管道的长度。不包括新安装尚未使用、水厂内以及用户建筑物内的管道。

城市供水总量 指报告期供水企业(单位)供出的全部水量。包括有效供水量和漏损水量。

生产运营用水 指在城区范围内生产、运营的农、林、牧、渔业、工业、建筑业、交通运输业等单位在生产、运营过程中的用水。

公共服务用水 指为城区社会公共生活服务的用水。包括行政事业单位、部队营区和公共设施服务、批发零售业、住宿餐饮业以及社会服务业等单位的用水。

居民家庭用水 指城市范围内所有居民家庭的日常生活用水。包括城市居民、农民家庭、公共供水站用水。

用水普及率 指报告期末城区用水人口数与城市人口总数的比率。计算公式：

$$用水普及率=\frac{城区用水人口(含暂住人口)}{城区人口+城区暂住人口}\times100\%$$

人工煤气生产能力 指报告期末人工燃气生产厂制气、净化、输送等环节的综合生产能力，不包括备用设备能力。一般按设计能力计算，当实际生产能力大于设计能力时，应按实际测定的生产能力计算。测定时应以制气、净化、输送三个环节中最薄弱的环节为主。

供气管道长度 指报告期末从气源厂压缩机的出口或门站出口至各类用户引入管之间的全部已经通气、投入使用的管道长度。不包括煤气生产厂、输配站、液化气储存站、灌瓶站、储配站、气化站、混气站、供应站等厂(站)内的管道。

城市供气总量 指报告期燃气企业(单位)向用户供应的燃气数量。包括销售量和损失量。

燃气普及率 指报告期末城区使用燃气的城市人口数与城市人口总数的比率。其中燃气包括人工煤气、天然气、液化石油气三种。计算公式为：

$$燃气普及率=\frac{城区用气人口(含暂住人口)}{城区人口+城区暂住人口}\times100\%$$

城市供热能力 指供热企业(单位)向城市热用户输送热能的设计能力。

城市供热总量　指在报告期供热企业(单位)向城市热用户输送全部蒸汽和热水的总热量。

城市供热管道长度　指从各类热源到热用户建筑物接入口之间的全部蒸汽和热水的管道长度。不包括各类热源厂内部的管道长度。

道路长度　指道路长度和与道路相通的桥梁、隧道的长度，按车行道中心线计算。

城市桥梁　指为跨越天然或人工障碍物而修建的构筑物。包括跨河桥、立交桥、人行天桥以及人行地下通道等。

城市排水管道长度　指所有排水总管、干管、支管、检查井及连接井进出口等长度之和。

城市污水日处理能力　指污水处理厂(或污水处理装置)每昼夜处理污水量的设计能力。

年末运营车数　指年末城市用于公共交通运营业务的全部车辆数。新购、新制和调入的运营车辆，自投入之日起开始计算；调出、报废和调作他用的运营车辆，自上级主管机关批准之日起不再计入。

城市绿地面积　指报告期末用作园林和绿化的各种绿地面积。包括公园绿地、生产绿地、防护绿地、附属绿地和其他绿地的面积。

公园绿地　城市中向公众开放的、以游憩为主要功能，有一定的游憩设施和服务设施，同时兼有健全生态、美化景观、防灾减灾等综合作用的绿化用地。包括综合公园、社区公园、专类公园、带状公园和街旁绿地。其中综合公园、专类公园和带状公园面积之和为公园面积。

道路清扫保洁面积　指报告期末对城市道路和公共场所（主要包括城市行车道、人行道、车行隧道、人行过街地下通道、道路附属绿地、地铁站、高架路、人行过街天桥、立交桥、广场、停车场及其他设施等）进行清扫保洁的面积。一天清扫保洁多次的，按清扫保洁面积最大的一次计算。

市容环卫专用车辆设备　指用于环境卫生作业、监察的专用车辆和设备，包括用于道路清扫、冲洗、洒水、除雪、垃圾粪便清运、市容监察以及与其配套使用的车辆和设备。

每万人拥有公共交通车辆　指按城市人口计算的每万人平均拥有的公共交通车辆标台数。计算公式：

$$\text{每万人拥有公共交通车辆}=\frac{\text{公共交通运营车标台数}}{\text{城区人口+城区暂住人口}}$$

文化休闲

使用“中国标准书号”合计　使用统一书号的主要有两类：1.各级技术标准文献；2.年画、年历画、台历、无书名页的单张美术印刷品或折页美术印刷品，不另加封面的出版物（如活页文选、活页歌篇、小件印品）等。

不使用“中国标准书号”部分合计　指图片、图标（GB）、部标（BB）等标准类文件印品、活页文选、活页歌篇、小件印品等。

少年儿童读物类图书和课本出版种数　少年儿童读物指供初中及初中以下少年儿童阅读的书籍，课本指供大、中、小学生及业余教育使用的书籍。

国家综合档案馆　指由中央或地方各级档案行政管理部门直接管理的，按行政区划或历史时期设置的，收集和管理所辖范围内多种门类档案的档案馆。

公共广播节目套数　指经国家广电总局批准的、广播电视播出机构开办的不向听众收取收听费用，以为大众提供公共广播服务为主要目的，用固定频率播出，并编有整套自办节目时间表的广播节目套数。

全年制作广播节目时间　指广播电视节目制作机构全年自采、自编、自录的及合作制作、加工制作的各类广播节目，包括直播广播节目。

全年公共广播节目播出时间　指广播电视播出机构自办节目频率内公共节目全年播出的时间（含节目重复播出时间）。

公共电视节目套数　指经国家广电总局批准的、广播电视播出机构开办的不向观众收取收看费用，以为大众提供公共电视服务为主要目的，用固定频率播出的自办电视节目套数。

付费电视节目套数/时间 指经国家广电总局批准的、广播电视播出机构开办的向观众收取收看费用，以个性化、对象化、专业化为主的电视节目套数以及全年播出时间（含重复播出时间）。

全年制作电视节目时间 指广播电视节目制作机构全年自采、自编、自录的及合作制作、加工制作的各类电视节目，包括直播电视节目。

全年公共电视节目播出时间 指广播电视播出机构自办节目频道内全年播出公共电视节目的时间（含重复播出时间）。

中、短波转播发射台 指经省以上广电行政部门批准的有固定人员编制，固定频率和播出时间的中、短波发射台和转播台。

调频转播发射台 指经省以上广电行政部门批准的有固定人员编制，固定频率和播出时间的调频发射台和转播台。

电视转播发射台 指经省以上广电部门批准的有固定人员编制，固定频率和播出时间的电视发射台和转播台。

有线广播电视用户数 指通过广播电视有线传输网收看电视节目的家庭用户数，包括接收模拟信号和接收数字信号的有线电视用户数。

数字电视用户数 指通过广播电视有线传输网收看数字信号电视节目的家庭用户数。

广播节目综合人口覆盖率 指根据国家广电总局制定的《广播电视人口覆盖率统计技术标准和方法》进行统计调查的，在对象区内能接收到由中央、省、地市或县通过无线、有线或卫星等各种技术方式转播的各级广播节目的人口数占全部总人口数的百分比。

电视发射转播台 经省以上广电部门批准的有固定人员编制，固定频率和播出时间的电视发射台和转播台。

电视节目综合人口覆盖率 根据国家广电总局制定的《广播电视人口覆盖率统计技术标准和方法》进行统计调查的，在对象区内能接收到由中央、省、地市、或县通过无线、有线或卫星等各种技术方式转播的中央电视节目的人口数占全部总人口数的百分比。

有线广播电视入户率 计算公式为：(有线广播电视用户数/全国总户数）×100%

艺术表演团体 指由文化部门主办或实行行业管理（经文化市场行政部门审批或已申报登记并领取相关许可证)，专门从事表演艺术等活动的各类专业艺术表演团体，含民间职业剧团。不包括群众业余文艺表演团体。

艺术表演场馆 指由文化部门主办或实行行业管理（经文化市场行政部门审批或已申报登记并领取相关许可证)，有观众席、舞台、灯光设备，公开售票、专供文艺团体演出的文化活动场所。

文物及文化保护 指对具有历史、文化、艺术、科学价值，并经有关部门鉴定，列入文物保护范围的不可移动文物的保护和管理活动；对我国语言、文字、民间文化艺术、民俗等非物质遗产的文化保护和管理活动。包括近现代重要史迹及具有代表性、纪念性的建筑物的保护（含革命遗址、纪念碑、名人故居)；寺庙、清真寺、教学及各种祠、堂、碑遗址的保护；古文化遗址、古墓地、古建筑、石窟寺、石记得等的保护；民族语言、文字遗产保护；民间艺术（民间传说、神话、歌谣、故事、音乐、舞蹈、戏曲、曲艺皮影、绘画、剪纸等）遗产保护；民间、民俗传统活动（传统节日、庆典、民族艺术活动、民族体育活动等）遗产保护；民族制作（建筑风格、服饰、家具、木器、陶器、铜器等）遗产保护；其他未列明的文物与文化保护。

博物馆 指为了研究、教育、欣赏的目的，收藏、保护、展示人类活动和自然环境的见证物，向公众开放，非营利性、永久性社会服务机构，包括以博物馆（院）、纪念馆（舍）、美术（艺术）馆、科技馆、陈列馆等专有名称开展活动的单位。

总藏量 指图书馆已编目的古籍、图书、期刊和报纸的合订本、小册子、手稿，以及缩微制品、录像带、录音带、光盘等视听文献资料数量之和。

藏品 指文博机构根据收藏品的文化属性、自然属性等情况，所划分的文物藏品、标本藏品、模型藏品（含具有收藏、展示价值的雕塑、绘画等艺术作品）和复制品藏品的总和。本指标所统计的藏品是指报告期末，该机构已经整理并登记入账的藏品数。

一线运动员 指在国家队、国家集训队、中青队和各省市自治区优秀运动队中的训练的运动员。

二线运动员 指在体育运动学校运动班中训练的运动员。

三线运动员 指在各类少年儿童业余体校中的训练的运动员。

等级运动员 指经考核正式批准授予运动员称号的运动员，分为国际级运动健将、运动健将、一级、二级运动员。

等级教练员 指经考核正式批准授予等级教练员职称的教练员，分为国家级、高级、中级、初级教练员。

资源环境

耕地 指种植农作物的土地，包括熟地，新开发、复垦、整理地，休闲地（含轮歇地、轮作地）；以种植农作物（含蔬菜）为主，间有零星果树、桑树或其他树木的土地；平均每年能保证收获一季的已垦滩地和海涂。耕地中包括南方宽度<1.0米，北方宽度<2.0米固定的沟、渠、路和地坎（埂）；临时种植药材、草皮、花卉、苗木等的耕地，以及其他临时改变用途的耕地。

园地 指种植以采集果、叶、根、茎、汁等为主的集约经营的多年生木本和草本作物，覆盖度大于50%和每亩株数大于合理株数70%的土地。包括用于育苗的土地。

林地 指生长乔木、竹类、灌木的土地，及沿海生长红树林的土地。包括迹地，不包括居民点内部的绿化林木用地，铁路、公路征地范围内的林木，以及河流、沟渠的护堤林。

草地 指生长草本植物为主的土地。

径流量 指在一定时段内通过河流某一过水断面的水量，用以反映一个国家或地区水资源的丰歉程度。计算公式为：

径流量=降水量-蒸发量

流域 每条河流都有自己的干流和支流，干支流共同组成这条河流的水系。每条河流都有自己的集水区域，这个集水区域就称为该河流的流域。

外流河 指直接或间接流入海洋的河流。供给外流河河水的区域称为外流区域。

内陆河 指在陆地内部干燥地区，河水沿途消失于沙漠或注入内陆湖泊的河流。供给内陆河河水的区域称为内陆区域。

矿产资源 矿产资源指由地质作用形成的，具有利用价值的，呈固态、液态、气态的自然资源，是社会生产发展的重要物质基础。目前我国已发现矿种有170多种，按其特点和用途，可分为能源矿产(如煤炭、石油、天然气、地热)、金属矿产(如铁矿、锰矿、铜矿、铅矿、铝土矿)、非金属矿产(如金刚石、石灰岩、粘土)和水气矿产(如地下水、矿泉水、二氧化碳气)四大类。其中：金属矿产按其物质成份和性质又可分为：黑色金属矿产、有色金属矿产、贵金属矿产、稀有金属矿产、稀土金属矿产、分散元素金属矿产六类。

矿产基础储量 基础储量是查明矿产资源的一部分。它能满足现行采矿和生产所需的指标要求，是控制的、探明的并通过可行性或预可行性研究认为属于经济的、边界经济的部分，用未扣除设计、采矿损失的数量表示。

平均气温 气温指空气的温度，我国一般以摄氏度为单位表示。气象观测的温度表是放在离地面约1.5米处通风良好的百叶箱里测量的，因此，通常说的气温指的是离地面1.5米处百叶箱中的温度。计算方法：月平均气温是将全月各日的平均气温相加，除以该月的天数而得。年平均气温是将12个月的月平均气温累加后除以12而得。

年平均相对湿度 指空气中实际水气压与当时气温下的饱和水气压之比。其统计方法与气温相同。

降水量 指从天空降落到地面的液态或固态(经融化后)水，未经蒸发、渗透、流失而在地面上积聚的深度。计算方法：月降水量是将全月各日的降水量累加而得。年降水量是将12个月的月降水量累加而得。

全年日照时数 指太阳实际照射地面的时数，通常以小时为单位表示。其统计方法与降水量相同。

水资源总量 指当地降水形成的地表和地下产水总量，即地表径流量与降水入渗补给量之和。

地表水资源量 指河流、湖泊以及冰川等地表水体中可以逐年更新的动态水量，即天然河川径流量。

地下水资源量 指地下饱和含水层逐年更新的动态水量，即降水和地表水入渗对地下水的补给量。

地表水与地下水重复计算量 指地表水和地下水相互转化的部分，即天然河川径流量中的地下水排泄量和地下水补给量中来源于地表水的入渗补给量。

供水总量 指各种水源为用水户提供的包括输水损失在内的毛水量。

地表水源供水量 指地表水体工程的取水量，按蓄、引、提、调四种形式统计。从水库、塘坝中引水或提水，均属蓄水工程供水量；从河道或湖泊中自流引水的，无论有闸或无闸，均属引水工程供水量；利用扬水站从河道或湖泊中直接取水的，属提水工程供水量；跨流域调水指水资源一级区或独立流域之间的跨流域调配水量，不包括在蓄、引、提水量中。

地下水源供水量 指水井工程的开采量，按浅层淡水、深层承压水和微咸水分别统计。城市地下水源供水量包括自来水厂的开采量和工矿企业自备井的开采量。

其他水源供水量 包括污水处理再利用、集雨工程、海水淡化等水源工程的供水量。

用水总量 指各类用水户取用的包括输水损失在内的毛水量。

农业用水 包括农田灌溉用水、林果地灌溉用水、草地灌溉用水、鱼塘补水和畜禽用水。

工业用水 指工矿企业在生产过程中用于制造、加工、冷却、空调、净化、洗涤等方面的用水，按新水取用量计，不包括企业内部的重复利用水量。

生活用水 包括城镇生活用水和农村生活用水。城镇生活用水由居民用水和公共用水（含第三产业及建筑业等用水）组成；农村生活用水指居民生活用水。

生态环境补水 仅包括人为措施供给的城镇环境用水和部分河湖、湿地补水，而不包括降水、径流自然满足的水量。

一般工业固体废物产生量 指未被列入《国家危险废物名录》或者根据国家规定的危险废物鉴别标准（GB5085)、固体废物浸出毒性浸出方法（GB5086）及固体废物浸出毒性测定方法（GB／T 15555）鉴别方法判定不具有危险特性的工业固体废物。计算公式是：

一般工业固体废物产生量=（一般工业固体废物综合利用量－其中：综合利用往年贮存量）+一般工业固体废物贮存量+（一般工业固体废物处置量－其中：处置往年贮存量）+一般工业固体废物倾倒丢弃量

一般工业固体废物综合利用量 指报告期内企业通过回收、加工、循环、交换等方式，从固体废物中提取或者使其转化为可以利用的资源、能源和其他原材料的固体废物量（包括当年利用的往年工业固体废物累计贮存量)。如用作农业肥料、生产建筑材料、筑路等。综合利用量由原产生固体废物的单位统计。

一般工业固体废物处置量 指报告期内企业将工业固体废物焚烧和用其他改变工业固体废物的物理、化学、生物特性的方法，达到减少或者消除其危险成分的活动，或者将工业固体废物最终置于符合环境保护规定要求的填埋场的活动中，所消纳固体废物的量。

一般工业固体废物贮存量 指报告期内企业以综合利用或处置为目的，将固体废物暂时贮存或堆存在专设的贮存设施或专设的集中堆存场所内的量。专设的固体废物贮存场所或贮存设施必须有防扩散、防流失、防渗漏、防止污染大气、水体的措施。

一般工业固体废物倾倒丢弃量 指报告期内企业将所产生的固体废物倾倒或者丢弃到固体废物污染防治设施、场所以外的量。

危险废物产生量 指当年全年调查对象实际产生的危险废物的量。危险废物指列入国家危险废物名录或者根据国家规定的危险废物鉴别标准和鉴别方法认定的，具有爆炸性、易燃性、易氧化性、毒性、腐蚀性、易传染性疾病等危险特性之一的废物。按《国家危险废物名录》（环境保护部、国家发展和改革委员会 2008 部令第 1 号）填报。

危险废物综合利用量　指当年全年调查对象从危险废物中提取物质作为原材料或者燃料的活动中消纳危险废物的量。包括本单位利用或委托、提供给外单位利用的量。

危险废物处置量　指报告期内企业将危险废物焚烧和用其他改变工业固体废物的物理、化学、生物特性的方法，达到减少或者消除其危险成分的活动，或者将危险废物最终置于符合环境保护规定要求的填埋场的活动中，所消纳危险废物的量。处置量包括处置本单位或委托给外单位处置的量。

危险废物贮存量　指将危险废物以一定包装方式暂时存放在专设的贮存设施内的量。专设的贮存设施指对危险废物的包装、选址、设计、安全防护、监测和关闭等符合《危险废物贮存污染控制标准》（GB18597–2001）等相关环保法律法规要求，具有防扩散、防流失、防渗漏、防止污染大气和水体措施的设施。

生活垃圾清运量　指报告期收集和运送到各生活垃圾处理厂(场)和生活垃圾最终消纳点的生活垃圾数量。生活垃圾指城市日常生活或为城市日常生活提供服务的活动中产生的固体废物以及法律行政规定的视为城市生活垃圾的固体废物。包括：居民生活垃圾、商业垃圾、集市贸易市场垃圾、街道清扫垃圾、公共场所垃圾和机关、学校、厂矿等单位的生活垃圾。

生活垃圾无害化处理率　指报告期生活垃圾无害化处理量与生活垃圾产生量的比率。在统计上，由于生活垃圾产生量不易取得，可用清运量代替。计算公式为：

$$\begin{array}{l}\text{生活垃圾无}\\\text{害化处理率}\end{array}=\frac{\text{生活垃圾无害化处理量}}{\text{生活垃圾产生量}}\times 100\%$$

森林面积　包括郁闭度 0.2 以上的乔木林地面积和竹林面积，国家特别规定的灌木林地面积，农田林网以及村旁、路旁、水旁、宅旁林木的覆盖面积。

人工林面积　指由人工播种、植苗或扦插造林形成的生长稳定，(一般造林 3–5 年后或飞机播种 5–7 年后)每公顷保存株数大于或等于造林设计植树株数 80%或郁闭度 0.20 以上(含 0.20)的林分面积。

森林覆盖率　以行政区域为单位的森林面积占区域土地总面积的百分比。计算公式为：

$$\text{森林覆盖率}=\frac{\text{森林面积}}{\text{土地总面积}}\times 100\%$$

活立木总蓄积量　指一定范围土地上全部树木蓄积的总量，包括森林蓄积、疏林蓄积、散生木蓄积和四旁树蓄积。

森林蓄积量　指一定森林面积上存在着的林木树干部分的总材积。

造林面积　指在宜林荒山荒地、宜林沙荒地、无立木林地、疏林地和退耕地等其他宜林地上通过人工措施形成或恢复森林、林木、灌木林的过程。

人工造林　指在宜林荒山荒地、宜林沙荒地、无立木林地、疏林地和退耕地等其他宜林地上通过播种、植苗和分植来提高森林植被覆被率的技术措施。

飞播造林　通过飞机播种，为宜林荒山荒地、宜林沙荒地、其他宜林地、疏林地补充适量的种源，并辅以适当的人工措施，在自然力的作用下使其形成森林或灌草植被，提高森林植被覆被率的技术措施。

无林地和疏林地本年新封山育林　指本年开始对具有天然下种或萌蘖能力的疏林地、灌丛地、采伐迹地、火烧迹地以及荒山荒地、沙荒地等有条件的地方采取划界封禁和人工辅助措施，使其成为森林或灌草植被的面积。

用材林　指以生产木材为主要目的的森林和林木，包括以生产竹材为主要目的的竹林。

经济林　指以生产果品，食用油料、饮料、调料，工业原料和药材为主要目的的林木。经济林是人们为了取得林木的果实、叶片、皮层、胶液等产品作为工业原料或者供食用所营造的林木，如油茶、油桐、核桃、樟树、花椒、茶、桑、果等。

防护林 指以防护为主要目的的森林、林木和灌木丛。包括水源涵养林，水土保持林，防风固沙林，农田、牧场防护林，护岸林，护路林等。

薪炭林 指以生产燃料为主要目的的林木。

特种用途林 指以国防、环境保护、科学实验等为主要目的的森林和林木。包括国防林、实验林、母树林、环境保护林、风景林，名胜古迹和革命纪念地的林木，自然保护区的森林。

湿地 指天然或人工、长久或暂时性的沼泽地、泥炭地或水域地带，包括静止或流动、淡水、半咸水、咸水体，低潮时水深不超过6米的水域以及海岸地带地区的珊瑚滩和海草床、滩涂、红树林、河口、河流、淡水沼泽、沼泽森林、湖泊、盐沼及盐湖。

自然保护区 指为了保护自然环境和自然资源，促进国民经济的持续发展，将一定面积的陆地和水体划分出来，并经各级人民政府批准而进行特殊保护和管理的区域个数。根据保护对象，自然保护区分为自然生态系统类、野生生物类、自然遗迹类。风景名胜区、文物保护区不计在内。

滑坡 指斜坡上不稳定的岩土体在重力作用下沿一定软弱面(或滑动带)整体向下滑动的物理地质现象。

崩塌 指陡坡上大块的岩土体在重力作用下突然脱离母体崩落的物理地质现象。

泥石流 指山地突然爆发的饱含大量泥沙、石块的特殊洪流。

地面塌陷 指地表岩、土体在自然或人为因素作用下向下陷落，并在地面形成塌陷坑(洞)的一种动力地质现象。

森林火灾次数 指发生在城市市区外的一切森林、林木和林地的火灾次数。按照受害森林面积和伤亡人数，森林火灾分为一般森林火灾、较大森林火灾、重大森林火灾和特别重大森林火灾：1.一般森林火灾：受害森林面积在1公顷以下或者其他林地起火的，或者死亡1人以上3人以下的，或者重伤1人以上10人以下的；2.较大森林火灾：受害森林面积在1公顷以上100公顷以下的，或者死亡3人以上10人以下的，或者重伤10人以上50人以下的；3.重大森林火灾：受害森林面积在100公顷以上1000公顷以下的，或者死亡10人以上30人以下的，或者重伤50人以上100人以下的；4.特别重大森林火灾：受害森林面积在1000公顷以上的，或者死亡30人以上的，或者重伤100人以上的。本条所称“以上”包括本数，“以下”不包括本数。

林业有害生物 危害森林、林木、荒漠植被、湿地植被等的病虫鼠兔及有害植物。

突发环境事件 指突然发生，造成或可能造成重大人员伤亡、重大财产损失和对全国或者某一地区的经济社会稳定、政治安定构成重大威胁和损害，有重大社会影响的涉及公共安全的环境事件。

发生地震灾害次数 指发生形成灾害(包括人员伤亡或经济损失)的所有震级的地震次数。

公共安全

人民检察院直接立案侦查案件 指按照管辖的规定，由人民检察院直接立案侦查的贪污贿赂犯罪、渎职侵权犯罪、国家机关工作人员利用职权实施的侵犯公民人身权利和民主权利的犯罪以及经省级人民检察院决定立案侦查的国家机关工作人员利用职权实施的其他重大犯罪案件。

受案 指本年新受理的案件。

立案 指人民检察院对受理的案件进行初步调查后，认为存在职务犯罪事实，应追究刑事责任，并决定作为刑事案件进行侦查的诉讼活动，是追究犯罪的开始。该指标主要反映人民检察院依法将职务犯罪线索作为刑事案件进行侦查的诉讼活动。

结案 指侦查程序的结束。

大案 指贪污贿赂案件数额在五万元以上，挪用公款数额在十万元以上，以及按照《人民检察院直接受理立案侦查的渎职侵权重特大案件标准（试行）》认定的案件。该指标主要反映人民检察院立案查办的职务犯罪案件中经济损失大、社会危害严重的案件。

要案 指县、处级以上的干部犯罪案件。该指标主要反映职务犯罪案件中县、处级以上干部被人民检察院依法立案侦查的情况。

批准逮捕 指人民检察院对公安机关、国家安全机关、监狱管理机关提出逮捕的犯罪嫌疑人进行审查，根据事实，依法做出逮捕决定。该指标主要反映人民检察院对提请逮捕犯罪嫌疑人进行审查后依法做出批准逮捕决定的情况。

决定逮捕 指人民检察院对直接立案侦查的案件，认为需要逮捕犯罪嫌疑人时，依据法律作出的逮捕决定。该指标主要反映人民检察院对直接受理的案件行使决定逮捕权的情况。

提起公诉 指人民检察院对公安机关、国家安全机关、监狱管理机关和检察机关侦查部门等移送起诉的案件进行审查，根据事实，做出提起公诉的案件。该指标主要反映人民检察院对各种刑事案件向人民法院提起公诉的情况。

刑事案件 指按照管辖的规定由公安机关、国家安全机关、监狱管理机关侦查的案件。

适用简易程序 指人民法院对依法可能判处三年以下有期徒刑、拘役、管制、单处罚金的公诉案件，事实清楚，证据充分，人民检察院建议或者同意适用简易程序的案件；告诉才处理的案件；被害人起诉的有证据证明的轻微刑事案件。

一审 指公诉案件的第一审程序。

再审 指人民法院按照审判监督程序重新审判的案件。

提出抗诉 指人民检察院对人民法院的判决、裁定认为确有错误，向人民法院提出对案件重新进行审理的诉讼活动。包括按照第二审程序提出的抗诉和按照审判监督程序（再审程序）提出的抗诉。

撤回抗诉 指上级人民检察院对下级人民检察院按照第二审程序提出的抗诉，经审查，认为抗诉不当时向同级人民法院撤回抗诉，同时通知提出抗诉的下级人民检察院。

立案 指决定立案审查的案件。

立案监督 指人民检察院对侦查机关刑事立案活动的监督。包括对应当立案而不立案的监督和不应立案而立案的监督。

监督立案 包括侦查机关接到要求说明不立案理由后主动立案和执行通知立案两个内容。

监督撤案 指人民检察院对侦查机关不应当立案而立案的监督。

监管活动 指人民检察院对监狱等监管改造场所的管理活动进行的监督。

受理 指人民检察院接受申诉的情况。包括来信和来访。

立案复查 指人民检察院接受申诉后，经审查决定立案进行复查。

结案 指立案复查有结果的案件。

首次举报 指单位或个人以来信、来访形式检举国家工作人员涉嫌贪污、贿赂犯罪，国家机关工作人员涉嫌渎职、侵权犯罪。不包括重复举报数。

首次控告 指单位或个人以来信、来访形式检举国家工作人员违法或涉嫌刑事犯罪。不包括重复控告数。

首次申诉 不服人民检察院处理决定的或不服人民法院判决或裁定的以来信、来访形式的申诉。不包括重复申诉。

分送检察机关 指人民检察院对受理的举报、控告、申诉案件，经审查，分不同情况，或由控告申诉部门直接办理、或转本院有关业务部门、或转其他人民检察院。

社会参与

社区服务机构数 指报告期末设立的社区服务指导中心、社区服务中心、社区服务站、其他社区服务机构的总和。具有面向老年人及其家庭的商品递送、医疗保健、家庭保洁、日间照料、留宿照料、陪伴服务等为社区居家养老服务的设施和突出综合服务的职能。包括未登记的敬老院、微型的五保村、幸福院、党员活动室、就业保障网络、社区卫生服务站、文化活动室、图书室、“爱心超市”、社区捐助接收站点、警务站（室）、老年活动室、未成年人文化活动场所等具有综合服务功能的机构。

社区服务机构覆盖率 计算公式为：

$$社区服务机构覆盖率=\frac{社区服务机构数}{村委会数+居委会数}\times 100\%$$

居民委员会数 指报告期末城市和建制镇在城镇居民集中居住的地区设立的居民委员会实有个数（含家委会）。

村民委员会数 指报告期末乡镇在农业人口的居住地区设立的群众性自治组织（即村民委员会）实有个数。

当年完成选举的村（居）委会数 指本年度内进行了村（居）委会选举，而且当选成员人数足够组成新一届村（居）委会开展工作的村（居）委会。

当年完成选举的村（居）选民登记数 指对本年度内完成村（居）委会选举的村统计这一数字。一个村的选民登记总数少于本村村民数，大于等于本届登记选民数。

本届登记选民数 指在本年度内完成村（居）委会选举的村（社区）中，按照村（居）民选举委员会发布的公告，于有效日前在村（居）民选举委员会依法登记，有资格参加投票的本村（社区）选民。

参加投票人数 指在本年度内完成村（居）委会选举的村中，以亲自投票、委托投票等形式参加了选举的选民人数。每个村（社区）的参选人数，从数值上，应当等于从票箱里收回的全部选票数。

志愿者组织数 是指由区、街道、居委会所建立的社区服务志愿者组织的数量。社区服务志愿者组织必须有章程、有计划、有活动，此外社区服务志愿者登记注册的人数应达到本社区居民的1%以上，80%以上的志愿者每月义务服务不少于两次。

注册社区志愿者人数 指在民政部门及其授权机构（主要包括志愿者协会、社区自治组织、志愿者组织等）注册的社区志愿者数量。

社会团体 指在中华人民共和国境内组织的各种协会、学会、联合会、研究会、基金会、联谊全、促进会、商会等合法机构的总称。各种社团，均不得从事以盈利为目的的经营性活动，并具备以下四项法人条件：①依法成立；②必要的财产或者经费；③有自己的名称、组织机构和场所；④能够独立承担民事责任。否则，不能统计为社团机构数。报告期末合法社团总数，即为年末实有社团机构数。

民办非企业单位 是指企业事业单位、社会团体和其他社会力量以及公民个人利用非国有资产举办的，从事非营利性社会服务活动的社会组织。目前，民办非企业单位主要分布在教育、卫生、文化、科技、体育、劳动、民政、社会中介、服务业等行(事)业中。

基金会 指国内的团体或个人自愿捐赠资金进行管理的组织。

专业技术技能人员：指除具有管理职责工作人员以外的，直接为老年人、儿童、残疾人等贫困弱势群体提供服务的人员，不包括从事管理工作的技术技能人员。主要有以下两类人员：

（1）专业技术人员：指机构内具备特定的专业技术，在专业技术岗位以其专业技术从事专业工作的人员。如：医生、护士、教师、会计、社会工作者等。

（2）技能人员：指机构内掌握特殊知识和专业技能，在工勤技能岗位直接从事生产和服务性工作的一线从业人员。如：养老护理员、孤残儿童护理员、假肢装配工、矫形器装配工、殡仪服务员、遗体接运工、遗体防腐师、遗体整容师、遗体火化师、墓地管理员、司机、厨师等。